OEUVRES
COMPLÈTES
DE BOSSUET

PUBLIÉES

D'APRÈS LES IMPRIMÉS ET LES MANUSCRITS ORIGINAUX

PURGÉES DES INTERPOLATIONS ET RENDUES A LEUR INTÉGRITÉ

PAR F. LACHAT

ÉDITION

RENFERMANT TOUS LES OUVRAGES ÉDITÉS ET PLUSIEURS INÉDITS

VOLUME XIX

PARIS

LIBRAIRIE DE LOUIS VIVÈS, ÉDITEUR

RUE DELAMBRE, 9

1864

ŒUVRES COMPLÈTES
DE BOSSUET.

Besançon. — Imprimerie d'Outhenin Chalandre fils.

OEUVRES
COMPLÈTES
DE BOSSUET

PUBLIÉES

D'APRÈS LES IMPRIMÉS ET LES MANUSCRITS ORIGINAUX

PURGÉES DES INTERPOLATIONS ET RENDUES A LEUR INTÉGRITÉ

PAR F. LACHAT

ÉDITION
RENFERMANT TOUS LES OUVRAGES ÉDITÉS ET PLUSIEURS INÉDITS

VOLUME XIX

PARIS
LIBRAIRIE DE LOUIS VIVÈS, ÉDITEUR
RUE DELAMBRE, 9
1864

TRADITION
DES NOUVEAUX MYSTIQUES.
RÉPONSE A UNE LETTRE
DE MONSEIGNEUR L'ARCHEVÊQUE DE CAMBRAY.

DIVERS ÉCRITS OU MÉMOIRES
SUR LE LIVRE INTITULÉ : *EXPLICATION DES MAXIMES DES SAINTS, ETC.*

SUMMA DOCTRINÆ LIBRI
CUI TITULUS : *EXPLICATION DES MAXIMES DES SAINTS, ETC.*,
deque consequentibus ac definitionibus et explicationibus.
AVEC LA TRADUCTION FRANÇAISE.

DECLARATIO
ILLUSTRISSIMORUM ET REVERENDISSIMORUM ECCLESIÆ PRINCIPUM
Ludovici Antonii de NOAILLES, Archiepiscopi Parisiensis; Jacobi Benigni BOSSUET, Episcopi Meldensis; et Pauli de GODET DES MARAIS, Episcopi Carnutensis,
CIRCA LIBRUM CUI TITULUS EST :
EXPLICATION DES MAXIMES DES SAINTS, ETC.
Avec la traduction françoise.

RÉPONSE A QUATRE LETTRES
DE MONSEIGNEUR L'ARCHEVÊQUE DUC DE CAMBRAY.

DE NOVA QUÆSTIONE TRACTATUS TRES :
I. MYSTICI IN TUTO. — II. SCHOLA IN TUTO.

REMARQUES HISTORIQUES.

Père de l'ignorance et de la superstition, l'orgueil a produit dans tous les temps et dans tous les lieux des hommes qui cherchoient la perfection religieuse hors des voies suivies par les simples mortels : ainsi les faquires et les gymnosophistes en Orient, les platoniciens et les stoïciens dans la Grèce, les esséniens et les pharisiens au milieu des Juifs, les saliens et les augures chez les Romains, les druides parmi les Gaulois, etc.

Après les gnostiques qui souillèrent les premiers temps du christianisme, à côté des sectes manichéennes qui se plongeoient dans le vice immonde pour s'élever à la pureté de la vertu, on vit paroître au milieu du onzième siècle les contemplatifs visionnaires de l'Église grecque. Sans espérance ni crainte, dans le calme et l'inaction, disoient-ils, ces sublimes contemplatifs, gardant une certaine attitude et retenant leur haleine convenablement, voyoient les choses divines, les plus grands mystères, quelquefois la sainte Trinité, des yeux du corps. C'étoit là pour eux le dernier terme de la perfection, et leur prétendu repos les fit appeler *Hésicastes*, c'est-à-dire *quiétistes*.

Passant sous silence les béguards qui furent condamnés par le concile général de Vienne en 1311, et les illuminés d'Espagne qui remplaçoient les œuvres chrétiennes par la tranquillité passive; sans parler ni de Guérin, ni de Jean Labadie, ni d'Antoinette Bourignon, ni d'autres faux contemplatifs qui faisoient consister la perfection de l'homme dans l'enchaînement des facultés religieuses et morales, nous venons tout de suite au patriarche du quiétisme moderne, à Molinos.

Molinos, prêtre espagnol, reçut le jour à Saragosse en 1627. Il alla se fixer à Rome. Modeste, charitable, pieux, il acquit une grande réputation de sainteté; adroit, souple, insinuant, il se fit rechercher comme directeur dans les voies du salut. Il avoit un cœur ardent mais peu de jugement, des idées subtiles mais peu de connoissances théologiques : il s'égara doublement, sous le rapport du dogme et de la morale, dans un ouvrage intitulé : *La Conduite spirituelle*. Dans une longue procédure, par l'examen de la doctrine et des faits, on découvrit, comme sous un voile pieux, de graves erreurs d'une part et de grands désordres de l'autre; en 1685, le saint Office censura soixante-huit propositions de l'hérésiarque, et le condamna lui-même à la détention perpétuelle. Michel Molinos mourut dans des sentimens de pénitence en 1696, à l'âge de soixante-neuf ans.

On peut réduire ses erreurs aux points suivans. 1° Dans la contemplation parfaite, l'ame ne réfléchit ni ne raisonne; mais elle reçoit passivement la lumière céleste, sans produire aucun acte d'amour ni de culte intérieur. 2° En cet état, l'ame ne désire rien, pas même le ciel; elle ne craint rien, pas même l'enfer; elle s'abandonne au bon plaisir du suprême Ordonnateur, et consent malgré ses mérites aux supplices éternels. 3° Ainsi disposée, l'ame n'est plus atteinte par les actes extérieurs : comme les bonnes œuvres, la mortification chrétienne et les sacremens n'augmentent pas la justice, de même le désordre, le vice et la corruption ne ternissent point la sainteté; le péché reste dans la partie inférieure de l'homme sans entrer dans sa partie supérieure. Les quiétistes françois retranchoient ordinairement le dernier article de leur symbole; mais ils professoient le premier et le deuxième avec une pieuse vénération. Au reste, tout le monde a reconnu, dans les erreurs de Molinos, les principes fondamentaux du protestantisme enseigné par Luther : l'homme passif sous la main de Dieu comme la scie dans la main du charpentier, la vertu divine justifiant le pécheur sans sa coopération, les sacremens ne produisant point la grace par leur propre efficacité, les bonnes œuvres inutiles au salut, la justice inamissible et le péché ne souillant point la conscience du juste. Esprit de mensonge et d'hérésie, qu'as-tu produit de nouveau ?

Le molinosisme, dégagé de ses erreurs les plus grossières, franchit les Alpes sous une enveloppe de faux spiritualisme. Son passeport fut, si l'on peut ainsi dire, signé à Marseille. Là se trouvait un homme aveugle dès sa naissance, qui avoit appris la langue latine par l'enseignement oral ; et de fréquentes lectures entendues passionnément avoient laissé dans son esprit un peu de philosophie, un peu de théologie, mais beaucoup de rêves mystiques ; des idées confuses rouloient pêle-mêle dans sa tête ; il enseigna le quiétisme mitigé dans un ouvrage portant ce titre : *Pratique facile pour élever l'ame à la contemplation*. Ce livre ayant été condamné par le Saint-Siége, Malaval se soumit de bonne foi, sans réserve ni restriction, ni retour.

Une femme reprit en sous-œuvre son échafaudage. Née à Montargis en 1648, Jeanne Bouvier de la Mothe épousa, dès l'âge de seize ans, le fils de l'entrepreneur Guyon, qui devoit sa fortune et sa noblesse à la construction du canal de Briare. Devenue veuve à l'âge de vingt-huit ans, elle abandonna ses jeunes enfans pour suivre l'entraînement d'une imagination vive et les séductions d'une fausse spiritualité. M. Duranthon, évêque de Genève, l'ayant rencontrée à Paris, voulut l'employer dans son diocèse à l'instruction des nouvelles catholiques. Envoyée dans un couvent de Gex, elle y retrouva le P. Lacombe, qu'elle connoissoit déjà par plusieurs entrevues et par une longue correspondance ; le P. Lacombe, originaire de Thonon, religieux barnabite, esprit exalté, facilement accessible aux illusions sentimentales, infecté du nouveau quiétisme. Après quelques conférences, ils crurent lire leur destinée dans les décrets divins. Madame Guyon devoit fonder une association mystique, et le P. Lacombe lui servir de directeur. Aussitôt ils se mirent à l'œuvre, prêchant la passiveté de l'ame, l'anéantissement de ses facultés, l'indifférence pour la vie ou la mort, pour le ciel ou l'enfer. Le saint évêque de Genève fut alarmé des progrès de leur doctrine : il les renvoya. Commençant alors une sorte d'odyssée, les promoteurs du nouveau mysticisme allèrent à Thonon, ensuite à Grenoble, puis à Verceil, puis à Turin, puis encore à Grenoble, et revinrent à Paris en 1687. Partout ils firent des prosélytes ; mais ils furent chassés partout. Pendant son séjour à Grenoble, Madame Guyon fit imprimer son *Moyen court et facile pour faire l'oraison,* et le P. Lacombe avoit déjà publié l'*Analyse de l'oraison mentale*. Les deux illuminés continuoient encore leur apostolat ambulant, que ces livres étoient déjà condamnés par plusieurs évêques.

Dès son retour à Paris, le P. Lacombe déploya dans le saint ministère l'activité de son zèle toujours empressé, et bientôt la chaire et le confessionnal lui donnèrent de la réputation dans une certaine classe de fidèles. Cependant arrivoient chaque jour des rapports qui présentoient sa conduite sous des couleurs peu favorables, et la lecture attentive de son ouvrage inspira des craintes sur la pureté de sa foi. M. de Harlay, archevêque de Paris, l'appela devant l'officialité; convaincu par des preuves irrésistibles, comme il manifestoit la plus grande opiniâtreté, il fut conduit à la Bastille par ordre du roi, ensuite transféré dans le château de Lourdes au pied des Pyrénées, puis ramené au château de Vincennes, enfin mis à Charenton, où il mourut en 1699 dans l'état de démence.

Madame Guyon, prêchant, dogmatisant, convertissant de son côté, fut arrêtée peu de temps après son maître, et conduite chez les filles de Sainte-Marie dans le faubourg Saint-Antoine. Elle sut intéresser, pendant sa détention même, de puissantes protectrices : les comtesses de Chevreuse, de Béthune, de Mortemart, de Beauvilliers; madame de Maisonfort sa parente, et madame de Miramion pleine de mérites devant Dieu et devant les hommes, lui obtinrent, non-seulement la liberté, mais la permission d'aller à Saint-Cyr. La beauté de son esprit, le brillant de sa parole, l'ardeur de sa dévotion, peut-être aussi la nouveauté de ses principes et les attraits de ses maximes, lui donnèrent de nouveaux adeptes dans cette maison. C'est alors qu'elle produisit un nouvel ouvrage manuscrit sur la vie intérieure ; on le lut, on le goûta, on le prôna ; on le fit imprimer à Lyon, en 1688, sous ce titre : *Le Cantique des Cantiques interprété selon le sens mystique.* Madame de Maintenon ne partagea point l'engouement général : « Il y a dans *le Cantique des Cantiques,* disoit-elle, des passages édifians, il y en a d'obscurs, il y en a que je n'approuve d'aucune manière [1]. » Louis XIV, avec la pénétration du génie, appela l'auteur la plus grande folle de son royaume.

Cependant Madame Guyon rêvoit, pour affermir son empire, la conquête de Fénelon. Fénelon, précepteur du petit-fils de Louis XIV et depuis archevêque de Cambray, montroit au milieu de la Cour la plus tendre piété : « Il avoit pour plaire, dit Saint-Simon, des talens faits exprès : une douceur, une insinuation, des graces naturelles qui couloient de source ; un esprit facile, ingénieux, fleuri ;... une conversation aisée, légère et toujours décente. » Avec des qualités si aimables et si gracieuses, d'un caractère si facile et si coulant, il devoit trouver peu de charmes dans les ouvrages dogmatiques ; aussi avoit-il étudié de préférence les chefs-d'œuvre de la littérature païenne, et tout particulièrement les auteurs mystiques ; le brillant et l'éclat, la douce mélancolie et la vague métaphysique, formoient les traits de

---

[1] *Lettre* à Mme de Saint-Géran.

son génie[1]. Madame Guyon n'eut pas de peine à lui faire goûter sa doctrine ; il crut reconnoître dans ses paroles les maximes de ses auteurs favoris, leurs vues profondes, leurs tendres effusions, leurs brûlans transports. Rien dès lors ne troubla plus la sécurité de son assentiment : les comparaisons singulières, les expressions trop fortes, les vœux outrés, il les entendit, non d'après les règles d'une critique vulgaire, mais selon la sagesse divine qui est folie devant les hommes ; ce qu'il trouva d'excessif, d'obscur, d'inintelligible, il le comprit à la lumière d'explications dictées par la simplicité de l'amour et la ferveur de la piété[2]. Il apprit plus dans ce saint commerce que dans tous les livres. Voilà ce que disent ses admirateurs.

Bossuet avoit d'autres maîtres, et ne jugeoit point d'après ces principes. Suivant les conseils de ses amis, madame Guyon, dans l'espoir de s'assurer un nouveau protecteur, lui remit tous ses ouvrages, soit imprimés, soit manuscrits. Le profond docteur y trouva, non pas les splendeurs de la théologie mystique, mais un « amas d'extravagances, d'illusions et de puérilités[3]. » En même temps madame Guyon lui écrivit plusieurs lettres, soutenant l'indolente quiétude des contemplatifs spirituels, professant son renoncement aux exercices de piété, et se disant dans l'impossibilité absolue de rien demander à Dieu, pas même dans l'Oraison dominicale[3]. Néanmoins « rien ne

---

[1] Bausset, *Hist. de Fénel.*, vol. I, p. 289; *Hist. de Bossuet*, vol. III, p. 290, édit. de Versailles. — [2] Bausset, *Hist. de Fénel.*, vol. I, p. 284. — [3] *Hist. de Bossuet*, vol. III, p. 267.

[4] Un petit volume qui parut sous ce titre : *Recueil de Lettres tant en prose qu'en vers, sur le livre intitulé :* EXPLICATION DES MAXIMES DES SAINTS, 1699, (*Bibl. Imp.*, D. 6518) renferme la pièce suivante.

Le *Pater* renversé ou le *Pater* des quiétistes.

I.

Pater noster qui es in cœlis.
Chrétiens vides du pur amour
Et pleins d'un esprit mercenaire,
Charmés du céleste séjour,
Vous y chercherez votre Père;
Mais pour nous il est en tous lieux
Et dans les enfers comme aux cieux.

II.

Sanctificetur nomen tuum.
Je ne demande aucunement
Que votre nom soit sanctifié;
Si vous voulez absolument,
Dans le ciel et dans cette vie
On glorifiera ce saint nom,
Soit que je le demande ou non.

III.

Adveniat regnum tuum.
Votre royaume a des appas
Pour des ames intéressées,
Les nôtres d'un motif si bas
Se sont enfin débarrassées ;
S'il vient, il nous fera plaisir,
Mais Dieu nous garde du désir.

IV.

Fiat voluntas tua etc.
Afin qu'en terre comme aux cieux
Votre volonté s'effectue,
Vainement nous ferons des vœux :
Cette demande est superflue ;
Elle arrive infailliblement,
Résignons-nous-y seulement.

peut être comparé à la bonté et à l'indulgence que Bossuet eut pour madame Gyon[3]; » il l'éclaira sur ses erreurs, et lui donna les conseils les plus utiles; il eut avec elle des conférences, et lui écrivit des lettres aussi touchantes de charité que forte de raisons; il reçut sa soumission, et la communia de sa main. Alors ses soins se tournèrent vers Fénelon; il lui envoya de longs extraits tirés de la nouvelle mystique, avec des remarques savantes et profondes, les plus propres à dissiper toute erreur. Ces remarques et ces extraits servirent plus tard à un ouvrage du grand écrivain.

Bientôt après madame Guyon, en butte à de nouvelles attaques, demanda des commissaires pour juger sa doctrine. Ses amis, particulièrement le duc de Chevreuse, décidèrent Bossuet malgré sa répugnance à faire partie de la commission, car on ne pouvoit en écarter un docteur qui étoit devenu pour ainsi dire en France l'arbitre des controverses dogmatiques; mais comme madame Guyon connoissoit les sentimens du saint évêque et ne pouvoit en attendre un jugement favorable, elle demanda deux nouveaux juges : M. Tronson, qu'elle savoit affectionné particulièrement à Fénelon; et M. de Noailles, évêque de Châlons, depuis archevêque de Paris et cardinal, dont la nièce, comtesse de Guiche, figuroit au premier rang parmi ses prosélytes. Ces choix furent agréés par le roi; et les commissaires ouvrirent des conférences à Issy, dans la maison de campagne de Saint-Sulpice, où des rhumatismes chroniques retenoient M. Tronson.

Pendant ces conférences M. de Harlay, archevêque de Paris, qui voyoit le faux spiritualisme s'agiter dans son diocèse, condamna par une ordonnance du 16 octobre 1694, avec des qualifications justement

V.
Panem nostrum quotidianum, etc.

Seigneur, notre pain quotidien
Ne peut être que votre grace;
Donnez-la-moi, je le veux bien;
Ne la donnez pas, je m'en passe;
Que je l'aie ou ne l'aie pas,
Je suis content dans ces deux cas.

VI.
Dimitte nobis, etc.

Si vous pardonnez mon péché,
Comme je pardonne à mon frère,
Tant mieux, je n'en suis pas fâché;
Mais si pour moi, plein de colère,
Vous me réprouvez à jamais,
Vous le voulez, je m'y soumets.

VII.
Et ne nos inducas, etc.

Seigneur, si votre volonté
Me met à ces grandes épreuves
Qui désespèrent le tenté,
Mon cœur pour vous donner des preuves
De mon humble soumission,
Consent à la tentation.

VIII.
Sed libera nos, etc.

Délivrez du mal temporel
Et du vice et de l'enfer même,
Le chrétien grossier et charnel,
Qui pour votre bonté vous aime :
Pour nous, soumis à vos arrêts,
Nous vous aimons sans intérêts.

[1] *Hist. de Fénel.*, vol. I, p. 299.

sévères, l'*Oraison mentale* du P. Lacombe, et les deux principaux ouvrages de madame Guyon, le *Moyen court* et l'*Explication du Cantique des Cantiques*. Sous l'impression de ce nouveau coup, peut-être aussi dans l'espoir de toucher favorablement ses juges, madame Guyon se retira dans le couvent de la Visitation, à Meaux. Dans le même temps, Fénelon envoyoit à Bossuet des lettres qui l'assuroient de la plus entière soumission : « Ne soyez point en peine de moi, lui disoit-il ; je suis dans vos mains comme un petit enfant ;... j'aime autant croire d'une façon que d'une autre..... Je ne tiens qu'à une seule chose, qui est l'obéissance simple ; ma conscience est dans la vôtre... Traitez-moi comme un petit écolier, sans penser ni à ma place, ni à vos anciennes bontés pour moi... Quand vous le voudrez, je vous dirai comme à un confesseur tout ce qui peut être compris dans une confession générale de toute ma vie et de tout ce qui regarde mon intérieur [1]. » Cette docilité qui *aimoit autant croire d'une façon que d'une autre* ; cette *obéissance simple*, qui mettoit sa conscience dans la conscience d'une autre, peut paroître difficile à comprendre ; mais Fénelon étoit sincère dans la profession de ses sentimens. Il vouloit aussi, « quand le pape le jugerait à propos, lui rendre compte de toute sa vie comme dans une confession générale [2] ; » mais il étoit dangereux de recevoir de pareilles marques de confiance : *le petit écolier*, devenu grand, se servit de l'offre qu'il avoit faite à Bossuet pour l'accuser d'avoir violé le secret de la confession [3] ?

Fénelon put bientôt parler de vive voix dans la commission. Louis XIV, si sévère dans le choix des évêques, mais ignorant les sentimens du précepteur de son petit-fils, le nomma à l'archevêché de Cambray ; et Bossuet, dans l'espoir d'arracher cette belle intelligence à de funestes illusions, voulut être son consécrateur, et fit ouvrir au nouveau dignitaire ecclésiastique les portes de la conférence. Déjà la commission touchoit à la fin de ses travaux ; les résolutions, formulées dans XXXIV Articles, reçurent leur rédaction définitive, et l'Archevêque de Cambray les signa comme les autres prélats. C'est que ces Articles ne sont pas une censure, mais une déclaration de doctrine ; ils ne condamnent pas directement les faux spiritualistes, mais ils

---

[1] *Lettre* du 28 juillet 1694, et *Lettres* depuis le 12 décembre 1694 jusqu'au 26 janvier 1695. — [2] *Lettre* de Fénelon à l'abbé de Chanterac, son agent à Rome, du 25 septembre 1694 ; correspondance de Fénelon sur le quiétisme.

[3] Fénelon a formulé cette odieuse accusation dans sa *Réponse à la relation sur le quiétisme*, dans un mémoire adressé à Madame de Maintenon pour justifier son refus d'approuver l'*Instruction sur les Etats d'Oraison*, et ailleurs. Ses agents répandoient à Rome la même accusation ; voir deux lettres adressées à Bossuet, l'une par son neveu le 2 septembre 1698, l'autre par l'abbé Phelippeaux le 25 novembre de la même année.

posent les principes de la vraie spiritualité. Fénelon a prétendu plus tard, et ses historiens répètent après lui, qu'il fit ajouter quatre articles à ceux que les examinateurs avoient déjà rédigés; mais la discussion le força d'en retrancher trois, et son récit n'est pas exact sur le quatrième [1]. Tout ce qu'il y a de certain, c'est qu'il fit les plus grands efforts pour sauver madame Guyon; avant son admission dans la conférence, il envoya à Bossuet de longues remarques intitulées le *Gnostique*, qui avoient pour but la justification de sa doctrine. La réponse que Bossuet fit à ces remarques, les profondes observations qu'il développa pour éclairer un ami tendrement aimé, forment un ouvrage important dans l'histoire du quiétisme.

Après les travaux d'Issy, Bossuet, retourné dans son diocèse, entoura pour la seconde fois madame Guyon des soins les plus touchans, lui donnant toutes les instructions qui pouvoient la retirer de l'erreur et la fixer dans la vérité. Madame Guyon sembla répondre à cette sollicitude paternelle : pendant qu'elle édifioit la communauté par sa douceur et sa résignation, elle témoignoit la déférence la plus entière à l'Eglise; elle signa dans un acte public les articles d'Issy, la censure de sa doctrine et la condamnation de ses ouvrages. Rassuré sur sa conduite par le témoignage des religieuses et sur sa doctrine par la profession de sa foi, l'évêque de Meaux se crut obligé de l'admettre à l'usage des sacremens et de lui donner un certificat favorable. Cette indulgence, ou plutôt cette justice lui valut la double accusation de favoriser l'erreur par une condescendance coupable dans ses principes, et de profaner les divins mystères en donnant le Saint aux chiens.

Dès qu'elle eut obtenu le témoignage écrit de Bossuet, madame Guyon quitta son couvent sous différens prétextes, à la hâte, d'une manière peu convenable; et la première chose qu'elle fit après son évasion, fut de violer tous ses engagemens. Elle devoit se retirer à la campagne, couper court à ses révélations mystiques et suspendre les actes de son ministère *apostolique* : elle se mit à prêcher, à dogmatiser, à prophétiser de plus belle. Après de longues recherches, la police la découvrit, vers la fin de 1695, cachée dans une petite maison du faubourg Saint-Antoine, et la conduisit d'abord à Vaugirard, puis à Vincennes. Dans les interrogatoires qu'on lui fit subir, elle rétracta, tant est rare la véritable obéissance, sa soumission de Meaux; elle déclara « qu'elle avoit continué d'avoir commerce avec le P. Lacombe..., et qu'elle le regardoit comme un saint homme; elle soutint... qu'elle n'avoit jamais eu de mauvaises doctrines; qu'on avoit pu condamner

---

[1] *Dernier éclaircissement sur la réponse de M*gr*. l'archevêque de Cambray aux remarques de M. de Meaux.*

ses livres pour les expressions, mais que le dogme en étoit sans atteinte ¹, etc. »

Cet inconcevable entêtement, le danger de ses principes, le nombre toujours croissant de ses prosélytes, les accusations qui se multiplioient dans la même proportion, la firent enfermer à la Bastille. Après le jugement du Saint-Siége, lorsque de longs efforts eurent extirpé la plus séduisante des hérésies, en 1702, elle put se retirer à Blois, où elle mourut en 1717, dans les transports d'une affectueuse piété ².

Dans ce qui précède, on n'a rien dit des choses extraordinaires que l'illuminée raconte d'elle-même; on n'a parlé ni de la plénitude surabondante qui « obligeoit de la délacer, » ni des torrens de graces qu'elle répandoit sur ses disciples assis à ses côtés, ni de la lumière intérieure qui « lui faisoit voir au fond des cœurs, » ni de « l'autorité miraculeuse qu'elle recevoit sur les corps et sur les ames de ceux que Notre-Seigneur lui avoit donnés, » ni de « l'état apostolique » qui lui « conféroit le pouvoir de lier et de délier; » on a passé sous silence sa maternité spirituelle, sa vocation surnaturelle pour détruire la raison humaine en établissant le règne de la sagesse divine, l'inspiration de ses écrits prouvée par la miraculeuse célérité de sa main, son esprit prophétique et ses prédictions de l'avenir, sa couronne merveilleuse formée du soleil et de toutes les vertus divines, sa qualité d'Epouse qui la rendoit plus chère à Jésus-Christ que sa sainte Mère : le lecteur verra ces extravagances et d'autres non moins incroyables, dans la *Relation de Bossuet sur le quiétisme*. On trouva dans les papiers de la sainte, pendant sa détention à Vincennes, des lettres tendres, affectueuses, de Lacombe à son élève et de l'élève à son maître Lacombe : la délicatesse des personnes chrétiennes et la charité des évêques attribuèrent ces effusions sentimentales à l'exaltation de la prophétesse et à la folie du prophète.

O vanité de la sagesse humaine! voilà l'illuminée, voilà les rêves qui ont perdu Fénelon! « Un naturel si heureux, dit le chancelier d'Aguesseau, fut perverti comme celui du premier homme par la voix d'une femme..... On vit ce génie si sublime se borner à devenir le prophète des mystiques et l'oracle du quiétisme. Ebloui le premier par l'éclat de ses lumières et éblouissant ensuite les autres, suppléant au défaut de science par la beauté de son esprit, fertile en images spé-

---

¹ Bausset, *Hist. de Fénel.*, vol. I, p. 344, d'après les manuscrits du Dr Pirot. Comp. Tabaraud, *Suppl.* à l'*Hist.* de Fénel. et de Bossuet, ch. v, n. 5, p. 200.

² Ses ouvrages sont : le *Moyen court* et le *Cantique des Cantiques*, déjà mentionnés; la *Vie* de la prophétesse écrite par elle-même, 3 vol; les *Discours chrétiens*, 2 vol.; l'*Ancien et le Nouveau Testament*, avec des *explications et des réflexions*, 20 vol.; les *Lettres spirituelles*, 4 vol.; des *Cantiques spirituels* et des *Vers mystiques*. En tout, 39 volumes.

cieuses et séduisantes plutôt qu'en idées claires et précises, voulant toujours paroître philosophe ou théologien et n'étant jamais qu'orateur..., il osa se donner à lui-même la mission de purger le quiétisme de tout ce que cette secte avoit d'odieux, de le renfermer dans ses véritables bornes, de faire le personnage d'interprète et comme de médiateur entre les mystiques et les autres théologiens, d'apprendre aux uns et aux autres la force des mots dont ils se servoient, et de se rendre par là comme arbitre suprême de la dévotion [1] » Pour qui sait comprendre, chaque mot de ce passage est un trait de lumière.

On parlera des ouvrages de Bossuet sur le quiétisme, dans les *Remarques historiques* du volume suivant.

[1] *Mémoires sur les affaires de l'Eglise.*

TRADITION

DES

NOUVEAUX MYSTIQUES.

Dans le Traité intitulé le *Gnostique* [1], etc., on propose en faveur des nouveaux mystiques, une chaîne de tradition composée de quelques Pères et de quelques auteurs modernes. On veut que *leur homme intérieur et passif soit le gnostique*, nouveau mystique de « saint Clément d'Alexandrie, qui a tant de conformité avec l'homme spirituel de saint Paul, et avec l'homme à qui, selon saint Jean, l'onction seule enseigne toutes choses : que celui-là soit le même que le contemplatif DÉIFORME de saint Denis : celui-là encore le même que le solitaire de Cassien, dont l'oraison est continuelle et dans l'immobilité de l'ame : » le même encore que ces hommes sublimes de saint Augustin, qui sont instruits de Dieu seul : et enfin que tous ceux-là ne soient qu'un avec « l'ame passive et transformée du bienheureux Jean de la Croix, avec le contemplatif de saint François de Sales toujours dans la sainte indifférence ; » et l'on y joint dans un autre écrit le contemplatif passif du P. Balthasar Alvarez et de quelques autres. Tout cela, dit-on, n'est qu'une même idée sous des noms divers, et c'est ce qu'on inculque en plusieurs endroits.

Mais au contraire, il paroîtra que tous ces auteurs, soit des premiers, soit des derniers siècles, ont des vues très différentes : que l'homme passif du bienheureux Jean de la Croix ne se trouve dans aucun d'eux : encore moins l'homme passif des nouveaux modernes, très-différent de celui du bienheureux Jean de la Croix et du P. Balthasar Alvarez, aussi bien que de l'indifférent

[1] Chap. I, 13.

de saint François de Sales ; de sorte que le contemplatif qu'on nous donne est un homme tout nouveau, très-éloigné de tous les autres, et fabriqué par les mystiques de nos jours, que je nommerai à la fin.

Pour examiner ces auteurs par ordre, je commence par le plus ancien qui est saint Clément d'Alexandrie, et je suivrai chapitre à chapitre l'auteur qui nous en expose la doctrine.

Et parce que cet auteur insinue partout, et prétend avoir bien prouvé qu'il y a eu sur la nouvelle oraison passive une tradition cachée, dont on fait un mystère au commun des chrétiens, comme on en faisoit un des sacremens aux infidèles et aux catéchumènes, il faudra bien examiner à la fin si cette prétention a quelque fondement dans les passages qu'on tourne de ce côté-là.

S. CLÉMENT D'ALEXANDRIE.

CHAPITRE PREMIER.

Idée générale de la gnose.

Ce qu'on insinue dans tout ce chapitre, c'est que par saint Clément d'Alexandrie cette gnose est un mystère qu'il ne peut pas dévoiler. Par là on prépare le lecteur à entendre *à demi mot*[1], c'est-à-dire, non-seulement à n'exiger pas une preuve claire et complète, mais encore à se contenter des moindres indices. On ne veut pas que ce secret puisse tomber sur les vérités communes du christianisme[2], et par là on commence à insinuer que c'est un état extraordinaire ; d'où l'on conclut enfin que le gnostique de saint Clément est le parfait chrétien ; ce qu'on interprète en disant « que ce parfait chrétien est l'homme passif des mystiques[3]. » Il n'y a sur tout cela qu'à demeurer en suspens, en attendant qu'on produise les paroles de saint Clément, sans s'arrêter davantage aux ingénieuses préparations de notre auteur.

[1] P. 7. — [2] P. 11. — [3] P. 19.

CHAPITRE II.

De la fausse gnose, par laquelle l'auteur prétend conclure que saint Clément n'use point d'exagération.

Ce chapitre contient encore une espèce de préparation pour insinuer au lecteur qu'il ne faut pas s'étonner qu'on ait abusé de l'oraison des nouveaux mystiques, ni qu'on les ait calomniés. On a bien abusé du nom de *gnostique :* on a voulu introduire une fausse gnose pleine d'ordures à la place de la véritable : on a calomnié le diacre Nicolas, disciple des apôtres, comme en étant un des chefs. Saint Epiphane est entré dans le blâme qu'on a donné à ce saint homme, qui étoit pourtant un véritable gnostique, c'est-à-dire un homme parfait, selon saint Clément, plus croyable comme plus ancien que saint Epiphane. Ainsi les Saints mêmes sont calomniés : des Saints les condamnent : on les confond avec ceux qui abusent de leur doctrine : on leur impute des actions honteuses, dont d'autres Saints les justifient : on les accuse d'être athées, des gens sans religion, qui ne prient pas, non plus que certains faux gnostiques avec lesquels on les range ; mais saint Clément a entrepris leur défense dans le temps qu'ils étoient le plus calomniés. A la bonne heure ; c'est qu'on peut calomnier des gens de bien et abuser de la doctrine la plus sainte. Il n'y a plus qu'à venir au fond, et laisser ces préparatoires.

SECTION I SUR LE CHAPITRE SECOND.

Suite mémorable de ce chapitre : Question, si l'auteur a bien conclu qu'il n'y a point d'exagérations dans les paroles de saint Clément.

Les réflexions de l'auteur sur la fausse gnose préparent une conclusion plus importante ; c'est que ce Père écrivant l'apologie de la gnose dans le temps qu'on la décrioit, « il n'en falloit dire que ce qu'on ne pouvoit pas s'empêcher d'en dire, et que les hommes du dehors étoient capables d'en porter. Par conséquent, poursuit-on, jamais homme n'a été plus pressé que saint Clément de retrancher toutes les exagérations, de lever toutes les équivoques dont les faux gnostiques avoient abusé, d'adoucir les expressions nécessaires, de rapprocher le plus qu'il pouvoit la gnose de la voie commune ; » ce qu'on termine en cette sorte : « Examinons donc dans cet esprit les paroles de saint Clément. » Le dessein est donc visiblement de faire voir dans cet examen, qu'il faut prendre au pied de la lettre les expressions de saint Clément.

SECTION II SUR LE CHAPITRE SECOND.

Excès qu'on attribue à saint Clément.

Je commencerai ici pour plus grande facilité, à vous adresser la parole, quand je le croirai nécessaire ; et je vous prie d'abord que nous repassions sur les éloges étonnans que vous faites donner par saint Clément à son gnostique, qui est, à ce que vous prétendez, l'homme passif des nouveaux mystiques. Je vous avouerai franchement, qu'ayant tâché de les recueillir de tout votre ouvrage, j'ai été étonné et comme interdit, quand j'en ai vu le nombre et les excès. Les seuls titres de vos chapitres ont fait un effet que je vous exprimerai fort simplement : (car mon intention est de vous parler en toute sincérité et simplicité.) Ces Messieurs (a) n'ont pas été moins frappés que moi, de voir ce gnostique, un homme mortel, ignorant et nécessairement pécheur, selon la foi catholique, qui non-seulement *n'a aucuns actes passagers* ou interrompus, *aucune variété de disposition, d'objets et de pensées,* demeurant *dans une situation immuable,* mais encore qui a acquis, dans *un état d'où l'on ne déchoit plus, une vertu exempte de chute et inamissible. Il ne lui reste pas même à désirer quelque chose de plus permanent.* Dans le titre du chapitre septième, *son état est un état d'impassibilité :* il n'a rien à désirer, *et son apathie est le fruit du retranchement total des désirs.* Aussi verrons-nous bientôt « qu'il voit Dieu face à face : il n'a besoin ni de tempérance ni de force, parce qu'il n'a plus de

---

(a) Ce furent M. l'évêque de Châlons (de Noailles) et M. Tronson, supérieur de Saint-Sulpice, qui tinrent avec M. de Meaux des conférences à Issy, au sujet de la nouvelle spiritualité. (*Edit. de Leroi.*)

mal à réprimer. C'est un homme divinisé jusqu'à l'apathie et à l'imperturbabilité, qui n'a plus de souillure : non-seulement il n'est point corrompu, mais encore il n'est point tenté, allant d'une manière immuable où la justice le demande : impassible à l'égard de la volupté, il ne peut non plus être touché par les afflictions : il est forcé à faire le bien : il le fait par nécessité ; et sa gnose, sa perfection est inamissible. L'inspiration continuelle du Verbe ne lui laisse aucun mouvement propre, et le tient dans une nécessité sans interruption pour tout le détail de la vie, sans jamais rien laisser à son choix [1]. » Dans le chapitre où l'on entreprend de faire voir que le gnostique n'a plus besoin des pratiques ordinaires, on le fait arriver à un état « où il n'y a plus ni vertus à exercer, ni tentations à vaincre. » Entre les pratiques ordinaires dont il est exempt, celle de prier et de demander est une des principales : Le gnostique encore imparfait peut bien prier, mais le parfait, qui est parvenu *à l'amour inamissible*, ne le peut plus. *Il ne désire plus rien,* parce que rien ne lui manque, et qu'il n'a plus besoin de rien, même pour l'ame : aussi « contemple-t-il Dieu face à face, avec connoissance et compréhension. » Demander « les biens invisibles ou la persévérance, ce seroit pour lui un acte imparfait et intéressé. » Qu'auroit-il à demander ou à désirer ? « Il voit Dieu face à face, il est rassasié, et n'est plus dans le pèlerinage. » Il enferme dans son état tous les dons et toutes les graces : *il a le don de prophétie* : il est apôtre par état, et la gnose *est un état apostolique* [2]. Rien n'échappe ; et il faut trouver dans saint Clément tous les excès des nouveaux mystiques. Nous verrons dans la suite par saint Clément même, ce qu'il faut rabattre de ces expressions, et à quoi ce docte prêtre les réduit lui-même. Mais on ne peut, en attendant, s'empêcher de dire qu'à les prendre comme on nous les donne, s'il n'y a point là d'exagération, s'il faut tout prendre à la lettre, il faut faire en même temps un nouvel Evangile, un nouveau christianisme pour ces parfaits. Par exemple, selon l'Evangile et selon la foi

---

[1] P. 53, 57, 103, 104, 106, 116, 117, 124, 127, 130, 137, 138, 141, 143, 150, 151, 159. — [2] Chap. IX, p. 164, 177 ; chap. X, p. 185, 203, 204, 205, 207, 214, 223, 224 ; chap. XI, p. 241, 236, 262, 283.

catholique, le juste que nous connoissons, à quelque perfection qu'il soit élevé, ne pousse jamais l'imperturbabilité jusqu'à ne pouvoir déchoir en cette vie, ni si loin que sa vertu soit inamissible. A la lettre la proposition est hérétique. Ainsi ou c'est exagération, ou c'est hérésie. J'en dis autant de cette proposition : « Le gnostique voit Dieu face à face, et il n'est plus pèlerin, » et de trente autres qu'on vient d'entendre. Cela est certain, et ce qui est plus, on en convient. « Il est évident, dit-on, que toutes ces expressions, loin de ne prouver pas ce que nous en voulons conclure, disent encore beaucoup plus que nous ne voulons. » Ce n'est pas un peu plus, c'est *beaucoup plus* [1]. Ainsi naturellement on avoue qu'on prouve trop, et par là qu'on ne prouve rien. Soi-même on ne peut pas supporter les exagérations dont on se charge ; et cependant on avoit voulu insinuer d'abord que le discours de saint Clément étoit de nature à ne pas souffrir d'exagération, et que son dessein le devoit porter plutôt à diminuer qu'à augmenter les choses.

CHAPITRE III.

De la vraie gnose.

C'est ici qu'on entre en matière en proposant son sujet ; et j'y entre aussi en disant que, par cette proposition, il paroît qu'on se met en train de ne rien prouver. Tout se réduit à quatre points. « Je dois prouver, dites-vous, 1° que la gnose n'est point le simple état de grace du fidèle : 2° qu'elle consiste dans la contemplation et dans la charité : 3° que c'est une contemplation habituelle et fixe : 4° que c'est une charité pure et désintéressée [2]. » On croira donc avoir tout prouvé, quand on aura prouvé ces quatre points ; et moi je dis au contraire, qu'on n'aura rien fait du tout. C'est ce que j'explique en faisant trois choses : premièrement, en proposant en effet ce que c'est que le gnostique et la gnose de saint Clément d'Alexandrie : secondement, en faisant voir ce qu'il y falloit prouver de plus pour établir les prétentions des nouveaux mystiques : troisièmement, en montrant que le

[1] P. 144. — [2] P. 35.

dessein de l'ouvrage que j'examine, ne tend nullement à cette fin.

SECTION I.

Ce que c'est que la gnose et le gnostique de saint Clément d'Alexandrie.

Je suppose comme une chose constante, que le dessein du saint prêtre d'Alexandrie est d'attirer les païens à la religion chrétienne, et pour cela de leur décrire, comme il le dit lui-même au livre VII, « ce que c'est que le christianisme, ce que c'est qu'un vrai chrétien, ce que c'est que la piété du chrétien [1], » pour en venir à conclure ce qu'il s'étoit proposé dès le premier livre, que *le chrétien n'est pas sans religion*, ou, comme on parloit alors, qu'il n'est pas athée ; car c'étoit l'idée que les païens se formoient du christianisme.

Ce qu'il appelle ici et partout ailleurs le chrétien, c'est ce qu'il appelle non-seulement dans ce même livre septième, mais encore dans tout cet ouvrage des *Tapisseries* (a), et dès le commencement du premier livre, *le gnostique*.

Le chrétien qu'il propose et dont il promet de donner en abrégé le modèle, est sans doute le chrétien qui remplit tous les devoirs de ce nom, et qui s'acquitte parfaitement, autant qu'il se peut en cette vie, de toutes les obligations qui y sont renfermées.

Pourquoi il appelle ce chrétien *gnostique*, et pourquoi il appelle *la gnose* la perfection du christianisme, il est aisé de l'entendre, si l'on se souvient de ces paroles de Jésus-Christ à son Père : « Ceci est la vie éternelle de vous connoître, et de connoître Jésus-Christ que vous avez envoyé [2]. »

Cette connoissance est une connoissance pratique, selon ce que dit saint Jean : « Celui qui dit qu'il le connoît, et ne garde pas ses commandemens, est un menteur : celui qui garde ses commandemens, l'amour de Dieu est parfait en lui, et c'est par là que nous connoissons que nous sommes en lui [3] ; » ce qui emporte une habitude formée de vivre selon l'Evangile. C'est là

---

[1] *Strom.*, lib. VII, p. 699, 731. — [2] *Joan.*, XVII, 3. — [3] I *Joan.*, II, 4 et 5. —

(a) *Tapisseries*, en grec Στρώματα, titre de l'ouvrage de saint Clément d'Alexandrie.

aussi ce qu'on appelle dans les Ecritures, *la science du salut*. Pour exprimer cette science, saint Paul se sert souvent du mot de *gnose*, c'est-à-dire, tout simplement, *connoissance;* et c'est cette connoissance ou cette science du Seigneur, science non spéculative mais pratique, dont Isaïe avoit prédit que toute la terre seroit remplie au temps du Messie [1]. Le gnostique n'est donc autre chose qu'un chrétien digne de ce nom, qui a tourné la vertu chrétienne en habitude : c'est en d'autres termes, cet homme spirituel et intelligent qui est lumière en Notre-Seigneur, ce chrétien parfait qui est infailliblement contemplatif, au sens que saint Paul a dit de tout véritable chrétien, « qu'il ne contemple pas ce qui se voit, mais ce qui ne se voit point [2]. » Je ne vois point qu'il y faille entendre d'autre finesse, ni sous le nom de *gnose*, un autre mystère que le grand mystère du christianisme bien connu par la foi, bien entendu par les parfaits, à cause du don d'intelligence, sincèrement pratiqué et tourné en habitude. Saint Clément ne le laisse pas à deviner; et il répète cent et deux cents fois, que sous le nom de *connoissance*, il entend l'habitude de la vertu chrétienne acquise par un exercice continuel; et sous le nom de *gnostique*, le chrétien qui a formé cette habitude.

Quand on assure que « le chrétien parfait est l'homme passif des mystiques modernes [3], » on tombe dans le défaut d'attribuer à un état extraordinaire et particulier d'oraison, ce qui convient en général au christianisme mené à la perfection par les voies communes. Les mystiques sont d'accord que sans ces états extraordinaires et passifs, on parvient à un degré éminent de sainteté et de grace, jusqu'à être canonisé : tous les chrétiens qui sont en cet état de sainteté et de grace sont sans doute des chrétiens parfaits, des contemplatifs par la foi, qui ont tourné le christianisme en habitude parfaite, qui vivent de foi, d'espérance et de charité, des gens dont la demeure est dans le ciel.

Ce seroit assurément une erreur et une présomption condamnable et condamnée que de dire, que sans l'oraison extraordinaire et passive on ne peut pas être un saint. Or ce saint sera le

---

[1] *Isa.*, II. — [2] II *Cor.*, IV, 18. — [3] P. 19.

gnostique de notre docte prêtre, c'est-à-dire que ce sera sans difficulté un homme spirituel et parfait. Il ne m'en faut pas davantage pour expliquer tout le système de ce Père. Sans doute il n'a pas dessein de proposer aux païens l'oraison passive, ni un état extraordinaire; ce n'eût point été par là qu'il eût fallu commencer. C'est au christianisme qu'il les appeloit, et pour cela il leur en montroit l'excellence et la perfection, telle qu'on la pouvoit acquérir, en suivant les maximes communes prescrites par la religion. Il en vouloit faire de bons chrétiens, de vrais chrétiens, des chrétiens spirituels, en un mot des saints; et je n'en veux pas davantage pour expliquer tous les endroits qu'on nous oppose.

SECTION II.

Que l'idée que l'on vient de proposer du gnostique satisfait à tous les passages de ce Père.

Voilà mon idée sur le gnostique de saint Clément d'Alexandrie. Si vous voulez, ne la prenez pas encore pour véritable. Conférez tous vos passages avec cette idée, et voyez si elle en remplit toute la force. Mais comme cela consiste en discussion, permettez-moi seulement d'appliquer à cette idée les quatre propositions auxquelles vous réduisez tout votre dessein.

« 1° Je dois prouver, dites-vous, que la gnose, la connoissance, la science du salut, n'est point le simple état du fidèle [1]. » J'en conviens, car c'est l'état du fidèle qui a tourné la piété en habitude : 2° continuez-vous, « qu'elle consiste dans la contemplation et dans la charité; » j'en conviens encore; car tout fidèle parfait est contemplateur par la foi de ce qui est éternel et invisible, comme nous l'avons appris de saint Paul; et pour ce qui est de la charité, tout le monde sait qu'elle est la perfection du christianisme. Vous ajoutez, en troisième lieu, « que c'est une contemplation et une charité fixe et habituelle : » qui en doute, puisque l'état que je vous propose, comme celui du gnostique de notre saint prêtre, présuppose dans le chrétien l'habitude déjà formée de la foi, de l'espérance et de la charité? Mais enfin vous

[1] P. 36.

croyez montrer ce qu'il y a de plus exquis dans l'oraison extraordinaire, en mettant dans votre quatrième et dernière proposition, que la charité du gnostique est pure et désintéressée, c'est-à-dire qu'elle n'a pour motif ni la crainte ni l'espérance ; et peut-être ne songez-vous pas à l'opinion de l'Ecole, qui bien loin d'attribuer ce parfait désintéressement de la charité à un état parfait, en fait l'essence de la charité dans les premiers degrés.

Ainsi selon vous-même vous ne pouvez rien dans tout votre discours, puisque tout ce que vous vous proposez d'y prouver, après tout ne fera qu'un saint, qui sans aucune oraison extraordinaire, par la pratique constante des vertus, sera établi dans l'habitude d'aimer Dieu uniquement pour lui-même.

Vous direz : Si ce n'étoit que cela, seroit-ce un si grand mystère ? si grand que les païens n'étoient pas capables de le porter à découvert. Car il enferme l'adoration du Père, du Fils et du Saint-Esprit, l'incarnation de Jésus-Christ, l'obligation de se conformer à la vie de ce Dieu Homme : il enferme notre union parfaite avec lui par la foi, autant qu'il est permis en cette vie ; qui est précisément à quoi saint Clément vouloit porter les païens, et les rendre capables peu à peu d'entendre la vie céleste qu'il falloit mener en Jésus-Christ. Mais nous aurons à parler ailleurs du secret de notre savant prêtre. Il me suffit présentement d'avoir démontré que quand vous auriez prouvé vos quatre propositions, vous n'auriez rien fait du tout.

SECTION III.

Ce que l'auteur avoit à trouver selon son dessein dans saint Clément d'Alexandrie, de l'homme passif des nouveaux mystiques.

On demandera : Que falloit-il donc prouver pour aller au but ? Il est aisé de le dire : il falloit prouver et trouver dans saint Clément ce qui est particulier aux nouveaux mystiques.

Et d'abord, si l'on vouloit établir par la doctrine de ce Père celle du bienheureux Jean de la Croix, il falloit montrer dans saint Clément cette impuissance, cette impossibilité absolue de discourir, qui est le signal nécessaire pour passer à l'état contemplatif. C'est de quoi l'on ne trouve pas un seul vestige dans ce Père; et quand nous serons venus au chapitre où il est parlé de l'état passif, on verra combien foiblement, ou pour mieux dire, combien nullement on en fait la preuve

Mais je prétends, et j'ai déjà dit, que l'homme passif de ce bienheureux n'est pas celui des nouveaux mystiques. Ils y ont ajouté que l'homme passif n'a qu'un seul acte continué de contemplation, qui ne se peut ni ne se doit renouveler, ni réitérer, si ce n'est quand on est sorti de la voie, surtout par quelque réflexion. Les suites de ce principe sont que cet acte étant toujours uniforme, il n'admet ni demandes, ni actions de graces, ni aucun autre acte quel qu'il soit, parce que ce seroit, dans cet acte unique, une diversité et une sorte d'interruption qu'il ne souffre pas. Cet acte par la même raison ne s'occupe ni des attributs, ni des Personnes divines, ni en particulier de Jésus-Christ; car tout cela ne s'accorde pas avec l'uniformité de cet acte, et il en seroit diversifié. Au reste avec cet acte il n'est pas permis d'user du libre arbitre pour en produire quelque action, rien autre chose n'étant permis que d'attendre uniquement ce que Dieu voudra exciter en nous; ce qui est tenter Dieu manifestement, et introduire parmi les chrétiens une sorte d'inaction que les Saints n'ont jamais connue.

Au lieu donc de se proposer seulement les quatre propositions qui composent, comme on a vu, l'état de tous les Saints, il falloit entreprendre de prouver ces propositions inouïes des nouveaux mystiques; mais on n'en dit pas un mot dans la proposition du sujet, c'est-à-dire qu'on a caché au lecteur ce qu'il y avoit à prouver; et l'on croit avoir assez fait d'alléguer ensuite des excès, dont on tire les conséquences qu'on veut, et que nous allons voir en détail.

CHAPITRE IV.

La gnose consiste dans une habitude d'amour et de contemplation.

SECTION I.

Examen du premier passage qui est produit dans ce chapitre, où il est parlé de l'admiration.

Le premier passage qu'on produit dans ce chapitre en faveur des nouveaux mystiques[1], est celui où saint Clément rapporte ces paroles de saint Mathias : « Admirez les choses présentes; établissant, poursuit saint Clément, l'admiration comme le premier degré de la connoissance qui doit suivre[2]. » Il cite encore un autre passage tiré de l'Evangile selon les Hébreux, où il est écrit : « Celui qui admirera règnera : » et tout cela pour montrer la conformité de la doctrine des philosophes avec la doctrine chrétienne, à cause que les philosophes ont posé « l'admiration comme le commencement de la philosophie. »

Là-dessus il produit Platon dans le *Théactète* (a) : il pouvoit citer Aristote pour la même chose. En cela, il n'y a rien là de fort merveilleux, et l'on apprend aux enfans que l'admiration des effets a donné lieu à la recherche des causes, qui n'est autre chose que la philosophie. Qui doute qu'il n'en soit autant arrivé dans la prédication de l'Evangile? On admiroit les choses présentes, c'est-à-dire ou les miracles de Jésus-Christ et des apôtres, ou le manifeste accomplissement des prophéties, ou si l'on veut, la constance des martyrs et la vertu admirable des chrétiens : on étoit porté à en rechercher la cause, et en la cherchant on trouvoit le christianisme et Jésus-Christ même. C'est ainsi qu'on devenoit chrétien[3], comme c'est ainsi qu'on devenoit philosophe. Saint Clément, qui pour attirer les philosophes à la religion, cherche toutes les convenances entre la philosophie et le christianisme, a remarqué celle-ci, et l'on tâche de nous faire accroire qu'il a eu en vue la même chose que les nouveaux mystiques,

---

[1] Chap. IV de l'auteur, p. 50. — [2] S. Clem., *Strom.*, lib. II, p. 380. — [3] Tertul., *Apolog.*

(a) Ou plutôt *Théétète*.

« qui mettent la contemplation dans une admiration amoureuse sans raisonnement, pour la distinguer de la méditation discursive par actes réfléchis. » Mais c'est ici tout le contraire. L'admiration ne commençoit la philosophie que parce qu'elle faisoit réfléchir sur les effets, et ensuite rechercher les causes. L'admiration des merveilles qui se faisoient aux yeux du monde dans l'établissement de l'Evangile en faisoit autant. Qu'y a-t-il de plus naturel? En tout cas, l'admiration est un signe trop équivoque de la contemplation passive, pour être ici alléguée en preuve. Tout le monde étoit ravi en admiration des paroles de grace qui sortoient de la bouche de Jésus-Christ, et par là on étoit porté à y croire. A la vue du ciel et de la terre, et des autres ouvrages de Dieu, David s'écrioit : « Seigneur, que votre nom est admirable par toute la terre [1] ! » et après s'être porté par ce motif à le célébrer, il en revient encore à l'admiration. Seroit-ce là l'oraison de passiveté, ou une affection générale qui convient à tout chrétien qui s'élève à Dieu par les créatures? Tout est passiveté à qui la cherche partout, et il ne faut qu'avoir nommé l'admiration comme le principe de la philosophie chrétienne, comme elle l'est de la naturelle, pour faire conclure: *Voilà le gnostique,* c'est-à-dire *l'homme passif,* dont le partage est de contempler et non de méditer.

SECTION II.

Autres passages produits, dont l'effet est tout contraire à celui qu'on a prétendu : restriction importante de saint Clément dans les choses de perfection qu'il attribue à son gnostique.

Le second passage est remarquable, où saint Clément ayant parlé *de cette force permanente de contempler et de posséder la vivacité de la science,* ajoute que le *gnostique,* l'homme éclairé, intellectuel et spirituel *fait tous ses efforts pour l'acquérir* [2]. Nous verrons ailleurs que ces efforts durent toute la vie, et que la distinction qu'on peut faire de ce côté-là du gnostique commençant et du gnostique parfait est sans fondement. Contentons-nous ici de remarquer que celui qui fait ses efforts est déjà gnostique, c'est-à-dire déjà parfait. En un autre endroit, saint Clément dit

[1] *Psal.* VIII, 1, 10. — [2] *Strom.*, lib. VII, p. 725.

dans le même sens, « que la ressemblance avec Dieu consiste, autant qu'il est possible, à conserver dans son esprit une seule disposition à l'égard des mêmes choses [1]. » Encore dans un autre endroit, il met cette ressemblance « à être juste comme Dieu, et uni autant qu'il se peut à son Esprit-Saint. » Il y a sans exagérer cinquante endroits, où parlant de ces permanences de contemplation et ressemblances avec Dieu, il ajoute comme un correctif nécessaire cette restriction, *autant qu'il se peut;* nous apprenant par là à la sous-entendre partout: ce qui dans la suite nous fera connoître que le gnostique, l'homme parfait n'est jamais sans quelque effort, parce qu'il ne parvient jamais à la perfection où il tend; et cela est si naturel, que je m'étonnerois beaucoup qu'on pût penser autrement. Quand donc on trouve si souvent dans saint Clément le repos, la tranquillité, l'immobilité, la ressemblance avec Dieu, et le reste, il faut suppléer *autant qu'il se peut.* Et loin de conclure des fortes expressions de ce Père, qu'on est absolument dans la permanence, dans la perpétuité de la contemplation, et le reste, il faudroit conclure au contraire qu'on y est autant qu'il se peut, autant que la condition d'une vie mortelle le peut souffrir. Or elle ne souffre pas qu'on soit toujours dans l'acte permanent de la contemplation, comme on verra en son lieu. Ce que l'ame peut et ce qu'elle fait, c'est de conserver toujours, comme le dit saint Clément, à l'égard des mêmes objets, autant qu'il lui est possible, les mêmes dispositions, les mêmes pensées; non pas qu'on puisse toujours y penser actuellement, mais parce que toutes les fois qu'on y pense on en juge toujours de même; et c'est en ce sens qu'on conclut, non pas la succession, mais la diversité des pensées, comme il sera démontré ailleurs, puisque aussi bien l'auteur des *Remarques* nous renvoie lui-même *à ce qu'il en dira en parlant de l'immutabilité de la gnose.*

Nous traiterons aussi plus commodément ailleurs cette question: si le gnostique de notre saint prêtre a cessé d'être discursif, comme on le prétend, ou même de le pouvoir être; comme il faudroit le prouver, pour faire du gnostique un homme passif au sens des mystiques.

[1] *Strom.*, lib. IV, p. 530.

Au reste tout ce qu'on rapporte, dans ce chapitre quatrième des *Remarques* [1], de l'habitude de la contemplation, confirme entièrement mon système. Tout ce que dit saint Clément de la stabilité du chrétien dans la contemplation, sans supposer ni passiveté ni rien d'extraordinaire, ne présuppose autre chose que la force de l'habitude, comme ce Père ne cesse de le répéter. Cette force dure à sa manière dans la nuit comme dans le jour. Il ne faut pas s'étonner, ni rapporter à des états extraordinaires que les songes soient plus réglés. Nous verrons que ce bon effet, comme celui de régler les images de notre imagination vagabonde et de notre esprit trop actif, doit suivre naturellement de l'habitude, qui tient l'esprit et le corps dans la sujétion. On parle beaucoup ici de Cassien [2]. On examinera, en expliquant cet auteur, quel rapport il peut avoir avec saint Clément ; mais je crois alors démontrer qu'il n'en a aucun avec les nouveaux mystiques. Quant à la contemplation par négation, qu'on amène ici, ce me semble sans nécessité [3], nous en parlerons amplement en parlant de saint Denis ; et tout cela ne sert de rien aux nouveaux mystiques, puisque cette manière de contempler Dieu, en disant plutôt ce qu'il n'est pas qu'en affirmant ce qu'il est, ne présuppose ni passiveté ni aucune de ces impuissances sur lesquelles les nouveaux mystiques fondent leurs états.

CHAPITRE V.

La gnose est une habitude de charité pure et désintéressée.

J'examinerai ce chapitre avec celui où il est parlé du désir, qui est le dixième. Je répéterai seulement que l'opinion de l'Ecole, qui met, non pas la perfection, mais l'essence même de la charité dans cette pureté et désintéressement de l'amour, qui est celle que vous suivez avec les nouveaux mystiques, ne permet pas de conclure que ce désintéressement soit un état particulier. Que si vous dites que cet état particulier consiste dans la perfection de ce désintéressement, et que cette perfection ne se trouve

[1] P. 52, etc. — [2] P. 54, 55. — [3] P. 57.

que dans l'état passif, je vous demanderai si vous prétendez que tous les Saints, et en particulier tous les saints martyrs, aient été dans cet état, ou l'aient même connu. Nous avons les instructions qu'on a données aux martyrs, où certainement il n'y a ni trait ni virgule qui tende là. Bien au contraire nous verrons bientôt qu'on leur inspire tous les sentimens que vous y croyez opposés. Cependant c'étoient ceux qu'il falloit instruire dans cet état et les y former, puisqu'ils étoient appelés à pratiquer la plus grande charité, qui est, comme dit Notre-Seigneur, celle de donner son ame pour son ami.

Saint Clément s'est embarrassé aussi bien que Cassien, en cela son imitateur, lorsqu'il a séparé *les biens que l'œil n'a pas vus, ni l'oreille entendus*, et qui sont réservés à la parfaite charité, d'avec le *centuple* promis à ceux qui ont cru simplement, et qui ont agi purement par espérance; comme si Jésus-Christ avoit séparé la vie éternelle, qui comprend ces biens, d'avec le centuple, ou que sans la charité, qui n'est jamais sans ce désintéressement, on pût avoir quelque part aux promesses spirituelles de son Evangile. *Ce lieu*, dites-vous, *doit être adouci*[1]. Je laisse cela à part, et je recevrai votre adoucissement quand vous en serez content vous-même. Je laisse encore à part dans le même endroit de ce Père[2] le discours où il semble présupposer que les vrais martyrs, qui scellent leur foi par leur sang dans le sein de la charité, qui est celui de l'Eglise, peuvent être sans charité. Ce n'est pas ce que croit l'Eglise, qui les mettant tous à la tête de tous les Saints dont elle honore la mémoire, leur attribue la charité dans le degré éminent, dans la plus parfaite imitation de celle de Jésus-Christ. Je laisse, dis-je, tout cela, et quoi qu'il en soit, on m'accordera du moins que les martyrs étoient appelés à l'acte et à l'habitude de la charité la plus parfaite. Mais si elle dépend de l'état passif, il falloit donc leur apprendre cet état. Cet état étoit-il un mystère, même pour les martyrs? Non, sans doute; et si quelques chrétiens méritoient qu'on leur revélât ce secret, c'étoient les martyrs. Tout est plein dans l'antiquité des instructions qu'on leur donnoit, et des actes qu'ils faisoient eux-mêmes parmi

[1] P. 78. — [2] *Strom.*, lib. IV, p. 519.

les coups et sous la hache des persécuteurs, sans qu'en tout cela on voie le moindre trait de passiveté.

CHAPITRE VI.

La gnose est une contemplation permanente.

Ce chapitre a une liaison nécessaire avec celui qui suit, où il est traité *de l'état d'impassibilité de la gnose;* et l'on ne verra que sur ce chapitre la parfaite résolution des difficultés. Néanmoins pour suivre les *Remarques*, autant qu'il sera possible, pied à pied, nous ferons les réflexions suivantes sur ce chapitre sixième. .

SECTION I.

Explications générales, ou clefs des expressions de saint Clément.

Pour réduire les expressions de saint Clément à leur juste mesure par lui-même, il faut premièrement y sous-entendre les restrictions qu'il y apporte ordinairement, comme celle-ci : « Autant qu'il se peut, » ainsi qu'il a été dit. Par exemple, on nous allègue souvent que ce Père fait comprendre Dieu à son gnostique. La solution générale à tous ces passages, c'est qu'il a dit en un autre endroit ce qu'il faut suppléer partout : « On comprend Dieu autant qu'il se peut [1]. »

Il y a d'autres restrictions de même nature que celle-ci. On tire un grand avantage de ce que ce Père donne si souvent son gnostique comme un homme si parfait : sous-entendez, comme il l'explique en d'autres endroits, « parfait autant qu'il est permis à un homme [2]; » ou encore plus clairement : « Le gnostique, quoique d'un mérite plus grand, selon qu'il se peut parmi les hommes, ne sera pourtant point appelé parfait étant en la chair ; car ce terme est réservé à la fin de la vie [3] ; » ce qui lui avoit fait dire dans le même endroit : « Pour de parfait en toutes choses, je ne sais s'il y en a d'autre que Jésus-Christ [4]; » c'est-à-dire, sans difficulté, je n'en connois point.

[1] *Strom.*, lib. I, p. 355. — [2] *Ibid.*, lib. I, p. 666. — [3] *Ibid.*, lib. IV, p. 526. — [4] *Ibid.*, lib. IV, p. 525.

On s'appuie principalement sur ce terme d'*apathie* et d'*habitude*, d'*apathie* ou d'*impassibilité*, si souvent attribué par saint Clément à son gnostique ; mais si l'on avoit remarqué cette restriction : *Habitude d'apathie, pour ainsi dire* [1], ce seul correctif auroit empêché bien des conséquences outrées et insupportables.

En général les grands mots exagératifs portent en eux-mêmes leurs restrictions dans leur propre excès, et l'on voit bien naturellement qu'ils demandent un correctif; mais quand ce correctif est apporté par l'auteur même, le dénouement est certain, et il n'est pas permis de s'y tromper.

C'est encore un autre correctif de la même expression d'apathie, que de dire que le gnostique tâche d'approcher de celle de Notre-Seigneur; c'est-à-dire que son apathie n'est pas une perfection où il soit parvenu, mais un effort pour y parvenir, qui est le langage commun de tous les Saints, comme on verra.

La seconde solution générale de ces sortes de passages, c'est de les entendre par comparaison. Par exemple, la vertu par habitude, qui est celle que saint Clément attribue partout à son homme spirituel, est fixe et permanente, immobile, par comparaison à une simple disposition encore changeante et douteuse des commençans. C'est par cette sorte de comparaison que les philosophes eux-mêmes attribuent à l'habitude un état fixe, et par là une certaine immobilité, à la différence de ces premières dispositions changeantes et incertaines.

C'est ce qu'explique saint Clément par ces paroles : « Tant que la partie principale de l'ame demeure dans un changement et dans l'instabilité, la force de l'habitude ne s'y peut pas conserver [2]. » Il a donc fallu établir quelque chose de permanent et immuable de soi pour expliquer la nature de l'habitude; ce qui ne suppose ni passiveté, ni aucune voie extraordinaire, mais la seule définition de l'habitude formée.

J'ajoute en troisième lieu, qu'il faut regarder ce discours où l'on donne l'idée et la forme d'un homme parfait, dans le même sens qu'en donnant l'idée d'un roi ou d'un capitaine, on énonce ce qui doit être et où l'on doit tendre, plutôt que ce qui est en effet. Un

[1] *Strom.*, lib. IV, p. 528. — [2] Lib. VI, p. 653.

roi fait toujours justice : un capitaine n'est jamais surpris, il prévoit tout, il est prêt à tout, et ainsi du reste. Ainsi un homme spirituel est imperturbable, c'est-à-dire il le doit être, et telle est la fin qu'on se propose. C'est ce qu'explique en termes formels saint Clément lui-même (a). . . . .

SECTION II.

Locutions plus particulières, et preuves que le gnostique fait toujours de nouveaux efforts.

Saint Clément dit que le gnostique, qui est déjà arrivé à être le maître de lui-même et à contempler toujours, s'applique, autant qu'il peut, à posséder la puissance de la contemplation. Comment il peut s'appliquer à posséder ce qu'il a, il est aisé de l'entendre ; c'est à cause qu'il n'est jamais si absolument possesseur de cet état, qu'il n'ait toujours besoin de s'appliquer à le posséder de plus en plus. Car les plus parfaits veulent toujours devenir plus parfaits, et ne cessent de se proposer au-dessus de tout ce qu'ils ont une perfection souveraine, dans laquelle néanmoins ils tendront encore plus haut. Saint Paul nous en est un bon témoin, et il montre à ceux qu'il nomme parfaits, qu'ils doivent toujours s'étendre à une perfection plus éminente, sans jamais se relâcher de leurs poursuites, ni cesser de désirer leur avancement, comme la suite le montrera plus clair que le jour. Conformément à cette doctrine, celui qu'on nous donne comme un gnostique des plus parfaits, « qui est contraint à être bon, et qui de bon et fidèle serviteur est parvenu à être ami par la charité, à cause de la perfection de l'habitude qu'il a acquise pure-

---

(a) Il se trouve ici une lacune d'une page à peu près. On en trouvera encore quelques autres dans la suite, qu'on aura soin de marquer. Lorsque M. de Meaux travailloit à son *Instruction sur les états d'oraison*, il crut devoir y faire entrer plusieurs endroits de cet ouvrage, qui convenoient à la matière qu'il traitoit alors. C'est ce qu'on voit principalement dans le sixième livre de cette instruction, où il emploie l'autorité de saint Clément. L'illustre auteur, qui ne destinoit point cet ouvrage à l'impression, parce qu'il se flattoit que M. Fénelon, contre lequel il ne vouloit point faire d'éclat, se rendroit à ses raisons, ne faisoit aucune difficulté d'employer, quand l'occasion s'en présentoit, des matériaux tout trouvés et tout disposés ; et voilà la vraie raison des lacunes qu'on trouve dans la *Tradition des nouveaux mystiques*. (*Edit. de Leroi.*)

ment par la discipline et par un grand exercice (le voilà, ce me semble, assez parfait)[1]; » et néanmoins celui-là même « fait de grands efforts pour arriver à la souveraine perfection de la connoissance, orné dans ses mœurs, établi dans l'habitude, ayant toutes les richesses du véritable gnostique. » On désire donc encore quand on a la connoissance parfaite, et non-seulement on désire, mais encore on fait des efforts pour passer plus outre.

C'est donc en vain qu'on cherche dans saint Clément le passif des nouveaux mystiques, qui est si plein, que loin d'avoir à faire aucun effort, il ne pousse pas même un seul désir, et ne fait à Dieu aucune demande. Mais tout cela, c'est une idée que nous verrons combattue par cent passages de saint Clément qu'on lui veut donner pour patron.

SECTION III.

SECTION IV.

Si le gnostique exclut tout raisonnement discursif.

L'auteur des *Remarques* prétend que « toutes ces expressions (a) marquent clairement une contemplation habituelle sans actes réfléchis et distincts. » Et un peu après : « Elle ne consiste point, dit-il, en actes réfléchis et passagers, ce qui enfermeroit des retours et des interruptions. » Le contraire paroîtra bientôt : mais pour aller au principe, il faut voir, avant toutes choses, si saint Clément a exclu le raisonnement discursif.

Et d'abord nous venons de voir que la science de son gnostique ou contemplatif est « une ferme compréhension de la vérité, qui par des raisons certaines et invariables nous mène à la connoissance de la cause [2]. » Or cet état, où l'on procède par les vraies raisons à la connoissance de la cause, est un état discursif. Notre saint prêtre n'a donc pas exclu cet état de celui de son gnostique.

« Le gnostique, dit-il ailleurs[3], use très-bien de la science; » et un peu après : En contemplant en elle-même la substance qui

---

[1] *Strom.*, lib. VII, p. 735, 736. — [2] *Ibid.* p. 695. — [3] *Ibid.* lib. VI, p. 654, 655.
(a) Sans doute celles qui étoient dans la troisième édition.

fait l'objet de la géométrie et se la rendant familière, il atteint par l'intelligence la nature du continu, et la substance immuable qui est différente de tous les corps. » Voilà un homme qui procède par la connoissance de la nature du corps, à celle de la nature incorporelle et immuable, c'est-à-dire à celle de Dieu. Il continue : « L'astronomie l'élevant au ciel et aux révolutions des étoiles, il considère sans cesse les choses divines et ce beau concert de toutes les parties de l'univers, qui a conduit Abraham à la connoissance du Créateur. » Il poursuit : « La dialectique sert au gnostique à faire la division des genres dans leurs espèces, et la différence des êtres, jusqu'à ce qu'il soit arrivé aux premiers et aux plus simples. » Il conclut qu'il faut obéir au Prophète qui parle ainsi : « Cherchez Dieu et affermissez-vous dans la vérité ; cherchez sa face en toute manière [1], » car Dieu ayant parlé en tant de sortes, on ne le connoît pas par une seule voie. Le gnostique ne regarde donc pas les sciences comme des vertus, et ce n'est pas pour cela qu'il en apprend plusieurs ; mais s'en servant comme de secours pour faire la distinction des choses communes et des propres, il les emploie à la connoissance de la vérité. » Je ne veux pas conclure de là, ni que tout le monde soit obligé à tous ces discours, ni qu'il s'en faille toujours servir ; mais seulement que les connoissances et les actes discursifs, loin de répugner au genre de l'état du gnostique, au contraire sont pour lui un des moyens de chercher la face du Seigneur.

C'est encore dans le même esprit que saint Clément dit ailleurs [2] « que la science gnostique est la contemplation de la nature ; » sans doute parce qu'elle élève le spirituel à la connoissance et à l'amour de Dieu.

Tout cela est d'un esprit bien différent de celui des nouveaux mystiques, qui dans leur état passif, qui est le seul qu'ils reconnoissent pour contemplatif, non-seulement ne reçoivent plus ces progrès de la créature au Créateur, qu'ils relèguent à l'état plus bas de la méditation, mais ne veulent même pas permettre qu'on se serve de Jésus-Christ et des mystères de son humanité pour aller à Dieu. Au contraire, à toutes les pages de saint Clément

[1] *Psal.* civ, 4. — [2] *Strom.*, lib. IV, p. 475.

d'Alexandrie on verra dans le gnostique une considération perpétuelle des paroles et des actions de l'Homme-Dieu pour s'exciter à lui ressembler. C'est un raisonnement que ce Père ne fait jamais quitter à son gnostique; et je le prouverois par cent passages, si je ne croyois inutile de rechercher avec soin ce qu'on trouvera sous sa main à l'ouverture du livre. En général on ne trouvera aucun endroit de ce Père où il sépare le μελετᾶν, c'est-à-dire la méditation, ni le λογικὸν et les autres mots qui signifient le raisonnement, d'avec l'état contemplatif ou gnostique; au contraire on les voit partout marcher ensemble : et si l'on répond qu'il parle plus en général et ne vient pas à ces précisions, c'est par là même que je conclurai qu'elles lui sont inconnues, ou du moins qu'elles ne sont point, comme on prétend, l'objet de son livre.

Mais passant plus outre, je dis qu'à bien plus forte raison, il n'a pas intention d'exclure de l'état gnostique ou parfait les efforts, au sens qu'on dira, ni les actes distincts et réfléchis que nous allons voir qu'il fait faire en grand nombre à son gnostique. En attendant, nous voyons que ces actes ne répugnent pas à la nature de la connoissance que ce Père se propose de nous expliquer.

SECTION V.

De la contemplation par négation du simple regard amoureux, et de l'exclusion des attributs.

Il faut bien trouver dans saint Clément le *regard amoureux ;* mais afin que ce soit celui des mystiques, il doit exclure toute idée distincte. C'est une notice générale et confuse de Dieu sans attributs, ni absolus, ni relatifs. En cette sorte ils entraînent nécessairement une succession de pensées contre les principes des nouveaux mystiques ; mais c'est ce que saint Clément ne connut pas. « Dieu, dit-il, est infini et sans figure, et ne peut être nommé [1]. Quoique nous le nommions quelquefois improprement et en le nommant Dieu, ce qu'on ne peut faire proprement, et que nous le nommions Un, ou Bon, ou Intelligence, ou Celui qui

---
[1] *Strom.*, lib. V, p. 587.

est, ou Père, ou Dieu, ou Créateur, ou Seigneur, nous ne prétendons point par là dire son nom; mais nous nous servons de tous ces beaux noms à cause de notre disette... Car aucun d'eux pris à part n'exprime Dieu, mais tous ensemble en indiquent la souveraine puissance. » Voilà comment on est contraint, pour connoître Dieu, de conduire son esprit sur plusieurs idées, étant impossible d'en trouver aucune dont on soit content; de sorte que tout se termine à se perdre dans quelque chose de plus inconnu.

Parmi toutes ces idées, les mystiques, à qui il n'en faut qu'une seule et encore la plus générale, s'attachent à celle-ci : *Celui qui est:* et c'est en effet la plus grande, comme la plus simple de toutes. Mais saint Clément d'Alexandrie la range avec les autres, dont le concours est nécessaire pour exprimer Dieu à notre manière imparfaite. On voit aussi qu'il ne s'astreint pas, et qu'il n'astreint pas son gnostique à la manière négative de connoître Dieu. Ainsi en toutes façons il admet dans l'état contemplatif la succession des pensées ; et l'une et l'autre méthode, je veux dire l'affirmative et la négative, sont toutes deux excellentes dans les voies de Dieu, puisqu'elles aboutissent également à le reconnoître incompréhensible.

Je ne vois pas au surplus quel avantage on peut tirer de ce que saint Clément préfère la manière négative. Elle n'est pas plus passive que l'autre, ni par conséquent plus favorable aux nouveaux mystiques. On vient par raisonnement à connoître qu'on ne peut rien dire de Dieu qui soit digne de sa perfection, comme on vient par raisonnement à dire qu'il est parfait. La foi enseigne aussi également l'un et l'autre, et l'on n'a besoin ni pour l'un, ni pour l'autre, de la passiveté des mystiques.

Quant à l'exclusion des images, qu'on trouve en beaucoup d'endroits de saint Clément, il entend ordinairement les images corporelles de Dieu, qui sont comme autant d'idoles que se forgent dans leur esprit les hommes charnels. Il entend aussi quelquefois toutes les images sensibles, qui se mettent entre Dieu et nous. Mais les nouveaux mystiques poussent la chose bien plus loin, puisque par les images qu'ils excluent, souvent ils entendent les idées distinctes, et souvent même celle de Jésus-Christ homme : deux choses, comme on a vu, directement opposées à ce Père.

SECTION VI.

Fortes expressions de saint Clément sur l'immutabilité, qu'il attribue à son gnostique.

Il en faut maintenant venir aux expressions dont on se prévaut le plus, qui sont celles où saint Clément dit, principalement au septième livre [1], que le gnostique ne peut déchoir, et que sa vertu est inamissible. Or l'on pourroit demander d'abord : Que prétendez-vous? quoi? que ces propositions sont véritables, ou qu'encore qu'elles soient fausses jusqu'à l'hérésie formelle, et expressément condamnées, il est permis de les avancer, et encore sans correctif, et même ne pas observer le correctif de saint Clément, car le voici aux mêmes endroits que vous citez [2]. « L'habitude devient naturelle à celui qui s'en fait par l'exercice gnostique (parfait), une vertu qu'on ne peut plus perdre (inamissible) ; car comme la pesanteur est assignée et attribuée à la pierre, ainsi la science inamissible l'est à celui dont nous parlons, non involontairement (comme la pierre), mais de son bon gré par la puissance raisonnable (gnostique, intellectuelle et parfaite) et prévoyante. » Vous tirez avantage de la comparaison de la pierre, mais votre auteur ne s'en sert que pour montrer au contraire, de la différence entre une pierre qui agit sans volonté, et le gnostique qui agit *volontairement* et librement, *par raisonnement, par intelligence, par prévoyance;* et c'est pourquoi il continue : « Il parvient donc (le gnostique ou l'homme parfait) à ne pouvoir perdre la vertu, parce qu'il ne peut perdre la précaution ; il vient par la précaution à ne pécher plus, et par le bon raisonnement, τῆς εὐλογιστίας, à rendre la vertu inamissible. Il paroît que la gnose (la connoissance pratique et parfaite de la vertu chrétienne) donne le bon raisonnement, puisqu'elle apprend à discerner ce qui peut donner du secours pour la permanence de la vertu. La gnose (la connoissance) de Dieu est donc une très-grande chose, puisque

[1] *Strom.*, lib. VII, p. 725, etc. — [2] *Ibid.*, p. 720.

par elle on conserve ce qui rend la vertu inamissible ; » c'est-à-dire, comme on a vu, la prévoyance, la précaution, le bon raisonnement, que le gnostique comme gnostique conserve toujours, et ne peut pas ne pas conserver, tant qu'il est gnostique, encore qu'il le conserve *volontairement* et librement, ce qui est toujours, comme vous savez, la même chose dans saint Clément en cent endroits.

Vous avez vu ce passage, vous l'avez cité, et vous en faites votre fort. Dites-vous donc à vous-même pourquoi vous n'y avez pas vu ces prévoyances, ces précautions, ce bon raisonnement du gnostique, et tout ce qu'il conserve pour rendre la vertu inamissible, non plus que la connoissance et le discernement de tous les secours qu'on peut avoir pour cela.

Un de ces secours est la demande que saint Clément avoit exprimée en disant dans le même livre, quatre ou cinq pages au-dessus du passage qu'on vient de voir [1] : « que le gnostique doit prier plus que tous les autres, parce qu'il sait les véritables biens et ce qu'il faut demander en particulier, et quand et comment ; » ce qu'il réfute sans cesse, comme nous verrons au chapitre de la prière. Mais ce que je veux remarquer ici, « c'est que le gnostique, et le gnostique par possession, τῇ κτήσει, » par là donc gnostique parfait, « prie et demande les véritables biens, c'est-à-dire les biens de l'âme, coopérant aussi (et s'aidant lui-même) pour parvenir à l'habitude de la bonté, en sorte qu'il n'ait pas les biens comme on a des sciences surajoutées, mais qu'il soit bon lui-même. »

Il n'y a point là de contradiction. Car encore que le gnostique ou le chrétien parfait soit déjà bon, et qu'il ait déjà l'habitude de la vertu, ou il ne croit point l'avoir, ou il ne songe pas qu'il l'ait, oubliant ce qu'il a passé et s'étendant toujours en avant à l'exemple de saint Paul, comme saint Clément nous l'a dit dans son *Pédagogue* [2] ; ou enfin il ne l'a jamais assez, et il en demande sans cesse la continuité et l'augmentation, comme nous le verrons au chapitre de la prière.

Voilà donc de quelle manière le gnostique ne peut déchoir, et

[1] *Strom.*, lib. VII, p. 721. — [2] *Pædag.*, lib. I, p. 107.

que sa vertu est inamissible, parce qu'il fait tout ce qu'il faut pour la rendre telle : car il prie et demande à Dieu d'être bon ; et non content de prier et de laisser ensuite tout faire à Dieu, *il s'aide lui-même*, comme dit saint Clément [1] ; et les secours qu'il se donne sont ceux que ce même Père a expliqués un peu après [2] ; c'est-à-dire la prévoyance, la précaution et le bon raisonnement, pour conserver en lui-même tout ce qui rend la vertu inamissible.

Ainsi les propositions de saint Clément ne sont pas *si étonnantes* que vous voulez les faire paroître ; puisqu'au fond, comme vous voyez, elles sont conditionnelles, et entièrement semblables à celles-ci du Psalmiste [3] : « Il règle tous ses discours avec jugement ; éternellement il ne sera point ébranlé : son cœur est toujours prêt à se confier au Seigneur : son cœur est affermi et ne sera point ému. Celui qui se fie en Dieu est comme la montagne de Sion : celui qui habite en Jérusalem ne sera point ébranlé. » Il ne reste plus qu'à dire que ces dispositions sont uniquement de l'état passif, et non de l'état du chrétien, qui parvient, comme il est certain, par les graces et par les voies communes à l'habitude de la vertu, jusqu'à devenir un saint digne du culte public. Mais saint Clément s'opposeroit à cette pensée, puisqu'il veut que ceux dont il parle, c'est-à-dire les hommes parfaits, non contents de demander à Dieu les vrais biens, ce qui n'est pas passif, fassent ce qui l'est encore moins, si l'on veut, c'est-à-dire qu'ils aident eux-mêmes à les obtenir et à les conserver par la prévoyance ou la précaution que donne le bon raisonnement ; en sorte qu'ils ne puissent les perdre, au sens qu'on dit que celui qui observe tous ses pas ne tombe pas, et même ne peut pas tomber.

Au reste on peut voir encore, dans ces passages, si le contemplatif de saint Clément est un homme qui, attaché à un seul acte toujours continué sans interruption et sans réflexion, a cessé de raisonner, de prévoir, de prendre ses précautions ; et si, comme les autres hommes, il ne reçoit pas la succession des pensées, plus ou moins, selon le degré de perfection où il est, mais toujours

---

[1] *Strom.*, lib. VII, p. 721. — [2] *Ibid.*, p. 726. — [3] *Psal.* CXI, 5, 8 ; CXXIV, 1.

immanquablement tant qu'il est en vie. On peut encore décider par là si saint Clément, comme on le prétend, a reconnu l'abandon des nouveaux mystiques; c'est-à-dire un abandon où sans rien produire de son côté et sans oser se remuer, on attend que Dieu fera tout. Mais ce sera là la matière d'un autre chapitre, où l'on verra que s'il y a un Père opposé à cet abandon, c'est celui-ci, comme on le peut déjà voir; mais on le verra toujours de plus en plus.

SECTION VII.

Solutions particulières pour les passages où il est dit que le gnostique en vient à une habitude de contemplation éternelle, immuable et inaltérable.

Les passages qu'on vient de voir suffiroient pour faire bien entendre ces derniers. Mais nous avons outre cela trois solutions fondées sur des principes particuliers, dont le premier est tiré de la nature des objets de la contemplation, qui étant invariables causent une science qui leur est semblable, c'est-à-dire, qui ne varie point, qui est ferme et inébranlable, et qui communique ces qualités au sujet où elle se retire, ce que je tranche en un mot, parce qu'il a déjà été expliqué (*a*).

Le second principe est tiré de la nature de l'habitude formée par opposition aux premières dispositions changeantes et incertaines, ce qui a aussi été déjà expliqué [1].

Enfin le dernier principe est tiré de la nature de la charité, sans laquelle il n'y a point de contemplation parfaite. Or c'est la charité dont saint Paul a dit qu'elle ne se perd jamais [2], parce qu'au lieu que la foi et l'espérance s'évanouissent dans la claire vue, la charité ne fait que s'y affermir. Voilà donc, sans avoir recours aux passivetés des mystiques, trois raisons d'attribuer quelque chose d'inaltérable, d'invariable et d'inébranlable au contemplatif parfait. La première, pour établir la différence des opinions, d'avec la science gnostique ou intellectuelle, dont les objets sont éternels : la seconde, pour établir la différence des

---

[1] Ci-dessus, section I. — [2] I *Cor.*, XIII, 8.

(*a*) Bossuet renvoie à la troisième section de ce chapitre. C'est celle qui manque, comme nous l'avons déjà observé. (*Édit. de Leroi.*)

dispositions changeantes d'avec l'habitude formée : la troisième, pour établir la différence de la charité d'avec la foi et l'espérance ; et c'en est assez pour expliquer le passage de saint Clément où il est dit que *la gnose* ou la connoissance de la sagesse, « parvient par l'exercice à une habitude de contemplation éternelle et inaltérable [1], » et les autres de même nature.

SECTION VIII.

L'Entendre perpétuel de saint Clément s'explique par les mêmes principes, et par la nature de l'habitude.

On fait bien valoir et on répète souvent ce passage de saint Clément : « L'entendre, par le continuel exercice, devient un toujours entendre, et toujours entendre est l'essence ou la substance, οὐσία, du gnostique ou du spirituel par une certaine température qui n'a point d'interruption, et la perpétuelle contemplation est une vive substance, ζῶσα ὑπόστασις [2]. » C'est principalement dans ces paroles qu'on croit trouver l'état passif ; mais de bonne foi et sans raffiner, elles ne supposent autre chose, sinon que la force de l'habitude est une seconde nature (a)...

SECTION IX.

Des nécessités que saint Clément attribue à son gnostique.

On cite, p. 118 des *Remarques*, ce passage, « qu'il (le gnostique) est contraint à être bon ; » et p. 121 et autres, « qu'il boit, qu'il mange, qu'il se marie, non par choix, mais par nécessité. » On ne comprend pas en vérité qu'un si habile théologien puisse alléguer de tels passages. Le premier, qui porte que « le gnostique est contraint à être bon [3], » se peut entendre facilement par celui-ci du même livre : « Le commandement nous contraint à cause de l'excellente bonté [4], » ou de Dieu ou de sa loi et de ses préceptes ; encore plus clairement ce passage : « Le gnostique est contraint à être bon, » se doit entendre par celui-ci qui lui est

---

[1] *Strom.*, lib. VI, p. 645. — [2] *Ibid.* lib. IV, p. 529. — [3] *Ibid.*, lib. VII, p. 735. — [4] *Ibid.*, p. 7.2.

(a) Le reste de cette section a été ôté par l'auteur pour être employé ailleurs. *Édit. de Leroi.*)

semblable : « Nous sommes contraints à être chrétiens[1] ; » c'est-à-dire que nous y sommes déterminés par des raisons convaincantes, et que nous y sommes portés par un attrait invincible. Si cela signifie que c'est être passif à la manière des nouveaux mystiques, tout chrétien le sera, et saint Clément ne parlera plus d'un état extraordinaire. Au reste c'est partout le même mot qu'il faut traduire de même, βιάζεται, βιαζόμεθα, βιαζόμενης εντελῆς, avec la terminaison passive. Est-ce là ce passage qu'on répète tant pour établir l'état passif? Voyons l'autre.

« La gnose ne devient jamais ignorance, et l'excellent ne se change point en mal : c'est pourquoi il obéit, il mange, il se marie non par choix, mais par nécessité[2]. » Les premières locutions sont de la nature de celles-ci du même Père : « L'homme de bien ne fait point de mal : la charité ne permet point de pécher[3], » qui reviennent à celles-ci : « Ce qui est né de Dieu ne pèche pas[4] : la charité ne pense point le mal[5], » et le reste, qui marque plutôt la nature des vertus, et à quoi elles portent l'ame, que la perfection entière et absolue du sujet. Mais qu'on le prenne comme on voudra, nous avons assez démontré le sens de semblables propositions. Pour celle-ci, où l'on veut trouver de si grands mystères : « Il boit, il mange, il se marie, non par choix, mais par nécessité, » visiblement elle ne regarde que les nécessités corporelles. Pour en être convaincu, il ne faut que considérer ce que saint Clément met ensemble. S'il avoit voulu expliquer que le sage fait tout par nécessité, il ne falloit pas restreindre son discours aux nécessités corporelles. Il a raison de dire que le sage n'y satisfait point par choix; car il voudroit ne les point avoir; mais il y cède par nécessité. On trouvera partout dans saint Clément, comme dans les autres auteurs, qu'il appelle nécessités, celles qui viennent du côté du corps, parmi lesquelles il compte le mariage; comme quand il dit au cinquième livre[6], « qu'en ce qui regarde le mariage, la nourriture et les autres choses semblables, il ne faut rien faire par cupidité, mais seulement ce que la nécessité demande. » Il ne faut pas nous donner

---

[1] *Strom.*, lib. VI, p. 689. — [2] *Ibid.* lib. VII, p. 741. — [3] *Ibid.*, p. 693; lib. IV, p. 519. — [4] I *Joan.*, III, 4. — [5] I *Cor.*, XIII, 5. — [6] *Strom.*, lib. V, p. 450.

la peine d'expliquer en quelle sorte le mariage est compris parmi les nécessités ou besoins. On sait ce qu'en dit saint Paul[1]. Cet apôtre appelle cela *nécessité* aussi bien que saint Clément, et comme lui il l'oppose au choix et à la puissance qu'on a sur sa volonté. Il ne faut point faire fort sur le mot de *choix*; ce sont façons de parler de tout le langage humain. En ce sens saint Clément oppose toujours ce qu'on fait par crainte ou même par espérance, à ce qu'on fait librement, par volonté ou par choix. A plus forte raison a-t-il pu dire que son sage ne boit ni ne mange point par choix, parce que ce sont des servitudes du corps dont il voudroit être délivré. Voilà sans doute tout le mystère de ces nécessités et de ces choix, d'où l'on tire tant d'avantages. Et ce qu'ajoute saint Clément : « Que le sage mange et se marie, si le Verbe le dit et comme il convient[2], » est clairement de même dessein que le reste ; car le Verbe ayant prescrit par sa parole quand il faut faire ces choses, il n'y a qu'à faire ce qu'il dit. Que si l'on veut ajouter l'inspiration à la parole, ce ne sera toujours, sans voie extraordinaire, que l'état du chrétien parfait, qui sait mieux que tous les autres qu'il ne pense rien de lui-même comme de lui-même.

SECTION X.

Suite des passages du chapitre sixième.

Je laisse ce qu'on dit de la pureté des songes, à quoi nous avons déjà satisfait. Saint Clément ajoute que « le gnostique est toujours pur pour la prière ; car il prie avec les anges, leur étant déjà égal. Il n'est jamais hors d'une sainte garde ; enfin il est parvenu à la mesure de l'homme parfait[3]. » Je ne vois point là d'état extraordinaire, mais seulement que saint Clément a suivi l'interprétation de ceux qui rapportent à la perfection de cette vie, cette mesure de l'âge parfait dont parle saint Paul[4] ; ce qui n'induit qu'une perfection telle que l'ont tous les Saints, qui sans doute ne sont pas passifs.

J'en dis autant de « cette garde des anges dont le gnostique ne sort jamais. » Tous les Saints sont sous cette garde, et ce n'est pas

[1] *I Cor.*, VII, 9. — [2] P. 741. — [3] *Strom.*, lib. VII, p. 739. — [4] *Ephes.*, IV, 13.

l'oraison passive qui les y met. Il ne sert de rien d'insister sur la perpétuité et la consistance, ou permanence de la contemplation. Nous avons vu qu'elle ne dépend pas de la passiveté des mystiques. Il est vrai que saint Clément représente « au milieu de la vraie Eglise une portion plus pure que le reste, qu'il nomme l'Eglise spirituelle [1]; » mais il resteroit à prouver qu'elle n'est composée que des ames passives. « Elle est poussée, dit-on, par l'esprit de Dieu. » Sans doute, car tous ceux qui ont reçu l'esprit d'adoption, en sont poussés et animés. « Elle demeure dans le repos de Dieu; » donc elle est dans l'état passif. On nie cette conséquence, et tout ce qui ne va pas là est inutile au sujet.

CHAPITRE VII.

Sa gnose est un état d'impassibilité.

Nous sommes arrivés au chapitre de l'apathie, où l'on trouve d'abord un passage, dont on dit qu'on n'en connoît point de plus digne d'attention [2]. Il le faut exactement considérer.

SECTION I.

Passage du livre sixième rapporté dans ce chapitre : en quel sens l'homme parfait est sans désir.

Premièrement, il faut remarquer que dans la plupart des passages où saint Clément semble exclure le désir, il se sert du mot de *concupiscence*, ἐπιθυμία, qui ne signifie pas désir en général, mais ordinairement et presque toujours cupidité, convoitise, qui est la source des mauvais désirs, principalement de ceux qui nous portent aux plaisirs des sens. C'est aussi l'acception de ce mot premièrement dans le Décalogue : *Non concupisces*, et ensuite dans toutes les Ecritures de l'Ancien et du Nouveau Testament, et dans saint Clément en cinq cents endroits. C'est donc une faute dans les *Remarques* sur saint Clément, de traduire ἐπιθυμία, *désir*, ce qui exclut les bons désirs comme les mauvais; et c'est une première remarque qu'il n'y a rien à conclure contre les *désirs*

[1] *Strom.*, lib. VII, p. 739. — [2] *Rem.*, p. 125.

en général, des passages où se trouve le mot ἐπιθυμία, *concupiscence, cupidité.*

Il faut pourtant remarquer qu'en un seul endroit, qui est celui du sixième livre que nous avons ici à considérer, il se sert d'un mot plus général, ὄρεξις, qui se prend même pour le bon désir ; de sorte qu'il semble dire que le gnostique ne désire rien ; mais il ne faut qu'entendre le *comment* pour renverser le système (*a*).

. . . .

SECTION III.

Suite du passage où il est parlé de l'apathie du gnostique.

Afin qu'on voie mieux toute la suite du passage, il commence ainsi : « Le gnostique n'a de passions que celles qui sont nécessaires pour la subsistance du corps, comme la faim et la soif, et les autres de même nature [1]. » Il expose ensuite trois choses, dont l'une regarde Notre-Seigneur, l'autre les apôtres, et la troisième les autres parfaits. Pour le Sauveur, son corps conservé par une vertu supérieure n'avoit besoin ni de manger, ni de boire, que pour montrer seulement qu'il n'étoit pas un fantôme ; et « en un mot, poursuit-il [2], il étoit absolument impassible, n'ayant aucun mouvement de passion, ni de volupté, ni de douleur. » Si l'on ne prend les expressions des plus grands auteurs avec un esprit d'équité, on leur fait tout renverser. Dira-t-on au pied de la lettre, que Notre-Seigneur n'avoit le sentiment ni de la faim, ni de la soif, ni de la douleur ou de la tristesse, ni de la frayeur, et de tant d'autres passions marquées expressément dans l'Evangile ? Veut-on attribuer cette erreur à saint Clément ? Il ne l'en faudroit plus croire, et il se détruiroit par son propre excès. Entendons donc qu'en ôtant ces passions à Notre-Seigneur, ce n'est pas le sentiment qu'il lui veut ôter, mais la sujétion, la nécessité, en un mot l'involontaire. Il passe aux apôtres, qu'il « rend maîtres

---

[1] *Strom.*, lib. VI, p. 649. — [2] *Ibid.*, p. 650.

(*a*) Ici se trouve une assez grande lacune, qui renferme tout le reste de cette première section et toute la seconde ; et M. de Meaux marque de sa propre main à la marge de son manuscrit, qu'il a transporté ailleurs plusieurs pages, qui ne se trouvent plus dans cet endroit. (*Édit. de Leroi.*)

après la résurrection de Notre-Seigneur, de la colère, de la crainte et de la convoitise ; » sans leur donner même « ce qui paroît bon (à quelques-uns des philosophes quoique non à tous) dans les mouvemens passionnés, comme sont l'audace, l'émulation, la joie, la cupidité, à cause d'une certaine fermeté d'ame qui fait qu'ils ne changent en aucune sorte [1]. » Il conclut donc que ces passions, quoique bonnes dans l'opinion de quelques-uns, *ne doivent pas être admises dans l'homme parfait*, duquel il exclut encore, pour les raisons qu'il en apporte, la colère, l'émulation, la jalousie, l'amitié vulgaire, même la vertu qui tranquillise l'esprit, εὐθυμία; car rien ne le peine. Ce qu'il finit par ces termes : « Il ne tombe en aucune sorte dans la concupiscence, ni dans l'appétit : il n'a besoin dans son ame d'aucune autre chose, étant toujours avec son bien-aimé, et par toutes ces raisons il fait l'effort qu'il peut pour être semblable à Jésus-Christ jusqu'à l'impassibilité, εἰς ἀπάθειαν.

Avant que de passer outre, je demande si l'on peut dire avec la moindre apparence que les apôtres soient parvenus à n'avoir plus aucun mouvement de passion involontaire ? Ce seroit être tout à fait égal à Jésus-Christ, et non pas, comme dit ce Père, *faire ses efforts pour arriver à son apathie*. Quand saint Paul disoit : *Je ne fais pas le bien que je veux*, etc., n'avoit-il rien d'involontaire en lui-même ? Et quand on voudroit répondre, malgré les démonstrations de saint Jérôme, de saint Augustin, de Cassien même, qu'il ne parloit pas en sa personne : c'est certainement en sa personne qu'il parloit de cet ange de Satan qui le persécutoit, pour réprimer son orgueil. De quelque façon qu'on l'explique, une passion plus grossière lui fut donnée pour remède d'une passion plus délicate ; et après cela faire dire à notre saint prêtre en toute rigueur que l'homme parfait n'a plus de mal à réprimer, quoique je n'aie pu encore trouver ce passage, c'est lui faire ignorer les premiers principes.

Bien plus, non-seulement les apôtres étaient capables de mouvemens involontaires; mais encore par la foiblesse commune de l'humanité, dont ils ne pouvoient pas être tout à fait exempts, ils

[1] *Strom.*, lib. VI, p. 650.

leur cédoient quelque chose. Par exemple, saint Barnabé n'étoit peut-être pas sans quelque passion et sans trop d'adhérence à son sens, quand il se sépara de sa nt Paul au sujet de saint Marc. Saint Pierre ne fut pas sans quelque affection humaine, quand il mérita d'être repris hautement par saint Paul. On ne pourroit donc pas pousser à bout les propositions de saint Clément d'Alexandrie, sans le faire tomber dans des erreurs trop grossières pour un si grand homme.

Qu'est-ce donc qui peut donner lieu aux fortes expressions de ce Père? C'est à cause que les apôtres et les parfaits, s'ils ne venoient pas tout à fait, comme Jésus-Christ, à n'avoir rien en eux d'involontaire, ils en venoient jusqu'au point qu'ils n'en étoient point abattus; et que s'ils recevoient quelques blessures légères, non-seulement ils n'en recevoient point de mortelles, mais encore ils n'en recevoient point qui altérât leur santé. Ainsi on croit être sain, quand on n'a plus que de petits restes de la maladie : on croit être victorieux, quand on a tellement vaincu un ennemi, qu'il ne combat plus que foiblement.

Nous en dirons davantage sur la suite de ce passage. En attendant, on en voit assez pour prendre des tempéramens sur des propositions qui, sans cela, seroient certainement absurdes et hérétiques.

Et d'abord il est bien certain qu'il ne s'agit point ici des désirs spirituels. On voit par le dénombrement que notre auteur fait des sentimens et des appétits qu'il exclut, que ce sont des sentimens et appétits vulgaires. Quand il dit « qu'on n'a plus besoin d'aucune autre chose pour son ame, » il faut voir de quoi il parle. «L'ame, dit-il, ne tombe point dans la convoitise, ni dans l'appétit des choses vulgaires et sensuelles, » dont il a parlé; et s'il ajoute *qu'elle n'a besoin d'aucune autre chose,* on sous-entend naturellement d'aucune autre chose de même nature. C'est de quoi il a voulu exempter son sage : et encore avec tout cela, c'est un homme qui fait les derniers efforts pour parvenir à l'apathie, à l'exemple de Jésus-Christ; de sorte que sa perfection consiste en partie dans son effort. Cependant pour contenter les mystiques, il en faut faire un homme entièrement impassible, et dont l'ame n'ait besoin de rien, pas même de demander la grace de Dieu.

SECTION IV.

Suite du même passage, où il est parlé des vertus et de la perfection de la justice chrétienne.

Mais voici l'endroit important[1] où l'on met le fort de la preuve : « Qu'a-t-il besoin de courage, n'étant plus dans les maux, ἐν δεινοῖς, au milieu des choses fâcheuses; n'y étant plus même présent, mais tout entier avec celui qu'il aime[2]? » Qu'a-t-il besoin « de la tempérance, puisqu'il n'a point les concupiscences pour lesquelles elle est nécessaire? » etc. En vérité, je n'aurois pas cru qu'on pût objecter sérieusement de telles propositions. Si on les croit, quels excès ! Si on ne les croit pas, où est la bonne foi de nous objecter ce que, pour l'intérêt de la vérité, on est également obligé de résoudre? Cependant on pousse tout à bout en disant ces mots[3] : « Et la raison pour laquelle il exclut ainsi les vertus ou forces de l'ame, c'est qu'elle n'a plus de mal à réprimer : c'est que Dieu est impassible : il n'est pas tempérant pour commander à ses cupidités, etc. L'homme donc divinisé jusqu'à l'apathie, n'ayant plus de souillure, devient unique : » (un seul homme parfaitement uni en lui-même). Ailleurs, *il lui donne aussi l'imperturbabilité*, que les philosophes affectoient : « Il est austère, non-seulement jusqu'à être incorruptible, mais jusqu'à n'être point tenté. Il a en sa puissance ce qui combat l'esprit[4] : » il n'en est donc pas entièrement délivré, mais il le tient sous le joug. Dans un état si parfait, « il use d'une prière qui lui est inspirée de Dieu; » car il n'y en a point d'autre parmi les chrétiens. Après cela s'il ajoute que cet homme n'est point tenté, on voit manifestement que c'est à cause non-seulement qu'il l'est moins qu'un autre, mais encore parce qu'en s'efforçant et qu'en priant, il veut se mettre en état de ne l'être pas, autant qu'il se peut en cette vie : *s'unissant*, comme il ajoute, *le plus qu'il peut*, et le plus spirituellement qu'il lui est possible, ὡς ἐνὶ μάλιστα γνωστικῶς, *aux choses spirituelles*.

---

[1] *Rem.*, p. 137. — [2] *Strom.*, lib. VI, p. 652. — [3] *Rem.*, p. 138, 139. — [4] *Strom.*, lib. VII, p. 728.

Ces restrictions, qu'on trouve partout encore plus expressément, doivent être toujours présentes à celui qui lit saint Clément. Ainsi quand il trouve dans ses écrits cette magnifique ressemblance du gnostique avec Dieu, il doit se souvenir que c'est une ressemblance que le gnostique « tâche d'avoir et de s'approcher de l'impassibilité du maître [1], » comme nous l'avons rapporté ailleurs. Si l'on trouve qu'il n'a plus rien à combattre, il faut penser à tout ce qu'il dit au livre septième, où il pousse au dernier degré l'idée du gnostique ; et néanmoins il y montre « qu'il s'élève courageusement contre la crainte, se fiant en Notre-Seigneur [2]. » C'est la posture d'un homme qui la combat, et un peu après : « Il réprime et châtie sa vue, quand il sent qu'il s'élève un plaisir dans ses regards [3] ; » Et encore : « Il s'élève contre l'ame corporelle, » c'est-à-dire, comme il l'explique, contre la partie sensitive de l'ame, « mettant un frein à l'esprit irraisonnable qui se soulève contre le commandement (de la raison), parce que la chair convoite contre l'esprit [4]. » Il n'y a point de ressource qu'à dire qu'il s'agit ici d'un nouveau gnostique, mais tout cela c'est une idée. Il est vrai que saint Clément dit souvent, qu'on peut croître *dans la connoissance* (dans la gnose), mais il n'y va que du plus au moins : partout on combat : partout on prie pour croître dans la perfection : on ne change point d'état : les combats sont moindres, mais ce sont les mêmes ; et c'est au même qu'on a appelé impassible et imperturbable, qu'on met en main de même teneur, ce frein pour tenir en bride les passions, et ces armes pour les combattre. C'est pourquoi l'on est étonné de la réponse que vous donnez à ce passage [5] : « Il arrivera peut-être que quelqu'un des gnostiques s'abstiendra de viandes, de peur que la chair ne soit trop emportée dans le plaisir [6]. » Je ne dirai pas de quel plaisir il parle. Il semble que vous jugiez au-dessous d'un parfait gnostique, c'est-à-dire selon vous, d'un homme passif, de se mortifier, et vous savez qui sont les mystiques qu'on accuse de cette erreur. Pourquoi leur fournir des armes ? Saint Paul n'étoit-il pas assez gnostique, quand il

---

[1] *Strom.*, lib. VI, p. 650. — [2] Lib. VII, p. 737. — [3] P. 744. — [4] Pag. 747. — [5] *Rem.*, p. 176. — [6] *Strom.*, lib. VII, p. 718.

disoit : « Je châtie mon corps, je réduis en servitude mon corps, » etc. Mais saint Clément se sert du mot de *peut-être* et de *quelqu'un des gnostiques;* ce qui montre que cette pratique est rare, et ne convient pas à tous. Je l'avoue, mais tout cela n'est qu'éluder. Il n'est au-dessous d'aucun chrétien, quelque parfait qu'il soit, de mortifier sa chair par quelques austérités ; mais tous ne font pas les mêmes. Ce que tous font généralement, c'est « premièrement de demander la rémission de leurs péchés : secondement de ne pécher pas ; et en pratiquant ce précepte, l'oraison est bonne avec le jeûne [1]. » Si donc tous ne pratiquent pas l'abstinence des viandes, aucun n'est excepté de joindre le jeûne avec la prière ; et saint Clément loue en général la sentence de ce philosophe qui donne la faim, c'est-à-dire l'abstinence et le jeûne, *pour le vrai remède de la sensualité.* C'est une erreur de trouver ce genre de mortification indigne des plus parfaits. Mais au reste, la restriction que saint Clément apporte ici avec tant de soin, dans le cas particulier de *l'abstinence des viandes*, fait voir que s'il y avoit eu d'autres exceptions à faire dans ce qu'il dit du gnostique, il ne les auroit pas oubliées. Ainsi nous pouvons étendre à tous les gnostiques ce qu'il en dit généralement ; et ce sera cet impassible, cet imperturbable qu'on verra encore aux mains avec ses passions, et mettre un frein à la chair qui convoite contre l'esprit. Si la sensualité n'est jamais assez réprimée, à plus forte raison la vaine gloire ; et si l'homme parfait n'étoit point tenté de ce côté-là, saint Clément ne feroit pas faire au gnostique cette réflexion, que « la sublimité de sa connoissance ne le doit point jeter dans la vanité [2]. »

On voit donc dans ce Père le même esprit qu'on a vu depuis dans saint Augustin : que la sécurité est trop dangereuse à l'humilité pour être de cet état ; et c'est pourquoi *le sage* de saint Clément « craint non pas Dieu [3] (car on le suppose dans cette parfaite charité qui bannit la crainte), mais il craint de se retirer de Dieu ; » et il ajoute « que celui qui craint de tomber, veut être incorruptible et impassible. » Il venoit de dire auparavant que la crainte de Dieu, qui est impassible, est impassible elle-

[1] *Strom.*, lib. VI, p. 655. — [2] Lib. VII, p. 778. — [3] *Strom.*, lib. II, p. 377.

même, c'est-à-dire n'empêche pas l'impassibilité du sage.

Il n'y a point là de contradiction ; et en tout cas saint Clément l'a conciliée, en nous faisant voir que cet impassible n'est pas un homme qui le soit absolument, mais un homme *qui le veut être,* comme on vient d'entendre : un homme qui demande cette perfection : qui, comme nous avons vu, a et n'a pas : qui quelque affermi qu'il soit par l'habitude du bien, cherche encore sa sûreté dans sa crainte. Tout cela se concilieroit naturellement, si l'on n'étoit point prévenu d'une perfection qui n'est pas de cette vie dans toute son étendue. Le Saint-Esprit a révélé que tout homme seroit pécheur et imparfait. Selon cette théologie aussi solide que belle, le gnostique, c'est-à-dire un vrai chrétien, par la grace qu'il a en lui, seroit impassible et imperturbable, s'il lui laissoit déployer toute sa vertu ; et comme on ne le fait pas en cette vie, ç'a été une des raisons qui a fait dire à saint Clément, qu'il n'y avoit point en cette vie de parfait gnostique, pas même l'apôtre saint Paul.

Si l'on avoit expliqué ce Père selon ces idées qui sont les siennes, on ne lui auroit pas fait dire tant de prodiges. L'avantage qu'on entire est bien foible. L'excès, dit-on [1], de ces expressions, loin d'affoiblir la vérité qu'il veut établir, montre au contraire combien les merveilles de cet état intérieur surpassent toutes les expressions communes auxquelles les théologiens rigides et scrupuleux veulent que les spirituels se bornent. » C'est une idée, ce me semble, assez surprenante de prendre pour preuve de la sublimité de l'état passif, qu'on appelle ici l'intérieur et le spirituel, qu'on ne la peut exprimer que par des propositions absurdes, extravagantes et insoutenables. C'est aussi une méthode peu régulière et un moyen de tout confondre, de se prévaloir de tout ce qui exagère, et d'éluder tout ce qui tempère. Pour ce qui est des scrupules de ces théologiens rigides, quand avant que saint Augustin et avec lui toute l'Eglise catholique eût clairement expliqué contre les pélagiens l'imperfection de la justice de cette vie, qui, comme il dit, consiste plus dans la rémission des péchés que dans la perfection des vertus, et où l'on n'ap-

[1] *Rem.*, p. 115.

proche de la perfection qu'autant qu'on s'en croit éloigné ; quand, dis-je, avant ce temps, saint Clément, à la manière des autres auteurs ecclésiastiques, auroit un peu excédé sur des matières qui n'étoient pas entièrement éclaircies, les théologiens auroient raison de demander aux nouveaux mystiques des expressions plus correctes. Mais qu'il leur soit permis de tout outrer, parce qu'il y a dans les Pères quelques exagérations, cela n'est pas soutenable.

CHAPITRE VIII.

La gnose est la passiveté des mystiques.

Quoique la plupart des passages qu'on allègue ici soient résolus par les réflexions précédentes, on entendra plus clairement cette matière après le chapitre de la prière. Mais en attendant, je trouve dans celui-ci quelque chose qui décide et qu'il ne faut pas oublier. C'est qu'on met la passiveté en ce que l'ame est continuellement « inspirée de Dieu [1] : non d'une inspiration prophétique et miraculeuse, mais de cette inspiration commune et journalière, par laquelle il est de foi que l'esprit de grace agit et parle sans cesse au dedans de nous, pour nous faire accomplir sa volonté. » Je l'avoue : il est de foi que dans chaque action de piété, l'ame est mue par une touche particulière de Dieu, qui l'inspire et la fait agir selon sa volonté. Mais si c'est là être passif, tout chrétien touché de Dieu le sera toujours. Ainsi la passiveté ne sera plus un état extraordinaire des parfaits, mais la grace commune du christianisme ; ce qui renverse tout le système des mystiques.

C'est ce qui se confirme encore par les paroles où l'on prétend prouver la passiveté en ce que l'ame *est agie,* où l'on regarde manifestement le passage de saint Paul : « Tous ceux qui sont mus et agis par l'esprit de Dieu sont les enfants de Dieu. » Si cela est être passif, encore un coup tout chrétien l'est, et la passiveté ne sera plus que la condition nécessaire de la grace chrétienne.

Non-seulement toute ame chrétienne qui agit bien *est mue et*

[1] *Rem.*, p. 157, 158.

agie, puisqu'on veut se servir de ce mot, mais encore elle est tirée : « Nul ne peut venir à moi que mon Père ne le tire. » Si c'est là ce qu'on appelle passif, pour une troisième fois la passiveté est l'état commun de la religion chrétienne ; et les mystiques se sont tourmentés en vain, en établissant la passiveté comme une grace extraordinaire pour laquelle il faut une volonté particulière.

CHAPITRE IX.

La gnose est un état où l'ame n'a plus besoin des pratiques ordinaires.

SECTION I.

Les gémissemens et les précautions renvoyés.

Il est bien vrai que dans l'état de perfection, on peut n'être pas astreint à certaines pratiques communes ; mais de mettre parmi ces pratiques dont on se défait, celle qu'on va voir dans ce chapitre, c'est ce qui étonne. Et parce qu'on y prépare la voie à se passer de la demande, qui est le principal point de cette matière, il faut ici se rendre fort attentif au fondement qu'on veut poser.

On renvoie les gémissemens aux commençans [1], sous prétexte que saint Clément dit « qu'on est dans la joie insatiable de la contemplation [2], » avec laquelle les gémissemens et la componction ne conviennent pas. On ne songe pas que les larmes que versent l'amour et la pénitence sont pleines de douceur. Nous venons de voir que saint Clément a mis le gnostique avec ceux qui gémissent dans ce pèlerinage. Saint Augustin admire la force de la piété, où les larmes ne sont pas sans joie. David pleuroit nuit et jour. Je trouve la componction et les larmes dans tous les Saints. Saint Pierre en a cavé ses joues. En renvoyant les gémissemens qu'on trouve dans tous les Saints à un état inférieur, on fait croire qu'à force de devenir sec, on est dans un état plus élevé que tous les Saints, et on nourrit le plus fin orgueil.

Le gnostique, continue-t-on, est dans la stabilité : il n'est plus dans le pèlerinage ; par conséquent il est exempt de vicissitudes

[1] *Rem.,* p. 167. — [2] *Strom.,* lib. VI, p. 651.

et de précautions, aussi bien que de gémissemens. C'est donc à quoi aboutit cette interprétation qui ôte le pèlerinage ; mais comme elle est fausse, rétablissons avec le pèlerinage, non-seulement les gémissemens, mais aussi les précautions, comme nous avons vu que fait saint Clément (a)...

On répète, mais avec d'étranges exagérations, que l'homme parfait de saint Clément, qu'on veut être l'homme passif, n'a point besoin des exercices actifs, et qu'il est au-dessus des pratiques des plus excellentes vertus ; mais au contraire s'il agit, s'il fait des efforts, s'il prévoit, s'il se précautionne, s'il combat, s'il prie et fait le reste que nous avons vu et que nous verrons, tout cela tombe. Au reste s'il falloit montrer dans ce Père son gnostique orné de toutes les vertus, de la douceur, de la compassion, de la justice et même de la tempérance qu'il sembloit vouloir lui ôter, et de leurs pratiques excellentes, ce seul passage suffiroit : « Il croit, dit-il [1], que la tempérance et la justice sont sa propre fonction; et que la religion, la piété et la charité sont la fin de toute sa vie [2], » etc. On peut lire le reste dans le livre. On trouve à peu près la même chose dans un autre endroit du même livre ; et tout l'ouvrage est si plein de tels passages, qu'il faudroit le transcrire tout entier pour les rapporter.

Ce que j'avoue sans difficulté, c'est qu'il ne veut point dans les parfaits *cette laborieuse tempérance* qui précède l'habitude, *qui*, dit-il, selon les sages, *n'est point la vertu des dieux, mais des hommes*; c'est-à-dire, n'est point la vertu des *parfaits*, mais des foibles, *aussi bien*, dit-il, *que la justice* qu'il appelle *humaine, laquelle est bien au-dessous de la sainteté qui est une justice divine*. C'est comme s'il disoit que les parfaits n'ont point les vertus imparfaites, laborieuses, pénibles, comme elles sont appelées dans les *Remarques;* et que nulle vertu n'est digne des parfaits que l'habitude n'en ait ôté le foible des commencemens, ce qui n'a pas de difficulté et n'empêche pas, comme on a vu, un reste de combat.

[1] *Strom.*, lib. IV, p. 525. — [2] *Ibid.*, p. 496. — [3] Lib. VI, p. 676.

(a) Il y a ici, dans le manuscrit, une lacune qui contient près de deux sections. (*Edit. de Paris.*)

On répète aussi que le gnostique *n'a plus aucun mal à réprimer*, paroles que je n'ai pu encore trouver dans saint Clément. J'y ai bien trouvé qu'il n'est plus dans les maux, au milieu des choses fâcheuses, ἐν ταῖς δεινοῖς. Quoi qu'il en soit, nous avons vu comment il faut expliquer des expressions semblables.

SECTION II.

Le gnostique actif.

On objecte saint Clément qui dit, que dans le gnostique « tout ce qui est vertueux, tout est changé en mieux par le choix de la gnose que l'ame avoit en sa puissance [1]; » d'où l'on tâche de conclure la distinction des *vertus humaines et naturelles* des mystiques, *qu'on pratique dans les voies actives*, d'avec leurs vertus *surhumaines et surnaturelles* passives. On pourra tirer tout de toutes choses, si l'on tire cette distinction de vertus humaines et divines, de ce que saint Clément a dit en général, que *ce qui est vertueux se change en mieux*. Mais en laissant là cette distinction des mystiques, dont on parlera ailleurs plus commodément, on ne pouvoit citer d'endroit plus formel que celui-ci contre l'exclusion des vertus, puisque ce Père met ici très-expressément dans le gnostique « la douceur, la bénignité, le culte de Dieu, la modestie [2]. » Et de peur qu'on ne s'imagine qu'on n'a pas ces vertus activement, mais passivement, il dit encore que le gnostique « se crée et se fabrique lui-même » dans la pratique des vertus; « et en opérant de bonnes œuvres, qu'il se captive lui-même sous le joug, se donne la mort lui-même, » en mortifiant ses passions; ce qui montre la plus véritable action, et tout le contraire de l'état passif.

Si l'on ne vouloit exclure que les vertus qu'on appelle méthodiques, comme il le semble en quelque endroit, après s'être un peu expliqué, on en pourroit convenir; mais tout réduire à l'état passif auquel ce Père ne songe pas, et ranger, comme on fait ici, parmi les méthodes dont les parfaits se défont, celle de *s'abstenir des viandes* pour se modérer dans les plaisirs, c'est une

---
[1] *Strom.*, lib VII, p. 705. — [2] *Ibid.*, p. 716.

chose nouvelle, non-seulement dans saint Clément, mais encore à toutes les oreilles chrétiennes.

Quand on prétend établir une si nouvelle doctrine sur le fondement que « le Verbe est le maître du gnostique[1], » en entendant l'homme passif, on ne songe pas que le Verbe instruit tous les Saints et même tous les fidèles.

Le repos est aussi peu à propos, puisque c'est un repos de cette vie qui n'exclut pas l'action, la précaution, la prévoyance, le combat, l'effort, ni tout le reste de même nature, comme on a vu et qu'on verra de plus en plus.

J'omets exprès quelques passages, parce qu'ils regardent le chapitre où il y aura à parler de la vie future et de la vision face à face.

Pour l'endroit où il est parlé des apôtres[2], comme il fait partie de celui que nous avons expliqué au long, je n'ai rien à ajouter, et il faut venir à ce chapitre important des désirs et de la prière.

CHAPITRE X.

La gnose parfaite exclut tout désir excité.

SECTION I.

Deux réponses qu'on fait aux passages de saint Clément sur les demandes. Première réponse : S'il est vrai que les demandes attribuées au gnostique soient passives ?

Comme les passages qui établissent dans l'homme parfait la nécessité des demandes et par conséquent des désirs, sont rapportés la plupart dans les *Remarques*[3], il faut, en les supposant, considérer seulement ce qu'on y répond.

La réponse se réduit à deux chefs : l'un, que les désirs et les demandes que notre auteur reconnoît dans le gnostique, sont des désirs et des demandes passives imprimées de Dieu, et non excitées par celui qui les produit : l'autre, que ce sont dans les gnostiques commençans des restes d'imperfection, dont le gnostique parfait est incapable.

Ces deux réponses se coupent. Si l'on se croyoit bien fondé à

[1] *Strom.*, lib. VII, p. 702. — [2] S. Clem., lib VI, p. 650. — [3] *Rem.*, p. 185.

établir par saint Clément ces désirs et ces demandes passives, on n'auroit qu'à s'en tenir là ; sans dire que les demandes du gnostique de cet auteur sont des restes d'imperfection. Si aussi l'on espéroit pouvoir faire croire que les demandes dont parle ce Père, sont d'un gnostique imparfait et commençant, il n'y auroit qu'à lui laisser des désirs et des demandes tant qu'il lui plairoit ; puisqu'on avoue qu'elles compatissent avec son état. Mais comme on ne trouve dans ce docte prêtre ni le moindre trait de ces désirs prétendus passifs, ni la moindre idée qu'il regarde ces demandes comme appartenantes à un état imparfait, l'on va sans cesse d'une solution à une autre, sans savoir où poser le pied.

Cet embarras où l'on est paroîtra d'abord, en demandant sur le premier chef de la réponse, quelles marques donne saint Clément que ces demandes soient *passives*. Toutes les demandes dont il parle le sont-elles ? comment le peut-on prouver ? et s'il y en a d'actives et de passives, lesquelles le sont ? Celles qu'il rapporte de Moïse, de Marie sa sœur, d'Esther, de Judith, de Susanne [1], de quel genre sont-elles ? si on les dit actives, où sont les passives ? si on les dit passives, où sont les actives, puisqu'on n'y voit nulle différence ? où est-ce qu'on a distingué les unes d'avec les autres, et y a-t-il un seul trait de cette distinction dans saint Clément ?

Veut-on venir au particulier ? N'est-ce pas très-activement qu'un homme vulgaire demande la santé ? Or c'est aussi positivement que le spirituel, le gnostique, « demande l'accroissement et la permanence dans la contemplation : Il les demande, dit-il [2], comme les hommes vulgaires demandent la perpétuité de la santé. »

Tout est actif dans ce Père. Il fait toujours agir l'homme par choix, par élection, par préélection, προαίρεσις ; car c'est le terme dont il se sert ordinairement pour signifier l'usage du libre arbitre : « Dieu veut que nous nous sauvions par nous-mêmes, et la nature de l'ame c'est de se pousser, de s'inciter elle-même [3]. » Le gnostique n'est point d'une autre nature. Il n'a par-dessus les autres que l'habitude contractée par l'exercice, qui n'ôte point

---

[1] S. Clem., lib. IV, p. 521, 522. — [2] *Ibid.*, lib. VII. — [3] *Ibid.*, lib VI, p. 662.

l'usage ordinaire du libre arbitre. C'est pourquoi il prévoit, il se précautionne, il tâche, il s'efforce, il agit si bien « qu'il se crée, qu'il se fabrique lui-même dans ses actions. » Si c'est là le simple *laisser faire*, la non-résistance très-simple que vous laissez à l'homme passif[1]; si ce n'est pas le choix, la préélection et l'action ordinaire et toute entière du libre arbitre quant à la manière, et changée seulement quant à l'objet, on ne sait plus où le trouver. Dieu ne l'en guide pas moins ; car il est le maître, le créateur et le moteur naturel du libre arbitre, qu'il incline où il lui plaît, depuis le commencement jusqu'à la fin. Celui que Dieu tire vient, c'est-à-dire, il croit, il vient par son choix ; lorsqu'il persévère, il ne fait que continuer de venir. Quand le libre arbitre s'excite lui-même, ou pour croire, ou pour espérer, ou pour aimer, ou pour prier, c'est Dieu qui auparavant l'a secrètement excité. Il n'a pas moins fait dans David les actes auxquels ce Prophète s'exhorte, en disant : « Mon ame, bénis le Seigneur ; espère en Dieu ; ô Dieu, je vous aimerai ; élevez-vous, ma langue, » etc., que tous les autres. Pour s'exciter de cette sorte, l'homme n'a besoin que de savoir la volonté de Dieu, qui lui est suffisamment manifestée par son Ecriture, et du secours de sa grace. Mais ce secours de la grace, quelque efficace qu'il soit, n'empêche pas que le libre arbitre du juste ne s'excite aussi lui-même, c'est-à-dire ne tâche, ne fasse effort. Saint Augustin même, celui qui a le mieux entendu que le libre arbitre est mu de Dieu, ne laisse pas de lui attribuer ce qu'il appelle *conatus*, comme une chose inséparable de la précaution : *Si credis, caves : si autem caves, conaris, et conatum tuum novit Deus*[2]. Ailleurs plus expressément, en répondant à un passage de saint Jérôme, que Pélage avoit objecté pour montrer qu'on peut avoir le cœur tout à fait pur, et *que le temple de Dieu ne peut pas être souillé*, saint Augustin dit : « *Hoc agitur in nobis conando, laborando, orando, impetrando*[3] *:* cela se fait en nous, quand nous y tâchons, quand nous y travaillons, quand nous prions, quand nous impétrons. » Il ne s'est jamais avisé de restreindre ces actions aux seuls commençans : au contraire il parle

[1] *Rem.*, p. 191, 192. — [2] *In Psal.* XXII, n. 4. — [3] *De Natura et Gratia*, c. LXV, n. 78.

ici des parfaits, qui ont le cœur pur, et dans qui le temple de Dieu n'est pas souillé ; et c'est à ceux-là, comme à tous les autres fidèles, qu'il attribue dans la suite la précaution pour ne pécher pas [1]. Cette doctrine est de tous les temps, et cette grace de tous les états ; et saint Clément fait dire à son gnostique : « Seigneur, je me délivrerai de la concupiscence, afin de vous être uni : il faut que je sois des vôtres, et encore que je sois ici (sur la terre), je suis avec vous ; je veux être sans crainte, afin de m'approcher de vous, et me contenter de peu [2], » etc. Si l'on est passif avec cela, on l'est avec tout ; et il n'y a plus d'état particulier de passiveté.

Mais ce que le gnostique dit ici à Dieu, en exprimant ce qu'il veut faire par son libre arbitre, il le demande ailleurs en cent endroits. Ainsi ses demandes sont aussi actives que ses autres actions qui, comme on voit, le sont beaucoup ; et nous pouvons conclure comme indubitable, en premier lieu, que ce qu'on dit sur les demandes passives, se dit sans la moindre preuve, et secondement, ce qui est bien plus, qu'il est combattu par des témoignages exprès. Venons donc à l'autre réponse.

SECTION II.

Seconde réponse : S'il est vrai que les demandes attribuées au gnostique soient des restes d'imperfection, ou que le parfait gnostique ne demande rien.

La seconde réponse [3] consiste à dire que les demandes attribuées au gnostique sont « un reste d'activité jusqu'à ce que la passiveté soit entièrement consommée, » ce qui fait « qu'on a presque toujours des désirs qui s'expriment par des actes et par des demandes ; » et en un mot « des désirs actifs, qui vont toujours diminuant jusqu'à ce que la passiveté soit consommée ; » c'est-à-dire, que ces désirs et ces demandes actives, qu'on attribue à l'homme parfait, sont choses qui à la fin doivent s'en aller, et dont on tâche de se défaire.

Si c'étoit là l'intention de saint Clément, il ne représenteroit pas partout ces demandes, qu'on ne peut nier qui ne soient actives,

---

[1] *De Nat. et Grat.*, c. LXVII, n. 80. — [2] S. Clem., lib. IV, p. 533. — [3] *Rem.*, p. 191, 192.

comme étant directement de l'appartenance et de l'état de son gnostique. Il ne diroit pas : Le gnostique demande; mais : Le gnostique de soi ne demande rien; et s'il demande, il tend à l'état où l'on ne demande plus, et il voudroit bien ne plus demander. Quand on veut décrire un homme parfaitement sain, on ne dit pas qu'il a un continuel recours à son médecin; car cela est de l'état du convalescent; et si l'homme sain le fait encore, il ne le fait pas comme sain, mais comme celui qui ressent encore quelque chose de l'état d'infirmité dont il tâche de se délivrer; mais ce n'est pas en ce sens que saint Clément dit partout, que son gnostique demande. Il inculque, il recommande la demande, non comme une chose dont l'homme parfait veut se défaire, mais comme une chose qui est de son état; puisqu'il s'en sert pour en prouver la perfection. Car il sait très-bien spécifier qu'il ne demande pas les biens temporels [1], au sens que nous le verrons. Il auroit pu dire de même qu'il y a un temps où l'on ne demande pas, même les spirituels, mais jamais il.....

SECTION III.

Passage de saint Clément où il fait demander au coryphée : vains efforts pour éluder.

On objecte plusieurs degrés [2], mais saint Clément, qui les reconnoît, devoit donc dire quelque part qu'il y a un de ces degrés où l'on ne demande plus. Il répète au contraire vingt et trente fois sans restriction, que le parfait en général fait toutes les demandes qu'on vient de voir; et que plus il est parfait, plus il lui convient de les faire. Mais enfin que sert d'alléguer tous les degrés de la perfection, puisque ce Père a dit en termes formels *que le gnostique coryphée,* c'est-à-dire bien certainement celui qui est au comble de la perfection, *fait des demandes* [3] ?

On a remarqué ce passage [4], et c'est ici que je prie l'auteur des *Remarques* de réfléchir sur tous les efforts qu'il a fallu faire en cet endroit.

La première contorsion qu'il faut donner à son esprit, c'est que

---

[1] S. Clem., lib. VII, p. 726. — [2] *Rem.*, p. 195, 202, 203. — [3] S. Clem., lib. VII, p. 726. — [4] *Rem.*, p. 195, 202, 203.

le mot *coryphée* ne signifie pas un homme dans l'état le plus parfait. Mais sans insister sur le mot, voyons la chose. Il n'y a rien au-dessus de celui dont on a dit qu'il *n'est pas tenté* [1] : or est-il que dans cet endroit du septième livre, à la page 725, c'est celui-là qui fait des demandes, ainsi que nous l'avons déjà rapporté; donc le plus parfait en fait. Dans la page 726, celui dont il est parlé et qu'il nomme le *coryphée* est celui qui, selon vous, est vertueux comme la pierre est pesante, à qui la vertu a passé en nature, en qui enfin elle est inamissible. Or celui-là, qui par vous-même est le plus parfait, constamment est aussi celui qui fait des demandes, puisque c'est lui qui demande que « la contemplation s'augmente et demeure en lui, de même que l'homme vulgaire demande la perpétuité de la santé [2], » comme nous l'avons aussi rapporté. C'est, encore une fois, le plus parfait qui fait des demandes.

Quand vous dites en cet endroit [3] : « Il est aisé de voir que ce gnostique, quoiqu'il le nomme *coryphée*, n'est point parvenu par la gnose jusqu'à l'habitude de l'amour pur qu'il nomme inamissible, » permettez-moi de le dire, vous cherchez à vous éblouir, en disant qu'il est aisé de voir cela, quand le contraire est visible comme le soleil, puisque c'est à ce coryphée qu'il attribue précisément cette inamissibilité, et à qui il venoit d'attribuer d'être au-dessus de la tentation.

Vous opposez des raisonnemens à des faits qui sautent aux yeux; et en voici un, sur ce passage où saint Clément dit « que le gnostique demande le vrai bien de l'ame, coopérant ainsi lui-même pour arriver à l'habitude de la bonté, afin qu'il n'ait plus les biens comme des instructions ajoutées, mais qu'il soit bon [4]. » Sur quoi vous dites : « Il est manifeste que ce gnostique n'est encore ni bon par état, ni parvenu à l'habitude de la bonté qui est la parfaite [5]. » Quand vous diriez cent fois : Il est manifeste, vous n'empêcheriez point que le contraire ne le soit, puisque celui dont saint Clément dit *qu'il coopère dans sa demande*, est le même dont il a dit, dans la même période, qu'il est gnostique, et encore *qu'il l'est par possession*, par conséquent donc par une habitude

---

[1] S. Clem., lib. VII, p. 725. — [2] *Ibid.*, p. 726. — [3] *Rem.*, p. 203. — [4] S. Clem., lib. VII, p. 721. — [5] *Rem.*, p. 200, 201.

constante. Il n'est donc pas sans cette habitude divine; mais il la demande et il coopère à l'avoir, parce qu'il ne sait pas s'il l'a, ou n'y songe pas, mais seulement à l'avoir de plus en plus.

Il dit dans le même sens que ce gnostique parfait, « dont la vertu est inamissible, demande qu'elle le soit et coopère à la faire telle, sachant, dit-il, qu'il y a des anges qui sont tombés par leur lâcheté[1], » ce qu'il craint qui ne lui arrive. C'est pourquoi il se précautionne; et non content de prier, il coopère de son côté à la grace et à la prière, et cependant il est parfait gnostique, comme nous l'avons déjà expliqué. . . . .
. . . . Quand vous concluez « qu'il n'est pas entièrement dans la permanence, puisqu'il la demande, ou que s'il l'a déjà, il faut que ce soit une demande sans acte formel et réfléchi ; une demande que l'esprit qui prie sans cesse, forme en lui sans qu'il y réfléchisse, » je vous réponds : Choisissez, prenez parti ; dites, si vous le pouvez, que les actes du gnostique, où il demande si distinctement pour lui-même la rémission des péchés, de n'en plus commettre, l'augmentation, la persévérance ; pour les autres la conversion et le reste, ne sont pas des actes distincts et formels, ou ne sont pas des actes où l'on réfléchit à la manière que nous verrons, en les faisant si distinctement, ou même ne sont pas des actes, mais quelque chose de passif : dites-le, si vous le pouvez, et en même temps montrez-moi comment on exprime des actes formels et distincts, ou des demandes actives autrement que par les paroles que votre auteur y emploie; et si vous ne le pouvez, comme votre conscience vous le fait sentir, n'en revenez plus à cette réponse. Avouez que ce sont des actes et des actes très-formels et très-distincts, et des demandes très-actives; et de là, si vous concluez[2] que celui qui fait ces demandes n'est pas *entièrement dans la permanence,* mais qu'il y est comme on peut y être dans une vie mortelle et fragile, vous aurez dit la vérité.

Au surplus, quand vous concluez[3] « que la permanence n'est pas entière lorsqu'on la demande, ou que si on la demande y étant déjà, c'est une demande sans actes formels, » etc. l'oserai-je dire, les idées se brouillent dans l'esprit du monde le plus net et

---
[1] S. Clem., lib. VII, p. 726. — [2] *Rem.*, p. 208. — [3] *Ibid.*, p. 207.

le plus précis. Car si l'entière permanence exclut la demande, c'est toute demande qu'elle exclut, formelle ou confuse, explicite ou imparfaite, directe ou réfléchie, passive ou active : et soit que le Saint-Esprit nous inspire de demander passivement, comme vous parlez, ou activement la permanence, il nous inspire en même temps le sentiment qu'elle nous manque, du moins dans le degré de perfection où il nous la fait demander. Ainsi tout ce système est contradictoire, et un effet manifeste de la prévention.

SECTION IV.

S'il y a dans saint Clément un état supérieur à celui qu'il appelle la gnose.

Après tant d'efforts pour montrer, tantôt que les demandes dont saint Clément parle sont passives et appartiennent au parfait gnostique, tantôt, ce qui est contraire à cette prétention, qu'elles sont actives et en même temps qu'elles appartiennent à un gnostique imparfait, on n'est point satisfait de ces deux réponses, et en voici une troisième bien différente : « Il faut observer, dit-on, que saint Clément, quand on l'examine de près, ne représente point la gnose comme le terme de la perfection, mais seulement comme la voie qui y conduit. Le terme est l'amour pur et permanent [1], » ce qu'on prouve par deux passages, dont l'un dit « que la gnose finit en la charité : » et l'autre « qu'on donne la gnose à celui qui a la foi, et la charité à celui qui a la gnose ; » d'où l'on conclut que ce Père « semble mettre la charité pure et permanente autant au-dessus de la gnose, que la gnose est au-dessus de la foi commune. » Ceci est surprenant. Jusqu'ici, dans tous les chapitres précédens, le gnostique a été l'unique, le parfait, l'impassible, l'imperturbable, celui qui n'a rien à désirer même pour son ame, c'est tout dire. Dans les chapitres suivans, c'est le déiforme, le transformé, le dieu par grace, l'homme initié par tous les progrès mystiques à l'heureuse vision de face ; le prophète, l'apôtre par état ; il n'y a grace ni perfection qui ne lui convienne, et cela par état, immuablement et dans le degré le plus fixe comme le plus éminent. Cela change néanmoins ici, et ce souverain parfait

[1] *Rem.*, p. 209.

voit un état autant au-dessus de lui, qu'il est lui-même au-dessus de la foi commune et des plus foibles commencemens de la piété, et cela pourquoi ? parce qu'il faut enfin trouver un état où l'on soit au-dessus de la demande ; et que, malgré tous les efforts qu'on a faits et toutes les violences qu'on a données au texte de saint Clément, on sent bien en sa conscience que l'état du gnostique n'est pas celui-là.

Mais voyons encore en quoi ce dernier état de perfection est si fort au-dessus de la gnose, qu'on fait si parfaite. C'est que cet état est celui *de la charité pure et permanente.* Dès lors on n'entend plus rien dans tout ce qu'on vient de dire. D'abord on a promis de faire voir que *la gnose consiste dans la contemplation et dans la charité.* Mais dans quelle charité? dans une charité habituelle et fixe, pure et désintéressée, aussi pure par conséquent qu'elle est permanente. Voilà le plan de l'ouvrage. Dans l'exécution, cette charité est si pure, qu'excluant l'espérance comme la crainte et les récompenses avec les supplices, elle n'aime la vertu que pour la vertu, l'honnête que pour l'honnête, en un mot, Dieu que pour Dieu même, parfait en lui-même, et tellement séparé de toute vue de salut, qu'on n'y pense seulement pas ; et que s'il falloit s'expliquer entre la volonté de Dieu et le salut, on excluroit le dernier. La pureté ne peut pas aller plus loin ; et pour ce quiest de la permanence de cet amour, elle va jusqu'à n'être plus même tentée, jusqu'à l'apathie et à l'inamissibilité par état. Je ne sais plus rien au-dessus de la permanence. Enfin la charité est poussée jusqu'à être un avec Dieu par union fixe et par état, jusqu'à avoir sa volonté passée en soi-même ; pour tout dire, jusqu'à *être sans bornes;* car c'est là qu'on met avec raison le dernier degré[1]. Voilà ce que la gnose contient en elle-même dans tous les chapitres précédens ; et après cela tout à coup elle se trouve séparée ici de la pureté et de la permanence de l'amour. Un état si contradictoire, qui n'est inventé, quand on se sent battu de toutes parts, que pour résoudre une objection, fait voir qu'on la croit insoluble, comme elle l'est en effet.

Mais que veut donc dire saint Clément, quand il dit que la

[1] *Rem.*, p. 110, 111.

gnose se termine dans la charité[1]? Il veut dire que la charité en est la perfection, comme dit un peu après le même Père, *que la gnose la produit;* donc la gnose est un état séparé de celui de la charité. C'est tout le contraire. La gnose, souvenons-nous que c'est à dire *la connoissance pratique de Dieu*, la foi accompagnée de l'intelligence, qui ne tend qu'à opérer par la charité, la produit, la regarde comme son terme; donc elle en est séparée, et la charité fait un autre état. Il faut conclure au contraire : Donc la charité en est inséparable, et fait la perfection de cet état-là.

Mais, dit-on [2], saint Clément ajoute que « la connoissance est donnée à la foi, et la charité à la connoissance [3]. » Je l'avoue : donc l'état de la charité est différent de celui de la connoissance : je le nie; c'est tout le contraire. La connoissance est une lumière de sagesse et d'intelligence surajoutée à la foi, qui tend toute à la pratique; c'est-à-dire à l'amour qui le produit, ainsi qu'on vient de voir. Donc la connoissance et l'amour ne sont qu'un seul et même état, et le dessein de ce Père est de faire voir que la perfection de l'état est dans l'amour même, ce qui est incontestable.

Et sans sortir de cet endroit, la preuve en est claire. Car ce Père ajoute « que la connoissance, γνῶσις, comme la chose qui demande la plus grande préparation et le plus parfait exercice préalable, se donne à la fin à ceux qui y sont propres et qui sont choisis pour cela : que c'est elle qui nous conduit à la parfaite justice, à la fin sans fin et parfaite, et qui fait qu'on est appelé Dieu [4], » et le reste de même force, qu'on pourra voir dans l'endroit cité. On y voit clairement que ce qu'il appelle *la gnose* est la dernière perfection du christianisme. Saint Clément explique précisément ailleurs, que comme la discipline, ou pour mieux traduire, la doctrine, se termine à la charité, celle-ci reçoit sa perfection par la connoissance, τῇ γνώσει; ce qui met la connoissance au-dessus de tout et de la charité même.

Il dit dans un autre endroit : « Le premier degré c'est la doctrine (ou la foi) : le second, c'est l'espérance, par laquelle nous désirons les plus grands biens : le troisième, qui met la perfec-

---

[1] S. Clem., lib. VII, p. 733. — [2] *Rem.*, p. 209. — [3] S. Clem., lib. VII, p. 732. — [4] *Ibid.*

tion, ainsi qu'il est convenable, c'est la charité, qui déjà nous enseigne par manière de connoissance, γνωστικῶς ἤδη παιδεύουσα [1]. » Ainsi l'enseignement gnostique et parfait vient de l'amour même. Mais, dira-t-on, c'est la gnose ou connoissance pratique qui produit ailleurs la charité. Qui en doute? le dénouement est aisé. Pour aimer, il faut connoître, et en aimant on apprend à connoître mieux; c'est pourquoi la connoissance et la charité sont l'une au-dessus de l'autre, et l'une devant l'autre à divers égards. Qu'y a-t-il là d'obscur, et pourquoi vouloir embrouiller des choses claires?

Sur ce principe il ajoute *que le fondement de la gnose*, de la connoissance parfaite et pratique, *c'est la foi, l'espérance et la charité*, qu'il appelle trinité sainte de nos ames, dont, dit-il, *la charité* est la plus parfaite. Ainsi la gnose, qui en un sens produit, comme on a vu, la charité, dans un autre sens est fondée sur elle; et c'est là, dans le même endroit, l'état parfait, où le gnostique, qui est le parfait, « ne met pas sa fin dans son ame, mais à se béatifier et à être heureux et royal ami de Dieu, » c'est-à-dire, comme il l'explique partout, un homme qui l'aime d'un amour libre, généreux et pur, et uniquement pour lui-même.

Il dit encore en un autre endroit, qu'il y a deux sortes de foi, l'une du passé, et l'autre de l'avenir, que l'espérance nous donne: « Et nous aimons, poursuit-il, à être persuadés par la foi, que le passé est tel qu'on nous le dit en regardant (sur ce fondement) le futur que l'espérance nous fait attendre, parce que l'amour persuade tout au gnostique, comme à un homme qui n'a connu que Dieu seul [2]. » Voilà donc la charité, qui sans doute est précédée par la foi, qui néanmoins en un autre sens l'établit, puisqu'elle la persuade, et tout cela est un même état de perfection.

Enfin pour terminer cette question par un passage formel, saint Clément décide clairement « que la discipline se termine dans la charité, et que la charité est perfectionnée par la connoissance [3]; » et un peu auparavant, en expliquant le progrès de la perfection et des vertus, il avoit dit « que la crainte, la pénitence,

[1] S. Clem., lib. IV, p. 495. — [2] Lib. II, p. 383. — [3] *Ibid.*, p. 379.

la continence, la patience nous conduisent, en profitant, à la charité et à la connoissance [1], » comme au suprême degré. Il seroit aisé de produire une infinité de semblables passages.

Ainsi l'on ne sait ce que c'est dans saint Clément que cet état supérieur à ce qu'il appelle la gnose. Depuis le commencement de son livre jusqu'à la fin, il n'a que le gnostique dans l'esprit, c'est dans le seul gnostique qu'il renferme toute la beauté et la sublimité du christianisme : il a gagné tout ce qu'il prétend, pourvu qu'il ait démontré que le gnostique est le seul pieux. Une preuve de sa piété et celle qu'il inculque le plus, c'est qu'il demande. Contre cela, toute la ressource est d'imaginer quelque chose au delà du gnostique ; or ce quelque chose n'est qu'une idée, et par conséquent la ressource est nulle.

Et en particulier il est visible que ce coryphée du livre septième [2], qui vous a fait tant de peine, est vraiment le chrétien parfait : premièrement par son nom, qui signifie le degré suprême de perfection : secondement parce qu'il est dit qu'il est arrivé *au sommet* de la gnose, εἰς γνώσεως ἀκρότητα : troisièmement ce sommet de la gnose est absolument le sommet de la perfection, puisque la gnose est proposée en même temps comme la chose *la plus excellente* qui soit ; et enfin, ce qui la met en effet au-dessus de tout, c'est *qu'elle sait conserver ce par où la vertu est inamissible,* qui est assurément le degré suprême.

Quand donc vous dites [3] « qu'il vous paroît démonstratif que le gnostique coryphée de saint Clément, ou n'est pas encore divinisé et dans la consommation de l'amour pur et permanent, ou que ses demandes ne sont point des actes formels excités et réfléchis tels qu'on les fait dans les voies actives, » permettez-moi de le dire, que ce mot, *démonstratif*, est de ces grands mots qu'on met à la place des choses lorsqu'elles manquent ; car au contraire il est clair et démonstratif, par les propres termes de ce Père et par toute la suite de son discours, d'un côté, que ce coryphée est vraiment le parfait suprême, et de l'autre, que ses demandes sont aussi formelles et aussi distinctes qu'on les puisse faire ; et l'alternative, qui montre qu'on ne sait quel parti prendre sur l'actif ou

---

[1] S. Clem., lib. II, p. 373. — [2] *Ibid.*, lib. VII, p. 726. — [3] *Rem.*, p. 211.

le non actif de ces demandes, fait voir qu'il n'y en a point de bon, que celui de reconnoître de bonne foi, que le plus parfait peut demander·

Et je m'étonne au dernier point qu'un théologien se tourmente tant pour établir le contraire. Car quel inconvénient que le plus parfait demande, s'il est certain par la foi que le plus parfait en cette vie est dans d'extrêmes besoins? Il est vrai que Dieu prévient les demandes; mais cependant il commande qu'on les fasse, parce qu'elles forcent sa bonté, et mettent dans l'ame du fidèle des dispositions convenables.

SECTION V.

Sur les désirs, sur l'efficace de la prière intérieure, et sur les actes réglés.

L'auteur des *Remarques* continue : « Je reconnois avec le bienheureux Jean de la Croix, que l'homme passif et transformé a ses désirs [1]. » Il eût fallu expliquer si ce sont des désirs actifs ou passifs; mais quoi qu'il en soit, c'en étoit assez pour ne pas prendre au pied de la lettre tous les endroits où saint Clément exclut le désir. Nous avons déjà remarqué qu'il n'exclut jamais ce qui s'appelle πόθος ἐφέσις; et s'il falloit rapporter tous les passages où il les donne au gnostique, on ne finiroit jamais.

Je remets à un autre endroit ce qu'on dit ici sur la demande de l'augmentation et de la persévérance [2]. Quant à ce qu'on y rapporte de l'union de l'Epoux et de l'Epouse, qui ne font qu'un même esprit, il est très-beau et très-véritable ; mais il ne le faut pas restreindre à l'état passif.

Tout ce qu'on remarque dans la suite [3] sur l'efficace de la prière du juste parfait, loin d'affoiblir ce qu'on vient de dire, le fortifie, puisqu'en vain établit-on l'efficace de la demande, si l'on n'en fait point. J'en dis autant de tous les passages où l'on dit que Dieu n'attend pas qu'on lui demande : qu'il suffit qu'on pense, et qu'il fait. Tout cela conclut qu'il faut prier, quoique non pas toujours de la voix, comme saint Clément le répète cent fois. Dieu,

[1] *Rem.*, p. 212. — [2] P. 213. — [3] P. 215, 216, etc. —

dit-il¹, n'attend pas les langues ni la parole, la pensée, le sentiment. L'intention lui suffit ; puisque non-seulement il la connoît dans le cœur, avant même qu'elle se forme ; mais encore qu'il a su de toute éternité qu'elle seroit. J'avoue aussi que Dieu, qui sait tout et connoît le fond du juste, en écoute les inclinations avant qu'elles se soient formées en termes exprès, intérieurs ou extérieurs. Dès qu'on expose à Dieu ses secrets besoins, et qu'on se met devant lui en posture de suppliant, lui qui connoît le fond de l'intention, n'en demande pas davantage ; et la prière est formée dès là librement et activement à ses oreilles.

Il n'y a rien de plus exprès ni de plus formé qu'un tel acte, puisque c'est précisément une intention de demander à Dieu la grace, et comme parle saint Clément², « une conversion, un retour, un recours à lui, en lui demandant sa miséricorde, » qui est la demande expresse et formelle.

L'Ecole même va plus loin. Elle sait que Dieu exauce les intentions, non-seulement actuelles, mais encore virtuelles, comme on les appelle. Mais en même temps il faut supposer avec elle que ces intentions et ces actes qu'on nomme virtuels, sont la suite d'un acte formel qui subsiste dans son état et dans le branle qu'il a donné à la volonté tout ensemble, qui est de nature à être souvent renouvelé, et qui demande de l'être.

Il ne faut pas non plus tirer avantage contre la demande active et libre, de ce que saint Clément a dit « que le juste parfait exige plutôt qu'il ne demande³. » Je veux bien reconnoître avec l'auteur des *Remarques*⁴, que cela marque l'autorité de l'Epouse, pourvu qu'on m'avoue que cela ne marque pas moins sa demande, laquelle est d'autant plus active qu'elle est plus vive et plus pressante.

Enfin ce qu'on appelle exiger, c'est demander sans hésiter dans la foi, comme dit saint Jacques, ou comme dit Notre-Seigneur : « Tout ce que vous demandez en priant, croyez qu'il vous sera donné, et il vous sera fait. » C'est ce qui fait dire à saint Clément, que la foi « par laquelle on croit qu'on recevra ce qu'on

---

¹ S. Clem., lib. VII, p. 724, 728, etc. — ² *Ibid.*, lib. IV, p. 487. — ³ *Ibid.*, lib. VII, p. 748. — ⁴ *Rem.*, p. 216.

demande, est un genre de prière¹. » C'est le genre le plus efficace et le plus parfait, mais en même temps le plus explicite et le plus formel.

L'indifférence qu'on veut que saint Clément attribue à son gnostique « aussi prêt de n'obtenir pas ce qu'il demande, que d'obtenir ce qu'il ne demande pas², » prouve bien qu'il est soumis; mais suppose en même temps qu'il est suppliant. Ce qu'on ajoute « que toute sa vie et son commerce avec Dieu³ » est une prière, est très-véritable en son sens, au sens auquel il est vrai que l'innocence d'un enfant et la sainteté du juste, et même du juste qui dort, prie et demande, au sens que le besoin, même jusqu'à celui du corbeau, invoque et prie, et ainsi du reste; mais cela n'exclut pas dans les occasions les prières particulières que nous avons entendues cent fois de la bouche de saint Clément. Je sais que l'union avec Dieu et le fondement de la charité, non-seulement dans les parfaits, mais encore dans tous les fidèles, est *une demande éminente* de tout le bien connu et inconnu. Mais de prétendre empêcher par là les demandes particulières et distinctes, ou réduire tout à une *demande éminente*, comme s'il étoit au-dessous du parfait chrétien de former ces actes, c'est une erreur manifeste ; c'est détruire toute la doctrine de ce Père, ou plutôt c'est détruire la prière que Dieu commande, et contre les propres termes de l'Ecriture la réduire à des actes généraux.

Je n'oublierai pas ce passage des *Remarques*⁴ : « Une chose qui marque combien le gnostique est incapable de faire des actes réglés pour désirer les vertus, c'est que saint Clément dit que le gnostique ne doit point savoir quel il est, ni ce qu'il fait : par exemple, celui qui fait l'aumône, ne doit point savoir qu'il est miséricordieux⁵. » C'est bien vouloir tirer tout à son avantage, que d'alléguer ce passage. Saint Clément parle du gnostique, qui agissant par une habitude consommée, fait les actions de vertu, et exerce la miséricorde naturellement et comme sans s'en apercevoir; et l'on conclut qu'à cause qu'il pratique ainsi

---

¹ S. Clem., lib. VII, p. 723. — ² *Ibid.*, p. 742. — ³ *Rem.*, p. 218. — ⁴ *Ibid.*, p. 216. — ⁵ S. Clem., lib. IV, p. 529.

la vertu sans y penser, il ne peut ni la désirer ni la demander. Dites-moi, je vous prie, quelle est cette conséquence.

Mais, ajoute-t-on [1], selon saint Clément, celui qui exerce la miséricorde, « quelquefois aura ce sentiment et quelquefois il ne l'aura pas : donc il n'a rien de réglé ni de sûr, et il est tel que Dieu le fait être à chaque moment; » et de là que conclut-on sur la demande? En vérité, je ne le vois pas. Dieu donne des sentimens plus ou moins vifs; Dieu les donne, si vous voulez, à certains momens, ou ne les donne pas; son esprit souffle où il veut : qui le nie, et qu'est-ce que cela fait à notre sujet? En passant, la traduction ne convient pas à l'original de saint Clément, qui veut seulement marquer la différence entre celui qui agit par une habitude constante, et celui qui n'ayant pas cette habitude *est tantôt miséricordieux, et tantôt non.* Cela est certain, mais ce n'est pas la peine de le relever.

Au reste, quand on dit *que le gnostique est incapable de faire des actes réglés,* si l'on entend que l'homme parfait qui a acquis la véritable liberté d'esprit, ne peut ni ne doit s'assujettir à une certaine méthode d'actes arrangés et suivis, je l'accorde facilement; mais cela ne fait rien à notre sujet, si ce n'est qu'on voulût exclure avec les *actes réglés,* des actes distincts, ce qui seroit une grande erreur.

SECTION VI.

Sur l'action de graces : si elle exclut la demande, et réduit tout au passif.

On continue [2] : « Voulez-vous savoir comment le gnostique prie : nous l'avons déjà dit et je le répète : N'attendez pas des actes variés : *son genre de prières est l'action de graces* [3], etc., et cette action de graces comment se fait-elle? cette apparente multitude d'actes se réduit à *se complaire simplement dans tout ce qui arrive.* Ainsi ce qui est expliqué d'une manière active et multipliée, se réduit à une disposition simple et passive [4]. » Si cela est, pourquoi tant de contorsions pour trouver que le gnostique, à qui saint Clément attribue ces *actes multipliés,* est un gnostique commen-

[1] *Rem.,* p. 217. — [2] *Ibid.,* p. 218. — [3] S. Clem., lib. VII, p. 746. — [4] P. 726.

çant, qui n'a pas encore appris la perfection de ne rien demander à Dieu ? Mais pourquoi, en faveur de ceux qui ne demandent plus rien, imaginer cet état supérieur à la gnose ? Mais répondons au fait. « Le genre de prières du gnostique est l'action de graces pour le passé, le présent et le futur déjà présent par la foi. » Faut-il ici expliquer qu'en effet la principale partie de la prière est l'action de graces? C'est ce qui se voit partout dans saint Paul ; mais loin d'exclure la demande, elle en est le fondement, selon ce que dit le même Apôtre : « Que dans toutes vos oraisons, vos demandes soient connues de Dieu avec actions de graces. » C'est ce que dit saint Clément, lorsqu'il recommande l'action de graces, *qui se termine en demandes* [1]. Et pour montrer que c'est là son intention, au lieu où il dit que le genre de prier du gnostique est l'action de graces, il ajoute : « Le juste parfait, le gnostique demande que sa vie soit courte dans la chair : de n'en être point accablé : d'avoir les vrais biens et d'éviter les vrais maux : d'être soulagé de ses péchés [2], » et le reste. Tout cela est fondé sur l'action de graces, par laquelle on remercie Dieu d'avoir commencé en nous de si grands biens, et de nous en avoir assuré l'accomplissement par sa promesse. Quant à ce qu'on ajoute : « L'action de graces du gnostique se réduit à se complaire simplement dans tout ce qui arrive [3]. » Premièrement, je ne trouve point le *simplement* dans le texte : secondement, je ne trouve pas non plus que saint Clément parle ici de l'action de graces. Il dit seulement que « le gnostique, qui sait que tout est bien administré dans le monde, reçoit également tout ce qui arrive ; » car c'est ainsi qu'il faut traduire πᾶσιν εὐαρεστεῖται τοῖς συμβαίνουσιν. Mais je ne m'oppose pas au terme de *complaire*. J'avoue sans difficulté que le gnostique se complaît dans ce qui arrive. Mais que ce soit là « réduire ce qui est exprimé d'une manière active et multipliée à une disposition simple et passive, » c'est une chose contraire au texte, comme la suite le fait voir, puisque cet homme qu'on veut réduire à une simple passiveté, est celui « qui demande l'accroissement et la persévérance de la contemplation, comme un homme vulgaire demande la perpétuité de la santé : c'est celui qui coopère

---

[1] S. Clem., lib. III, p. 427. — [2] Lib. VII, p. 746. — [3] *Ibid.*, p. 726.

et qui s'aide lui-même, afin que sa vertu ne puisse tomber : c'est celui qui prévoit, qui se précautionne » pour le même effet; et jamais il n'a été plus demandant ni plus actif. Et si l'on remonte plus haut [1], on le trouve tout entier dans la demande pour se conserver ce qu'il a, et obtenir ce qu'il n'a pas. Voilà comment on ne cherche qu'un petit mot, auquel on ajoute ce qu'on veut, pour détruire une longue suite de discours. Si l'on vouloit définir l'action de graces du gnostique, non pas selon son désir, mais selon la pensée de saint Clément, au lieu de la réduire à cette simple complaisance dont il ne dit mot, on auroit appris de lui « que l'action de graces est de rapporter à Dieu les biens qui viennent de lui [2]; » ce qui, loin d'exclure la demande, l'attire plutôt ou la suppose, n'y ayant rien de plus naturel que de demander ce qui manque à celui à qui l'on rend action de graces de ce qu'on a ou, ce qui fait le même effet, à qui l'on rend graces de ce qu'on a obtenu de lui.

Enfin après tout cela, il faut encore ajouter qu'on se contredit. Par tout le discours qui précède, on se donne beaucoup de peine à prouver que ce gnostique coryphée de saint Clément est trop actif et trop demandant pour être le parfait gnostique; mais ici il le redevient, puisque celui qu'on *réduit à cette simple complaisance*[3], par laquelle cette apparente multitude d'actes, et tout ce qui est exprimé d'une manière active et multipliée, se réduit à une disposition simple passive, est si parfait; et cependant on trouve après ce coryphée encore si imparfait et si actif, que non-seulement on le met au rang des gnostiques commençans, mais encore qu'on est obligé, à son occasion, de dégrader toute la gnose, et d'inventer un état autant au-dessus d'elle, qu'elle-même est au-dessus de la foi commune.

SECTION VII.

La principale objection se résout par elle-même.

« Mais, dit-on [4], rien ne montrera davantage la véritable pensée de saint Clément (sur l'état passif) que l'objection qu'il se

---
[1] S. Clem., lib. VII, p. 724 et 725. — [2] *Ibid.*, p. 720. — [3] *Rem.*, p. 219. — [4] *Ibid.*

fait à lui-même [1], etc.; voici sa réponse, etc. » On rapporte ici le passage dont nous avons déjà donné par le texte même une si claire explication [2], qui consiste à dire que, par la force divine de la charité, le gnostique est plutôt dans la possession que dans le désir, à cause de la certitude de la foi et des promesses dont l'effet ne peut manquer; de sorte qu'on croit les tenir et qu'on en est aussi assuré que des choses les plus présentes. Savoir si une telle disposition exclut le désir, ou si elle en retranche seulement l'inquiétude et l'incertitude, on le peut voir dans l'endroit qu'on vient de marquer, où ce passage a été produit tout entier. Après tout, pour résoudre cette question, il ne faut que considérer les paroles que rapporte ici l'auteur des *Remarques* : « Celui qui est déjà par l'amour dans les choses où il sera un jour, comme la gnose (la perfection de la connoissance pratique) lui fait recevoir par avance ce qu'il espère, il ne désire rien, parce qu'il a, autant qu'il le peut (en cette vie), ce qui est désirable. » En vérité, celui qui parle ainsi veut-il dire, ou qu'il n'y a rien de désirable, ou que ce qui est désirable n'est pas désiré par les parfaits, ou qu'on n'espère pas ce qu'on croit avoir un jour, ou qu'on ne désire pas ce qu'on espère? et ne voit-on pas, au contraire, que saint Clément ne veut ôter au désir et à l'espérance que l'inquiétude et l'incertitude de l'un et de l'autre?

SECTION VIII.

Conséquence de la doctrine précédente.

Toutes les questions sont résolues. Après cela dira-t-on que l'homme parfait ne désire ou n'opère rien? on voit le contraire. Mais dira-t-on que dans l'état de perfection il n'y a plus d'actes multipliés et successifs, après qu'on a vu passer le parfait, de l'action de graces à la prière et à tant de sortes de demandes l'une après l'autre, comme est celle « premièrement, de la rémission des péchés, ensuite celle de n'en faire plus, de croître, de persévérer, » et ainsi du reste?

On insinue quelque part, dans les *Remarques,* que ces demandes

---

[1] S. Clem., lib VI, p. 651. — [2] Ci-dessus, ch. VII, sect. 1.

ne sont pas du même homme; mais que, selon les divers degrés, on fait tantôt l'une et tantôt l'autre : mais c'est une erreur. En tout degré on demande toutes ces graces, puisqu'en tout degré on en a besoin. Dans la plus haute perfection on demande la rémission des péchés, puisqu'il n'y en a point où l'on ne pèche. C'est pourquoi chez saint Clément le parfait gnostique, celui qu'il compare à Job et à qui tout est égal, dit *avec justice : Dimitte nobis* [1], etc., comme le moindre fidèle.

On voit encore par là des actes très-explicites, très-particuliers, très-distincts. Ce n'étoit point un acte implicite à saint Barnabé, quand il demandoit la sagesse, et le reste qu'on a vu ailleurs; ni à saint Clément lui-même, quand il disoit à la fin du quatrième livre : « Je prie l'esprit de Jésus-Christ de m'élever à ma Jérusalem [2]. » Et en vérité c'est tout détruire, que de réduire la piété aux actes implicites et éminens. Selon cette idée, il n'y auroit plus d'obligation de penser aux attributs divins, ni absolus ni relatifs, ni à la sainte Trinité, ni de dire : *Je crois en Dieu le Père tout-puissant,* parce que c'est penser à tout éminemment, que de penser à l'essence divine où tout est compris. Mais il faudroit encore pousser plus loin ces actes éminents. Car sans penser que Dieu est créateur et ordonnateur de toutes choses, parce que tout cela n'est pas de son essence, il faudroit réduire toutes nos pensées pour l'entendement à croire qu'il est, et pour la volonté à vouloir qu'il soit. Tout est renfermé implicitement et éminemment là-dedans. Ainsi par une nouvelle perfection d'oraison, il ne faudroit plus songer à se conformer à la volonté de Dieu qui ordonne de toutes choses, car il pouvoit ne rien ordonner; et son essence, sa perfection n'en seroit pas moindre : il faudroit l'adorer dans une abstraction de tous ses décrets, par conséquent dans une abstraction de Jésus-Christ même; et ainsi la foi explicite en Jésus-Christ ne seroit plus nécessaire aux parfaits. Il suffiroit de croire en lui implicitement et éminemment, en croyant en Dieu dans sa simple et indivisible unité. C'est où vont aussi en partie les nouveaux mystiques; mais ils ne poussent pas à bout leurs principes, puisqu'ils sont encore attachés à la volonté de

---

[1] S. Clem., lib. VII, p. 748. — [2] *Ibid.,* lib. V, p. 543.

Dieu ou de signe ou de bon plaisir, qui est si peu de son essence, qu'il pourroit n'en point avoir du tout. Voilà les belles conséquences et la nouvelle éminence d'une oraison plus abstraite que toutes les autres, que je déduirai légitimement du principe des nouveaux mystiques.

Quant aux actes réfléchis, on ne peut non plus les exclure. Qui fait des demandes distinctes sur ce qu'il a ou sur ce qu'il n'a pas, y réfléchit. Qui rend graces des biens qu'il a reçus, comme celui « qui rend graces d'avoir obtenu la perfection de la connoissance[1], » y réfléchit aussi sans doute ; et où est l'inconvénient d'y réfléchir pour en rapporter la gloire à Dieu, puisque c'est précisément pour cela que « nous avons, comme dit saint Paul, reçu l'Esprit, afin de savoir les choses qui nous sont données ? »

Il ne faut pas non plus rejeter ces actes prétendus intéressés. Demander la rémission de ses péchés, la grace de n'en plus faire, sa propre persévérance et le reste qu'on a vu, c'est sans doute demander pour soi. Rendre graces des biens reçus, c'est une autre sorte d'intérêt. Il n'y a donc plus qu'à dire que toute la religion est intéressée, s'il faut bannir des parfaits tous les actes qu'on vient de marquer. Il n'y a plus qu'à leur faire un autre Evangile. Mais déjà bien assurément, ce n'est pas celui de saint Clément d'Alexandrie.

SECTION IX.

Si c'est une demande intéressée que de demander les biens temporels, avec le reste des fidèles et toute l'Eglise.

« Pour donner le dernier degré d'évidence à notre matière, nous n'avons plus qu'à examiner en détail les trois genres de biens auxquels tous les désirs de l'homme se réduisent. Il ne peut désirer que les choses sensibles et passagères, ou les biens invisibles et éternels, ou enfin sa persévérance et son accroissement dans la charité[2]. » Après avoir ainsi divisé les biens, l'auteur des *Remarques* procède à les exclure l'un après l'autre.

Pour commencer par le premier genre de biens, il faut supposer avec saint Clément, que le gnostique assiste aux prières

[1] S. Clem., lib. VII, p. 719. — [2] Paroles des *Remarques*.

communes où l'Eglise demande les biens temporels et qu'il y assiste d'esprit autant que de corps : il est donc déjà bien certain de ce côté-là qu'il demande avec tous les Saints les biens temporels. Cette demande n'est intéressée en aucune sorte ; car, si nous apprenons de saint Paul que soit que nous buvions, soit que nous mangions, nous devons tout faire pour la gloire de Dieu, c'est aussi manifestement pour la même gloire de Dieu que nous demandons notre pain.

C'est donc parler trop confusément, de dire que le gnostique ne demande point pour lui la santé, les fruits de la terre et les autres prospérités. Il falloit dire qu'il ne les demande pas de la même manière que les autres biens. Car, au reste, il est naturel et simple de se mettre avec tous les autres, quand il s'agit des besoins communs.

SECTION X.
Si c'est un désir intéressé de désirer les biens éternels.

« Secondement, portent les *Remarques* [1], le gnostique ne peut désirer les biens invisibles et éternels, puisque nous avons vu que l'amour gnostique est si pur, qu'il ne peut admettre aucun désir de récompense ; et qu'en choisissant la gnose, il ne veut point être sauvé. »

Ces propositions sont étranges. Le gnostique ne peut désirer les biens invisibles que saint Paul désire sans cesse, aussi bien que tous les apôtres et les prophètes. Ces derniers ne désirent point le Christ : les apôtres ne désirent point d'être avec lui. Je ne dispute pas ici si ces désirs sont volontaires ou involontaires, excités ou non excités. Qu'on élude par là certains désirs très-marqués dans l'Ecriture et la tradition, c'est un grand mal ; mais de parler si généralement contre les désirs qu'on trouve à toutes les pages dans l'Ecriture, dans (a). . . . .

[1] *Rem.*, p. 223.
(a) Tout le reste de cette section se trouve encore placé ailleurs. Voyez, sur les désirs des biens éternels, les livres III et VI de *l'Instruction sur les Etats d'Oraison*. (*Edit. de Leroi.*)

SECTION XI.

Si c'est un désir imparfait et intéressé de désirer la persévérance, ou l'accroissement de l'amour.

« Il ne reste plus, continue l'auteur des *Remarques*[1], que la persévérance et l'accroissement de l'amour qu'on puisse faire désirer au gnostique; mais outre que le désir de la persévérance est exclu par l'exclusion formelle de tout désir pour le salut, d'ailleurs ce désir de persévérer trompe beaucoup de gens. La tromperie consiste en ce que ceux qui désirent la persévérance, sans cesse occupés de leur amour plus que du bien-aimé, *sont bien éloignés* d'une ame simple qui aime, comme dit saint François de Sales, non son amour, mais son bien-aimé. » Nous verrons dans la suite, si ce saint évêque exclut des ames parfaites le désir et la demande de la persévérance. Mais en attendant, démêlons une équivoque qui est cachée dans les paroles qu'on vient d'entendre. Une ame peut être occupée de son amour, ou pour s'y complaire et le faire servir de pâture à son amour-propre, ou pour s'en conserver la pureté par les moyens que Dieu lui commande. La première occupation est mauvaise; la seconde non-seulement est bonne et sainte, mais encore absolument commandée à tous les chrétiens. « Cette ame, ajoute-t-on[2], est trop aimante pour prévoir au delà du moment présent si elle aimera plus ou moins dans la suite : non-seulement elle aime, sans songer qu'elle aimera, mais elle aime sans penser qu'elle aime.... Dans l'amour vulgaire nous n'examinons point si nous aimerons toujours, ni si nous aimons une personne pour qui nous avons la plus tendre et la plus parfaite amitié; tout de même l'ame gnostique ou passive en aimant ne songe qu'à aimer, ou plutôt elle aime sans penser à aimer par un amour direct : elle suit sans réflexion l'attrait tout-puissant : le moindre examen de son amour lui paroîtroit une distraction : comme elle aime sans réflexion sur son amour, elle aime aussi sans désir d'aimer. » ..... Je ne dis ceci qu'en passant. Car, sans entrer dans le fond des raisonnemens que vous opposez aux propres termes de votre auteur, je n'ai qu'à vous avertir que

[1] *Rem.*, p. 223. — [2] *Ibid.*, p. 226.

c'est contre lui que vous disputez. Quand vous répétez[1] les passages que j'ai expliqués, je n'ai qu'à vous dire que le sens que j'y donne est conforme à l'Ecriture, à la tradition, à la doctrine que saint Augustin et les saints conciles ont établie contre les pélagiens sur la nécessité en tout état et jusqu'à la fin de la vie, de demander la persévérance et de la mériter par ses prières, *suppliciter emereri ;* ce qui oblige tous les fidèles sans exception, *omnes*, selon les termes du concile de Trente [2], « à mettre leur espérance dans le tout-puissant secours de Dieu, et ensuite à passer leur vie en travaux, en veilles, en jeûnes, en prières, en oblations et en chasteté ; de peur, dit ce concile, que celui qui paroît être debout ne tombe ; » et la doctrine opposée, qui supprime les prières dans tous les parfaits, est nouvelle, hardie, inouïe parmi les fidèles et erronée.

Il ne faut donc pas regarder la prière, où l'on demande la persévérance et l'accroissement de la vertu, comme une « recherche intéressée de sa perfection, de son salut et de sa sûreté propre [3]; » car c'est donner une idée trop basse de ceux qui tâchent d'obéir à Jésus-Christ, qui leur dit : *Soyez parfaits*, que de les faire considérer comme des gens qui recherchent leur intérêt. Au contraire, visiblement ils recherchent l'intérêt de Dieu et sa volonté, qui est notre sanctification, comme dit saint Paul. Il ne faut pas non plus traiter d'intéressés ceux qui travaillent à assurer leur salut, sous prétexte qu'ils recherchent *leur sûreté propre ;* car c'est encore l'intérêt de Dieu qu'on recherche, lorsqu'on tâche par la prière de s'affermir contre le péril de l'offenser, et de parvenir dans la vie future à l'entière sûreté de ne pécher plus. Toutes ces vues sont comprises dans la parfaite charité, et c'est une grande et pernicieuse erreur que de les en exclure.

SECTION XII.

L'espérance supprimée par une mauvaise version.

Le passage où l'on fait dire à saint Clément que le gnostique *a reçu son espérance par la gnose* [4], donne lieu à cette étrange con-

---

[1] *Rem.*, p. 228. — [2] *Conc. Trid.*, sess. VI, c. XIII. — [3] *Rem.*, p. 213. — [4] *Strom.*, lib. VI, p. 651.

séquence : « Que la pure charité du gnostique absorbe son espérance, et contient éminemment tout ce qu'elle avoit de meilleur[1]. »
Remarquez que l'espérance n'est plus dans son propre être et dans sa forme propre distincte : *Absorbée dans la charité*, elle n'a plus d'être qu'en elle. Et comment? *parce que la charité contient éminemment tout ce qu'elle avoit*. Ecoutez, *tout ce qu'elle avoit* : c'en est fait : on en parle comme d'une chose qui n'est plus, et l'on supprime l'espérance et son exercice; c'est-à-dire une vertu et un exercice essentiel à la religion. Mais il est certain par la foi que l'espérance subsiste, et agit toujours durant cette vie, et que si elle tombe comme la foi, ce n'est qu'à la fin, lorsqu'elle est changée en jouissance parfaite.

On peut voir par cette remarque, combien il est dangereux de laisser pousser trop avant ces manières dont on abuse, pour faire trouver une vertu éminemment dans une autre, puisqu'à la faveur de ces *éminences,* on éclipse l'une des trois vertus théologales, et l'on renverse l'un des fondemens du temple de Dieu, comme parle saint Clément.

Il est vrai, en général, que les nouveaux mystiques font peu de cas de cette excellente vertu, qu'ils ne nomment que pour la forme. Ils la trouvent trop intéressée et trop désirante pour leur pureté; et dès là ils font voir plus clair que le jour, combien leur pureté est imaginaire.

Mais, dira-t-on, que répondre au passage de saint Clément? Il n'y a qu'à le bien traduire, et au lieu de faire dire à l'auteur *que le gnostique reçoit son espérance par la gnose,* ce qui en soi ne signifie rien, et donne lieu par son obscurité à tout ce qu'on en a voulu tirer, il n'y a qu'à tourner ainsi : Que le gnostique étant déjà par la charité dans les choses où il sera, et ayant prévenu l'espérance par la connoissance parfaite, τὴν ἐλπίδα προειληφὼς διά τὴν γνῶσιν, il ne désire rien; et c'est aussi de cette manière que nous l'avons traduit au lieu marqué ci-dessus.

On pourroit traduire de mot à mot : *Que le gnostique perçoit par avance l'espérance par la connoissance parfaite,* ce qui feroit le même sens que nous avons rendu, et ne revient en aucune

[1] *Rem.,* p. 230.

sorte au prétendu absorbement de l'espérance dans la charité.

Il n'y a personne qui n'entende que percevoir par avance son espérance et son attente, c'est percevoir par avance ce qu'on attend et ce qu'on espère. Il est commun dans toutes les langues d'exprimer par l'espérance et par le désir la chose espérée et désirée; comme quand on dit à quelqu'un : Vous êtes mon espérance et tout mon désir; et l'on trouvera dans saint Clément de fréquens exemples d'une locution si ordinaire [1].

SECTION XIII.

Deux passages qu'on prétend décisifs, et qui ne concluent rien.

On objecte [2] une décision de saint Clément où il dit « qu'étant parvenu à la gnose, on peut demeurer dans la quiétude en se reposant : pratique, ajoute-t-on, qui seroit une illusion pernicieuse et le quiétisme, si elle n'étoit fondée sur les maximes de l'état passif : » comme si tous ces grands saints qu'on avoue être parvenus à ce degré éminent de grace et de sainteté par les voies communes, n'avoient pas sans passiveté ce repos que donne la bonne conscience, cette joie perpétuelle et cette paix qui surpasse toute intelligence.

On en revient [3] au passage où saint Clément dit que le gnostique *boit, mange et se marie, si le Verbe le dit par son inspiration intérieure*; et c'est, dit-on, *ce que l'on appelle agir passivement*. Oui, quand on fait signifier aux mots tout ce qu'on veut; car au reste agir par l'inspiration et y obéir, n'exclut en aucune sorte l'action; autrement il faudroit l'exclure de toutes les actions de piété et de toutes les bonnes pensées, qui sans doute sont inspirées aux chrétiens par cette inspiration, tant inculquée par saint Augustin, de la sainte dilection.

On ajoute que le Verbe signifie ici le Fils de Dieu, ce que j'avoue en ce lieu sans difficulté. Lorsqu'on dit qu'agir par le Verbe n'appartient qu'aux seuls gnostiques, puisqu'il est dit de ceux qui ne le sont pas qu'ils n'agissent pas *selon le Verbe*; voici ce que porte le passage entier : *Plusieurs de ceux qui ne sont pas gnostiques ne*

[1] *Strom.*, lib. IV, p. 494; lib. VII, p. 736. — [2] *Rem.*, p. 231. — [3] *Ibid.*, p. 232.

CHAPITRE X, SECT. XIV.

laissent pas de faire bien certaines choses ; mais ce n'est pas selon la raison, ἀλλὰ οὐ κατὰ λόγον, *comme il arrive à ceux dont la force consiste dans leur colère et dans une certaine impétuosité*[1]. On voit que le mot λόγος, ne signifie autre chose que la raison opposée à l'impulsion et à l'impétuosité de la colère, qui fait faire des actions semblables à celles qu'inspireroit la vertu. Mais il faut trouver partout du mystère et tourner tout à l'état passif.

SECTION XIV.

Conclusion de l'auteur des *Remarques*.

« Après cet éclaircissement [2] fait avec tant d'exactitude, je ne crois pas qu'on puisse douter que saint Clément n'ait exclu tout désir actif et excité de son parfait gnostique. Quand même il ne l'auroit pas dit en termes formels, comme j'ai montré qu'il l'a fait, son système entier le montreroit évidemment pour lui. »

On a montré en termes formels que saint Clément exclut tout désir actif et excité. Le peut-on dire ? On trouve cinquante passages où ce Père parle des demandes particulières que fait le gnostique ; or on ne demande pas sans désir : il y a donc des désirs gnostiques. On en revient à la distinction des désirs actifs ou passifs, excités ou non excités ; mais a-t-on montré un seul petit mot où saint Clément ait songé à cette distinction ? On n'a donc rien montré de ce qu'on a prétendu, loin de l'avoir montré par textes formels. Mais encore qu'a-t-on montré ? un passage de saint Clément, où il a dit que le parfait n'a aucun désir. Quoi donc ! selon vous, a-t-il exclu tout désir, même [le passif ? Vous dites tout le contraire. Mais ce désir, pour être imprimé de Dieu, selon vous n'en est pas moins un vrai désir. Vous admettez donc de vrais désirs dans le parfait, et vous-même vous apportez une exception contre votre passage. S'il vous est permis de le restreindre, en exceptant des désirs dont vous ne trouvez aucun vestige dans votre auteur, combien plus est-il permis de le faire, en exceptant des désirs qu'on trouve dans toutes les pages de ce

---

[1] *Strom.*, lib. VII, p. 733. — [2] *Rem.*, p. 221.

Père, et qu'on trouve même en termes formels dans le passage dont il s'agit?

Mais il est encore bien plus surprenant de dire que tout *le système de saint Clément* exclut les désirs et les demandes actives [1]. Ce système, selon vous-même, et « le but de ce Père, comme il le dit lui-même, est de montrer dans tout son ouvrage que le gnostique n'est ni impie, ni athée, et qu'au contraire il est le seul qui honore Dieu parfaitement. » Je reconnois ce système et ce but de saint Clément. Mais où met-il le fort de sa preuve pour montrer que son gnostique, loin d'être un impie, est le seul qui honore Dieu? C'est, dit-il, qu'il fait des demandes, et des demandes les plus parfaites, puisque ce sont des demandes des choses les plus excellentes. Or s'il ne prouve que ces demandes sont des demandes au sens que tout le monde entendoit, c'est-à-dire de véritables demandes, des demandes proprement dites, actives par conséquent, explicites, particulières, distinctes comme les autres, il ne prouve pas ce qu'il veut; et l'on aura à lui répondre, que les demandes qu'il établit sont des demandes improprement dites, et d'autre nature que celles dont il s'agit. On lui ôte donc le fort de sa preuve, quand on réduit les demandes de son gnostique à des demandes impropres.

« Prodique, dites-vous, et les autres faux mystiques ont abusé des principes de la gnose jusqu'à l'excès horrible de rejeter toute prière, tout culte et tout recours à la Divinité [2]. » Il est vrai, et saint Clément le rapporte [3]. Ce Père avoit entrepris de réfuter ces faux gnostiques, j'en conviens encore; mais vous ajoutez : « Le moins qu'il pouvoit faire dans ce dessein, étoit de dire ce qui est véritable à la lettre, qui est que le gnostique ou fidèle passif forme des désirs et des demandes conformes aux divers états où il se trouve; c'est-à-dire activement, tandis qu'il lui reste encore quelque activité, et enfin passivement, après qu'il est entièrement sorti de l'état qu'on appelle actif. » C'est ici un autre système où je ne connois plus rien. Je ne reconnois plus saint Clément dans ces paroles; c'est pour moi la nouveauté la plus étonnante qu'on veuille trouver dans cet auteur, ou ce fidèle passif, ou toutes les

[1] *Rem.*, p. 233. — [2] *Ibid.*, p. 232. — [3] *Strom.*, lib. VII, p. 722.

distinctions que vous rapportez. S'il est vrai que « Prodique ait abusé des principes de la gnose jusqu'à rejeter le recours à Dieu, et que saint Clément ait entrepris de le réfuter, » il a dû montrer contre lui la nécessité de recourir à Dieu dans tous ses besoins. Mais si le recours à Dieu n'est qu'implicite, c'est plutôt fournir une échappatoire à cet hérésiarque, que le réfuter à fond. Mais ceci sera plus clair et plus démonstratif, quand après avoir parlé des demandes, nous viendrons à examiner, comme nous l'avons promis, ce qu'on tire à l'avantage de l'état passif.

RÉFLEXIONS

SUR LE CHAPITRE HUITIÈME, DONT LE TITRE EST :

La gnose est l'état passif des mystiques.

On verra dans un moment, s'il y a de la vraisemblance dans le dessein des *Remarques*. Tout celui de saint Clément aboutit à faire voir dans tous les élus de Dieu, dans tous les saints consommés en lui, quelque chose de plus parfait que dans le commun des fidèles par l'habitude formée de la vertu, en y ajoutant, si l'on veut, le don singulier de la persévérance. Mais le dessein des *Remarques* doit aller plus loin, puisqu'il y faut montrer, dans les élus mêmes, un don au-dessus et d'un autre genre, qui revienne aux impuissances de l'état passif qu'on trouve dans les mystiques. Nous avons donc à examiner s'il y a un mot qui tende à cela, ou s'il y a la moindre apparence qu'un homme sage comme saint Clément, apprenne aux païens, qui ne connoissoient pas le christianisme, un état extraordinaire et singulier même parmi les élus, ou autre chose que la perfection à laquelle nous mènent les voies communes de la religion ; c'est-à-dire la foi, l'espérance et la charité soigneusement pratiquées, et dont l'exercice est tourné en habitude.

Il dit que le gnostique, c'est-à-dire le chrétien parfait, est mu par l'esprit de Dieu, et qu'il est fait une même chose avec cet esprit [1]. C'est la condition commune de tous les élus. Toute ame sainte est épouse, et devient avec Dieu un même esprit, selon

[1] *Rem.*, p. 149.

saint Paul, comme dans le mariage vulgaire on est fait une même chair : l'habitude rend cette union permanente et fixe, à la manière que nous avons expliquée ; mais pour cela il n'est pas besoin qu'elle la rende passive. C'est aussi pour tous les élus que Jésus-Christ a demandé qu'ils fussent éternellement consommés avec lui dans l'unité. Que ce soit ici *précisément* le mariage mystique par manière de passiveté du bienheureux Père Jean de la Croix, c'est ce qui est en question. Il n'y a rien de particulier à dire avec saint Clément, « que l'ame s'accoutume à contempler la volonté par la volonté, et le Saint-Esprit par le Saint-Esprit [1] : » et cela suppose seulement l'habitude déjà formée de s'unir à Dieu cœur à cœur, esprit à esprit, etc., et que c'est par le Saint-Esprit qu'on s'unit à lui depuis les commencemens de la piété jusqu'au comble de l'habitude formée. « L'esprit sonde les profondeurs, et l'homme animal ne comprend pas les choses de l'esprit : » donc on est passif ; je ne vois rien dans ces mots qui le signifie.

Jusqu'ici je vois seulement dans les *Remarques* un travail pour tirer à soi tout ce qu'on peut, comme on fait dans une grande disette. Le reste n'est pas plus solide. *Des expressions,* dit-on, *si étonnantes,* apparemment celles *d'immuable, d'impassible,* etc., si vous y mettez les tempéramens que nous avons vus dans saint Clément, *marquent du moins un état où l'ame soit affectée et déterminée par l'Esprit de Dieu,* d'une autre manière qu'une habitude formée, où le don singulier de persévérance affecte les ames et les détermine, si l'on veut, moralement ou physiquement, à persévérer dans la vertu : je le nie. *La gnose est inamissible* [2] : oui, pourvu qu'on persévère à prier, à prévoir, à se précautionner, et qu'on fasse tout ce qu'il faut pour la rendre telle : Donc on est passif, concluez-vous ; et moi je conclus : Donc on ne l'est pas. *On est forcé à être bon,* comme *on est forcé par le précepte,* comme *on est forcé à être chrétien.* Il est clair que cela n'est rien du tout ; et je veux bien ajouter que le διάγεται de saint Clément avec sa terminaison passive, a une signification active ; de sorte qu'au lieu de traduire : On est forcé à être bon, il falloit traduire, qu'on s'efforce de le devenir, ou de s'affermir dans cette volonté,

[1] *Rem.,* p. 149. — [2] *Ibid.,* p. 150.

comme la suite le fait paroître; ce qui tourne précisément contre le dessein des *Remarques*. *Ce qu'on fait par nécessité, et non point par choix*, n'est pas tout le bien, comme portent les *Remarques*, mais boire, manger, se marier. On a vu au reste que cette nécessité, aussi bien que le choix auquel on l'oppose, est tout autre que celle qu'on veut insinuer. Visiblement elle signifie les besoins que le corps impose, qu'on appelle aussi des nécessités; et le sage parfait a cela de propre, qu'il y cède, non pour l'amour du plaisir, mais quand il faut; et dans un autre sens, il seroit absurde de dire qu'on boive et mange nécessairement. Vous avez beau alléguer ici *l'involonté propre* des mystiques [1], et mêler toujours leur langage avec celui de saint Clément. Ce Saint en est éloigné de cent lieues, et n'y songe seulement pas. Faire ce que le Verbe dit, se régler par sa parole et en suivre constamment les inspirations, ce n'est rien moins qu'être passif; autrement tous les élus le seroient. *Cette nécessité sans interruption pour tout le détail de la vie* est un commentaire qui n'est point fondé dans le texte [2]. « La lumière qui s'unit par un amour qui ne souffre point de séparation, qui porte Dieu et en est portée, » ne marque rien plus qu'une habitude formée, telle qu'elle est dans ces grands saints non passifs. Saint Clément ne les fait point tels, quand il les fait *opérans, et opérans avec leurs deux mains* : et s'il ajoute *que le travail passe*, il ne nous marque autre chose que la facilité de l'habitude. Au surplus la grace dont il parle ici, n'est pas celle qui distingue les grands saints, telle qu'on met la passiveté; mais celle qui sépare ceux *qui sont glorifiés* de ceux *qui sont condamnés*; étant impossible en effet d'éviter la condamnation, si l'on ne se fait une habitude de la vertu chrétienne.

Dans le même livre, les Saints agissent plus que tous les autres *par inspiration*: Dieu ne cesse de les conduire par les droites voies. Vous allez bientôt décider vous-même, que leur inspiration n'est *que l'inspiration journalière que la foi enseigne dans tous les justes*. Selon cette inspiration, leur ame est *affectée*, touchée, émue, ébranlée *d'une certaine façon, et la volonté divine se répand en elle* [3]. Elle leur est manifestée : ils la goûtent, ils l'accom-

[1] *Rem.*, p. 151. — [2] *Strom.*, lib. VI, p. 666. — [3] *Rem.*, p. 158.

plissent. Y a-t-il rien, dites-vous, de plus passif dans tous les mystiques? Oui, sans doute, puisque la passiveté des mystiques induit des impuissances de faire des actes que la plupart des Saints n'ont jamais connus. C'est là celle dont il s'agit. Car au reste personne ne nie que l'ame ne soit recevante plutôt qu'agissante dans toutes les illustrations et douces émotions que Dieu fait en nous sans nous, comme parle toute l'Ecole après saint Augustin ; ce qui paroît d'une façon particulière dans l'habitude formée.

Mais voici l'un des plus grands argumens[1] : c'est que de même que la vertu attirante de l'aimant passe d'anneaux en anneaux et les tient tous unis à soi [2], il en est ainsi de la grace du Saint-Esprit. On conclut que cette expression marque *non-seulement un état passif, mais une entière extinction de la liberté.* Oui, à ceux qui ne sauroient pas que la grace tire ; et que son efficace est souvent expliquée dans les Pères par ces sortes de comparaisons, qui ne marquent que la puissance de la grace, et non pas la manière dont elle nous tire. Que ce soit *l'enchaînement des mystiques* où toute action, tout désir actif est supprimé, c'est ce qui reste à prouver.

Voici une autre comparaison : « Comme ceux qui sont sur la mer tirent l'ancre qui les affermit, en sorte qu'ils sont attirés par l'ancre, et qu'ils ne l'attirent point [3] etc. ; au lieu de traduire : *ils sont attirés*, etc., il faudroit mettre : « Ils n'attirent pas l'ancre, mais ils s'attirent eux-mêmes vers elle : ἑαυτοὺς ἐπὶ τὴν ἄγκυραν ; » par conséquent de même, dans l'application, au lieu de traduire : « Ils sont attirés eux-mêmes vers Dieu ; » il faut mettre : « Ils se poussent, ils se conduisent eux-mêmes à Dieu, ἑαυτοὺς προσαγόμενοι, etc. » Bien éloigné de vouloir réduire l'ame à la passiveté dans ce passage et par cette comparaison, il met, même dans le parfait, l'action que les nouveaux mystiques rejettent le plus, qui est la réflexion, lorsqu'il dit « que la tempérance, qui demeure auprès du gnostique comme une sentinelle fidèle, se contemplant et se regardant sans cesse elle-même, le rend autant qu'il se peut, semblable à Dieu : » passage que nous trouvons appliqué à l'homme parfait dans les *Remarques*. Et quand saint Clément auroit été

---

[1] *Rem.*, p. 154. — [2] S. Clem., lib. VI, p. 704. — [3] *Ibid.*, lib. IV, p. 535.

moins soigneux d'expliquer ici l'action de la réflexion et du libre arbitre, il a assez expliqué en cent endroits, « que l'ame n'est point tirée comme par des cordes [1], » qu'elle se meut, qu'elle s'excite elle-même, qu'elle se forme, qu'elle se fait par son libre arbitre, et le reste que nous avons dit.

Après cela, quand vous attribuez à saint Clément *la désappropriation des mystiques, leur involonté* [2], et cette locution, que « Dieu veut en eux tout ce qu'il lui plaît, » pour induire cette impuissance de faire des actes, qui est le point dont nous disputons, vous lui donnez votre langage, et non pas le sien.

Ce qui suit [3], s'il étoit soutenu, renverseroit en un mot tout le système des nouveaux mystiques, comme il a déjà été dit. Vous déclarez « que l'inspiration *du gnostique*, n'est pas une inspiration prophétique et miraculeuse, mais une inspiration journalière que la foi enseigne, et que c'est là à quoi se réduit cette passiveté qui fait tant de peur à ceux qui ne la connoissent pas. » A quoi vous ajoutez ces mots précis : « On n'en connoît, on n'en soutient point d'autre. » Apparemment vous ne songez pas aux impuissances des nouveaux mystiques, où quelque chose vous fait sentir au dedans du cœur qu'elles sont insoutenables. Certainement ceux qui s'étonnent de la passiveté qu'ils introduisent, ne sont point du tout supris de ces inspirations journalières, que la foi enseigne dans toutes les œuvres de piété : ils n'ont point de peine à comprendre que l'ame ainsi inspirée, est passive en un certain sens sous la main de Dieu qui la meut, et, comme nous l'avons dit, qui fait en elle tant de choses sans elle. La passiveté qui étonne toute la théologie est celle où l'on introduit ces impuissances de faire des actes, de demander, désirer, espérer par actes formels et distincts, et le reste. Cette impuissance n'est pas l'effet de cette inspiration journalière, qui est de la foi. Car loin de supprimer ces actes, elle les fait exercer avec un plein usage du libre arbitre. Il est vrai, comme vous le dites, que « plus l'ame est morte à elle-même, souple et attentive, plus la voix du Saint-Esprit demande en nous l'accomplissement de la volonté de Dieu. » Mais tout cela n'induit point ces impuissances que l'Eglise n'a pu en-

[1] *Strom.*, lib. II, p. 363. — [2] *Rem.*, p. 156. — [3] *Ibid.*

tendre sans en être choquée. Il les faudroit donc ôter, et laisser à l'ame plus mortifiée, plus morte, si vous voulez, pourvu qu'on n'abuse point de ce mot, une plus grande souplesse pour l'inspiration, mais de même nature que dans les autres, sans aucune distinction que du plus au moins.

On ne sort point de cette idée en lisant ce passage, où le gnostique « est enlevé jusqu'à l'union qu'on ne peut plus discerner [1]. » On ne discerne point sa volonté de celle de Dieu, lorsqu'on s'y veut conformer en tout et qu'on en a pris l'habitude, sans qu'il soit besoin pour cela de ces impuissances de faire les meilleurs actes et les plus expressément commandés. Le gnostique, dont il s'agit en cet endroit, est si peu un homme passif à la manière des mystiques, « qu'il se fait, qu'il se fabrique lui-même, qu'il se réduit en captivité, que lui-même il donne la mort au vieil homme [2], » et le reste, qui fait assez voir que saint Clément ne sort pas de l'idée de *ces saints actifs* qui parviennent sans ces impuissances, à un degré de sainteté si éminent.

Mais il se sert, dites-vous, de l'enthousiasme des poëtes pour exprimer celui du gnostique. On se trompe : il ne parle ici que de l'inspiration des prophètes dont il venoit de traiter [3]. Nous reverrons ce passage dans l'endroit où nous expliquerons ceux dans lesquels le gnostique nous est donné comme un prophète par état.

Tout est donné, dit saint Clément [4], *gnostiquement au gnostique*, tout est donné spirituellement et intellectuellement à l'homme spirituel et intellectuel : donc il tombe dans les impuissances dont il s'agit. C'est tout le contraire, puisque c'est en cet endroit que le gnostique demande, coopère, prévoit, se précautionne et demeure plus agissant que jamais. Je ne vois donc pas la conséquence qu'on vouloit tirer, mais seulement qu'on cherche partout de quoi l'établir. On n'oublie pas cette expression la plus générale de toutes, où il est parlé de l'efficace de la gnose, et l'on remarque une force particulière dans ces termes : *énergie, vertu efficace;* mais tout cela ne nous conduit pas plus loin que l'efficace de la gnose et du don de persévérance. Il ne faut donc pas tant

[1] S. Clem., lib. VII, p. 706. — [2] *Ibid.* — [3] Lib. VI, p. 698. — [4] Lib. VII, p. 726.

pousser les choses; mais c'est l'erreur commune des nouveaux mystiques.

On trouve [1] de la finesse et toute la subtilité des impuissances mystiques dans le passage où David égale ceux qui reçoivent le Verbe à *de hautes tours* [2], comme gens *qui seront affermis dans la foi et dans la connoissance* γνώσει, quoique ce passage ne nous fasse pas sortir de l'habitude formée et encore moins du don de persévérance.

Enfin le dernier passage où l'on trouve [3] que le gnostique est passif dans la contemplation, est celui-ci : « Qu'il contemple saintement un Dieu saint, et que la sagesse qui l'assiste se contemplant elle-même sans relâche, il devient semblable à Dieu, autant que cela est possible [4]. » On ne ressent pas ici la moindre odeur de l'état passif; mais pour nous y amener de gré ou de force, voici ce qu'on dit : « Vous voyez que l'ame est sans action propre, et que c'est Dieu qui se contemple lui-même. » C'est ce qu'on ne voit point du tout. Le texte dit que *la tempérance*, σωφροσύνη, qu'on a traduit *sagesse*, se regarde incessamment elle-même : donc toute action propre est supprimée, et c'est Dieu qui se contemple lui-même. C'est à force d'avoir de l'esprit, passer au dessus de son objet, et ne pas voir que la tempérance, qui *se regarde sans cesse elle-même*, sans doute n'a pas éteint son action propre, puisqu'elle ne cesse pas de réfléchir. On s'est peut-être porté naturellement à traduire *sagesse* plutôt que *tempérance*, parce que sous le mot de *sagesse*, qui se contemple elle-même dans l'homme parfait, on peut plus aisément entendre Dieu, que sous celui de *tempérance;* mais enfin on n'avance rien, et la sagesse qui est dans le sage, peut bien, sans tant raffiner, se contempler elle-même et faire réflexion sur ses lumières et sur ses maximes.

Après cela, on conclut aussi hardiment pour l'état passif que si on l'avoit trouvé du moins dans un seul passage : mais au contraire, on a vu que tout est tiré par les cheveux, et que saint Clément ne donne aucun lieu à la moindre des *Remarques*.

J'ai encore remarqué deux choses d'où l'on tire de grands avan-

[1] *Rem.*, p. 161. — [2] S. Clem., lib. VII, p. 745. — [3] *Rem.*, p. 162. — [4] S. Clem., lib. IV, p. 535.

tages : l'une est le terme de *mort,* dont saint Clément se sert souvent, et l'autre est celui de *charité sans bornes,* où l'on veut trouver l'abandon qui est tout le fondement de l'état passif.

Il n'y a point de gens plus avantageux que les mystiques. Ils trouveront dans saint Clément, comme dans tous les autres Pères, la mort mystique et spirituelle, que saint Paul rend familière aux chrétiens, auxquels il ne cesse d'en parler. Les mystiques ne sont point contens, à moins qu'ils ne poussent cette mort jusqu'à nous faire mourir à tout désir, à toute demande, à tout acte, jusqu'à ceux qui sont le plus commandés ; et cette extinction d'actes, qu'on ne pourroit souffrir par elle-même, passe sous le beau nom de mort mystique.

Il seroit question de faire voir ce genre de mort mystique dans saint Clément ; mais c'est en vain qu'on l'y chercheroit. Il explique distinctement que cette mort, « qu'il est permis à l'homme de se donner à lui-même et après laquelle on est vivant, est en cet endroit la mort des vices et des passions [1]. » En un autre endroit, c'est *la mort des sens* [2] : en un autre endroit, *celle des cupidités* [3], et ainsi du reste. Mais pour ce qui est de la mort des actes par ces impuissances prétendues mystiques, bien loin qu'on en trouve un mot dans ce Père, on y trouve en cent endroits tout le contraire.

De même, quand cet auteur dit que l'homme parfait *a un amour sans bornes* [4], cela passe sans difficulté. On ajoute que cet amour sans bornes, est l'abandon entier et universel : on ne voit rien là de suspect. Mais cet abandon emporte non-seulement qu'on voudra tout ce que Dieu veut, mais encore qu'on n'osera se remuer ni faire aucun acte, même expressément commandé, qu'on n'y soit poussé de Dieu d'une façon extraordinaire et au-dessus de toute l'efficace des graces communes à tous les saints : voilà le mal ; et cette disposition ne tend proprement à rien autre chose qu'à tenter Dieu. Car sous le nom spécieux d'abandon, quand on aura une fois accoutumé les oreilles à ce langage, toutes les fois qu'on trouvera dans un ancien Père, par exemple, dans saint

---

[1] *Strom.,* lib. VI, p. 652. — [2] Lib. V, p. 580. — [3] Lib. VII, p. 706. — [4] *Ibid.,* p. 725.

Clément, ou la mort mystique, ou l'amour sans bornes, qu'on interprète par le mot *abandon*, on croira pouvoir faire passer sous ce titre toute l'étendue de l'état et des impuissances passives, qui sont un anéantissement de la piété.

Je voudrois bien demander comment on sait que ces actes des passifs sont imprimés de Dieu de cette façon extraordinaire où l'on met la passiveté. On n'en peut avoir d'autre raison, si ce n'est qu'en ne faisant rien et demeurant en pure attente passive de l'œuvre de Dieu, on est assuré que tout ce qui vient dans la pensée est de lui. Mais c'est une illusion : c'est une disposition à prendre pour Dieu tout ce qu'on pensera, c'est-à-dire le fanatisme. Si ce n'est pas là ce qu'on appelle tenter Dieu, on ne sait pas ce que c'est.

On pourroit pousser plus loin ce raisonnement, si c'en étoit le temps. Mais nous n'avons à examiner que les sentimens de saint Clément sur l'état passif, et je crois cette affaire entièrement consommée, puisqu'on a vu clairement que tout ce qu'on a rapporté en faveur de cet état n'a rien d'approchant.

CHAPITRE XI.

Le gnostique est déifié.

« Quand on entend dire aux mystiques, qu'après les épreuves, l'ame est déiforme, transformée, divinisée ou déifiée, cela paroît une chimère à tous les docteurs spéculatifs [1]. Ce n'est pourtant pas, ajoute-t-on, une invention moderne. » On allègue plusieurs auteurs en faveur de cet état, et il s'agit maintenant d'écouter saint Clément d'Alexandrie.

Et d'abord, il ne faut pas faire les docteurs spéculatifs assez ignorans pour être surpris de ces expressions. C'est en effet un mystère de l'incarnation de nous faire participans, comme dit saint Pierre, de la nature divine; et c'est un discours commun parmi les Pères, qu'un Dieu s'est fait homme, afin que l'homme fût Dieu. Saint Basile et saint Grégoire de Nazianze, sans parler des autres, ont dit souvent que Dieu fait des dieux et divinise les

[1] *Rem.*, p. 237, 238.

hommes ; et il se peut faire qu'ils aient pris ces locutions de notre auteur, sur le fondement des Ecritures, qui ont dit : *Vous êtes des dieux*, etc.

Pour appliquer maintenant cette parole à l'homme parfait, saint Clément explique partout qu'il est *déiforme* ou *déifié* par une vive expression des perfections divines et de toutes les vertus de Jésus-Christ, autant qu'il est permis dans cette fragilité ; qui est, comme on a dit, la restriction qu'il apporte en cinquante endroits à cette locution.

Vous en rapportez un exemple dans ce passage, où « le gnostique est représenté comme une troisième image divine, semblable, autant qu'il est possible, à la seconde cause [1], » c'est-à-dire, au Fils de Dieu. Dans un autre passage, que vous rapportez, on lit : « Il devient Dieu, en quelque manière, d'homme qu'on étoit [2]. » Avec ces restrictions et cent autres de même nature qu'on trouve à toutes les pages, ces expressions ne sont pas si étonnantes.

Le même Père dit encore, ajoutez-vous, « qu'il y a une espèce d'égalité entre Dieu et l'âme [3]. » Qu'y a-t-il là de si étonnant avec cette restriction ? Encore ne le dit-il pas ; mais vous l'inférez de ces paroles : « J'oserois le dire, comme Dieu prédestine le parfait, celui-ci aussi prédestine Dieu. » Tout passe avec ces excuses et ces restrictions, qu'il ne falloit pas supprimer. Et après tout qu'en conclura-t-on, si ce n'est qu'il y a un choix mutuel très-actif de part et d'autre et très-véritable ? ce qui n'est guère du goût des nouveaux mystiques.

Vous oubliez encore la restriction dans ce passage, où votre auteur dit, que *l'esprit pur*, etc., *devient capable de recevoir la puissance divine* [4] : le grec porte : *Devient capable en quelque façon* ; et quant à ce qu'il ajoute : *L'image de Dieu se formant*, de mot à mot : *S'élevant en lui*, il venoit de dire *qu'il se rendoit semblable à Dieu autant qu'il pouvoit*.

Quel plaisir trouve-t-on à outrer les expressions d'un homme qui cherche partout à les tempérer, si ce n'est pour dire « que

---

[1] S. Clém., lib. VII, p. 708. — [2] *Ibid.*, p. 757. — [3] Lib. VI, p. 652. — [4] S. Clem., lib. III, p. 423.

ces expressions outrées et si fréquentes ne sont point des exagérations mises au hasard, mais des expressions choisies pour composer un système régulier et suivi, qui est précisément dans toutes ses parties celui des mystiques. » Voici un nouveau langage : « Les expressions outrées ne sont pas exagérations ; elles servent à établir un système régulier. Quelqu'un diroit au contraire que c'est une étrange régularité que celle qui demande des expressions outrées et si fréquentes.

C'en est une bien surprenante, de dire que le système de saint Clément est *précisément* celui des mystiques *dans toutes ses parties*. On ne peut lire cela sans étonnement, puisqu'on trouve à la vérité dans les *Remarques* une affectation étrange de rendre ce Père semblable aux mystiques, et qu'on relève les choses les moins importantes. Par exemple, n'étoit-ce pas une remarque merveilleuse que saint Clément *parle précisément comme les mystiques*, en disant que « Dieu prend plaisir à se communiquer à l'ame, dès le moment qu'elle est purifiée ? » Qu'y a-t-il là que ce que dit tout le monde ? Mais parce que les mystiques le disent aussi, on est mystique *précisément* quand on le dit. « C'est la voie, ajoute-t-on, de la pure foi, et de la mort à tout amour-propre. » Il faudroit montrer cette *pure foi* des mystiques qui est unie à leurs impuissances ; et quant à la mort, on a pu voir que celle de saint Clément est bien différente de la leur.

Mais, dit saint Clément, « comme l'homme de bien devient déiforme et semblable à Dieu selon son ame, Dieu aussi de son côté devient hominiforme [1]. » C'est une secrète allusion ou au mystère de l'incarnation, ou aux expressions de l'Ecriture, dans lesquelles Dieu parle en homme, et semble prendre des sentimens humains ; ce qui ne fait rien à notre sujet ; mais ce qui est deux lignes au-dessus y fait beaucoup, puisque saint Clément y dit « que l'homme parfait fait tous ses efforts pour se rendre semblable à Dieu dans l'apathie ; » ce qui montre que cette apathie consiste en efforts et non en effets, comme nous l'avons déjà dit.

Le passage où l'on fait dire à saint Clément que « le corps même devient spirituel, » s'entend de l'Eglise, « qui est un corps

[1] *Strom.*, lib. VI, p. 650.

spirituel, dont ceux qui ne vivent pas selon l'esprit sont les chairs ; » mais ceux qui s'unissent à Dieu *sont un corps spirituel,* étant incorporés à l'Eglise. Et quand on voudroit entendre que par l'habitude de la vertu le corps même devient plus soumis à l'esprit, et en ce sens spirituel, qu'y auroit-il là pour les mystiques, si l'on ne vouloit les trouver partout?

Il me semble qu'on joint ensemble plusieurs passages à l'endroit où il est parlé *de la parfaite adoption des enfans;* mais je m'étonne qu'on ait pu produire ces dernières paroles ; car saint Clément, bien loin d'avancer ce qu'on lui fait dire, « que le gnostique reçoit avec l'apathie la parfaite adoption; » dit seulement qu'*il y est prédestiné,* ou pour traduire de mot à mot : « Dieu, dit-il [1], l'a prédestiné à être inscrit ou choisi à la parfaite adoption des enfans, » ce qui est vrai au pied de la lettre pour tous les élus. Je trouve encore dans la suite [2], qu'on a par avance ce qu'on attend avec certitude sur la promesse de Dieu, comme je l'ai remarqué ailleurs ; et je ne m'étonnerois pas quand je trouverois que dès cette vie l'adoption est parfaite à sa manière, parce qu'elle nous fait tout trouver dans la foi.

Ce ne sont donc point ces expressions dont la plupart, comme on voit, sont très-régulières et toutes très-indifférentes à notre sujet ; ce ne sont pas, dis-je, ces expressions *qui scandalisent les docteurs* [3], et saint Clément n'a pas dit ce qui *les scandalise le plus.* Ce qui les scandalise véritablement, et ce que ce Père n'a pas dit, c'est lorsqu'on veut contre ses paroles, au lieu d'*une apathie pour ainsi parler,* d'une apathie en effort et autant qu'on peut, introduire une apathie en effet : c'est lorsque dans la transformation, l'on reconnoît *une suspension de la concupiscence.* On croit être bien modéré, lorsqu'au lieu de *son extinction,* qui feroit horreur, on admet seulement une simple suspension dans cet état. Mais cette doctrine n'est pas plus correcte ni plus soutenable ; car où la concupiscence est suspendue toujours, elle ne combat plus : « L'esprit cesse de s'armer [4] : Dieu rappelle l'ancienne subordination : » un saint Paul ne doit plus dire : « Malheureux homme que je suis ! » ni « Un ange m'a été donné pour

---

[1] *Strom.,* p. 652. — [2] *Ibid.,* p. 653. — [3] *Rem.,* p. 241. — [4] *Ibid.,* p. 248, 249.

rabattre la tentation de l'orgueil. » S'il n'y a plus de combats, il n'y a plus de ces légères blessures qui en sont inséparables, selon saint Augustin, c'est-à-dire qu'il n'y a plus de péchés véniels : doctrine frappée d'anathème. Aussi saint Clément en est-il bien éloigné. Comme son gnostique est dans le combat et se mortifie, il se reconnoît aussi dans le besoin de demander la rémission de ses péchés, et de dire : *Dimitte nobis.* Quand il dit qu'il est sans souillure comme sans tentation, il le dit au sens que nous avons vu, sans quoi ces propositions seroient autant d'hérésies.

CHAPITRE XII.

Le gnostique voit Dieu face à face, et est rassasié.

Sans ce mot, *Il est rassasié,* qu'on étend jusqu'à l'extinction de toute sorte de désirs, même de celui de voir Dieu, même de celui de sa grace, même de celui de la rémission de ses péchés [1], il ne faudroit pas beaucoup s'émouvoir de cette façon de parler : *qu'on voit face à face,* puisque c'est une proposition qui ne peut être qu'impropre, et qui demande nécessairement un grand correctif. Mais à cause de la conséquence, il faut prendre un peu plus garde au principe.

SECTION I.

Premier passage où saint Clément a bien pris le sens littéral de saint Paul.

Je suppose comme certain que le vrai sens du passage de saint Paul, où il est parlé de miroir et de face à face, regarde la vie future. Il est question de voir si saint Clément a connu ce sens, qui est uniquement littéral. Et d'abord on n'en peut douter en lisant ces mots sur le propre texte de saint Paul : « Nous voyons maintenant comme par un miroir, lorsque nous connoissant nous-mêmes, par réflexion sur quelque chose de divin qui est en nous-mêmes, nous contemplons tout ensemble la cause efficiente, autant qu'il est possible. Car, dit-il, vous avez vu votre frère, vous avez vu votre Dieu, ce qui s'entend du Sauveur pour le temps présent ; mais après être sortis de la chair, nous verrons

[1] *Rem.*, p. 241.

face à face d'une vue définitive (distincte) et compréhensive (parfaite, telle qu'elle convient à ceux qu'on appelle compréhenseurs), quand notre cœur sera pur, » selon cette parole du Sauveur : *Bienheureux ceux qui ont le cœur pur* [1], etc. Voilà donc le sens littéral de saint Paul très-bien entendu, et la connoissance abstractive par la réflexion sur soi-même, très-clairement distinguée de l'intuitive réservée à la vie future.

Il ne faut plus mystagogiser sur ce mot ἀπόθεσις σάρκος, *la déposition de la chair;* car par cette phrase saint Clément, comme tous les autres, n'a entendu autre chose que la mort, comme on le pourroit montrer par plusieurs exemples, si la chose étoit douteuse.

SECTION II.

Autre passage.

Ailleurs en expliquant l'effet bienheureux *de la connoissance parfaite,* il dit « que les ames qui en sont ornées, et qui par la magnificence de leur contemplation se mettent au-dessus de tous les degrés et de toutes les saintes manières de vivre, quand elles seront rangées à cause de leur sainteté dans les saints lieux où sont établies les demeures des dieux, et qu'elles seront totalement transportées dans les lieux qui de tous les lieux sont les plus excellens, elles n'embrasseront plus la divine contemplation dans des miroirs ou par des miroirs, mais avec toute la clarté possible et la plus parfaite simplicité : elles seront nourries éternellement dans le festin éternel de la vue, dont les ames transportées d'amour ne sont jamais rassasiées, jouissant d'une joie insatiable pour tous les siècles interminables, et demeurant honorées de l'identité (de l'intime possession) de toute excellence [2]. »

L'effort de ces expressions, avec lesquelles on voit bien qu'il ne peut encore se satisfaire, marque qu'il parle du comble de la félicité après cette vie. En effet il fait allusion à un endroit de Platon, où parlant des ames pieuses quand elles sont séparées, il les range dans les demeures des dieux, et il fait voir en même

---

[1] *Strom.*, lib. VI, p. 316; voyez la même explic., *Pædag.*, lib. VII, p. 99. — [2] *Strom.*, lib. VII, p. 706.

temps que c'est à la vision perpétuelle et interminable, et à ce banquet céleste éternellement éternel, qu'il est réservé de ne voir plus *par un miroir*, mais de la manière la plus claire et la plus parfaitement simple : ἀκριβῶς εἰλικρινῆ.

SECTION III.

Premier passage objecté.

Quand j'accorderois aux mystiques que saint Clément auroit quelquefois détourné le sens littéral et naturel de saint Paul, il ne leur en reviendroit aucun avantage; mais la vérité ne le permet pas. On lui fait dire qu'étant purifié *par l'épignose* (je ne sais pas quelle finesse on trouve dans ce mot, et pourquoi on ne traduit pas : « Par la connoissance du Fils de Dieu), le gnostique doit être initié à l'heureuse vision de face à face [1]. » Ce n'est pas là tout à fait ce que dit l'auteur : il ne falloit pas oublier qu'il s'agit des demandes que son gnostique fait à Dieu. « Il demande, dit-il, premièrement la rémission de ses péchés, ensuite de ne pécher plus, après de bien faire et d'entendre la création avec l'économie des conseils de Dieu, afin qu'ayant le cœur pur par la connoissance du Fils de Dieu, il soit initié à l'heureuse vision de face à face. » Qui empêche qu'une demande de cette nature ne regarde le siècle futur ? Y a-t-il rien de plus naturel, après avoir demandé par ordre tous les moyens, d'en demander la fin bienheureuse; sans quoi le gnostique, qui se met en train de demander tout, auroit omis le principal et ce à quoi tout le reste tend ?

SECTION IV.

Autres passages objectés.

On allègue en cet endroit [2] un autre passage qu'on objecte souvent pour d'autres fins, que je n'ai pas encore voulu traiter à fond, le réservant à ce lieu. Saint Clément commence par y expliquer « la connoissance parfaite, γνῶσις, qu'on donne à la fin à ceux qui y sont propres et qui sont choisis pour cela, parce qu'on

[1] S. Clem., lib. VI, p. 665. — [2] *Rem.*, p. 242.

a besoin, pour y entrer, d'une plus grande préparation et de plus grands exercices préalables [1], etc. » Par toutes ces circonstances, on voit dans ces mots la perfection qu'on peut acquérir dans cette vie, qui est aussi tellement la dernière qui nous est donnée dans ce corps mortel, que de là on passe au siècle futur. « Celle-là (cette haute spiritualité), γνῶσις, nous mène à la fin parfaite et interminable, nous enseignant premièrement la conversation (la commune manière de vie, δίαιταν) que nous aurons selon Dieu avec les dieux, lorsque nous aurons été délivrés de toute peine et de tout supplice où nous aurons été soumis pour nos péchés par une discipline salutaire. » Ce temps est visiblement la vie future, qui est la seule où nous serons affranchis de toutes les peines du péché, que Dieu laisse pour notre exercice en cette vie. *Après cette rédemption,* continue l'auteur, après cette totale délivrance, qui est appelée partout rédemption, *les prix et les honneurs seront donnés aux hommes consommés,* à ceux que saint Paul appelle *les esprits des justes parfaits,* qui sont introduits dans ce qu'il appelle la *consommation, quand ils auront cessé* d'avoir besoin « de se purifier et cessé en même temps d'exercer tout autre ministère, quoique saint et parmi les saints, λειτουργίας τῆς ἄλλης » (car il n'y a plus dans la vie future de ce qui s'appelle de ce nom dans l'Ecriture); « après quoi, poursuit notre auteur, ceux qui ont le cœur pur, pour s'être unis de plus près à Notre-Seigneur, reçoivent le rétablissement de l'éternelle contemplation, et ils sont appelés *dieux,* à cause qu'ils seront mis dans les mêmes siéges, σύνθρονοι, où ont été établis les autres dieux qui ont été les premiers choisis (de mot à mot, ordonnés) par le Sauveur; » c'est-à-dire, sans difficulté, les apôtres et les premiers disciples de Jésus-Christ. Voilà donc ces ames purgées et entièrement affranchies, qui sont avec les apôtres, dans les mêmes siéges et dans l'état où finissent tous les ministères, où les prophéties seront éteintes, où les langues cesseront, où la science sera détruite, avec tout le reste qui accompagne l'état obscur de la foi. Voilà sans raffinement et sans mettre saint Clément à l'alambic, ce qu'il a voulu dire et ce qu'il conclut en cette sorte :

[1] S. Clem., lib. VII, p. 732.

« Donc la connoissance, γνῶσις, est prompte à purifier, et très-propre à recevoir le changement en mieux, » dont il vient de parler. « Ainsi elle transporte facilement l'ame à ce qui lui est connaturel, saint et divin, et par les progrès mystiques d'une certaine lumière qui lui est propre, elle avance l'homme, qui a le cœur pur, jusqu'à ce qu'il soit rétabli dans le lieu du souverain repos, lui ayant appris à voir Dieu face à face, par science et compréhensivement; car c'est là, ajoute-t-il, la perfection de l'ame spirituelle (gnostique), qu'ayant surpassé toute purification et tout ministère, elle soit avec le Seigneur dans le lieu où elle lui est prochainement soumise; » c'est-à-dire visiblement dans le ciel, puisque c'est là le seul lieu où il n'y a plus ni peine, ni péché, ni purification, ni ministère. Car tourner cela à la cessation des pénitences de l'état purgatif, c'est vouloir gratuitement faire parler aux anciens un langage tout nouveau. Nous avons vu saint Clément placer dans l'état parfait et dans le gnostique l'exercice de la mortification. On ne cesse point de se purifier quand on demande, comme il fait, la rémission de ses péchés. Bien plus, il vient de nous dire que cet état de perfection qu'il appelle intelligence, γνῶσις, est un état de purgation. De tourner aussi la cessation de tout ministère à l'état passif, où l'on s'imagine une cessation de tout acte, c'est faire trop de violence à saint Clément, qui dit le contraire, et qui met son parfait gnostique dans les mêmes fonctions que tous les autres fidèles. Je n'attaque point les distinctions des spirituels modernes; mais il faut faire parler à chacun son langage propre. Celui que j'attribue à saint Clément est simple et naturel, et non-seulement de son temps, mais encore de lui-même dans tous les endroits que j'ai marqués. S'il dit ici que la connoissance, γνῶσις, a appris à l'homme qui a le cœur pur à voir face à face, il n'y a point à s'en étonner; c'est en effet sur la terre, sous la discipline et dans l'école de la foi, que l'on apprend cette science, qui se consommant dans le ciel, nous met au-dessus de toute purification, de toute peine du péché, de tout ministère de cette vie, et nous établit véritablement et sans figure dans le souverain repos.

Il faut entendre dans le même sens la suite de ce passage, où saint Clément, après avoir dit que par la perfection le gnostique est en quelque sorte semblable aux anges, il continue en cette sorte : « Après cette vie, qui est la dernière où l'on peut arriver dans la chair, l'homme parfait toujours changé en mieux selon qu'il est convenable, parvient à la maison paternelle [1] » ou plutôt au plus riche endroit de cette maison, à la salle de ce divin palais, « à la véritable demeure du Seigneur, par la sainte semaine, εἰς πατρῴαν αὐλὴν, afin d'y être pour ainsi parler une lumière stable et proprement permanente et immuable en toutes manières. » Il attribue bien à la perfection de cette vie une espèce d'immutabilité par la force de l'habitude; mais il distingue celle de la vie future, en l'appelant « une immutabilité en toute manière, πάντη πάντως; » ce qui est si grand, qu'il ne l'applique qu'avec réserve à l'état parfait de la gloire.

On entend bien que cette *sainte semaine* comprend tout le temps de cette vie, par laquelle nous arrivons au huitième jour, au vrai jour du Seigneur, au vrai dimanche et au vrai jour du repos, que nous commençons de célébrer en cette vie par l'espérance; mais dont la véritable et effective célébration est la vie future.

C'est encore dans le même sens que saint Clément, dans le même livre [2], dit que le dernier profit que peut faire *l'ame intellectuelle*, c'est lorsqu'étant tout à fait pure, *elle est jugée digne*, comme dit saint Paul, *de voir Dieu face à face pour l'éternité* : état où l'on peut parvenir, mais dont on est jugé digne, et auquel on est destiné et préparé dès cette vie.

On objecte un autre passage, où premièrement on traduit *désir* pour *concupiscence*, par une erreur manifeste qui a déjà été remarquée : secondement, on tire une mauvaise conséquence. Voici le texte de mot à mot : « Nous trouvons en notre chemin les traverses et les fossés de nos convoitises (et c'est ici qu'on traduit *désir*, et très-mal), et les gouffres de la colère que celui-là doit passer, et éviter toutes les embûches, qui doit ne voir plus par un miroir la connoissance de Dieu [3]. » Il semble dire qu'en sur-

[1] S. Clem., lib. VII, p. 733. — [2] Ibid., lib. VII, p. 739. — [3] Ibid., lib. VI, p. 479.

montant les difficultés qu'on ne trouve qu'en cette vie, on y doit venir à l'état où l'on ne voit plus par un miroir.

Néanmoins rien ne force à dire qu'on y vienne dès cette vie : il suffit qu'on y doive venir un jour, à quoi la concupiscence et la colère seroient un obstacle éternel, si l'on ne prenoit soin de les surmonter; de sorte qu'il les faut vaincre, si l'on espère venir à ce jour où l'on ne voit plus par un miroir. Ce sens est suivi; et quand pour épargner des disputes sur des minuties, j'aurois accordé qu'on en peut venir dès cette vie à de si hautes lumières qu'on croie presque ne voir plus par un miroir; ce qui revient à peu près à l'état où saint Clément dit que « le gnostique, ayant reçu la compréhension par la contemplation scientifique, il croit voir Dieu [1], » il ne dit pas qu'il le voit, mais *qu'il croit le voir*, ainsi qu'il arriveroit à ceux qui, trompés par une grande illumination, ne sauroient s'il est jour ou s'il est nuit, et croiroient presque voir le soleil. Quoi qu'il en soit, on voit combien saint Clément se tempère; et quand même on accorderoit qu'il a un peu détourné le sens de cette parole : *par un miroir*, il n'a pas osé passer outre pour l'état de cette vie, ni pousser l'exagération jusqu'à lui attribuer le *face à face*.

SECTION V.

Conséquences de la doctrine de la vision face à face.

On ne s'est attaché à ces passages de la vision de face à face, que pour affermir les propositions qui excluoient tous les désirs, par conséquent toutes les demandes et toute volonté du salut. Nous avons vu la foiblesse de tous les endroits qu'on allègue pour l'exclusion de ces désirs. Et quant à la conséquence qu'on tire des autres, où il est parlé de la vision de face à face : premièrement, c'est bâtir sur un faux principe : secondement, quand il seroit vrai que saint Clément auroit parlé comme on le souhaite, que veut-on conclure de ces expressions si manifestement exagératives? Parce qu'il aura parlé avec un excès insoutenable, s'ensuivra-t-il que dans l'état de cette vie on ne sera point banni,

[1] S. Clem., lib. VII, p. 744.

étranger, voyageur, absent du Seigneur, et le reste? Comment pourra-t-on ne pas sentir son besoin, ne pas désirer de finir son pèlerinage, d'être rappelé de son exil, d'être avec celui qu'on aime, et le reste? En un mot, comment pourra-t-on être rassasié, en manquant d'un aussi grand bien qui est celui de la présence de Dieu et de Jésus-Christ? Saint Clément a dit que nous n'avons les vrais biens, que nous demandons, qu'en puissance : toutes ces exagérations feront-elles qu'on ne souhaite pas de les avoir en acte? Que sert donc de vouloir faire de ce Père un auteur si outré? Est-ce afin de préparer une excuse aux mystiques qui le sont si fort? « Ils n'ont parlé, direz-vous, ni de vision face à face, ni de compréhension, ni d'un état de béatitude, où l'on n'est plus dans le pèlerinage. Tous ces termes propres à effaroucher les théologiens ne se trouvent point dans les spirituels modernes [1]. » Pourquoi donc les faire valoir, et quels avantages en peut-on tirer? Il sembleroit presque qu'à force de pousser jusqu'à des excès insoutenables les sentimens de ce Père, on veuille réduire les lecteurs à s'estimer trop heureux d'en être quittes pour se ranger parmi les mystiques.

On lui fait dire en un endroit [2], qui est mal coté, « que le sage qui souffre, qui tombe dans plusieurs accidens contraires à sa volonté, et qui pour en être délivré voudroit sortir de la vie, n'est point heureux. Et voilà, dit-on, un état que l'on croit communément d'une sublime perfection, et qui est imparfait selon saint Clément [3], etc. » Mais qui sont ceux qui trouvent cet état d'une si sublime perfection? Pour voir Jésus-Christ, pour se délivrer du péché, et pour d'autres semblables motifs, je l'entendrois bien; mais vouloir sortir de la vie pour être délivré des choses fâcheuses, ce ne peut être qu'un sentiment fort imparfait. On a bien envie que les anciennes maximes soient oubliées par le commun des théologiens, et qu'il n'y ait que les mystiques qu'il en faille croire.

Je ne veux point entamer la ressemblance des nouveaux mystiques avec les *béguards*. Il est certain qu'ils ne leur sont pas semblables en tout; mais il faudroit montrer qu'on n'en a pas pris l'esprit en beaucoup de choses. Je n'en dirai pas davantage.

[1] *Rem.*, p. 248. — [2] *Ibid.*, p. 243. — [3] S. Clem., lib. II, p. 416.

SECTION VI.

Ce qu'on appelle le fond de l'ame.

Il n'est pas malaisé d'entendre qu'il y a dans l'homme des pensées plus intérieures les unes que les autres, et que selon les divers degrés de cette inhérence, elles sont métaphoriquement appelées plus profondes, comme vous le dites [1], ou plus superficielles ; mais ce n'est pas là ce qu'il falloit expliquer : c'étoit la distinction que les mystiques font si souvent de la substance et des puissances : c'étoit cette union avec la substance de l'ame indépendamment de ses puissances et de ses opérations. Voilà ce qu'on n'entend pas.

C'est, ce me semble, une étrange métaphysique de dire que le fond de la substance de l'ame soit seulement penser et vouloir [2]. Car ou vouloir et penser, c'est la même chose, et en ce cas la volonté n'est pas distinguée de l'intelligence, ou c'en sont deux, et en ce cas l'ame aura deux substances : ou l'ame pourra changer de pensée et de vouloir, et en ce cas elle changeroit de substance ; ou elle ne le pourroit pas, et ce seroit la faire immuable et combattre l'expérience : enfin, ou l'ame est son acte et son mode, ce qui est absurde par soi ; ou son pouvoir et son vouloir ne sont pas son acte ni son mode, et en ce cas on ne sait plus quel acte ni quel mode elle peut avoir. Je ne veux pas entrer plus avant dans cette métaphysique. J'assurerai bien seulement qu'elle n'est point de Descartes, et que s'éloigner plus que lui de certains sentimens communs, c'est ouvrir la porte à beaucoup de mauvais raisonnemens.

SECTION VII.

Sur la réflexion et sur l'amour-propre.

« Ce que j'appelle le fond de l'ame, c'est un état que la nature ou l'habitude lui a donné : c'est une opération uniforme qui n'a pas besoin d'être excitée, et qui se fait toujours sans réflexion [3]. » On apporte l'exemple de l'amour-propre, et on le conclut en ces

[1] *Rem.*, p. 252. — [2] *Ibid.*, p. 256. — [3] *Ibid.*, p. 257.

termes : « Souvenez-vous seulement que rien n'est impossible à Dieu ; qu'il ne peut pas moins par sa grace que la nature par sa corruption (a)... »

CHAPITRE XIII.

Le gnostique a le don de prophétie.

Le don de prophétie est une lumière particulière à quelqu'un pour connoître les choses futures, ou même les choses occultes qui se passent au dedans des cœurs, ou dans des endroits éloignés.

C'est une vérité constante et fondée sur la doctrine de saint Paul, que ce don est une de ces graces gratuites qui ne sont pas attachées à la perfection, et qui ne demandent pas même la grace sanctifiante. Il est bien vrai qu'il est vraisemblable que de tels dons sont accordés particulièrement aux amis de Dieu, qui aussi sont mieux disposés à les recevoir et à en user. Mais qu'il y ait un état de perfection auquel ce don soit attaché, les mystiques mêmes ne le disent pas, et je ne m'attendois pas à l'entendre dire à un si habile théologien. Mais il faut qu'un certain mystique ait raison en tout.

Les deux premières pages [1] prouvent seulement que la science des Saints est un don de Dieu, et qu'on en est capable dans les deux sexes, ce qui ne fait rien à la prophétie.

La troisième prouve [2] que plus on fait la volonté de Dieu, plus on est éclairé de ses lumières ; ce qui ne conclut rien pour la connoissance des choses occultes ou de l'avenir.

Ce qui est dans cette page et dans la suivante de cette sublimité momentanée, de cette impuissance et du reste, est une idée qui n'a rien de commun avec saint Clément, et que je laisse telle qu'elle est, avertissant seulement qu'on tend un piége subtil de présomption aux ames qu'on laisse se flatter elles-mêmes d'en être là.

---

[1] *Rem.*, p. 262, 263. — [2] *Ibid.*, p. 264.

(a) Le reste de cette section a été employé ailleurs, comme M. de Meaux le marque lui-même. (*Edit. de Paris.*)

La raison qu'apporte saint Clément pour prouver que rien n'est incompréhensible au gnostique, à cause que rien ne l'est à Jésus-Christ, qui ne nous aura caché aucun secret nécessaire [1], prouve bien la compréhension des vérités du salut; mais ne conclut rien pour la prophétie, ni même pour la connoissance de beaucoup d'autres choses merveilleuses.

Je m'aperçois en lisant, qu'on s'appuie fort sur le terme de *compréhension*, mais il faut savoir qu'il n'emporte autre chose dans tout le livre de ce Père, qu'une plénitude et certitude de connoissance dans les choses nécessaires au bonheur de l'homme et au service de Dieu. Au surplus, on trouve partout l'incompréhensibilité de Dieu, dont plus on s'approche, plus on s'en trouve éloigné, comme dit ce Père. « Dieu, dit-on, ne cherche qu'à se communiquer aux ames purifiées [2] : » quant aux connoissances nécessaires à leur perfection, je l'avoue : quant aux graces extraordinaires qui sont pour les autres, je ne sais qui l'a jamais dit.

Quand vous attribuez à votre mystique la prophétie sans extase ni vision, vous ne faites que l'élever au-dessus des prophètes et des apôtres, qui ont eu de ces *foiblesses*, comme on les appelle.

Je ne sais pourquoi on fait supposer à saint Clément, « que l'ame gnostique est l'Epouse, ou pur amour, à laquelle l'Epoux ne peut rien cacher, comme saint Jean de la Croix nous l'assure [3]. » Tout cela est vrai en son sens; mais c'est une illusion de vouloir faire imaginer que saint Clément ait parlé comme le bienheureux Père Jean de la Croix. Leurs manières sont bien différentes, et en particulier ce Père bien assurément est l'un de ceux qui se sert le moins de l'allégorie de l'Epouse.

J'avoue que la grace apostolique est fondée sur la perfection de la sainteté. J'en dis autant de la grace des prophètes dont les écrits sont insérés dans le canon. Mais qu'un semblable degré de sainteté attire ou l'apostolat ou l'illumination prophétique, on ne le peut dire sans erreur, la distribution de tels dons dépendant des économies de la Providence et de ses desseins particuliers.

Il est vrai pourtant en un sens que le mot de *gnose*, qui signifie

---

[1] S. Clem., lib. VI, p 649. — [2] *Rem.*, p. 265. — [3] *Ibid.*, p. 266.

connoissance des choses divines, peut signifier génériquement toute connoissance prophétique, évangélique et toute autre, et c'est tout ce que veut dire notre auteur.

« Celui qui obéit au Seigneur et suit la prophétie donnée de lui, » selon saint Clément [1], est celui qui croit aux Ecritures prophétiques, mais qui pour cela n'est pas prophète.

Il y a, je l'oserai dire, une extrême prévention de rapporter à la prophétie ce que dit saint Clément de la compréhension des choses futures au-devant desquelles on va par amour. On a vu que cela ne signifie rien autre chose que la foi qu'on a aux promesses ; et quand on ne s'attacheroit qu'aux paroles qui sont citées, ce sens sauteroit aux yeux. Que le gnostique croie voir le Seigneur à la manière qui a été expliquée, il n'y a rien qui tende de près ou de loin à la prophétie.

Le passage rapporté du sixième livre, page 666, prouve seulement que la connoissance prise largement, et en général, comprend toute connoissance des choses divines et même la prophétique ; mais que la connoissance, prise seulement pour la perfection chrétienne, enferme en elle-même tous ces dons, ni saint Clément ni personne ne le dit.

Ce seroit outrer la matière au delà de toutes bornes, que de dire [2] que l'homme parfait soit prophète, à cause qu'on aura dit qu'il a la connoissance de toutes choses. On sait à quoi se réduisent ces expressions selon les règles du discours et du bon sens.

Mais voyons ce passage *étonnant*. Il ne contient autre chose, sinon, comme on vient de le dire, que le futur qui nous est promis est parfaitement présent à l'homme parfait par la vive foi qu'il a, et par le parfait amour des vérités révélées de Dieu, dont il est entièrement possédé. Voilà comment il est prophète : et quoiqu'en genre de graces celle-ci soit des plus grandes, elle n'est pas de celles qui étonnent tant.

On peut bien conclure de là [3] que le gnostique est sûr de n'être point trompé : oui, pour les choses promises et expressément révélées de Dieu ; mais pour les autres, ce n'est pas de même ; et ce que je trouve étonnant, c'est qu'on tire ces conséquences.

---

[1] S. Clem., lib. VII, p. 661. — [2] *Rem.*, p. 271. — [3] *Ibid.*, p. 272.

Pour l'intelligence des Ecritures, on sait comment et jusqu'à quel point les parfaits, qui écoutent la parole de Dieu au dedans du cœur, en savent plus que les docteurs [1]. Mais l'exemple de saint Paul, qui joignoit à la perfection un don de science si extraordinaire, est mal allégué.

On ne doit point dédaigner les allégories ; mais sans être de ces *savans dédaigneux* [2], on peut demander autre chose que des allégories aux nouveaux mystiques, qui s'en repaissent beaucoup, et qui croient pouvoir établir leurs dogmes par ce moyen.

Nous avons vu ce que c'est que l'impassibilité que saint Clément trouve dans ce passage : *Soyez parfaits comme votre Père céleste.* On y trouve en effet toute perfection, mais selon la mesure de cette vie.

L'homme parfait sait mieux qu'un autre les raisons de n'en pas croire les hérétiques, et de ne pas abandonner la vraie Eglise. Cela se peut sans être prophète, et je voudrois qu'un esprit si juste laissât là toutes ces superfluités.

Qui doute que les solitaires et les autres hommes détachés du monde n'attirassent des dons particuliers? mais c'étoit toujours des dons particuliers, et détachés de la perfection du christianisme. Cela est certain, et l'on se tourmente en vain à établir le contraire.

Je laisse là l'homme spirituel de saint Paul, *qui juge tout, et que personne ne juge* [3] : et encore ceux dont saint Jean a dit *que l'onction leur enseigne toutes choses.* Tout cela n'appartient pas à la prophétie, ni même à l'état passif, puisque de très-grands saints qui n'y sont pas, ne sont point pour cela au rang des hommes animaux, et ne demeurent pas sans onction. Ils sont aussi très-certainement θεοδίδακτοι, et en un certain sens ἀδίδακτοι; nul autre que Dieu n'étant pas capable de les enseigner de cette manière qui gagne les cœurs et qui fait les saints.

Je passerois volontiers tout le reste de ce chapitre, où il semble qu'on a oublié qu'il s'agit du don de prophétie; mais je suis frappé de ce passage *d'une grande profondeur* [4], où saint Clément

---

[1] *Rem.*, p. 273. — [2] *Ibid.*, p. 275, 276. — [3] *Ibid.*, p. 279. — [4] S. Clem, lib. VII, p. 731.

dit « que les extrémités ne s'enseignent point : Le commencement et la fin : la foi et la charité » parfaite et persévérante. Ce sont deux choses que Dieu seul enseigne d'une façon spéciale, et que personne ne peut enseigner comme lui. Cela est profond, à la vérité, mais ne fait rien à l'état passif, non plus qu'à la prophétie.

Je ne crois pas être obligé de répéter que l'inspiration en général ne conclut rien pour la prophétie, et que ce don demande une inspiration qui apprenne les choses occultes, même futures. On ne rapporte aucun trait qui attribue aux parfaits la connoissance de tels secrets. Il y en a deux ou trois où il est parlé du futur, mais d'une manière très-éloignée de la prophétie. Tous les autres sont étrangers au sujet ; et voilà tout ce qu'on trouve dans un long chapitre.

CHAPITRE XIV.

La gnose est un état apostolique.

Il faudra donc à la fin que saint Clément ait dit, sans en rien rabattre, ce qu'un mystique, que nous connoissons, a imaginé tout seul.

Il faut mettre une grande différence entre la vie apostolique et l'état apostolique. Les anciens ont dit très-souvent que les solitaires, qui vivoient dans la pauvreté et dans le travail des mains, ou qui vivoient en commun dans le même esprit et selon la forme de l'Eglise primitive, menoient une vie apostolique. Mais l'état apostolique est toute autre chose. Les apôtres par leur état sont les maîtres des Eglises, ce qui demande trois choses : la première, la plénitude d'une sainteté déclarée, pour être les maîtres du monde, aussi bien par les exemples que par la doctrine, et y laisser un modèle de perfection : la seconde, la plénitude et la certitude des lumières : et la troisième, l'autorité. Voyons sur ce fondement ce qu'on attribue aux parfaits (car il faut toujours songer que c'est pour eux qu'on travaille) de la grandeur de cet état.

Nous avons déjà répondu au passage où l'on nous allègue [1] les apôtres, et après eux les passifs, comme des hommes absolument impassibles.

La science apostolique est attribuée aux parfaits à cause de leur profondeur dans l'intelligence des Ecritures; mais elle est donnée à chacun selon son degré, et non dans la plénitude, comme aux apôtres.

C'est un dessein bien étrange que de pousser à bout et de prendre dans la dernière rigueur toutes ces grandes expressions : *On sait tout*, et ainsi du reste. C'est le moyen d'attribuer aux auteurs toutes sortes d'excès.

Les trois effets de la puissance que saint Clément appelle gnostique sont distribués proportionnellement à chacun, et non pas donnés cumulativement à tous. Mais *le gnostique*, dit-on, *orne ceux qui l'écoutent :* donc il a des auditeurs : donc il est docteur, et tous ceux de son degré le sont par état. Prendre de tels avantages, ce seroit introduire dans le discours une trop servile régularité.

Mais « voici des expressions si étonnantes, qu'on ne pourroit les croire, si on ne les lisoit. Le gnostique supplée l'absence des apôtres, vivant avec droiture, aidant ses proches [2], » etc. Il est vrai, les hommes parfaits et spirituels font cela selon leurs talens, selon leur application, selon les occasions, et par là en quelque manière font revivre la charité et la lumière des apôtres, et aussitôt on conclut : « On n'en peut plus douter : voilà le gnostique, qui sans aucun caractère marqué, change et perfectionne les ames avec une autorité apostolique [3]. » En vérité, nous avons honte de ces excès.

C'est avec aussi peu de raison qu'on attribue [4] aux gnostiques *une puissance miraculeuse pour la sanctification des ames*, à cause que saint Clément dit « qu'ils transportent les montagnes de leur prochain, et aplanissent les irrégularités de leurs ames : » ce qui n'est qu'une allusion à cette belle sentence d'Isaïe : *Erunt prava in directa*. Cela est miraculeux, si l'on veut, comme le

---

[1] *Rem.*, p. 284, 285, etc. — [2] S. Clem., lib. VII, p. 745. — [3] *Rem.*, p. 294, 295. — [4] P. 295.

sont tous les effets de la grace ; mais ce n'est pas là ce qu'on appelle une puissance miraculeuse.

Saint Clément nous assure encore « que le gnostique a des tentations, non pour sa purification, mais pour l'utilité du prochain [1]. » Traduisons de mot à mot, et mettons tout : Les tentations, « les épreuves et les exercices de la vertu sont approchées du gnostique (comme elles le furent de Job), mais ce n'est pas pour l'expiation, c'est plutôt pour l'utilité du prochain (c'est-à-dire, pour son exemple), si en expérimentant les travaux et les douleurs il les méprise. » Saint Clément parle donc manifestement des tentations non intérieures, mais extérieures.

Voilà un sens naturel dans ses paroles, qui n'en a pas moins de grandeur ; mais ces grandeurs naturelles ne contentent point. Quels mystères ne voit-on pas dans ces paroles : « Voilà un homme tenté comme Jésus-Christ pour autrui. » Peu s'en faut qu'on ne dise de lui comme du Sauveur, qu'il est « tenté en toutes choses à l'exception du péché. » Car en effet il ne lui faut plus *d'expiation ;* et l'on ne veut pas songer que ces façons de parler : *Non pour l'expiation, mais pour l'exemple,* se doivent résoudre en un *plutôt pour l'exemple que pour l'expiation,* ainsi qu'il est arrivé au saint homme Job. Mais cela ne seroit pas étonnant : il faut que ce Père parle des tentations intérieures ; il ne s'agit point d'exemple, mais de quelque autre secret qui peut avoir sa vérité, mais qui n'est point de ce lieu. On prend tout à la rigueur. C'est une clef pour entendre que « la tentation n'est pas le fond, qu'elle est étrangère et envoyée au parfait pour les enfans que Dieu lui donne, etc. ; il paie les dettes d'autrui, c'est un genre de tentations passives. » Voilà en vérité bien de belles choses à quoi saint Clément ne pense pas.

Là-dessus et dans tout le reste du chapitre, on se jette à corps perdu sur les mystérieuses contrariétés de la gnose, parfaite et défectueuse, multipliée et une, etc., selon ses degrés différens. Je veux bien ne me pas fâcher de cette digression, pourvu qu'on m'avoue que tout cela ne fait rien à l'état apostolique dont il s'a-

[1] *Rem.*, p. 296.

gissoit, et qu'on a beaucoup grossi un chapitre sur lequel on n'avoit rien à dire.

CHAPITRE XV.

Quelle est la sûreté de la voie gnostique.

J'accorde sans difficulté qu'il ne faut point appeler dangereux ce qui est dans la voie de Dieu et de son ordre. Laissant à part l'interprétation forcée que donne saint Clément à ces paroles de saint Paul : *La science,* γνῶσις, *enfle* [1], j'avoue qu'il ne faut point éviter la perfection de la connoissance pratique par appréhension de l'enflure. J'avoue aussi à ce Père que *nul don de Dieu n'est foible* [2], et que c'est une grande erreur que de les rejeter dans la crainte qu'ils ne nous nuisent.

Que la perfection de la connoissance pratique et de l'amour mette l'homme au-dessus du martyre même [3], je l'entends, puisque c'est cette connoissance pratique qui fait le martyr. Tout cela n'avoit pas besoin d'être prouvé, non plus que la parfaite uniformité de l'état parfait, et sa parfaite conformité avec le Verbe, selon la restriction nécessaire dans cette vie.

Le discours sur la pureté originelle, sans examiner s'il est de ce titre, étoit nécessaire à la matière [4].

J'accorde que ces paroles de saint Clément : « le gnostique doit être sans péché, et le gnostique est sans souillure, » réduites à leur juste sens, peuvent avoir leur rapport avec les expressions du bienheureux Jean de la Croix, que « l'ame retourne à sa pureté originelle. »

Cette expression familière aux mystiques a deux sens dans leurs discours. Ils disent que l'ame retourne à la pureté de son origine, c'est-à-dire à Dieu d'où elle vient ; et ce sens, qui est parmi eux le plus ordinaire, n'a aucun péril. Quelques-uns, et entre autres le Père Jean de la Croix, disent que l'ame retourne à la pureté de l'état d'Adam, ou à celle d'un enfant baptisé ; et cela est vrai avec les correctifs qu'ils y apportent, mais votre explication est imparfaite.

[1] S. Clem., lib. VII, p. 763. — [2] Lib. VI, p. 698. — [3] *Rem.*, p. 313, 314. — [4] *Ibid.*, p. 316, 317.

Vous prouvez bien[1] que la concupiscence n'est pas proprement une souillure ni une tache de l'ame; mais vous oubliez, comme nous avons déjà remarqué, non-seulement que la concupiscence demeure dans les baptisés, mais encore qu'elle combat dans le progrès de l'âge, ce qui est cause qu'il n'est pas possible aux plus saints de demeurer sans péché dans cette vie.

Je n'attaque point ce que vous dites sur le purgatoire[2], tant de cette vie que de l'autre. Mais le passage où saint Clément dit, que « le gnostique a passé au delà de toute purification, et qu'il ne lui en reste aucune à faire, » a besoin de distinction. Si l'on entend que le gnostique vient à un état où il n'a plus besoin de se purifier, à cause qu'il ne pèche plus, en cela vous avouerez que c'est trop dire : si l'on entend que péchant toujours, et ne cessant aussi de se purifier, encore qu'il ne puisse pas vivre sans péché, il peut mourir sans péché, c'est la vérité, à cause, dit saint Augustin, que comme il a eu des péchés, aussi les remèdes pour les expier ne lui manquent pas.

J'écoute tout ce discours avec tout ce qui regarde dans le purgatoire, ou de cette vie ou de l'autre, *l'acquiescement passif* pour laisser faire la justice divine, à condition que dans cette vie le passif ne sera pas pur.

Quant à ce que vous inférez en passant, ce que vous dites plus amplement ailleurs; que l'homme parfait *n'a plus de combat à soutenir, ni tachés à effacer,* c'est une erreur. Je suis bien aise pourtant d'avoir trouvé en un endroit qui ne revient point sous ma main, qu'on n'est point sans péché en cette vie. Mais il faut donc parler conséquemment, et par la même raison dire qu'on n'est pas sans combat, puisque c'est du combat seul que viennent ces péchés légers qu'on n'évite pas.

« Il est indigne, dites-vous[3], du christianisme de craindre la perfection comme un chemin bordé de précipices. » Je l'avoue, mais il est indigne d'une autre façon, et très-dangereux de pousser si loin la perfection, qu'on en ôte le contre-poids de notre foiblesse, nécessaire pour rabattre notre orgueil, comme saint Paul le confesse.

[1] *Rem.*, p. 317, etc. — [2] *Ibid.*, p. 318, 319. — [3] *Ibid.*, p. 324, 325.

Je ne veux pas, non plus que vous, qu'on entretienne les ames pieuses dans une crainte perpétuelle de l'illusion. Il faut dilater le cœur par la confiance ; mais il ne faut pas la pousser jusqu'à l'apathie et à l'inamissibilité de la justice, comme font les calvinistes.

Quand vous dites [1], « qu'il faut que tout prédestiné parvienne à cette grace sublime (de la gnose) par le purgatoire d'amour en cette vie ou par un autre purgatoire après la mort; » si par la gnose vous entendez à l'ordinaire l'état passif, vous oubliez que de très-grands saints n'y passent pas, et vous supposez qu'ils ne peuvent jamais arriver à l'amour parfait, ce qui est faux et avancé sans raison. En tout cas, vous n'alléguez rien de saint Clément.

Je suis bien aise que vous alléguiez le passage où ce Père dit que la gnose purifie promptement [2]. Souvenez-vous-en, et ne dites plus qu'elle élève l'ame au-dessus de toute purification, puisqu'elle-même en est une.

Tous les hommes sont faits pour la gnose, et saint Clément le montre bien. En prenant la gnose pour la connoissance pratique qui nous rend parfaits, il n'y a rien de si clair : en la prenant, comme vous faites, pour l'état passif extraordinaire, ce n'est pas la même chose, et saint Clément n'y pense jamais.

Il en est de même de cette proposition : Ce n'est que faute de suivre la gnose, que tant d'hérétiques ont abandonné l'Eglise. » En prenant naturellement la gnose pour la connoissance pratique de Dieu et de l'Evangile, vous parlez naturellement, et cela est vrai : en forçant le sens et substituant à la gnose, comme vous voulez, l'état passif, cela est absurde. Il est, dis-je, absurde, et très-absurde, qu'Arius, Pélage, Luther et Calvin n'aient quitté l'Eglise que faute d'avoir pratiqué l'état passif.

Tout cela montre que, prendre la gnose pour cette passiveté et pour ces états d'impuissance, c'est un sentiment forcé qui ne tient pas à l'esprit ; et que l'autre, qui est simple et naturel, coule naturellement du mouvement de la plume.

Vous vous faites tort, quand voulant porter les docteurs « à lire

---

[1] *Rem.*, p. 328. — [2] S. Clem., lib. VII, p. 733.

simplement les Ecritures avec le même esprit qui les a faites, » vous semblez négliger tout le reste, comme si la lecture des Pères et les instrumens de la tradition étoient inutiles à la controverse.

CHAPITRE XVI.

La gnose est fondée sur une tradition secrète.

SECTION I.

Traditions et secrets particuliers, combien inouïs dans l'Eglise. Doctrine de saint Augustin.

Voici l'endroit le plus dangereux de tout l'ouvrage. Vous prétendez établir [1] qu'il y a dans l'Eglise une « tradition apostolique et secrète, confiée à un petit nombre de parfaits, et qu'il ne leur est pas permis de révéler.

Ce secret est poussé si loin, « qu'on craint même de laisser entrevoir (entrevoir c'est bien peu de chose) les saintes traditions aux fidèles pathiques qui ne sont pas encore initiés aux mystères de la gnose [2]. »

C'est ce qui se trouve répété en cent endroits, non-seulement dans les *Remarques,* mais encore dans tous les écrits qu'on a donnés pour défendre les nouveaux mystiques, et par là on est encore obligé de dire partout, que les parfaits et les gnostiques avoient leurs mystères, « qui ne devoient non plus être expliqués aux simples fidèles que les mystères des simples fidèles aux païens. »

Ce sont des propositions jusqu'à présent inouïes. Les savans se sont étudiés à faire voir que les mystères connus des baptisés étoient cachés à ceux qui ne l'étoient pas. Mais qu'il y eût un secret pour ceux qui l'étoient, et une tradition apostolique particulière à un certain ordre, vous êtes le premier qui l'avez dit, et j'espère non-seulement que vous serez le seul, mais encore que vous cesserez vous-même de le dire.

Ces traditions secrètes ont été dans l'Eglise une source d'hérésies. C'étoit le dernier refuge des manichéens et des autres sectes

[1] *Rem.,* p. 377. — [2] *Ibid.,* p. 379.

de cette nature, de dire qu'il y avoit des secrets de religion qui n'avoient pas été révélés à tous les fidèles. Saint Irénée et saint Epiphane ont condamné ces traditions. Saint Augustin a combattu cette erreur des secrets de religion cachés aux fidèles, dans trois Traités sur saint Jean [1], où il donne le sens véritable de cette parole de Notre-Seigneur, dont les hérétiques abusoient : « J'ai beaucoup de choses à vous dire que vous ne pouvez pas encore porter. » Là il parle de secrets, mais pour les catéchumènes ; et il n'auroit pas oublié celui qui seroit pour les fidèles mêmes, s'il y en avoit eu [2]. Mais loin d'en admettre aucun de cette sorte, il montre qu'il n'y a que les hérétiques qui vantent de pareilles choses « qu'il est défendu de dire et de croire publiquement dans l'Eglise [3]. » Et après s'être objecté le passage de saint Paul, qui fait la distinction du lait et de la solide nourriture, il entreprend de démontrer que cela n'induit point une diversité dans le dogme que l'on cache aux fidèles infirmes et que l'on découvre aux autres [4], » mais que ce sont les mêmes dogmes, qui sont lait aux uns et nourriture aux autres, selon les divers degrés des fidèles et la capacité de les entendre ; et enfin que la doctrine toute entière de Jésus-Christ est le fondement commun à tous, dont aucun des chrétiens n'est exclu, quoique tous ne soient pas également capables de l'entendre : d'où il s'ensuit que ces traditions cachées et particulières n'ont point de lieu dans l'Eglise, et enfin ne sont autre chose qu'un piége des manichéens. Vous soutenez le principe, quoique vous n'en tiriez pas d'aussi mauvaises conséquences. Quoi qu'il en soit, s'il est vrai qu'il y ait des traditions pour certains fidèles sur certains points, le champ est ouvert, et chacun n'a qu'à proposer ses articles.

Prévenu de cette doctrine, que l'esprit même de la tradition m'avoit inspirée, j'avoue que trouvant pour la première fois de ma vie dans un de vos écrits ces traditions particulières et ce secret de religion pour les chrétiens, je ne pus lire cet endroit sans une secrète horreur, et je sentis que le chapitre où vous l'expliquiez avec beaucoup de subtilité et d'insinuation, pouvoit être une pré-

[1] Aug., Tract. *in Joan.* XCVI, XCVII, CVIII. — [2] Tract. XCVI. — [3] Tract. XCVII. — [4] Tract. XCVIII.

paration à de nouvelles doctrines, et pour dire tout, mériteroit mieux par là d'être une préface de quelque hérétique (permettez ce mot au-dessus duquel votre soumission vous élève trop) que d'un docteur aussi catholique et aussi solide que vous. Quand après je suis venu à l'examen de vos preuves, combien, hélas! n'ai-je point déploré les hardiesses et les préventions de l'esprit humain, et combien me suis-je senti humilié de voir dans les écrits d'un si habile homme de telles propositions si affirmativement hasardées ?

SECTION II.

Principes de la tradition.

Mais avant que d'entrer dans l'examen de vos preuves, il faut poser les principes des traditions chrétiennes. Je n'ai pas besoin de dire que dans l'Ecriture comme dans les Pères, ce mot signifie souvent toute doctrine révélée de Dieu aux fidèles, ou de vive voix, ou par écrit ; et lorsqu'il la faut restreindre aux traditions non écrites, saint Augustin les définit perpétuellement « une chose qui se trouvant répandue dans toute l'Eglise, sans qu'on en voie l'origine, ne peut venir que des apôtres [1]. » Ainsi la marque de la tradition apostolique, c'est qu'elle soit répandue publiquement dans toute l'Eglise. C'est à ce titre qu'il donne cent et cent fois la coutume de recevoir les hérétiques avec leur baptême, comme venue d'une tradition apostolique. Il donne le même titre à toutes les autres choses qui se trouvent venues de nos Pères, et observées généralement dans toute l'Eglise : *Quod à Patribus traditum universa observat Ecclesia.* Ce que je cite du sermon XXXII ou XXXIII des paroles de l'Apôtre [2] ; mais que je pourrois citer de trente autres lieux en termes équivalens.

C'est de cette sainte doctrine de saint Augustin, ou plutôt de toute l'Eglise catholique, que Vincent de Lérins a pris son *quod ubique, quod semper,* qui est le caractère incommunicable et inséparable qui constitue dans cet auteur les traditions apostoliques.

---
[1] Epist. LIV, n. 1 et alibi passim. — [2] Nunc Serm. CLXXII, n. 2.

L'Eglise n'en connoît point que d'universelles. On n'a qu'à voir dans l'antiquité tous ceux qui ont fait le dénombrement des traditions non écrites, pour en établir la nécessité. Elles sont toutes publiques et universelles. Tertullien, saint Basile, saint Jérôme et les autres en sont de bons garans, et leurs expositions sont trop connues pour avoir besoin d'être rapportées.

Dans le dessein qu'ils se proposoient d'établir la nécessité, l'autorité et la force de telles traditions, ils n'auroient pas oublié ces prétendues traditions secrètes ; si ce n'est qu'on veuille dire qu'ils n'étoient pas initiés à ces grands mystères des parfaits, ou que c'étoit encore un secret dans l'Eglise, qu'il y eût de tels secrets et de telles traditions ; ce qui non-seulement est deviner de la manière du monde la plus hardie et la plus suspecte, mais encore donner lieu à introduire dans l'Eglise tout ce qu'on voudra, à titre de secret mystique.

On dira que ce qui empêche qu'on n'abuse de ces traditions, c'est qu'il faudra les trouver dans les Pères ; mais on ne voit pas combien est large la porte qu'on ouvre par là à toutes doctrines suspectes. Car pour peu qu'on laisse établir ce principe, que ces traditions étoient si soigneusement cachées aux fidèles, il s'ensuivra que les Pères n'auront osé s'en expliquer, comme on parle, qu'à demi mot ; en sorte que leurs expressions sur ces grands mystères devant être enveloppées, il sera aisé sous ce prétexte de faire dire aux saints docteurs tout ce qu'on voudra.

L'exemple en est clair dans les *Remarques*. Toutes les fois que l'on trouve dans saint Clément des choses obscures, étonnantes, prodigieuses, on en infère aussitôt que si ces passages à la lettre sont insoutenables et outrés, le moins qu'on puisse faire, c'est d'y entendre les grands mystères des impuissances passives, qui en effet est la preuve qui règne le plus dans cet ouvrage.

Mais à cela nous opposons que les vrais mystères laissés en dépôt par les apôtres à l'Eglise chrétienne, sont laissés à toute l'Eglise. Il ne faut pas abuser des passages où saint Clément dit que la gnose, la perfection n'est pas connue de tous. Car il est bien clair que, pour vérifier ces propositions si souvent répétées, il suffit qu'elle ne le soit pas des païens ou des infidèles, ou, si l'on veut, des fidèles mêmes par leur faute, parce qu'ils négligent de s'en instruire, comme on verra dans la suite.

Selon cette idée on ne doit donc plus s'étonner que la tradition de la gnose[1], qui est la même que la tradition de la religion chrétienne des apôtres, ait passé à peu de personnes sans écrit. C'est une allusion manifeste à ce passage de saint Paul, lorsqu'il exhorte Timothée « à laisser à des personnes fidèles, qui soient capables d'en instruire d'autres, ce qu'il avoit ouï de lui en présence de plusieurs témoins[2]. » Car ces *plusieurs* étoient en effet très-peu de gens ; et lorsque l'Eglise s'est dilatée, les chrétiens étoient encore très-peu de gens en comparaison du nombre infini d'infidèles. Et si l'on vient à considérer que ceux à qui on laissoit en main le dépôt de la religion chrétienne étoient principalement, selon saint Paul, ceux qui la devoient enseigner aux autres, c'est-à-dire les évêques ou les prêtres, qui en recevoient d'eux l'instruction, on voit encore mieux la raison de dire que ce secret a passé à peu de personnes. Car encore que les évêques ne l'eussent pas reçu pour se le réserver, c'étoit à eux que les apôtres le faisoient immédiatement passer. Pour ce qui est du mot *sans écrit*, si saint Clément vouloit dire qu'en effet les traditions gnostiques, dont il parle si souvent, fussent destituées du témoignage des Ecritures, il n'y auroit pas renvoyé en cent endroits pour les établir et les connoître. Mais c'est que c'étoit l'esprit de la religion chrétienne d'être écrite principalement dans les cœurs. Les Ecritures ne faisoient que partie de la doctrine de l'Eglise ; ce qui en faisoit le corps universel, c'étoient les traditions répandues dans toutes les Eglises, où même le sens véritable de l'Ecriture étoit compris ; en sorte qu'on pouvoit convaincre les hérésies sans l'Ecriture, comme tous les Pères, et saint Clément plus qu'aucun autre, a su le démontrer. Et si l'on s'opiniâtre, quoique sans raison, à vouloir que ce peu de gens, dont parle cet auteur, soit même peu dans l'Eglise, ce que pourtant il ne dit pas, qu'on entende, si l'on veut, qu'il y a peu de fidèles capables de donner aux autres, ou même d'entendre pleinement pour eux toute l'étendue de la perfection chrétienne. Mais que pour cela ce soit un secret

---

[1] S. Clem., lib. VI, p. 645. — [2] II *Timoth.*, II, 2.

dans l'Eglise même, ou que les chrétiens baptisés soient profanes et comme non initiés à l'égard de ces mystères inconnus, c'est un excès qu'on ne peut entendre ; car on n'a jamais ouï dire aux Pères, sur ces prétendus secrets, que les parfaits les savent, comme cent fois on entend dans leurs Homélies, en parlant des vrais mystères, principalement de la sainte Eucharistie, que les fidèles l'entendent. On ne connoît dans l'Eglise que deux ordres, celui des pasteurs et celui des peuples. Veut-on supposer parmi les pasteurs encore deux ordres, l'un des imparfaits qui ne savoient point les mystères, et l'autre des parfaits qui les savoient ? Absurdité palpable; car on ne voit point qu'on leur ait donné des instructions différentes dans leur ordination. Que si l'on suppose qu'on ait donné sur le grand mystère des impuissances mystiques de communes instructions, où les voit-on ? où en trouve-t-on le moindre vestige, ou le moindre trait dans toute l'antiquité, parmi tant d'instructions qu'on voit pour les clercs ? Mais où est-ce qu'on leur recommande de tenir la chose secrète, et de ne la découvrir qu'à de nouveaux initiés inconnus qu'il faudra faire dans l'Eglise ? C'est ici où j'avoue qu'il faut répéter : *Mira sunt quæ dicitis, nova sunt quæ dicitis, falsa sunt quæ dicitis.*

SECTION III.

Trois auteurs qu'on allègue seuls pour établir ces traditions prétendues secrètes : le premier auteur, Cassien.

Pour établir un tel prodige, il faudroit trouver dans l'Eglise une nuée de témoins et de dépositions précises, mais tout se réduit à trois auteurs : à saint Clément, à Cassien, à saint Denis. Je commence par les deux derniers, dont le témoignage sera reçu en deux mots ; et saint Clément, dont on produit plus de passages sera réservé à la fin.

Pour Cassien, on le fait valoir d'une manière admirable. Voici le passage de l'abbé dans la dixième conférence, qui est la seconde de ce solitaire sur l'oraison : « Je vous proposerai donc cette formule que vous cherchez de la discipline et de l'oraison, que chaque moine, qui tend à l'oraison continuelle, doit sans cesse méditer : laquelle formule, ajoute-t-il comme elle nous a été laissée par les restes (par les survivans) de nos anciens pères, aussi ne l'enseignons-nous qu'à très-peu de gens qui la désirent véritablement, *rarissimis ac sitientibus*[1]. » Et à la fin : « Nous admirâmes cette doctrine qu'il avoit enseignée (laissée) *tradiderat*, comme par forme d'instruction aux commençans. » Voilà une tradition particulière et secrète qu'on n'apprend pas à tous, qu'on leur apprend avec précaution et avec réserve. Mais premièrement, est-ce une tradition apostolique ? Nul trait qui l'insinue : secondement, s'agit-il d'un dogme, d'une doctrine ? Non. L'abbé Isaac a exposé beaucoup de choses infiniment plus dogmatiques sur l'oraison, en expliquant des principes et des pratiques pour la bien faire, sur laquelle, comme sur celle des autres vertus, il paroît mieux instruit que d'autres ; mais il n'en fait point un mystère, et ne parle point de ces traditions secrètes. Dans l'endroit où il en parle, il ne s'agit que d'une simple méthode, qui consiste, pour faciliter le recueillement, à ramener toutes ses pensées au seul verset : *Deus, in adjutorium*, où l'on trouve tous les actes de la religion. Qu'y a-t-il de si merveilleux que l'on conserve parmi les solitaires cette méthode d'oraison donnée par les anciens, sans qu'on en sache l'auteur, comme on conserve parmi les jésuites les *Exercices de saint Ignace* et de même parmi les autres religieux les règles de leurs fondateurs : que l'on donne cette méthode aux commençans ou aux avancés avec choix, qu'on leur fasse désirer de l'apprendre, afin que le désir même la leur rende et plus agréable et plus utile ? voilà tout ce que je trouve dans Cassien. C'est de là même, si l'on veut, qu'il est venu que ce verset, et dans l'office monacal, et dans l'office ecclésiastique, est celui de tous que l'on répète le plus. Mais enfin ce n'est pas là ce qui s'appelle tradition venue des apôtres, ni en général tradition en un autre sens que celui où ce mot signifie coutume ecclésiastique ou monastique ; si l'on veut, coutume d'un certain genre de moines, pour parler selon nos manières, d'un certain monastère, d'un certain ordre ; et doctrine au même sens que doctrine signifie instruction. Voilà sans difficulté l'esprit de Cassien très-éloigné de

---

[1] Coll. x, *de Orat.*, p. 848.

celui qu'on nous veut donner. Ainsi de trois seuls témoins, en voilà un bien certainement qu'il faut retrancher. Passons au second, c'est saint Denis.

SECTION IV.

Second auteur, saint Denis.

Il faut présupposer, premièrement, que cet auteur qui est tout mystérieux, affecte partout de faire valoir des traditions cachées, qu'il appelle *hiérarchiques, sacerdotales, incommunicables au vulgaire*, et le reste.

Il faut présupposer, secondement, que sous le nom de tradition, il entend souvent l'Ecriture, comme par exemple, quand il dit qu'il est constant par nos traditions sacrées, que Jésus a été consolé et fortifié par un ange[1], ce qui est écrit dans saint Luc. On pourroit en rapporter un grand nombre d'autres exemples.

En troisième lieu, ce seroit une trop grossière erreur que de penser que lorsqu'il parle de traditions cachées, il leur donne ce nom par rapport aux fidèles. C'est tout le contraire, comme la suite le fera paroître; et je me contenterai de le prouver ici par un exemple, où en expliquant le mystère de la triple immersion, il le marque « comme conforme à la mystérieuse et secrète tradition de l'Ecriture[2], » quoiqu'il n'y eût rien de plus connu aux fidèles.

On ne peut disconvenir de ces vérités. Mais on prétend outre cela qu'il y a des traditions cachées aux fidèles mêmes, et l'on prétend le prouver par ce passage de l'*Epître à Tite*[3] : « Il y a deux traditions de théologiens; une cachée et secrète, l'autre évidente et plus connue : l'une symbolique et qui appartient aux mystères, τελεστική, l'autre philosophique et démonstrative; et le caché est lié avec le clair. » Voilà donc une tradition secrète et cachée opposée à celle qui est évidente. Je l'avoue; mais ce langage est fort trompeur, quand on y est peu accoutumé. On ne songe pas que ces théologiens dont parle l'auteur sont les pro-

---

[1] *De cœlest. Hierarch.*, c. v, § 4, tom. I, p. 56. — [2] *De Eccl. Hierarch.*, c. II, § 3, p. 260. — [3] Epist. IX, *ad Tit.*, p. § 1, 11, 144

phètes et les apôtres, Ezéchiel, Isaïe, saint Pierre, saint Paul, saint Jean, et les autres écrivains sacrés. Ainsi la tradition des théologiens n'est rien moins que ce qu'on pense d'abord. Elle comprend les livres sacrés. Celle qu'on appelle cachée n'a pas ce nom parce qu'on en fait un mystère aux fidèles mêmes, mais parce qu'elle est enveloppée dans des symboles sacrés; c'est pourquoi elle est appelée *symbolique*. C'est celle où Dieu est représenté par des signes, par des figures sensibles, comme lorsqu'on dit qu'il se fâche, qu'il se repent, qu'il habite dans les nuages, qu'il est semblable à un lion, à un feu, et aux autres choses animées et inanimées. Le dessein donc de saint Denis en cet endroit n'est pas de parler précisément des traditions non écrites, encore moins de celles qu'on cache aux personnes ; mais de dire en général que parmi les expressions qu'on trouve de Dieu, dans les saints Livres, il y en a où l'on en parle en termes clairs, et d'autres où l'on en parle en termes enveloppés et figurés, ce qui est éloigné à l'infini de notre sujet.

Ce qui rend cette remarque incontestable, c'est le mot de *théologie symbolique*, qui se trouve en cent endroits de cet auteur, et n'y a jamais d'autre sens que celui qu'on vient de rapporter. Le dessein même de cette lettre nous détermine à ce sens, puisqu'il s'agit d'expliquer quelle est la maison, quel est le festin, quelle est la coupe de la sagesse dont il est parlé dans les *Proverbes*. C'est cette théologie qu'on appelle *symbolique* ; ce qui paroît par la fin, où il est dit que l'interprétation précédente est conforme « aux théologies symboliques et aux traditions et vérités des saintes Ecritures. » Il ne s'agit donc d'autre chose que de l'explication qu'on fait aux fidèles des symboles sous lesquels les grandeurs de Dieu sont enveloppées, et non d'aucun mystère qu'on ait dessein de leur cacher.

SECTION V.

Des secrets que l'on cachoit aux profanes, aux non initiés et aux hommes vulgaires.

Il est vrai qu'on trouve souvent dans cet habile inconnu [1], une sagesse cachée, ἀπορρήτου σοφίας; des secrets cachés aux profanes, βεβήλοις ἀνιέροις; aux non initiés, ἀμυήτοις, ἀτελέστοις; mais c'est une chose inouïe dans tout le langage ecclésiastique que les fidèles baptisés, surtout ceux qui participent aux sacremens, soient appelés de ces noms.

Pour ce qui est du terme βεβήλοι, profanes, qu'on pourroit traduire souillés et impurs, selon le style de l'Ecriture, il signifie dans cet auteur ceux que *les prêtres chassent des mystères* [2], c'est-à-dire ceux qui ne sont pas au rang des fidèles. Il se sert aussi deux fois de ce mot dans l'*Epître à Tite*, pour faire voir que l'on a enveloppé de symboles les perfections de Dieu pour les cacher aux profanes, βεβήλοις, qu'il appelle aussi ἀτέλεστοι, non initiés, ce qui très visiblement ne peut regarder les fidèles, à qui l'on n'a pas dessein de cacher la perfection de la nature divine, comme on fait aux infidèles, qui faute d'avoir la foi, souvent n'en peuvent supporter la grandeur.

Il répète encore une fois que ces figures sacrées sont des enveloppes pour le vulgaire et les profanes, βεβήλοις, ce qu'il dit à propos du banquet sacré de *la Sagesse*, dont il continue l'explication; et l'on n'imaginera jamais que ce soit un mystère pour les fidèles, puisque au contraire c'est pour eux précisément qu'on fait de semblables discours.

C'est ce que témoigne le même auteur, lorsque entreprenant d'expliquer ces *figures symboliques* de la Divinité dans le livre des *Noms divins*, il déclare qu'il le fait « pour les défendre des railleries de ceux qui ne sont point initiés aux mystères, ἀμυήτων, et pour les retirer eux-mêmes de la guerre qu'ils font à Dieu [3] : » où, sous le nom de ceux qui ne sont pas initiés, il entend manifestement les infidèles.

---

[1] Epist. IX, § 1, p. 142. — [2] *De div. Nomin.*, c. IV, § 22, p. 578. — [3] *Ibid.*, c. XI, § 8.

Ainsi cette explication de la théologie symbolique, loin d'être un secret pour les fidèles, doit être communiquée aux infidèles mêmes pour leur conviction.

Ce qu'il appelle ἀμύηται, *gens non initiés aux mystères*, il les nomme ailleurs ἀτέλεστοι, ἀνίεροι, et explique quels ils sont dans le livre *de la Hiérarchie ecclésiastique*, en expliquant cette parole : *Sancta sanctis* [1], où il remarque qu'on exclut du temple sacré « ceux qui n'ont point été initiés aux mystères, οἱ τῶν τελετῶν ἀμύητοι καὶ ἀτέλεστοι, et avec ceux qui ont abandonné la vie sainte, » c'est-à-dire les pécheurs et les pénitens, et outre cela ceux qui sont possédés du malin esprit, qu'il appelle un peu au-dessus *troupe profane*, πληθὺς ἀνίερον, qu'on exclut de tout le service divin. On voit donc que parmi ceux qui en sont exclus, les énergumènes sont appelés *troupe profane*, ἀνίεροι, mais ne sont point appelés *non initiés*, ἀμύηται, ἀτέλεστοι, non plus que les pénitens ; et qu'on ne donne ce nom qu'à ceux qui n'ont jamais eu de rang parmi les fidèles.

Quand donc il dit dans le livre *de la céleste Hiérarchie*: « Et vous, mon fils, écoutez les choses sacrées, comme il est convenable de les écouter, suivant les saints décrets de notre tradition hiérarchique, les tenant cachées comme uniformes à la multitude profane, » on n'entendra jamais par ces dernières paroles les fidèles qui participoient aux sacremens, et qui avoient conservé la grace ; d'autant plus que dans les lignes suivantes il met ces profanes avec « les pourceaux à qui il est défendu de prodiguer les perles » de la doctrine évangélique, parmi lesquels il seroit de la dernière absurdité de ranger les ames pieuses, sous prétexte qu'elles ne seroient pas encore arrivées au dernier degré de la perfection.

Ainsi jusqu'ici l'on n'a point prouvé qu'il y ait dans les fidèles parfaits des mystères incommunicables aux fidèles même pieux, et aussi à l'égard desquels ils soient tenus comme des profanes.

On ne le prouve pas non plus par un semblable avertissement qu'il donne à la tête de la *Théologie mystique*, lorsqu'il dit : « Prenez garde qu'aucun de ceux qui ne sont pas initiés aux mystères n'écoute ces choses [2]. » Car nous avons vu que par ce mot :

---

[1] *Eccl. Hierarch.*, c. III, § 7. — [2] *De Myst. theol.*, c. I, § 2, tom. I, p. 2.

Non initiés, selon la règle commune de tout le langage ecclésiastique, il n'entend précisément que les infidèles; ce qu'il interprète lui-même plus particulièrement, lorsqu'ayant nommé les *non initiés,* il explique ainsi : « C'est-à-dire, ceux qui s'attachent aux choses qui sont (dans la nature), et ne s'élèvent pas à celles qui sont au-dessus de tout être, et qui croient pouvoir entendre par leur connoissance propre celui qui a établi sa demeure dans les ténèbres : » ce qui regarde la philosophie, mais non pas les chrétiens, non plus que ce qu'il ajoute contre les *impies,* qui rabaissent la Divinité jusqu'aux images les plus basses.

Il est donc entièrement démontré que, par les gens non initiés, on n'entend jamais les chrétiens baptisés, mais ceux qui n'ont pas reçu les sacremens, qui sont les mêmes qu'on exprime aussi par le nom de multitude ou de vulgaire, τῶν πολλῶν ; ce qui signifie cette multitude qui n'est distinguée par le caractère d'aucun sacrement; profane par conséquent et souillée, non initiée, non consacrée et qu'on exclut des mystères à ce titre.

SECTION VI.

Qu'il n'y a rien à cacher aux fidèles dans tout saint Denis.

Et en effet, si nous parcourons les ouvrages de saint Denis, nous n'y apercevrons rien qu'il fallût cacher aux fidèles.

Pour proposer ici en peu de mots un abrégé de sa doctrine, je remarquerai avant toutes choses qu'elle paroît prise de quelques endroits de saint Clément d'Alexandrie. C'est de lui qu'il a pris la manière négative de contempler Dieu, en disant ce qu'il n'est pas, plutôt que ce qu'il est; en bannissant les images, les sens, les raisonnemens, l'intelligence même, et en s'élevant au-dessus de toute pensée et de toute démonstration humaine. Il y a aussi quelques endroits dans saint Clément qui regardent la distinction et la subordination des *Céleste Hiérarchies.* Saint Denis n'a fait que l'étendre et le relever par des expressions extraordinaires. Il n'y a rien à cacher aux fidèles dans tout cela, ni dans tout ce qu'il dit des anges, ni dans tout ce qu'il dit des noms divins, qui n'est au fond que l'explication de la théologie qu'on appelle symbolique, ou une perpétuelle démonstration que Dieu est infiniment au-dessus de tout ce qu'on peut dire et penser de lui, qui est à la vérité une doctrine haute, mais en même temps très-commune parmi les chrétiens. Tous les Pères l'ont expliquée au peuple. Saint Augustin, entre les autres, a prêché que, pour connoître Dieu, il falloit en rejeter comme imparfait tout ce qui se présentoit à notre pensée, *quidquid occurrerit negat*; ce qu'il tourne en plusieurs façons, d'une manière moins enflée, mais à la fois plus nette et plus précise que saint Denis. Je ne parle point du traité *de la Hiérarchie ecclésiastique*, qui est tout plein de traditions cachées, comme tous les autres; et néanmoins qui est tout fait pour les fidèles, pour montrer que ce n'est pas à eux qu'il se veut cacher.

Quant à la déiformité, c'est-à-dire à l'imitation, autant qu'il se peut, de Dieu et de Jésus-Christ, qui est le plus haut état où il élève les fidèles, il fait voir partout dans le livre *de la Hiérarchie ecclésiastique*, que la vertu en est répandue dans le baptême, dans l'Onction, dans l'Ordination et surtout dans l'Eucharistie, pour montrer qu'il n'y a rien là à cacher aux chrétiens, puisque ce n'est rien autre chose que le dernier et parfait effet des sacremens qu'ils fréquentent tous les jours, pourvu qu'ils en fassent un digne usage.

Il est vrai que dans le chapitre où il parle des morts, il distingue les fidèles comme en deux ordres, dont les uns sont les plus parfaits ou les déiformes, les autres mènent une sainte vie, non encore dans ce degré de perfection. Mais ce n'est rien moins que pour introduire une espèce de séparation pour la communication de certains mystères. Enfin qu'on regarde ce que les nouveaux mystiques établissent de particulier, on n'en trouve pas un mot dans saint Denis. On y trouve la contemplation à toutes les pages, mais nulle part cet acte uniforme et irrévocable aussi bien qu'irréitérable, où ils la mettent. On y trouve les illustrations, sur-illustrations, unions et sur-unions, simplifications, réductions en unité, et le reste, mais jamais les impuissances de faire des actes. Au contraire tout y est plein de demandes, d'actions de graces, de désirs du bien. En un seul endroit il parle de passiveté, en insinuant les extases et les ravissemens de son Hiérophée, qui non-seulement *avoit appris* par la doctrine, mais encore avoit *souffert*, c'est-à-dire expérimenté les choses divines. C'est à ce seul mot que toutes les passivetés des mystiques doivent leur naissance. Mais on n'y trouvera jamais les conditions qu'y ont apposées les mystiques approuvés, et moins encore celles des derniers qui sont suspects (*a*)....

Ce qui est, comme nous avons vu, l'abrégé de la théologie de saint Clément, comme celle de saint Denis. Mais on ne voit rien en tout cela qui doive être caché aux fidèles, puisque c'est même manifestement où tous doivent tendre. Mais après avoir ôté à la tradition particulière deux témoins de trois qu'on alléguoit, écoutons le troisième, qui nous tiendra un peu plus de temps à cause, non seulement de la longueur, mais encore de l'embarras et de l'obscurité affectée de son ouvrage.

SECTION VII.

Passage de saint Clément d'Alexandrie.

Il ne faut pas répéter que le terme de *tradition* chez saint Clément, comme chez les autres, est un terme général qui comprend ce qui est écrit et ce qui ne l'est pas; ni que les traditions chrétiennes sont appelées traditions cachées, à cause qu'elles le sont aux infidèles et à ceux qui ne sont pas initiés aux mystères. Il y en a un passage exprès dans saint Clément sur la fin du septième livre [1], par où je commencerai, parce que c'est l'un de ceux dont on abuse le plus. « Après avoir traité ces choses et avoir expliqué le lieu qui regarde les mœurs par-ci par-là, σποράδην, et en abrégé : ayant aussi répandu de côté et d'autre les dogmes vivifians qui sont les véritables motifs de la connoissance parfaite, τῆς γνώσεως, en sorte que la découverte des saintes traditions ne soit pas facile à quelqu'un qui ne sera pas initié aux mystères, achevons ce que nous avons promis. » Par conséquent c'est précisément aux non

---

(*a*) Il manque ici une page et demie employée ailleurs par l'auteur, et il ne reste que la fin de cette section telle qu'elle suit. (*Édit. de Leroi.*)

[1] S. Clem., lib. VII, p. 766.

initiés, c'est-à-dire aux infidèles, qu'on veut se cacher, et point du tout aux fidèles, qu'on n'a jamais appelés ἀμύητοι, non initiés aux mystères, comme on a vu.

Pour éluder un passage si précis, on entend ici par les mystères ceux de la gnose, et j'en conviens, si par la gnose on entend, selon saint Clément, le vrai et pur christianisme, car c'est à ceux qui n'en ont pas le caractère qu'on évite de se découvrir. Mais si l'on entend par la gnose l'état particulier des impuissances prétendues mystiques, c'est la dernière des absurdités de prétendre que le livre des *Stromates* ne soit fait que pour eux, ou qu'eux seuls le puissent entendre.

Premièrement, par cette nouvelle interprétation on donne au mot ἀμύητων un sens qu'il n'eut jamais en aucun auteur. Secondement, on exclut de la connoissance de ce livre et des choses divines, tous ceux qui ne sont pas dans l'état extraordinaire de passiveté ; c'est-à-dire non-seulement tous les imparfaits, même profitans, mais encore de très-grands saints et de très-parfaits chrétiens.

On dira que précisément on n'a exclu que les pathiques, c'est-à-dire les gens encore sujets à leurs passions. Mais il faut songer que saint Clément ne distingue, parmi les fidèles, que les pathiques et les gnostiques, ceux qui sont encore tourmentés par leurs passions et ceux qui les ont vaincues ; en sorte que qui n'est pas de l'un de ces états, est de l'autre ; qui n'est pas de ceux qu'il nomme παθικούς ou ἐμπαθεῖς, qui sont aussi, selon lui, ceux du commun, est gnostique spirituel et intellectuel.

Quant aux saintes traditions, qu'on veut être celles de l'état passif, il faut voir avant toutes choses si cette explication peut cadrer avec le lieu dont il s'agit. Dans tout cet endroit, à commencer par la page 753, il s'agit de répondre à l'objection que les infidèles tiroient des hérétiques contre le christianisme, en disant « qu'il ne nous en faut pas croire à cause des hérésies et de la diversité de nos sentimens. » Pour répondre, après avoir montré que les hérétiques sont réfutés par l'Ecriture, il en vient enfin à la tradition, montrant que les hérétiques emportés par le désir de la gloire, « corrompent ce qui a été laissé à l'Eglise par les apôtres.

Et, dit-il, ils seroient heureux s'ils pouvoient entendre ce qui a été premièrement donné par la tradition, τὰ πςοπαραδεδόμενα [1];» qui est en un mot l'argument de Tertullien, de saint Augustin, de Vincent de Lérins et des autres. Il pousse ce raisonnement par les principes [2], lorsqu'il montre que les vraies Eglises sont les premières de toutes, qu'elles ont par la tradition le sens des Ecritures; pendant que les hérétiques « qui n'ont qu'une fausse clef, » ne viennent point, comme nous, « par la tradition du Seigneur, mais en brisant la porte et perçant le mur. » Et enfin il prouve par l'histoire « que l'Eglise catholique est l'ancienne et la première, et que les conventicules des hérétiques sont postérieurs. » Le nom même des hérétiques qui vient ou de leur auteur, ou du lieu de la naissance des hérésies, ou de quelque chose semblable, lui sert à cela. Voilà donc ce qu'il appelle tradition dans tout cet endroit. On se rendroit ridicule d'entendre ici autre chose que la tradition commune et fondamentale de toute l'Eglise. C'est ce genre de tradition qu'il veut cacher aux infidèles pour en réserver le secret à l'Eglise seule, qui aussi seule en sait bien user; et telle est la raison générale du secret des chrétiens.

Quant au lieu moral qu'il a traité, c'est celui de la vaine gloire et de la licence des hérétiques, qui évitent, en se séparant, les répréhensions et les admonitions de l'Eglise, pour s'abandonner à leurs plaisirs; ce qui en effet est le point qu'il a traité en abrégé dans les pages précédentes, comme on le peut voir.

Nous avons donc établi la véritable notion de la tradition par l'endroit dont on se servoit pour établir dans l'Eglise la fausse et la suspecte, c'est-à-dire la tradition d'un nouveau mystère caché aux fidèles mêmes.

SECTION VIII.

Autres passages du même Père : vraie notion de la tradition.

Mais ce n'est pas seulement dans cet endroit-là : c'est dans tout l'ouvrage qu'il établit contre les gentils une tradition qu'il nomme *tradition gnostique et intellectuelle* [3], pour l'opposer aux tradi-

[1] S. Clem., lib. VII, p. 762. — [2] *Ibid.*, p. 764. — [3] *Ibid.*, lib. I, p. 277, etc.

tions confuses et fabuleuses des fausses religions. Mais pour éclaircir la matière à fond, il faut observer que l'esprit de saint Clément, comme de toute l'Eglise, a toujours été dès l'origine, en respectant dans le souverain degré l'autorité de l'Ecriture, de poser pourtant l'autorité de la tradition non écrite comme le fondement principal du christianisme, parce que cette tradition est la plénitude de la connoissance chrétienne, qui comprend dans son étendue, avec l'Ecriture même et avec sa droite interprétation, tous les dogmes écrits et non écrits. C'est cette tradition toujours vive dans l'Eglise qui en fait la règle immuable; c'est la loi du Nouveau Testament écrite dans les cœurs : c'est par elle que toute hérésie se trouve confondue avant qu'on ait ouvert l'Ecriture pour la convaincre : c'est par là que les bonnes mœurs, comme la bonne doctrine, sont soutenues ; ce qui fait dire à saint Clément que *la vie du chrétien spirituel*, τοῦ γνωστικοῦ, n'est autre chose que des actions et des paroles, des œuvres et une doctrine qui suivent la tradition du Seigneur.

Tout cela donc pris ensemble compose la tradition de la science du salut, qu'on appelle γνῶσις; et cette clef nous va faire entendre ce que saint Clément a dit de la tradition. Il raconte le soin qu'il a eu d'écouter les disciples des apôtres dans toutes les parties de l'Orient. « Ils gardoient, dit-il, la tradition de la bienheureuse doctrine de Pierre, de Jacques, de Jean, de Paul et des autres saints apôtres. Dieu avoit conservé longtemps ces grands hommes, pour nous laisser ce dépôt qu'ils avoient reçu [1]. » Il se souvenoit de leurs paroles, et le livre des *Stromates* étoit une espèce de mémorial des belles choses qu'il ramassoit d'eux, pour lui servir de consolation dans sa vieillesse. « Ils ne seront pas fâchés, continuoit-il, que je conserve, non par une claire exposition, mais par des espèces de notes et de chiffres abrégés, leur bienheureuse tradition, en sorte qu'elle ne se perde pas. » Quelle étoit cette tradition? Celle d'un état extraordinaire, dont on ne voit rien dans tout son ouvrage, ni dans les premiers siècles? Il avoit bien d'autres vues. C'étoient les paroles que les disciples des apôtres avoient recueillies de leur bouche, ou les apôtres eux-mêmes de

[1] S. Clem., lib. I, p. 274.

la bouche du Seigneur, comme celle-ci de saint Paul : *Il est plus heureux de donner que de recevoir*[1] ; des paroles semblables à celles que saint Irénée avoit ouïes de la bouche de saint Polycarpe, qu'on écoutoit avec ravissement de la bouche de ce saint vieillard. On remarquoit ce qu'ils avoient dit contre les hérétiques, sur les Ecritures divines, les sens cachés qu'ils y trouvoient pour l'édification de la foi et des mœurs, les conseils et les exemples qu'ils donnoient pour la piété, leurs belles sentences pour donner l'idée d'une vie parfaite et édifiante, telle que celle-ci de saint Mathias, qui vouloit, dit saint Clément, que le chrétien s'imputât les fautes de son voisin, parce qu'il l'auroit converti, s'il eût vécu comme il devoit. De telles choses, qu'on trouve répandues dans saint Clément, faisoient la matière des recueils dont il a composé ses *Tapisseries*. Si nous en croyons les *Remarques*[2], tout cela ne méritoit pas l'attention de saint Clément. C'étoit les impuissances de l'état passif qu'il alloit chercher en Grèce et en Syrie, et partout ailleurs. « Comme, dit-on, il avoit à dire les choses les plus étonnantes et les plus incroyables, il a aussi voulu les dire avec la plus grande autorité ; et le commerce avec les grands hommes étoit capable de la lui donner. » Et tout cela n'est rapporté avec tant d'emphase que pour nous mener au prodige de l'état passif ; comme si le reste du christianisme n'avoit point de profondeur, et n'avoit pas besoin d'autorité pour être établi.

On fait dire à saint Clément qu'il ne découvroit dans son maître ces traditions de la bienheureuse doctrine, *qu'en l'écoutant sans qu'il s'en aperçût*. Je trouve seulement dans le texte qu'*il tâchoit de découvrir ce qui étoit caché*. Le reste est de l'invention d'un bel esprit, pour donner à ce passage l'air le plus mystérieux. Tout ce qu'on peut conclure de l'original, c'est que ces grands hommes n'étoient point parleurs. Il falloit une sainte adresse pour leur tirer leurs pieux secrets. Mais après tout, quels étoient-ils ? « C'étoit le suc recueilli par une abeille soigneuse sur les fleurs du champ prophétique et apostolique[3] ; » ce qui jamais ne voulut dire autre chose, que ce qui regardoit la foi publique de toute l'Eglise.

[1] *Act.*, xx, 35. — [2] *Rem.*, p. 352. — [3] *Ibid.*

« Au reste, dit saint Clément, tout ce que j'écris n'est rien en comparaison de ce que j'ai eu le bonheur d'entendre ; car il y avoit dans ces hommes bienheureux une force divine, et tout étoit plein dans leurs discours de la grace du Saint-Esprit. » C'étoit donc ce qui rendoit ces discours si précieux. Ils admiroient l'Ecriture, mais la grace de la vive voix qui étoit l'Ecriture animée, y ajoutoit un prix infini.

« Les choses secrètes, poursuit saint Clément, se confient à la parole (à la vive voix), et non pas à l'écriture. » L'écriture est morte, la vive voix touche plus. L'écriture, dit notre auteur, ne répond rien, la vive voix se soutient et se défend d'elle-même [1]. L'écriture se communique à toutes sortes de gens, dignes et indignes ; la vive voix choisit ceux à qui elle se donne, et craint moins d'être profanée. Ceux qui savent qu'il étoit défendu d'écrire le *Symbole des apôtres*, entendent jusqu'où s'étendoit cette précaution : « Il est difficile, disoit saint Clément, que l'écriture n'échappe ; on se perd en la prenant mal, et vous donnez une épée à un furieux [2]. »

Selon ces principes, direz-vous, il ne falloit point d'Ecriture sainte. Ce n'est pas ce que nous dit saint Clément. L'Ecriture conserve le secret divin. « Les figures dont elle se sert sont des enveloppes et non des ornemens [3]. » Elle ne dit que ce que Dieu veut ; le Saint-Esprit pouvoit la faire parler si nettement, qu'il n'y auroit eu aucune difficulté ; mais il a voulu conserver son autorité à la tradition et à la vive voix ; toutes choses qui ne valent rien que pour la tradition authentique de toute l'Eglise.

On objecte, en cet endroit même « que Dieu, selon saint Clément, a révélé au grand nombre ce qui étoit pour le grand nombre, et non pas ce qu'il savoit qui ne convenoit qu'au petit, et ce qu'il étoit capable de recevoir pour être formé [4]. » Il ne parle pas ainsi. Ce seroit établir deux révélations pour deux genres de personnes ; il n'y en a qu'une seule. « Il n'a pas, dit-il, révélé à la multitude ce qui ne lui convenoit pas, » c'est-à-dire la vérité de Dieu, qu'elle n'auroit pu porter ; « mais il l'a révélé à peu de gens, à qui il sa-

---

[1] S. Clem., lib. I, p. 276. — [2] *Ibid.* — [3] *Ibid.*, lib. VI, p. 678. — [4] Lib. I, p. 276.

voit qu'il conviendroit, qui le recevroient et qui se laisseroient former. C'est pour cela, que dès l'origine, il ne s'est fait connoître qu'aux patriarches. La tradition a dispensé avec prudence les secrets divins. Comme devant le combat il y a l'escarmouche, ainsi il y a de moindres mystères qui précèdent les plus grands. Il faut savoir opposer aux hérétiques « la règle de la vénérable et glorieuse tradition qui a été dès l'origine du monde [1]. C'étoit, dit-on, la tradition de l'état passif, qui étoit dans les patriarches. Non. C'étoit la tradition de la loi naturelle « qui venoit de la contemplation de la nature, » et élevoit les esprits à Dieu.

On objecte plusieurs endroits où il est parlé du silence, comme du conservateur de la vérité et du culte divin [2]. Je conviens du silence à l'égard des étrangers de la vérité : mais il faudroit montrer que les chrétiens fussent regardés comme tels. A l'égard du culte, il est vrai qu'une de ses parties principales est de se taire devant Dieu, dans l'impossibilité de concevoir ses grandeurs. Mais à propos de ce dernier passage, il est précédé de ces mots : « Mon dessein, dans tout ce livre, est de faire voir que le gnostique est le seul saint, le seul qui adore Dieu, selon qu'il convient à sa majesté. » Entendez ici par le gnostique, le chrétien qui se rend parfait selon les règles communes du christianisme, le sens est très-bon : entendez un état extraordinaire, vous excluez de la sainteté ceux que vous-même vous appelez saints, et vous leur ôtez le culte. La suite fait bien paroître que saint Clément veut faire honneur à toute l'Eglise, et non pas se restreindre à un seul état. « Celui, dit-il [3], qui est disposé de cette sorte honore les magistrats, ses parens, les vieillards : il respecte la philosophie et la prophétie : il honore le premier principe et son fils, etc. » Osera-t-on attribuer ces vertus à l'état passif, comme si hors de cet état elles ne se pratiquoient qu'imparfaitement ?

[1] S. Clem., lib. VI, p. 277. — [2] *Ibid.*, lib. I, p. 294 ; lib. VII, p. 701. — [3] *Ibid.*

SECTION IX.

Autres passages.

On abuse de plusieurs passages, où l'on reconnoît comme deux ordres dans l'Eglise : l'un des communs et l'autre des parfaits. Ce ne fut jamais là une question : ces deux ordres ont toujours été et seront toujours. Ceux que saint Paul appelle les parfaits, sont les mêmes que saint Clément a appelés les gnostiques, et que nous appelions naturellement les dévots, avant que ce mot eût été tourné en ridicule. Quoi qu'il en soit, il y eut et il y aura toujours parmi les fidèles, ceux qui font une profession particulière de la piété, et ceux qui mènent une vie commune. Il faut encore observer qu'on leur donne des instructions différentes ; car il est naturel et de la prudence de le faire. Ainsi il y a toujours dans l'Eglise un esprit de direction et de conduite qui accommode les instructions chrétiennes à la capacité des sujets ; et pour les instructions publiques, elles se tournent ordinairement vers les imparfaits, qui font le grand nombre. Mais saint Paul ordonne *d'instruire publiquement et par les maisons*. On voit dans saint Jacques, dans les *Constitutions* de saint Clément, dans d'autres livres, des conseils particuliers qu'on donnoit à chacun selon son état. Quand vous voudrez conclure de là que c'étoit là des mystères incommunicables et des traditions cachées d'un état à l'autre, il n'y aura point de sens à votre discours.

Appliquons ceci. On nous objecte ce passage : « Ces choses sont entendues par ceux qui ont été choisis par le Seigneur pour la connoissance parfaite [1] : » donc il y a là un choix particulier, et dès là une espèce de distinction : du côté de Dieu, comme ce Père l'exprime, je l'avoue : donc il y a par rapport à la discipline de l'Eglise des secrets des uns aux autres incommunicables, ce n'est pas ce que dit saint Clément.

Je passe plus loin. La *Remarque* objecte cet autre passage : « On donne à la fin la connoissance parfaite ἡ γνῶσις παραδίδοται, à ceux qui y sont plus propres et qui en sont jugés dignes, parce

[1] *Rem.*, p. 371. — [2] S. Clem., lib. VII, p. 700.

que c'est la chose qui demande le plus de préparation et d'exercice [1]. » Je pourrois dire qu'il faut sous-entendre que ceux-là *sont choisis de Dieu,* ainsi qu'il est énoncé dans le passage précédent, et qu'il n'y a rien là pour la discipline de l'Eglise. Mais quel inconvénient à reconnoître que l'Eglise même et ses ministres dans l'instruction particulière, donneront plutôt des enseignemens sur la perfection chrétienne à ceux qu'on y verra mieux disposés? Donc ces instructions sont incommunicables, et l'ordre inférieur est profane et non initié à cet égard : c'est trop outrer la matière.

C'est pourtant là ce qu'il faut prouver. On veut prouver un état dont on ne trouve pas un mot dans les Pères : il n'y a d'autre excuse à ce défaut que de dire qu'on n'osoit pas en parler au commun des hommes, non plus que de l'Eucharistie aux catéchumènes; et si l'on ne pousse jusque-là on ne fait rien.

SECTION X.

Suite des passages.

« Les hérétiques renversent la véritable doctrine de Jésus-Christ, parce qu'ils n'expliquent pas les Ecritures selon qu'il est convenable à sa dignité. Car le vrai moyen de rendre à Dieu le dépôt de la vérité qu'il nous a confié, c'est d'expliquer convenablement la doctrine de Notre-Seigneur par la pieuse tradition des apôtres [2]; » et non comme les hérétiques, en commettant les apôtres avec les prophètes.

Je rapporte ce passage pour montrer que la tradition des apôtres dans le style de saint Clément, n'est pas une tradition cachée, qui vienne d'eux à certains fidèles plutôt qu'à d'autres : mais la doctrine publique, qui après avoir été ouïe à l'oreille, selon la parole de Jésus-Christ, est ensuite prêchée sur les toits. »

Il rapporte dans le même endroit les paraboles de Notre-Seigneur, pour montrer qu'il cachoit sa doctrine, mais aux infidèles, et non pas à ses disciples; et il finit en disant que « la gnose et la vraie science du salut » est de conserver l'exposition de l'Ecri-

[1] S. Clem., lib. VII, *Ibid.*, p. 732. — [2] *Ibid.*, lib. VI, p. 676.

ture selon la règle ecclésiastique, qui n'est autre chose que le concert et le consentement de la loi et des prophètes avec le Nouveau Testament laissé par Notre-Seigneur. » Il n'y a rien là de caché qu'aux ennemis de Jésus-Christ, et il n'y a point dans son Eglise de secrets pour les fidèles.

SECTION XI.
Autres passages.

On objecte ce passage : « La connoissance qui est la perfection de la foi, s'étend au delà de la catéchèse (c'est-à-dire de la première instruction), selon qu'il est convenable à la majesté de la doctrine du Seigneur et à la règle ecclésiastique [1]. »

Si j'explique la catéchèse la première instruction, c'est après saint Clément qui la définit en cette sorte dans son *Pédagogue* : « La catéchèse, dit-il, c'est l'institution qui mène à la foi [2], » et par la foi au baptême. Voilà donc deux instructions : la première, qui est le catéchisme, qui mène à la foi par les premiers élémens : la seconde, la connoissance, γνῶσις, qui mène à la perfection. Cela est juste qu'on instruise les commençans autrement que les parfaits ; mais il n'y a rien là d'incommunicable aux fidèles. Au contraire, on doit commencer à montrer la perfection à ceux qu'on a établis sur le fondement qu'on a posé du christianisme.

Aussi ne trouvons-nous dans saint Paul que deux sortes de nourritures, le lait et l'aliment solide. Ce passage a diverses interprétations : selon saint Clément dans son *Pédagogue*, le lait regarde la connoissance « de la vérité (en cette vie) et la nourriture solide peut signifier l'évidente révélation du siècle futur face à face [3]. » Voilà toujours, en passant, dans ce Père l'interprétation naturelle de ce passage de saint Paul, et la vision de face à face réservée à la vie future. Ne poussons pas jusque-là. « Le lait, dit le même Père, est la première instruction, la catéchèse, comme la première nourriture de l'ame ; et la nourriture solide, c'est la contemplation qui regarde en haut, qui sont les chairs et le sang du Verbe, c'est-à-dire la compréhension de la puissance

[1] S. Clem., lib. VI, p. 696. — [2] *Pædag.*, lib. I, p. 95. — [3] *Pædag.*, lib. I, p. 99.

et de l'essence divine¹. » Nous venons de voir ce que c'est que la catéchèse. Saint Clément ne connoît, après saint Paul, que deux sortes d'instructions, le lait et l'aliment solide, que cet auteur interprète la catéchèse et la contemplation. Incontinent après la catéchèse qui vous introduit au baptême, on commence à vous donner des leçons pour vous élever à un état plus parfait. Ainsi il n'y a rien d'incommunicable à ceux qui sont chrétiens, et ces traditions secrètes ne se trouvent pas.

Il est vrai que saint Clément trouve dans cette distinction, de lait et d'aliment solide, un argument pour prouver « qu'il ne faut pas tout communiquer au vulgaire². » Mais il faut se souvenir que selon la doctrine de l'Eglise, à laquelle il accommode les paroles de saint Paul, le solide de l'instruction ne devoit pas être communiqué à ceux qui étoient encore « dans la catéchèse, c'est-à-dire aux catéchumènes, » qui en tiroient leur nom. S'il y avoit après cela des distinctions, elles dépendoient de la prudence qui distribuoit la parole à chacun selon ses besoins, mais non d'une règle faite de cacher la perfection aux fidèles, comme étant profanes à cet égard, et indignes d'en entendre parler.

Et tant s'en faut que la distinction du lait et de l'aliment solide induisît une différence dans les choses qu'on devoit apprendre aux uns et aux autres, qu'au contraire saint Augustin, dans un *Traité sur saint Jean* déjà cité ³, démontre que c'est le même Jésus-Christ et les mêmes vérités, qui selon les différens degrés de connoissance, sont tantôt lait et tantôt aliment solide ; lait pour les uns, aliment solide pour les autres : d'où il conclut contre les hérétiques, qu'il n'est pas permis de croire ni d'enseigner qu'il y ait des vérités qu'on doive enseigner aux fidèles, comme plus solides que celles qu'on leur a apprises en les faisant chrétiens. Et il montre aussi que le terme de *fondement* est plus propre pour exprimer ce qu'on donne aux commençans, que celui de lait ou d'aliment solide, parce qu'en prenant le solide, on perd le lait, au lieu qu'en élevant l'édifice, on conserve le fondement. Ainsi toutes connoissances qui appartiennent à la foi sont communes entre les fidèles, et il n'y a de différence que du plus au moins.

¹ *Strom.*, lib. V, p. 578. — ² *Ibid.*, p. 579. — ³ Tract. XCVIII, ubi sup.

C'est aussi l'esprit de saint Clément dans le lieu que nous traitons. Ce qu'il veut qu'on cache, « c'est, dit-il, la contemplation, qui sont les chairs et le sang du Verbe, c'est-à-dire la compréhension de l'essence et de la puissance divine [1]. » Or on peut bien, à ne regarder que le degré du plus au moins, en donner plus aux uns qu'aux autres. Mais qu'il y ait quelque chose à dire sur les grandeurs de Dieu, dont on juge indigne le peuple fidèle, c'est un discours inouï et insoutenable.

Saint Augustin nous est ici un grand exemple. Il n'y a aucune vérité de la religion, aucune sublimité de contemplation qu'on trouve dans ses écrits les plus profonds, qu'on ne trouve aussi dans les sermons qu'il a faits au peuple. Tout ce qu'il y fait, c'est d'amener les choses de plus loin, et de les proposer d'une autre manière ; ce qui supposoit dans l'Eglise différens degrés de connoissance, mais jamais rien dont le peuple fût jugé indigne, et où on le regardât comme profane.

Ainsi le petit nombre à qui les saintes traditions devoient passer sans écrit, n'est pas le petit nombre de ceux qui étoient dans l'état passif. A Dieu ne plaise. Nous avons vu en quel sens les traditions chrétiennes, quoique universelles dans l'Eglise à l'égard du monde, sont de peu de gens. Elles sont encore de moins de gens, si l'on regarde ceux qui sont préposés pour les enseigner et auxquels le peuple en doit croire ; et elles sont enfin de moins de gens et d'un nombre en lui-même très-petit, si l'on s'arrête à ceux qui en profitent, qui après tout sont les seuls dans qui les traditions chrétiennes subsistent dans leur perfection. Car, comme dit saint Clément, « que sert la sagesse qui ne rend pas sage [2] ? » Ainsi il sera toujours véritable que, selon cette secrète révélation qui mène à la pratique, Jésus-Christ est révélé à très-peu de gens, et l'effet de la tradition a passé à peu. Mais que pour cela il faille penser « que ce peu à qui ont passé les saintes traditions, » soient des gens d'un certain état particulier, ce seroit vouloir tout confondre. Car il s'agit ici « de la tradition qui vient de la connoissance ou de la gnose γνωστικὴ παράδοσις. » Or cette connoissance n'est « autre chose que la science des choses qui seront

[1] *Strom.*, lib. V, p. 579. — [2] *Ibid.*, lib. I, p. 275.

et qui ont été, » en tant qu'elles ont été révélées par les prophètes et par Jésus-Christ. Car en vain écouteroit-on la philosophie, quelque ostentation qu'elle fasse de science, « si en se rangeant sous la discipline (de Jésus-Christ) on n'écoutoit la voix prophétique, où l'on apprend comment sont, comment ont été, comment seront les choses présentes, passées et futures, » c'est-à-dire ce qui regarde l'avénement de Jésus-Christ et l'établissement de son Eglise. Voilà ce qui est présent : les prédictions et les figures, voilà le passé : les promesses et les récompenses, voilà le futur. Voilà manifestement, selon la suite du discours et de tout le livre, comment il faut entendre saint Clément. Et cela, qu'est-ce autre chose, sous le nom de *tradition*, que tout le corps de la doctrine chrétienne? Et c'est aussi sans difficulté ce qui doit passer à peu de gens dans tous les sens que nous avons vus.

Il me reste encore un passage qui m'étoit presque échappé, qui est celui où saint Clément dit que « la tradition gnostique ou intellectuelle étoit un don spirituel qui ne se communiquoit qu'en présence, et qu'on ne pouvoit pas donner par une épître [1]. » Toutes les fois qu'on trouve les mots de *gnostique* et de *spirituel*, il faut toujours que ce soit l'état passif. Mais je demande pour quelle raison on ne pouvoit point alors en parler dans une épître? D'où en venoit la défense ou l'impossibilité? Prenons un sens plus naturel. Ce qu'on ne pouvoit point enseigner par lettres, ce pourquoi une épître, quelque longue qu'elle fût, étoit trop courte, selon les termes de saint Clément en ce lieu, « c'étoit la plénitude de Jésus-Christ que saint Paul désiroit de leur expliquer de vive voix, les appelant à Jésus-Christ par la prédication du mystère qui avoit été tenu caché dans tous les siècles précédens, mais qui maintenant étoit découvert par les Ecritures prophétiques, pour en établir la connoissance dans tous les gentils, selon le commandement du Dieu éternel [2] : » toutes paroles choisies pour expliquer non pas un état particulier, sans lequel on peut être saint et très-grand saint, mais la commune profession du christianisme. C'étoit donc un si grand mystère, que saint Paul ne le vouloit pas renfermer dans les bornes étroites d'une

[1] S. Clem., lib. V, p. 578. — [2] Rom., XVI, 25, 26.

lettre, sentant qu'il avoit besoin, pour en décharger son cœur, de toute l'étendue de ces discours de vive voix qu'il faisoit durer bien avant dans la nuit avec le ravissement de tous ses auditeurs.

Et quand on ne voudroit pas s'attacher au mot d'*épître*, mais étendre généralement l'expression de saint Clément à toute écriture, nous avons fait voir comment il y a dans la manière d'expliquer tous les mystères du christianisme, tant pour la contemplation que pour la pratique, je ne sais quoi qu'on ne peut expliquer que de vive voix, le consignant «dans les cœurs nouveaux, comme dans un livre préparé par le Saint-Esprit, » ainsi que saint Clément le dit ailleurs. Laissons donc ces traditions particulières à ceux qui veulent tromper, et n'en reconnoissons point que celles qui sont publiques dans toute l'Eglise, et dont le bruit éclate dans tout l'univers.

SECTION XII.

Réflexions sur les trois auteurs dont on vient d'examiner les passages.

Si une chose aussi extraordinaire que la tradition cachée dans l'Eglise étoit véritable, on en trouveroit des marques dans tous les écrivains ecclésiastiques. On n'en voit pas le moindre vestige. Trois auteurs qu'on allègue seuls ne disent rien de semblable, et ne connoissent pas d'autres traditions que celles qu'on trouve partout, et qu'on appelle *les Traditions apostoliques.* Mais pour en montrer l'impossibilité absolue, recueillons-nous un moment sur ces trois auteurs.

Pour saint Clément d'Alexandrie, le plan qu'on lui donne est premièrement, comme nous l'avons observé d'abord, que voulant montrer les beautés de la religion chrétienne, et y attirer les infidèles, il ne parle que d'un état inconnu, sans lequel on peut être parfait chrétien. Je ne sais pas comment on dévore cette absurdité. En voici une autre : c'est qu'on met entre les mains de tous les chrétiens un livre qu'ils sont incapables d'entendre, et qu'il n'est pas permis de leur expliquer. Le fait est constant. Saint Clément déclare partout qu'il affecte de se rendre inintelligible à ceux qui ne sont pas du secret. Personne n'en est que les passifs, qui sont obligés de réputer tout le reste des chrétiens profanes à leur égard et indignes de leur mystère. Mais par où donc y venoit-on? De quel directeur attendoit-on l'avis pour y entrer? Qui donnoit le pouvoir de s'ouvrir à eux, et qui levoit les défenses de parler à ces profanes? A cette heure, il n'y a rien de surprenant : on peut parler à qui l'on veut de tout ce qu'on veut. Il est vrai qu'il faut recourir à un directeur expérimenté et habile; mais chacun croira que c'est le sien. Mais du temps de saint Clément, quand on commençoit à devenir un peu passif, à qui s'adressoit-on? A l'évêque, à quelque prêtre désigné par lui, à tel prêtre qu'on vouloit. Attendoit-on que Dieu fît quelque chose d'extraordinaire, et n'y avoit-il point de voies communes pour trouver ce directeur qu'on cherchoit?

Ceux qui vouloient se faire chrétiens, savoient bien qu'il y avoit une religion chrétienne qui avoit ses évêques, ses prêtres, à qui le premier venu les conduisoit; mais qui savoit qu'il y eût un état passif? On n'en voit rien dans les livres, on n'en voit rien dans les sermons; on ne savoit pas qu'il y eût une tradition cachée : car on a beau dire, personne n'en parle, et l'on ne trouve dans saint Clément que les traditions apostoliques, qui sont le fondement de l'Eglise.

Venons à Cassien. Celui-là est inexcusable d'avoir révélé le secret de la passiveté et celui de la tradition secrète, encore plus important. Son livre du moins devoit être caché au commun des chrétiens et même des moines, autant que les catéchèses sur l'Eucharistie l'étoient aux catéchumènes et aux infidèles. Son livre cependant est entre les mains de tout le monde, et il n'a point de scrupule d'avoir trahi un secret de religion.

Ceux qui ont cherché des raisons pourquoi l'ouvrage du prétendu Aréopagite est demeuré inconnu durant tant de siècles, disent qu'on n'osoit le découvrir à cause des mystères qu'il contenoit, qu'on devoit cacher aux infidèles, mais on ne s'est jamais avisé de dire qu'on devoit encore les cacher à la plupart des chrétiens. En effet, les *Noms divins*, la *céleste Hiérarchie*, et du moins la *Théologie mystique*, où l'on prétend que tout le secret de l'état passif est divulgué, ne devoit pas être commun parmi les fidèles.

La prétendue tradition cachée subsistoit encore de son temps, puisqu'on veut même qu'il l'ait reconnue. Son livre néanmoins fut connu. Si les catholiques ne vouloient pas d'abord le reconnoître, ce n'est point qu'on en fit un mystère. C'est qu'on ne pouvoit croire qu'un auteur si ancien parût tout à coup, sans qu'on en eût jamais ouï parler. Les sévériens qui le produisoient pouvoient dire : Nous n'osions en parler, et il n'étoit connu que d'un petit nombre de mystiques.

Après tout on avoit raison, selon l'esprit des mystiques mêmes. Il n'y a là aucune partie de leurs dogmes : la ligature des puissances y est inconnue : ce qu'on entendoit par le mot de *contemplation* est toute autre chose que l'oraison de simple présence, dont on n'entend pas seulement parler. Il est vrai qu'on exclut les sens et l'intelligence ; mais c'est par choix et non pas par impuissance de s'en servir. Tout le reste, qu'on trouve dans ce livre, se trouve partout et en particulier dans saint Augustin, plus simplement, plus nettement et plus exactement. Il n'en fait point de mystère, et loin d'approuver les traditions secrètes, il les rejette.

Personne en effet ne les approuve. On n'entend jamais ce mot de *caché* que par rapport à ceux qui n'étoient pas encore dans l'Eglise. Pour les traditions apostoliques connues de tous les fidèles, tous les Pères, tous les conciles les célèbrent. Je m'en tiens là ; et sans hésiter, je mettrai les traditions cachées avec l'Eglise invisible.

CHAPITRE XVII.

Du secret qu'on doit garder sur la gnose.

Ce qu'il y a de plus considérable dans ce chapitre a été vu dans le précédent, et il n'y a plus que cette question à examiner.

SECTION I.

Qu'est-ce donc que saint Clément a voulu cacher ?

Après beaucoup de raisonnemens et de passages sur le secret de la gnose, on en vient de part et d'autre à cette demande :

Que vouloit dire saint Clément, lorsqu'après avoir avancé *les choses les plus étonnantes,* il s'arrête tout court en ajoutant : « Je tais les autres choses en glorifiant le Seigneur [1]? » Ailleurs : Tout ce qu'il dit « est un essai, il ne faut pas découvrir le reste [2]. » Partout ce sont des chiffres, des notes secrètes, des abrégés, des semences de discours plutôt que des discours mêmes : « que ceci soit dit aux Gentils, σπερματικῶς, en germe, en semence. » Pour se mieux cacher, il affecte de parler sans suite, souvent il embarrasse et il entortille exprès son discours ; car au reste quand il veut parler nettement, il le sait bien faire.

Sur cela, l'auteur des *Remarques* demande ce qu'il veut cacher. Il ne s'agit pas de la foi commune des chrétiens. Saint Clément a dit cent fois qu'il pense à quelque chose de plus haut ; ajoutons : Ce ne sont pas même les dogmes du christianisme. Il déclare en un endroit qu'il ne veut point *parler des dogmes;* et il faut entendre partout qu'un des mystères qu'il cache, est celui de la doctrine des mœurs et de la perfection du christianisme ; ce ne peut donc être que l'état passif.

Si ce dénouement étoit net, l'auteur des *Remarques* seroit hors d'affaire ; mais il n'est pas moins embarrassé de l'objection, que le pourroient être les autres lecteurs. « Le sage lecteur me demande, dit-il, qu'est-ce que saint Clément a pu donc vouloir cacher sur la gnose, puisqu'il dit si clairement, et avec tant de répétition, des choses qui semblent si outrées [3] ? En effet qu'y a-t-il à ménager après l'impatibilité, l'imperturbabilité, l'inamissibilité et tout le reste qu'on a vu ? A cela il fait deux réponses, dont il faut examiner la solidité, avant que d'apporter le vrai dénouement.

« La première, c'est qu'il n'a point parlé des purifications par lesquelles le simple fidèle devient gnostique [4]. » A vous entendre, on diroit qu'il a parlé de tout l'état passif et de toutes ses impuissances ; mais il n'y en paroît pas une syllabe. Tout regarde la perfection du chrétien par des voies précautionnées, actives par conséquent, par demandes, par actions de graces, par toutes les

[1] *Rem.*, p. 370, 377 ; S. Clem., lib. VII, p. 706. — [2] *Ibid.*, p. 752. — [3] *Ibid.*, p. 387. — [4] *Ibid.*, p. 386.

voies ordinaires, et sans qu'il soit mention de ligature des puissances. Au reste s'il étoit le seul à ne point parler des purifications, on pourroit croire que c'est un mystère ; mais personne n'en a parlé non plus que lui. Toute l'antiquité ignore également ce purgatoire particulier, que les mystiques posent comme nécessaire en cette vie, pour éviter celui de l'autre. Saint Augustin et les autres Pères ne nous ont proposé que la pénitence, les aumônes et les autres exercices actifs, avec lesquels ils ont cru qu'on pouvoit sortir de ce monde sans péché. Ainsi toutes ces épreuves passives peuvent bien être très-véritables, et avoir leur effet. L'erreur est de les rendre nécessaires à éviter le purgatoire de l'autre vie ; et il ne falloit pas craindre que saint Clément fût tenté de dire sur ce sujet-là ce qui en effet n'étoit pas.

Vous dites cependant à ce propos une parole admirable, qui est que « les philosophes ne vouloient que des vertus triomphantes [1] ; » et cela servira beaucoup au dénouement que nous cherchons.

« Ma seconde réponse, dites-vous, est que les choses qui paroissent les plus excessives dans saint Clément, ne laissent pas de faire un tout aussi obscur et aussi embrouillé qu'il l'a prétendu [2]. » Vous alléguez votre expérience, et la peine que vous avez eue « à rassembler dans sept livres fort longs les morceaux épars d'un système qui sont confondus avec une infinité d'autres matières. » La grande peine n'est pas de ramasser *ces morceaux épars* ; c'est un travail mécanique, pour ainsi parler, et qui n'a besoin que de patience. Ainsi votre grande peine, que j'oserai bien vous expliquer à vous-même, c'est d'avoir voulu faire un corps, non pas de saint Clément avec lui, mais avec les nouveaux mystiques, bons ou mauvais, auxquels il ne songea jamais.

Pour fortifier votre expérience, vous alléguez ncore à chacun « la sienne propre et celle de tant de savans hommes, qui ont lu jusqu'ici saint Clément sans soupçonner même qu'il ait jamais parlé de la voie passive des mystiques. » Voilà en effet la vraie cause de votre tourment, d'avoir voulu trouver dans un auteur ce qui n'y étoit pas, et selon vous-même, ce que nul autre n'y

[1] *Rem.*, p. 388. — [2] *Ibid.*, p. 389.

avoit encore aperçu. Car en vérité c'étoit un vain travail et un inutile tourment d'un bel esprit, de chercher dans ce Père cet acte perpétuel irréitérable, et cette distinction de demandes actives et passives, et ces impuissances de faire les actes commandés, et ces réductions de ces actes à des actes éminens et implicites, qui est un moyen d'éluder tout ; et cette simple présence ou ce dénoûment de toute image ou idée intellectuelle distincte, qui exclut toute attention aux attributs absolus et relatifs et à Jésus-Christ crucifié ; et toutes les autres erreurs des nouveaux mystiques, que vous avez voulu, bon gré, malgré, trouver dans saint Clément d'Alexandrie, à la réserve de ce qui regarde Jésus-Christ, dont vous ne parlez pas dans vos *Remarques* sur cet auteur, quoique vous approuviez, hélas ! trop expressément en d'autres endroits, la doctrine des nouveaux mystiques. On cherche inutilement tout cela dans la doctrine de saint Clément qui n'y songea jamais, et dont on trouve le contraire exprimé dans ses écrits. On a entendu cet auteur sans tout cela, en y trouvant seulement l'idée d'un parfait chrétien ; c'est-à-dire de celui qui par l'exercice de la piété, l'a tournée en habitude formée. Les anciens bien certainement ont entendu saint Clément, dont ils ont pris beaucoup de choses, et entre autres son *apathie,* qu'on trouve dans tous les spirituels grecs ; mais avec les correctifs nécessaires que vous n'avez pas assez cherchés dans cet auteur. Car vous les y auriez trouvés ; et au contraire, quand ils se sont présentés, vous les avez éloignés. Saint Jérôme assurément a cru entendre ce docte auteur à qui il donne les justes louanges que vous rapportez. On doit même croire qu'il l'a entendu, puisqu'un si grand saint sans doute, n'étoit pas de ces profanes à qui les mystères étoient cachés, mais de ceux qui étant instruits les entendoient, encore qu'ils ne fussent exprimés qu'à demi mot. Or, s'il avoit entendu dans cet auteur l'état passif des nouveaux mystiques, on en verroit quelque chose dans ses écrits. Néanmoins non-seulement on n'y en voit rien, mais on y voit tout le contraire de cet acte perpétuel irréitérable : tout le contraire de la ligature perpétuelle des puissances pour exclure les demandes et les pieuses réflexions sur les dons : tout le contraire de cette apathie outrée qui exclut tous les bons désirs que le libre arbitre peut produire et exciter, étant lui-même excité par la grace.

Prenons donc une voie plus simple et plus naturelle pour expliquer le dénouement du secret de saint Clément, sans le tirer par force à la doctrine des nouveaux mystiques, tellement inouïe parmi les fidèles, qu'on est contraint d'avoir recours à la dangereuse chimère de la tradition invisible pour l'introduire dans l'Eglise.

Ce dénouement consistera premièrement, dans cette belle parole que j'ai recueillie de votre bouche : que les païens ne vouloient que des vertus triomphantes. C'étoit pour les attirer que saint Clément expliquoit à pleine bouche leur apathie, leur ataraxie, leur inamissible constance. Mais encore qu'il n'oubliât pas les correctifs, il ne les étaloit pas avec tant de force, se contentant de les semer de çà et de là, et encore assez souvent par de petits mots que nous avons remarqués ; mais il n'a jamais expliqué à fond cette sentence de saint Paul, qui fait la merveille de la perfection de cette vie : *Ma force se perfectionne dans l'infirmité;* en sorte que plus on a de cette sorte de foiblesse, plus on est libre, plus on est parfait, plus on est assuré, plus on est humble. Loin d'exposer cette belle idée, saint Clément semble plutôt avoir voulu la cacher aux platoniciens, aux stoïciens, aux autres philosophes, dont l'orgueil n'auroit pas pu la porter, non plus que l'accommoder à l'idole de la vertu qu'ils s'étoient formée. Ç'a été dans cet esprit qu'il a caché à ces superbes les infirmités du Dieu-Homme agonisant dans les approches de la mort, et les foiblesses des apôtres, leurs petites aigreurs, leurs gémissemens secrets, et l'humble reconnoissance de leur infirmité, nécessaire pour rabattre en eux les sentimens d'orgueil. Saint Clément n'ignoroit rien de tout cela, et ignoroit encore moins que tout cela étoit un moyen d'élever la perfection chrétienne jusqu'au comble ; mais il n'a voulu montrer aux philosophes que le côté qui leur pourroit plaire, en attendant que le baptême et la simplicité et docilité de l'enfance chrétienne les rendît capables du reste. C'étoit aussi à ce temps qu'il leur réservoit la pleine compréhension de la corruption originelle qu'on ne connoît jamais assez, que lorsque par le désir du baptême on sent le besoin de renaître. Dans cette renaissance du chrétien, la continuation des mauvaises inclinations restées pour le combat et pour l'exercice, étoit encore un des mystères réservés par notre prudent auteur. En ce sens j'avoue avec vous, qu'il leur a [caché les épreuves qui consistent en partie dans ce qu'on vient de réciter ; et je profite avec joie de vos lumières.

La seconde partie du secret de saint Clément consiste dans les dogmes sublimes et impénétrables de notre religion, que saint Clément insinue plutôt par-ci par-là, qu'il ne les montre tout de suite et à découvert. C'est donc là une partie et sans doute la principale de son secret. Car encore qu'en quelques endroits il semble le renfermer tout entier dans la doctrine des mœurs, il ne parle pas toujours de même ; et en tout cas il faut se souvenir que dans ces endroits où il semble tout réduire aux mœurs, il met parmi les mœurs le culte de Dieu et de son Fils ; et c'est là qu'il ne dit pas tout et ne parle que confusément de la Trinité et du culte du Saint-Esprit, enveloppant même souvent la génération du Verbe dans des termes ambigus; car s'il avoit tout expliqué, les philosophes n'auroient pu porter une si pure lumière.

Je mets parmi les mystères celui de la grace et de la prédestination, que saint Clément enveloppe sous des expressions assez imparfaites, encore que par-ci par-là, il jette des semences claires de la vérité, qui en se couvrant aux profanes selon son dessein, se faisoient sentir à tous ceux qui étoient instruits.

C'est encore un grand mystère que celui des sacremens de l'Eglise, en particulier du baptême, dont il n'y a presque rien dans saint Clément, et de la sainte Eucharistie dont il parle encore moins, n'en jetant que deux ou trois mots capables de réveiller l'attention des fidèles, et de renouveler dans leurs cœurs la merveille de leur incorporation à Jésus-Christ, sans néanmoins que les païens y pussent rien comprendre.

Il ne faut pas non plus chercher dans saint Clément d'Alexandrie, dans toute son étendue, cette admirable familiarité et ces doux colloques de l'ame avec Dieu, comme d'égal à égal ; et ce

Père se contente d'en poser les fondemens certains, mais encore assez éloignés. C'est pourquoi on n'y trouve point ces douces idées des noces spirituelles, ni rien du *Cantique des cantiques,* non plus que de l'*Apocalypse,* où ces secrètes caresses et correspondances sont expliquées.

Quand je dis : *Rien sur* l'Apocalypse, je veux dire si peu de chose, qu'il semble n'en avoir parlé que pour montrer qu'il n'étoit pas de ceux qui rejetoient ce divin livre. Mais au reste il n'a osé étaler aux païens la gloire de la céleste Jérusalem, le règne des Saints avec Jésus-Christ, leur séance dans son trône, ni le reste en quoi consiste la gloire des Saints, qu'il ne montre qu'obscurément et en général aux païens, et encore, autant qu'il le peut, selon les idées des philosophes, parce qu'ils n'auroient pas pu soutenir le riche détail des récompenses éternelles, ni comprendre que l'homme eût pu être élevé si haut.

Pour toutes ces raisons et pour beaucoup d'autres, qu'on auroit pu recueillir avec plus de soin, il ne faut pas être surpris que ce docte Père, dans les endroits où il semble avoir pris son cours pour énoncer les choses les plus merveilleuses, si vous voulez *les plus étonnantes,* quoique jamais que je sache il ne les donne sous ce nom, se réprime lui-même, et dise tout à coup : « Je tais le reste en glorifiant le Seigneur [1]. »

Il proposoit en ce lieu les châtimens qui sont de deux sortes : châtimens correctifs et émendatifs, s'il est permis d'inventer ce mot, par conséquent temporels ; ou purement vindicatifs, où la justice divine se satisfait elle-même par des supplices éternels. On sait sur cela les sentimens de Platon et des philosophes, qui n'admettoient des peines que du premier genre. Il entre dans leur sentiment en proposant des châtimens *nécessaires,* disoit-il, *à la bonté du grand Juge* [2], pour empêcher le cours des crimes, ou corriger à la fin ceux qui les commettent. Jusque-là les philosophes étoient contens. Mais pour ce qui est de ces pures peines que la justice rendoit éternelles pour se contenter elle-même, ils ne les pouvoient supporter, aimant mieux admettre des révolutions infinies dans les ames qu'une si affreuse éternité.

[1] S. Clem., lib. VII, p. 706. — [2] *Ibid.,* p. 705.

Pour n'entrer donc pas dans ces peines qui eussent trop effrayé les païens, comme elles ont fait Origène même, disciple, mais non en cela, de saint Clément, il évite cette question, et se contente de dire en général qu'il y aura un *jugement parfait en toutes ses parties* : ce qui signifie bien en général un jugement sans miséricorde, sans ménagement, sans réserve, et dont l'effet est éternel ; mais comme ce n'est pas tout dire, et au contraire que c'est éviter le particulier pour la raison qu'on vient de voir, il a raison d'ajouter : *Je tais le reste,* passant aussitôt à la gloire des bienheureux, dont il ne craint point de montrer l'éternité. On voit donc, sans songer à l'état passif, qu'il a raison *de se taire,* comme il dit, *en glorifiant le Seigneur,* et pour ne point exposer aux blasphèmes des infidèles la sévère et implacable justice de Dieu, dont aussi je ne vois pas qu'il ait rien dit dans tout son ouvrage.

On pourroit peut-être montrer des raisons particulières de se taire, dans la plupart des endroits où il en revient au silence ; mais ce seroit un soin superflu, et il suffit que nous voyions en général des raisons solides de supprimer beaucoup de choses excellentes, et même de déclarer l'affectation de les supprimer, qui entre tous les bons effets qu'elle produisoit, avoit encore celui-ci que saint Clément répète souvent, d'aiguiser les esprits et de les exciter à la connoissance de la vérité.

Voilà sans doute un dessein digne d'un grand homme, et une parfaite apologie de la religion chrétienne, puisque tout y tend à cette conséquence, « Donc notre doctrine est la seule enseignée de Dieu, θεοδίδακτος, puisque c'est d'elle que dérivent toutes les sources de la sagesse qui tendent à la vérité comme à leur but ; » et c'est la conclusion qu'il ne cesse de répéter en diverses sortes dans tout son ouvrage, et qui en effet, comme il le déclare partout, en fait la dernière.

Son dessein est donc, non pas d'appliquer à la manière des nouveaux mystiques, le θεοδίδακτον un état particulier, ce qui seroit petit et absurde ; mais en général à toute la religion chrétienne, qu'il montre principalement dans ceux qui ont formé l'habitude de la piété, comme dans ceux où paroît toute la force des traditions chrétiennes.

SECTION II.

Diverses expressions de l'auteur dans ce dix-septième chapitre.

« Ce qu'on écrit sur la gnose est, pour un grand nombre d'hommes, ce que le son de la lyre seroit pour des ânes [1]. » C'est un passage de saint Clément, où ce qu'il faut remarquer, c'est qu'on ne trouvera point qu'on donne ces noms odieux aux fidèles de Jésus-Christ, surtout à ceux qui sont vraiment saints, quand ils seroient encore foibles.

Le passage où le même Père dit que le Sage ne parle point des secrets divins à ceux *qui en sont indignes* [2], ne regarde non plus que les païens, les chrétiens n'étant jugés indignes d'aucune partie de la doctrine de Jésus-Christ.

Ce qu'on ajoute, que ce seroit violer le secret de Dieu et trahir le mystère, que de révéler la perfection du christianisme à un fidèle commun, ne peut être souffert ; et en parlant selon les principes des *Remarques*, c'est mettre au rang des traîtres Cassien et saint Denis.

« Le profond secret avec lequel il croit (saint Clément) devoir cacher religieusement la gnose, suffiroit seul pour démontrer qu'elle renferme tout au moins ce que les mystiques ont dit de plus fort sur la vie intérieure [3]. » On ne voit pas cette conséquence, ni rien dans saint Clément qui demande qu'on ait recours aux discours des nouveaux mystiques. Le reste de cet endroit a été examiné ailleurs.

« Ce qui néanmoins est étonnant, disent les *Remarques* [4], c'est que ce Père si sage et si éclairé ait dit tant de choses sur un secret qu'il ne vouloit pas découvrir : que n'eût-il pas dit s'il eût parlé à découvert ? » Cela montre que les prodiges d'apathie, d'imperturbabilité, d'inamissibilité, de suffisance à soi-même et d'exemption de péril, jusqu'à n'avoir besoin ni de vertus, ni de demandes, ni des autres actes commandés au chrétien et les autres si excessifs, avec la vision de face à face, la prophétie et l'aposto-

---

[1] *Rem.*, p. 370 ; S. Clem., lib. I, p. 270. — [2] *Rem.*, p. 302 ; S. Clem., lib. VI, p. 671. — [3] *Rem.*, p. 384. — [4] *Ibid.*, p. 391.

lat par état, qu'on établit ici si sérieusement, ne sont que la moindre partie des excès qu'on a dans l'esprit.

« Nul chrétien pathique, quand même il seroit docteur, ne peut le comprendre et encore moins le juger [1]. » Ce discours et tous les autres semblables, qui réservent le jugement des nouveaux mystiques aux seuls expérimentés, les mettent au-dessus des censures de l'Eglise, et les remplissent d'un esprit d'orgueil, d'illusion et de schisme.

Je me souviens d'un endroit dont on se prévaut, où saint Clément dit « que le gnostique se contente d'un seul auditeur [2]. » Le sens du Père est très-sain, puisqu'il fait voir qu'un homme zélé pour la vérité, sans affecter d'être le docteur de la multitude, se croit trop heureux de trouver un seul auditeur, à qui il puisse insinuer secrètement la vérité. Mais de la manière dont il est tourné dans les *Remarques*, qui l'appliquent à un état particulier, qui peut même ne se trouver pas toujours dans l'Eglise, il fait craindre un esprit d'affectation et de singularité.

Enfin lorsqu'on offre au nom de tous les mystiques, de réduire les expressions étonnantes de saint Clément au sens le plus modéré, le plus adouci et le plus correct qu'on voudra, en toute rigueur théologique : si c'est un discours sérieux, on se regarde comme à la tête des nouveaux mystiques; et quand ce seroient des discours vagues qu'on dit par présomption, l'on ne s'exempte pas de témérité, puisque les expressions dont on parle, réduites à la rigueur théologique, excluent manifestement la ligature absolue des puissances pour les demandes actives et les autres actes dont on a parlé; de sorte que ou l'on promet trop, ou l'on renonce au système, ce que je souhaite et espère de voir bientôt.

[1] *Rem.*, p. 395. — [2] S. Clem., lib. I, p. 294.

RÉPONSE

AUX

DIFFICULTÉS DE Mme DE MAISONFORT.[a]

M. DE MEAUX.

Il faut d'abord supposer que le simple retour à Dieu contient un acte de foi fort simple et fort nu, avec toute son obscurité et toute sa certitude, et qu'il contient aussi un acte d'amour d'une pareille simplicité. Les oraisons qu'on appelle *jaculatoires* sont des affections expresses, qui pourroient sortir de ce fond de foi d'amour, mais l'ame qui a ce fond peut se passer de ces affections, et jusque-là je suis d'accord avec vous.

La difficulté commence lorsqu'après avoir dit l'état où vous êtes durant le cours de la journée, vous réduisez toute votre action à une simple attente du recueillement, de sorte que de journée à journée il ne reste aucun lieu pour les actes expressément commandés de Dieu.

Le recueillement qui revient à la simple présence, ne contient ni

Mme DE MAISONFORT.
Décrivant l'état de son oraison, elle dit:

Il me paroît que ce qui est plus conforme à ma disposition, est un simple retour de mon cœur vers Dieu. Je trouve que ce simple retour me convient, non-seulement pour l'oraison, mais dans le cours de la journée, pour revenir à Dieu; et que les oraisons jaculatoires ne me seroient pas si convenables, et que la simple attente du recueillement, pour ainsi dire, m'y prépare mieux que ne feroient les efforts; j'entends par cette attente, une certaine tranquillité dans laquelle je tâche de me mettre, et une certaine sorte d'attention à Dieu, qui est quelquefois bien sèche et presque imperceptible; mais cela dispose, je crois, mieux au recueillement, si Dieu le veut donner, que ne feroient certains efforts.

(a) Madame de Maisonfort, parente et amie de madame Guyon, avoit assez bien saisi les principes des nouveaux quiétistes; elle voulut en répandre la doctrine à Saint-Cyr, où elle étoit supérieure : madame de Maintenon pria M. de Meaux de venir à Saint-Cyr pour faire des conférences à ce sujet. Elles firent impression sur madame de Maisonfort : cependant elle ne se rendit pas d'abord; elle écrivit plusieurs lettres à M. Bossuet pour lui proposer des difficultés, qu'elle le prioit de résoudre en écrivant sa réponse à côté sur des marges assez amples qu'elle laissoit exprès. Cela formoit un écrit à deux colonnes, tel qu'on le voit ici imprimé. (*Edit. de Paris.*)

espérance, ni désir, ni demande, ni actions de graces, qui bien assurément ne compatit pas avec l'Evangile.

La simple attente est très-distinguée de l'excitation que l'on se fait à soi-même : or de croire qu'on en vienne dans cette vie à un état où l'on n'ait jamais besoin de cette excitation, David nous est un bon témoin du contraire, puisqu'il en revient si souvent à dire : « Elevez-vous, ma langue : Mon ame, bénis le Seigneur : J'ai dit : J'observerai mes voies, pour ne point pécher par la parole, » etc.

Il y a de doux efforts que la foi et l'amour inspirent, et rendent fort naturels.

Les spirituels nous enseignent que s'il y a quelques ames qui soient tellement mues de Dieu qu'elles n'aient aucun besoin de faire effort, ce sont des ames uniques et privilégiées, comme seroit la sainte Vierge, ou quelque autre qui en ait approché.

Il faut même prendre garde de ne point faire une règle d'exclure du temps spécial de l'oraison l'espérance, la demande et l'action de graces. Dieu peut à certains momens suspendre ces actes, ils peuvent à certains momens ne pas venir ; mais il n'y a nul moment où l'on doive les exclure, parce qu'ils sont naturellement unis à la foi et à l'amour. Cela se peut par abstraction et non par exclusion.

Mme DE MAISONFORT.

Dans une seconde lettre, elle dit :
Vous me faites remarquer qu'il faut prendre garde de ne pas se faire une règle d'exclure du temps spécial de l'oraison l'espérance, la demande et l'action de graces. Je n'en ai pas douté ; mais je voudrois savoir s'il suffit d'être disposée à faire ces actes, quand Dieu y excitera, comme il paroit dans tant d'endroits de saint François de Sales. Je demande encore une fois, si dans l'oraison cela peut suffire. Vous en êtes, ce me semble, convenu ; mais comme vous avez dit ailleurs que quand Dieu retire son opération il faut s'exciter ; je voudrois savoir si vous avez prétendu parler du temps de l'oraison, et si de se contenter de ramener son esprit

M. DE MEAUX.

Je tiendrois une oraison fort suspecte, où des actes si précieux ne viendroient jamais ; ils viennent en deux façons, ou par une espèce de saint emportement dont on n'est pas maître, ou par une douce inclination et impulsion, qui veut être aidée par un simple et doux effort du libre arbitre coopérant. On peut et on doit aussi s'y exciter, quand Dieu laisse l'ame à elle-même.

C'est une manière de s'exciter, que de ramener doucement son esprit à Dieu. Quand Dieu retire son opération un long temps, je crois que c'est le cas de se recueillir, et s'exciter comme les autres fidèles, mais avec douceur,

M. DE MEAUX.

et surtout sans anxiété ni inquiétude ; car c'est la ruine de l'oraison. Il n'y a d'actes qu'on puisse exclure sans crainte, que les inquiets, et les turbulents qui tourmentent l'ame.

Cela peut être, et n'être pas, l'amour ne peut être longtemps sans espérance, ni l'espérance sans désir, ni le désir sans demande et sans action de graces : ni ces actes ne peuvent revenir souvent, sans que souvent on les aperçoive, comme on aperçoit la foi et l'amour dont le recueillement est inséparable.

Le mal est d'exclure ces actes comme peu convenables à l'état ; mais quand on y demeure disposé, ils viennent infailliblement à la manière qui a été dite, et c'est une erreur de croire qu'ils soient moins aisés que les autres, puisqu'ils viennent du même fond.

J'approuve de ne se point gêner, et d'éloigner tout effort inquiet ; mais je tiendrois votre état suspect, si jamais vos fautes ne vous revenoient, ou si elles ne revenoient pas assez ordinairement.

J'en dis autant du regret, qui peut n'être pas sensible, mais qui ne peut pas toujours ne l'être pas, surtout quand on dit : Pardonnez-nous nos fautes. L'attachement aux temps précis n'est pas absolument nécessaire, et il faut marcher dans une sainte liberté.

Je ne sais pas ce qu'a dit M. du Bellay ; mais je crois savoir que

Mme DE MAISONFORT.

à Dieu, comme parle saint François de Sales, c'est s'exciter suffisamment.

J'ai lu quelque part que la quiétude est un tissu d'actes très-simples, et presque imperceptibles. Ceux d'espérance, d'action de graces, de demande, quoiqu'ils ne soient pas, ce me semble, si aisés à y distinguer que ceux d'amour et de foi, n'y sont-ils pas compris ? Mais outre l'oraison, Dieu prescrit d'autres exercices, dites-vous, Monsieur, et on n'en peut douter ; mais dans ces sortes d'exercices, on porte son même attrait ; et par conséquent je crois que le mieux que puissent faire les ames attirées à cette sorte de simplicité, c'est de tâcher de demeurer dans le recueillement et la présence de Dieu.

Pour les examens que les règlements de communauté marquent, on m'a dit que je pouvois suivre cela, quand j'y aurois de la facilité, et de ne me point gêner ; et aussi ne me suis-je point gênée sur cet article ; je tâche dans ce temps-là de me recueillir : si le souvenir de mes fautes se présentoit, je les verrois ; mais je ne fais point d'efforts pour les rechercher. Le souvenir de mes fautes, et le regret de les avoir faites vient indépendamment de ces temps marqués pour l'examen.

Dans une troisième lettre, elle dit :

M. l'évêque du Bellay paroît goûter les idées d'abandon et de

Mme DE MAISONFORT.

désintéressement qui semblent aller un peu plus loin. Il cite avec éloge ce que saint François de Sales dit dans le quatrième chapitre du neuvième livre de l'*Amour de Dieu*.

M. DE MEAUX.

saint François de Sales ne parle jamais d'indifférence dans le choix du paradis et de l'enfer. Il dit bien que si, par impossible, il y avoit plus du plaisir de Dieu dans l'enfer, le juste le préféreroit; ce qui est certain; mais comme cela n'est pas, et ne peut être, c'est précisément pour cela qu'il n'y a point d'indifférence, ne pouvant jamais y en avoir entre le possible et l'impossible, entre ce que Dieu veut effectivement, et ce que non-seulement il ne veut pas, mais encore qu'il ne peut pas vouloir.

M. du Bellay dit encore que quand saint Philippe de Néri assistoit certaines personnes à la mort, il leur disait : Abandonnez-vous à Dieu sans réserve, soit à salut, soit à damnation : il n'y a rien à craindre en s'abandonnant ainsi.

Je ne saurois approuver cette alternative, ni que l'homme puisse consentir à sa damnation : c'est une chose qui n'a d'exemple, ni dans l'Ecriture, ni dans aucun saint. J'entends bien qu'on abandonne son salut à Dieu, parce qu'on ne peut remettre en meilleures mains ce qu'on désire le plus, et ce que lui-même nous commande de désirer.

M. du Bellay cite encore dans le même endroit, que sainte Catherine de Sienne consentit d'être en enfer, pourvu que ce fût sans perdre la grace ; et il ajoute que plusieurs autres saints ont eu la même pensée, qui semble, dit-il, fondée sur ce souhait de Moïse, d'être effacé du livre de vie, pourvu que Dieu pardonnât à son peuple; et sur celui de saint Paul, d'être anathème pour ses frères.

Le souhait ou consentement de sainte Catherine de Sienne, est le même que celui de Moïse, ou de saint Paul, qui procède toujours par impossible, et ainsi ne présuppose aucun souhait réel, ni aucune indifférence dans le fond. Car on ne peut dire que Moïse et saint Paul aient sacrifié à Dieu une chose indifférente; au contraire, tout le mérite de cette action ne peut être que de lui avoir sacrifié ce qu'on désire le plus, et encore de le lui avoir sacrifié sous une condition impossible de soi. Or en cela il n'y a rien moins qu'indifférence, puisque l'impossible ne peut pas même être l'objet de la volonté, et qu'il ne peut y avoir d'indifférence entre le possible et l'impossible, c'est-à-dire entre ce qu'on sait que Dieu veut et ce qu'on sait qu'il veut si peu, qu'il ne peut pas même le vouloir, ainsi qu'il a été dit.

Le Père Saint-Jure dit que la charité n'est touchée ni des menaces ni des promesses, mais des

Ces expressions doivent être entendues avec un grain de sel, c'est-à-dire en expliquant que la charité

M. DE MEAUX.	Mme DE MAISONFORT.
ou l'amour pur n'est pas touché des promesses, en tant qu'elles tournent à notre avantage, mais en tant qu'elles opèrent la gloire de Dieu et l'accomplissement parfait de sa volonté, comme il est ici remarqué. Il y faut encore ajouter que la gloire de Dieu est la fin naturelle de ces désirs, de sorte que le désir du salut, naturellement et de soi, est un acte de pur amour. Saint Jean nous dit bien que la parfaite charité chasse la crainte; mais il ne dit pas de même, qu'elle chasse	seuls intérêts de Dieu : qu'une personne qui aime Dieu purement, ne le sert point pour la récompense considérée par rapport à son intérêt, mais seulement pour l'amour de Dieu ; que si elle devoit être anéantie à sa mort, elle ne l'aimeroit pas moins : que celui qui aime ainsi n'observe point les commandemens de Dieu par la crainte des châtimens éternels, et ne craint point l'enfer pour sa considération propre, mais pour celle de Dieu.

l'espérance, ni le désir qui en est le fruit naturel.

Sainte Thérèse fait expressément cette supposition : qu'on aimeroit Dieu à ce moment, quand même on devroit être anéanti dans le suivant; mais cela ne conclut point à l'indifférence entre le possible et l'impossible, pour les raisons qui ont été dites.

| Par là on voit que je ne nie point les abstractions marquées dans cet écrit, mais ce qui fait que je ne les crois pas nécessaires pour la perfection, c'est que plusieurs saints n'y ont jamais songé. Les véritables motifs essentiels à la perfection, c'est d'y regarder le réel, comme Dieu l'a établi, et non pas ce qu'on imagine sans fondement. Ainsi ces expressions ne sont tout au plus que des manières d'exprimer que l'amour qu'on a pour Dieu est à toute épreuve : j'ajoute qu'il est dangereux de les rendre communes; car elles ne sont sérieuses que dans les Pauls, dans les Moïses, dans les plus parfaits, et après de grandes épreuves. | De tout cela ne peut-on pas conclure que, quoique le bonheur éternel ne puisse être réellement séparé de l'amour de Dieu, que dans nos motifs, on peut néanmoins séparer ces deux choses, qu'on peut aimer Dieu purement pour lui-même, quand même cet amour ne devroit jamais nous rendre heureux, et que si Dieu devoit nous anéantir à la mort, ou nous faire souffrir un supplice éternel, sans perdre son amour, on ne l'en serviroit pas moins; que ce qu'on veut à l'égard du salut, c'est l'accomplissement de la volonté de Dieu, et la perpétuité de son amour : qu'enfin on ne peut point vouloir son salut comme son propre bonheur et à cet égard y être indifférent ; mais |

qu'on le veut comme une chose que Dieu veut, et autant que le salut est la perpétuité de l'amour divin : et c'est précisément ce que dit le Père Saint-Jure dans l'endroit cité.

Mme DE MAISONFORT.

Saint François de Sales reprenoit ses filles, quand elles parloient du mérite, leur disant que si nous pouvions servir Dieu sans mériter, nous devrions choisir de le suivre ainsi.

M. DE MEAUX.

Cette proposition est de même que seroit celle-ci : Si nous pouvions servir Dieu sans lui plaire, il le faudroit faire ; car mériter et plaire à Dieu, est précisément la même chose. Il faut donc entendre sainement ces sortes de suppositions, et n'en conclure jamais qu'on doit être indifférent à mériter, ou à voir Dieu, non plus qu'à lui plaire. Qui dit charité, dit amitié des deux côtés, et un amour réciproque, pour lequel si on étoit indifférent, on cesseroit d'aimer Dieu.

Il est dit dans la vie de M. Ollier que la pureté de son amour fut telle, que dans une épreuve où il se trouva, il s'offrit de bon cœur à endurer les peines de l'enfer pour toute l'éternité, si Dieu devoit trouver sa gloire à les lui faire souffrir.

On trouve la même chose à peu près dans la vie de saint François de Sales, mais il y a deux observations à faire dans tous ces exemples. L'une, de les entendre sainement ; l'autre, de se bien garder de rendre ces suppositions aussi vulgaires qu'on fait, parce que bien certainement c'est se mettre au hasard de les rendre illusoires, présomptueuses, et une pâture de l'amour-propre, par une vaine idée de perfection. Saint Pierre a été repris, pour avoir cru son amour, quoique fervent, à l'épreuve de la mort. Quelle distance entre un martyre passager, et un supplice éternel !

Je vous prie de me marquer en quoi consiste le véritable abandon, et comment on doit entendre les expressions suivantes : Se perdre en Dieu, se perdre soi-même, s'abandonner non-seulement à la miséricorde de Dieu, mais à sa justice ; et celle-ci de Notre-Seigneur : Celui qui perd son ame, la recouvrera pour la vie éternelle.

Se perdre en Dieu, c'est s'oublier soi-même pour n'avoir le cœur occupé que de lui, et s'absorber tellement dans l'infinité de sa perfection par une ferme foi, qu'on ne puisse ni rien penser, ni rien faire qui soit digne de lui. On peut s'abandonner à sa justice, comme à sa miséricorde, en considérant une justice qui est en effet une miséricorde, qui frappe en cette vie pour épargner en l'autre ; mais qu'on puisse s'abandonner jamais à la justice de Dieu pour la porter en toute rigueur, c'est ce qui ne se trouve nulle part, parce que cette justice à toute rigueur enferme la damnation et toutes ses suites, jusqu'à l'éternelle privation de l'amour de Dieu, qui entraîne l'esprit de blasphème et de désespoir, en un mot la haine de Dieu ; ce qui fait horreur, et c'est ce qui me fait dire que ceux qui parlent ainsi, ne s'entendent pas eux-mêmes.

Perdre son ame selon le précepte de Jésus-Christ, c'est, dans toute son étendue, renoncer entièrement à soi-même, et à toute propre satisfaction, pour uniquement contenter Dieu.

Quand on conclut de ce passage et de l'abnégation de soi-même, qu'il faut exterminer en son intérieur tous les actes qu'on y aperçoit, qui est en effet se déterminer à ne point agir du tout, on outre la matière jusqu'à l'absurdité et à l'hérésie.

M. DE MEAUX.	Mme DE MAISONFORT.
Saint François de Sales dit que dans l'état de perfection on perd les vertus, en tant qu'on y cherchoit à se contenter soi-même, et qu'en même temps on les reprend comme contentant Dieu, ce qui est très-juste. Il n'est pas permis de	Quelque petit mot d'éclaircissemens sur ce dénûment dont parle saint François de Sales, et cette perte même des vertus et du désir des vertus, *fin du* ixe *livre de l'Amour de Dieu.*

songer à exterminer en soi-même ses bonnes œuvres ou ses actes, tant qu'on les aperçoit : car les apercevoir n'est pas mauvais, mais peut-être très-excellent, pourvu que ce soit pour en rendre graces à Dieu et confesser son nom, comme ont fait les apôtres et les prophètes en cent et cent endroits : alors c'est une erreur de dire qu'on soit propriétaire de ces actes : en être propriétaire, c'est les faire de soi-même, comme de soi-même, contre la parole de saint Paul, et se les attribuer plutôt qu'à Dieu.

(Il seroit trop long de rapporter ici les réponses de M. de Meaux à différentes questions; mais il ne faut pas supprimer la suivante.)	Dans une quatrième lettre, elle rapporte plusieurs passages de saint François de Sales, qui semblent prouver la suppression des
Remarquez avec attention que tout chrétien qui fait bien, en tout et partout, est mû de Dieu, en sorte que Dieu commence tout, opère tout, achève tout en lui : je dis tout ce qu'il fait de bien, et en même temps l'homme ainsi mû de la grace, commence, continue, achève tout ce qu'il fait de bonnes œuvres;	actes, et elle demande ensuite si pour faire des actes intérieurs, on ne doit pas attendre qu'un certain mouvement de grace nous y porte, principalement dans l'état passif. Elle fait plusieurs demandes sur les réflexions, et sur d'autres points de la nouvelle spiritualité.

il est excité, et il s'excite lui-même; il est poussé, et il se pousse lui-même; et il est mû de Dieu, et il se meut lui-même, et c'est en tout cela que consiste ce que saint Augustin appelle l'effort du libre arbitre. Dans cet état, qui est l'état commun du chrétien, il n'est pas permis, pour agir, d'attendre que Dieu agisse en nous, et nous pousse; mais il faut autant agir, autant nous exciter, autant nous mouvoir que si nous devions agir seuls, avec néanmoins une ferme foi que c'est Dieu qui commence, continue, achève en nous toutes nos bonnes œuvres. Qu'y a-t-il donc de plus, direz-vous, dans l'état passif? Il y a de plus que la manière d'agir naturelle est entièrement changée; c'est-à-dire qu'au lieu que dans la voie commune, on met toutes ses facultés et tous ses efforts en usage; dans l'état passif, on est entraîné comme par une force majeure, et que la manière d'agir naturelle est totalement absorbée ; ce qui fait qu'il n'y a plus ni discours, ni propre industrie, ni propre excitation, ni propre effort.

M. de Meaux finit la quatrième lettre en ces termes : Toute la doctrine contenue dans ces réponses se réduit à ces chefs.

1. Il faut croire comme une vérité révélée de Dieu, qu'on doit expressément et distinctement pratiquer toutes les vertus, et en particulier ces trois : la foi, l'espérance, la charité, parce que Dieu les a commandées et leur exercice.

2. Il faut croire avec la même certitude, qu'il a pareillement commandé les actes qu'elles inspirent, qui sont la demande et l'action de graces, comme des actes où consiste la perfection de l'ame en cette vie, et la vraie adoration qu'elle doit à Dieu.

3. Pour s'exciter à faire ces actes, il suffit de connoître que Dieu les a commandés; et il n'est pas permis pour cela de demeurer dans l'attente d'une impulsion et opération extraordinaire, ce qui seroit tenter Dieu, et ne se pas contenter de son commandement exprès.

4. Il faut croire pourtant qu'on ne pratique aucun acte de vertu sans une grace qui nous prévienne, qui nous soutienne et qui nous fasse agir.

5. Cette grace n'est pas celle qui met les hommes dans l'état passif, puisqu'elle est commune à tous les saints, qui pourtant ne sont pas tous passifs.

6. L'état qu'on nomme passif consiste dans la suspension du discours, des réflexions et des actes qu'on nomme de propre effort et de propre industrie, non pour exclure la grace, puisque ce seroit l'erreur de Pélage, mais pour exclure les voies et manières d'agir ordinaires.

7. C'est une erreur de croire que cet état passif soit perpétuel, si ce n'est peut-être dans la sainte Vierge, ou dans quelque ame d'élite qui approche en quelque façon d'une perfection si éminente.

8. De là il s'ensuit que l'état passif ne regarde que certains momens, et entre autres ceux de l'oraison actuelle, et non tout le cours de la vie.

9. C'est pareillement une erreur de croire qu'il y ait un acte qui contienne tellement tous les autres qui sont expressément commandés de Dieu, qu'il exempte de les produire distinctement dans les temps convenables; ainsi on doit toujours être dans cette disposition.

10. Il se peut donc faire qu'on soit en certains momens dans l'im-

puissance de faire de certains actes commandés de Dieu, mais cela ne peut pas s'étendre à un long temps.

11. L'obligation de faire des actes est douce, aussi bien que la pratique, parce que c'est l'amour qui l'impose, l'amour qui commande cet exercice, l'amour qui l'inspire et le dirige.

12. Il ne faut point gêner, sur la pratique de ces actes, les ames qu'on voit sincèrement disposées à les faire : au contraire, on doit présumer qu'elles font dans le temps ce qu'il faut, surtout quand on les voit persévérer dans la vertu ; car au lieu de gêner les ames de bonne volonté, il faut au contraire leur dilater le cœur, soit qu'elles soient dans les voies communes, ou dans les voies extraordinaires ; ce qui en soi est indifférent, et tout consiste à être dans l'ordre de Dieu.

FIN DE LA RÉPONSE AUX DIFFICULTÉS DE Mme DE MAISONFORT.

RÉPONSE

A

UNE LETTRE DE M. DE CAMBRAY.

Vous voulez, Monsieur, que je réponde à une lettre de M. l'archevêque de Cambray à un ami, ou plutôt, sous le nom d'un ami, à tout le public. Il vaudroit peut-être mieux attendre ce que diront les prélats, que cet archevêque a lui-même appelés en témoignage, et dont il dit dans son livre, aussi bien que dans sa lettre au Pape, qu'il n'a voulu qu'expliquer plus amplement la doctrine. Cette déclaration les force à parler pour la décharge de leur conscience; et le silence que leur impose depuis si longtemps, ou la discrétion, ou la charité, ou quelque autre raison que ce soit, ne sera pas éternel; mais en attendant, dites-vous, cette lettre prévient les esprits en sa faveur : il y paroît si soumis, si obéissant, qu'on ne peut pas croire qu'un homme si humble ait tort : il réduit d'ailleurs la question à deux points, sur lesquels on ne voit pas qu'on puisse lui faire de procès. C'est pour l'oraison, qui est en péril, qu'il est persécuté; c'est pour le parfait amour. « On a, poursuit-il, accoutumé les chrétiens à ne chercher Dieu que pour leur béatitude, et par intérêt pour eux-mêmes : » voilà donc déjà de grands maux, si on l'en croit; on voit l'oraison, l'ame de la religion, non-seulement attaquée, mais encore en péril, et une pratique basse et intéressée à laquelle les chrétiens s'accoutument. « On défend le parfait amour, ajoute-t-il, même aux ames les plus avancées : » qui le pourroit croire dans l'Eglise de Jésus-Christ, et qui n'auroit de l'admiration pour un prélat persécuté pour cette cause? Pendant qu'il attend le jugement du Pape avec tant d'indifférence et de patience, il veut bien, pour se consoler, que le monde sache qu'il a sacrifié toutes choses; et il écrit à un ami, qui a bien su répandre dans toute la Cour, comme dans toute la ville, en quatre ou cinq jours, et faire passer aux provinces une lettre si concertée et si éloquente.

Pour commencer par l'obéissance, qui sans doute est le bel endroit de cette lettre, elle y est bien circonstanciée ; l'auteur « demande seulement au Pape qu'il ait la bonté de marquer précisément les endroits qu'il condamne. » On élude d'abord les condamnations en général, quoique souvent pratiquées très-utilement dans l'Eglise, pour donner comme un premier coup aux erreurs : mais l'auteur passe plus avant, il faut que le Pape marque « précisément les endroits et les sens sur lesquels portent les condamnations. » Ainsi ce n'est pas assez d'extraire des propositions et de les noter par la censure, il faut prévoir tous les sens qu'un esprit subtil peut donner, « afin, dit-il, que la souscription soit sans restriction, et que je ne coure jamais risque de défendre, ni d'excuser, ni tolérer un sens condamné. » De sorte que si la censure ne tombe sur quelques sens que l'auteur voudra bien abandonner, dès maintenant son obéissance se prépare des défaites ; le Pape à son tour sera soumis aux restrictions de l'auteur, et l'on verra renaître les raffinemens qui ont fatigué les siècles passés et le nôtre : voilà comme on tourne l'obéissance : voilà ce qu'on répand de tous côtés avec une affectation surprenante : « Avec ces dispositions je suis en paix, » dit l'auteur, et il saura toujours par où échapper au fond. L'*oraison, dit-on, est en péril :* quelle oraison, et de quel côté ? Est-ce l'oraison discursive ou la méditation ? Si cette oraison est en péril, c'est du côté des quiétistes, qui la ravillissent. Quelle oraison donc, encore un coup, est en péril ? Est-ce l'oraison de simple présence, de contemplation, de quiétude, ou peut-être les oraisons extraordinaires, et même passives, qui sont attaquées par les prélats, dont les censures ont proscrit le quiétisme ? Mais on trouvera au contraire cette oraison à couvert dans les trente-quatre articles des mêmes prélats, et on leur a consacré un article exprès, qui est le vingt-un. Le vingt-quatrième établit aussi la contemplation et lui propose les objets qui lui conviennent. Ces articles sont imprimés dans le livre de M. de Meaux sur l'oraison ; et ce seroit une calomnie d'imputer à ces prélats qu'ils mettent l'oraison en péril, puisqu'ils prennent tant de soin de la conserver dans tous ses états, dans toutes ses saintes diversités.

L'oraison, dites-vous, *est en péril;* mais qui la met en péril? Est-ce M. notre archevêque, qui dans la censure qu'il a publiée contre les mystiques de nos jours, étant évêque de Châlons, s'oppose également à ces deux excès, ou d'abuser de ces oraisons extraordinaires, ou de les mépriser; et qui parle si dignement de l'onction qui nous les inspire, et de l'esprit qui souffle où il veut? M. l'évêque de Chartres prend les mêmes précautions, et tout respire l'intérieur et la piété dans les ordonnances de ces deux prélats.

Il faut louer M. de Meaux du soin qu'il a pris de recueillir ces beaux monumens de notre siècle, qui seront si chers à la postérité; mais le peut-on accuser lui-même de mettre l'oraison en péril, après qu'il a expliqué les plus beaux effets de la contemplation dans le livre cinquième; qu'il a tiré dans le livre septième, des spirituels les plus approuvés, les principes de l'oraison qu'on nomme passive; et enfin qu'il a rapporté si exactement les maximes et les pratiques de saint François de Sales, et de la mère de Chantal, avec celles de sainte Thérèse et des autres saints? L'oraison ne sera pas en péril quand on proposera ces grands exemples; et c'est un étrange dessein de lui forger des persécuteurs pour s'en faire le martyr.

« On a, dit-on, accoutumé les chrétiens à ne rechercher Dieu que par intérêt, et pour leur béatitude; » mais qui les y a accoutumés? Ce n'est pas du moins M. de Meaux, qui s'est attaché à montrer par l'Ecriture, par les saints docteurs et surtout par saint Augustin, que l'amour qu'on avoit pour Dieu, comme objet béatifiant, présupposoit nécessairement l'amour qu'on avoit pour lui, à raison de la perfection et de la bonté de son excellente nature, sans quoi la charité même destituée de son objet principal et, comme parle l'Ecole, spécifique et essentiel, ne subsisteroit plus.

« On défend, ajoute l'auteur, aux ames les plus avancées de servir Dieu par le pur motif par lequel on avoit jusqu'ici souhaité que les pécheurs revinssent de leur égarement, » c'est-à-dire la bonté de Dieu infiniment aimable. Qui le défend? En vérité, il est bien étrange de se vouloir donner le mérite de souffrir pour la défense du pur motif de l'amour, en lui imaginant des ennemis : on veut encore, et on voudra toujours que le pécheur revienne de son égarement par le motif de la bonté de Dieu, parfaite en elle-même ; mais l'on ne croit point déroger à la pureté de ce motif d'y ajouter avec David : « Louez le Seigneur, parce qu'il est bon, parce que sa miséricorde est éternelle. » Nous voyons tous les jours que les confesseurs se servent si utilement, pour nous exciter à la pure et parfaite contrition, de la longue patience de Dieu, qui nous a pardonné tant de péchés. Si ce motif dégradoit la pureté de l'amour, Jésus-Christ ne l'auroit pas proposé à celle à qui il remettoit beaucoup de péchés, parce qu'elle avoit beaucoup aimé [1]. Quand le concile de Trente a défini que les justes, qui se devoient aimer eux-mêmes principalement par le motif de glorifier Dieu, pouvoient et devoient ajouter la vue de la récompense éternelle pour s'animer davantage, il a défini en même temps que le motif de la récompense, bien éloigné d'affoiblir la charité, au contraire la rendoit plus parfaite, et cela non-seulement dans les justes du commun, mais encore dans les plus parfaits, dont le concile allègue l'exemple, comme dans David, qui disoit : « J'ai incliné mon cœur à vos justifications à cause de la récompense ; » et dans Moïse, dont saint Paul a dit « qu'il regardoit à la récompense [2]. »

Il faut donc conclure de là que le motif de la récompense est né pour animer ceux qui se proposent, pour leur fin dernière, la gloire de Dieu ; et que ces motifs, loin de s'affoiblir ou de s'exclure l'un l'autre, sont subordonnés l'un à l'autre.

Ainsi quand l'Ecole dit, comme elle fait communément, que la charité est l'amour de Dieu, comme excellent en lui-même, sans rapport à nous, visiblement il faut entendre, et tous aussi l'entendent sans exception, que l'on peut bien séparer ce rapport à nous d'avec l'objet spécificatif de la charité, mais non pas l'exclure pour cela, ni séparer les bienfaits divins du rang des motifs pressans, quoique seconds et subsidiaires de la charité. De telle

---

[1] Luc., VII, 43, etc. — [2] *Conc. Trid.*, sess. VI, cap. XI.

sorte que la distinction de cet objet spécificatif d'avec les autres motifs, est bonne, est spéculative; mais cette séparation ne se fait que par la pensée, pendant que réellement et dans la pratique on s'aide de tout; et celui-là est le plus parfait, qui absolument aime le plus, par quelque motif que ce soit.

Quand donc on accuse dans la lettre les prélats pour qui l'on fait des prières, de défendre de servir Dieu par les purs motifs de sa bonté infinie, on veut se faire pitié à soi-même, et en faire aux autres, en se donnant gratuitement de grands adversaires; et au lieu de prier pour eux, comme s'ils étoient dans l'erreur, il auroit été plus sincère de leur faire justice, en avouant que par la grace de Dieu, ils ne mettent en péril ni l'oraison, ni l'amour parfait, ni les motifs qui nous y portent.

Et pour montrer à M. de Cambray que c'est en vain qu'il prétend se faire valoir envers le public, comme le défenseur particulier de l'amour désintéressé, on lui accorde sans peine avec le commun de l'Ecole, ce qu'il demande dans sa lettre, que « la charité est un amour de Dieu pour lui-même, indépendamment de la béatitude qu'on trouve en lui. » On lui accorde, dis-je, sans difficulté cette définition de la charité, mais à deux conditions: l'une, que cette définition est celle de la charité qui se trouve dans tous les justes, et par conséquent n'appartient pas à un état particulier qui constitue la perfection du christianisme, et l'autre, que l'indépendance qu'on attribue à la charité, tant de la béatitude que des autres bienfaits de Dieu, loin de les exclure, fait au contraire dans la pratique un des motifs les plus pressans, quoique second et moins principal de cette reine des vertus.

On ose bien défier M. de Cambray de montrer un seul auteur, ou parmi les scolastiques, ou parmi les mystiques, qui rejette ces deux conditions, et même qui ne les établisse pas expressément.

Ainsi quand il réduit dans sa lettre la question à deux points, dont l'un est cette indépendance de la charité, il donne le change aux théologiens, et il demande comme une merveille, ce qu'on lui a accordé, ce que personne ne lui a jamais disputé, et ce qui ne fait rien du tout à la question, comme on vient de voir.

Ceux qui font tant de belles thèses pour l'amour sans rapport à nous, se donnent un soin inutile d'amuser le monde, et de rendre de bons offices aux prélats, que cette doctrine, comme on voit, ne soulage pas.

Il ne réussit pas mieux dans la seconde chose, qu'il demande pareillement qu'on lui accorde, qui est « que, dans la vie des ames les plus parfaites, c'est la charité qui prévient toutes les autres vertus, qui les anime, et qui en commande les actes pour les rapporter à sa fin, en sorte que le juste de cet état exerce alors d'ordinaire l'espérance et toutes les vertus, avec tout le désintéressement de la charité même, qui en commande l'exercice. » Tout cela, dis-je, ne sert de rien, puisque c'est là non-seulement un parfait galimatias et une doctrine absolument inintelligible, mais encore une erreur manifeste.

C'est une doctrine inintelligible, puisque admettre une espérance qui soit exercée avec tout le désintéressement de la charité, c'est en admettre une, selon l'auteur même, qui, comme la charité, soit indépendante de sa béatitude, et cela est une espérance qui n'espère rien, et une contradiction dans les termes ; mais ce qui est inintelligible par cet endroit-là en soi-même, est une erreur manifeste pour deux raisons : l'une que c'est ôter l'espérance, contre la parole expresse de saint Paul : « Maintenant ces trois choses demeurent, la foi, l'espérance et la charité : » *Manent tria hæc* [1] : l'autre, que c'est mettre une espérance qui n'excite point, contre la définition expresse du concile de Trente [2].

Il ne sert de rien de dire que la charité prévient l'espérance et la commande puisqu'il doit demeurer toujours pour certain, selon la foi, qu'elle ne la peut commander que pour s'exciter elle-même, et pour l'ordinaire en exécution du commandement divin, qui de sa nature doit servir à la charité, conformément à cette parole : « La fin du commandement, c'est la charité : » *Finis præcepti charitas* [3].

C'est aussi très-vainement que l'auteur suppose que cette prévention de la charité ne convient qu'à son prétendu amour pur, qui constitue le cinquième état posé dans son livre, c'est-à-dire l'état des parfaits, puisqu'on la trouve dès le quatrième, où l'on

---

[1] *Cor.*, XIII, 13. — [2] Sess. VI, cap. XI. — [3] I Tim. I, 5.

présuppose que l'ame aime Dieu pour lui et pour soi ; mais en sorte qu'elle aime principalement la gloire de Dieu, et qu'elle n'y cherche son bonheur propre que comme un moyen qu'elle rapporte et qu'elle subordonne à la fin dernière, qui est la gloire du Créateur. Ce qui est voulu comme fin, est voulu par prévention devant les moyens : or est-il qu'en cet état, qui est le quatrième et celui de la justice commune, la gloire de Dieu, qui est l'objet de la charité, est voulue comme fin, et la béatitude uniquement comme un moyen qui lui est subordonné ; donc cette prévention de la charité, dont on veut faire dans la lettre l'état des parfaits, c'est-à-dire le cinquième état du livre, se trouve établie dès le quatrième ; et ainsi ce cinquième état n'est plus qu'un fantôme ; ou si on le veut conserver, il ne lui reste plus que l'exclusion du motif de la béatitude en tous sens, et même comme moyen, ce qui emporte la suppression de l'espérance.

La raison en est convaincante, puisque la définition de l'état parfait, qu'on fait consister dans la charité, en tant qu'elle prévient l'exercice de l'espérance, est épuisée dès l'état de la justice commune ; et ce qu'on veut mettre au delà, ne sera jamais autre chose que l'exclusion du motif de la béatitude, par conséquent une suppression de l'espérance chrétienne. Il ne faut donc pas toujours sans discrétion vanter l'amour pur, ni croire qu'on gagne tout en le nommant.

L'auteur demeure d'accord en sa lettre, qu'on abuse du pur amour, et qu'il y en a qui renversent l'Evangile sous un si beau nom. Le pur amour dont il s'est rendu le défenseur particulier, ne peut être d'un autre genre, puisqu'il détruit avec l'espérance un des fondemens de l'Evangile, pour ne point encore parler des autres inconvéniens aussi essentiels.

Sans y entrer, et en attendant ce qu'en diront nos prélats, je remarquerai ici que c'est un abus à l'auteur de réduire, comme il a fait dans sa lettre, toute la dispute à l'amour de Dieu en soi-même indépendamment de la béatitude, et à la prévention de la charité dans l'état parfait. Quoi donc ? tout est compris dans ces deux points ? Le sacrifice absolu du salut, l'acquiescement à la juste réprobation avec l'avis de son directeur, l'espérance dans une même ame avec un invincible désespoir, dans ce désespoir l'union avec Jésus-Christ notre modèle, ses troubles involontaires, et vingt autres choses de cette nature ne sont plus rien? A Dieu ne plaise, ni que l'auteur soit plus innocent, sous prétexte qu'il s'absout lui-même de tous ces chefs capitaux.

Concluons que c'est inutilement qu'il s'étale au public lui-même comme un homme persécuté pour la justice. Ni l'oraison n'est en péril, ni l'amour désintéressé n'est attaqué de personne, ni l'on n'en défend la pratique, ni on n'accoutume les ames à ne chercher Dieu que par intérêt, ni on ne censure aucune opinion de l'Ecole, comme on voudroit le faire accroire aux ignorans. Il ne faut pas attendrir le monde, en déplorant des maux qui ne sont pas : on voit en quoi l'auteur est à plaindre : on sait trop de qui et de quoi il est le martyr : son obéissance sera louée, quand elle cessera de menacer l'Eglise de restrictions sur le jugement qu'elle attend : il eût fallu la prévenir ; il est temps encore ; c'est ce qu'il faut demander à Dieu avec larmes, et s'affliger sans mesure de voir un homme de ce rang et de ce mérite, réduit à défendre seul une cause si déplorée, et ne se faire valoir que par tant de fausses suppositions.

FIN DE LA RÉPONSE A UNE LETTRE DE M. DE CAMBRAY.

DIVERS ÉCRITS OU MÉMOIRES

SUR LE LIVRE INTITULÉ :

EXPLICATION DES MAXIMES DES SAINTS, ETC.

AVERTISSEMENT

SUR LES ÉCRITS SUIVANS
ET SUR UN NOUVEAU LIVRE DE M. L'ARCHEVÊQUE DE CAMBRAY
IMPRIMÉ A BRUXELLES.

I.

L'utilité des écrits dans les disputes qui s'élèvent dans l'Eglise.

Lorsqu'on multiplie les écrits sur une matière contestée, les gens du monde se persuadent qu'il est impossible d'y rien connoître, et qu'il n'y a qu'à tout tenir dans l'indifférence : d'autres blâment également tous les écrivains, qui, dit-on, sans tant disputer et sans composer des livres sans fin, comme disoit l'*Ecclésiaste* [1], feroient mieux d'attendre tranquillement la décision de l'Eglise : et ceux qui veulent paroître les plus modérés concluent du moins qu'il faudroit laisser tous les raisonnemens difficiles à pénétrer au commun du monde, et se renfermer dans les preuves ou dans les réponses que tous les hommes peuvent entendre. Mais l'Eglise a pratiqué le contraire : les saints Pères n'ont pas cru embrouiller les choses, mais au contraire les mettre au net, quand ils ont écrit contre les erreurs. Saint Augustin, par exemple, après avoir répondu à ceux qui ne cessoient d'attaquer ses livres, est mort en défendant les écrits que ces subtils adversaires avoient combattus, et dès son temps il a remporté cette louange, « que sa ville étant assiégée et au milieu des assauts que lui livroient les Vandales, cet évêque excellent en tout a persisté jusqu'à la mort dans la défense de la grace chrétienne. »

[1] *Eccl.,* XII, 12.

Il est vrai qu'on étoit soumis au jugement de l'Eglise, et qu'on l'attendoit avec respect et avec humilité : mais cependant on travailloit sans relâche à défendre et à éclaircir la vérité, de peur que les erreurs spécieuses qu'on répandoit parmi le peuple ne gagnassent comme la gangrène. La voie de l'autorité n'a jamais empêché dans l'Eglise celle de l'éclaircissement qu'on tiroit de la parole de Dieu et de la tradition des saints; et loin de se taire avant la décision, l'on y préparoit la voie par la manifestation de la vérité, qui veut non-seulement être autorisée par les jugemens ecclésiastiques, mais encore expliquée par de plus amples traités, afin de demeurer victorieuse en toutes manières; et encore qu'il soit véritable que dans les matières de la foi il faut, autant qu'il se peut, éloigner les subtilités; quand on y est jeté malgré soi par ceux qui les aiment et qui y mettent leur confiance, l'exemple de saint Augustin aussi bien que des autres Pères, nous fait voir qu'il les faut suivre partout, et que les défenseurs de la vérité également redevables, comme dit saint Paul, aux savans et aux ignorans, doivent donner aux uns et aux autres la nourriture proportionnée à leur capacité.

Ainsi nous avertissons en Notre-Seigneur ceux qui liront ces écrits, qu'ils doivent s'attendre à y trouver en beaucoup d'endroits des matières souvent très-subtiles, dont la lecture les pourra peiner, parce que je ne puis les omettre lorsqu'on tâche de s'en prévaloir, ni les mettre dans l'esprit des hommes sans qu'ils y donnent de l'attention, ni faire que l'attention ne soit pas pénible.

II.

La matière réduite à quatre points principaux, où la vérité est manifeste.

Mais quoique cette peine soit inévitable, il ne s'ensuit pas qu'il soit difficile à un chrétien de savoir précisément à quoi s'en tenir dans la matière du parfait amour et de l'oraison, puisque même les subtilités où se jettent ceux qui en ont ému la dispute, seront une marque aux hommes droits et sensés, qu'on s'est éloigné par de vains raffinemens de la simplicité de l'Evangile; et pour ne nous pas tenir à des discours vagues, je réduis toute la matière du livre des *Maximes des Saints* à quatre principales questions : la première, s'il est permis de se livrer au désespoir, et de sacrifier absolument son salut éternel : la seconde, s'il est permis en général et s'il est possible, non-seulement d'avoir un amour d'où l'on détache le motif du salut et le désir de la béatitude; mais encore de regarder cet amour comme le seul parfait et pur : la troisième, s'il est permis d'établir un certain état où l'on soit presque toujours guidé par instinct, en éloignant tous les actes qu'on appelle de propre industrie et de propre effort : la quatrième, s'il faut admettre un état de contemplation d'où les attributs absolus ou relatifs, d'où les personnes divines, d'où Jésus-Christ même présent par la foi se trouvent exclus.

III.

Premier point : sur le désespoir et le sacrifice du salut.

Et d'abord sur le sujet du désespoir, qui entraîne dans les prétendus parfaits le sacrifice absolu de leur salut éternel, il n'y a qu'un seul principe à considérer; c'est, dans l'*Instruction pastorale* de M. l'archevêque de Cambray, « que la partie inférieure consiste dans l'imagination et dans les sens; que l'imagination est incapable de réfléchir; que les réflexions sont la partie supérieure qui consiste dans l'entendement et dans la volonté [1]; » avec ce principe, ou ces principes si clairement énoncés et avoués, pensez seulement, que *la persuasion, la conviction de sa juste réprobation est réfléchie*, et en même temps *invincible* [2] : et si après cela vous pouvez douter un seul moment que cette persuasion, qui n'est rien moins que le désespoir, ne soit dans l'entendement et dans la volonté, lisez avec un peu d'attention (car ici je ne la demande que très-médiocre) ce qui est écrit dans la Préface de ce livre à l'endroit cité à la marge [3]; et s'ils vous reste le moindre doute, ne me pardonnez jamais la témérité de vous avoir promis de les lever tous.

Si vous voulez toutefois voir les objections résolues, étendez vos soins jusqu'à lire tout de suite les premières pages de la sec-

---

[1] *Inst. past.*, p. 28. — [2] *Maxim. des Saints*, p. 87. — [3] *Préf. sur l'Instr. past.* donnée à *Cambray*, n. 16; ci-après.

tion III¹, vous verrez plus clair que le jour qu'on n'oppose que des illusions à des vérités évidentes.

Mais dès là vous apercevrez que le livre tombe par son principal endroit, dont les principes et les conséquences règnent partout : car s'il est vrai, comme il est certain, qu'il aboutit tout à ce malheureux sacrifice où l'on met l'acte le plus héroïque du christianisme, il n'y a plus à s'étonner, ni qu'on y prépare les voies en se conformant aux volontés inconnues ² : ni qu'on en pose le fondement par l'abnégation qui *ne laisse aucune ressource à l'intérêt propre éternel* ³ ; autrement, *à l'intérêt propre pour l'éternité* ⁴ ; ni qu'on en pousse les suites jusqu'à l'affreuse séparation des deux parties de l'âme, sans qu'on en puisse éviter les conséquences après en avoir posé les principes ⁵.

IV.

Second point : le prétendu amour pur, qui fait cesser les désirs de la béatitude et du salut.

Voulez-vous aller à la source de l'amour trop pur qui fait oublier le salut? c'est peut-être une discussion, quoique assez facile, de rechercher les moyens dont on se sert pour exténuer, pour détourner, pour éteindre le désir et l'espérance du salut : mais voici qui parle tout seul et ne laisse aucune réplique. On vient d'imprimer à Bruxelles une Réponse de M. l'archevêque de Cambrai au livre intitulé : *Summa doctrinæ;* ses amis répandent partout que c'est un livre victorieux, et qu'il y remporte sur moi de grands avantages. Nous verrons : mais en attendant il demeurera pour certain, qu'après avoir allégué deux passages de saint Chrysostome et un de saint Ambroise sur le salut, il décide que « le désir en est imparfait, et que les Pères ni ne le commandent, ni ne le conseillent aux ames parfaites ⁶. »

Le grand reproche qu'on fait à M. de Meaux dans tout ce livre, c'est de croire « qu'on ne peut se détacher du motif de la béatitude dans aucun acte de raison⁷ : ce qui retranche, dit-on ⁸, l'acte

---

¹ *Préface sur l'Instruction pastorale donnée à Cambray*, n. 11, 12, etc. — ² *Ibid* n. 27. — ³ *Max. des Saints*, art. 8, p. 73. — ⁴ *Ibid.*, art. 10, p. 90.—⁵ Voyez ci-dessus, *Summa doct.*, n. 3 et suiv.— ⁶ *Respons. ad Summam doct.*, p. 54.— ⁷ *Ibid.*, p. 5. — ⁸ *Ibid.*, p. 1, 19, 26, 34, 41.

le plus véritable, le plus parfait, le plus merveilleux de la charité, en retranchant celui qui est dégagé de ce motif. »

Dans l'*Instruction pastorale* il entreprend de prouver qu'on peut aimer Dieu sans le motif *de notre béatitude* [1]. Il n'y a plus ici d'équivoque : on peut ne pas désirer son salut : ce désir n'est ni commandé ni conseillé aux parfaits : on peut tellement détacher son cœur du désir d'être heureux, qu'on exerce les plus grands actes sans ce motif.

J'ai démontré le contraire dans un écrit de ce livre [2], d'une manière, si je ne me trompe, à ne laisser aucun embarras. Mais pour abréger la preuve, il n'y a qu'à lire dans l'*Instruction pastorale* [3], « la nécessité indispensable où nous sommes de nous aimer toujours nous-mêmes : » à quoi l'on ajoute, « qu'on ne peut s'aimer soi-même sans se désirer le souverain bien. » Formez maintenant ce raisonnement : De nécessité on s'aime *toujours* : on ne s'aime point sans se désirer la béatitude : on se désire donc toujours la béatitude : on se la désire donc dans tout acte. M. de Meaux est mal repris d'avoir enseigné une vérité si constante, et l'auteur ne lui est pas plus opposé qu'il est opposé à soi-même ; son système demande une chose, la force de la vérité en arrache une autre, et il est vaincu par lui-même.

C'est ce qui se prouve encore par une autre voie. « Saint Augustin, dit-il, suppose dans l'homme une tendance continuelle à sa béatitude, qui est la jouissance de Dieu [4]. » C'est pourquoi il nous avoit déjà dit, qu'on *s'aime toujours*; par conséquent dans quelque acte que ce soit, et cette tendance n'en est que plus continuelle, « parce qu'elle est un poids invincible, une inclination nécessaire, dont on ne doit jamais disconvenir. »

Par là donc ce prétendu amour pur, qu'on imagine désintéressé de son propre bien, n'est qu'une illusion : on peut bien se détacher de soi-même jusqu'à s'aimer en Dieu et pour Dieu, lui rapporter son propre bonheur et le désirer pour sa gloire, c'est-à-dire pour honorer sa magnificence envers les siens ; mais se détacher de soi-même jusqu'à ne plus désirer d'être heureux,

---

[1] *Inst. past.*, p. 15. — [2] *Quatrième écrit*, Ire part. — [3] *Inst. past.*, p. 24.— [4] *Ibid.*, p. 47.

c'est une erreur que ni la nature, ni la grace, ni la raison, ni la foi ne peuvent souffrir.

Loin de nous l'insupportable folie, comme l'appelle saint Augustin, de croire qu'on puisse ne se pas aimer, ni s'aimer sans désirer d'être heureux. « Bienheureux ceux qui souffrent persécution pour la justice, car le royaume des cieux leur appartient. » En souffrant persécution, ils sont dans la voie : en recevant le royaume, ils sont dans le terme : on peut bien ne rechercher pas la béatitude où Jésus-Christ nous la montre; mais on ne peut pas chercher ce qu'il nous montre, sans y attacher la béatitude que lui-même y a attachée : ainsi la nature et la grace sont d'accord, et nier cette vérité universellement reconnue, c'est vouloir raffiner sur l'Évangile.

V.

Troisième point : le fanatisme, et la suppression des actes de propre industrie et de propre effort.

L'instinct extraordinaire et particulier par lequel sont guidés nos parfaits, est renfermé dans ce faux principe de l'*Instruction pastorale* : « La volonté de bon plaisir se fait connoître à nous par la grace actuelle [1] : » pour trouver dans ce principe tout le fanatisme des nouveaux mystiques, il ne faut que ce court raisonnement. La volonté de bon plaisir comprend tout ce que Dieu veut que nous pratiquions dans chaque événement particulier : or la grace actuelle nous fait connoître la volonté de bon plaisir ; par conséquent elle fait connoître le parti que Dieu veut qu'on prenne dans chacun de ces événemens. Mais la grace qui fait connoître tout cela dans le détail, n'est pas la grace ordinaire; c'est un instinct extraordinaire et particulier : donc nos prétendus parfaits sont livrés à cet instinct : il les gouverne à *chaque occasion*, comme l'assure M. de Cambray [2] ; et il ne faut plus s'étonner si les actes de propre industrie sont supprimés : c'est une suite du principe, que la grace actuelle nous instruit en particulier de tout ce que Dieu veut de nous à chaque occasion par sa volonté de bon plaisir. C'est ainsi manifestement, et de leur aveu, que sont mus

[1] *Inst. past.*, p. 8. — [2] *Maxim.*, p. 217, *Préf.*, n. 61, etc.

et poussés nos faux mystiques : ils sont donc de purs fanatiques, et leur quiétisme est inexcusable.

VI.

Quatrième point : la contemplation dont Jésus-Christ est exclu.

Les erreurs sur la contemplation ont trop de branches pour être expliquées en si peu de mots : tout se réduit néanmoins à peu près à ce seul principe, que « la contemplation directe ne s'attache volontairement qu'à l'être illimité et innominable[1] : » il faut donc être appliqué aux autres objets, et entre autres à Jésus-Christ même par une impulsion particulière, sans qu'on puisse s'y déterminer par son propre choix et par la bonté de la chose ; de là vient qu'on n'y est pas toujours appliqué. Dieu tient les ames parfaites dans cette privation en deux états d'une longueur indéterminée ; dans les commencemens de la contemplation, qui est celui de la vie parfaite, et dans les dernières épreuves, « elles sont alors privées de la vue simple et distincte de Jésus-Christ[2] ; » et comme l'auteur l'explique plus précisément, *privées de Jésus-Christ présent par la foi*[3] *:* mais si on le perd dans la haute *et pure contemplation* qu'il raviliroit par son humanité, on se sauve en le jetant *dans les intervalles et lorsqu'elle cesse :* voilà comme on traite Jésus-Christ. Le peu de principes qu'on vient de voir suffisent pour en convaincre ceux qui sont un peu exercés dans le raisonnement : mais dix pages de la *Préface* le prouveront si démonstrativement[4], que j'ose bien assurer qu'on n'y pourra pas répondre sans s'engager à de visibles absurdités.

VII.

Trois autres erreurs.

Voilà donc les quatre erreurs principales et qui règnent dans tout le livre, démontrées en très-peu de mots. Le sage lecteur jugera s'il y a ou artifice, ou déguisement, ou faveur, ou autorité, ou effort qui puisse les faire passer dans l'Eglise. J'en dis

---

[1] *Maxim.*, p. 186, 187. — [2] *Ibid.*, p. 194, etc. — [3] *Ibid.*, p. 196. — [4] *Préf.*, sect. v, n. 51 jusqu'à 60.

autant de quelques autres aussi évidentes, qu'on trouve dans des endroits particuliers. Passera-t-on, par exemple, que la pure concupiscence, quoiqu'elle soit un sacrilége, devienne une préparation à la justice[1] ; et que l'espérance chrétienne soit rangée *avec la cupidité qui est la racine de tous les vices*[2] ? Enfin passera-t-on dans l'Eglise, malgré l'autorité du concile vi[e], le trouble involontaire de la sainte ame de Jésus-Christ, que l'auteur n'ose avouer[3], sans néanmoins pouvoir se résoudre à l'abandonner tout à fait ? Souffrira-t-on jusqu'à cet excès dans un auteur, sous prétexte qu'il y aura des flatteurs qui lui auront montré, dans saint Thomas, que la passion de Jésus-Christ est involontaire ? C'est une pure équivoque : *l'involontaire* de ce texte de saint Thomas[4], c'est-à-dire chose contraire à la volonté, et *qui lui déplaît par elle-même*, comme une médecine déplaît à celui qui veut guérir : et non pas un *involontaire* qui prévienne la volonté, qui est celui dont il s'agit, et que saint Thomas a rejeté si clairement dans le lieu même qu'on en cite[5].

VIII.

Nul passage de l'Ecriture : pure et fausse métaphysique : seule objection tirée des Pères dans leurs trois états, combien aisément résolue.

Mais peut-être qu'on se peut trouver embarrassé des passages de l'Ecriture que l'auteur aura employés : au contraire une des preuves les plus manifestes contre la nouvelle spiritualité, c'est qu'on ne songe seulement pas à l'appuyer de l'Ecriture. Le peu qu'on en cite est un abus manifeste du texte sacré et une nouvelle preuve d'erreur ; ce qu'un quart d'heure de temps fera trouver démontré dans le quatrième écrit de ce recueil. On est étonné de voir l'Ecriture si abandonnée dans les livres, où l'on ne promet rien moins que de montrer la perfection du christianisme : l'on en voit trois de cette nature, les *Maximes des saints*, l'*Instruction pastorale*, et le petit livre contre le *Summa doctrinæ*. On met toute sa confiance en apparence dans la scolastique ; en effet dans

---

[1] *Max.*, p. 17. *Inst. past.*, p. 15, n. 8. *Préf.*, n. 47. — [2] *Max. des Saints*, p. 7, 8. *Inst. past.*, p. 16. *Préf.* n. 48. — [3] *Max. des Saints*, p. 90, 122. *Inst. past.*, p. 33, n. 10. *Préf.*, n. 49. — [4] III p., q. 15, art. 6, ad 4. — [5] *Ibid.*, art. 4.

une creuse métaphysique, qui destituée du fondement de la parole de Dieu n'est rien moins que la scolastique, c'est-à-dire la sainte parole réduite en méthode. Ce qu'on tire de plus vraisemblable de la doctrine des Pères, qui est la distinction de leurs trois états, est expliqué par principes dans une courte analyse [1], où l'on verra aisément si c'est ici une affaire obscure, où il soit si difficile de prendre parti.

IX.

L'Ecole mal objectée par de fausses imputations dans le nouveau livre contre le *Summa doctrinæ:* quelle doctrine j'ai enseignée sur le précepte de la charité.

Pour embrouiller la matière et sans que j'y donne aucun sujet, on me fait accroire que par un profond artifice (*per altas machinationes*), par des détours captieux (*captio*), par des travaux souterrains (*per cuniculos*), j'ai machiné la ruine entière des notions communes de l'Ecole; et que je ne donne pour objet à la charité que la seule béatitude trouvée en Dieu même: c'est ce qu'on répète à toutes les pages du livret, qu'on a opposé à celui qui a pour titre: *Summa doctrinæ* [2]. Mais si l'auteur a oublié mes sentimens, qu'il sait bien en sa conscience que je n'ai jamais cachés à personne, qu'il lise dès l'origine de cette dispute mes *Additions aux Etats d'oraison:* il y trouvera partout que l'objet primitif de la charité, c'est l'excellence et la perfection de la nature divine [3]. J'établis encore cette vérité, non point en passant, mais de propos délibéré et par conclusion expresse, dans le *Summa doctrinæ* [4], où l'on m'accuse de l'attaquer. Ce traité se trouve dans cette édition en latin et en françois, et l'on verra en termes formels la perfection de Dieu en elle-même comme le motif primitif et spécifique de la charité, c'est-à-dire la contradictoire de la proposition que l'on m'impute.

Que si j'unis à ce motif principal les autres motifs très-considérables, mais toutefois subsidiaires et moins principaux, qui ont rapport à nous et à notre béatitude, je le fais d'après le précepte même de la charité, en exécution de ces mots: *Aimez le Seigneur*

---

[1] *Cinquième écrit*, ci-dessous. — [2] *Resp. ad libel. cui tit. Summa doct.*, p. 9, 15. — [3] *Etats d'Orais.*, addi., n. 2, 3, 4, 5. — [4] *Summa doct.*, n. 7, 8.

votre Dieu, et des autres, que l'on peut voir dans ce petit livre dont on a voulu faire de si grandes plaintes.

Et néanmoins, pour mieux expliquer mes sentimens et leur parfaite conformité avec l'Ecole, je les ai fidèlement proposés dans le second écrit de ce livre [1]. Le quatrième écrit expose aussi la vérité du précepte de la charité, et des motifs qui l'animent [2]. Un cinquième écrit, qui est très-court, achève de mettre au jour la vérité et la pureté de cette vertu, soutenue de tous les motifs et toujours désintéressée. Parce qu'on m'accuse de vouloir confondre la charité avec l'espérance, j'expose en deux pages [3], mais toutefois, je l'ose espérer, dans la dernière évidence, la différence radicale de ces deux vertus : quand je parle ici d'évidence, on comprend bien que j'entends celle de la chose, et non pas celle de mes expressions : on n'a pu me séparer de l'Ecole qu'en m'imputant tout le contraire de ce que je dis ; j'en ai suivi la doctrine *in terminis,* comme on parle, et selon qu'elle est exprimée par tous les docteurs.

Mais ce que je ne puis dissimuler, c'est qu'on abuse de cette doctrine pour surprendre les théologiens, et établir la dangereuse chimère d'un prétendu amour pur. L'amour pur et désintéressé que veut établir la théologie, c'est l'amour de la charité commune à tous les fidèles : c'est celle-là dont il est écrit *qu'elle ne cherche point ses intérêts* [4] : elle a pour fin principale la gloire de Dieu : elle y rapporte la sienne ; et finalement elle prétend être heureuse, afin que Dieu soit glorifié dans son amour si bienfaisant envers ses créatures. Apprenez aux chrétiens que c'est là notre commune obligation. Mais si vous allez au delà : si pour rendre la charité apparemment plus parfaite, vous la voulez désintéresser davantage et jusqu'au point d'abandonner notre salut propre, notre propre béatitude même rapportée à Dieu comme à sa dernière fin : c'est alors que je vous soutiens que ce prétendu amour pur dont vous faites un degré sûrément, n'est qu'une illusion, un amusement dangereux, et une entière subversion de la religion et de l'Evangile.

---

[1] *Deuxième écrit,* ci-dessous, depuis le n. 5 jusqu'à la fin. — [2] *Quatrième écrit,* n. 2, 3, 4. — [3] *Cinquième écrit,* n. 12. — [4] *1 Cor.,* XIII, 5.

On ne doit point souffrir, dans cette vie, un amour qui n'ait plus besoin de s'exciter par la considération des bienfaits de Dieu, passés, présens et futurs : un amour, qui pour exclure d'entre ses motifs tout rapport à nous, regarde comme étrangères au précepte de la charité ces paroles par où il commence : *Vous aimerez le Seigneur votre Dieu*[1]. La pratique même a expliqué le précepte; et David ne répéteroit pas si souvent ces paroles : *O Dieu, mon Dieu* : et encore : *Que Dieu notre Dieu, que Dieu nous bénisse;* et encore : *Je vous aimerai, ô Dieu qui êtes ma force, mon Dieu et mon secours ;* s'il ne trouvoit dans ces paroles, *mon Dieu*, un motif puissant de l'aimer comme celui qui veut être à nous en tant de manières. Ce même attrait lui fait dire avec une ardeur et une suavité que la charité peut inspirer seule : « Racontez de race en race que celui-ci est Dieu, notre Dieu éternellement, et il nous gouvernera aux siècles des siècles[2]. » Dites maintenant que *Dieu* appartient à la charité, et que *notre Dieu* n'y appartient pas ; que *nous gouverner*, n'est pas un droit de son excellente et souveraine nature, et en même temps le principe de notre félicité. C'est d'ailleurs une vérité déterminée par le concile de Trente[3], que la vue de la récompense anime les plus parfaits, et qu'ils croient en avoir besoin, pour exciter un fond de langueur qui reste dans les plus grands saints durant cette vie. Le même concile a défini « qu'il faut proposer la vie éternelle comme récompense aux enfans de Dieu[4]; » c'est-à-dire à ceux qui doivent aimer par état, et qui ont reçu l'esprit d'adoption, pour, en bannissant l'esprit de crainte et de servitude, recevoir celui d'amour et de liberté. Tout cela conclut que Dieu notre Dieu, en quelque sorte que ce soit, nous est un objet d'amour, et qu'on ne peut rayer d'entre les motifs d'aimer les paroles qu'on trouve à la tête de ce grand commandement.

[1] *Deut.*, VI, 4; *Resp. ad Summam doct.*, p. 23. — [2] *Psal.*, XLVII, 14, 15. — [3] Sess. VI, cap. 11. — [4] *Ibid.*, cap. 16.

X.

Article XIII d'Issy mal allégué : que saint Paul au chap. XIII de la première aux Cor. définit la charité commune à tous les fidèles.

On allègue, je ne sais pourquoi, l'article XIII d'Issy, où il est porté « que dans la vie et dans l'oraison la plus parfaite, tous ces actes, » de foi explicite, d'espérance et de pénitence, « sont unis dans la charité, en tant qu'elle anime toutes les vertus, et qu'elle en commande l'exercice, selon ce que dit saint Paul : *La charité souffre tout, elle croit tout, elle espère tout, elle soutient tout*[1]. » Si l'on vouloit inférer de là que ce soient là seulement des actes de perfection, et non pas des avantages communs et de communes obligations de la charité, l'erreur seroit trop grossière. Saint Paul ne vouloit pas définir en particulier la charité, comme elle est seulement dans les parfaits : toute charité *est patiente, bénigne, non ambitieuse, non intéressée*[2]; toute charité *demeure*, pendant que les autres dons s'évanouissent, et ainsi du reste. On a mis dans les Articles d'Issy, que ces caractères de la charité *se trouvent dans la vie et dans l'oraison la plus parfaite*; pour montrer le tort de ceux qui bannissent de cette oraison et de cette vie les actes particuliers des vertus ; et décider en même temps, comme il paroît par toute la suite, qu'ils ne s'en trouvent pas moins dans tous les états, même dans celui de perfection, pour y être réunis ensemble dans la charité. Qu'on me donne une charité qui ne soit pas douce, qui soit soupçonneuse, jalouse et impatiente, je consentirai que ces attributs donnés à la charité par saint Paul, n'appartiennent qu'aux parfaits : sinon, il faut avouer qu'on abuse de l'article XIII d'Issy, comme de saint Paul.

XI.

Etrange doctrine de la Réponse au Summa doctrinæ *sur le péché véniel, et sur le rapport à Dieu dans la charité justifiante.*

Au reste on est convaincu par le dernier livre de M. l'archevêque de Cambray, où il combat le *Summa doctrinæ*, qu'il érige l'édifice du faux pur amour sur les ruines des obligations communes de la charité chrétienne. J'avois cru qu'il avoit sauvé le

---
[1] I *Cor.*, XIII, 7. — [2] *Ibid.*, 4, 5.

principal devoir de la charité dans tous les fidèles, en disant que dès le quatrième état, qui est celui des justifiés, l'ame juste « aime principalement la gloire de Dieu, et qu'elle n'y cherche son propre bonheur, que comme un moyen qu'elle rapporte et qu'elle subordonne à la fin dernière, qui est la gloire de son créateur [1]. » Voilà, disois-je, la précise obligation de rapporter son bonheur à Dieu, très-certainement établie dans la justice chrétienne : mais l'auteur, dont ces paroles incommodoient le système par d'autres endroits, nous déclare dans ce dernier livre qu'il n'entend ce nécessaire rapport qu'en *habitude*, et non pas *en acte, habitu; non actu* [2].

Mais qu'est-ce encore que ce rapport en habitude, et non pas en acte? L'auteur croit le prendre de saint Thomas, à qui il fait dire contre sa pensée, « que ce rapport habituel se rencontre dans les actes mêmes par lesquels les justes pèchent véniellement : » voyez saint Thomas : *Habitualis illa relatio occurrit etiam in actibus justorum, quibus peccant venialiter* [3]. » Il répète la même chose plus précisément s'il se peut, en disant [4] « que les actes mêmes par lesquels on pèche véniellement, sont habituellement soumis à Dieu et subordonnés à la fin dernière; » et il donne pour règle générale [5], « que toutes les affections naturelles et délibérées des justes seroient autant de péchés mortels, si elles n'étoient habituellement et implicitement subordonnées à la fin dernière : » ainsi il dit par trois fois, que l'acte du péché véniel est habituellement et implicitement rapporté à Dieu : et il dit que la charité du quatrième état y est rapportée de la même sorte : en quoi il commet trois fautes essentielles : l'une de donner pour règle que tout ce qui n'est pas habituellement et implicitement rapporté à Dieu est péché mortel : la seconde, qui est une suite de ce principe trompeur, que l'acte du péché véniel a ce rapport avec Dieu ; ce que personne n'a jamais pensé : la troisième et la plus étrange, que la charité justifiante n'a pas d'autre rapport avec Dieu, que celui qui convient à l'acte du péché véniel.

[1] *Summa doct.*, n. 9; *Deuxième écrit*, n. 15, 16, etc. *Max. des Saints*, p. 9. — [2] *Resp. ad Summam doct.* p. 49, ad 11, ob. — [3] Vid. S. Thom. I, II, q. 88, 11, 1. — [4] *Resp. ad Summam doct.*, p. 62. — [5] P. 63.

Il faut avouer que l'auteur met ses défenseurs à de terribles épreuves : autant de fois qu'il écrit, il leur donne à soutenir de nouvelles erreurs : toutes aussi aisées à découvrir que l'importance en est évidente.

XII.
Si c'est ici prévenir le jugement de l'Eglise, et faire de rudes censures.

Je m'attends qu'on m'objectera que je préviens le jugement du saint Siége; c'est ce qu'on a déjà objecté à la *Déclaration des trois évêques*, que M. de Cambray appelle dans son dernier livre une censure *ambitieuse et anticipée*[1], faite au préjudice de l'autorité du saint Siége; sans songer que c'étoit lui-même qui nous avoit obligés à rendre ce témoignage de notre doctrine, qu'il faisoit sans notre aveu conforme à la sienne. Il dit bien encore aujourd'hui dans le même livre, que j'enseigne « une doctrine suspecte, qui accuse d'impiété toute l'Ecole, et lui déclare la guerre[2]. » Si la chose étoit véritable, je ne me fâcherois pas des paroles. On dira du moins que je trouve trop aisé ce qu'on pèse depuis si longtemps par un examen si sérieux ; comme si l'évidence de la chose au fond empêchoit la maturité de la délibération ; ou qu'il n'y ait pas toujours une tradition, qui précède les jugemens de l'Eglise ; ou que ce soit les prévenir que de proposer, sans juger personne, la doctrine sur laquelle on ne doute point qu'ils ne soient fondés ; ou qu'enfin ce soit être rude que de marquer les erreurs en paroles propres, qui aussi ne semblent faites qu'à cause qu'elles sont simples.

XIII.
Qu'il faut aller à la source de la vérité.

Ce seroit une autre extrémité, de ne pas approfondir les matières ou de n'aller pas à la source, à cause qu'on trouveroit claires les eaux des ruisseaux. Il s'amasse des nuages autour du soleil, qui ne laisse pas de les dissiper, encore que le jour ne soit pas douteux. Parlons simplement et sans paraboles : il ne faut laisser aux nouveautés aucune espérance d'obscurcir la vérité

---
[1] *Resp. ad Summam*, p. 71. — [2] *Ibid.*, p. 55, ad 12 obj.

par quelque endroit que ce puisse être. Vous allongez, dit-on, le procès. Oui, si l'on regarde nos écrits comme des pièces nécessaires à l'instruire ; mais on n'a pas cette vue : la nouvelle spiritualité accable l'Eglise de lettres éblouissantes, d'instructions pastorales, de réponses pleines d'erreurs : il faut qu'elle la trouve partout en armes, qu'on porte partout la lumière de la tradition et de l'Evangile.

Au reste ceux qui nous reprochent que nous prévenons le jugement du saint Siége, remplissent Rome et la France de petits écrits qu'on trouve partout et que j'ai vus comme les autres, où, parce qu'ils n'espèrent pas de sauver le livre, ils donnent des vues aux examinateurs, et leur proposent la prohibition *donec corrigatur* : sans vouloir seulement entendre que ce livre étant un tissu de principes bons ou mauvais qui règnent partout, toutes les parties de l'ouvrage sont sujettes à un même sort.

XIV.

Sur le nouveau dénouement de l'amour naturel et délibéré, proposé dans l'*Instruction pastorale*.

On demandera ce qu'il faut croire du nouveau système de l'*Instruction pastorale*[1], et s'il est aisé d'entendre que ce dénouement ne peut être admis. Je réponds qu'il n'est pas aisé d'en relever toutes les erreurs, et qu'il y faut apporter du soin et de l'étude. Mais pour ce dénouement pris en lui-même, l'inconvénient en est manifeste, et la seule proposition lui donne une exclusion inévitable.

Il consiste à dire qu'il y a en nous, outre l'amour-propre vicieux et l'amour qu'on a pour soi-même par la charité, un certain amour naturel et délibéré de nous-mêmes, qui n'est de soi ni bon ni mauvais, mais seulement imparfait : et sur cela on prétend deux choses : l'une, que cet amour qui demeure pour l'ordinaire dans les imparfaits, y fait l'amour impur et mélangé ; au lieu que c'est l'exclusion, pour l'ordinaire, de ce même amour dans les parfaits, qui fait en eux l'amour pur : l'autre chose que l'auteur prétend, est que cet amour naturel et délibéré de nous-mêmes

[1]. *Inst. past.*, n. 2 et 3. *Préf.*, ci-après, n. 4 et 5.

est celui qu'il a entendu partout dans les *Maximes des Saints* sous le nom de l'intérêt propre.

Ce dénouement, sur lequel roule toute l'*Instruction pastorale*, s'évanouit de soi-même par la seule exposition des termes : ce qui se prouve premièrement par l'*Instruction pastorale*, et secondement par les propres termes du dernier livre de l'auteur.

On voit dans l'*Instruction pastorale* [1], que le sens de l'intérêt propre sur lequel M. de Cambray fait à présent tout rouler, n'est pas le seul qu'il ait suivi dans les *Maximes des Saints;* qu'il y a entendu quelquefois par ce terme tout avantage ou naturel ou surnaturel ; qu'il a changé ce sens, qu'il l'a quitté, qu'il l'a repris sans en avertir le lecteur, et qu'il n'a donné dans ce livre aucune explication ou définition de l'intérêt propre comme il l'entend aujourd'hui. A cela si l'on joint cette autre proposition du même prélat dans son *Avertissement* [2], que par une claire et rigoureuse définition de tous les termes dont il s'est servi, « il a réduit toutes ses expressions à un sens incontestable, qui ne puisse plus faire aucune équivoque; » avec ce fondement de tout son discours on fait cette démonstration.

Le sens que l'auteur avoue une fois dans les *Maximes des Saints* doit régner partout, puisqu'il n'y a point d'équivoque dans ce livre : or est-il que l'auteur avoue en quelques endroits le sens dont suivroit la destruction de son système ; et il n'a jamais averti qu'il le changeât, ni prévenu l'équivoque par aucune définition : on doit donc croire qu'il n'y en a point, et que son dénouement vient après coup.

XV.

Seconde démonstration de la même chose par la *Réponse au Summa*.

Quelque facile que soit ce raisonnement, et quelque claires qu'en soient toutes les parties, voici encore quelque chose de plus décisif par la *Réponse au Summa*. L'auteur y dit que pour son système, *il n'a besoin* que de ces deux choses [3]: la première qu'on lui accorde la définition de la charité qui est commune dans l'E-

---

[1] *Inst. past.,* n. 3. — [2] *Max. des Saints,* avert., p. 26. — [3] *Resp. ad Summam,* p. 7, 8.

cole : la seconde qu'on lui accorde le xiii⁰ article d'Issy : or est-il que ces deux choses visiblement n'ont rien de commun avec l'amour naturel et délibéré. La définition de l'Ecole, c'est que la charité a pour son objet spécifique Dieu considéré en lui-même, sans rapport à nous : le xiii⁰ article d'Issy se réduit à dire que la charité anime toutes les vertus : l'amour naturel n'entre point du tout dans ces deux choses, on n'y en fait aussi nulle mention ; on n'en fait, dis-je, nulle mention, ni dans la définition de l'Ecole, ni dans l'article d'Issy ; le passage de saint Paul dans la *Première aux Corinthiens*, chap. xiii, d'où il est tiré, n'en parle non plus ; il étoit donc inutile à expliquer l'amour pur dont il s'agissoit, et on ne l'a inventé que pour embrouiller la matière, ou se sauver comme on pourroit par des équivoques.

XVI.

Deux choses certaines sur les passages qui sont cités dans l'*Instruction pastorale*.

Il n'y a donc plus d'embarras que dans la discussion des passages particuliers dont l'*Instruction pastorale* est composée : celui-là est inévitable, et quiconque voudra entrer dans cet examen, doit se préparer à être fort attentif à cette lecture ; mais en attendant qu'on fasse voir au nouvel auteur les caractères certains qui séparent d'avec sa doctrine les Pères qu'il cite, sans lui en laisser un seul, il sera aisé de s'assurer de deux choses : l'une que l'auteur dans toute son *Instruction pastorale* ne cite pas un seul passage de l'Ecriture pour son prétendu amour naturel, ni pour l'usage qu'il en fait : la seconde, que parmi tant de passages des Pères où il le veut établir, il ne cite rien où il soit compris, et ne le tire que par des conséquences que personne n'a jamais connues que ce seul prélat.

Il produit à la vérité au commencement de son livre un passage de saint Thomas, et un d'Estius [1], qu'il fait servir de fondement à tout son discours : j'avoue qu'il y est parlé d'un certain amour naturel de soi-même, distingué de la charité, qui peut être bon et mauvais ; mais en lisant seulement ce qu'il cite de ces deux

[1] *Instr. past.*, n. 4.

docteurs et sans un plus grand examen, on verra d'abord que cet amour n'étant ni délibéré, ni employé à la différence des parfaits et des imparfaits, ce n'est pas celui de l'auteur.

XVII.

Moyen facile et décisif pour bien entendre saint François de Sales.

Je veux bien encore donner ici un moyen facile pour entendre quelques auteurs particuliers, par exemple saint François de Sales, un de ceux que l'on fait servir de fondement au système. Tout le dénouement de la doctrine de ce Saint consiste en trois passages décisifs : l'un est le chapitre de la résignation et de l'indifférence chrétienne [1], dont M. l'archevêque de Cambray fait partout son fondement; mais qui se tourne contre lui, dès qu'il est constant par le titre et par tout le texte, qu'elles ne regardent que les événemens de la vie et la dispensation des consolations et des sécheresses ; sans avoir le moindre rapport au salut, à la perfection, aux mérites, aux vertus, ni au désir ou naturel ou surnaturel que l'auteur prétend qu'on peut avoir ou n'avoir pas de toutes ces choses.

Le second passage est celui où l'on trouvera cette règle : « Il ne faut vouloir que Dieu absolument, invariablement, inviolablement; mais les moyens de le servir, il ne les faut vouloir que foiblement et doucement, afin que si l'on nous empêche dans l'emplette d'iceux, nous ne soyons pas grandement secoués [2]. »

On voit là manifestement ce que c'est que l'indifférence, et on écarte les fausses idées dont on tâche d'embarrasser nos esprits.

Le troisième passage, et le plus important de tous, est rapporté dans l'*Instruction pastorale* de M. l'archevêque de Paris ; et c'est là que saint François de Sales décide « que si, par imagination de chose impossible, il y avoit une infinie bonté à laquelle nous n'eussions nulle sorte d'appartenance, nous l'estimerions certes plus que nous-mêmes ; mais à proprement parler nous ne l'aimerions pas : beaucoup moins pourrions-nous avoir la charité, puisque la charité est une amitié, ayant pour fondement la communication :

---

[1] *Amour de Dieu*, liv. IX. ch. IV. — [2] Liv. III, Ep. 42. Ci-dessous, *troisième écrit*.

ce que je dis pour certains esprits chimériques et vains[1] : » par où l'on voit l'estime qu'il fait de la fausse métaphysique, qui détache l'amour de Dieu du motif de la béatitude. On peut rapporter à cette fin l'endroit que nous avons allégué dans nos *Etats d'oraison*[2], où le Saint enseigne : « que la charité est une vraie amitié, c'est-à-dire un amour réciproque[3] : » ce qui montre l'erreur de ceux qui veulent dans la charité séparer l'amour de Dieu comme parfait, de l'amour de Dieu comme bienfaisant et béatifiant.

Il y a encore un petit mot, mais de grand poids, du saint évêque, lorsque expliquant ce qu'il dit souvent, qu'il ne *faut aimer les vertus qu'à cause que Dieu les aime*[4], il entend cette unique cause *principalement*, et non pas exclusivement; ce qui lui fait dire[5] : « Aimons les vertus particulières, principalement parce qu'elles sont agréables à Dieu. Tant qu'on aura ce principe en vue, on ne s'étonnera pas de tout ce qu'enseigne le Saint sur la charité, comme étant la fin dernière et universelle de toutes les vertus; et on ne dira jamais, comme fait l'auteur, « qu'on ne veut aucune vertu en tant que vertu; qu'on ne veut plus être vertueux; qu'on ne l'est jamais tant que quand on n'est plus attaché à l'être[6] : » et ce qui passe toute croyance, « que les saints mystiques ont exclu de l'état parfait les pratiques de vertu[7] : » propositions scandaleuses, dont aussi on ne trouve aucune apparence dans les ouvrages du saint évêque, quoiqu'on les ait tous remués pour y en découvrir quelque vestige.

XVIII.

Doctrine importante en explication du Catéchisme du concile, et de la préface de ce livre.

Après avoir donné le moyen facile d'entendre les autres auteurs, il faut que je m'explique moi-même dans un endroit de ma *Préface*[8].

Il s'agit de faire connoître dans le *Catéchisme du concile de Trente* ceux dont on y parle ainsi : *Amanter Deo serviunt, pretii*

---

[1] *Amour de Dieu*, liv. X, chap. x. — [2] Liv. VIII, n. 18. — [3] *Amour de Dieu*, liv. II, ch. XXII. — [4] *Ibid.*, liv. XI, ch. XIV. — [5] *Ibid.*, liv. III, ch. XIV. — [6] *Max. des Saints*, p. 224, 225, 226. — [7] P. 253. — [8] *Préf.*, n. 79, 80, 81, ci-après.

causâ quò amorem referunt[1] : « Ils servent Dieu avec amour, pour la récompense à laquelle ils rapportent leur amour. » Sur cet endroit du *Catéchisme*, j'ai bien montré que M. de Cambray l'a mal entendu[2] ; mais je ne l'ai pas moi-même assez expliqué.

Pour tout dire, il falloit marquer plus distinctement que l'Ecole reconnoît deux sortes d'amours : l'amour d'amitié, qui est la charité même, où l'on aime Dieu pour l'amour de lui ; et l'amour de concupiscence, où l'on veut l'avoir pour soi. Cela est certain ; mais il y falloit ajouter que la plupart des théologiens subdivisent ce dernier amour, en amour de concupiscence, innocent et saint, où l'on désire seulement de posséder Dieu ; et en amour de pure concupiscence, où l'on n'aime Dieu que pour sa propre utilité, comme on feroit un autre bien, et uniquement pour l'amour de la récompense. Ainsi à parler généralement, on pourroit reconnoître trois sortes d'amours : le premier est justifiant, puisque c'est la charité même qui, comme parle saint Augustin, est la véritable justice : le second, que l'Ecole appelle simplement de concupiscence, où l'on veut avoir Dieu comme récompense, est bon en soi, puisque c'est l'amour de l'espérance chrétienne ; mais il n'est pas justifiant, et de soi ne met pas un homme au rang des amis de Dieu : le troisième amour qu'on appelle de pure concupiscence, a cela de commun avec le second, qu'il n'est pas justifiant ; mais il a cela de particulier, que ne regardant que la récompense pour en faire sa dernière fin au préjudice de la gloire de Dieu, il est vicieux et désordonné.

J'ai dit que l'*amanter Deo serviunt : ils servent Dieu avec amour :* dans le *Catéchisme du concile,* étoit de ce dernier genre, à cause de ces paroles : *Propter pretium quò amorem referunt : ils servent Dieu à cause du prix où ils rapportent leur amour.* Le mot *de prix, pretium,* ressent un bas intérêt, tel qu'on le voit dans les ames serviles, qui veulent qu'un maître fâcheux se fasse servir, pour ainsi dire, l'argent à la main ; qui est ce qu'on appelle *pretium.* Ceux-là n'aiment pas Dieu véritablement, puisqu'au lieu de faire servir la récompense d'un maître pour s'exciter à l'aimer, tout leur amour se tourne à la récompense : c'étoit pour-

---

[1] *Cat. conc. Trid.*, part. IV, *de Orat.* cap. XII, n. 27. — [2] *Inst. past.,* p. 37.

tant le style du temps, de dire qu'ils *aimoient Dieu*, à cause, comme je l'ai remarqué [1], que c'est aimer en quelque façon que de servir quelqu'un pour la récompense. J'ai prouvé ce style du temps et de l'Ecole par Sylvestre de Prière, par Sylvius, auxquels j'ajoute à présent Estius [2] qui parle de même ; et il n'en faut pas davantage pour bien expliquer le *Catéchisme du concile*. Ainsi M. de Cambray, qui veut que cet amour rapporté au prix, au paiement, soit un amour justifiant et de charité, ne suit ni les idées de l'Ecole, ni celles du *Catéchisme* qui en sont tirées, ni les siennes propres, et ne cherche qu'à trouver partout son prétendu amour pur du cinquième degré, qu'il ne peut trouver nulle part.

A l'endroit même du *Catéchisme* où il croit le voir, parce qu'il y est marqué « qu'une ame ne cherche Dieu que touchée par sa vertu et par sa bonté : *Nihil spectant nisi ejus virtutem atque bonitatem*, » il ne prend pas garde à deux choses : la première, que cette *bonté* n'est pas seulement excellente, mais encore bienfaisante, et qu'elle renferme ces deux idées dans sa notion : la seconde, que ces ames s'estiment « heureuses de pouvoir servir un Dieu si grand : *Se beatos arbitrantes, quòd ei suum officium præstare possint.* » Ce qui montre que bien éloignées de séparer la béatitude d'avec le pur et parfait amour, elles les joignent ensemble en termes formels.

Au reste il faut ici se souvenir que le dessein du *Catéchisme* est de nous représenter, dans tous ces endroits, non pas un prétendu amour pur, qui se détache entièrement de la béatitude, mais la charité elle-même, qui par sa nature, en tous les sujets où elle est, la rapporte à la gloire de Dieu comme à sa dernière fin. Il ne faut pas imaginer pour cela qu'il y ait deux fins dernières, dont l'une soit la béatitude et l'autre Dieu même. La jouissance de Dieu par la vision bienheureuse et par l'amour immuable qui fait notre béatitude, sans doute se rapporte à Dieu comme à son objet béatifiant : c'est pourquoi Dieu est appelé la béatitude objective, et la jouissance de Dieu est appelée la béatitude formelle : celle-ci en un sens se rapporte à l'autre comme à sa dernière fin ;

---

[1] *Préf., ibid.* — [2] « Culpanda talis dilectio Dei propter indebitum finem quo vitiatur, » *in I. dist..*, 1, p. 3.

et cependant en un autre sens, toute l'Ecole est d'accord, après saint Thomas, qu'elles ne font toutes deux ensemble qu'une seule et même fin, qu'une seule et même béatitude : de même que la lumière, qui fait, pour ainsi parler, la félicité des yeux, ne les pouvant rendre heureux qu'à cause qu'elle est aperçue, il se fait de la perception et de la lumière un seul et même bonheur de l'œil qui la voit.

Avec ces explications du langage de l'Ecole, que j'ai crues nécessaires au lecteur, afin qu'il ne fût point arrêté lorsqu'il le rencontreroit en son chemin, j'espère qu'on ne trouvera aucun embarras dans cette *Préface*. Pour ceux qui voudroient que dans le n° 80 j'eusse marqué davantage la distinction de l'amour de concupiscence innocent, et de l'amour déréglé de pure concupiscence, ils voient bien par l'explication qu'ils viennent d'entendre, que je suis de leur avis, puisque assurément, si je ne croyois avoir failli en ce lieu, je ne travaillerois pas à réparer cette faute. Elle seroit plus grande, si je n'avois pas expliqué ailleurs ce qui manque ici ; quoi qu'il en soit, je ne demande qu'à me corriger : heureux de pouvoir donner ces petits exemples à ceux qui seroient capables de m'en donner de plus grands.

PRÉFACE

SUR

L'INSTRUCTION PASTORALE

DONNÉE A CAMBRAY LE QUINZIÈME DE SEPTEMBRE 1697.

SECTION I.

Proposition du sujet.

I.

Dessein de l'*Instruction pastorale* et de cette *Préface :* deux questions qu'on y doit traiter.

Pendant que cette impression étoit à sa fin, et qu'on alloit publier ces cinq écrits, il a paru une *Instruction pastorale*, donnée à Cambray le 15 de septembre 1697, qui en a suspendu la publication, et change un peu mes mesures. Je ne voulois ici regarder le livre intitulé : *Explication des Maximes des Saints*, que dans les premières idées que la lecture en inspire ; mais l'*Instruction pastorale* déclare d'abord qu'elle est donnée en explication de ce livre, et je ne puis m'empêcher de considérer avant toutes choses ce que cette explication aura de nouveau.

Il sembloit qu'une *Explication* qui dès sa préface promettoit tant de précision, tant d'évidence, une scolastique si rigoureuse, si éloignée de toute équivoque et de toute ambiguïté[1], devoit s'entendre d'elle-même, sans avoir besoin d'une autre explication beaucoup plus longue que le texte : mais ce qui surprend davantage, c'est qu'en lisant cette seconde explication, malgré les douces et coulantes insinuations dont elle est remplie, on n'est pas longtemps sans s'apercevoir, qu'en effet cette explication est

[1] *Explic. des Max.*, etc., Avertiss., p. 7, 11, 26, 28, 29, etc.

un autre livre construit sur d'autres principes directement opposés à ceux du premier, et qui ont eux-mêmes besoin d'explication. Il faudra désabuser ceux qui, mal informés de ce qui se passe, ou amusés par des questions inutiles, s'imaginent qu'il s'agit ici de quelques disputes de mots, ou en tout cas de quelques finesses indifférentes d'école : mais la vérité nous force à dire avec la sincérité et la liberté qu'elle inspire à ses défenseurs, qu'il y va du tout pour la religion. La démonstration en sera aisée. Pour la réduire en méthode, nous traiterons ces deux questions : la première, si l'explication proposée dans l'*Instruction pastorale* excuse le livre : la seconde, si elle-même elle est excusable.

II.

Sur la longueur nécessaire de cette *Préface*.

Ce dessein va produire un ouvrage fort irrégulier; une préface beaucoup plus grande que le livre même : mais apparemment le lecteur se souciera peu du titre, pourvu que, sous quelque titre que ce soit, on le mène au fond des matières. Il entrera nécessairement dans ce discours beaucoup de ces saintes vérités qui éclaircissent la nature de la charité et l'effet de la grace chrétienne : mais il faut avant toutes choses nous dégager des minuties où l'on voudroit réduire une cause si grave.

SECTION II.

Première partie, question : Si l'instruction pastorale justifie l'Explication des Maximes des Saints.

III.

Plan général des deux livres qu'on se propose de comparer.

Il faut supposer d'abord que les deux livres dont il s'agit, c'est-à-dire celui des *Maximes*, et celui de l'*Instruction pastorale*, roulent sur ce qui s'appelle *intérêt :* l'Ecole le prend en un sens, et l'*Instruction pastorale* en prend un autre. Dans l'*Explication des Maximes*, on avoit suivi naturellement les idées de l'Ecole, où la commune opinion est de prendre la béatitude et le salut pour un intérêt : ce qui fait que l'espérance est intéressée, parce qu'on y regarde Dieu comme bon pour nous, et par cet amour qu'on appelle de concupiscence, *amor concupiscentiæ :* au lieu que la charité qui est un amour d'amitié, *amor amicitiæ*, où l'on regarde ce divin objet comme bon en soi, est appelée pour cette raison un amour désintéressé. Telle est l'idée de l'Ecole, et on n'a jamais songé à blâmer l'auteur de s'y être attaché : mais comme il l'a outrée, et qu'à force de désintéresser les parfaits, il a voulu leur ôter tout intérêt, il s'est trouvé à la fin qu'à suivre les idées de l'Ecole qui étoient les siennes, il leur ôtoit l'espérance, ou ce qui est la même chose, il en supprimoit les motifs. Mais ce dessein réussissant mal et soulevant tout le monde, on prend aujourd'hui d'autres mesures, et c'est ce qui a produit les nouvelles subtilités de l'*Instruction pastorale*.

IV.

Plan particulier de l'*Instruction pastorale* : définition de l'intérêt.

Pour d'abord en proposer toutes les parties : la première chose qu'il y falloit faire étoit de donner une idée nouvelle de ce qui s'appelle *intérêt*, et la voici dès les premières pages : « Le terme d'*intérêt* peut être pris en deux sens ; ou simplement, pour tout objet qui nous est bon et avantageux ; ou bien pour l'attachement que nous avons à cet objet par un amour naturel de nous-mêmes [1]. » C'est donc là que l'on commence à nous faire voir que vouloir l'intérêt de quelqu'un, ce n'est pas lui vouloir un bien ou un avantage ; c'est le lui vouloir par un désir naturel. Si nous nous désirons quelque avantage, par exemple la béatitude éternelle, par un motif naturel, c'est intérêt : si nous le voulons par un motif surnaturel, ce n'en est pas un ; et notre intérêt dépend non pas de l'objet utile que nous recherchons, mais du principe naturel ou surnaturel qui nous pousse à le rechercher. Voilà déjà une idée nouvelle et une nouvelle finesse que l'Ecole ne savoit pas, et on y croyoit simplement qu'on pouvoit appeler intéressé tout désir ou naturel ou surnaturel que nous avions de notre avantage, de notre gain, de notre profit.

[1] *Inst. past.*, n. 3.

V.

Suite du plan de l'*Instruction pastorale :* équivoque du mot *intérêt.*

C'est là en effet dans l'*Instruction pastorale* un des sens du mot *intérêt :* mais pourquoi l'auteur l'abandonne-t-il, et s'en tient-il à ce second sens, où l'on appelle intérêt l'attachement par un amour naturel de nous-mêmes pour un objet qui nous est avantageux? Il nous le va dire. *Dans le premier sens*[1], dit-il, c'est-à-dire dans le sens où l'intérêt se prend pour tout objet qui nous est bon, « chacun peut dire comme j'ai fait, que la béatitude est le plus grand de tous nos intérêts [2]. Mais suivant le second sens, qui est le plus naturel et le plus ordinaire dans notre langue, le terme d'intérêt exprime une imperfection, en ce que l'ame, au lieu d'agir par un amour surnaturel pour soi, agit par un amour naturel d'elle-même, qui est très-différent de l'amour surnaturel d'espérance. C'est pourquoi, continue-t-il, après avoir dit [3] : *L'objet est mon intérêt;* j'ai ajouté : *Mais le motif n'est point intéressé.* » Ainsi l'auteur nous avoue, qu'en deux lignes consécutives, le mot *intérêt* se prend en deux sens : *l'objet est mon intérêt;* c'est-à-dire, c'est mon avantage : *le motif n'est pas intéressé;* le sens change là tout à coup, et le motif intéressé veut dire un motif qui nous pousse à un amour naturel.

VI.

Demande importante : Pourquoi le terme d'*intérêt* étant ambigu, l'auteur ne l'a pas défini d'abord : définition de l'amour qu'il appelle naturel.

Il vient ici d'abord une pensée : Pourquoi ce terme d'*intérêt* nous étant donné comme ambigu, et l'auteur l'employant lui-même, comme il en demeure d'accord, en deux divers sens, pourquoi, dis-je, il ne l'a pas défini dans le livre des *Maximes,* lui qui promettoit sur toutes choses des définitions si exactes [4]? D'où vient que son dictionnaire, qui devoit être si riche contre toutes les équivoques, demeure court en celle-ci? La question, si l'on prend la peine de la bien entendre, est un peu embarras-

---

[1] *Instr. past.*, ubi sup.— [2] *Explic. des Max.*, p. 46. — [3] *Ibid.*, p. 45. — [4] *Ibid.*, Avert., p. 26.

sante; mais l'auteur s'échappe en cette sorte : « Les ames parfaites, poursuit-il, veulent pleinement leur souverain bien, en tant qu'il est tel; mais elles ne le veulent pas d'ordinaire par une affection mercenaire [1]. » Que ce terme ne nous embarrasse pas : *mercenaire* et *intéressé*, selon l'auteur [2], *c'est la même chose ;* entendons donc par affection *mercenaire*, une affection *intéressée*, et continuons notre lecture : « Les termes d'*intérêt propre* et de *motif intéressé* sont encore plus déterminés dans notre langue que le terme simple *d'intérêt*, à signifier cette affection imparfaite. Ainsi quoique j'aie dit en deux ou trois endroits que le souverain bien est notre intérêt, je ne me suis néanmoins jamais servi du terme d'*intérêt*, en y ajoutant celui de *propre*, que pour signifier ce seul amour naturel de nous-mêmes, ou affection mercenaire, qui fait ce que les saints ont appelé *propriété* [3] : » ce qu'il conclut en cette sorte : « C'est ce qu'il importe de bien observer dans toute la suite de mon livre, dont le système entier roule sur le vrai sens de ce terme que j'ai employé, comme tous les auteurs spirituels les plus approuvés l'avoient employé avant moi. »

Ainsi le grand dénouement de l'*Instruction pastorale* est compris dans ces minuties : il s'agit de la différence qu'on voudroit trouver, non pas entre l'intérêt et le désintéressement, car elle semble palpable; mais ce qui est bien plus fin, entre l'*intérêt* et l'*intérêt propre : *chose si subtile et si fine qu'on la perd de vue.

Il sembleroit qu'un système qu'on réduit à ces finesses de discours auroit peu de solidité : mais laissons ces réflexions, il ne s'agit pas encore de combattre le nouveau système, mais de le prendre tel qu'il est; et pour être entièrement au fait, voici ce qu'il y faut ajouter.

VII.

Une condition importante de cet amour naturel, c'est qu'il soit délibéré.

L'auteur veut donc, et c'est en ceci que consiste tout son système, que cet amour naturel qui en fait le dénouement soit délibéré [4] : cet amour n'est pas l'instinct naturel à la béa-

[1] *Inst. past.*, ubi sup. — [2] *Ibid.*, n. 20. — [3] *Inst. past.*, n. 3. — [4] *Ibid.*, n. 20.

titude, puisqu'on n'en délibère pas, et que l'*Instruction pastorale* le reconnoît pour invincible : il n'est pas l'amour vertueux qu'on appelle charité, puisque celui-là est surnaturel : il n'est non plus cet amour vicieux qu'on appelle *concupiscence* : « c'est un amour naturel et délibéré de nous-mêmes, et qui est imparfait sans être péché[1] : » c'est pourquoi « il est bon quand il est réglé par la droite raison et conforme à l'ordre : il est néanmoins une imperfection dans les chrétiens, quoiqu'il soit réglé par l'ordre, ou pour mieux dire, c'est une moindre perfection, parce qu'elle demeure dans l'ordre naturel qui est inférieur au surnaturel[2]. » Le système est complet par ces paroles : tout est expliqué : outre les amours de nous-mêmes que tout le monde connoît : le nécessaire, qui nous fait aimer notre béatitude ; le surnaturel, qui est l'amour de nous-mêmes pour l'amour de Dieu, que la charité nous inspire ; le vicieux, qui est l'amour-propre et la concupiscence déréglée : il faut encore reconnoître un amour de nous-mêmes *non vicieux,* comme la concupiscence, puisqu'il est du fond de la nature et seulement imparfait : *délibéré* pourtant, *et de soi ni bon ni mauvais,* comme on vient d'entendre ; et c'est de là que vient toute la perfection chrétienne. Telle est la cause qu'on voudroit porter au saint Siége : voilà de quoi on espère éblouir l'Eglise romaine ; et par ces subtilités on croit lui avoir ourdi un tissu qu'avec toute sa lumière elle ne pourra jamais démêler.

VIII.

L'amour pur change de figure, et devient impie au sens qu'on l'avoit proposé d'abord.

Cependant la bonne cause que nous défendons tire d'ici un grand avantage : on éblouissoit le monde par ces grands mots d'amour pur, d'amour désintéressé, qui ne regarde ni la peine ni la récompense, et les foibles étoient éblouis par cette idée apparemment noble et généreuse ; cependant on voit maintenant que ce sont là seulement de belles paroles, et que le sens naturel que tout le monde y donnoit est insoutenable.

L'*Instruction pastorale* nous apprend qu'on peut unir l'amour

[1] *Inst. past.,* n. 9. — [2] *Ibid,* n. 3.

pur avec celui de la récompense, pourvu qu'il soit surnaturel : on n'a qu'à renoncer seulement à une idée assez inconnue d'amour naturel de la récompense, dont la perte ne coûtera guère à qui sera en possession et dans l'exercice du motif surnaturel. Au reste on ne défend plus cette fausse générosité qui fait craindre d'être imparfait en s'attachant à la récompense, et on la trouve si déraisonnable, que comme on verra dans la suite, on n'y revient plus que par un détour.

Non-seulement elle est mauvaise et insoutenable, mais encore elle est impie. L'auteur le prononce ainsi aux endroits cités à la marge[1], où il dit qu'il y auroit *de l'impiété*, et non-seulement de *l'erreur*, mais encore du *blasphème ; un désespoir impie et brutal, une indifférence impie et monstrueuse, un affreux désintéressement*, et ainsi du reste, à se détacher dans l'amour de la récompense, d'autre chose que de ce désir naturel. Ce n'est donc pas sans raison que nous condamnons d'impiété tout autre détachement de la récompense.

IX.

Quel usage on fait du prétendu amour naturel.

Comme le système est nouveau et qu'il importoit de le bien comprendre, il y a fallu donner tout ce temps; afin de ne rien omettre, peut-être faudroit-il encore expliquer quel besoin a eu l'auteur d'appeler à son secours ce dernier amour naturel, délibéré et non vicieux, qui après tout ne paroît pas être de grand usage dans la vie : mais c'est que se trouvant embarrassé à découvrir quelque chose d'où il pût tirer la différence entre l'état des parfaits et des imparfaits, il a vu premièrement que ce n'étoit pas la charité, puisqu'elle est commune aux uns et aux autres; secondement que ce n'étoit pas la concupiscence, puisqu'elle reste dans les plus saints jusqu'à la fin de la vie comme la matière de leurs combats. Il a donc recours à cet amour naturel, qu'on ne sait jamais si l'on a, ou si l'on ne l'a pas (car qui sent la grace jusqu'à la discerner d'avec la nature?), pour en faire le motif de pur intérêt qui se trouve

---

[1] *Inst. past.*, p. 18, 23, 37, 49, 51, 56, 82, 84, 92, 104, etc., édit. in-4°.

dans les imparfaits, et qui, dit-il[1], d'ordinaire ne se trouve plus dans l'état de perfection.

X.
On démontre qu'il n'y avoit aucune raison de ne point définir le terme d'*intérêt propre*.

Hélas! si le dénouement de l'intérêt propre pris pour un amour « naturel, délibéré, innocent en soi, et seulement imparfait, » est si décisif, combien faut-il déplorer que l'auteur n'ait pas voulu s'en expliquer dans son livre? Tout y roule sur ce seul mot *intérêt propre*; et cependant l'auteur qui vouloit tout définir, n'a oublié que ce terme d'où dépendoit tout : « Plus vous lirez le livre, dit-il, plus vous verrez que tout son système dépend du terme d'*intérêt propre*[2]. L'auteur a-t-il défini un terme si essentiel? Il avoue que non : « Si ce terme n'est pas expliqué dans le livre, c'est que nous avons supposé que tout le monde le prendroit comme nous; » et un peu après : « Nous avons supposé ce sens comme établi par tous les meilleurs auteurs de la vie spirituelle qui ont écrit en françois, ou dont les livres ont été traduits en notre langue. » Pour moi, j'entends bien que l'auteur fait tout rouler là-dessus; car il ne cesse de le répéter : et ce qu'il demande le plus à la fin comme au commencement de son *Instruction pastorale*, c'est qu'on « se ressouvienne que l'intérêt propre n'est qu'un amour naturel de nous-mêmes[3], » tel qu'on vient de le proposer, délibéré, innocent, et seulement imparfait; car il le faut répéter jusqu'à ce qu'on se soit bien mis ces qualités dans l'esprit. Mais en vérité, je ne connois point cette propriété du françois; je connois encore moins cette notion particulière des spirituels; on nous découvre de nouveaux mystères dans notre langue : cette détermination du terme d'*intérêt propre* nous est inconnue : quoi qu'il en soit, qu'auroit-il coûté de l'expliquer en un mot : et pourquoi n'éviter pas à si peu de frais tant de trouble et tant de scandale? D'où vient que jamais on n'en avoit entendu parler? d'où vient que les spirituels qui ont tant recherché les différences des parfaits et des imparfaits, n'ont pas touché celle-ci?

[1] *Instr. past.*, n. 3. — [2] *Ibid.*, n. 20. — [3] *Ibid.*, p. 100.

Comment l'apôtre saint Jean, au lieu de dire que *la parfaite charité bannit la crainte* [1], n'a-t-il pas dit plutôt qu'elle bannit l'amour naturel et délibéré de soi-même? C'est le sujet de l'étonnement de tous les lecteurs.

SECTION III.

Le dénouement de l'auteur détruit par ses propres termes.

XI.

Notion de l'intérêt propre éternel; ce que c'est selon l'auteur.

Mais pourquoi entrer dans ces discussions, puisque l'affaire se peut trancher en un mot? Tout le dénouement de l'auteur, « c'est, dit-il, qu'il ne s'est jamais servi du terme d'*intérêt propre* que pour signifier ce seul amour naturel de nous-mêmes [2], » délibéré et imparfait seulement, mais non vicieux : afin qu'on ne pense pas qu'il parle ainsi par mégarde, il répète en un autre lieu qu'*il n'a jamais pris qu'au même sens ce terme d'*intérêt *en y ajoutant celui de* propre [3]. Mais contre un fait si précisément articulé, je trouve ces mots exprès dans l'*Explication des Maximes des Saints* : « Les épreuves extrêmes où cet abandon doit être exercé, sont les tentations par lesquelles Dieu jaloux veut purifier l'amour, en ne lui faisant voir aucune ressource ni aucune espérance pour son intérêt propre même éternel [4]. » Voilà sans doute le terme de *propre* bien précisément uni à celui d'*intérêt* : or est-il que l'*intérêt propre* ne signifie pas en ce lieu cet amour naturel, délibéré, imparfait, et non vicieux, qui ne peut jamais être *éternel :* qui ne se trouve point, du moins ordinairement, dans les parfaits de cette vie, loin qu'il se puisse trouver dans l'éternité. Je lis encore dans un autre endroit, que dans les dernières épreuves « on fait le sacrifice absolu de son intérêt propre pour l'éternité [5]. » Ce qu'on sacrifie *pour l'éternité* doit pouvoir être éternel : on sacrifie l'intérêt propre *pour l'éternité;* donc l'intérêt propre est éternel; et ce n'est pas cet amour délibéré, naturel, imparfait et non vicieux, qui ne peut être que dans le temps.

[1] I *Joan.*, IV, 18. — [2] *Instr. past.*, n. 3. — [3] *Ibid.*, n. 10. — [4] *Max. des SS.*, p. 73. — [5] *Ibid.*, p. 90.

Ainsi tout ce qu'on nous dit de la notion de l'intérêt propre, qui n'est jamais employé que pour cet amour naturel, est faux manifestement, et en deux mots, tout le dénouement de l'*Instruction pastorale* s'en va en fumée.

XII.

Que cette notion convainc l'auteur d'avoir enseigné le désespoir.

Mais il faut passer plus avant, et de peur qu'on ne nous réponde qu'après tout, quelle que soit cette erreur, on ne s'est trompé que dans les mots : voici la démonstration qui fait voir que la question est vidée au fond dans le point le plus important, qui est celui du désespoir parmi les épreuves. L'intérêt propre éternel ne peut être que le salut, tout autre intérêt étant temporel et passager ; or est-il que les dernières épreuves ne laissent aux saints et aux parfaits *aucune ressource, aucune espérance, pour leur intérêt propre éternel*[1], qui est le salut ; ils n'ont donc *aucune espérance de leur salut*, et ne voient *aucune ressource* à la perte qu'ils croient en avoir faite : ils sont donc dans ce désespoir que l'auteur appelle *impie*[2], et il ne faut que joindre son livre avec son *Instruction pastorale* pour ne lui laisser à lui-même aucune ressource.

XIII.

Suite de la même démonstration.

Qu'ainsi ne soit, écoutons d'abord ce qui est dit dans l'*Instruction pastorale* : « Si on entendoit par *intérêt* le souverain bien, le sacrifice absolu de l'intérêt seroit un acte de vrai désespoir, et le comble de l'impiété[3]. » Or est-il que c'est cela qu'on entend dans les *Maximes des Saints*, puisqu'on ôte toute ressource et toute espérance pour l'*intérêt propre éternel*[4], qui ne peut être que le salut. Le *sacrifice absolu* que l'on y fait, *est celui de l'intérêt propre pour l'éternité*[1], qui n'est encore que le salut même. Donc par le résultat manifeste et inévitable des deux livres, le

---

[1] *Max. des SS.*, p. 73. — [2] *Instr. past.*, n. 10 et 20; p. 18, 59, 92, etc. — [3] *Ibid.*, n. 10. — [4] *Max.*, p. 73. — [5] *Max.*, p. 90.

sacrifice absolu du premier *est un acte de vrai désespoir, et le comble de l'impiété.*

XIV.

Il demeure clair, par les paroles de l'auteur, que le sacrifice absolu est celui du salut.

Ainsi (car il le faut dire à peine de trahir la vérité), ainsi, dis-je, le château de verre plus fragile que brillant, que l'auteur construit avec tant d'art dans son *Instruction pastorale*, est mis en poudre. Il s'agit de sortir de l'embarras du *sacrifice absolu* et de *l'acquiescement simple à sa juste condamnation* ; l'auteur suppose pour cela qu'il y a un sacrifice conditionnel, et qu'il y a aussi un sacrifice absolu. Car, dit-il, *dans l'état ordinaire les ames éminentes peuvent faire à Dieu* (par supposition impossible) *un sacrifice conditionnel sur leur béatitude éternelle ;* c'est le sacrifice qu'il attribue *à Moïse, à saint Paul et au gnostique ou parfait contemplatif de saint Clément d'Alexandrie.* Mais il ajoute qu'il y a outre cela « le cas unique des plus extrêmes épreuves, où l'on ne parle plus dans les termes conditionnels, mais dans une forme absolue : on ne dit plus : Je voudrois; mais on dit : Je veux [1]. » C'est ce sacrifice absolu qu'on a prétendu attribuer à saint François de Sales et à quelques autres. Sur cette distinction l'on construit ce raisonnement : « Dans le premier cas où le sacrifice n'étoit que conditionnel, il regardoit réellement ce que les théologiens appellent la béatitude formelle ou créée, en tant que séparée de l'amour divin. » Passons tout cela, quoique faux, puisque jamais les théologiens n'ont seulement songé à séparer la béatitude formelle de l'amour divin : passons néanmoins, encore un coup, et voyons où l'auteur en veut venir. « Mais, ajoute-t-il, dans le second cas, où les termes ont une forme absolue, le sacrifice ne tombe plus sur la béatitude même créée. » Sur quoi donc? Voici l'illusion : « Il ne tombe que sur l'intérêt propre pour l'éternité. » Mais *l'intérêt propre pour l'éternité*, qu'est-ce autre chose en d'autres termes que *l'intérêt propre éternel ;* et encore, en d'autres termes, que le salut qui n'a point de fin? Ainsi ce sacrifice absolu

[1] *Inst. past.*, n. 10.

qui ne tombe plus sur la béatitude créée et éternelle, y retombe sous l'autre titre d'*intérêt propre éternel*, ou d'*intérêt propre pour l'éternité*; et le sacrifice absolu qu'on voudroit sauver redevient *impie*, puisque c'est, malgré qu'on en ait, le sacrifice du salut, que l'auteur lui-même reconnoît pour tel.

XV.

Que le sacrifice absolu et le sacrifice conditionnel ont et n'ont pas le même objet : contradiction manifeste de l'auteur.

C'étoit en effet une étrange illusion que celle-ci : Que le sacrifice conditionnel et le sacrifice absolu tombent, et ne tombent pas sur deux objets différens : d'un côté, ces objets sont différens par la définition qu'on vient d'entendre : d'autre côté, le sacrifice conditionnel bien certainement tombe sur le salut, et l'auteur l'avoue. « On dit, ce sont ses paroles : Mon Dieu, si vous me vouliez condamner aux peines éternelles de l'enfer, je ne vous en aimerois pas moins[1]. » Par ces termes, ce qu'on sacrifie et à quoi l'on se soumet pour l'amour de Dieu, c'est l'enfer même : cela n'est que conditionnel, et l'auteur voit bien que rendre absolu un tel sacrifice, ce seroit absolument introduire le renoncement au salut : à quelque prix que ce soit, il faut détourner une si funeste pensée; mais comment faire? Quand on a voulu expliquer le sacrifice absolu, on en a posé le fondement sur la croyance certaine que *le cas impossible devenoit réel* [2], et que la perte du salut étoit effective : ainsi les deux sacrifices, le conditionnel et l'absolu ont le même objet; c'est de part et d'autre le salut que l'on sacrifie : voilà ce qu'il faudroit dire, à parler naturellement; on ne le peut, on ne l'ose : il suivroit de là trop clairement, que le salut éternel seroit l'objet du sacrifice absolu comme du conditionnel. Il ne faut donc pas s'étonner si ce qu'on dit est insoutenable et contradictoire.

[1] *Max. des SS.*, p. 87. — [2] *Max. des SS.*, p. 90.

XVI.

Que la persuasion invincible que l'auteur vouloit attribuer à l'imagination, selon lui en propres termes est dans la raison.

Mais ce qu'avance l'auteur sur *la juste réprobation et condamnation*, n'est pas moins étrange : dans ce funeste acquiescement à sa condamnation, « l'ame est invinciblement persuadée qu'elle est réprouvée de Dieu [1] : » c'est ce que porte le livre en termes formels ; la *conviction* qu'elle en a *est invincible* [2]. L'auteur a senti que de telles propositions faisoient horreur aux fidèles ; il tourne tout court dans l'*Instruction pastorale*, et ce qui étoit *persuasion et conviction invincible*, n'est plus qu'imagination : « Ces ames, dit-on, ne croient pas, elles s'imaginent seulement être contraires à Dieu [3]. » Un peu après : « Une ame troublée s'imagine voir Dieu irrité ; » dans la suite : « L'ame dans l'excès de la peine s'imagine être coupable. » Ainsi dans le nouveau dictionnaire, *la persuasion* et *la conviction* ne sont plus un effet du raisonnement ni de la réflexion : on ne songe pas que cette *persuasion invincible* dans les *Maximes des Saints* [4], est en même temps *réfléchie*; et il n'y a personne qui n'entende que ce qui est si bien *réfléchi* est plus qu'*imaginé* : mais si quelqu'un est capable d'en douter, l'*Instruction pastorale* va lever le doute. « Ce seroit, dit-elle, être peu instruit que de mettre la partie inférieure dans les réflexions, et la supérieure dans les actes directs, comme quelques personnes ont cru que je le voulois faire : la partie inférieure consiste dans l'imagination et dans les sens : or l'imagination est incapable de réfléchir ; les réflexions sont donc dans la partie supérieure qui consiste dans l'entendement et dans la volonté [5]. » Cela est précis ; qu'on ait fait tort à l'auteur, puisqu'il le veut, en lui faisant croire que la réflexion appartient à la partie inférieure : on ne lui en fait point de croire que *la persuasion et conviction invincible*, dont il s'agit, ne soit point un acte de l'imagination, puisqu'évidemment elle est *réfléchie* [6], et que *l'imagination est incapable de réfléchir* [7]. Il arrive donc à l'auteur comme à ceux qui

---

[1] *Max. des SS.*, p. 87. — [2] *Ibid.*, p. 90. — [3] *Inst. past.*, n. 10. — [4] *Max. des SS.*, p. 87. — [5] *Inst. past.*, n. 15. — [6] *Max.*, p. 87. — [7] *Inst. past.*, n. 15.

bâtissent mal ; c'est un ouvrage plâtré, et ce qu'ils soutiennent d'un côté tombe de l'autre : cette persuasion, cette conviction qu'il avoit tâché d'attribuer à l'imagination, est visiblement dans la raison : elle est « dans la partie supérieure, qui consiste dans l'entendement et dans la volonté. » C'est là qu'est le désespoir : or est-il que c'est cela même que l'auteur trouvoit impie ; c'est donc lui-même (il le faut bien dire), c'est lui-même qui s'est convaincu d'impiété.

XVII.

Le livre de l'*Instruction sur les Etats d'Oraison* mal objecté.

Mais par le même principe, ce qu'il dit pour justifier le reste de son discours, se dément soi-même. « Cette impression involontaire de désespoir est, dit-il, très-différente du désespoir, M. de Meaux lui-même l'a reconnu [1] : » je l'avoue ; mais il faut tout joindre : quand cette impression consiste dans un acte *réfléchi*, qu'elle produit une *persuasion invincible*, et pour dire quelque chose de plus fort, une *invincible conviction*, c'est un jugement formé et déterminé dans la raison : l'acquiescement simple qui naît de là n'est autre chose qu'un consentement au désespoir, et l'on ne dira pas que M. de Meaux ait rien avancé de semblable.

XVIII.

Vaine réponse, et suite de contradictions.

Il ne sert de rien de répondre que ce n'est ici selon l'auteur, qu'une *persuasion apparente et une espèce de persuasion* [2] : un terme équivoque ne résout pas une objection ; une contradiction dans les termes la résout encore moins : c'est une preuve, et non pas un soulagement de l'erreur ; *cette persuasion est* de l'espèce qui est *invincible*. On verra dans l'un des Ecrits de ce recueil [3] que le comble de l'erreur est dans cette *conviction* en même temps *invincible et apparente* : car c'est par là qu'on s'abîme dans les horreurs de Molinos, qui fait subsister le vice avec la vertu op-

---

[1] *Max. des SS.*, p. 90. *Instr. past.*, n. 10. *Instr. sur les Etats d'Or.*, liv. IX, n. 3. — [2] *Max des SS.*, p. 88, 90. *Intr. past.*, n. 10. — [3] *Troisième Ecrit*, n. 23.

posée, et qui dit qu'il n'est qu'apparent, tandis qu'il est invincible : ce n'est pas moi qui le dis, c'est l'auteur qui se convainc lui-même ; je ne fais que prêter à la vérité les expressions qu'elle demande ; et touché, comme saint Paul, de la crainte d'altérer la sainte parole, « je parle avec sincérité, je parle comme de la part de Dieu, devant Dieu, et en Jésus-Christ [1]. »

XIX.

La juste condamnation où l'on acquiesce, n'est autre chose que l'enfer.

Les autres illusions de l'auteur tombent par ce même coup : l'acquiescement de l'ame à sa juste condamnation n'est pas, dit-il, *l'acquiescement à la réprobation* éternelle [2]. Conférons les termes : « L'ame, a-t-il dit, est invinciblement persuadée qu'elle est justement réprouvée de Dieu [3]; » c'est à cette persuasion qu'elle conforme son acquiescement : c'est donc à sa juste réprobation qu'elle acquiesce, *et la juste condamnation où l'on croit être de la part de Dieu* [4] ne peut être autre chose. Poussons encore, et voyons si en représentant la vérité avec toute l'évidence où elle se montre, nous pourrons lui ramener ceux qui s'en écartent. C'est de son crime que l'ame est invinciblement persuadée et convaincue : la juste condamnation du crime, du *côté de Dieu*, est celle qui nous condamne à l'enfer ; quand donc on acquiesce *à la juste condamnation où l'on croit être du côté de Dieu* par son crime, c'est à sa juste damnation, c'est à la perte éternelle de son salut qu'on acquiesce. Ce sentiment est impie, de l'aveu de l'auteur ; il fait donc acquiescer l'ame à l'impiété : il veut avec cela qu'elle soit sainte et parfaite ; ainsi il fait compatir l'impiété non-seulement avec la grace, mais encore avec la perfection : Molinos n'a rien dit de plus étrange, et n'a pas ouvert la porte à des conséquences plus affreuses.

XX.

Autre démonstration, par les paroles de l'*Instruction pastorale*.

Mais après tout, si ce n'est pas *à sa juste condamnation* que l'ame acquiesce, à quoi acquiesce-t-elle ? Voici ce qu'on nous ré-

[1] II *Cor.*, II, 17. — [2] *Instr. past.*, n. 10. — [3] *Max. des SS.*, p. 87. — [4] *Ibid.*, p. 91.

pond : « Cette condamnation juste n'est que l'opposition de Dieu au péché, et la colère de Dieu dont tout pécheur doit porter la juste impression [1]; » je le veux ; mais c'est de là même qu'il faut conclure qu'on acquiesce à la juste et implacable colère de Dieu contre les pécheurs et contre soi-même, puisqu'on se croit de leur nombre par une conviction réfléchie autant qu'invincible. Or qu'est-ce que la damnation, si ce n'est cette opposition éternelle de la justice divine avec le péché dans une ame justement réprouvée, ou qui se croit telle invinciblement, et avec une réflexion aidée de l'avis de son directeur ? C'est donc en vain qu'on tournoie ; il en faut venir à reconnoître le consentement à sa perte.

XXI.

Job mal allégué.

Après tant d'erreurs manifestes, on allègue pour les soutenir l'exemple de Job. Il est vrai, dit-on, qu'il portoit « une impression de désespoir : mais confondre l'impression de désespoir avec le désepoir, ce seroit confondre l'imagination avec la volonté, et la tentation avec le péché [2]. » Je reçois la distinction ; mais non pas qu'on donne pour un acte de l'imagination, ce qui étant réfléchi ne peut appartenir selon l'auteur qu'à la partie supérieure : je consens que cette impression que Job représente ne soit qu'une tentation ; mais de dire en même temps avec notre auteur que la persuasion et la conviction, c'est-à-dire le consentement à la tentation, soit invincible, et que Job ait pu le penser, c'est faire de ce prophète un blasphémateur à l'exemple de Molinos, qui, dans sa XLIV° proposition condamnée par la bulle d'Innocent XI, a dit : *Job a blasphémé;* c'est contredire l'Apôtre, qui prononce en termes formels, que *Dieu ne permet pas que les fidèles soient tentés par-dessus leurs forces* [3] : c'est rejeter les conciles, qui ont décidé que Dieu ne commande pas l'impossible ; ainsi il n'y a rien de plus opposé que Job, et ces ames prétendues parfaites, qu'on nous représente dans l'impuissance de résister à la tentation du désespoir.

[1] *Instr. past.*, n. 10.— [2] *Ibid.*, n. 10. — [3] I *Cor.*, x, 13.

XXII.

Objection et réponse par les termes de l'auteur.

Mais, dit-on, il est porté expressément, dans cet endroit-là, que ce qu'on sacrifie est *l'intérêt propre*[1] *:* oui, *l'intérêt propre éternel ; l'intérêt propre pour l'éternité :* ce n'est donc pas cet *intérêt propre* qui ne peut avoir lieu que dans cette vie : ce n'est point *cet intérêt propre* qu'on a défini : *un amour naturel et délibéré de soi-même*[2] *;* ce n'est, dis-je, pas cet intérêt propre, quoi que puisse dire l'auteur, *que l'on sacrifie en termes absolus*[3]. Car il ne faudroit pas faire tant de façons à sacrifier un acte qui est libre, délibéré, et cependant le dernier obstacle à la perfection. C'est donner un mauvais conseil à un directeur que de vouloir lui persuader, comme on fait dans *l'Instruction pastorale*[4], d'attendre, *pour inspirer ou permettre* un acte si juste, *une extrême nécessité :* il ne faut point travailler avec l'auteur *à rendre cet acte si rare et si précautionné ;* au contraire on ne peut trop tôt en enseigner la pratique, puisqu'elle n'a rien de suspect ni de dangereux, ni trop tôt y pousser une ame sainte, telle qu'est celle qu'on suppose dans ces épreuves.

XXIII.

Que toutes les excuses de l'auteur se contredisent elles-mêmes.

Mais j'ai dit, nous répond l'auteur, dans le même endroit « d'où l'on tire cette objection, que le directeur ne doit jamais ni permettre ni conseiller de croire positivement par une persuasion libre et volontaire, qu'elle est réprouvée, et qu'elle ne doit plus désirer les promesses par un désir désintéressé[5] ; » et cette doctrine se confirme dans l'article faux. Il y a du vrai et du faux dans cette réponse. Il est vrai que l'auteur a dit qu'on ne doit « ni permettre ni conseiller de croire positivement par une persuasion libre et volontaire, qu'on est réprouvé[6] : » mais il n'a pas dit de même qu'on ne doit ni permettre ni conseiller « de le croire

---

[1] *Max. des SS*, p. 73, 90. — [2] *Instr. past.*, n. 3. — [3] *Ibid.*, n. 10. — [4] *Ibid.* — [5] *Max. des SS.*, p. 92. — [6] *Instr. past.*, n. 10.

positivement par une persuasion invincible et involontaire. » Si l'on dit qu'une permission de cette nature ne tombe pas sous le conseil, il est vrai en soi ; mais quand cette invincible persuasion *est réfléchie :* quand dès là, par les propres termes de *l'Instruction pastorale*, c'est une *conviction* et un jugement de la raison : quand on permet d'agir, de sacrifier, d'acquiescer en conformité et sur ce seul fondement ; n'est-ce pas là approuver cette invincible conviction jusque dans la partie supérieure, qu'on livre par ce moyen clairement au désespoir?

XXIV.

Que ce n'est point une excuse, de se défendre en disant : Je me serois contredit: quand il est clair qu'on se contredit en effet.

Si l'auteur pense qu'on puisse accorder toutes les parties de sa doctrine, il est visible qu'il se trompe : et s'il ne peut accorder deux choses qu'il a prononcées toutes deux si clairement, qu'il cesse d'exiger de nous, comme il fait dans son *Instruction pastorale*[1], le soin de le *concilier parfaitement avec lui-même*, puisqu'on voit que l'entreprise en est impossible, et ne peut être tentée que vainement.

Une chose du moins est bien assurée, c'est qu'encore qu'il désavoue les conséquences affreuses de cette doctrine, elles ne laissent pas d'être démontrées dans notre écrit intitulé *Summa doctrinæ*[2], et dans le *Troisième Ecrit* de ce recueil[3], où je renvoie le lecteur ; et s'il n'en demeure pas convaincu, je consens qu'il n'ajoute plus aucune foi à ma parole.

XXV.

Dernier refuge de l'auteur : l'illusion des expériences : il en faut juger par la règle de la foi.

Mais il n'est que trop véritable que tout ce système se dément lui-même par cent endroits, et qu'il ne reste de solution à l'auteur que celle-ci, où il met enfin son dernier recours : « Il n'est pas question de dire que ces choses sont délicates, subtiles et

---

[1] *Instr. past,*, n. 10. — [2] *Summa doct.*, n. 3, etc. — [3] *Trois. Ecrit*, n. 23.

difficiles à démêler; le fait est qu'elles sont, et qu'il faut les révérer sans les bien comprendre, puisque les saints attestent qu'ils les ont éprouvées [1]. » C'est là prendre pour dernier refuge la source des illusions ; et si après avoir attribué aux ames saintes des actes, des sentimens, des sacrifices et des acquiescemens directement opposés aux principes de la foi, on croit, quand on n'en peut plus, se sauver en disant toujours qu'on n'est pas entendu, et qu'enfin on en appelle aux expériences, ces expériences sont fausses, elles sont contraires à la règle de la foi ; il n'est pas vrai que les saints attestent qu'ils les ont senties, et le *Troisième Ecrit* de ce recueil démontre [2] que cela n'est pas ni ne peut être.

Il est vrai qu'en citant Gerson, et sans qu'il fût question de ces prétendues expériences, l'auteur leur prépare un soutien en disant que ce pieux docteur « a défendu la vie mystique, jusqu'à assurer que ceux qui n'en ont pas l'expérience, n'en peuvent non plus juger qu'un aveugle des couleurs [3]. » Il devoit du moins excepter les pasteurs dont il avoit dit dans son livre [4], « qu'ils ont une grace spéciale pour conduire sans exception toutes les brebis du troupeau. » S'ils sont véritablement par leur charge et leur mission, indépendamment des expériences particulières, *les dépositaires de la saine doctrine* [5], il ne falloit point avancer que sans l'expérience de la vie mystique, on est un aveugle qui veut juger des couleurs : ni, en alléguant Gerson, taire les endroits où ce pieux docteur combat l'erreur de ceux qui, pour se soustraire au jugement de l'Ecole, renvoient tout le jugement à l'expérience : nous avions marqué un assez grand nombre de ces endroits dans notre préface du livre de l'*Oraison* [6], et nous pourrions y en ajouter beaucoup d'autres. Quoi qu'il en soit, et en avouant, comme incontestable, que l'expérience donne des secours qu'on ne peut guère tirer d'ailleurs dans la conduite, il demeurera pour certain que le discernement du point de foi est dans les docteurs indépendamment des expériences, puisqu'elles peuvent n'être autre chose que des illusions. Ainsi les nouveaux

---

[1] *Instr. past.*, n. 10. — [2] *Trois. Ecrit.*, Quest. import., n. 4, etc. — [3] *Instr. past.*, n. 20, p. 69. — [4] *Max. des SS.*, art. 43, p. 259. — [5] *Instr. past.*, p. 105. — [6] *Instr. sur les Etats d'Or.*, *Préf.*, n. 3 et 4.

mystiques ne doivent pas espérer qu'on révère tout ce qu'ils nous vantent jusqu'à leurs désespoirs, puisqu'ils seront toujours, malgré qu'ils en aient, jugés par ceux qui écoutent l'Ecriture et la tradition, sans qu'on puisse décliner leur jugement, sous prétexte qu'ils n'auroient point par eux-mêmes, ou qu'ils ne vanteroient pas certaines expériences qu'on fait trop valoir.

XXVI.

Que l'auteur oppose en vain à M. de Meaux l'exemple de la Mère Marie de l'Incarnation.

Il est vrai encore ce que dit l'auteur[1], que « M. l'Evêque de Meaux assure que la Mère Marie de l'Incarnation dans une vive impression de l'inexorable justice de Dieu, se condamnoit à une éternité de peines, et s'y offroit elle-même, afin que la justice de Dieu fût satisfaite[2]. » En rapportant ce passage, il ne falloit pas oublier que j'ai mis cet acte parmi les suppositions impossibles, qui se réduisent enfin à une simple velléité, et jamais à une volonté absolue. C'est ce que j'ai si souvent expliqué, qu'on pouvoit m'épargner la peine de le répéter, et surtout il ne falloit pas se servir de cet exemple pour me faire admettre avec l'auteur le sacrifice absolu, et le simple acquiescement à sa juste réprobation et condamnation, dont je n'ai jamais parlé qu'avec horreur.

XXVII.

Erreur sur les volontés inconnues : contradictions de l'auteur.

Après cela, sans examiner davantage si l'auteur est bien d'accord avec lui-même dans ses articles vrais ou faux, il ne peut plus excuser « ses désirs généraux sur toutes les volontés de Dieu que nous ne connoissons pas[3]. » Il se trompe s'il croit se sauver en disant, « que la volonté de permission n'est jamais notre règle[4]. » Car le décret de la damnation des particuliers, qui est positif après la prévision de l'impénitence finale, n'en sera pas moins compris parmi les volontés inconnues, pour lesquelles on

---

[1] *Instr. past.*, n. 10. — [2] *Instr. sur les Etats d'Or.*, liv. IX, n. 3.— [3] *Max. des SS.*, p. 61. — [4] *Instr. past.*, n. 3. *Max. des SS.*, p. 151.

nous inspire des désirs. Et sans examiner davantage toutes les excuses qu'apporte l'auteur à une proposition si étrange et si inouïe, il suffit qu'elles soient détruites par les effets, puisqu'on voit les ames parfaites acquiescer effectivement à leur damnation et sacrifier leur salut : ce qui ne peut avoir d'autre fondement qu'une fausse conformité à la volonté de Dieu, et un zèle aussi faux pour sa justice.

Sans doute, quoi qu'on puisse dire et de quelque côté qu'on se tourne, qui sacrifie, *sacrifie volontairement*[1] *:* qui acquiesce, veut acquiescer : qui consent à la juste condamnation d'un criminel qui se croit *invinciblement*, avec réflexion, *très-justement réprouvé* pour son péché, ne peut consentir à rien moins qu'à sa perte ; et quelque plainte qu'on fasse qu'on ne peut pas *se contredire si follement dans un même article*[2], la chose est claire, et confirme cette inébranlable vérité, que l'erreur aussi bien que « l'iniquité se dément toujours elle-même : *Mentita est iniquitas sibi*[3]. »

XXVIII.

Exclusion du désir du salut.

C'est une proposition également insoutenable de dire avec l'auteur, « que le désir de la vie éternelle est bon, mais qu'il ne faut désirer que la volonté de Dieu[4] ; » ou, comme il l'a tourné ailleurs, « que le désir du salut est bon, mais qu'il est encore plus parfait de ne rien désirer[5] : » de même que si l'on disoit : Il est bon de dire : *Que votre règne arrive ;* mais après tout, il s'en faut tenir à demander *que la volonté de Dieu soit faite.* De telles propositions induisent l'exclusion du désir du salut comme nécessaire, ou du moins comme meilleure aux parfaits[6] : ce que l'auteur rejette maintenant lui-même comme impie.

XXIX.

Si les propositions exclusives du salut sont de S. François de Sales.

Nous n'avons pas besoin d'examiner si ces deux propositions

---

[1] *Ps.* LIII, 8. — [2] *Instr. past.*, n. 10. — [3] *Ps.* XXVI, 12. — [4] *Max. des SS.*, p. 55. — [5] *Ibid.*, 226. *Inst. past.*, p. sans chif. après 80. — [6] Ci-dessus, n. 8.

deviennent incensurables, pour ainsi parler, par l'autorité de saint François de Sales, ni s'il est permis de condamner des propositions des saints canonisés, du moins dans le mauvais sens qu'y donneroit un auteur : puisque de ces deux propositions, la dernière bien constamment n'est pas de ce Saint, et que la première, quoiqu'on la cite de l'édition de Lyon, n'en est non plus.

XXX.

Discussion nécessaire sur les *Entretiens* de ce Saint, et sur les éditions différentes de ce livre.

Il faut une fois vider, à cette occasion, la question que nous avons avec l'auteur sur le sujet de saint François de Sales qu'il cite sans cesse, croyant se mettre à couvert de toute censure. Voici donc ce qu'il dit sur ce sujet : « Ce dernier passage semblable à beaucoup d'autres, et celui qui regarde le mérite, ne sont point dans l'édition de Paris, mais ils sont dans celle de Lyon [1]. » On lui nie en premier lieu qu'il y ait *beaucoup de passages semblables*, puisqu'il n'en produit aucun ni dans son livre ni dans son *Instruction pastorale*, et que j'en ai produit une infinité de contraires dans l'*Instruction sur les états d'Oraison* [2]; et quant aux éditions des *Entretiens*, je ferai ces observations : la première sur celle de Paris, qu'il n'y en a pas pour une seule, mais un très-grand nombre, et que ce passage ne se trouve en aucune : la seconde observation est, qu'outre les éditions de Paris ou de Lyon, tant des *Entretiens* seulement que des autres éditions où ils sont compris, il ne falloit pas oublier celle de Toulouse, faite sous les yeux et par les ordres du grand archevêque Charles de Montchal, sur laquelle aussi les autres éditions qui comprennent un recueil des œuvres du Saint se sont moulées, et où ce passage n'est non plus. Ma troisième observation regarde les éditions des *Entretiens* faites à Lyon : j'en connois trois de Vincent de Cœursillis, celle de 1629, celle de 1631 et celle de 1632, qui toutes trois sont semblables; et la dernière a servi de modèle à celle de Toulouse. J'ai donc examiné dans celles-là le passage que l'auteur allègue comme étant d'une édition de

[1] *Instr. past.*, ubi sup. — [2] Liv. VIII et IX.

Lyon ; mais ni le nombre de l'*Entretien*, ni celui des pages marquées à la marge, ni les paroles, ni le sens n'y conviennent : toutes ces éditions n'ont rien d'approchant, non plus que sept ou huit autres que j'ai vues. C'est donc à l'auteur à nous produire, s'il veut, son édition de Lyon des *Entretiens* semblables aux nôtres, et comme les nôtres donnés sous l'aveu des filles de Sainte-Marie d'Anessi, où son passage se trouve. Car il faut encore ici remarquer deux choses : l'une, que, par la préface de ces saintes religieuses sur ces *Entretiens*, il est constant qu'ils ont seulement été recueillis de la bouche de leur saint Instituteur, sans qu'ils aient jamais passé sous ses yeux : et secondement qu'il y a eu une impression d'*Entretiens* sous le nom du saint évêque, si peu dignes de lui, qu'on a été obligé de les rejeter ; ce qui aussi a porté ces religieuses à donner à leur édition le titre de *Vrais Entretiens du saint évêque de Genève,* pour montrer que les autres n'étoient pas de lui, ni avoués de ses filles : d'où aussi il est arrivé qu'on les a méprisés au point de ne les insérer jamais dans le recueil de ses œuvres.

Nous avons donc raison de tenir pour nul tout ce qu'on pourra nous produire sans l'aveu de ces saintes filles ; et les propositions dont il s'agit ne se trouvant pas dans leur recueil, elles sont soumises à la censure, même selon les maximes que l'on voudroit introduire sur l'autorité des saints canonisés, de quoi nous traiterons plus bas.

J'ai voulu entrer exprès dans cette petite critique pour deux raisons : l'une, comme j'ai dit, qu'il est important de connoître à l'œil le peu d'assurance qu'il y a aux citations de notre auteur, surtout à celles de saint François de Sales dont il fait son fort : et la seconde, pour empêcher qu'on ne donnât de l'autorité à des propositions où l'exclusion de tout désir du salut étoit si formelle, et d'autant plus dangereuse qu'elle paroissoit sous le nom d'un Saint qui n'y a aucune part.

XXXI.

Que ces propositions faussement attribuées à S. François de Sales sont insoutenables en elles-mêmes.

Que si maintenant nous regardons en eux-mêmes ces deux passages de notre auteur contraires au désir du salut [1]; c'est en vain qu'il y a voulu attacher son prétendu *amour naturel*, dont il ne fait nulle mention dans ces endroits de son livre. Il est juste d'entendre les propositions générales sans restriction, quand elles n'en contiennent point, ou que la suite ne leur en donne aucune : d'ailleurs, quand on dit que *le désir de la vie éternelle est bon*, ce désir qui est bon n'est autre manifestement que le désir surnaturel : quand donc on ajoute après : *Mais il ne faut désirer que la volonté de Dieu,* c'est ce désir surnaturel qu'on veut exclure : et comme l'on a déjà dit, on veut exclure l'*adveniat regnum tuum*, comme une demande des imparfaits, en ne laissant aux prétendus parfaits que le *fiat voluntas*. J'en dis autant de l'autre passage : « le désir du salut est bon, mais il vaut mieux ne désirer que la volonté de Dieu [2]. » Ce n'est point par ce prétendu amour naturel *qu'on ne désire que la volonté de Dieu*: ce n'est donc point par ce même amour qu'est conçu le premier désir, qui est celui du salut; et visiblement l'amour prétendu naturel n'est ici qu'une illusion.

On trouve la même faute dans un passage du même saint cité par l'auteur pour exclure toute *prétention* [3], c'est-à-dire toute espérance dans le saint amour, et faire qu'il se soutienne de lui-même. Nous avons traité ce passage dans le *Troisième Écrit* de ce recueil [4], et ainsi je n'en dirai rien ; mais je conclurai seulement que l'auteur dans son premier livre tendoit à exclure le désir du salut, qu'il trouve impie dans le second.

[1] *Max. des SS.*, p. 55, 225. *Instr. past.*, p. sans chiffre, après la p. 80. — [2] *Ibid.*, p. 225. — [3] *Ibid.*, art. 21, p. 107. — [4] *Trois. Écrit.*, n. 7.

SECTION IV.

Où l'on détruit le dénouement de l'auteur par les principes qu'il pose.

XXXII.

Explication des principes de l'Ecole sur l'intérêt propre.

Tel est l'état des deux systèmes rapportés l'un avec l'autre ; et il est très-clairement démontré par les propres termes des deux livres, que celui de l'*Instruction pastorale* ne laisse aucune excuse à celui des *Maximes des Saints* : mais pour entendre plus à fond ces deux plans divers, et pourquoi l'on est maintenant contraint d'abandonner le premier qui étoit tiré des principes de l'Ecole, mais outrés et mal entendus, il faut écouter saint Anselme de qui l'Ecole les a pris.

XXXIII.

Distinction de S. Anselme, soutenue de S. Bernard, et suivie de Scot et de son école, entre la justice et l'intérêt sous lequel est comprise la béatitude.

Il dit donc que nous ne pouvons vouloir autre chose que ce « qui est juste ou ce qui est utile, et que le diable même lorsqu'il est tombé n'a pu vouloir que la justice ou ses propres intérêts : *Nihil velle potuit nisi justitiam aut commodum* : parmi lesquels il faut mettre la béatitude : *ex commodis constat beatitudo*[1] : » ce qu'il explique plus nettement dans le livret de la Volonté, où il détermine que « nous ne pouvons vouloir autre chose que la justice ou nos intérêts, et qu'on veut tout ou pour l'un ou pour l'autre[2] : » et encore plus à fond dans le livre de la Concorde et du libre Arbitre[3], dont le précis est, « que l'intention de Dieu étoit de faire la créature raisonnable pour être juste et heureuse : mais qu'il lui avoit donné la béatitude pour l'intérêt de l'homme même ; au lieu qu'il lui avoit donné la justice pour le propre honneur de Dieu : *Beatitudinem ad commodum ejus; justitiam verò ad honorem suum.* » Ce qui lui fait définir la béatitude, « l'affluence ou la plénitude des intérêts ou des avantages convenables : *Sufficientiam competentium commodorum.* »

---
[1] *De cas. diab.* cap. 4. — [2] *De vol.*, p. 116. — [3] *De Conc.*, etc., cap. 13.

Cette distinction de saint Anselme est soutenue de l'autorité de saint Bernard dans le livre de l'*Amour de Dieu*, où il réduit les raisons *de l'aimer pour l'amour de lui-même*, à ces deux chefs : « Qu'il n'y a rien qu'on puisse aimer avec plus de justice, ni avec plus de fruit et d'utilité : *Sive quia nil justius, sive quia nil fructuosius diligi potest*[1] ; » où l'on aperçoit d'abord la justice et l'utilité de saint Anselme ; et saint Bernard s'y attache encore plus clairement, lorsqu'il se propose d'expliquer *par quel mérite du côté de Dieu, et par quel intérêt du nôtre* on le doit aimer : *quo merito suo, quo nostro commodo*.

Il emploie les premiers chapitres à établir les raisons d'aimer du côté de Dieu ; et venant à celles *de notre intérêt : quo commodo nostro*, il parle de la récompense qu'il réserve à ses élus[2] : ce qui revient manifestement aux idées de saint Anselme.

Jusqu'ici il est clair que par l'intérêt on entend un intérêt surnaturel, et qu'on n'a pas seulement songé à une autre idée.

Scot avec toute son école, rapporte à ce même sens les paroles de saint Anselme ; et après avoir observé dans les passages de ce Père qu'on vient d'alléguer, « l'affection que nous avons pour la justice et celle que nous avons pour l'intérêt, » il établit la différence de la charité et de l'espérance, « en ce que l'une nous perfectionne selon l'affection de la justice qui est la plus noble, et l'autre (qui est l'espérance) nous perfectionne selon l'affection que nous avons pour l'intérêt[3]. »

Il présuppose partout la même distinction, et dans son livre sur les *Sentences*, où il établit la différence des trois vertus théologales, il dit que la charité « diffère de l'espérance, parce que son acte n'est pas de désirer le bien de celui qui aime, en tant que c'est son intérêt, *commodum*, mais de tendre à l'objet en lui-même, quand par impossible on en retrancheroit tout ce qu'il y a d'intérêt pour celui qui aime : *Etiamsi per impossibile circumscriberetur ab eo commoditas ejus ad amantem*[4]. »

Il enseigne la même doctrine dans le livre intitulé : *Reportata Parisiensia*[5] ; où sur le même fondement de saint Anselme, « il

[1] *De dil. Deo.*, cap. 1, n. 1. — [2] *Ibid.*, cap. 7, n. 17. — [3] *In* I, q. 3, n. 17. — [4] *In* 3, dist. 27, q. unic., p. 643. — [5] Lib. 3, dist. 23, q. un., Sch., 3.

pose la nature de l'espérance en ce qu'elle désire l'intérêt de celui qui espère : » tout au contraire de la charité qui regarde l'objet en soi ; et cette distinction tirée de saint Anselme est le fondement de toute la doctrine de Scot et de son école sur l'espérance et la charité. On voit donc que, dès l'origine de la distinction entre les raisons de justice et les raisons d'intérêt, on n'a jamais entendu sous ce dernier mot que cet intérêt surnaturel proposé à l'espérance chrétienne.

XXXIV.

Sentiment conforme de Suarez, et du commun de l'Ecole.

Cette doctrine de Scot a passé depuis presque à toute l'Ecole ; et sans encore en examiner les raisons, il suffit ici de poser comme un fait constant, que c'est aujourd'hui sans difficulté la plus commune ; de sorte qu'il ne reste plus qu'à la bien comprendre. Je n'alléguerai ici que Suarez, en qui seul on entendra, comme on sait, la plus grande partie des modernes. Il enseigne dans le traité de l'Espérance : « Cet amour (celui de l'espérance) n'est point l'amour de charité : *non est charitatis* : parce que la charité ne tend pas à son propre intérêt : *non tendit in proprium commodum* : et que l'amour d'espérance est l'amour de son propre intérêt : *ille autem est amor proprii commodi*[1]. » Un peu après : « L'objet de l'espérance est le souverain bien, comme étant aimable d'un amour de concupiscence, et comme pour l'intérêt de celui qui aime : *quasi in commodum amantis*[2]. » Dans la suite : « L'amour que la charité a pour elle-même ne regarde pas prochainement le propre bien de la nature : *bonum proprium naturæ* : mais le bien ou l'honneur divin, ou la divine excellence : mais cet amour (celui d'espérance) regarde proprement : *propriè attendit* : à la raison de propre intérêt : *rationem proprii commodi*[3]. » Il est clair par tous ces passages, que l'intérêt propre ne veut rien dire de naturel, mais qu'il est mis expressément pour établir l'objet surnaturel de l'espérance chrétienne. S'il ne falloit que cinquante passages de cette nature, ou de cet

---

[1] Tract. II, *de Spe,* disp., I, speculat. sect. III, n. 2, etc. — [2] *Ibid.*, n. 4. — [3] *Ibid.*, n. 9.

auteur, ou des autres modernes, on les produiroit sans peine : je marquerai encore Sylvius, parce que l'auteur paroît s'y fier beaucoup.

XXXV.

Sentiment de Sylvius souvent cité par l'auteur.

Pour justifier l'espérance contre les luthériens, qui soutenoient que c'étoit mal fait d'agir pour la récompense, il établit ces propositions : « Il n'est pas permis d'avoir pour la fin dernière de son amour, la récompense de la vie éternelle, parce que la vie éternelle et la propre vision de Dieu n'est pas Dieu même, et nous devons aimer Dieu pour lui, quand même il ne nous en reviendroit aucun intérêt : *dato quòd nobis nihil commodi proveniret*[1] : » où visiblement l'*intérêt, commodum*, n'est pas un objet naturel, mais l'objet surnaturel de l'espérance.

Pour définir l'amour mercenaire ou intéressé il décide, « ou bien avec saint Thomas, que c'est celui qui a pour motif les biens temporels, ou qu'improprement c'est celui qui regarde tellement la récompense, qu'il ne laisse pas d'aimer Dieu pour lui-même quand la récompense ne lui seroit pas proposée[2]. »

XXXVI.

Sentiment de S. Bonaventure rapporté par le même Sylvius.

Il allègue saint Bonaventure, dont voici le sentiment. Ce séraphique docteur *demande si la charité peut être mercenaire* : et il conclut avec distinction, que si par le mot de *mercenaire, mercimonia*, on entend la récompense créée, la charité n'est pas mercenaire; mais que « si l'on entend la récompense incréée, qui est Dieu même, selon cette parole dite à Abraham : *Je suis ta très-grande récompense : il n'y a nul inconvénient à dire que la charité est mercenaire*[3]. » Telle est la résolution de saint Bonaventure par rapport à la question que nous traitons, et le reste, qu'il ne faut point embrouiller avec cette difficulté, n'y appartient pas.

---

[1] II-II, q. 27, art. 3, p. 170. — [2] *Ibid.* — [3] *Dist.* 27, art. 2, q. 2.

XXXVII.

Conclusion de Sylvius: La charité toujours désintéressée par l'autorité expresse de S. Paul.

Selon cette décision de saint Bonaventure, Sylvius conclut avec saint Paul, « que la charité ne cherche point son intérêt : non, dit-il, qu'elle ne cherche point la récompense, mais parce qu'elle n'est point attachée à ses propres intérêts : *quòd non studeat privatis commodis :* en négligeant ou estimant moins le bien commun qui est Dieu : *neglecto vel postposito bono communi*[1] : » de sorte que l'affection où l'on cherche son intérêt propre en le rapportant à Dieu n'a rien que de juste, et qu'elle est aussi manifestement surnaturelle.

XXXVIII.

Raison de cette doctrine de l'Ecole : principe de conciliation entre toutes les expressions des docteurs sacrés.

Telle est la doctrine commune de l'Ecole, et si l'on en veut enfin savoir la raison, c'est en peu de mots que la charité, qui est la plus parfaite des vertus, ayant dès là pour objet le bien le plus excellent ; et Dieu en lui-même étant sans doute plus excellent que Dieu en nous, puisqu'en lui-même il est infini et ne peut nous être communiqué que d'une manière finie : il s'ensuit que la charité doit avoir pour objet essentiel Dieu en tant qu'il est bon en soi, et non Dieu en tant qu'il nous rend heureux.

De quelle sorte maintenant l'idée de Dieu comme bienfaisant et béatifiant revient à celle de Dieu comme bon en soi et fait une de ses excellences, ce n'est pas notre question présente. Nous l'avons suffisamment expliqué ailleurs[2] : et c'est assez en ce lieu que nous voyions la raison qui détermine l'Ecole à faire de Dieu parfait en soi sans rapport à notre intérêt, l'objet essentiel de la charité. Nous avons aussi marqué le principe pour concilier toutes les expressions des docteurs sacrés[3], et ce n'est pas de quoi il s'agit.

[1] *Dist.* 27, art. 2, q. 21. ad 3.— [2] Vid. *Summa doct.*, n. 8 et *Deux. Ecrit*, n. 5 et suiv. — [3] *Instr. sur les Etats d'Or.*, liv. X, n. 29, 30.

XXXIX.

Idées de l'Ecole conformes à S. Paul.

Si de là l'Ecole conclut que l'espérance regarde notre intérêt propre, et que cet intérêt propre est surnaturel comme étant l'objet d'une vertu théologale, elle ne fait que suivre saint Paul, qui dit *que la mort lui est un gain*[1], parce qu'elle lui donne *Jésus-Christ qu'il a tant envie de gagner : ut Christum lucrifaciam*[2] : et que *la piété est utile à tout, à cause qu'elle a des promesses de la vie présente et de la future*[3] : d'où le même apôtre infère après, que la *piété est un grand gain*[4]. Au reste je ne prétends point que ces idées soient contraires à celles de quelques Pères, qui donnent ordinairement à la béatitude éternelle une dénomination plus excellente que celle d'intérêt. Tout cela se conciliera parfaitement quand nous traiterons à fond la question; et il suffit ici de montrer selon les idées de l'Ecole, que le mot de gain, ou de profit, ou d'intérêt, ou d'utilité ne désigne rien de naturel, mais désigne le propre objet de l'espérance chrétienne, et qu'on peut regarder son intérêt propre par le motif surnaturel de l'espérance, sans affoiblir la charité, pourvu qu'on rapporte enfin ce cher *intérêt* à la gloire de Dieu, comme font universellement non-seulement les parfaits, mais encore tous les justes.

XL.

Sentiment conforme de S. François de Sales.

Il n'y a nul doute que saint François de Sales n'ait suivi ces idées de l'Ecole, lorsqu'il a traité expressément cette matière dans le livre de *l'Amour de Dieu*, et qu'il définit *l'amour d'espérance*, un amour « qui va à Dieu, et aussi qui retourne à nous : qui a son regard à la divine bonté, mais qui a l'égard à notre utilité[5]; » où il est clair qu'il ne parle pas des vues naturelles; mais de celles de l'espérance chrétienne. Sur ce fondement et au même sens il ajoute : « Il tend certes à notre perfection, mais il prétend à notre satisfaction : et partant, conclut-il, cet amour est vrai-

---

[1] *Philip.*, I, 21. — [2] *Ibid.*, III, 8. — [3] I *Tim.*, IV, 8. — [4] *Ibid.*, VI, 6. — [5] *Am. de Dieu*, liv. II, ch. 17.

ment amour, mais amour de convoitise et intéressé ; » et un peu après : « C'est un amour de convoitise, mais d'une convoitise sainte et bien ordonnée : notre intérêt, ajoute-t-il, y tient quelque lieu, mais Dieu y tient le rang principal : » tout au contraire de la charité, « laquelle, dit-il [1], est une amitié, et non pas un amour intéressé : » c'est donc ainsi que, prenant toutes les idées de l'Ecole, il reconnoît avec les docteurs que nous avons vus, un intérêt divin et surnaturel dans l'objet essentiel de l'espérance, lequel ne se trouve point dans celui de la charité.

XLI.

Que l'auteur a suivi ces idées de l'Ecole dans les *Maximes des Saints*.

Notre auteur, qui fait profession de suivre saint François de Sales, avoit pris naturellement après lui ces communes idées de l'Ecole dans les *Maximes des Saints*. Tout le monde a entendu de cette sorte son Exposition des divers amours, et ses trois premiers articles qui sont le fondement de son livre, et dont les idées règnent partout. Certainement quand il a dit que « les motifs de l'intérêt propre sont répandus dans tous les livres de l'Ecriture sainte [2], » il ne peut pas avoir entendu que Dieu y recommandât un autre intérêt que celui du salut éternel. Car pour cet amour naturel, qui fait maintenant tout le dénouement du nouveau système, il n'a pas seulement tenté de le prouver par l'Ecriture, et il n'oseroit dire qu'il y en ait un seul mot dans les saints Livres. Il ne se trouve non plus dans aucune des prières de l'Eglise, où l'auteur reconnoît partout *l'intérêt propre*. L'intérêt propre que l'on y recherche n'est autre partout que le salut, et l'effet des promesses de l'Evangile. Je ne parle pas ici de la tradition, où l'auteur prétend trouver *son amour naturel* : car nous ferons voir bientôt que parmi tant de passages qu'il cite, il ne l'a jamais trouvé en aucun, et ne l'infère que par des conséquences mal tirées. Quoi qu'il en soit, il est bien constant que ce n'est point l'amour naturel, mais l'amour surnaturel des récompenses que l'Ecriture inculque dans tous ses Livres, et l'Eglise dans tous ses vœux, aux enfans de la promesse.

[1] *Am. de Dieu*, liv. II, ch. 22. — [2] *Max. des SS.*, art. 3, p. 33.

XLII.

Suite des principes de l'auteur.

Qu'on prenne la peine de suivre l'auteur dès le commencement de son livre jusqu'à la fin, on verra partout le même sens. Qu'est-ce qu'il faut rapporter à Dieu, selon les *Maximes des Saints* [1]? Est-ce assez de lui rapporter l'amour naturel qu'on a pour soi-même? non sans doute. Ce qu'il lui faut rapporter par la charité, c'est le désir surnaturel de son salut et de son bonheur éternel: ainsi le propre bonheur dans l'éternité et le propre intérêt, c'est la même chose. Tout cadre avec cette idée; c'est en ce sens que « l'intérêt propre est le motif principal et dominant de l'amour qu'on nomme d'espérance [2]. » Il s'agit de l'espérance chrétienne, où l'on ne mettroit pas un amour naturel comme dominant. Il cesse de dominer lorsqu'on « ne cherche son bonheur propre que comme un moyen subordonné à la gloire du Créateur [3]: » ainsi *l'intérêt propre et le bonheur propre* sont toujours termes synonymes : et l'espérance chrétienne cherche son propre bonheur par le motif qui lui fait chercher son propre intérêt. C'est ce qui produit à la fin *l'intérêt propre éternel* [4], ou, ce qui est la même chose, *l'intérêt propre pour l'éternité* [5], dont nous avons tant parlé. Il n'y a rien là de nouveau : ce sont les idées de l'Ecole : ce sont celles des mystiques, si l'on compte saint François de Sales comme un des plus excellens: il étoit scolastique aussi et attaché à l'Ecole, où l'on a vu l'utilité propre, *proprium commodum*, comme l'objet de l'amour chrétien et surnaturel de l'espérance, et il n'y a point d'autre mot pour expliquer en latin ce qu'on appelle en françois le propre intérêt.

XLIII.

Comment on a été forcé d'abandonner, dans l'*Instruction pastorale*, ces idées des *Maximes des Saints*.

Que si l'on demande après cela d'où vient que l'auteur, qui avoit pris naturellement ces idées, les rejette maintenant avec tant de force : c'est qu'il en avoit abusé : c'est qu'ils les avoit ou-

---

[1] *Max. des SS.*, p. 18. — [2] *Ibid.*, p. 4, 5, 6. — [3] *Ibid.*, p. 8. — [4] *Ibid.*, p. 73. — [5] *Ibid.*, p. 90.

trées. L'Ecole avoit dit que dans l'amour d'espérance on cherchoit son intérêt propre, mais elle n'avoit pas dit qu'on en dût exclure le motif, quand on seroit arrivé au pur et parfait amour [1]. Le premier est une doctrine innocente et suivie de toute l'Ecole : le second est une doctrine manifestement erronée, où l'on exclut de l'état de perfection l'espérance avec son motif. Ainsi quand on avoit dit, qu'il « falloit laisser les ames dans l'exercice qui est encore mélangé du motif d'intérêt propre, tout autant de temps que l'attrait de la grace les y laisse [2] : » le mal n'étoit pas d'appeler un intérêt propre, le salut que toute l'Ecriture et les prières de l'Eglise nous recommandent, puisque c'est parler le langage commun de l'Ecole : l'erreur est de dire que ce motif ne soit donné aux fidèles que pour un temps, et que l'attrait de la grace n'y laisse plus les parfaits [3] ; car c'est ce qui fait cesser l'espérance avec son motif, contre cette parole expresse de l'Apôtre : « Trois choses demeurent, la foi, l'espérance et la charité : *tria hæc* [4]. » Cette erreur règne dans tous les passages où le motif de la crainte est banni de l'état du pur amour avec celui de l'espérance, c'est-à-dire par tout le livre. Ainsi l'on ne peut plus dire avec l'Ecole, que le motif d'intérêt propre soit surnaturel [5], parce qu'alors partout où l'on ôteroit l'intérêt propre, il entraîneroit avec soi la ruine du bien surnaturel avec celle de l'espérance : on s'est vu contraint par ce moyen à abandonner l'Ecole dont on vouloit naturellement s'appuyer : il a fallu forcer le langage pour n'avoir pas tort : et voilà sans déguisement ce qui a produit les deux systèmes opposés : celui du livre et celui de *l'Instruction pastorale*.

XLIV.

Equivoques inévitables et vaines distinctions du françois et du latin sur l'intérêt propre.

Le malheur est que, dans ces explications forcées, il y a toujours au premier aspect quelque chose qui ne s'entend pas. C'est qu'en promettant de tout définir, on a seulement oublié les mots sur lesquels on convient que tout rouloit. On s'en est pris à notre

[1] *Max. des SS.*, p. 15, 40, etc. — [2] *Ibid.*, p. 33. — [3] *Ibid.*, p. 33, 36. — [4] I *Cor.*, XIII, 13. — [5] *Max. des SS.*, p. 15, etc.

langue[1]. Mais le terme d'*intérêt* y étant déterminé par le sujet, et devenant ou bas ou relevé ou indifférent par ce rapport, il a fallu recourir à quelque chose de plus mystérieux, et s'appuyer « des meilleurs auteurs de la vie spirituelle, qui ont écrit en notre langue, » chez lesquels le mot « d'*intérêt propre* signifie un amour naturel de soi-même[2]. » Mais qui a fixé ce langage? quelque auteur a-t-il défini l'intérêt propre en ce sens? Pour moi je le trouve comme vicieux en plusieurs endroits de saint François de Sales : et surtout dans le traité de *l'Amour de Dieu*[3]. J'y trouve aussi l'intérêt comme vertueux et surnaturel dans la définition de l'espérance et de la charité : mais pour cette signification qui affecte l'intérêt propre à un amour naturel et innocent de nous-mêmes, le mystère m'en est inconnu. En tout cas, quatre ou cinq mystiques qu'on ne lit point ne feroient pas un usage dans la langue : et au fond pourquoi ne pas avertir de ce langage mystique? quelques lignes de plus ne devoient pas être épargnées, puisqu'elles eussent illuminé tout le discours. Je n'ai rien expliqué, dit-on, parce que j'ai supposé que tout le monde m'entendroit; mais cependant on n'a point entendu, et toute l'Eglise en est dans le trouble.

Voilà les minutes où l'on nous réduit dans une matière si importante : mais quoi! faudra-t-il encore faire différence entre le latin et le françois? Nous trouvons partout l'intérêt propre en latin comme l'objet vertueux et surnaturel de l'espérance chrétienne; les auteurs latins n'ont point d'autres termes pour expliquer l'intérêt propre, que ceux-ci : *Proprium commodum, utilitas propria.* Faut-il penser autrement en latin qu'en françois, ou qu'on explique en françois le *commodum proprium*, autrement que par *le propre intérêt*? Ainsi tout se brouille chez l'auteur : et cependant il faudra croire qu'il a toujours eu en vue l'idée qu'il nous donne, dès qu'il a commencé son livre, sans jamais en avoir dit un seul mot, et en avouant que quelquefois il a pris le sens opposé.

[1] *Instr. past.*, n. 3. — [2] *Ibid.*, n. 20. — [3] Liv. XI, ch. 14; liv. II, ch. 17, 22.

XLV.

Mêmes équivoques sur le terme *motif*.

Le même accident est arrivé à ce terme *motif* : « Je ne l'ai pas employé en cet endroit comme l'Ecole; » et il en apporte encore pour raison l'usage de notre langue : « Quand, dit-il, on n'est excité que par l'amour naturel, on agit par le motif propre : quand on n'est excité que par un amour surnaturel, on agit par un motif désintéressé [1]. » Voilà un langage bien nouveau : « Ce langage, continue-t-il, m'a paru le plus sensible et le plus proportionné aux mystiques qui ne sont point accoutumés à celui de l'Ecole : c'étoit pour eux que j'écrivois, afin qu'ils apprissent à se précautionner contre l'illusion. » L'auteur aura toujours de bonnes raisons, soit qu'il suive le langage de l'Ecole, soit qu'il l'abandonne : mais en trouvera-t-il de bonnes, pour ne point définir des termes douteux, et qu'on prend en certains endroits d'une façon, et en d'autres endroits d'une autre? N'étoit-ce pas là le meilleur moyen d'éviter les illusions qu'on craignoit pour les mystiques? Où en sommes-nous? n'auroit on pas plutôt fait d'avouer sincèrement ce qu'aussi bien tout le monde voit, et de donner gloire à Dieu.

XLVI.

Erreur de l'auteur sur la béatitude, établie, détruite, et rétablie par ses principes.

Il sembloit que l'auteur se fût corrigé de l'erreur qui règne partout dans son livre, qu'on se peut tellement désintéresser du motif de la béatitude, « qu'on aimeroit Dieu également, quand on sauroit qu'il voudroit rendre malheureux ceux qui l'aiment [2] : » en sorte que ces motifs demeurent séparés réellement, encore que les choses ne le puissent être [3]. » Par là il se soulevoit contre les lumières naturelles et surnaturelles, qui décident invinciblement que l'homme veut être heureux, et ne peut pas ne le pas vouloir; ce que toute la théologie, et avec elle la philosophie reconnoissent pour la fin dernière. L'auteur sembloit s'être corrigé

---

[1] *Instr. past.*, n. 4. — [2] *Max. des SS.*, p. 11. — [3] *Ibid.*, p. 28.

d'une erreur qui offense la nature, en disant qu'on ne peut pas ne pas s'aimer soi-même, ni « s'aimer sans se désirer le souverain bien [1]; ni jamais disconvenir du poids invincible d'une tendance continuelle à sa béatitude [2], » que saint Augustin établit : mais pour montrer qu'il revient toujours à ses premières idées, il avance encore dans son *Instruction pastorale,* que « si on ne pouvoit jamais aimer sans le motif de notre béatitude, les souhaits de Moïse et de saint Paul n'auroient aucun sens réel [3]; » sans vouloir entendre qu'en les prenant même selon l'interprétation de l'auteur, qui, comme on verra bientôt, n'est pas certaine, le sens en est réel, mais expressif d'une simple velléité, et d'un impossible qui ne peut ôter réellement la béatitude d'entre nos motifs. Les autres raisons qu'il ajoute, montrent bien qu'on peut quelquefois ne penser pas actuellement à sa béatitude, mais non pas qu'on puisse s'arracher du cœur une chose que la nature, c'est-à-dire Dieu même, y a attachée.

XLVII.

Que la proposition où l'amour de pure concupiscence est mis au rang des préparations à la justification, est inexcusable selon les principes de l'auteur.

On a repris justement l'auteur d'avoir enseigné *que l'amour de pure concupiscence,* quoiqu'il *soit une impiété et un sacrilége, prépare à la justice* [4]. Qu'y avoit-il à répondre, sinon qu'on s'étoit trompé, en parlant ainsi, et que cette proposition étoit condamnée par toutes les décisions qui rapportent au Saint-Esprit la préparation à la justice ? Mais l'auteur, qui a toujours de bonnes raisons, au lieu de s'humilier s'excuse, en ce qu'il a dit « que c'est une préparation qui n'a rien de positif et de réel, mais qui lève seulement l'obstacle des passions violentes, et nous rend prudens pour connoître où est le véritable bien [5]. » Mais si l'on peut excuser de telles erreurs, on pourra encore excuser ceux qui ont été condamnés pour avoir dit, non-seulement que la crainte que le Saint-Esprit imprime dans le cœur, mais encore celle qui selon l'auteur *vient de la nature* [6], prépare à la justice. Les chutes les

---

[1] *Instr. past.,* n. 11. — [2] *Ibid.,* n. 20, p. 47. — [3] *Ibid.,* n. 7.— [4] *Max. des SS.,* p. 17. *Instr. past.,* n. 8.— [5] *Ibid..* — [6] *Inst. past.,* n. 20, p. 66.

plus affreuses, comme celles du reniement de saint Pierre, y prépareront, parce qu'elles l'ont en quelque façon rendu prudent pour connoître sa foiblesse et son orgueil : tout le langage théologique sera renversé ; et parce que Dieu est si puissant qu'il tourne le péché en bien à ses élus, tous les crimes seront des préparations à la justice chrétienne.

XLVIII.

Vaines défaites sur la proposition erronée qui attribue au vice de la cupidité tout ce qui ne vient pas de la charité.

J'avois toujours espéré que si l'auteur avoit à donner une explication, par laquelle il improuvât quelqu'une de ses erreurs, ce seroit du moins celle-ci, où il applique à l'espérance chrétienne le principe de saint Augustin [1] qui attribue à la cupidité tout ce qui n'est pas de la charité. Mais non, il n'a tort en rien, et sans vouloir retrancher une seule syllabe de son livre, il excuse cet endroit à cause qu'il y a pris « par le terme de charité tout amour de l'ordre considéré en lui-même [2], » soit qu'il soit de grace ou de nature, et qu'il se rapporte à Dieu ou non ; et il croit se bien laver de cette erreur, parce qu'il ne s'est *servi qu'une fois de ce langage*, et par rapport aux *paroles de saint Augustin*, qui est sans doute de tous les Pères le plus éloigné d'appeler du nom de charité, autre chose que le don céleste que le Saint-Esprit répand dans les cœurs. Nous traiterons encore une fois ce passage de notre auteur, quand il s'agira de montrer les erreurs du nouveau système de son *Instruction pastorale*.

XLIX.

Faux principe pour excuser le trouble involontaire de Jésus-Christ.

Il est si éloigné de vouloir avouer une seule faute, qu'il s'excuse même sur le trouble involontaire de la sainte ame de Jésus-Christ [3]. « Ceux qui ont, dit-il, ajouté ce terme dans mon livre, ont voulu dire seulement que le trouble de Jésus-Christ, qui étoit volontaire en tant qu'il est commandé par sa volonté, étoit involontaire en ce que sa volonté n'en étoit pas troublée [4] » sens

[1] *Max. des SS.*, p. 7. — [2] *Instr. past.*, n. 9. — [3] *Max. des SS.*, p. 122. — [4] *Instr. past.*, n. 19.

étrange, et également inouï parmi les théologiens et les philosophes. « Mais, poursuit l'auteur, je n'ai aucun intérêt de défendre cette expression, qui ne vient pas de moi; ceux qui ont vu mon manuscrit original en peuvent rendre témoignage : » on passe tout à un auteur quand on écoute seulement de telles excuses. Si cette expression n'est pas de lui, qui l'aura mise dans son livre? à qui donne-t-on de pareilles libertés? qui ose les prendre de soi-même, et insérer une telle erreur dans l'ouvrage d'un archevêque? Qui que ce soit, après tout, qui auroit pu mettre un dogme si insupportable dans un livre de cette importance, ne l'aura pas fait sans en donner avis à l'auteur. Il devoit donc parler d'abord, et cent *errata* n'eussent pas suffi pour effacer une telle faute; mais il n'a paru nulle diligence pour désabuser le public, et l'on ne s'est plaint que contraint par la clameur publique : encore est-ce d'une manière si foible, qu'on ne se défend que pour la forme. « Plusieurs, dit-on, ont été mal édifiés [1]; » pour exprimer la chose telle qu'elle étoit, il falloit dire que ces *plusieurs* c'étoit tout le monde : que ce qu'on appelle mal édifié, ce fut un soulèvement universel des savans et des ignorans, des théologiens et du peuple : tel qu'il arrive dans les nouveautés les plus scandaleuses. Après cela, loin de détester un dogme qui n'étoit jamais sorti d'une bouche catholique, on y cherche encore un bon sens : «on a voulu dire, que le trouble de Jésus-Christ, qui étoit volontaire en tant qu'il étoit commandé par sa volonté, étoit involontaire en ce que sa volonté n'en étoit pas troublée. » Mais qui jamais a parlé de cette sorte? dit-on ce qu'on veut en théologie? peut-on parler sans auteur, et contre la doctrine des saints? Cette opinion, que Sophronius patriarche de Jérusalem appelle *abominable*, avec l'approbation du VIe concile général [2], va devenir orthodoxe. On dira, quand on voudra, que la mort de Jésus-Christ est forcée et involontaire, parce qu'elle n'est pas communiquée à la volonté : que la volonté n'est pas morte, et n'a pas été troublée de la mort : et que ne dira-t-on pas, si on donne lieu à ces raffinemens? un chrétien, un évêque, un homme a-t-il tant de peine à s'humilier?

[1] *Instr. past.*, n. 19. — [2] *Conc.* VI, act. XI.

L.

Que le trouble involontaire de Jésus-Christ fait partie du système de l'auteur.

« Cette expression, dit l'auteur n'a aucune liaison avec mon système[1]; » mais au contraire en l'ôtant, la suite est ôtée à tout le discours. On y veut donner *Jésus-Christ comme notre parfait modèle*[2], dans la séparation de la partie supérieure de l'ame d'avec l'inférieure : on y veut montrer en nos ames cette séparation, en tant que *les actes de la partie inférieure qui sont aveugles et involontaires*[3], n'entraînent pas le consentement de la partie supérieure qui demeure en paix : on en veut prouver la séparation par l'exemple de Jésus-Christ *notre modèle* : on veut faire expirer sur la croix avec Jésus-Christ les ames où se trouve *cette impression involontaire de désespoir*[4], dont nous venons de parler; et l'on ne sait où trouver cette conformité avec Jésus-Christ, si Jésus-Christ lui-même ne l'a pas portée. Voilà ce qui a fait naître ce trouble involontaire du Sauveur, qui devoit être le modèle du nôtre.

SECTION V.

*Autres espèces d'erreurs que l'*Instruction pastorale *rend inexcusables, et premièrement sur la contemplation.*

LI.

Suppression de la vue distincte et de la foi explicite en Jésus-Christ.

On voit donc qu'il n'y a point de soulagement pour le livre dans l'*Instruction pastorale*, puisque les excuses mêmes convainquent l'erreur et l'augmentent. Voyons, puisque nous en sommes sur Jésus-Christ, si l'auteur a bien remédié à ce qu'il enseigne touchant la soustraction des actes qui nous y unissent. La foi explicite en Jésus-Christ est le fond, la consolation et le soutien de la vie chrétienne en tous ses états; c'est le fondement dont saint Paul a dit, *qu'on n'en peut poser un autre*[5]. Nous avons vu dans l'*Instruction sur les Etats d'Oraison*[6], que les quiétistes de

---

[1] *Instr. past.*, n. 19. — [2] *Max. des SS.*, p. 121, 122. — [3] *Ibid.*, p. 123. — [4] *Ibid.*, p. 90. — [5] 1 *Cor.*, III, 11. — [6] Liv. II, n. 2 et suiv.

nos jours, et l'auteur du *Moyen court* plus que tous les autres, ont heurté contre cette pierre, et s'y sont brisés. Voyons si M. l'archevêque de Cambray a condamné cette erreur, ou lui a cherché des excuses; et sans rien dire de nous-mêmes, faisons seulement parler les faits. Il a dit que les ames contemplatives sont privées non-seulement de *la vue sensible et réfléchie*, mais encore précisément *de la vue simple et distincte de Jésus-Christ* [1] : par conséquent de la foi explicite. Il ajoute qu'en deux états, dans celui des contemplatifs commençans et dans celui des épreuves, on est privé de cette vue, ce qu'il confirme par ces termes : « Hors ces deux cas l'ame la plus élevée peut dans l'actuelle contemplation être occupée de Jésus-Christ présent par la foi [2] : » elle peut donc dans ces deux cas ne s'occuper plus de la foi en Jésus-Christ qui le rend présent. N'est-ce pas un assez grand malheur de trouver deux cas où la foi en Jésus-Christ n'est plus dans l'ame? Mais en voici un troisième : « Dans les intervalles où la pure contemplation cesse, l'ame est encore occupée de Jésus-Christ; » entendez toujours de Jésus-Christ rendu présent par la foi ; car c'est là de quoi il s'agit : ainsi la foi qui le rend présent est regardée comme incompatible avec *la pure contemplation*, et ne revient que dans les *intervalles* où elle cesse. Qu'on dise que ce n'est pas là un quiétisme formel, et une des propositions condamnées dans les béguards [3], que l'ame qui est occupée de *Jésus-Christ déroge à sa haute contemplation*.

Voyons maintenant les excuses de l'*Instruction pastorale*. Elle dit premièrement *que ces privations ne sont pas réelles* [4] : mais c'est là une explication directement contraire au texte, où il paroît clairement que l'ame n'est plus occupée de la vue distincte de Jésus-Christ, et de la foi qui le rend présent. C'est donc là une de ces sortes de dénégations qui servent à la conviction d'un coupable, où le déni d'un fait évident marque seulement le reproche de la conscience. Il ajoute que *ces privations ne sont qu'apparentes et passagères* : pour *apparentes,* on voit le contraire : Il se réduit à les faire passagères, ajoutant que *ces privations ne*

---

[1] *Max. des SS.*, p. 194 et suiv. *Instr. past.*, n. 18. — [2] *Max. des SS.*, p. 196. — [3] Clem., *Ad nostrum*, de hæret.— [4] *Instr. past.*, n. 18.

sont pas longues, et que Jésus-Christ revient bientôt pour être la plus fréquente *occupation des ames parfaites : il revient bientôt;* il avoit donc disparu : on n'y pensoit plus ; et toute l'excuse est que ces privations ne sont pas longues : ce que l'on confirme dans un *errata*, qu'il faut rapporter au long pour l'instruction du lecteur.

LII.

Paroles de l'*errata* sur la page 33.

Après ces mots : *ames parfaites*, l'auteur met ceux-ci : « *Ajoutez ;* car les épreuves sont courtes par elles-mêmes : voici ce que j'en ai dit ; elles ne sont que pour un temps, p. 75 et 79 ; plus les ames y sont fidèles à la grace pour se laisser purifier de tout intérêt propre par l'amour jaloux, plus les épreuves sont courtes : c'est d'ordinaire la résistance secrète des ames à la grace sous de beaux prétextes ; c'est leur effort intéressé pour les appuis sensibles dont Dieu veut les priver, qui rend leurs épreuves si longues et si douloureuses : car Dieu ne fait point souffrir sa créature pour la faire souffrir. » Voilà ce que l'auteur ajoute à son texte dans son *errata;* et il y ajoute encore ces mots en d'autres caractères : « Les épreuves sont donc courtes, et il n'y a que les ames infidèles qui les alongent en résistant à Dieu : elles doivent donc alors s'imputer la privation d'une vue fréquente de Jésus-Christ, non à la nature de l'épreuve, mais à leur fidélité. Si les épreuves en général sont courtes, le dernier excès de l'épreuve dans lequel seul on est privé de cette vue familière de Jésus-Christ, est encore beaucoup plus court. »

LIII.

Réflexions sur cet *errata :* qu'on y avance sans raison que les épreuves sont courtes.

Voilà ce qui arrive quand on a mal dit : on biaise, on dissimule, on déguise, on cherche à s'expliquer, on ne peut jamais se satisfaire : d'inquiètes réflexions vous font faire dans un *errata* de longues réponses, où à force de répéter la même chose, on espère la rendre enfin plus intelligible, et on ne fait que tout embrouiller.

Qu'ainsi ne soit : pesons les paroles de ce long *errata*. *Les épreuves sont courtes par elles-mêmes ; elles ne sont que pour un temps :* ce dernier est vrai ; mais ce temps peut être fort long. Le père Jean de la Croix *les fait durer quelques années* [1], avec ces effroyables impuissances, que l'auteur s'obstine à nier malgré tous les spirituels. Par la Chronique de saint François, ce Saint y est demeuré trois à quatre ans : les effroyables aridités de sainte Thérèse durant quinze ans, ne sont ignorées de personne. Il ne faut donc pas hasarder de dire *que les épreuves sont courtes par elles-mêmes*, puisque *par elles-mêmes* elles ne sont que ce que Dieu veut : lui seul en sait la durée, et les ames qui les souffrent n'y voient point de fin. Ce n'est donc point par raison, qu'on assure *que les épreuves sont courtes par elles-mêmes* : c'est parce qu'on a besoin de leur brièveté, pour servir d'excuse à la privation *de la foi qui rend Jésus-Christ présent*. Toute la doctrine de l'auteur se tourne à faire voir qu'il n'a pas failli, et il faut que tout cède à ce dessein.

LIV.

Suite de ces réflexions, et des erreurs de l'auteur.

« J'ai dit, continue-t-il, que c'est d'ordinaire la résistance de ces ames à la grace de l'épreuve qui rend leurs épreuves si longues, et qu'elles doivent s'imputer la privation » dont il s'agit. Vous l'avez dit ; mais sur quoi l'avez-vous fondé ? Qui vous a dit que Dieu suivra vos lois, et modérera les épreuves à votre gré ? êtes-vous le conseiller du Seigneur, et qui vous a dit qu'il entrera dans vos voies ? Mais il a dit *d'ordinaire :* il l'a dit gratuitement, comme tout le reste. Mais en tout cas il se perd par cette réponse : car si pour d'autres raisons, qui passent l'intelligence des hommes, Dieu fait durer les épreuves pendant un long temps, et pendant des années entières, pourquoi faut-il que des ames chrétiennes soient privées de la vue distincte de Jésus-Christ et de la foi qui le rend présent ? On ne fait donc que s'embarrasser par des réponses entortillées, et les excuses, ici comme ailleurs, sont de nouveaux égaremens.

[1] *Obscure nuit.*, liv. II, ch. VII, p. 280.

LV.

Erreur sur les intervalles de la contemplation, et sur les commençans.

Mais ces épreuves ont des intervalles : qui nous en a dit les distances ? S'il faut perdre Jésus-Christ de vue, ce doit être dans de rapides momens et dans de soudains transports : mais Jésus-Christ doit faire le fond, et comme parle saint Paul, le corps de toute la vie chrétienne. Pourquoi tant tourner pour excuser ceux qui s'en éloignent? et faut-il qu'un tel personnage donne de l'autorité à ces illusions ? Qu'on ne nous dise donc point que les épreuves durent peu, et leurs extrémités encore moins : Dieu les fait durer autant qu'il veut, selon ses conseils cachés, et il n'a pas peur de pousser les ames trop loin, puisque l'excès de leurs peines ne peut jamais épuiser celui de ses graces. Mais quand les épreuves dureroient peu, qui nous a dit qu'il en soit de même des contemplatifs commençans? veut-on encore déterminer combien de temps Dieu voudra tenir les ames en cet état, et combien ce noviciat doit durer ? M. de Cambray a-t-il oublié « que le passage de la méditation à la contemplation est d'ordinaire long, imperceptible et mélangé de ces deux états [1] ? » On croyoit que les Articles d'Issy auroient donné des bornes à ces subtilités : il y étoit dit si expressément que la foi explicite en Jésus-Christ étoit de tous les états, et de celui de la contemplation comme des autres [2], sans en excepter les commencemens. Jésus-Christ est l'*alpha* et l'*omega* [3]; si c'est par lui que l'on finit, c'est aussi par lui que l'on commence. Pourquoi le rejeter dans les intervalles *où la pure contemplation cesse,* comme si Jésus-Christ en étoit indigne ? On sèche quand on entend sortir ces discours d'une telle bouche : n'auroit-on pas plutôt fait d'avouer une faute humaine, que d'y chercher des excuses, quand on sent qu'on ne peut la couvrir ?

LVI.

Si l'imperfection des commençans peut être une exclusion de Jésus-Christ.

On croit dire une chose rare, et se montrer bien pénétrant dans les voies de Dieu, quand on assure que ce n'est pas la per-

[1] *Max. des SS.*, p. 175. — [2] Art. II, III, IV, XXIV. — [3] *Apoc.*, I, 8.

fection, mais plutôt l'imperfection de la contemplation naissante qui en exclut Jésus-Christ[1] : sans doute on éludera par ce moyen la condamnation des béguards, qui attribuoient cet éloignement de Jésus-Christ à la hauteur de la contemplation : foiblesse, illusion, absurdité; comme s'il étoit meilleur de bannir Jésus-Christ par imperfection que par perfection, et qu'en quelque sorte qu'on éloigne la foi qui le rend présent, ce ne soit pas toujours éluder l'obligation de s'unir à lui, par des actes exprès, soit qu'on soit fort, soit qu'on soit foible, puisque c'est en lui, comme dit saint Paul[2], qu'on croit, qu'on se fortifie et qu'on arrive à la perfection. C'est sans doute un beau raffinement de dire que dans la contemplation naissante, « l'ame absorbée par son goût sensible pour le recueillement, ne peut encore être occupée de vues distinctes[3] : » on a peur que Jésus-Christ ne la dissipe : « Ces vues distinctes, poursuit-on, lui feroient une espèce de distraction dans sa foiblesse, et la rejetteroient dans le raisonnement de la méditation d'où elle est à peine sortie; » comme s'il valoit mieux oublier Jésus-Christ que d'en occuper sa raison. Qu'on est malheureux d'être si ingénieux, si inventif dans les matières de religion, et de se montrer subtil aux dépens de la vérité et de Jésus-Christ! A quoi bon ce raffinement? ignore-t-on que Jésus-Christ est également le soutien des foibles et des forts? Loin de nous distraire, son humanité est faite pour nous attirer au recueillement : et pour faire concourir en un toutes les puissances de notre ame : ses condescendances sont infinies; il faut que les commençans entrent par lui, que les forts s'avancent en lui; et le quitter par état, c'est le comble de l'illusion et de l'erreur.

LVII.

Que l'auteur induit dans la contemplation un pur quiétisme et une attente oisive de la grace.

Cet autre endroit ne vaut pas mieux : « La contemplation pure et directe ne s'occupe volontairement d'aucune image sensible, d'aucune idée distincte et nominable, c'est-à-dire d'aucune idée

---

[1] *Max. des SS.*, p. 195. *Inst. past.*, n. 18. — [2] *Ephes.*, IV, 16. *Col.*, II, 19. — [3] *Max.*, p. 194.

limitée et particulière de la divinité, pour ne s'arrêter qu'à l'idée purement intellectuelle et abstraite de l'être qui est sans bornes et sans restriction ¹. » Voilà donc l'objet dont elle s'occupe *volontairement* ² et par son choix : il y a d'autres « objets que Dieu présente, et dont on ne s'occupe que par l'impression de sa grâce ³; » et ces objets sont les attributs, les trois personnes divines et les mystères de l'humanité de Jésus-Christ.

L'auteur croit dire quelque chose dans son *Instruction pastorale,* quand il répète ce qu'il enseignoit dans son premier livre ⁴, que « la simplicité de la contemplation directe de l'être abstrait et illimité n'exclut point la vue distincte de Jésus-Christ, et que la contemplation admet tous les objets que la pure foi nous peut présenter : de sorte, dit-il, que sa doctrine admet en tout état, outre la contemplation négative, c'est-à-dire la vue abstraite de la divinité, un autre exercice de contemplation où tous les mystères occupent les ames ⁵. »

Mais cela ne résout point la difficulté : ce qu'il faudroit expliquer, c'est pourquoi cette vue abstraite et illimitée de la divinité est la seule *volontaire* : pourquoi celle de tout autre objet doit être présentée de Dieu, et excitée par une impression particulière de la grâce : pourquoi on ne peut pas s'y déterminer de soi-même, et qu'il faut être à cet égard dans la pure attente de l'impulsion divine.

LVIII.
Vaine distinction entre la grâce commune, quelle qu'elle soit, et les inspirations extraordinaires, qui retombe dans le quiétisme.

On dira que cette impulsion n'est que l'impulsion de la grâce commune ⁶ : mais que sert d'appeler cette impulsion ou commune ou extraordinaire, s'il est constant qu'il la faut attendre sans oser se déterminer par la seule bonté de l'objet ? ce qui est un pur quiétisme, et une attente oisive de la grâce jusqu'à ce qu'elle se déclare.

Que si l'on dit qu'il faut toujours la supposer, qui ne sait que cela est vrai même à l'égard de la contemplation qu'on appelle pure et directe de l'être abstrait et illimité : de sorte que le *volon-*

---
¹ *Explic. des Max.*, p. 186, 187. — ² *Ibid.,* p. 189. — ³ *Ibid.,* p. 187, 188. — ⁴ *Inst. past.,* n. 18. *Max. des SS.,* p. 186, 188. — ⁵ *Inst. past., ibid.* — ⁶ *Ibid.,* n. 17.

taire, qu'on ôte à l'application aux autres objets, ne peut marquer que la suspension où il faut demeurer à leur égard, et la détermination qu'il faut attendre uniquement du côté de Dieu, sans se mouvoir de soi-même.

LIX.

C'est un quiétisme de réduire les ames à l'attente de l'attrait hors du cas précis du précepte.

Cette doctrine règne par tout le livre des *Maximes des Saints*. « Les ames indifférentes à faire des actes directs ou réfléchis, en font de réfléchis toutes les fois que le précepte le demande ou que l'attrait de la grace y porte[1]. » Je n'ai pas observé en vain qu'il s'agit ici du précepte affirmatif[2], puisque c'est le seul dont l'obligation n'est pas perpétuelle, et à laquelle même hors des cas fort rares, on ne peut jamais assigner des momens certains. Qu'on m'entende bien : je ne dis pas que l'obligation de pratiquer les préceptes affirmatifs soit rare ; à Dieu ne plaise, je parle des momens certains et précis de l'obligation ; car qui peut déterminer l'heure précise à laquelle il faille satisfaire au précepte intérieur de croire, d'espérer, d'aimer, au précepte extérieur d'entendre la messe et aux autres de cette nature ? Il reste donc que presque toujours pour se déterminer à l'action de graces, à de certaines attentions et précautions, à s'exciter par son propre soin aux actes de vertus et aux autres actes réfléchis qui font la plus grande partie de la vie, il faille attendre cet attrait de la grace qui nous y porte.

LX.

Qu'il faut attendre que l'attrait se déclare pour le choix du genre d'oraison : autre pratique du quiétisme.

Visiblement il le faut attendre dans le choix de l'oraison de pur amour, puisque les ames ne doivent y être portées par aucun conseil d'un directeur ; « mais qu'il faut laisser faire Dieu, et ne parler jamais du pur amour, si l'onction intérieure[3], » c'est-à-dire si l'impulsion et l'attrait, n'a précédé la parole : ce qui remet tout à l'instinct d'un chacun, ou à celui d'un directeur.

[1] *Max. des SS.*, p. 117, 118. — [2] *Summa doct.*, n. 5. — [3] *Max. des SS.*, p. 35.

C'est ainsi que dans tout le livre on accoutume les ames à agir par impulsion dans tout un état, c'est-à-dire par fantaisie et impression fanatique : mais on verra encore mieux cette vérité par les principes suivans.

LXI.

Etrange doctrine de l'auteur sur les trois volontés de Dieu, et comment elle établit le quiétisme.

L'auteur dans la distinction des volontés de Dieu, qui est un des fondemens de tout le système, en distingue trois : « la volonté positive écrite, qui commande le bien et défend le mal; » et n'est autre que la loi de Dieu, qu'on appelle aussi la volonté signifiée : « celle-là, dit-on, est la seule règle invariable de nos volontés. La seconde volonté de Dieu est celle qui se montre à nous par l'inspiration ou attrait de la grace, qui est dans tous les justes. La troisième volonté est celle de simple permission, qui n'est jamais notre règle[1]. »

Il est étrange qu'on omette ici la volonté de bon plaisir, où les décrets de la Providence se déclarent par les événemens des affaires, de la santé, de la maladie, de la mort et autres semblables, qui sans doute tiennnent lieu de règle, puisque tous s'y doivent soumettre ; et l'auteur est inexcusable de l'avoir omise ; mais la manière dont il tâche de la rétablir n'est pas moins mauvaise : et après avoir posé « qu'on n'a pour règle que les préceptes et les conseils de la loi écrite, et la grace actuelle[2] ; » dans l'*Instruction pastorale*[3], il range sous cette grace la volonté de bon plaisir.

C'est ce qui étoit inconnu à toute la théologie : mais le voici en termes exprès : « Nous devons nous conformer aux volontés de bon plaisir, quoiqu'elles ne soient pas signifiées ou écrites ; mais c'est qu'il peut y avoir de l'illusion dans la manière de reconnoître ces volontés, qui peuvent varier suivant les divers attraits de la grace[4]. » A quoi il ajoute « que la volonté de bon plaisir toujours conforme à la loi, se fait connoître à nous par la grace actuelle. »

---

[1] *Max. des SS.*, p. 150, 151.— [2] *Ibid.*, p. 65, 66.— [3] *Instr. past.*, n. 3. — [4] *Ibid.*

On n'avoit jamais ouï un tel principe. C'est déjà une grande erreur de prendre *pour règle* la grace actuelle : elle nous applique à la règle ; mais elle n'est pas la règle, et nous n'avons point d'autre règle que la volonté de Dieu déclarée ou par sa loi ou par les événemens qui démontrent la volonté de bon plaisir : mais c'est une erreur nouvelle d'attacher la volonté de bon plaisir à la grace actuelle : elle n'est pas un moyen de faire connoître à l'homme la volonté de Dieu : on ne discerne pas assez cette grace : elle se confond trop facilement avec notre inclination ; et ainsi nous donner pour règle la grace actuelle, c'est se mettre en danger de nous donner pour règle notre pente et nos mouvemens naturels.

C'est là un des abus du quiétisme : sous ce nom de *grace actuelle*, on a pour guide sa propre volonté, on prend pour divin tout ce qu'on pense ; et c'est là, quoi qu'on puisse dire, un pur fanatisme.

Il est vrai qu'on y met des bornes en soumettant *la grace actuelle* à la loi de Dieu ; et c'est quelque chose : mais en même temps tout ce qui peut être tourné à bien ou à mal est à l'abandon, c'est-à-dire la plus grande partie de la vie humaine, le mariage, le célibat, le choix d'un état, d'une profession, d'un directeur qui peut tout, les exercices de la piété et les autres choses qui font pour l'ordinaire le gouvernement tant civil que religieux, tant public que domestique ou particulier : tout cela, sous le nom de grace actuelle, est abandonné à la fantaisie d'un directeur ou à la sienne propre.

Voilà sans difficulté un pur quiétisme ; et la différence que j'y trouve, c'est qu'au lieu que l'auteur veut toujours que cette inspiration où l'on apprend la volonté de bon plaisir, c'est-à-dire une des règles de la vie humaine, dépende de la *grace commune ;* les quiétistes en cela de meilleure foi, comme ils ne croient cette grace commune que dans le seul état des parfaits, ne craignent pas de l'appeler extraordinaire : mais au reste tout est égal, et on demeure toujours en attente de ce qu'on appelle mouvement divin, c'est-à-dire d'une illusion fanatique.

On ne la peut pas pousser plus loin que fait l'auteur par ces paroles : « Ces ames (prétendues parfaites) se laissent posséder, instruire et mouvoir *en toute occasion* par la grace actuelle qui leur communique l'esprit de Dieu[1], » c'est-à-dire qui leur fait sentir à quoi il les pousse, ou comme il a dit ailleurs[2], qui leur découvre sa volonté de bon plaisir et tout ce qu'il veut de nous, et cela comme on vient d'entendre, *en toute occasion :* de sorte que toutes les fois qu'il s'agit de prendre un parti ou de faire un choix, tous les mouvemens de la volonté sont du ressort de l'inspiration particulière.

LXII.

Suite des principes du quiétisme dans la doctrine de l'auteur.

Il ne faut donc pas s'étonner si celui qui prévient Dieu avec David, est condamné *d'un demi-pélagianisme* secret : ni si l'on exclut en termes si généraux les actes que les spirituels appellent de *propre industrie ou de propre effort*[3], sans qu'on doive *rien attendre de soi-même*, et sans réserver autre chose *à l'excitation empressée* que le *seul cas du précepte*[4], qui, comme on a vu, est si rare et si difficile à réduire aux momens précis : car si par *l'excitation empressée* on entend qu'elle est inquiète et précipitée, elle ne convient non plus au cas du précepte qu'aux autres ; et si elle est empressée au sens qu'elle est vive et distincte, la réduire au cas du précepte, c'est trop la restreindre, et trop exclure l'excitation propre et le propre effort.

En un mot, on n'explique point ce propre effort, qui fait dire à saint Augustin que « la grace n'aide que ceux qui s'efforcent d'eux-mêmes : *non adjuvat nisi sponte conantem*[5], comme nous l'avons démontré dans nos *Etats d'Oraison*[6] ; on ne travaille au contraire qu'à l'embrouiller et à le restreindre pour laisser un champ plus libre à l'instinct secret des quiétistes, et le rétablir sous le nom de grace actuelle[7], qui nous fait connoître à chaque moment la volonté efficace, ou de bon plaisir de Dieu. C'est ce qui n'avoit point encore été avoué en termes plus précis que dans

---

[1] *Max. des SS.*, p. 217. — [2] *Inst. post.*, n. 3. — [3] *Max. des SS.*, p. 97, 98. — [4] *Ibid.*, p 99. — [5] *De pecc. mer.*, lib. II, cap. v, n. 6. — [6] Liv. III, n. 12; liv. X, n. 18, 24. — [7] *Max. des SS.*, art. 11, p. 95, etc.

l'*Instruction pastorale*[1] ; de sorte que le quiétisme s'y découvre plus que jamais.

LXIII.
Erreur sur les réflexions.

L'erreur du livre des *Maximes des Saints* sur les réflexions, étoit formelle, lorsqu'à ces mots : *la partie supérieure*, on ajoutoit par explication ; *c'est-à-dire, ses actes directs et intimes*[2]. On y disoit ailleurs que « ces actes directs et intimes sont ceux que saint François de Sales a nommés la cime de l'ame [3]. » Ailleurs encore, ce livre rapporte les actes réfléchis à la partie inférieure, en la distinguant « de l'opération directe et intime de l'entendement et de la volonté, qu'on nomme partie supérieure [4]. »

Il n'y a point d'erreur plus capitale contre la philosophie et la théologie tout ensemble. Toute la philosophie est d'accord que la réflexion appartient à la partie raisonnable, et par conséquent à la supérieure : toute la théologie attribue à la partie supérieure en Jésus-Christ ces paroles : *Que votre volonté soit faite, et non pas la mienne* : qui est pourtant un acte très-réfléchi. C'étoit une réflexion très-expresse qui faisoit dire à saint Paul : *Je ne fais pas le bien que je veux* [5] ; et encore : *Malheureux homme que je suis* ; et encore : *Qui me délivrera? ce sera la grace de Dieu par Notre-Seigneur Jésus-Christ* : et ces actes sans difficulté sont aussi de la partie supérieure. Mais selon la doctrine de l'auteur, toute action de graces, qui est sans doute un acte de réflexion, appartiendroit à la partie inférieure, comme aussi toute attention à soi-même ; ce qui n'est autre chose que de reléguer à la partie inférieure ce qu'il y a de plus excellent dans la piété.

LXIV.
L'auteur se dédit en termes formels, sans le vouloir avouer.

L'on nous ramène par là les erreurs du quiétisme, qui ont été réfutées dans le livre des *Etats d'Oraison* [6], puisqu'encore qu'on n'ait pas osé rejeter universellement les réflexions, on les dégrade, en les reléguant à la partie basse : on nie que ces actes

---

[1] *Instr. past.*, n. 3. — [2] *Max. des SS.*, p. 91. — [3] *Ibid.*, p. 118. — [4] *Ibid.*, p. 122. — [5] *Rom.*, vii, 15, etc. — [6] Liv. V.

réfléchis soient intimes[1], comme s'ils n'étoient que superficiels, et qu'il n'y eût point des réflexions très-profondes : toutes erreurs capitales; mais qu'il n'est plus besoin de réfuter, puisque l'auteur les rejette dans son *Instruction pastorale*, en disant *que la partie inférieure est incapable de réfléchir*[2]. Ce qui peine, c'est qu'en désavouant en termes si clairs dans l'*Instruction pastorale*, ce qu'il avoit dit avec autant de netteté dans *les Maximes des Saints*, il ne veuille point reconnoître qu'il a pu faillir.

LXV.

Erreurs sur les vertus.

Nous parlerons dans la suite des sentimens que l'on doit avoir de l'auteur sur les vertus : ici nous remarquerons seulement ces étranges propositions dans le livre des *Maximes :* « On ne veut aucune vertu, en tant que vertu : on exerce toutes les vertus, sans penser qu'elles sont vertus : l'amour jaloux fait tout ensemble, qu'on ne veut plus être vertueux, et qu'on ne l'est jamais tant que quand on n'est plus attaché à l'être : c'est dire ce que les saints mystiques ont voulu dire quand ils ont exclus de cet état les pratiques de vertu [3]; » où l'on impute aux saints spirituels la plus scandaleuse doctrine qu'on ait jamais entendue, et ensemble la plus éloignée de leurs sentimens. Ces propositions sont si étranges, que l'auteur n'a rien trouvé pour les adoucir dans son *Instruction pastorale.*

Il est vrai que dans l'*errata* de son premier livre, frappé de ces mots qui font horreur : *On ne veut plus être vertueux*[4], il ajoute : *pour soi,* ce qu'il confirme en disant dans l'*Instruction pastorale : On ne veut plus les vertus pour soi*[5] : mais pour qui les veut-on donc ? Est-ce pour les autres et non pas pour soi, qu'on veut la foi, l'espérance et la charité ? Mais pourquoi dire en tous cas *qu'on ne veut aucune vertu, en tant que vertu ?* Pourquoi saint Paul disoit-il aux *Philippiens :* « S'il y a quelque vertu et quelque chose digne de louange dans la discipline, c'est ce que vous devez penser[6] ? » N'est-ce pas là penser expressément à la vertu,

---

[1] *Max. des SS.*, p. 87, 89, 90. — [2] *Instr. past.*, n. 15. — [3] *Max. des SS.*, p. 224, 225, 253. — [4] *Ibid.*, p. 225. — [5] *Instr. past.*, n. 5. — [6] *Philip.*, IV, 8.

et la vouloir comme telle ? Pourquoi saint Pierre recommande-t-il cet enchaînement des vertus [1] que nous proposons dans un des *Ecrits* de ce livre [2] ? Ces apôtres pensoient-ils alors à empêcher les pratiques de vertu ? Poussera-t-on l'égarement jusqu'à dire qu'on ne veuille pas la foi en tant que foi, l'espérance en tant qu'espérance et la charité en tant que charité ? Que si l'on répond que c'est pour Dieu et non pas pour soi finalement qu'on veut être vertueux, ce n'est pas là un avantage du prétendu amour pur : tous les justes veulent être vertueux pour Dieu : autrement ils ne seroient pas vertueux chrétiennement : et parmi eux on ne connoît point cette vertu stoïcienne qui fait une idole de la vertu regardée en elle-même sans la rapporter à Dieu. On ne peut lire sans douleur ces foibles correctifs, où l'on ne voit que le désir d'excuser ses fautes, au lieu de les effacer en les confessant.

LXVI.

Autre contradiction : l'on est appelé, et l'on n'est pas appelé à la perfection.

Il falloit encore avouer la contradiction et l'inconvénient où l'on tombe, lorsque d'un côté l'on convient avec les spirituels que tous ne sont pas appelés à l'état d'oraison passive ou de quiétude : et que d'autre côté on la met dans l'exercice du pur et parfait amour. Car il suit de là clairement que tous ne sont pas appelés à la perfection chrétienne, et à celle du plus pur amour, contre cette parole expresse de Notre-Seigneur adressée à tous les fidèles : *Soyez parfaits* : et contre les propres termes du premier précepte de la charité : *Tu aimeras le Seigneur ton Dieu de tout ton cœur, de toute ta pensée, de toute ta force.*

Pressé par ces passages, l'auteur répond dans son *Instruction pastorale* : « Tous les fidèles sont appelés à la perfection : mais ils ne sont pas tous appelés aux mêmes exercices et aux mêmes pratiques particulières du plus parfait amour [3]. » C'est là une manifeste contradiction : si tous sont appelés à la perfection, tous doivent être appelés à son exercice : on tombe inévitablement dans ces contradictions quand on raisonne sur de faux principes. L'au-

---

[1] II *Petr.*, 1, 5, 6, 7. — [2] IIIe *Ecrit*, n. 8. — [3] *Instr. past.*, n. 16.

teur a senti le foible de cette première réponse, et il espère mieux sortir d'affaire en répondant : « La passiveté ainsi expliquée (par l'exercice paisible du pur amour) est la perfection de l'amour de Dieu, à laquelle tous les chrétiens sont appelés en général, mais à laquelle un très-petit nombre parvient, et dont on ne doit exiger la pratique que quand les ames y sont disposées [1]. » Tous sont donc vraiment appelés à cet exercice parfait, contre ce qu'on avoit dit dans la première réponse. Il est vrai qu'on ne doit pas d'abord pousser les ames aux exercices parfaits, et qu'il faut les y mener par degrés : mais c'est autre chose d'avoir ces égards pour les imparfaits, autre chose de supprimer, comme fait l'auteur, la prédication de la perfection de l'Evangile ; d'en faire un mystère aux chrétiens, et même aux Saints ; de la regarder comme une occasion de trouble et de scandale pour eux ; de reconnoître qu'ils n'ont ni pour y atteindre ni même pour l'entendre, « ni lumière intérieure ni attrait de grace ; de se borner à laisser faire Dieu sans parler jamais du pur amour, que quand Dieu par l'onction intérieure commence à ouvrir le cœur à cette parole [2] : » comme si la parole de l'Evangile ne devoit pas préparer la voie à l'onction même. C'est ce qu'on dit dans le livre : on y dit dès l'Avertissement, qu'il faut ne point parler des voies intérieures (qu'on réduit au pur amour), *de peur d'exciter la curiosité du public*, et qu'on n'en parle qu'à cause *que cette curiosité est devenue universelle depuis quelque temps* [3] : comme si la pureté de l'amour étoit une curiosité qu'on dût réprimer, plutôt qu'une vérité qu'on doit prêcher sur les toits comme les autres parties de l'Evangile. S'il faut taire le désintéressement de l'amour, il faut taire la charité dont il fait l'essence ; il faut supprimer tous les scolastiques qui en parlent à pleine bouche : c'en est assez pour faire voir que l'auteur élude la difficulté, en faisant semblant de l'expliquer, et n'y répond pas.

[1] *Instr. past.*, n. 17. — [2] *Max. des SS.*, p. 34, 35, 261, etc. — [3] *Ibid., Avert.*, p. 4, 5.

LXVII.
Source de cette erreur.

Telle est donc la contradiction où l'on tombe pour avoir voulu s'élever au-dessus de tous les vrais spirituels. Si vous mettez avec eux l'oraison passive et de quiétude dans la suspension des puissances, et dans ces impuissances de discourir ou de faire en certains temps quelques autres actes qui ne sont pas nécessaires à tout moment, vous pourrez exclure avec eudu x commun état de la vocation chrétienne une oraison, sans laquelle un chrétien peut être parfait : mais quand vous mépriserez leur consentement unanime, et que par des raisonnemens qu'on ne fit jamais avant vous, vous commencerez à mettre l'oraison passive dans le pur amour où consiste la perfection proposée à tout chrétien dans l'Evangile, vous serez contraint de dire que tous les chrétiens, et même les saints n'y sont pas appelés : ce qui est une erreur formelle, qui déroge à la perfection du christianisme.

LXVIII.
Les quiétistes épargnés par une affectation trop visible.

Après avoir vu dans les *Maximes des Saints* et dans l'*Instruction pastorale,* tant de propositions des quiétistes, il ne faut pas s'étonner que l'auteur les ait épargnés avec une affectation surprenante. Lorsqu'on a vu par deux fois dans les *Maximes des Saints* [1], le dénombrement des faux spirituels à commencer dès l'origine du christianisme, on a cru y devoir trouver ceux de nos jours, c'est-à-dire un Molinos et les quiétistes. L'auteur a déclaré dans sa *Lettre au Pape* [2], qu'il n'a fait son livre que pour les réprimer. C'est un crime de se taire quand il faut parler : mais quand est-ce qu'il faut parler contre les auteurs d'une secte, si ce n'est lorsqu'on entreprend de la combattre et d'en faire le dénombrement ? Molinos et les quiétistes faisoient assez de bruit dans toute l'Eglise, et en particulier dans ce royaume, pour n'être pas oubliés. Un évêque n'ignore pas qu'il y a des occasions où il ne lui est pas permis de se taire, et qu'un silence affecté ne parle que

---

[1] *Avert.,* p. 8, 9, 11. *Max.,* p. 240. — [2] *Addit. à l'Instr. past.,* p. 51.

trop. Oseroit-on lui demander d'où vient qu'il ne parle dans sa *Lettre au Pape,* que des LXVIII propositions de Molinos ? pourquoi taire la *Guide spirituelle* de cet auteur et le *Moyen court* d'un autre ? Pourquoi insinuer dans sa *Lettre au Pape,* qu'on n'a repris dans ces petits livres que *quelques endroits,* puisque tout le corps en est gâté, et que les principes mêmes en sont pleins d'erreurs ? d'où vient ce ménagement ? Faut-il se laisser forcer à s'expliquer contre des auteurs pernicieux ? D'où vient qu'on a refusé l'approbation au livre de l'*Instruction sur les Etats d'Oraison,* sans en rendre d'autre raison que celle de ne vouloir pas condamner le livre du *Moyen court,* et les autres de cette sorte ?

Pourquoi encore à présent ne trouve-t-on rien contre ces dangereux livres, dans une *Instruction pastorale* si ample et si recherchée ? combien de fois avoit-on promis de les abandonner, sans que ces promesses aient eu d'effet ? Est-ce assez d'avoir fait mettre les titres de quelques-uns à la marge d'une *Lettre au Pape* [1], où l'on ne les condamnoit qu'avec restriction et trop foiblement pour des livres si condamnables ? Ne falloit-il pas édifier l'Eglise par quelque chose de plus qu'une simple note marginale, et n'avoit-on pas raison d'attendre une condamnation plus expliquée et plus solennelle ? C'est la vérité, c'est la charité qui m'inspire ces demandes ; et si M. de Cambray avoit cru ses véritables amis, il les auroit prévenues.

SECTION VI.

Seconde partie : Sur les erreurs particulières de l'Instruction pastorale.

LXIX.

La nouveauté du système.

J'entre dans une seconde question ; et supposé que le livre soit jugé mauvais, et que l'explication de *l'Instruction pastorale* n'y convienne pas, je demande ce qu'on doit croire de l'explication, et si l'on peut du moins espérer d'en trouver la doctrine saine : mais d'abord la nouveauté y est un obstacle. Un langage tout

---

[1] *Addit. à l'Instr. past.,* p. 53.

nouveau est préparé à un nouveau dogme : amour intéressé, veut dire amour naturel : amour désintéressé, veut dire amour surnaturel. On n'a jamais parlé de cette sorte : la perfection de la charité consiste, non point à bannir la crainte, comme disoit saint Jean, mais à bannir l'amour naturel et délibéré de soi-même. Si tout amour intéressé est naturel, et que toute l'Ecole appelle l'amour d'espérance un amour intéressé, il sera vrai que l'amour d'espérance ne viendra pas de la grace, mais de la nature : aussi admet-on une espérance naturelle des biens promis aux chrétiens ; une charité qui n'est pas la troisième vertu théologale, et qui n'est qu'un amour naturel de l'ordre. Les motifs intéressés, c'est-à-dire naturels, selon le nouveau langage, servent de motifs aux vertus surnaturelles ; ce qui est imparfait, et ce qu'il faut exclure en avançant, n'est pas de la grace. La dévotion sensible, qu'il faut laisser pour soutien aux commençans vient du fond de la nature : la cupidité, qui est la racine de tous les maux, n'est pas mauvaise. Voilà une partie des erreurs que nous avons à découvrir ; et on en a déjà vu les principes : mais commençons à prouver la nouveauté du système.

LXX.

On démontre, par l'auteur, que son explication de l'amour naturel et délibéré n'est appuyée d'aucuns passages.

Je pose ce fait constant ; parmi plus de cent passages que l'auteur produit depuis la page 36 de son *Instruction pastorale* jusqu'à la fin, pour établir son amour naturel, délibéré et non vicieux, mais seulement imparfait, il n'y en a pas un seul où il soit nommé, et on l'induit seulement par des conséquences semblables à celle-ci : « *Le Catéchisme du concile de Trente* se sert des termes les plus exclusifs (de la récompense) : a-t-il voulu retrancher l'espérance, vertu théologale, comme imparfaite ? a-t-il voulu en ôter le motif propre, qui est notre souverain bien en tant que nôtre ? A Dieu ne plaise que quelqu'un pense jamais une telle impiété [1] : » ce qu'il pousse le plus qu'il peut par un long discours, pour conclure enfin que « ce qui est retranché ne peut

[1] *Inst. past.*, n. 20.

donc être qu'un désir naturel, humain et délibéré de la béatitude. »

Ce raisonnement est recommencé cinquante fois avec des tours qui tous aboutissent, non pas à trouver cet amour naturel dans un seul passage; c'est ce que l'auteur ne tente pas : mais à le tirer par cette conséquence, parce qu'autrement les passages allégués prouveroient trop. Mais que n'entreprendra-t-on point par cette méthode? n'y aura-t-il qu'à imaginer sur ce fondement que le sens qu'on donne aux passages est caché partout? Mais pour en venir à un raisonnement plus précis, il n'est pas possible que ce qui est le dénouement de toute la théologie des Pères et des docteurs en cette matière, ne se trouve du moins exprimé quelque part en termes formels. Or est-il que cet amour naturel donné pour établir la distinction des parfaits et des imparfaits, et expliquer dans les derniers la recherche de la récompense, ne se trouve exprimé dans aucun passage : ce n'est donc pas là le dénouement des Pères et des docteurs. Il n'y a ici à prouver que cette proposition qui est la mineure : que cet amour naturel ne se trouve dans aucun passage; mais la démonstration en est évidente. Si on avoit quelque passage, on le produiroit; on ne se réduiroit pas à ne prouver que par conséquences, et encore par des conséquences aussi éloignées que celles qu'on vient de voir, pour ne point dire encore qu'elles sont mauvaises : on trouveroit quelque part le principe établi; on trouveroit quelque part la conséquence tirée : quelque auteur auroit défini cet amour naturel et innocent, pour en faire la distinction des parfaits et des imparfaits dans la poursuite de la récompense : nul ne l'a fait, nul n'y a songé : c'est donc une illusion; c'est une doctrine que l'auteur a prise en lui-même, en sa propre subtilité, et qui ne peut jamais passer que pour un prodige en théologie.

LXXI.

Les passages de S. Thomas et d'Estius, posés pour fondement par l'auteur, ne prouvent rien.

Il est bien vrai qu'il s'appuie sur saint Thomas et sur Estius; dont le premier, pour justifier la crainte de la peine, reconnoît qu'elle est fondée « sur un amour de nous-mêmes distingué de la charité ; mais sans lui être contraire, et sans qu'on mette sa fin dans ce propre bien qu'on recherche : *Ità ut in hoc proprio bono non constituat finem* [1] *:* » et l'autre, dans le même dessein, avoue aussi que la crainte est sans péché, « pourvu qu'elle ne soit viciée d'ailleurs par aucune mauvaise circonstance, à cause qu'elle procède de l'amour par lequel on se veut naturellement du bien, et qu'on désire en général sa félicité [2]. » Mais ces deux passages, qui sont tout le fondement de l'auteur, ne concluent rien pour deux raisons : la première, que ces deux auteurs ne se servent point de cet amour naturel, pour établir la distinction des parfaits et des imparfaits dans la recherche de la récompense, qui est précisément notre question : la seconde, que ce même amour n'est pas celui dont l'auteur a tant parlé ; la preuve en est évidente, en ce que ni saint Thomas, ni Estius, ne parlent pas d'un amour délibéré, qui est celui de l'auteur, mais seulement de l'inclination invincible et indélibérée à la béatitude.

Pour Estius, la chose est claire, puisqu'il parle en termes formels de l'amour par lequel on se veut *du bien, et on désire en général sa béatitude.* Or nous avons vu que ce n'est pas d'un tel amour que parle l'auteur, puisqu'on n'a jamais délibéré de sa félicité en général, et que c'est ici d'un amour délibéré que nous disputons.

Pour ce qui est de saint Thomas, qui empêche de dire de même, que l'amour de soi dont il parle, est semblablement celui de la béatitude où l'on recherche *son propre bien, sans néanmoins y mettre sa fin,* puisqu'il le faut finalement rapporter à Dieu? Quoi qu'il en soit, ce n'est pas assez de montrer dans deux auteurs *l'amour naturel de soi-même,* dont personne n'a jamais douté, si on ne montre encore qu'ils l'ont fait servir au dénouement dont il s'agit. Or est-il qu'ils n'y songent pas, et qu'ils tournent leurs raisonnemens à toute autre fin : par conséquent on ne prouve rien, et le fondement unique de l'*Instruction pastorale* s'en va en fumée.

Je demande qu'on soit attentif à cet endroit, où il s'agit de pré-

---

[1] *Instr. past.*, n. 3 et 20. II-II, q. XIX, art. 6, c. — [2] *Estius,* in 3, dist. 34, § 8.

venir une illusion qu'on veut faire à toute l'Eglise. On y veut faire passer un amour pur, qui trouble, qui scandalise les saints : loin qu'ils y soient appelés, la plupart n'ont ni lumière, ni grace pour y atteindre, il en faut faire un mystère à la plupart des saintes ames [1], et n'en parler point que Dieu ne se déclare, et n'y détermine. Voilà ce qu'on veut aujourd'hui faire passer, et avec cela toute sorte d'illusions qu'on y voit très-clairement attachées : il s'agit de trouver un dénouement à ce prodige. On veut mettre ce dénouement dans quelque chose de nouveau, dont on ne trouve rien dans les livres ; on entreprend tout pour envelopper ce mystère, et l'introduire parmi les fidèles, comme la plus haute spiritualité où puisse monter l'esprit humain : qu'on juge du péril de l'Eglise, et de la nécessité où l'on est d'en peser en rigueur toutes les preuves, sans rien laisser passer que de bon aloi.

LXXII.

Passage de Denys le Chartreux.

Outre saint Thomas et Estius, je trouve dans l'*Instruction pastorale* un autre auteur, qui a parlé de l'amour naturel de nousmêmes, et c'est Denys le Chartreux, dont on nous rapporte ces paroles : « L'amour gratuit (c'est selon le style du temps, celui qui vient de la grace) est le seul méritoire : l'amour naturel ne mérite rien de Dieu : il est naturel ; il vient de l'inclination naturelle qu'on a d'être heureux, et d'une foi informe : aimons-nous donc nous et notre salut en Dieu, par rapport à Dieu et pour Dieu [2]. » J'avoue cette conséquence, et tout ce qu'en infère ce saint religieux, en faveur d'un amour qui doit s'élever au-dessus des peines et des récompenses : ce sont des vérités si constantes, qu'on perd le temps à les prouver, puisqu'elles ne marquent autre chose, que le rapport qu'il faut faire de toutes les récompenses *à la gloire de Dieu et de sa grace* [3], comme nous l'avons démontré ailleurs par saint Paul [4]. Mais je ne puis consentir à cette remarque de l'auteur : « Vous voyez que, suivant Denys le Chartreux, la propriété ou intérêt propre dont l'ame se dépouille, et

---

[1] *Max. des SS.*, p. 34, 35, 261. — [2] *Instr. past.*, n. 20. — [3] *Eph.*, I, 6.— [4] *Instr. sur les Etats d'Or.*, liv., III, n. 8.

qui n'est plus dans l'enfant, est un amour naturel de la béatitude, et que pour être déiformes, il faut aimer Dieu d'un amour surnaturel, qui ne soit plus joint dans l'ame avec cet amour naturel de soi-même[1]. » Il mêle le vrai et le faux : il est vrai que pour être déifiés, il faut aimer Dieu d'un autre amour que d'un amour naturel, puisque c'est la charité et l'amour surnaturel qui nous déifie : mais il n'est pas vrai pour cela, qu'il faille se dépouiller de l'amour naturel de la béatitude : car l'auteur nous a lui-même avoué avec saint Augustin[2], que ce dépouillement est impossible, et qu'en nul état on ne peut pas ne pas vouloir être heureux. C'est autre chose de s'élever au-dessus de cet amour naturel, autre chose de s'en dépouiller. Il vient, dit le saint chartreux, non-seulement *de la nature*, mais encore d'une *foi informe;* or on ne se dépouille ni de la nature ni de la foi informe : on n'en ôte que l'*informité*, c'est-à-dire sa séparation d'avec le saint amour : mais le fond ne s'ôte jamais. Ainsi en toutes manières l'auteur conclut mal.

LXXIII.
Conclusion des remarques précédentes.

Nous avons donc acquis deux choses : la première, que les docteurs que l'auteur allègue pour son amour naturel; c'est-à-dire saint Thomas, Estius, et Denys le Chartreux, sont très-éloignés de ses idées : et la seconde, que le principe de dénouement dans *l'Instruction pastorale* n'est soutenu d'aucun passage, mais seulement de conséquences trop tirées par les cheveux pour faire foi.

LXXIV.
Erreur d'ôter à la grace tout ce qui est imparfait.

J'ajoute que ces conséquences sont fausses et erronées; car les voici : « Le parfait ne veut d'ordinaire les récompenses que par un amour surnaturel de soi-même, qui venant de la grace n'a rien d'imparfait. L'attachement, qu'on exclut comme une imperfection, ne peut venir de la grace et du Saint-Esprit; donc il est

[1] *Instr. past.*, n. 20.— [2] *Inst. past., ibid.*

naturel. La grace ne nous rend point mercenaires : le Saint-Esprit n'est point l'auteur du propre intérêt : cet amour de soi-même ne peut donc être qu'un amour naturel de nous-mêmes [1]. » Voilà un enchaînement d'erreurs. Si ce qui vient de la grace n'a rien d'imparfait ; donc la crainte de la peine n'est pas imparfaite, ou la grace ne la fait pas. Si l'attachement qu'on exclut à titre d'imperfection n'est pas du Saint-Esprit ; donc cette crainte, que l'on bannit quand on est parfait, ne vient pas de *son impulsion*, contre la définition expresse du concile de Trente [2] ; donc la grace ne fait pas les commencemens à cause qu'ils sont imparfaits ; et il n'est plus de la foi qu'elle fait tout jusqu'à la première *pensée*, jusqu'au premier sentiment qui nous fait nommer *le Seigneur Jésus* : donc tout ce qui se dissipe comme imparfait dans la perfection de la vie future, *evacuabitur quod ex parte est* [3], n'est pas de Dieu : la foi n'en est pas, non plus que l'espérance. Voilà où l'on tombe, quand, à quelque prix que ce soit, on veut trouver ce qui n'est pas, et on oublie jusqu'aux premiers principes de la théologie.

J'en dis autant lorsqu'on assure que *la grace ne nous rend point mercenaires* : mercenaires, grossiers et charnels par rapport aux récompenses temporelles ; je l'avoue : mercenaires, selon les idées de tant de théologiens et de saint Bonaventure, par rapport à la récompense éternelle et incréée : il ne se peut que Dieu ne nous fasse mercenaires et intéressés en ce sens, puisqu'il nous inspire l'espérance. *Le Saint-Esprit n'est pas l'auteur du propre intérêt :* quoi ? de ce *propre intérêt, commodum proprium, utilitas propria,* où saint Anselme, où saint Bernard, où Scot, où toute l'Ecole met l'essence de l'espérance chrétienne ; en un mot *de l'intérêt propre* qui est *éternel*, comme l'auteur l'appelle lui-même ? c'est une ignorance des conclusions et des principes de l'Ecole, et une hérésie formelle.

[1] *Inst. past.*, n. 20. — [2] *Sess.* XIV, cap. 4. — [3] I *Cor.*, XIII, 10.

SECTION VII.

Examen de quelques passages dont l'auteur compose sa tradition, et premièrement de ceux du Catéchisme du concile de Trente.

LXXV.

Premier passage de ce *Catéchisme*.

Pour démontrer l'inutilité et la fausseté des conséquences qu'on tire de tant de passages, je prends le premier qui se présente : « Ouvrons, dit-il, d'abord le *Catéchisme du concile de Trente*[1] ; » ouvrons-le, je le veux ; et voyons si sous le nom *d'intérêt* nous y trouverons l'amour naturel et délibéré de nous-mêmes.

Voici par où l'on commence : « Dieu par clémence donne le royaume du ciel à ses créatures, quoiqu'il pût exiger qu'elles le servissent sans récompense. » Ce n'est pas tout à fait ainsi que parle ce *Catéchisme* : il ne parle pas tant de la donation que de la promesse. Mais passons cela : ce qu'il y a de plus à remarquer, c'est que l'auteur coupe le passage dans des endroits essentiels ; et il le faut représenter tel qu'il est dans toute sa suite, à la tête de l'explication du Décalogue, et avant le premier commandement : « Ce n'est pas tant pour notre intérêt, que pour l'amour de Dieu qu'il nous faut garder la loi : *Nec tam utilitatis nostræ gratiâ, quàm Dei causâ*[2]. » Voilà en tête *notre intérêt* retranché en tant qu'on en fait le seul, ou même le principal motif. Dira-t-on que notre intérêt est ici l'amour naturel de la récompense, ou l'amour que Dieu en inspire ? C'est le dernier, sans contestation : mais continuons : « Il ne faut point passer sous silence, que Dieu nous montre particulièrement sa clémence et les richesses de sa souveraine bonté, en ce que pouvant exiger de nous que nous servissions à sa gloire sans nous proposer aucune récompense, il a voulu toutefois unir sa gloire avec notre intérêt : *Voluit tamen suam gloriam cum nostrâ utilitate conjungere ;* en sorte, continue-t-il, que ce qui est profitable à l'homme, soit en même temps glorieux à Dieu : *Ut quod homini utile, idem esset Deo gloriosum.* » Voilà donc les deux motifs unis ensemble, et notre in-

[1] *Instr. past.*, n. 20.— [2] *Part. III, de Decal. præcept.*, n. 16.

térêt est inséparable d'avec la gloire de Dieu ; mais notre intérêt en cet endroit-là, est-ce une affection naturelle? Qui l'osera dire, puisque par la suite ce n'est autre chose que *les récompenses* qui nous sont promises, et comme parle David, *la grande rétribution qui suit l'observance des commandemens: In custodiendis illis retributio multa* [1]*?* C'est donc là ce qu'il appelle *notre utilité, notre intérêt.* Mais pour montrer qu'il ne le fait pas consister dans un désir naturel de la récompense, il finit en expliquant nettement que la récompense qui nous est promise « est celle qu'à la vérité nous méritons par nos bonnes œuvres, mais aussi par le secours de la divine miséricorde : *divinæ misericordiæ adjumento.* » Ce n'est donc pas là une affection naturelle : notre intérêt nous est proposé comme un bien divin, comme un don de Dieu. Le *Catéchisme* n'a rien omis pour établir cette vérité : ce qui détruit par le fondement tout le système, et ce qu'aussi l'auteur avoit manqué de nous rapporter.

LXXVI.

Deux autres passages du *Catéchisme*, où le royaume des cieux est proposé comme la fin commune de tous les fidèles.

Joignons à ce passage sur le Décalogue, ces deux autres, qu'il ne falloit pas oublier, sur l'Oraison dominicale. Sur ces mots : *Qui es in cœlis :* « Ces paroles déterminent ce que tous sont obligés de demander, puisque toute notre demande, qui regarde la nécessité et l'usage de cette vie, est inutile et indigne d'un chrétien, si elle n'est jointe aux biens célestes, et n'est dirigée à cette fin : *Omnis postulatio nisi cum cœlestibus sit conjuncta bonis, et ad illum finem dirigatur, inanis est et indigna christiano* [2]. » L'autre passage est sur ces paroles: *Adveniat regnum tuum;* où le *Catéchisme* enseigne « que le royaume céleste qu'on demande ici, est la fin où se rapporte et se termine toute la prédication de l'Evangile : *Regnum cœleste ejusmodi esse, ut eò referatur ac terminetur omnis Evangelii prædicatio* [3] : » il n'y a donc rien à

---

[1] *Psal.*, XVIII, 12. — [2] *Catech. part. IV. de Or. dom.*, n. 37. — [3] *Catech.*, etc. II* *petit.*, n. 1.

désirer de plus grand, et c'est là le terme commun de tous les fidèles, c'est-à-dire des parfaits et des imparfaits.

LXXVII.
Paroles du *Catéchisme*, et explication de l'auteur manifestement erronée.

Ces fondemens supposés, venons au second passage que l'on nous oppose : c'est sur l'Oraison dominicale, et sur la demande : *Fiat voluntas tua :* « Nous demandons la forme et la détermination de l'obéissance que nous devons à Dieu : *formam ac præscriptionem :* qui est qu'elle soit formée sur cette règle, que les anges et toutes les ames bienheureuses gardent dans le ciel, c'est-à-dire que comme ils obéissent à Dieu volontairement et avec une extrême joie, nous aussi nous obéissions très-agréablement ou très-volontairement : *libentissimè ;* à la volonté divine, à la manière qu'il le veut [1] : en quoi, continue le *Catéchisme,* Dieu exige de nous un souverain amour et une excellente charité dans le travail et dans l'affection par lesquels nous le servons : *In operâ ac studio quod Deo navamus, summum amorem Deus et eximiam charitatem* REQUIRIT [2] : » et cet amour qu'il exige « consiste en ce point, qu'encore que nous nous consacrions tout entiers à Dieu par l'espérance des célestes récompenses, toutefois nous les espérions, à cause qu'il plaît à Dieu que nous entrions dans cette espérance : *Quòd ut in eam spem ingrederemur, divinæ placuit Majestati :* en sorte que notre espérance soit toute appuyée sur cet amour de Dieu, qui a proposé à notre amour l'éternelle béatitude : *Tota nitatur illo in Deum amore nostra spes.* »

Il faut suspendre ici notre lecture pour considérer cette réflexion de l'auteur : « Le *Catéchisme* ne prétend pas néanmoins que l'espérance de tous les chrétiens doive être ainsi toute appuyée sur cet amour qu'il appelle *eximiam charitatem*, et par conformité au bon plaisir de Dieu qui veut que nous espérions. Cette perfection de l'espérance ne regarde, selon le *Catéchisme*, que les ames parfaites [3]. » Telles sont les paroles de l'auteur, où

---

[1] *Catech.*, etc. IIIe *petit*, n. 25. — [2] *Ibid*, n. 26. — [3] *Inst. past.*, n. 20.

je suis obligé de m'arrêter, parce que cette explication est manifestement erronée pour ces raisons.

LXXVIII.

Huit démonstrations, par lesquelles la réflexion de l'auteur sur le *Catéchisme* est convaincue d'erreur.

La première, qu'il s'ensuivroit que cette demande : *Votre volonté soit faite, dans la terre comme au ciel*, ne regarderoit pas tous les fidèles : ce qui seroit une erreur contre la foi.

La seconde, que c'est encore une erreur égale de dire, que par ce mot : *eximiam charitatem*, il faille entendre un amour auquel tous les chrétiens ne soient pas obligés : ce qui ne se peut supporter, puisqu'on joint ensemble dans le *Catéchisme*, « comme chose que Dieu exige de nous, cette charité excellente avec le souverain amour : *Summum à nobis amorem, atque eximiam charitatem requirit.* » Il faudroit donc dire aussi que tous les chrétiens ne sont pas obligés à un souverain amour envers Dieu; ce qui renverse le précepte de la charité.

Mon troisième moyen consiste à peser toutes ces paroles : « *Summum à nobis amorem Deus, et eximiam charitatem requirit*: Dieu exige de nous un souverain amour et une excellente charité. » *Dieu exige de nous*, ou si l'on veut, Dieu *requiert de nous. Nous*, ne veut pas dire les parfaits seulement, parmi lesquels on ne se met point : *Nous*, dans tout le *Catéchisme*, et en particulier dès le commencement de ce passage, veut dire tous les fidèles, et explique la commune obligation : d'autant plus qu'il s'agit d'une demande de l'Oraison dominicale, à laquelle tout le monde est également tenu : et si ces paroles ne les regardent pas tous, il n'y aura rien que pour les parfaits sur cette demande, puisqu'on n'en dit que cela. C'est donc tous les fidèles de qui l'on parle : c'est à eux qu'on donne « cette forme et cette détermination de l'obéissance que nous devons à Dieu : *formam et præscriptionem :* » nous la lui devons : *debemus* : nous la lui demandons : *petimus* : et Dieu de son côté nous la demande : *à nobis requirit.* La matière même nous détermine à ce sens, puisqu'il s'agit du *souverain amour*, et que c'est manifestement ce que tous les chrétiens doivent à Dieu. Il ne faut point excepter *sur l'excellente charité, eximiam charitatem*. L'auteur l'a voulu traduire par le mot de *singulière*, pour montrer que cette charité ne doit pas être commune à tous les fidèles. Mais le mot *eximia*, s'étend plus loin, et désigne une charité excellente : ce qui joint avec le terme de *souverain amour*, fait entendre aux chrétiens que l'amour qu'ils doivent à Dieu n'est pas un amour vulgaire, mais un amour excellent, où on l'aime de tout son cœur, de toutes ses forces et de toute son intelligence. Ainsi cette excellente charité ne regarde pas un conseil pour les parfaits, mais une obligation commune de tous les fidèles, qu'aussi pour cette raison, le *Catéchisme* propose à tous sans distinction.

En quatrième lieu, ceci se confirme par les excellences que saint Paul a attribuées à la charité en elle-même, et non-seulement dans les parfaits : ce qui aussi lui fait dire lorsqu'il entreprend d'en parler : «J'ai dessein de vous montrer, *vobis*[1], en parlant à tous les fidèles, une voie plus excellente, *excellentiorem viam*.»

En cinquième lieu, si par les parfaits, auxquels on prétend restreindre l'obligation d'aimer Dieu par cette éminente charité, on entend uniquement ceux qui sont dans le prétendu pur amour, il s'ensuivra que non-seulement le commun des chrétiens justifiés, mais encore que les Saints mêmes que l'Eglise honore, et ceux qui sont élevés à un éminent degré de sainteté, ne seront pas pour cela appelés à un excellent amour, et qu'on sera un grand saint sans cette excellence : ce qui emporte tant d'absurdité, qu'on ne peut s'imaginer que l'auteur y veuille tomber étant averti.

En sixième lieu, la fin qu'on propose en cet endroit à cet amour excellent, fait voir qu'il est commun à tous les fidèles : ce qui se démontre en cette sorte. Ceux de qui l'on parle, sont ceux « qui déjà entièrement dédiés à Dieu par l'espérance des récompenses, les espèrent à cause que Dieu a voulu qu'ils entrassent dans cette espérance. » Or est-il que tous les fidèles sont obligés à y entrer, par le motif que Dieu le veut. Nul chrétien

---

[1] *I Cor.*, XII, 31.

justifié ne se dévoue tout à fait à Dieu par le seul motif de l'espérance, à l'exclusion du motif de la volonté de Dieu, qui est égament proposé à tous : donc ceux dont il s'agit sont tous les fidèles, et non seulement les parfaits.

En septième lieu, la suite détermine encore à cette intelligence, puisqu'après les paroles qu'on vient d'entendre, le *Catéchisme* conclut que « notre espérance doit être entièrement appuyée sur cet amour de Dieu, qui a proposé à notre amour pour sa récompense l'éternelle béatitude : » *Quare tota nitatur illo in Deum amore nostra spes, qui mercedem amori nostro proposuit œternam beatitudinem.* Or est-il que c'est à l'amour de tous les fidèles, et non seulement des parfaits, que Dieu a proposé cette récompense : la récompense n'est proposée qu'à ceux qui aiment, et l'espérance de ceux qui n'aiment pas est une espérance morte et mercenaire : c'est donc l'espérance de tous les fidèles, qui doit être appuyée sur cet amour.

En huitième lieu, quand l'auteur assure[1] que c'est là « l'espérance parfaite, telle que saint Thomas la représente après saint Ambroise[2] : *spes ex charitate :* l'espérance vient de l'amour, » il a raison ; mais il devoit ajouter que cette espérance, qui est fondée sur la charité et qui en prend sa naissance, n'est pas l'espérance des parfaits, mais celle de tous les justes. L'espérance n'est jamais bien fondée que sur l'amour : nul ne peut rien espérer de Dieu qu'il ne l'aime, et il faut encore répéter que l'espérance sans amour n'a rien à prétendre. Ainsi de l'aveu de l'auteur, le *Catéchisme du concile* parle de l'espérance et de l'amour non-seulement des parfaits, mais encore de tous les justes.

LXXIX.

Suite du passage du *Catéchisme*.

Voilà huit démonstrations qui concluent sans exagérer, que l'explication de l'auteur sur le passage du *Catéchisme* ne peut être moins qu'erronée : continuons notre lecture, en la reprenant à l'endroit où nous l'avons finie : « Car il y en a qui servent

[1] *Instr. past.*, n. 20. — [2] II-II, q. XVII, a. 8.

quelqu'un avec amour : *amanter :* mais néanmoins pour la récompense à laquelle ils rapportent leur amour : *pretii causâ quò amorem referunt.* Et il y en a outre cela qui servant Dieu, touchés seulement de la charité et de la piété : *tantummodò charitate et pietate commoti :* ne regardent dans celui à qui ils s'attachent que sa bonté et sa vertu : *in eo cui dant operam, nihil spectant nisi illius bonitatem atque virtutem :* dont la vue et l'admiration font qu'ils s'estiment heureux de le pouvoir servir : *se beatos arbitrantur, quòd ei suum officium præstare possint*[1]. »

Le *Catéchisme* distingue ici deux sortes d'amour en général : l'un de ceux *qui aiment* à la vérité, mais *qui rapportent leur amour à la récompense :* et l'autre de ceux « qui ne sont touchés que de la bonté et du mérite de l'objet aimé, s'estiment heureux de le servir dans cette pensée. »

LXXX.

Ce que veut dire dans le *Catéchisme : Amanter serviunt :* « ils servent avec amour : » erreur de l'auteur.

Notre auteur veut encore ici qu'il distingue les imparfaits et les parfaits : mais visiblement il se trompe : car *ceux qui rapportent leur amour à la récompense,* ne sont pas des imparfaits, mais des vicieux : et s'il est dit dans le *Catéchisme* qu'ils servent avec amour, *amanter serviunt :* cela ne s'entend que d'un amour qui se borne à la récompense, et s'y rapporte comme à la fin : ils aiment à leur manière; car c'est aimer en quelque façon, que de servir quelqu'un pour la récompense : mais ce n'est pas l'amour d'amitié; c'est l'amour de concupiscence, qui de soi ne met pas un homme au rang des vrais amis : ce qui le met en ce rang, c'est l'amour où l'on n'est touché, comme de son objet spécifique et principal, que du mérite et de la bonté de celui qu'on aime.

Voilà les deux caractères d'amans : ils aiment tous deux, je l'avoue, mais d'une manière bien différente : l'un aime pour la récompense, et y rapporte son amour : l'autre aime, et en aimant il est heureux, mais il met son bonheur à servir celui dont la

[1] *Cat. concil. Trid., Inst. past.,* n. 27.

bonté et le mérite occupent entièrement son admiration et sa pensée : de ces deux amours différens, l'un nous rend amis, et l'autre non : et en appliquant à Dieu la comparaison, l'un est justifiant, et l'autre ne le peut pas être.

LXXXI.
Le langage du *Catéchisme* est justifié par le style du temps.

C'est en vain que l'auteur objecte que l'Eglise ne se sert jamais de ces mots : *Amanter serviunt :* « Ils aiment avec amour, » pour exprimer « les hommes actuellement pécheurs et ennemis de Dieu[1]. » Il ne songe pas que c'étoit le style du temps, d'appeler amour celui qui avoit pour sa fin dernière la récompense : *Pretii causâ quò amorem referunt.* Témoin Sylvestre de Prière, le grand antagoniste de Luther, lorsqu'il dit que « c'est un péché mortel d'aimer Dieu pour quelque bien temporel, ou même pour la vie éternelle, finalement et principalement[2]. » Témoins Tolet et Sylvius qui parlent de même, et dont on verra bientôt les passages. On appeloit donc alors amour de Dieu, celui qui se rapportoit *principalement et finalement* à la récompense, encore qu'il fût mauvais, et il ne faut pas s'étonner que le *Catéchisme du concile* ait dit de ces amans déréglés : *Amanter serviunt.*

LXXXII.
Explication des termes exclusifs du *Catéchisme* par les principes communs de l'Ecole.

L'auteur veut tirer avantage de ce que pour exprimer un vrai amour, le *Catéchisme* emploie *les termes les plus exclusifs : Tantummodò : nihil spectant, nisi, etc.* Et il semble vouloir inférer de là qu'il ne s'agit pas de la commune charité justifiante, mais de la charité parfaite. Il ne feroit pas cette objection, s'il avoit pensé que les auteurs de ce *Catéchisme* étoient d'excellens scolastiques, et qu'ils n'admettoient selon le style de l'Ecole, ces exclusions dans la charité qu'à raison de son objet spécifique et principal, où la récompense n'entre pas formellement : mais au reste, ils avoient expliqué ailleurs comment et par quel endroit y entre

---

[1] *Instr. past.*, n. 20. — [2] *Summa : verbo, Charitas,* q. VII.

la récompense, lorsqu'ils avoient dit qu'il falloit diriger toutes les prières à la félicité éternelle ; que le royaume des cieux, dont on demandoit l'avénement, étoit le terme et la fin de toute la prédication évangélique ; et qu'enfin Dieu avoit voulu que notre intérêt fût uni éternellement avec sa gloire [1].

LXXXIII.

<small>Le *Catéchisme* n'a pas songé à l'amour naturel, délibéré, et innocent.</small>

Ainsi l'auteur se tourmente en vain, pour faire entrer par force dans le *Catéchisme du concile* son amour naturel et innocent : d'abord il est bien certain qu'il n'y en a pas un seul mot, pas un seul vestige dans tous les passages qu'il cite : s'il a recours aux conséquences, nous les avons expliquées sans que cet amour y paroisse. Il nous demande : « Le *Catéchisme* a-t-il voulu retrancher l'espérance théologique comme imparfaite [2] ? » Répondons : Il a reconnu, ce qui est certain, que l'espérance théologique étoit imparfaite, et, aussi bien que la foi, tiroit sa vie et sa perfection de la charité : mais il ne l'a pas pour cela voulu retrancher. Qu'a-t-il donc voulu retrancher ? Il est aisé de l'entendre, et il explique en termes formels, que c'est un amour qui se rapporte à la récompense : amour par conséquent non-seulement imparfait, mais encore désordonné et irrégulier, comme toute l'Ecole en convient, aussi bien que l'auteur lui-même [3], après saint François de Sales.

LXXXIV.

<small>Nouvelle illusion de l'auteur sur la fréquence des actes d'espérance, et que tous ses raisonnemens aboutissent à deux erreurs.</small>

Quand l'auteur ajoute que le *Catéchisme* « n'a pas pu retrancher la fréquence des actes d'espérance, parce que le fréquent exercice d'une vertu théologale ne peut jamais être une imperfection [4] : » sans approuver le retranchement de cette fréquence, je dis que l'auteur l'a mal réfutée, puisqu'il est certain que le fréquent exercice *d'une vertu théologale,* qui de sa nature est imparfaite, peut bien être *une imperfection,* en ce qu'elle occupe la

---

[1] Voyez ci-dessus, n. 74 et 75. — [2] *Instr. past.*, n. 20. — [3] *Max. des SS.*, p. 17.
[4] *Instr. past.*, n. 20.

place de la plus parfaite vertu qui est la charité : et c'est pourquoi, si cela servoit à la question, nous pourrions dire sans crainte, que c'est une perfection d'exercer plutôt et plus souvent la charité que l'espérance, et que c'est une imperfection d'exercer plutôt et plus souvent l'espérance seule que la charité. Mais quoi qu'il en soit, l'amour naturel et innocent de soi-même ne paroît ni dans les passages produits par l'auteur, ni dans leurs conséquences légitimes ; et en le cherchant où il n'étoit pas, il n'a encore trouvé que deux erreurs dans la foi ; dont l'une est, que le Saint-Esprit ne fait point les imparfaites vertus, ce qui est erroné, puisqu'il les fait toutes et jusqu'à leurs moindres dispositions : et la seconde, que ce n'est pas une commune obligation de tous les justes, d'aimer Dieu d'un amour souverain, ou de fonder sur la charité l'effet de leur espérance : ce qui est d'un si prodigieux relâchement, qu'on n'y peut tomber que par un oubli de soi-même, dans l'affectation obstinée de chercher ce qui n'est pas.

LXXXV.

Doctrine du concile de Trente, et décision de cette dispute par son autorité.

Si j'avois pu interrompre ce que j'avois à représenter sur le *Catéchisme du concile de Trente,* j'aurois rapporté la doctrine du concile même, dans une décision qui revient souvent en cette matière, puisqu'elle y tient lieu de fondement. C'est une erreur, dit ce saint concile, de dire que « les justes pèchent dans toutes leurs œuvres : *In omnibus operibus justos peccare :* si outre le désir principal, que Dieu soit glorifié : *cum hoc, ut imprimis glorificetur Deus :* ils envisagent aussi la récompense éternelle, pour exciter leur paresse, et pour s'encourager à courir dans la carrière [1]. » Cette décision du concile est souvent citée par notre auteur [2]; mais sans être jamais assez approfondie, et toujours sans rapporter ces passages dont le concile appuie son décret, « puisqu'il est écrit : *J'ai incliné mon cœur à la pratique de vos commandemens, à cause de la récompense ;* et que l'Apôtre a dit de Moïse : *Il regardoit à la récompense.* »

[1] Sess. VI, cap. XI. — [2] *Max. des SS.,* p. 19, etc.

Cinq réflexions aussi importantes que courtes nous feront tirer tout le fruit de cette décision. La première, que la fin dernière et *principale* est *la gloire de Dieu*, et que c'est là ce qu'il faut avoir premièrement en vue : *Cum hoc, ut imprimis glorificetur Deus.*

La seconde, qui est une suite de celle-là, que l'espérance demande de sa nature d'être rapportée à cette fin, puisque sans cela elle est morte et infructueuse.

La troisième, qu'elle est pourtant très-utile, et que le bien qui en revient aux fidèles, c'est *d'exciter leur paresse et de les encourager dans leur course* : ce qui suppose des gens qui courent déjà pour une autre fin principale, et qui toutefois ont besoin de cet aiguillon.

La quatrième, que David et Moïse, c'est-à-dire les plus parfaits, sont compris au nombre de ceux qui surmontent en cette sorte ce principe inséparable de découragement et de langueur, qu'on a toujours à combattre tant qu'on est dans cette vie, et qu'ainsi ils ont besoin de ce motif, dont aussi ils ne se serviroient pas s'il leur étoit inutile.

La cinquième, que sans parler d'amour naturel ou de l'exclusion qu'il lui faut donner, on explique la perfection du christianisme dans les plus grands saints, en leur apprenant seulement à rapporter l'espérance de la récompense au premier et principal désir de glorifier Dieu, qui est la fin de la vie chrétienne.

Ces cinq réflexions feront mieux entendre le *Catéchisme du concile,* où l'on voit en l'approfondissant un perpétuel égard à cette décision, et confondront à jamais les vaines imaginations du nouveau système.

SECTION VIII.

Explication de quelques autres passages dont l'auteur abuse.

LXXXVI.

Passages de Sylvestre et de Sylvius.

Après l'examen important du concile et du *Catéchisme*, ce seroit un travail immense et hors de propos, d'examiner passage à passage les autres auteurs aussi mal cités dans l'*Instruction pas-*

torale : mais pour en montrer l'inutilité, je veux bien en expliquer quatre ou cinq dont la solution dépend du même principe.

« Lisez Sylvestre, dit notre auteur, il vous dira qu'il est mortel d'aimer Dieu pour quelque bien temporel, ou même pour la vie éternelle, finalement et principalement considérée..... Il est néanmoins permis d'aimer Dieu pour ces choses : *licitum est :* par un second motif : *secundariò :* car Dieu dans l'Ecriture propose ces choses à ceux qui l'aiment [2]. » Dans la page suivante : « Lisez Tolet : » où il trouve le même discours ; à quoi il ajoute : « Bellarmin et plusieurs autres ont parlé de même : » d'où il tire cette conséquence : « Tolet ne dit pas qu'on doit, mais seulement qu'on peut faire ce mélange de motifs. Sylvestre ne dit pas que ce mélange est commandé, mais seulement qu'il est permis. Ce motif de l'espérance, qui n'est que permis, n'est pas celui qui est essentiel à l'espérance : car celui de l'espérance est absolument commandé. Ce motif seulement permis est donc quelque chose de naturel et de moins parfait, que ce qui entre par le principe de la grace dans les actes des vertus surnaturelles. »

Il ne se lasse point d'appuyer sur cet argument, puisqu'il ajoute : « Ce motif seulement permis n'est donc pas pris du côté de l'objet de l'espérance ; car l'objet, qui est la béatitude objective et même la formelle, doit toucher les ames les plus désintéressées : ce motif signifie chez ces théologiens ce qu'il signifie dans mon livre ; c'est le principe d'amour naturel de soi-même, qui rend l'homme mercenaire ou intéressé. Voilà ce qui n'est pas commandé, mais seulement permis aux ames foibles, et ce qui peut être retranché ou sacrifié par les plus fortes. »

Il pousse cet argument par l'autorité de Sylvius : « Ce célèbre théologien de nos Pays-Bas, qui expliquant le Vénérable Bède sur les trois ordres des serviteurs, des mercenaires et des enfans, demande d'abord s'il est permis d'aimer Dieu par le motif de la récompense, et répond qu'oui, pourvu qu'on soit tellement disposé, qu'on aimeroit Dieu également quand même il n'y auroit point de béatitude à attendre. Dans la suite il dit que l'enfant peut être nommé mercenaire, à cause de ce désir de la récompense

[1] *Inst. past.*, n. 20, p. 85.

qui est seulement permis. » Là revient l'argument ordinaire : « Ne nous lassons point, mes chers Frères, de remarquer que ce motif de la récompense, qui est seulement permis, ne peut être celui de l'espérance chrétienne ; c'est donc un motif mercenaire : et ce qui est exprimé ici par le terme de *motif*, signifie un amour naturel de soi-même, qui attache l'ame à son contentement dans la récompense. Voilà ce qui est seulement permis selon Sylvius, mais qui n'est pas commandé : voilà l'intérêt propre qu'on n'est pas obligé de retrancher, parce qu'il n'y a aucune obligation d'être enfant de la plus haute manière : » qui sont les paroles de Sylvius, que l'auteur avoit rapportées auparavant.

LXXXVII.

Pourquoi on se contentoit en ce temps, de dire que la vue de la récompense étoit permise : preuve par le concile de Trente.

Cet argument si poussé et sur lequel on appuie avec tant de force, vient pourtant (car il le faut dire) d'une manifeste ignorance de l'état de la question : et d'abord il faut observer que les auteurs de M. de Cambray ne disent pas une seule fois, ce que ce prélat répète sans cesse, que le motif de la récompense *n'est pas commandé, mais seulement permis*: c'est une conséquence de M. de Cambray, qui va tomber d'elle-même.

Il faut donc savoir qu'en ce temps-là c'étoit la coutume de proposer la question en ces termes : *Savoir s'il est permis d'aimer Dieu, et de le servir pour la récompense*[1] : à cause de Luther qui le nioit, et qui prétendoit que cet amour et ce service étoit malhonnête et illicite ; c'est pourquoi on s'attachoit à prouver à cet hérésiarque que cet amour au contraire étoit honnête et permis.

Le concile de Trente même a pris cet esprit[2] dans le décret qu'on vient de voir, lorsqu'il s'est contenté d'y prononcer contre Luther, qu'il est contraire à la doctrine « orthodoxe, d'enseigner que ce soit péché de s'exciter par la vue de la récompense ; » ce qui revient au canon XXXI, conçu en ces termes : *Si quis dixerit justificatum peccare, dùm intuitu æternæ mercedis benè operatur ; anathema sit*: Si quelqu'un dit que l'homme justifié pèche,

[1] Syl., II, II, q. XXVII, art. 3. — [2] Sess. VI, cap. XI.

lorsqu'il fait bien par la vue de la récompense éternelle ; qu'il soit anathème. »

Il paroît donc qu'en ce temps l'esprit de l'Eglise étoit d'établir la vue de la récompense comme permise et honnête : on levoit par ce moyen tous les obstacles que les luthériens opposoient à cette vertu : on la remettoit entièrement en honneur ; et vouloir conclure de là qu'elle fût seulement permise et non commandée, c'est directement s'attaquer au concile de Trente.

LXXXVIII.

Seconde raison de proposer la question par le terme, *s'il est permis.*

Voilà donc une des raisons pour lesquelles Sylvius se contente de dire « que c'est un péché mortel d'aimer Dieu pour quelque bien temporel, ou même pour la vie éternelle, finalement et principalement considérée ; et qu'en même temps il est permis de l'aimer pour ces choses par un second motif. »

On voit dans les mêmes paroles, une seconde raison de s'exprimer par le terme de *permis :* c'est que la question regardoit deux choses qu'on se pouvoit proposer en aimant Dieu, ou *quelque bien temporel,* ou *la vie éternelle ;* et tout ce qu'on pouvoit répondre étoit « qu'il étoit permis : *licitum:* d'aimer pour ces choses : *propter ista :* parce que Dieu dans l'Ecriture les promet à ceux qui l'aiment : *quia ista amantibus promittuntur :* » où l'on voit manifestement que les récompenses temporelles et spirituelles étant comprises dans la même question, comme le commandement ne pouvoit tomber sur les premières, il falloit pour répondre juste, parler seulement de permission.

LXXXIX.

Sylvius parle de même.

Sylvius a eu les mêmes raisons de demander seulement « s'il étoit permis d'aimer Dieu, et de le servir pour la récompense : *Utrùm liceat Deum diligere, et ei servire propter mercedem :* » et de répondre avec Sylvestre, ou plutôt avec le concile, « qu'il est permis, et que cette vérité est de la foi : *Responsio ; Ad fidem pertinens est, licere :* » car il avoit à combattre Luther, qui croyoit l'espérance illicite, et à soutenir contre lui qu'il étoit licite, c'est-à-dire conforme à la loi, de poursuivre non-seulement la récompense éternelle, mais encore, à l'exemple d'Abraham et des autres Saints, *les biens temporels*, dont on ne pouvoit pas dire que la recherche fût commandée : tellement que la réponse à la question devoit être qu'elle étoit permise.

XC.

Luther ne songea jamais à condamner un acte naturel permis, ni les catholiques à le soutenir contre lui.

Aussi est-ce une illusion qu'on ne peut comprendre, sous prétexte que Sylvius répond à la question de l'espérance par ces paroles : *Il est permis: licitum est :* de lui vouloir faire accroire qu'il ait pensé à cet amour naturel permis, dont il n'y a pas un mot dans un long traité, où il explique si distinctement tout ce qu'il veut dire. Ce ne fut jamais l'erreur de Luther, de traiter d'illicite un acte naturel et permis, dont ni lui, ni ses adhérens, ni ses adversaires n'ont jamais parlé, mais par une bizarrerie, et si l'on me permet ce mot, par un travers digne de lui, il osoit traiter d'illicite et de bas l'acte même surnaturel de l'espérance chrétienne, et la vue inspirée de Dieu de l'éternelle récompense : c'est de la vue de l'éternelle récompense, et non point d'un acte naturel, que le concile de Trente a prononcé qu'elle n'étoit pas péché, c'est-à-dire qu'elle étoit permise : c'est la doctrine de ce concile, que Tolet, que Bellarmin, que Sylvius ont entrepris de défendre : Sylvestre les avoit devancés, afin qu'il fût toujours vrai, et dans cette occasion comme dans les autres, qu'avant le concile, dans le concile et après le concile, l'Eglise parle toujours le même langage.

XCI.

Que Sylvius établit l'obligation d'agir en vue de la récompense.

Mais, direz-vous, il falloit insinuer du moins que cet acte n'étoit pas seulement permis, mais encore qu'il étoit d'obligation : prenez-vous-en au concile s'ils ont ainsi tourné leur conclusion :

mais après tout, il est vrai que Sylvius apporte les paroles expresses de l'Ecriture, qui rendent l'acte d'espérance obligatoire : en conséquence il a dit « qu'il étoit de la nature de l'amitié, *amicorum est,* de jouir les uns des autres; que notre récompense étoit de jouir de Dieu ; que nous devions par conséquent chercher à en jouir : *Debemus quærere ipso frui ;* que le contraire étoit contre l'ordre, *inordinatum :* et qu'il falloit ordonner ses bonnes œuvres à l'éternelle béatitude comme à leur propre et légitime fin, *tanquàm in proprium et legitimum finem :* ce qui étoit opérer en vue de l'éternelle récompense : *Ergò oportet in illam beatitudinem æternam sicut in proprium finem ordinare* (opera :) *quod est operari intuitu mercedis :* » où l'on voit les propres termes du concile, et le dessein de le défendre. C'est ainsi que parle Sylvius, ce célèbre docteur des Pays-Bas : il ne parle donc pas d'un prétendu amour naturel, qu'on puisse et qu'on doive retrancher, mais de l'acte de l'espérance chrétienne, qu'il faut conserver et mettre en pratique.

XCII.

Ce que Sylvius et les scolastiques veulent empêcher dans l'amour des récompenses éternelles.

Mais, dites-vous, il veut retrancher quelque chose, et ce quelque chose qu'il veut retrancher, ne peut être qu'un amour naturel permis. Vous errez manifestement : ce que ce docteur et tous les autres veulent empêcher, ce n'est pas une espérance naturelle, dont on ne trouve aucune trace dans leurs écrits ; c'est de mettre sa dernière fin dans l'espérance surnaturelle et dans la vue des biens éternels, au lieu qu'il la faut mettre à glorifier Dieu, comme Sylvius le répète cinq cents fois : et en cela ne fait autre chose que de suivre la décision qu'on a rapportée du concile de Trente. Pour contenter le lecteur, je veux bien transcrire ici ce long passage de Sylvius : *Ità ergò diligendus est Deus, propter mercedem æternam, ut tam dilectionem quàm alia bona opera exerceamus, propter beatitudinem tanquàm finem istorum operum : sed illam nostram beatitudinem ulteriùs ordinemus in Deum, sicut in finem simpliciter ultimum,* etc. Voilà donc l'ordre qu'il établit comme nécessaire à la piété ; et c'est, dit-il, « d'exercer l'amour, et de pratiquer les bonnes œuvres, pour la vie éternelle comme pour leur fin : mais en passant outre, de rechercher cette fin, et d'aimer la béatitude pour la gloire de Dieu, qui est absolument notre fin dernière. » Voilà les sentimens de Sylvius, où l'on voit que ce qu'il vouloit retrancher n'étoit pas une affection naturelle et permise, mais la liberté de s'arrêter sur la récompense éternelle, qui est un motif surnaturel, second toutefois, par lequel nous devons être poussés à tout rapporter à la gloire de Dieu.

XCIII.

La vraie idée de la perfection suivant la doctrine précédente.

Nous pouvons donc maintenant adresser la parole à ceux qui prétendent trouver partout cet amour naturel permis, auquel personne ne songeoit, et établir la perfection à le retrancher : Vous avez une foible idée de la perfection chrétienne ; il ne s'agit pas d'y retrancher un amour naturel, permis de soi et indifférent : ce qu'il faut apprendre à retrancher, c'est de mettre sa dernière fin dans la vue de l'éternelle récompense ; et l'œuvre de perfection, c'est de se tenir toujours en mouvement, pour sans cesse rapporter notre béatitude à la gloire de Dieu. C'est aussi ce que nous avons toujours enseigné, surtout dans l'*Instruction sur les États d'Oraison*[1] : guidés par les paroles de saint Paul[2], qui nous font rapporter notre salut à la gloire de Dieu, et à la louange de sa grace.

XCIV.

Résolution, par les principes de l'auteur, d'un passage de Sylvius, où il dit que le vrai enfant de Dieu n'a point d'égard à la récompense.

Il ne reste plus à résoudre qu'un passage de Sylvius, où en expliquant dans le Vénérable Bède les trois degrés de l'esclave, du mercenaire et de l'enfant, il dit que dans le dernier « on est seulement enfant, n'ayant aucun égard à la récompense : *Tantùm est filius, nullum omninò respectum habens ad mercedem*[3]. »

---

[1] Liv. III, n. 8. — [2] *Ephes.*, I, 6. — [3] *Instr. past.*, ubi sup.; Sylv., *ibid.*

Mais premièrement l'auteur répondra pour nous, en disant « qu'aucun des Saints n'a prétendu exclure de l'état le plus parfait, le désir de la béatitude, puisqu'elle est un bien promis, et inséparable de l'amour de Dieu béatifiant. » 2. Il s'ensuit de là que celui qu'on représente comme n'étant que fils, sans égard pour la récompense, n'est tel que par abstraction, sans pouvoir l'être par exclusion, comme l'auteur en convient[1]. 3. Que cette abstraction ne peut être perpétuelle, et qu'il faut considérer la tendance à la récompense éternelle, comme une chose d'ordre et d'obligation pour tous les fidèles[2], ainsi que Sylvius l'a démontré, reconnoissant pour désordonné tout autre sentiment.

XCV.

Passage résolutif de Sylvius que l'auteur avoit omis, et qui décide formellement contre lui.

L'on en revient en dernier lieu à objecter que Sylvius, au lieu de dire qu'il ne faut pas *être enfant en cette manière*, et qu'il faut avoir égard à la récompense, se contente de dire seulement « qu'il n'y a nulle obligation d'être enfant de cette manière, puisque, dit-il, nous avons déjà fait voir qu'il est permis d'aimer Dieu par le motif de la récompense[3]. » Mais après notre réponse sur cette objection, personne n'osera plus dire que Sylvius ait pu regarder la vue de la récompense comme chose seulement permise et non commandée, puisque même nous avons vu qu'il en a établi le commandement. Il ne faut pas oublier ce qu'il ajoute, pour conclusion de tout le traité, au passage qu'on vient d'entendre ; c'est, dit-il, que bien éloigné qu'on déroge à la perfection de l'amour de Dieu par « l'amour de la récompense éternelle, ou même temporelle, qu'on demanderoit pour l'amour de lui, qu'au contraire les plus grands saints, un Abraham, un Moïse, un David, un saint Pierre, un saint Paul et les autres apôtres, servent Dieu pour la récompense, et Abraham même pour la temporelle[4] : » ce qui montre que l'intention de ce célèbre docteur n'est pas d'exclure du nombre des parfaits enfans, ceux qui cher-

---

[1] *Instr. past.*, p. 89. — [2] Ci-dessus, n. 90. — [3] *Instr. past.*, n. 20, p. 88. — [4] Sylv., *ibid.*

chent des récompenses même temporelles. D'où passant plus outre, il conclut encore que s'il est vrai « que le motif de la gloire de Dieu qui est le principal, soit aussi le plus parfait, il ne s'ensuit pas pour cela qu'il soit meilleur d'agir par ce principal motif, que de joindre ensemble le second et moins principal : *Etsi alicujus virtutis actus principalis sit dignior quàm secundarius, non oportet tamen quòd principalis solus sit dignior, quàm principalis et secundarius simul.* »

L'auteur, qui prend tant de soin de citer Sylvius, n'a pas cité ce passage, parce qu'il y paroît clairement, non-seulement que les enfans les plus parfaits qui aiment la récompense, imposent la même loi à tous les autres ; mais encore, ce qui est plus essentiel, que l'amour de Dieu en lui-même n'est pas plus parfait que le même amour joint à la vue de la récompense ; ce qui résultoit déjà des exemples que Sylvius avoit apportés ; mais qu'il a voulu encore exprimer en termes formels.

XCVI.

Réflexions sur les passages précédens : inutile travail de l'auteur à les rapporter.

Il est temps de demander à l'auteur : Pourquoi s'est-il tourmenté à ramasser ces passages, et qu'a-t-il voulu prouver ? qu'il y a un prétendu amour pur, au-dessus de la charité commune à tous les justes, et plus désintéressé ? Ce devoit être son but ; mais il voit bien que tous ses auteurs attribuent ce désintéressement à tout acte de charité sans distinction.

Mais il faut bien reconnoître un amour particulier aux parfaits ? Je le veux ; désignez-le-nous : est-ce que leur désintéressement sera plus parfait, quand occupés seulement de l'excellence de Dieu, ils feront du moins abstraction du désir de le posséder, et qu'ils n'y penseront pas à certains momens ? Sylvius, qu'il a regardé comme le plus favorable à ses prétentions, lui a décidé le contraire. C'est donc peut-être qu'ils auront exclus une affection naturelle ? mais Sylvius, qui, comme on a vu, a tourné la question de tous les côtés par une si exacte analyse, n'en dit pas un mot. M. de Cambray veut-il détourner les Pays-Bas de ses docteurs, et se croit-il envoyé pour y découvrir une nouvelle lumière? Ne voit-il pas qu'il est inutile de chercher ici d'autre finesse pour définir la perfection, que de la mettre dans un exercice plus continu, plus habituel et plus dominant, de la charité commune à tous ? Ce ne sera pas à la vérité cet amour pur, qui trouble et qui scandalise les saints ; car il est lui-même scandaleux : ce sera aussi peu cet amour, dont il leur faut faire un mystère ; car ce seroit le vrai mystère d'iniquité. Laissons donc là tous ces vains discours, et concluons qu'après toutes ces subtilités et délicatesses de l'Ecole, le meilleur dans la pratique et en tout état, est de joindre tous les motifs, puisque Dieu n'a pas voulu qu'ils fussent séparés ; et comme dit Sylvius [1], que s'il est écrit, que « Dieu fait tout pour lui-même comme pour sa fin dernière : *omnia propter semetipsum :* » il est écrit aussi que ce qu'il fait pour sa gloire, « il le fait pour notre intérêt et non pour le sien ; ainsi qu'il est porté au *Psaume* xv : *Vous êtes mon Dieu, et vous n'avez pas besoin de mes biens.* » C'est le dernier passage que je veux citer de Sylvius ; après quoi il ne reste plus que de conjurer les théologiens des Pays-Bas, de demeurer attachés à la doctrine de leurs pères, dont l'autorité nous est sainte et vénérable, et de ne permettre pas qu'on se serve d'eux pour établir le désintéressement chimérique de nos jours, si contraire à leurs maximes, ni qu'on l'autorise de leur nom, pour faire consister la perfection dans l'exclusion d'un amour naturel, c'est-à-dire dans une chose dont personne n'a jamais parlé.

SECTION IX.

Quatre autres auteurs plus anciens, dont les passages sont résolus.

XCVII.

Passages de saint Augustin.

Quoique ces passages suffisent pour faire juger des autres, et démontrer l'inutilité de la tradition qu'on nous vante : pour un plus grand éclaircissement, et sans m'engager au reste quant à présent, je veux bien encore examiner quatre auteurs : l'un est

[1] Sylv., II-II, q. XXIII, art. 1, ad 1.

saint Augustin, l'autre est saint Anselme, le troisième est saint Bernard, et le quatrième c'est Albert le Grand ; à cause non-seulement que ce sont des plus importans, mais encore, que l'examen en est le plus court.

C'est assurément de toutes les pensées la plus étrange, que celle de faire accroire à saint Augustin qu'on se puisse jamais détacher de l'amour naturel qu'on a pour soi-même en aimant sa béatitude, puisque de tous les saints docteurs, il est le plus ferme à dire toujours qu'il n'y a que les insensés qui puissent douter si l'homme s'aime soi-même. Ce n'est pas un moins étrange dessein d'attribuer à ce Père une charité qui soit autre que la troisième vertu théologale[1] : une charité naturelle qui soit tout amour de l'ordre, et une cupidité opposée à la charité qui soit autre que vicieuse. Nous entrerons incontinent dans cette matière, et nous disons en attendant, que de tous les Pères, c'est saint Augustin qui est le plus éloigné des idées du nouveau système. Mais ce qu'on ne trouve en aucun endroit dans ses paroles, on veut le lui arracher par des conséquences.

Pour cela, voici les principes qu'on établit comme étant de ce Père[2] : « Aimons Dieu pour lui : aimons-nous en lui, et pour l'amour de lui. » Et encore : « J'appelle, dit saint Augustin, la charité, le mouvement de l'ame qui tend à jouir de Dieu pour Dieu même, et du prochain pour Dieu : *Motus animi ad fruendum Deo propter seipsum, et proximo propter Deum*[3]. » Je conviens avec l'auteur, que, selon saint Augustin, jouir n'est qu'aimer d'un amour pur, où l'on se porte sans réserve à la chose aimée, pourvu seulement qu'on y ajoute que le désir de la posséder en est inséparable ; mais voici où l'auteur commence à s'égarer[4].

« Ailleurs il s'écrie (c'est saint Augustin) : Seigneur, qu'il ne reste rien en moi pour moi-même, ni par où je me regarde[5] ; » et après : « Il faut aimer Dieu pour l'amour de lui-même, en sorte que nous nous oubliions nous-mêmes, s'il est possible[6] ; » et enfin : « Si la règle de l'amitié vous invite à aimer l'homme sans

---

[1] *Instr. past.*, n. 9. — [2] *Instr. past.*, n. 20, p. 48. — [3] *De Doct. christ.*, lib. III, cap. X, n. 16. — [4] *Instr. past., ibid.* — [5] *In Ps.* CXXXVII, n. 2. — [6] Aug., serm. CXLII, ol. *De verb. Dom.*, LIV, n. 3.

intérêt; combien Dieu doit-il être aimé sans intérêt, lui qui vous commande d'aimer l'homme [1]? » Je reçois, sans hésiter, toutes ces paroles : mais je me perds, lorsque l'on en tire cette conséquence : « Veut-il retrancher l'espérance? Veut-il qu'on ne pense jamais à soi, de peur de faire des réflexions intéressées? On ne peut lui attribuer ces erreurs. Il veut pourtant un retranchement réel de quelque retour sur nous-mêmes : il ne veut retrancher aucun des retours que la grace nous inspire dans les actes surnaturels : il ne retranche donc qu'un retour naturel et humain [2]. » Je ne reconnois plus ici saint Augustin; car il a dit trop souvent que la crainte de la peine vient de Dieu, quoique la parfaite charité la retranche. L'amour consommé retranche certains sentimens de l'amour commençant, encore qu'ils soient de Dieu. On ne veut rien en soi par rapport à soi, parce qu'on veut tout en soi par rapport à Dieu : on voudroit pouvoir s'oublier soi-même, et on s'oublie soi-même jusqu'au point de ne s'y point arrêter. Le reste n'est qu'une idée, où un génie aussi solide que saint Augustin n'entre pas, et il sait bien qu'il ne peut jamais oublier que c'est lui qui veut jouir, et que c'est à lui et non à un autre qu'il souhaite cette jouissance, aussi certainement qu'il veut être heureux, et aussi véritablement qu'il aime Dieu. Un petit mot de l'Ecole, si l'on vouloit y être attentif, *finis qui, finis cui*, feroit entendre que de vouloir avoir Dieu pour soi, *finis cui*, n'empêche pas qu'il ne soit la fin dernière qu'on souhaite, *finis qui :* cela est clair : cela est certain; cela est avoué de tout le monde, et la doctrine de l'auteur ne roule que sur des équivoques.

XCVIII.

Passage de saint Anselme chez Edmer.

On fait dire à saint Anselme sur la foi d'Edmer [3], et je l'en crois, quoiqu'on doive priser beaucoup davantage ce que ce Saint dit par soi-même; on lui fait donc dire que trois sortes d'hommes sont sauvés; « mais que Dieu ne donne pas aux deux premiers degrés la mesure pleine : » de mot à mot, *plenam retributionem,*

---

[1] Serm. CCCLXXXV, ol. hom. XXXVIII inter 50, n. 4. — [2] *Instr. past.*, p. 49.—
[3] *Instr. past.*, n. 20, p. 56. *Similit. ap. Edm.*, cap. 169.

la pleine rétribution, parce qu'il leur dit : « Vous ne m'avez pas aimé purement, vous étiez mercenaires : » de mot à mot : « Vous vouliez gagner avec moi : *Quia non purè me diligebatis, sed quoniam à me lucrari volebatis.* » Poussez à bout ces paroles; saint Paul, *qui vouloit gagner Jésus-Christ : ut Christum lucrifaciam,* ne l'aimoit pas purement. Prenons avec plus d'équité les sentimens des Saints : quand on ne songe qu'à gagner avec Jésus-Christ, sans rapporter ce gain à sa gloire, c'est de l'avis unanime de tous les docteurs, un sentiment imparfait, ou même vicieux, que les imparfaits ont à surmonter ou réprimer par de plus nobles pensées : mais quand on raisonne ainsi : « Est-ce l'espérance vertu théologale que Dieu reprochera aux justes imparfaits? Leur reprochera-t-il ce qui a été infus en eux par le Saint-Esprit [1]? » Ce raisonnement est outré : c'est Dieu qui inspire la crainte des peines, « par une impulsion du Saint-Esprit qui n'habite pas encore dans les cœurs, mais qui les meut, » comme parle le saint concile [2]. Il n'a rien de vicieux : mais c'est une imperfection que Dieu pourra reprocher à ses saints, s'ils ne poussent pas la charité jusqu'à bannir cette crainte. L'espérance ne laisse pas d'être une vertu infuse dans les ames qui ne sont pas assez soigneuses de la rapporter à la charité; ce qui pourra être une imperfection, et peut-être un vice : mais il ne s'ensuivra pas que cette espérance, qu'on n'aura pas poussée assez avant, cesse d'être infuse, ou, ce qui seroit une hérésie, qu'elle soit un sentiment de la nature. Voilà les petits raisonnemens par lesquels on veut établir l'amour naturel, et l'espérance naturelle, dans l'exclusion de laquelle on fait consister la perfection chrétienne, sans songer qu'il est bien plus grand de la mettre à pousser plus loin et à son dernier période, un acte surnaturel, que de la mettre à exclure une affection naturelle.

XCIX.

Omissions dans ce passage d'Edmer, qui montrent qu'il est peu propre à donner des idées justes.

C'est ce qu'on peut répondre aux discours qu'Edmer attribue à

---

[1] *Instr. past.,* n. 20, p. 56. *Similit. ap. Edm.,* cap. 169. — [2] Sess. XIV, cap. IV.

saint Anselme, en considérant seulement les mots que notre auteur en rapporte. Mais voici ce qu'il omet : « On sert Dieu ou par crainte, ou par intérêt, ou par amour : il y en a quelques-uns qui ne pourroient être portés à quitter leurs plaisirs par nulle promesse des biens éternels, s'ils savoient qu'il n'y eût point de peines d'enfer : ils éviteront les peines de ceux qui ne craignent point Dieu; mais ils n'auront pas la pleine rétribution. Les autres servent Dieu pour en tirer un grand intérêt, soit en cette vie (seulement), soit en cette vie et en l'autre; Dieu pourra dire à ceux-là, s'il veut, avec quelque raison : Vous avez gardé mes commandemens pour votre intérêt, et non pas parce que vous m'aimiez purement, mais parce que vous vouliez gagner avec moi : comme parmi ceux qui servent leur roi, plusieurs n'aiment pas le roi, mais ses dons et ses présens : *donaria* : » tous ceux-là sont pourtant sauvés : mais il n'y a que ceux « qui serviront Dieu par amour, à qui il se doit rendre lui-même pour récompense. » On voit de quel correctif auroit besoin ce discours, puisqu'à le prendre comme il se présente, on seroit sauvé par la seule crainte, quoique sans la vue des supplices éternels on ne pût encore se résoudre à renoncer aux plaisirs des sens; ou par le seul intérêt, en aimant non pas le roi, mais ses dons : par conséquent sans amour de Dieu. On seroit donc sauvé en ces états; ce qui est déjà une erreur : mais c'en est une autre d'ajouter qu'on seroit sauvé, en sorte néanmoins que la possession de Dieu seroit réservée à ceux qui auroient aimé : comme s'il y avoit quelqu'un parmi les sauvés, à qui Dieu ne se donnât pas pour récompense.

On voit combien de choses importantes l'auteur a retranchées dans ce passage ; s'il les avoit rapportées, on apercevroit du premier coup d'œil qu'il n'y a rien à conclure d'un endroit si embarrassé et si peu exact ; et quand nous aurons à expliquer les sentimens de saint Anselme par lui-même, nous tâcherons de remarquer quelque chose de plus solide.

C.

Doctrine de saint Bernard par quatre principes.

De tous ses auteurs, celui sur lequel M. l'Archevêque de Cambray s'appuie le plus, et celui qu'il développe le moins, c'est saint Bernard ; la source de son erreur est à l'ordinaire, qu'il tire à son pur amour ce que ce Père établit de tout amour de charité par quatre principes.

Le premier est, que l'amour de Dieu ne peut être sans le désir de le posséder : « Le vrai amour, dit-il, content de lui-même, a une récompense ; mais cette récompense est celui qui est aimé : *præmium id quod amatur*[1]. » C'est le principe de saint Augustin, que saint Bernard ne cesse de répéter.

Le second est : Le désir de posséder Dieu en lui-même comme son bien, ne déroge pas à la perfection de l'amour. Ce principe est encore de saint Augustin, comme nous l'avons démontré dans nos *Additions sur les Etats d'Oraison :* mais il n'y a rien que saint Bernard ait plus inculqué.

Dans un sermon *de diversis*, après avoir parlé de l'amour de leur héritage, dont sont possédés les vrais enfans, « J'en connois, dit-il, un plus sublime : je connois une affection plus digne de Dieu ; et c'est quand le cœur étant entièrement purifié : *cùm penitùs castificato corde ;* l'ame ne cherche plus, ne désire plus autre chose de Dieu, que Dieu même : *Nihil aliud desiderat anima, nihil aliud quærit à Deo, quàm ipsum Deum*[2]. » C'est donc là sans difficulté l'amour le plus pur, puisqu'il naît dans le cœur le plus épuré : *penitùs castificato corde*.

Le troisième principe de saint Bernard, qui est comme la racine des deux autres, est aussi de saint Augustin en cent endroits ; et c'est que l'amour est une espèce de possession et de jouissance : car on ne jouit de Dieu qu'en s'y unissant, et l'amour c'est l'union. C'est ce qui faisoit dire à saint Bernard, en expliquant ces paroles de saint Paul : « *La charité ne cherche pas ce qui est à elle ;* elle ne le cherche pas, parce qu'elle l'a déjà en aimant : *Non quærit quæ sua sunt, quia non desunt*[3]. » L'aimer, c'est l'avoir ; et c'est pourquoi ce Père ajoute : « Cherche-t-on ce qu'on a déjà ? *Quisnam quærat quod habet ?* La charité a toujours le bien qu'elle veut : *Charitas quæ sua sunt nunquàm non habet.* » Il ne faut

---

[1] *De dil. Deo*, cap. VII, n. 17. — [2] Serm. VIII, *De divers.* n. 9. — [3] *In Cant.*, serm. XVIII, n. 3.

point ici chercher des bras ni des mains : dans l'amour est tout le moyen de tenir Dieu, de le posséder : c'est pourquoi il n'y a point de plus pur embrassement, ni de plus chaste jouissance que celle de Dieu. On en jouit, comme de la lumière, en ouvrant les yeux, et plus immatériellement que de la lumière, puisque sans remuer une paupière matérielle, il ne faut que tourner vers lui la volonté seule ; ce que saint Bernard exprime, en disant : « Une telle conformité de notre volonté à celle de Dieu, marie l'ame : *Talis conformitas maritat animam* : si elle aime parfaitement, elle est mariée : *Si perfectè diligit, nupsit* ; » ou si vous voulez : *Sic amare nupsisse est*[1] *:* aimer ainsi, c'est se marier ; » dont il rend cette raison : « Que si elle aime, elle est aimée ; et que ce consentement fait tout le commerce de ce céleste mariage[2]. »

Ce beau principe en produit un quatrième : c'est que notre amour ne se peut pas terminer à notre bien propre comme à sa fin dernière : à cause que c'est l'amour d'une nature supérieure et plus excellente, comme l'appelle saint Augustin, à laquelle comme on se doit tout, il lui faut aussi rapporter et soi-même tout entier, et sa jouissance. C'est pourquoi saint Bernard disoit, ou faisoit dire au parfait amant : « Je ne cherche point le salut pour éviter les peines, ni pour régner dans les cieux, mais pour vous louer éternellement[3]. » La fin dernière que je me propose est de glorifier Dieu, qui est la disposition de tous les saints, essentielle à la charité, et tant de fois remarquée dans le concile de Trente[4] : ainsi ne chercher pas d'éviter les peines, ou de posséder le royaume, n'est pas une expression exclusive, mais relative ; et pour user de ce mot, subordinative à une fin plus parfaite. C'est pourquoi saint Bernard ajoute que « celui qui désire de voir Dieu pour son repos (seulement et comme pour dernière fin de ses désirs) cherche son propre intérêt : mais celui qui est occupé des louanges de Dieu, c'est celui qui aime[5]. »

Il n'est point besoin d'alléguer ici une affection naturelle pour nous-mêmes ; c'est une foiblesse de n'avoir à sacrifier que cela : nous avons à sacrifier quelque chose de meilleur, qui est l'amour

---

[1] *In Cant.*, serm. XXXIII, n. 3.— [2] *In Cant.*, serm. LXXXIII, n. 6. — [3] *De div.* serm. III, *de Cant. Ezech.*, n. 9. — [4] Sess. VI, cap. XI.— [5] *De div.* serm. III, *in Cant.*

même de la récompense qu'inspire aux enfans de Dieu l'espérance chrétienne, non pas en le retranchant, mais en le poussant plus haut et en le rapportant à la charité.

On voit par ces beaux principes, que saint Bernard veut établir, non pas ce prétendu amour pur d'un état particulier, où tout le monde n'est pas appelé et qui scandalise jusqu'aux saints; mais le véritable et inséparable caractère de l'amour, qu'on nomme charité, qui est commun à tous les justes. C'est pourquoi, en parlant de ceux qu'il appelle enfans et qui recherchent dans leur héritage *autre chose* que Dieu même, *aliud quid*, il ne dit pas que leur amour est imparfait, mais il dit *qu'il lui est suspect: suspectus est mihi amor;* et que le vrai amour digne de ce nom et de celui de charité, a toujours pour principale récompense Dieu dans son essence, vu, aimé et possédé.

Au reste, tout le monde sait que l'espérance seule ne justifie pas, autrement la charité seroit inutile; c'est pourquoi c'est une ignorance de s'étonner de cette parole: « On n'aime point sans récompense; mais on aime sans vue de la récompense[1]: » c'est-à-dire que la récompense n'est pas la vue principale: ce qui est encore du caractère commun de la charité. Saint Bernard n'a pas voulu dire que la charité n'avoit pas cette vue, lui qui a dit tant de fois qu'elle cherchoit à posséder Dieu à titre de récompense; il ne songeoit non plus à une vue naturelle de la récompense; car ce n'étoit point au-dessus de cette vue naturelle, mais en général au-dessus de toute vue de récompense, qu'il nous vouloit élever; et pour le faire, il n'avoit besoin que d'une vue supérieure qui fût la gloire de Dieu, à laquelle on rapportât tout. Quand on trouve une doctrine si claire, et qu'on se fait un mystère de pratiques alambiquées, ne craint-on pas de mériter d'être livré à ses fantaisies?

CI.

Qu'aimer Dieu comme récompense, c'est l'aimer pour l'amour de lui-même.

Le beau corollaire et le résultat de ces principes de saint Bernard, est que le désir de posséder Dieu à titre de récompense, n'empêche pas de l'aimer pour l'amour de lui.

[1] *De dil. Deo*, cap. VII, n. 17.

Saint Bernard pose ce fondement de son traité *de l'Amour de Dieu* « que la raison d'aimer Dieu, c'est Dieu même : *Causa diligendi Deum, Deus est*[1] : » cependant il « rend deux raisons qui obligent à l'aimer pour l'amour de lui : *Ob duplicem causam, propter seipsum diligendus est :* parce qu'il n'y a rien qu'on puisse aimer avec plus de justice, ni rien aussi qu'on puisse aimer avec plus de profit : *Nihil justius, nihil fructuosius :* ainsi le profit et l'utilité, ou l'intérêt appartient à la raison de l'aimer *pour l'amour de lui.* C'est pourquoi pour éclaircir ces deux raisons d'aimer Dieu *pour soi*, il entreprend d'expliquer « que le mérite du côté de Dieu, et que l'intérêt du nôtre nous y porte : *quo merito suo, quo nostro commodo*[2]. »

Il n'y a point là de contradiction, puisque l'intérêt qu'il nous propose, « *quo commodo nostro*, c'est d'avoir celui qu'on aime : *præmium, is qui diligitur*[3] ; » et un peu après : « L'ame qui aime, ne recherche point d'autre récompense de son amour que Dieu même : » d'où il suit qu'en l'aimant de cette sorte, on l'aime pour l'amour de lui.

Il a raison de dire, selon ces principes : « L'amour se suffit à lui-même, son usage est le fruit qu'il cherche : *usus ejus, fructus ejus :* il est son mérite et sa récompense : *ipse meritum, ipse præmium*[4] ; » et le reste, qui est admirable. Car si, comme il est prouvé par le troisième principe, l'amour par une force unissante est déjà un commencement de jouir, il n'a rien à désirer que de croître, parce qu'en croissant et se consommant, il se récompensera d'avoir commencé.

Il a donc encore raison de dire : « J'aime, parce que j'aime ; j'aime pour aimer : *Amo quia amo ; amo ut amem.* » Car quel plus beau motif peut-on avoir en aimant, que celui d'aimer davantage, et quoi de plus unissant que son amour même ? Il n'y faut plus mettre que la condition, qu'il retourne toujours à sa source y prendre de nouvelles forces, pour couler toujours : *Refusus fonti suo, semper ex eo sumat, undè jugiter fluat*[5]. »

[1] *De dil. Deo*, cap. 1, n. 1. — [2] *Ibid.* — [3] *Ibid.*, cap. VII, n. 17. — [4] *In Cant.*, serm. LXXXIII, n. 4. — [5] *In Cant.*, serm. LXXXIII, n. 4.

CII.

Sur cette parole de saint Bernard : L'amour ne tire point ses forces de l'espérance.

Quand après cela on oppose ces paroles de saint Bernard : « Le pur amour n'est pas mercenaire : *Purus amor mercenarius non est :* le pur amour ne prend point ses forces de l'espérance : *Purus amor de spe vires non sumit*[1] : » on voudroit insinuer l'inutilité de l'espérance chrétienne, pour accroître et pour soutenir la charité des parfaits ; où, parce qu'on n'ose plus attaquer si ouvertement l'espérance, on fait venir comme par machine un certain amour de soi-même naturel et délibéré, que personne ne connoît. Mais saint Bernard n'a pas besoin de ces inventions ; l'amour n'a pas besoin de prendre ses forces d'une espérance qui soit hors de lui, où l'on désire de Dieu autre chose que lui-même, *aliud quid :* mais il prend continuellement de nouvelles forces, de l'espérance qu'il forme lui-même dans son propre sein, qui est celle de croître toujours jusqu'à ce qu'il vienne enfin à la consommation de la charité qui lui est promise en l'autre vie.

L'amour des justes du commun a plus besoin de s'aider de tout, c'est-à-dire des biens qui sont hors de Dieu même : mais l'amour parfait et pur, sans oublier les avantages accidentels du corps et de l'ame qui ne sont pas Dieu, se porte à les concentrer et consolider avec le bien qui est Dieu même : et c'est pourquoi saint Bernard ne veut pas qu'il soit mercenaire, parce qu'il n'a pas accoutumé d'appeler ainsi l'amour qui s'attache à ramasser tout dans la récompense incréée, selon que nous avons vu que l'a expliqué saint Bonaventure[2].

Mais comme nous avons vu que tout amour de charité tient de ce caractère ; saint Bernard, qui nous dit ici *que le pur amour n'est point mercenaire* ou *intéressé*, dit ailleurs en général « que la charité ne l'est pas, et ne cherche point son intérêt : *Charitas non est mercenaria, non amat quæ sua sunt*[3] ; » afin que nous entendions qu'entre l'amour et le pur amour, il ne s'agit que du

---

[1] *In Cant.,* serm. LXXXIII, n. 5. — [2] Ci-dessus, n. 36. — [3] *De dil. Deo*, cap. VII, . 17.

degré, tout amour de charité étant désintéressé, et ne pouvant y en avoir qui ne le soit pas.

Je suis au reste obligé de dire que je ne trouve point dans saint Bernard ce motif d'aimer Dieu pour sa perfection, comme distingué de tout rapport avec nous : car à l'endroit où nous avons vu les deux raisons pour lesquelles il faut aimer Dieu, *à cause de lui*[1], il y a joint *notre utilité avec son mérite* : et expliquant le mérite, il dit que « le principal, est que Dieu nous a aimés le premier : *Illud præcipuum, quia prior ipse dilexit nos ;* » ce qui le fait regarder par rapport à nous : non que saint Bernard ait oublié l'excellence de la nature divine en elle-même, dont ce sublime contemplatif étoit si rempli ; mais parce qu'il la confond naturellement avec la bonté communicative, n'y ayant rien où nous sentions mieux combien Dieu est excellent au-dessus de nous, que de nous le faire regarder *comme la fontaine infiniment abondante,* et nous *comme ceux qui en avons soif*[2] *:* lui comme *le principe de notre amour,* et nous comme ceux qui *y retournons par un continuel reflux :* en sorte qu'aimer Dieu comme nous étant bon, par les principes de saint Bernard que nous avons vus, c'est aussi l'aimer comme bon en soi, et l'un de ces sentimens fait partie de l'autre.

CIII.

Passage d'Albert le Grand.

Le quatrième passage que j'ai promis d'expliquer, est celui d'Albert le Grand, que l'on nous rapporte en ces termes : « Il dit que le parfait amour nous unit à Dieu, sans chercher aucun intérêt ni passager ni éternel, mais pour sa seule bonté : car l'ame délicate, dit-il, a comme en abomination de l'aimer par manière d'intérêt ou de récompense[3]. » De là suit le raisonnement et la réflexion ordinaire : « Il entend par la récompense, la récompense regardée comme un intérêt, et avec un attachement naturel et mercenaire : » ce qu'il croit prouver en disant : « A Dieu ne plaise qu'on dise jamais que les parfaits ont en abomination l'espérance

---

[1] *De dil. Deo,* cap. I, n. I. — [2] *In Cant.,* serm. LXXXIII, n. 5. — [3] *Instr. past.,* n. 20, p. 63 ; Alb. Magn., *Parad. animæ,* lib. VI, a. c. etc.

chrétienne : » comme si on pouvoit avoir en abomination une affection naturelle, délibérée et permise, qui n'est pas même toujours une imperfection dans les ames parfaites. Mais pourquoi se tant tourmenter, pour entendre une chose si claire? Le parfait amour *est celui de la charité*, qui est opposé à l'amour imparfait de l'espérance; cet amour *ne cherche aucun intérêt ni passager ni éternel, mais la seule bonté* et perfection de Dieu pour y mettre sa fin dernière, comme l'ont expliqué tous les docteurs.

En ce sens, ils ont en abomination d'aimer Dieu finalement par manière d'intérêt et de récompense : ce n'est pas l'espérance chrétienne qu'ils ont en horreur, et on a raison de dire ici : A Dieu ne plaise : c'est l'espérance, en tant qu'on y mettroit sa fin dernière, et qu'on s'y arrêteroit plus qu'il ne faut, sans la rapporter à la gloire de Dieu : *Ut imprimis glorificetur Deus*, selon la décision du concile de Trente. N'est-ce pas là un clair dénouement? et pourquoi se tant tourmenter à introduire en ce lieu, comme par force, l'affection naturelle, dont ni ce docteur ni les autres n'ont parlé?

SECTION X.

Où l'amour naturel et délibéré est considéré en lui-même.

CIV.

Nouveau genre de charité introduit par l'auteur.

Nous allons considérer cette affection naturelle, non plus dans les passages où on l'a cherchée par un grand et inutile travail, mais en elle-même. On s'étoit plaint de l'auteur, qui dans les *Maximes des Saints*[1] avoit fait deux fautes : l'une, de faire dire à saint Augustin en général, sans explication, que tout ce qui ne vient pas de la charité vient de la cupidité; et l'autre, d'avoir appliqué ce principe à l'espérance chrétienne, ce qui la rangeroit au nombre des vices. L'auteur ne dit rien sur ce dernier chef d'accusation; et pour le premier, voici sa réponse : « J'ai dit après saint Augustin, *que tout ce qui ne vient pas du principe de la charité, vient de la cupidité* : mais j'ai entendu en cet en-

[1] *Max. des SS.*, p. 7.

droit de mon livre, par le terme de *charité* tout amour de l'ordre considéré en lui-même, et par celui de *cupidité* tout amour particulier de nous-mêmes [1]. » Ainsi comme il a déjà été remarqué, tout amour de l'ordre naturel ou surnaturel est charité : on parle ainsi *par rapport aux paroles de saint Augustin.* C'est donc à saint Augustin qu'on attribue ce prodigieux langage, sans en avoir pu rapporter la moindre parole ; et l'on voudroit confirmer par son autorité, qu'on appelle du nom de charité, un autre amour que celui qui est répandu dans les cœurs par le Saint-Esprit, ou les mouvemens de la grace qui y conduisent.

C'est dans cette vue que l'auteur avoit dit ces paroles : « La charité prise pour la troisième vertu théologale [2] : » comme si la théologie avoit jamais admis une autre charité, que celle qui est un don de Dieu, et la plus parfaite des vertus théologales. Peut-on ici ne s'étonner pas d'une hardiesse qui s'élève au-dessus de tout le langage et de tout le dogme théologique, jusqu'à reconnoître une charité qui n'est pas la vertu théologale connue même par les enfans dans le catéchisme ?

CV.

Pareille erreur sur la cupidité vicieuse.

C'est une suite de cette erreur, de parler ainsi de *la cupidité, racine de tous les vices* [3] *:* « Il est vrai que l'amour de nous-mêmes, *qui est bon quand il est réglé,* devient l'unique racine de tous les vices, *quand il n'a plus de règle* [4]. » Voilà comme il explique saint Augustin. La cupidité, qui est la source de tous les vices, n'est plus, selon ce Père, la concupiscence, qu'il nomme vicieuse à toutes les pages : mais un amour naturel, honnête de soi, dont il n'a jamais parlé. L'auteur fait tout ce qu'il veut des Pères, de la théologie, de ses paroles, de celles des saints ; et les nouveautés les plus inouïes ne lui coûtent rien.

[1] *Inst. past.*, n. 9. — [2] *Ibid*, n. 7. — [3] *Max. des SS.*, p. 8. — [4] *Inst. past.*, n. 9.

CVI.

Propriétés de l'amour naturel : rien par l'Ecriture.

Pour maintenant entendre *son amour naturel et délibéré*, dont la nature est assez bizarre, et qui n'est bien connue que de notre auteur, il en faut ramasser les propriétés dans les diverses expressions de l'*Instruction pastorale*. Disons donc avant toutes choses :

1. Que l'amour surnaturel de l'espérance est différent, « non-seulement de l'amour déréglé de pure concupiscence, mais encore de tout amour réglé qui n'est que naturel [1]. »

2. Que c'est « un attachement naturel et mercenaire qui ne se trouve plus d'ordinaire dans les ames parfaites [2] ; » qui n'étoit point dans la sainte Vierge : « il est mauvais quand il n'est pas réglé par la droite raison et conforme à l'ordre : il est néanmoins une imperfection dans les chrétiens, quoiqu'il soit réglé par l'ordre ; ou, pour mieux dire, c'est une moindre perfection, parce qu'elle demeure dans l'ordre naturel et inférieur au surnaturel. » Voilà donc dans les chrétiens, non pas tant une imperfection qu'une moindre perfection qui ne vient point de la grace.

3. « Cet amour naturel et délibéré diminue la perfection de la volonté, en ce que la volonté veut le bien plus purement et plus fortement, quand l'ame ne s'aime que d'un amour de charité, que quand elle s'aime d'un amour de charité et d'un amour naturel [3]. »

4. C'est « un amour naturel et délibéré de nous-mêmes qui est imparfait, mais non péché [4]. »

5. « C'est une consolation toute naturelle : un appui sensible, dont l'amour naturel et mercenaire voudroit se soutenir, lorsque la grace n'a rien de sensible et de consolant [5]. »

6. « L'ame parfaite ne désire d'ordinaire tous ces biens (ceux que l'Eglise demande) que par un amour de charité, au lieu que l'imparfaite se les désire aussi d'ordinaire par un amour naturel, qui la rend mercenaire ou intéressée [6]. »

---

[1] *Inst. past.*, n. 2. — [2] *Ibid.*, n. 3. — [3] *Ibid.*, n. 6. — [4] *Ibid.*, n. 9. — [5] *Ibid.*, n. 10. — [6] *Ibid.*, n. 12.

7. « A cela près, les parfaits et les imparfaits « veulent les mêmes choses, les mêmes objets. Toute la différence entre eux n'est pas du côté de l'objet, mais du côté de l'affection avec laquelle la volonté le désire [1]. »

8. « Les parfaits, pour devenir parfaits, ont retranché une affection imparfaite pour la récompense, qui est encore dans les imparfaits [2] : » il s'agit des récompenses éternelles, et du bonheur que Dieu a promis, pour lequel on a un *attachement, une affection naturelle*, véritable, et seulement imparfaite.

9. « Ainsi il y a une espérance naturelle qui regarde les biens éternels [3] : » on a pour eux des désirs humains, et une « affection naturelle pour la béatitude formelle [4]. »

10. « Cet attachement n'est point de la grace, » et n'en peut point être, à cause qu'il est *imparfait*, et qu'on le retranche ; *donc il est naturel* [5].

11. « Cette propriété n'est autre chose qu'un amour naturel de nous-mêmes, qui nous attache à l'ornement ou à la consolation que donne la perfection des vertus, et au plaisir de posséder la récompense [6]. »

12. « C'est un amour naturel qui nous approprie le don, qui nous attache aux dons spirituels : celui qui n'a plus cet intérêt, ne craint ni la mort, ni le jugement, ni l'enfer, de cette crainte qui vient de la nature [7]. »

13. On doit « laisser à l'ame la consolation d'une affection naturelle, quand elle est trop foible pour porter la privation de cette douceur sensible [8]. »

14. *Les parfaits ne désirent plus les biens même les plus désirables par ce principe naturel et imparfait* [9]. Ainsi on n'exclut que les parfaits, et on laisse désirer aux justes de la voie commune par un principe naturel, les biens les plus désirables.

15. « La différence entre cet amour naturel et la cupidité vicieuse est, premièrement, qu'il ne s'arrête point à lui-même quand il est dans les justes [10]. » Il s'arrête donc en Dieu, et voilà

---

[1] *Instr. past.*, n. 12 et p. 90. n. 2. — [2] *Ibid.* — [3] *Ibid.*, n. 20, p. 46, 90. — [4] *Ibid.*, p. 71. — [5] *Ibid.* — [6] *Ibid.*, p. 65. — [7] *Ibid.*, p. 66. — [8] *Ibid.*, n. 20, p. 71. — [9] *Ibid.*, p. 73. — [10] *Ibid.*, p. 90.

274   DIVERS ÉCRITS SUR LE LIVRE DES MAXIMES DES SAINTS.

un amour naturel qui nous détache de nous-mêmes et qui nous unit à Dieu.

16. « Dans les justes il est réglé par la raison, qui selon saint Thomas est la règle des vertus naturelles, et de plus il est en eux soumis à la charité[1]. »

17. « On ne pourroit détruire cette distinction sans ôter tout milieu entre le principe de la grace et celui de la cupidité vicieuse, et sans regarder la crainte naturelle des pécheurs comme un péché[2]. »

18. « Dans le troisième des cinq amours, l'amour naturel de soi est encore dominant dans l'ame, quoique l'acte d'espérance soit surnaturel, qu'il tende à Dieu comme au bien suprême, et qu'il ne nous préfère point à Dieu[3]. »

19. « Dans le quatrième état, l'amour naturel se trouve souvent, non dans les actes surnaturels, mais dans l'ame qui les fait[4]. »

20. « Dans le cinquième état, l'amour naturel et délibéré qui fait l'intérêt propre, n'agit presque plus[5]. »

Avec tant d'extraordinaires et bizarres propriétés, si cet amour naturel étoit quelque chose où se fît la séparation des parfaits et des imparfaits, tous les livres en seroient remplis. Mais nous avons déjà vu un silence universel dans tous les auteurs, et nous voulons seulement observer ici que M. de Cambray ne tente pas seulement de rien établir par l'Ecriture, quoiqu'on ne puisse pas dire que les principes de la perfection chrétienne n'y soient pas amplement traités. On s'étonnoit de voir les *Maximes des Saints* si destituées des témoignages de la parole de Dieu : elle paroît encore moins dans l'*Instruction pastorale*, quoiqu'elle soit beaucoup plus longue. Quoi! veut-on accoutumer les chrétiens à chercher une perfection que l'Ecriture ne connoisse pas?

CVII.
Propositions étranges.

Mais sans plus parler de passages, puisque nous devons ici en-

---

[1] *Instr. past.*, p. 90, 91. — [2] *Ibid.*, p. 91. — [3] *Ibid.*, p. 100. — [4] *Instr. past.*, p. 101. — [5] *Ibid.*

visager la chose en elle-même : par les propositions, 6, 8, 9, 10, 14, il faut croire dans la plupart des saintes ames une affection naturelle, une espérance des biens que Dieu a promis, puisque ce sont ceux que l'Eglise demande : par conséquent des biens surnaturels qui ne sont connus que par la foi : à la réserve des parfaits élevés à ce prétendu pur amour, il y a dans tous les justes deux espérances, l'une naturelle et sans principe de grace, et l'autre surnaturelle, de ces biens ; des biens les plus désirables, qui sans doute sont les éternels, et ne sont rien moins que Dieu même. Par la 7ᵉ proposition, les parfaits et les imparfaits veulent les mêmes objets, les mêmes choses : la différence entre eux n'est pas du côté de l'objet, mais du côté de l'affection, parce qu'au lieu que l'ame parfaite ne les désire d'ordinaire que par la charité, l'ame imparfaite les désire aussi par un amour naturel : de sorte que l'affection et l'espérance naturelle et surnaturelle ont dans le fond les mêmes objets. Voilà ce qu'il nous faut croire selon la nouvelle théologie.

CVIII.

Suite encore plus étrange.

Il faudra encore passer plus avant, et puisque par la 15ᵉ proposition, *la différence entre l'amour naturel et la cupidité vicieuse*, consiste en ce que l'amour naturel ne s'arrête point à lui-même dans les justes, comme fait par son propre fonds la cupidité vicieuse ; et par conséquent qu'il s'arrête en Dieu ; il faudra croire qu'un amour naturel nous détachera de nous-mêmes et nous unira à Dieu, comme il a été conclu dans le même endroit.

C'est donc là cette charité naturelle, cette charité qui n'est pas vertu théologale, qu'on a déjà montrée dans notre auteur [1] : mais comme par les principes posés on est contraint d'admettre une espérance naturelle, et une charité naturelle, il faudra admettre aussi une foi naturelle sur laquelle tout soit fondé : et voilà dans la nature comme dans la grace, une foi, une espérance, une charité, qui est la doctrine d'un théologien connu, mais en cela abandonné par les siens, et justement condamné.

[1] Ci-dessus, n. 102.

CIX.

On prouve, par ces propriétés, que cet amour naturel est bien éloigné de celui de saint Thomas.

Cette doctrine est fondée sur un principe erroné, et que nous avons déjà réfuté [1], qu'une affection n'est point de la grace, et n'en peut pas être lorsqu'elle est imparfaite (par la proposition 10) : comme si les commencemens encore imparfaits de la foi naissante, dans ceux que saint Paul appelle de petits enfans en Jésus-Christ, n'étoient pas de lui ainsi que le reste, et qu'il ne fût pas écrit que « celui qui a commencé en nous les bonnes œuvres, est le même qui y met la perfection [2]. »

Loin de nous ces nouveautés profanes, qu'on ne trouve nulle part. Gardons-nous bien de penser avec notre auteur que ce soit là cet amour naturel enseigné par saint Thomas et par les autres docteurs catholiques [3], parce que celui-ci est délibéré, parfait à sa manière quoique moins parfait, attaché et affectionné naturellement aux biens surnaturels les plus désirables, à Dieu même et aux promesses de l'Evangile : à quoi saint Thomas ni les autres n'ont jamais songé.

CX.

Erreur de faire servir l'amour naturel, de principe et de motif aux actes surnaturels.

Mais une dernière propriété de cet amour naturel ne nous doit pas échapper, puisque c'est la plus importante : il ne s'agit plus seulement d'avoir établi, contre toute la théologie, une charité naturelle pour les biens éternels; on la fait servir de motif, toute naturelle qu'elle est, aux actes surnaturels : erreur si manifeste, que l'auteur semble d'abord s'y opposer; et il est vrai qu'il enseigne que son amour naturel, « loin d'entrer ni d'influer positivement dans les actes surnaturels, diminue la perfection de la volonté [4], etc. » Mais nous sommes trop accoutumés à entendre des contradictions, pour nous y laisser surprendre; la suite des

---

[1] Ci-dessus, n. 72. — [2] *Philipp.*, I, 6. — [3] Ci-dessus, n. 71, 72. — [4] *Inst. past.*, n. 6 et 20.

principes l'entraîne plus loin qu'il ne veut : car aussi à quoi serviroit aux ames justes ce principe d'amour naturel, s'il ne les poussoit à la vertu chrétienne comme un motif pour la suivre? Qu'est-ce qu'un motif, selon M. de Cambray? Il prend, dit-il, le terme de motif, « non pas pour l'objet extérieur qui attire la volonté, mais pour le principe intérieur qui la détermine[1]. » Si donc l'amour naturel est le principe qui détermine la volonté à se porter aux récompenses éternelles, ce sera sans doute un motif de les rechercher. Mais on ne peut pas douter du sentiment de l'auteur après ce qu'il ajoute, que les imparfaits « joignent au motif de la récompense, le principe de l'amour naturel qui fait souvent désirer imparfaitement » l'objet de l'espérance chrétienne. Voilà donc en cet état deux motifs et deux principes d'agir, l'un naturel et l'autre surnaturel; ils entrent l'un et l'autre dans la détermination de la volonté, et l'œuvre de Dieu se partage entre la grace et la nature.

CXI.

Autres passages où la même erreur est enseignée par rapport à l'espérance chrétienne avant la justification.

Ailleurs l'auteur nous avertit « que si nous prenons le texte du livre au sens qu'il explique, » c'est-à-dire si nous prenons le propre intérêt pour cet amour naturel et délibéré, « nous en trouverons toute la suite simple et naturelle[2] : » prenons donc ce sens puisqu'il le veut. Le premier endroit où je trouve le terme d'*intérêt propre* est celui-ci[3], où parlant de l'amour d'espérance, qui sans doute de sa nature est divin et surnaturel, puisque c'est l'exercice propre d'une vertu théologale, l'on dit que « le motif de notre propre intérêt est son motif principal et dominant[4] : » ce qu'on répète par deux fois. Je suis la loi qu'on me donne, et je prends le *propre intérêt* pour un amour naturel délibéré : je prends aussi le mot de *motif*, non pas pour l'objet de l'espérance, mais pour le *principe intérieur* qui nous y détermine; et je conclus que l'amour de l'espérance chrétienne a pour

---

[1] *Instr. past.*, p. 93.— [2] *Instr. past.*, n. 20, p. 36. — [3] *Max. des SS.*, p. 4. — [4] *Ibid.*, p. 5.

principe intérieur un amour naturel qui y domine : ce qui n'est rien moins qu'une hérésie.

L'auteur tombe dans la même erreur, lorsqu'en parlant de l'état des justifiés, il dit que l'*amour de charité prévaut alors* (et non pas plus tôt) *sur le motif intéressé de l'espérance*[1], c'est-à-dire sur le principe intérieur d'amour naturel; d'où il s'ensuit qu'auparavant ce qui prévaloit dans l'espérance étoit un mouvement de la nature.

CXII.
Le même motif naturel dans les justifiés.

Telle est la part qu'on a voulu donner à la nature dans l'espérance chrétienne avant la justification : depuis, lorsqu'on définit l'amour justifiant, mais encore imparfait, on veut qu'il soit mélangé *d'un motif d'intérêt propre*[2] : et c'est pourquoi on déclare qu'on le nommera *intéressé* dans tout le livre. Si donc ce *motif d'intérêt propre* est un principe intérieur d'amour naturel : il sera vrai que non-seulement ce *principe* naturel servira de motif dans l'espérance surnaturelle avant la justification, mais encore que dans l'état même de la justification ce principe subsiste toujours comme motif.

CXIII.
Vaine excuse de l'auteur.

Je sais que l'auteur avertit d'abord que ses cinq amours sont cinq états[3]; mais quand il infère de là qu'il ne parle que des habitudes et non des actes, il oublie qu'il est ordinaire et naturel de définir les habitudes par rapport à leurs actes propres, et que c'est ce qu'il a fait partout; de sorte qu'on ne peut nier qu'il n'ait fait cet *intérêt propre* et cet amour naturel, *le motif* et le principe intérieur des actes surnaturels qu'il a définis : d'autant plus que ce motif naturel, ou comme l'auteur l'appelle ailleurs[4], *cette consolation d'une affection naturelle*, doit être *laissée à l'âme* pour la soutenir, *quand elle est trop foible pour en porter la privation :* d'où il suit que non-seulement elle est un motif, mais en-

[1] *Max. des SS.*, p. 8. — [2] *Ib.*, p. 14, 15. — [3] *Instr. past.*, n. 2. — [4] *Ib.*, n. 20, p. 71.

core un soutien nécessaire. Au surplus il est évident que s'il n'avoit voulu parler que des états, il ne se seroit pas contenté de dire que le motif du propre intérêt, c'est-à-dire de l'amour naturel, est le motif dominant dans les états qui précèdent la justification [1] : car ce n'est pas l'amour naturel, mais l'amour vicieux qui y domine : c'est la concupiscence déréglée, c'est le péché qui y règne, et le prétendu amour naturel est son moindre mal.

Mais quoi qu'il en soit et de quelque manière qu'on le prenne, il sera toujours également véritable que les pécheurs pour espérer, et les justes imparfaits pour aimer surnaturellement, ont besoin d'un motif d'amour naturel, qui faisant le soutien de leur charité, ne peut manquer d'y entrer et d'y influer.

CXIV.

Démonstration de l'erreur, où est expliqué comment l'amour de la béatitude agit dans les ouvrages de la grace.

Pour bien comprendre cette erreur, il faut remarquer qu'à la vérité on fait tout pour être heureux, et que c'est là pour ainsi parler le fonds de la nature, que la grace suppose toujours : ainsi l'on ne fait point de difficulté de reconnoître que tous les actes surnaturels sont fondés nécessairement sur le désir naturel de la béatitude : parce que cette inclination naturelle se confond avec la grace qui en fixe les mouvemens généraux ; en sorte que la nature déterminée au bien en général, se trouve inclinée par la grace au choix du bien véritable ; il n'y a rien là que dans l'ordre : mais il n'en est pas ainsi de ceux qui mettent pour principe intérieur, nécessaire aux justes imparfaits, un amour naturel à la vérité, mais en même temps délibéré et de choix ; et qui en faisant de cet amour le motif des saints, leur apprennent à mettre en partie leur confiance dans le choix naturel de leur libre arbitre, et à se glorifier en eux-mêmes.

CXV.

La puissance du motif naturel et libre jusqu'où poussée par l'auteur.

Mais l'endroit du livre des *Maximes* où l'abus *de l'intérêt propre*, pris pour un amour naturel de nous-mêmes, paroît le

---
[1] *Max. des SS.*, p. 4, 5, 8.

plus, est celui-ci : « Il faut laisser les ames dans l'exercice de l'amour qui est encore mélangé du motif de leur intérêt propre, tant que l'attrait de la grace les y laisse; il faut même révérer ces motifs[1]; » c'est donc à dire qu'il faut *révérer* les motifs d'un amour naturel : et comment encore les faut-il révérer? c'est parce « qu'ils sont répandus dans tous les livres de l'Ecriture sainte, dans les monumens les plus précieux de la tradition, et dans toutes les prières de l'Eglise. » Ainsi non content de révérer ce qui est le fruit du seul libre arbitre, il faut croire que toute l'Ecriture nous occupe d'un tel motif, que tous les saints nous le recommandent, et que l'Eglise ne cesse de le demander. Mais où le demande-t-elle? Ce ne peut être sans doute que lorsque par tous ses vœux elle demande l'effet des promesses et le royaume éternel : car elle ne connoît point d'autres désirs par où la nature humaine soit contente : et ainsi en faisant l'analyse des propositions de l'auteur, il se trouveroit à la fin que l'Eglise veut être heureuse, et désirer l'accomplissement de la bienheureuse espérance, par les actes naturels et délibérés de son franc arbitre.

CXVI.
Suite de cet excès.

Par la suite il paroît encore que cet amour naturel et délibéré est le « motif dont il faudroit se servir pour réprimer les passions, pour affermir toutes les vertus, et pour détacher les ames de tout ce qui est renfermé dans la vie présente[2]. » Mais si l'on a besoin de ce motif d'un choix naturel du libre arbitre pour tous ces effets, qui doute qu'on n'en ait besoin pour la charité qui seule peut les produire? Peut-on aimer la vertu sans elle, ou réprimer les passions utilement sans son secours? Peut-on se détacher de la vie présente et de tout ce qu'elle renferme, si l'on n'est uniquement attaché à Dieu? Ainsi l'amour naturel et délibéré entrera dans toutes ces choses, et y entrera tellement qu'il en sera le motif, c'est-à-dire le principe intérieur. Ce motif sera si nécessaire à la plupart des ames pieuses, et à ceux qu'on appelle saints, qu'en le retranchant on les jetteroit *dans le trouble,* dans

[1] *Max. des SS.*, p. 33. — [2] *Ibid.*

la tentation, dans le scandale ¹. N'est-ce pas là un pur pélagianisme, puisque c'est dans la plupart des chrétiens faire dépendre l'effet de la grace, d'un acte naturel et délibéré du franc arbitre? Bien plus, les parfaits mêmes s'y trouvent assujettis : car si l'on dit qu'ils agissent sans se servir de ce motif, on restreint la proposition, en disant à toutes les pages de l'*Instruction pastorale* que ce n'est *que d'ordinaire*² : et il est réglé qu'il y a dans les plus parfaits *des actes* qui ont pour motif un amour naturel de nous-mêmes, produits sans la grace et par le seul choix du libre arbitre.

CXVII.
Réfutation des vaines défaites.

Ce n'est pas ainsi que saint Paul nous a instruits : ce n'est pas ainsi que saint Augustin l'a interprété : l'Eglise ne nous permet pas de partager notre cœur entre la grace et le choix naturel du libre arbitre, de diviser notre confiance, et de poser notre fondement en partie sur nous-mêmes. Il ne sert de rien de dire « que ce désir naturel humain et délibéré de la béatitude, loin d'entrer dans l'acte d'espérance surnaturelle et de lui être essentiel, ne fait au contraire qu'en diminuer la perfection dans une ame ³ : » car c'est là une partie de l'erreur, que ce qui diminue la perfection d'un acte, lui serve d'un motif aussi nécessaire qu'on le vient de voir : la piété, la saine doctrine, la solide théologie ne se sauve pas par des illusions. Il sert encore moins de répondre que ces motifs *d'intérêt propre*, d'amour naturel délibéré de soi-même, sont *subordonnés* à l'amour divin⁴ : car ceux qui ont dit que dans l'ouvrage de notre salut nous n'étions pas capables de rien entreprendre, de rien espérer, *de rien penser de nous-mêmes comme de nous-mêmes, mais que notre capacité*, notre force, notre puissance, *venoit de Dieu*⁵ ; n'ont pas prétendu qu'il y ait une partie de notre puissance qui vînt de nous-mêmes, et du propre choix naturel de notre libre arbitre : ni que nous fissions de nous-mêmes ce que nous pourrions naturellement et sans grace, pour ensuite le subordonner à l'amour divin.

¹ *Max. des SS.*, p. 34, 35. — ² *Inst. past.*, n. 12, etc. — ³ *Inst. past.*, n. 20, p. 38. Ci-dessus, n. 106. — ⁴ *Inst. past.*, p. 38. — ⁵ II *Cor.*, III, 5.

CXVIII.

Deux écueils inévitables.

Ainsi de quelque côté que l'auteur se tourne, l'erreur est inévitable : si *l'intérêt propre* est pris, comme on s'y porte naturellement, pour l'avantage surnaturel qui nous revient de l'espérance ; en ôtant *l'intérêt propre*, l'auteur aura retranché aux ames parfaites une vertu théologale, ce qui est hérétique : et si selon la nouvelle interprétation de l'*Instruction pastorale*, *l'intérêt propre* veut dire un amour naturel et délibéré, il sera vrai qu'un motif naturel et délibéré est un motif, un principe des actes surnaturels : un vrai motif des vertus : un vrai moyen de se détacher de la créature et de s'unir à Dieu : ce qui est une autre hérésie, et un vrai pélagianisme. De cette sorte le fruit de ce dénouement est de faire régner par tout le livre des *Maximes des Saints* un double sens, une équivoque perpétuelle, qui fasse flotter l'esprit entre deux écueils, entre deux hérésies également dangereuses.

CXIX.

Questions inutiles : erreur sur Jésus-Christ.

Pour empêcher qu'on ne voie tous ces nouveaux embarras dans son *Instruction pastorale*, l'auteur ne songe qu'à tout embrouiller de questions inutiles à cette matière : savoir quel est le milieu, et s'il y en a, entre le principe de la grace et la cupidité vicieuse, entre la vertu chrétienne et le vice ; s'il y a des actions indifférentes ; *si la crainte naturelle des pécheurs est un péché*[1] : on voudroit pour incidenter toujours, voir peut-être ce que nous dirons sur la vertu morale et naturelle des païens, ou si nous attacherons la condamnation d'un auteur à des opinions de l'Ecole. A quoi servent ces questions? Quand il y auroit des actions indifférentes, ou des vertus naturelles, les justes même imparfaits n'en ont pas besoin pour se soutenir dans la piété : la perfection ne consiste pas à faire ou à ne pas faire de tels actes ;

[1] *Instr. past.*, p. 91.

rapporter à Dieu tout ce qu'on fait, c'est l'effet d'une vertu assez commune, où le chrétien peut atteindre sans les subtiles précisions du prétendu amour pur : quand il y auroit entre le principe de la grace et la cupidité vicieuse des sentimens imparfaits, quoiqu'innocens, d'amour naturel de soi-même, il ne s'ensuit pas pour cela que cet amour soit un motif, c'est-à-dire, selon le nouveau dictionnaire de l'*Instruction pastorale*, un principe intérieur, par lequel la volonté soit déterminée au bien éternel, ou aidée pour exercer les vertus chrétiennes. Sans avoir besoin d'examiner si et en quel cas la crainte naturelle de la peine peut être un péché, je découvre l'erreur de cette parole : « Celui qui n'a plus cet intérêt, ou amour naturel et délibéré de soi-même, ne craint ni la mort, ni le supplice, ni l'enfer, de cette crainte qui vient de la nature[1] : » car c'est attaquer directement Jésus-Christ, qui sans doute ne doit point avoir cet amour naturel et délibéré de soi-même, puisqu'il n'est que dans les imparfaits, et que même la sainte Vierge en est exempte : et néanmoins il a eu bien certainement la crainte de la mort et du supplice, qui vient de la nature : il a même voulu l'avoir, et la raison l'a commandée ; et pour n'être pas involontaire, elle ne laisse pas d'être naturelle, comme le mouvement du bras est naturel, quoique volontaire et commandé par la raison. Cette crainte naturelle de la mort et du supplice a fait dire à Jésus-Christ : *Mon père, détournez de moi ce calice ;* et encore : *Que ce ne soit pas ma volonté, mais la vôtre qui se fasse.* Cette volonté de Jésus-Christ, que Jésus-Christ ne veut pas qui s'accomplisse, est sans doute la volonté naturelle qui lui inspiroit l'horreur de la mort ; elle a été, et a dû être en Jésus-Christ aussi naturelle, aussi véritable que la nature humaine ; que la faim, que la soif, qui ne devoit non plus manquer à l'Homme-Dieu que la chair qu'il a portée, et le sang auquel il falloit qu'il communiquât pour avoir la vie.

Laissez donc Jésus-Christ être parfait avec l'amour naturel de soi-même, qu'on ne peut nier sans erreur ; et si vous dites pour demeurer dans vos principes, que du moins il n'étoit pas délibéré, c'est une autre sorte d'erreur, puisqu'il n'y a jamais eu au-

[1] *Instr. past.*, p. 66.

cun homme où il ait été plus délibéré et plus commandé par la raison, que dans Jésus-Christ.

Il est vrai que dans Jésus-Christ la raison, qui gouvernoit les sentimens naturels, étoit toujours elle-même immédiatement et divinement régie par le Verbe : mais aussi c'étoit Jésus-Christ, et il ne pouvoit nous montrer d'une autre sorte que la perfection ne consistoit pas à étouffer la nature, mais à la soumettre aux lois éternelles et à la volonté de Dieu.

CXX.

On attaque à fond la doctrine de l'affection naturelle délibérée et innocente.

Et en vérité, il ne semble pas qu'on parle sérieusement ; mais s'il est permis de le dire, qu'on ne songe qu'à faire illusion à son lecteur, lorsqu'après avoir porté si haut ce grand secret du pur amour, après l'avoir regardé comme une chose si inconnue, si inaccessible à la plupart des saintes ames, qu'on leur en fait un mystère, et que si on leur en parloit, on leur causeroit du trouble et du scandale [1] : il se trouve après cela que ce grand mystère aboutit à se dépouiller d'un amour de soi-même, naturel, délibéré et innocent [2]. Qui jamais a été étonné, troublé, scandalisé d'en être privé, ou d'apprendre qu'il ne faudra plus dorénavant s'aimer soi-même de cette sorte d'amour? A la vérité, on seroit troublé, si on nous disoit qu'on n'aura plus ce désir d'être heureux, que Dieu nous a mis dans l'ame avec la raison, parce que ce seroit un sentiment barbare, dénaturé, contraire au bon sens et à la constitution essentielle de toute créature intelligente : mais pour cet amour délibéré, on ne s'aperçoit pas qu'on en ait besoin, ni que la privation en soit pénible. Saint Augustin a bien mis la perfection de cette vie à faire « décroître la cupidité, et croître la charité : *deficiente cupiditate, crescente charitate ;* » et celle de l'autre, en ce que « la cupidité y sera éteinte, et la charité consommée : *cupiditate extinctâ, charitate completâ :* » mais la cupidité dont il parle n'est point la cupidité naturelle, innocente et délibérée ; c'est la cupidité vicieuse, qui est un fruit mal-

---

[1] *Max. des SS.*, p. 34, 35, 261. — [2] *Inst. past.*, n. 20, p. 35, 36, 38.

heureux du péché originel ; c'est celle-là qui nous tyrannise durant tous le cours de cette vie, qui demande jusqu'à la fin les derniers efforts pour être réprimée, et qu'on sent toujours inhérente à ses entrailles ; en sorte qu'on ne peut jamais en arracher toutes les fibres, quelque violence qu'on se fasse. Mais ni les imparfaits ni les parfaits ne sentent aucun besoin de faire attention à l'affection naturelle de soi-même, comme au dernier obstacle de leur perfection : on ne sait pas même quelle est sa nature, et l'auteur ne nous dit pas seulement s'il la faut combattre ou non. S'il la faut combattre ; *si elle convoite contre l'esprit, et l'esprit contre elle* [1], en quoi diffère-t-elle de la concupiscence vicieuse ? S'il ne faut point la combattre, où est cette grande peine qu'on trouve à s'en dépouiller ? Etoit-elle en Adam, ou n'y étoit-elle pas ? Si elle y étoit, c'est donc un apanage ou un reste de la nature innocente : si elle n'y étoit pas, c'est donc un fruit du péché, une maladie de la nature tombée ; et en un mot, une vicieuse et mauvaise concupiscence, selon les principes du grand docteur de la grace. Saint Paul nous apprend à trouver deux hommes dans l'homme renouvelé par la grace, l'ancien et le nouveau : l'un corrompu, et l'autre saint : l'un qui est Adam, et l'autre qui est Jésus-Christ, qui tâchent de se détruire l'un l'autre : mais il y faudra maintenant ajouter un troisième homme, c'est-à-dire l'homme naturel, qui ne sera ni bon ni mauvais. Toute l'Ecole accorde à Scot que l'amour de la béatitude, qui est nécessaire quant à son fond, est libre dans son exercice : est-ce là ce que l'auteur veut appeler l'affection naturelle délibérée de soi-même ? est-ce là ce qu'il veut laisser aux imparfaits ? Les parfaits ne songent-ils jamais par une réflexion délibérée, que Dieu les a faits pour être heureux ? ne consentent-ils jamais par une volonté délibérée et raisonnable, à cette belle constitution de la nature intelligente ? Où est le mal ? où est le péril ? où est l'inconvénient d'un tel acte, lorsqu'on y ajoute qu'on veut mettre son bonheur à aimer Dieu ? Que si cet acte est employé à faire qu'on aime à se reposer en soi-même, sans se rapporter soi-même tout entier à Dieu, il est corrompu par la concupiscence, c'est-à-dire par

[1] *Gal.*, v, 17.

l'amour-propre inhérent en nous ; amour, dit saint Augustin, qui « fait que nous portons l'amour de nous-mêmes jusqu'au mépris de Dieu, comme la charité nous fait porter l'amour de Dieu jusqu'au mépris de nous-mêmes : *Amor sui usque ad contemptum Dei : amor Dei usque ad contemptum sui.* » On voit donc ce qu'il faut combattre pour être parfait : mais les désirs de la béatitude abstractivement et en général, délibérés ou indélibérés, ne font par eux-mêmes aucun obstacle à la perfection, et n'y paroissent non plus opposés que la faim et la soif, soit qu'on y consente, soit qu'on n'y consente pas : ce sont des actes si abstraits et si généraux, qu'à vrai dire ils ne peuvent être ni bons ni mauvais, qu'autant qu'on les épure par rapport à Dieu, auquel cas ils appartiennent à la grace dans les imparfaits comme dans les parfaits ; ou qu'on s'y arrête volontairement comme à sa dernière fin, pour en faire un soutien et une pâture de l'amour-propre vicieux.

Mais pourquoi n'a-t-on osé dire que cet amour naturel, délibéré et innocent, dont l'exclusion fait le comble de la perfection, pût être entièrement extirpé, et que tout ce qu'on donne aux parfaits, c'est de n'agir pas d'*ordinaire* par ce motif ? Est-ce qu'il y a des cas où ils en ont besoin ? est-ce qu'il en est de cet amour innocent comme des péchés véniels, sans lesquels on ne vit point ? L'Eglise, qui a défini qu'on ne vit point sans péché véniel, pourquoi n'a-t-elle pas aussi défini qu'on ne vit point sans cette affection innocente ? ou si l'un est compris dans l'autre, pourquoi sépare-t-on du péché véniel ce qui en a l'attribut et la qualité ? Est-ce qu'on l'a réservé pour en faire tout ce qu'on veut, non par règle, mais par fantaisie ou dans le besoin ?

Je ne vois donc pas pourquoi on remarque avec tant de soin, que cet amour naturel ne fut jamais dans la sainte Vierge, et ne peut pas être dans les parfaits. N'ont-ils pas avec réflexion cet amour naturel pour eux-mêmes comme pour les autres, pour leurs proches, pour leurs amis, qu'on a voulu prendre dans saint Thomas ? Faut-il l'étouffer, ou seulement le soumettre ? faut-il faire une matière de son examen, si celui que l'on ressent est naturel ou surnaturel, s'il est de la nature ou de la charité et de la grace? Mais comment discernera-t-on ces deux sortes d'actes, et le mouvement de la nature d'avec celui de l'amour donné de Dieu? Tous deux ont le même objet, qui est l'accomplissement de la promesse : tous deux par conséquent supposent la foi, et viennent de ce principe. Sans doute il y a ici de l'illusion, et sous prétexte d'exterminer l'amour naturel délibéré de soi-même par lequel on veut jouir de Dieu, on se donne la liberté d'exterminer tout désir de la jouissance.

CXXI.

Réflexion importante : que l'éloignement de l'affection naturelle pour la récompense est un prétexte pour exterminer la surnaturelle.

Que le lecteur attentif prenne garde à cette importante réflexion, où je fais principalement consister le péril et l'illusion du nouveau système : je ne comprends pas pourquoi on s'attache tant à établir et à combattre dans les parfaits cet amour naturel et délibéré de soi-même, de la récompense, de la béatitude éternelle, du contentement qu'elle donne, si ce n'est que c'est un langage pour donner lieu aux faux directeurs d'étouffer l'amour surnaturel des mêmes objets, et de rétablir le premier système qu'ils sembloient vouloir adoucir, mais qui en effet est celui qu'ils ont véritablement à cœur.

C'est à quoi ils préparent les esprits par cette maxime : « Les parfaits amis de Dieu n'ont pas besoin pour l'aimer d'y être invités par la récompense qui est la béatitude formelle [1], » et l'actuelle jouissance du bien infini. Par ce principe on les portera aisément à se priver d'une chose dont ils n'ont pas besoin pour aimer Dieu : et si d'ailleurs on leur fait voir que cet amour de la jouissance en un sens est un obstacle à la perfection, et qu'il peut venir de deux principes, dont l'un sera la nature, et l'autre la grace, sans qu'on puisse avoir aucune règle pour les discerner l'un d'avec l'autre, un directeur en qui l'on suppose ce discernement, sans que pourtant il en puisse rendre d'autre raison que son expérience, se conservera le droit d'exterminer tout à fait l'amour de la béatitude formelle qu'il aura déjà établi comme inutile, et que par un

[1] *Inst. past.*, p. 61.

autre principe il aura montré comme suspect dans les parfaits.

Nous voici donc retombés par ce nouveau tour, dans l'extinction du motif de la récompense ; c'est pourquoi il n'y a rien de plus erroné que cette maxime, qui rend inutile à l'amour divin le désir de la récompense qui est Dieu même éternellement possédé, c'est-à-dire ce qu'on appelle béatitude formelle : le lecteur, qui n'entend que confusément ce qu'on appelle de ce nom, passe, sans y prendre garde, l'inutilité de la béatitude formelle qu'il n'entend pas bien ; mais quand il l'aura passée, on lui fera remarquer que ce qu'on appelle béatitude formelle, c'est la jouissance de Dieu même ; c'est Dieu même comme possédé de nous et nous possédant ; c'est si l'on veut, la joie de lui être uni : on se trouvera insensiblement dégoûté de la jouissance : on aura renoncé, sans y penser, au contentement de posséder Dieu à jamais ; à ce précepte : *Délectez-vous dans le Seigneur : Delectare in Domino ;* ou comme l'énonce saint Paul : « Réjouissez-vous en Notre-Seigneur [1] ; encore un coup, réjouissez-vous en lui ; » à cette douce invitation : « Goûtez et voyez combien le Seigneur est doux, à cet éternel enivrement dans l'abondance de la maison de Dieu, et au torrent de volupté dont il nous abreuve. » On apprend, dis-je, en regardant de si grands biens comme inutiles, à s'en dégoûter, à les dédaigner ; on croira qu'on aimera autant Dieu en n'y pensant pas qu'en y pensant, et que cette éternelle communication qu'il nous donnera de lui-même, quoique ce soit par ce seul moyen que nous soyons véritablement *et parfaitement participans de la nature divine* [2], comme l'enseigne saint Pierre, ne sert de rien à le faire aimer.

Quand avec cette préoccupation on entendra dire qu'il y a un amour de cette bienheureuse jouissance qui est naturel, et par là le seul obstacle à la perfection du pur amour, tout ce qui portera le caractère de la jouissance fera peur à l'ame prétendue parfaite. Si elle étoit persuadée qu'ordinairement et de sa nature il vient de Dieu, elle craindroit de résister à l'attrait qui nous y porte : mais depuis qu'elle voit dans une *Instruction pastorale*, et par l'autorité d'un archevêque, qu'elle peut être naturelle, et que

[1] Philip., IV, 4. — [2] II Petr., I, 4.

c'est à l'exterminer en ce sens comme le dernier obstacle à la perfection, que toute la tradition, que tous les Pères, que tous les spirituels conspirent, sans lui pouvoir jamais faire discerner le vrai bien d'avec le bien imparfait ; elle entrera dans le dessein de détruire en elle tout amour de la récompense : et voilà encore un coup le premier système, dont on sembloit vouloir s'éloigner, entièrement rétabli.

CXXII.

Démonstration par les épreuves, que cette affection prétendue innocente est vicieuse.

Gardons-nous de ce dénouement de l'espérance naturelle, de l'affection naturelle pour la récompense, puisqu'il ne fait que rétablir, sous un autre nom, le premier dégoût du motif de la récompense qu'on avoit inspiré d'abord : cette affection naturelle dont on ne parloit point alors, et qu'on veut maintenant trouver partout, ne peut être que la couverture d'un autre dessein. Qu'ainsi ne soit ; demandons encore, comme nous avons déjà fait, mais plus à fond quoiqu'en moins de mots, si ce qu'on a à combattre dans les épreuves n'est que l'affection naturelle pour la récompense, et disons ici seulement qu'elle est (cette affection naturelle) trop attachée et trop attachante ; trop opposée au pur amour de Dieu, par conséquent trop appartenante à la vicieuse concupiscence, s'il nous faut tant de cruelles épreuves, tant de sécheresses affreuses, selon l'auteur, tant de désespoirs invincibles, et une espèce d'enfer pour nous en défaire.

CXXIII.

Des douceurs sensibles de la dévotion : et que l'auteur les attribue trop à son affection naturelle : doctrine importante.

Le seul appui qui lui reste, c'est que l'auteur la confond *avec la douceur sensible*[1], dont les spirituels demeurent d'accord que la piété commençante et foible encore a besoin, et qui ne se trouve plus guère dans les parfaits : mais il erre manifestement, et il est certain que la douceur dont il s'agit n'est pas naturelle.

---

[1] *Instr. past.*, p. 71.

Pour l'entendre, il faut seulement se souvenir de ce beau principe de saint Augustin, que le fond de la grace de Jésus-Christ est une chaste et céleste délectation qui est toujours dans les justes, et par laquelle, dit ce Père, Dieu « fait en eux que ce qui les porte à la justice les délecte plus, leur plaît davantage que ce qui les en empêche : *Facit plus delectare quod præcepit, quàm delectat quod impedit*[1]; » selon ce principe, que je suppose comme approuvé de tout le monde, et suffisamment établi par les preuves de saint Augustin : Toute douceur qui nous gagne à Dieu, même la sensible, est un attrait de la grace.

Il est vrai que cet attrait se diversifie selon nos besoins. La piété encore foible a besoin d'une douceur plus sensible : Dieu semble y vouloir d'abord gagner le sens et comme l'extérieur de l'ame, pour s'insinuer dans le fond : c'est ce qu'on appelle les goûts, les suavités, les douceurs, les consolations : là se répandent les larmes pieuses, plus douces que toutes les joies, parce qu'en effet elles sont le fruit d'une sainte dilatation du cœur, qui s'épanche devant le Seigneur avec un plaisir aussi pur qu'inexplicable. Il ne faut pas s'imaginer que cette chaste douceur, qui est le soutien de la piété naissante, soit autre chose qu'un don de Dieu; il est vrai que la nature peut le contrefaire : mais alors ce n'est pas là cette douceur sensible qui est le soutien de la piété commençante : c'est plutôt un appât de l'amour-propre, dont il ne s'agit pas ici d'expliquer ni la nature ni les effets : il nous suffit d'avoir établi que ces premières douceurs qu'on nomme sensibles dans les commencemens de la piété, sont du ressort de la grace.

Je ne sais si l'auteur a assez compris cette vérité : plein de son principe erroné, que tout ce qui est imparfait et tout ce qu'il faut détruire dans le progrès de la piété n'est pas de la grace, il attribue trop ces douceurs sensibles à son affection naturelle : mais par la règle de vérité qui nous fait voir que ce qui doit se détruire comme imparfait, ne laisse pas de venir de Dieu qui est l'auteur des commencemens comme de la perfection : ce faux principe ne peut subsister, et nous l'avons réfuté suffisamment[2].

[1] *De spir. et lit.*, cap. X, n. 16.— [2] Ci-dessus, n. 4.

Posons donc ce premier état de la grace, où elle prend et gagne le sens pour s'insinuer dans le fond : mais il faut penser que Dieu change de conduite dans le progrès de la dévotion; l'ame devenant plus forte et sa piété plus solide, Dieu retire quand il lui plaît ces attraits sensibles, qui sont de lui néanmoins; mais c'est qu'il veut donner lieu à quelque chose de plus intérieur. Ce n'est pas que cette chaste délectation soit éteinte : seulement elle se concentre davantage, ce qui se remarque principalement dans les épreuves où Dieu nous plonge comme par degrés. Dans les dernières, il est vrai qu'on est comme sans Dieu sur la terre, du côté du sentiment extérieur : mais il faut bien se garder de croire que cette joie du Saint-Esprit cesse, ou que le précepte de l'Apôtre : *Réjouissez-vous : oui, je vous le dis, réjouissez-vous : toujours : semper*, et en tout état, soit banni à fond dans un état chrétien; elle s'épure au contraire; elle se fortifie; elle devient plus foncière et plus dominante.

De là il arrive dans la suite qu'elle remplit tellement le fond, qu'elle regorge sur le sens : les goûts renaissent, les larmes reviennent, les consolations surabondent, mais d'une manière plus intime et plus sublime; c'est ce qui fait l'état des parfaits, mais avec ordinairement de continuelles vicissitudes, parce que le progrès de l'ame, où la chaste délectation de la grace se déclare, se cache, se concentre pour se déclarer de nouveau avec plus d'efficace, est infini : ce divin attrait est une flamme cachée qui a ses élans, ses cessations comme si elle étoit éteinte, ses reprises plus fortes encore jusqu'à la mort, où l'on vient enfin au total et continuel embrasement.

Si j'avois quelque chose à demander aux spirituels, ce seroit de bien distinguer ces trois espèces de délectation : car on pourroit être étonné ou même troublé de leur voir quelquefois rejeter peut-être trop généralement les attraits sensibles; ensuite trop louer peut-être les aridités et les sécheresses, et n'expliquer pas assez ce qu'ils reconnoissent pourtant, je veux dire ce retour de sentimens vifs et cette espèce de regorgement dans les états plus parfaits. Dieu inspirera peut-être à quelque saint les principes pour démêler un si grand mystère, que jusqu'ici apparemment par mon ignorance ou par ma foiblesse, je ne trouve pas assez développé dans les livres spirituels; et je me contente d'assurer que la chaste délectation, tantôt commencée, ou sensiblement déclarée; tantôt plus obscure, et en quelque façon retirée; tantôt rétablie dans tous ses droits, est le fond de la grace, par la raison qu'elle fera la consommation de la gloire, dont on nous présente un essai, avant que de nous abandonner la coupe pleine.

SECTION XI.

Sur l'autorité des saints canonisés, et sur saint François de Sales.

CXXIV.

Règle proposée par l'auteur.

Il n'est pas permis de taire plus longtemps ce qu'on a dissimulé jusqu'ici sur l'autorité des saints canonisés : ce qui en est dit dans les *Maximes des Saints*, et dès l'*Avertissement*, a étonné tous les savans : mais on y revient trop souvent et en termes trop excessifs dans l'*Instruction pastorale*, et à la fin nous renverserions la foi, si nous passions toujours sous silence la nouvelle règle qu'on veut établir.

On la propose en ces termes dans les *Maximes des Saints* : « Quand je parle des saints auteurs, je me borne à ceux qui sont canonisés, ou dont la mémoire est en bonne odeur dans toute l'Eglise, et dont les écrits ont été solennellement approuvés après beaucoup de contradictions. Je ne parle que des saints qui ont été canonisés ou admirés, pour avoir pratiqué et fait pratiquer au prochain le genre de spiritualité qui est répandu dans leurs écrits. Sans doute il n'est pas permis de rejeter de tels auteurs, ni de les accuser d'avoir innové contre la tradition [1]. » Voilà une voie bien abrégée d'expliquer la tradition : il n'y aura qu'à prétendre que quelque saint canonisé, ou en tout cas qu'on admire, a enseigné une certaine conduite pour en faire une règle invariable de la foi, et réduire la question à examiner précisément ce qu'il aura dit, comme si c'étoit un auteur inspiré de Dieu.

On pousse la chose encore plus avant dans l'*Instruction pasto-*

[1] *Avert.*, p. 5, 6

rale : « Je n'ai pas craint de citer ici ces deux grandes saintes (sainte Catherine de Gênes et sainte Thérèse), parmi tant de saints docteurs, parce que l'Eglise en les canonisant, après avoir examiné leurs écrits, n'a laissé rien de douteux sur l'excellence de leurs maximes pour la vie intérieure [1]. »

Je me suis assez attaché à défendre saint François de Sales, pour être à couvert du soupçon qu'on pourroit avoir que je veuille affoiblir son autorité, mais je ne puis dissimuler ces paroles de l'*Instruction pastorale :* « Si j'ai cité quelques passages de ses écrits qui ont paru un peu durs au public, on doit se souvenir de deux choses : la première est, que les particuliers ne doivent jamais se donner la liberté de condamner ni les sentimens ni les expressions d'un si grand Saint, dont l'Eglise entière dit tous les ans ces paroles » : *Par ses écrits pleins d'une doctrine céleste il a éclairé l'Eglise et montré le chemin assuré à la perfection chrétienne* [2] *:* » éloge que l'on prétend *approuvé par une bulle d'Alexandre VII.* C'est pour rendre son autorité entièrement décisive qu'on loue *sa théologie exacte et précise* [3], et qu'on s'en sert pour assurer, qu'on ne « parviendra jamais à décréditer indirectement le genre de spiritualité par lequel ce Saint a sanctifié tant d'ames [4]. » La remarque tombe sur ces mots: *décréditer indirectement :* par où l'auteur insinue qu'on se rend suspect par la liberté de n'approuver pas quelques-uns de ses sentimens, puisqu'on prétendra que ce sera toujours *décréditer indirectement* la doctrine qu'on lui attribue : en sorte que quand on fait dire à ce Saint : « *Qu'il a exclu si formellement et avec tant de répétitions tout motif intéressé de toutes les vertus des ames parfaites* [5] *:* » il n'y aura plus qu'à examiner s'il l'a dit ainsi; et s'il l'avoit dit, ce qui n'est pas, il n'y auroit qu'à passer condamnation.

Et c'est là en vérité le procédé de l'auteur, qui après avoir mis sur le front de son livre le titre majestueux de *Maximes des Saints,* ne cite presque que le seul saint François de Sales, et montre par là qu'il avoit besoin d'en faire une règle, comme il en fait une en général du sentiment des saints canonisés.

---

[1] *Instr. past.*, p. 75. — [2] *Instr. past.*, n. 20, p. 34.— [3] *Max. des SS., Avert.*, p. 12. — [4] *Instr. past.*, p. sans chif. entre 80 et 81. — [5] *Max. des SS.*, p. 40.

CXXV.

Deux règles de l'Eglise opposées à celle de l'auteur.

Nous sommes donc obligés à examiner jusqu'où l'on peut porter leur autorité : cette question importe à la foi, puisqu'il s'agit d'établir quelle en est la règle; et je dois avant toutes choses poser comme un principe incontestable, que quelque honneur que rende l'Eglise aux saints canonisés, c'est toujours une fausse règle, qu'on n'oseroit condamner ce qu'on trouve dans leurs écrits. Nous opposons à cette règle deux règles invariables de l'Eglise catholique, que Vincent de Lérins a prises de saint Augustin, et tous deux de saint Paul, et c'est de ne regarder comme inviolable dans la foi que ce qui a été cru *partout et toujours*: *quod ubique, quod semper.*

La seconde règle que nous opposons à celle qu'on nous propose, c'est qu'une erreur crue ou enseignée de bonne foi sans esprit de schisme, n'est pas un obstacle à la sainteté. L'exemple de saint Cyprien est si illustre dans l'Eglise, qu'il vient d'abord à l'esprit de tout le monde : il a soutenu une erreur avec la force qu'on sait, sans laisser le moindre vestige de correction : sa sainteté en est-elle moins éclatante dans l'Eglise? Son martyre en a-t-il moins édifié tous les fidèles? L'autorité de ses exemples ou de sa doctrine dans les autres chefs en est-elle diminuée? Saint Augustin nous enseigne que Dieu a permis qu'un si grand homme, et un évêque si éclairé et si saint ignorât quelque vérité, afin que nous apprissions par son exemple une vérité plus excellente « que ce saint martyr voit maintenant dans la lumière immuable de la vérité, qui est qu'il se peut trouver des erreurs dans les écrits quoique chrétiens des orateurs, et qu'il ne s'en trouve point dans les écrits des pêcheurs[1]. » Dieu peut donc permettre des erreurs dans les écrits des plus grands saints, afin de relever l'autorité des Ecritures canoniques, et aussi de faire voir, comme le même saint Augustin ne cesse de le répéter[2], que l'obéissance couvre tout, et que c'est plutôt l'orgueil et l'esprit de division qui nous damne que l'erreur.

---

[1] *De Bapt. cont. Donat.*, lib. V, cap. XVII, n. 23. — [2] *Ibid.*, lib. II, cap. V; et lib. IV, cap. XVI, etc.

Ne croyons donc point déroger à la canonisation des saints, si quelquefois il faut avouer des erreurs dans leurs écrits : l'Eglise en les canonisant n'a pas prétendu adopter ni garantir tous leurs sentimens, mais seulement déclarer leur sainte intention. Il est vrai qu'on loue leur doctrine dont l'Eglise est éclairée ; mais une tache dans le soleil n'en affoiblit pas la clarté : il est vrai qu'on en fait quelque examen ; mais le fond de l'information regarde leur sainte vie, et l'Eglise se réserve toujours la révision des points de doctrine qui peuvent être échappés aux auteurs et aux examinateurs, surtout avant que les matières aient été discutées.

C'est donc en vain que l'auteur prétend, que tout ce qui est dit par les saints soit entièrement à couvert de la censure : « Nous ne rendons ce respect, dit saint Augustin, qu'aux auteurs des Ecritures canoniques, de croire d'une ferme foi, qu'ils ne sont jamais tombés dans aucune erreur [1]. » Et l'autorité des autres saints n'est indubitable que lors, dit ce même Père [2], qu'il est bien constant qu'ils ont parlé comme le reste des orthodoxes.

Par ces règles de saint Augustin, nous donnons aux saints une autorité convenable, et quoique toujours prévenus en faveur de leurs sentimens particuliers, nous apprenons de l'Eglise et du saint concile de Trente [3], de ne nous appuyer avec certitude que sur leur consentement unanime.

CXXVI.

Exemples de quelques saints, et en particulier de saint François de Sales.

On a condamné dans Molinos cette proposition, « qu'il ne convient pas de rechercher des indulgences, parce qu'il vaut mieux satisfaire à la justice de Dieu [4] : » quoiqu'on voie le même sentiment dans sainte Catherine de Gênes [5], l'une des saintes dont on prétend que l'Eglise a canonisé la doctrine avec la personne [6] : la simplicité et la bonne foi de la Sainte a fait passer ce qu'il a fallu relever dans ce pernicieux auteur. On a condamné dans Baïus des propositions expresses de saint Augustin dont il abusoit, et

---

[1] *Aug.*, Ep. LXXXII, *ad Hier.*, olim. XIX, n. 5. — [2] Lib. I, *cont. Jul.*, cap. 6, 7, etc. — [3] Sess. IV. — [4] *Prop.* XVI. — [5] *Vie de sainte Cath. de Gên.*, ch. XX, p. 146. — [6] *Inst. past.*, p. 75.

qu'il détachoit de tout le corps de la doctrine de ce Père. On sait les propositions de saint Chrysostome sur la sainte Vierge, qui ne peuvent guère s'accorder avec le canon XXIII de la VI° session du concile de Trente : en ces occasions on se donne la respectueuse liberté de préférer aux saints, non pas ses sentimens particuliers, mais ceux d'autres saints où la vérité s'est plus purement conservée. Saint François de Sales est un grand Saint, et j'ai toujours soutenu que sa doctrine, qu'on nous objecte, est toute pour nous dans les matières dont il s'agit : mais il ne faut pas pour cela le rendre infaillible, et on ne peut oublier qu'avec plus de bonne intention que de science, après avoir dit « que notre cœur humain produit naturellement certains commencemens d'amour envers Dieu, sans néanmoins en pouvoir venir jusqu'à l'aimer sur toutes choses qui est la vraie manière de l'aimer, » il entreprend de prouver que cet amour naturel n'est pas « inutile, parce qu'encore que par la seule inclination naturelle nous ne puissions pas parvenir au bonheur d'aimer Dieu comme il faut : si est-ce que si nous l'employions fidèlement, la douceur de la piété divine nous donneroit quelque secours par le moyen duquel nous pourrions passer plus avant : en sorte, continue-t-il, que de bien en mieux il nous conduiroit au souverain amour [1]. » Sans doute en canonisant saint François de Sales, l'intention de l'Eglise ne fut jamais, je ne dirai pas de consacrer ces paroles, mais d'empêcher les théologiens de s'éloigner de ce sentiment, si sous le nom d'un si grand Saint on entreprenoit de faire revivre cette maxime, que Dieu ne refuse pas la grace à ceux qui font ce qu'ils peuvent par les forces de la nature.

La raison que ce Saint apporte de son sentiment : « c'est, dit-il [2], que celui qui est fidèle en peu de chose, et qui fait tout ce qui est en son pouvoir, la bénignité divine ne dénie jamais son assistance pour s'avancer de plus en plus [3]; » ce qui a bien lieu dans le profit des biens que Dieu donne par sa grace, mais non pas dans celui des dons naturels. On ne peut pas dire néanmoins que ces matières ne regardent pas la conduite, puisqu'elles regar-

---

[1] *Amour de Dieu*, liv. I, ch. XVII, XVIII. — [2] *Ibid.* — [3] Matth., XXV, 20 ; Luc., XIX, 17.

dent la doctrine de la grace, qui en est un des fondemens : mais il n'est pas permis pour cela d'avoir pour suspecte la direction des saints, parce qu'on sait que ces opinions de spéculation se rectifient dans la pratique, lorsque l'intention est droite.

Au surplus on voit assez par ma manière d'effleurer ce sujet, que je ne veux ici chercher querelle à personne, ni empêcher qu'on n'interprète bénignement ce passage, et les autres de même nature, à quoi j'aiderois plutôt; mais j'oserai dire avec la liberté d'un théologien, que si l'on suit ce Saint pas à pas dans ce qu'il enseigne en divers endroits, on ne trouvera pas toujours sa doctrine si liée ni si exacte qu'il seroit à désirer ; et on n'aura pas de peine à reconnoître que, selon l'esprit de son temps, il avoit peut-être moins lu les Pères que les scolastiques modernes.

CXXVII.

Autre exemple tiré du même Saint.

Je voudrois même demander à ceux qui donnent sa théologie comme une espèce de règle, s'ils s'accommodent de ce discours où supposant l'homme *dans la justice originelle,* qui est, dit-il, *une qualité surnaturelle,* après avoir dit que le secours qu'il recevroit alors seroit *naturel et surnaturel* tout ensemble : il conclut que « quant à l'amour sur toutes choses, qui seroit pratiqué selon ce secours, il seroit appelé naturel : d'autant, dit-il, qu'il tiendroit seulement à Dieu, selon qu'il est reconnu auteur, Seigneur et souverain de toute créature, par la seule lumière naturelle, et par conséquent aimable par propension naturelle [1]. » Qu'eût fait cet humble serviteur de Dieu, si on lui eût représenté que dans l'état de la justice originelle on eût aimé Dieu par rapport à la vision béatifique, qui est pour ainsi parler si surnaturelle, que c'est de là que les plus grands théologiens tirent la supernaturalité des actions ? N'auroit-il pas avoué que dans cet état on ne peut s'empêcher de regarder Dieu comme auteur de la grace : ainsi que c'est oublier le plus essentiel de cet état, que d'y faire seulement connoître cet être suprême comme auteur de la nature,

[1] *Am. de Dieu,* liv. I, ch. XVI.

et par la seule lumière naturelle? Je ne prétends pas déroger par là aux conduites intérieures de cet excellent directeur, sous prétexte qu'en ces endroits et en quelques autres sa théologie pouvoit être plus correcte, et ses principes plus sûrs. Je ne veux non plus affoiblir en lui le titre qu'on lui donne, de théologien *à un degré éminent*, mais enfin borné, comme tout l'est dans les hommes : et quand même on ne suivroit pas toutes ses condescendances en certaines choses de pratique que je ne veux pas rapporter, on ne le dégraderoit pas du haut rang qu'il tient dans la direction des ames : car c'est là qu'il est vraiment sublime; et pour moi je ne connois point parmi les modernes, avec sa douceur, une main plus ferme, ni plus habile que la sienne pour élever les ames à la perfection et les détacher d'elles-mêmes : mais ne poussons rien trop avant, et en matière de livres n'érigeons pas dans l'Eglise des autorités particulières assujettissantes, autres que celles des écrivains inspirés de Dieu.

CXXVIII.

Passages de saint François de Sales nouvellement allégués dans l'*Instruction pastorale* : premier passage.

Puisque nous sommes tombés sur le sujet de ce Saint, il est temps de rapporter les nouveaux passages qui paroissent dans l'*Instruction pastorale* et d'y examiner si, comme le prétend l'auteur, on y trouve le dénouement *de l'affection naturelle, qui fait l'intérêt propre* [1].

Voici donc le premier passage : « La simplicité n'est autre chose qu'un acte de charité pur et simple, qui n'a qu'une seule fin, qui est d'acquérir l'amour de Dieu [2]. » Qui en doute ? c'est la fin dernière, et il ne peut y en avoir d'autre. A quoi donc sert ce passage, non plus que celui-ci qui vient tout de suite? « Notre ame est simple lorsque nous n'avons point d'autre prétention en tout ce que nous faisons. » Entendez *prétention finale*, et tout est bon; mais voici le fort : « La simplicité est inséparable de la charité, d'autant qu'elle regarde droit à Dieu, sans que jamais elle puisse

---

[1] *Intr. past.*, n. 20, p. 35. — [2] *Ibid.*, p. 76; *Entr.*, XII, *de la simplic.*, p. 425, édit. Vivès.

souffrir aucun mélange du propre intérêt. » L'auteur relève ce *jamais*, cet *aucun*, où, dit-il, l'exclusion est si forte : mais qui ne voit qu'on pourroit entendre qu'il faut exclure *l'intérêt propre* comme fin dernière, ainsi que l'ont entendu tous les théologiens de l'Ecole, dont ce Saint bien constamment a suivi les principes et pris tout l'esprit, comme il a été démontré? Quand donc l'auteur veut conclure que le Saint ne pouvant vouloir exclure *ni la béatitude objective ni la béatitude formelle* [1], puisqu'il n'est jamais permis de cesser de la désirer et de l'espérer, ce *propre intérêt* n'est que celui qui vient d'un principe naturel : premièrement il devine : il ne produit pas un témoignage; il tire une conséquence : et secondement la conséquence est mauvaise, parce que sans exclure la *béatitude formelle* en elle-même, il suffit pour justifier ce que dit le Saint, qu'on l'exclue comme fin dernière.

Voilà ce qu'on pourroit dire avec toute la théologie ; mais à cette fois le passage a une autre solution manifeste. *Le propre intérêt,* dont la simplicité non plus que la charité ne souffre pas le mélange, c'est un amour vicieux que le Saint appelle *la doublure des créatures* : c'est cette mauvaise doublure que la simplicité ne souffre pas, ni « aucune considération d'icelles, ains Dieu seul y trouve sa place : » Dieu comme opposé aux créatures ; la considération des créatures comme opposées à l'amour de Dieu : voilà ce qu'il faut exclure; et le Saint ne songe pas seulement à l'affection naturelle, qu'on ne cesse de vouloir trouver où elle n'est pas.

CXXIX.
Suite du même passage.

La suite le démontre encore : « Par exemple si on va à l'office, et que l'on demande, Où allez-vous? Je vais à l'office. Mais pourquoi y allez-vous? J'y vais pour louer Dieu. Mais pourquoi plutôt à cette heure qu'à une autre? C'est parce que la cloche ayant sonné, si je n'y vais pas je serai remarquée. » Voilà donc ce que le Saint avoit appelé cette mauvaise doublure de la vue humaine qu'on se propose en allant à l'office ; c'est pourquoi le même Saint ajoute : « La fin d'aller à l'office pour Dieu est très-bonne; mais

[1] *Intr. past.*, p. 76.

ce motif n'est pas simple (de craindre d'être remarquée), » encore qu'il paroisse bon du côté qu'il fait éviter le scandale, le Saint prononce toutefois qu'il n'est pas simple ; « car, dit-il, la simplicité requiert qu'on y aille attirés du désir de plaire à Dieu, sans aucun autre égard, et ainsi de toutes autres choses. » On voit donc plus clair que le jour, que ce qui ôte la simplicité et multiplie l'intention, c'est ce regard déréglé vers la créature et vers tout autre que Dieu à qui seul on doit vouloir plaire : ainsi visiblement il ne s'agit pas d'ôter une affection naturelle, mais une affection déréglée ; et c'est sur quoi le saint évêque fait tomber la multiplicité qu'il rejette.

CXXX.

En quel sens le pur amour exclut toute autre chose que lui-même.

Mais il dit qu'on ne peut « souffrir autre regard, pour parfait qu'il puisse être, que le pur amour de Dieu, qui est la seule prétention ; » sa seule prétention finale, je l'avoue, sa seule prétention absolument, ce seroit une fausseté que le Saint ne peut point avoir en vue. Car enfin, que pouvoit-il vouloir exprimer par ce *regard parfait* que l'ame ne peut souffrir ? Ce n'est pas l'affection naturelle, qui n'est pas un regard assez parfait pour être appelé si absolument de ce nom : ce n'est non plus la possession éternelle de Dieu, puisque l'auteur ne veut plus la comprendre sous le nom d'intérêt propre : c'est donc sous le désir de plaire à Dieu tous les biens qui ont rapport à cette fin, et on voit qu'ils s'accordent tous avec le pur amour.

En effet qui veut plaire à Dieu veut en être aimé : qui veut en être aimé veut ses bienfaits, puisque son amour tout-puissant ne peut être stérile : qui veut ses bienfaits veut le grand bienfait de l'avoir lui-même : et si l'on vouloit désintéresser les ames, à la mode des nouveaux mystiques, le désir de plaire à Dieu seroit celui par où il faudroit commencer le renoncement ; c'est aussi la première chose où visoit notre auteur, lorsqu'il fait vouloir à ses parfaits, « s'il étoit possible que Dieu ne sût pas seulement qu'il est aimé [1]. »

[1] *Max. des SS.*, p. 11.

Puisque saint François de Sales rejette cette intention par le désir de plaire à Dieu, la simplicité qu'il établit comprend tous les bons désirs qui nous unissent à ce premier être, et l'amour pur n'en exclut aucun.

Ainsi les exclusions que l'auteur veut trouver partout dans les ouvrages du Saint[1], ne font rien à la question : et sans avoir besoin de son affection naturelle, nous y trouvons un sens très-théologique et digne du saint évêque.

CXXXI.

Second passage, sur le mérite, tiré des faux entretiens du saint évêque.

Le second passage que produit l'auteur est celui-ci, sur le mérite : « Il ne faut point regarder au mérite : je n'aime point cela, de vouloir toujours regarder au mérite : car les Filles de Sainte-Marie ne doivent point regarder à cela, mais faire leurs actions pour la plus grande gloire de Dieu. Si nous pouvions servir Dieu sans mériter, ce qui ne se peut, nous devrions désirer de le faire[2]. »

On cite en marge les *Entretiens*, de l'édition de Lyon de 1618. Je ne reçois pas ces *Entretiens* ; je n'en connois point d'autres que ceux que les Filles de Sainte-Marie d'Annessi ont ouïs, recueillis et publiés. Ce sont aussi ceux qu'elles ont nommés les *Véritables Entretiens*, à l'exclusion de tous les autres, qui sont pleins de choses suspectes, indignes du Saint, et qui ne sont avoués par aucun auteur : ainsi il ne faut point se donner la gêne à excuser ces étranges exclusions des mérites qui semblent les opposer à la gloire de Dieu, comme si l'on avoit oublié que nos mérites sont ses dons. « Le désir de servir Dieu sans mériter, ce qui ne se peut, » montre ces velléités que nous avons expliquées ; et si c'étoit une volonté véritable, il seroit contraire à celle de Dieu, de mieux aimer ce que nous voulons que ce qu'il veut. Laissons donc ces *Entretiens* pour ce qu'ils sont, et cherchons les véritables sentimens du Saint dans des sources plus pures.

[1] *Inst. past.*, p. 77, 78, 79. — [2] *Ibid.*, p. 80.

CXXXII.

Troisième passage aussi inutile que les précédens.

Le troisième passage est tiré des *Véritables Entretiens,* et nous y lisons ces mots : « L'intention est pure lorsque nous recevons les sacremens, ou faisons quelque autre chose, quelle qu'elle soit, pour nous unir à Dieu, et pour lui être plus agréables, sans aucun mélange d'intérêt propre [1] : » mais qu'est-ce que s'unir à Dieu, si ce n'est le posséder ; et n'est-ce pas là un grand intérêt? Ainsi l'intérêt propre qu'on exclut est celui de l'amour-propre, inquiet et déréglé. « Si vous consentez à l'inquiétude, de quoi l'on vous a refusé de communier, ou de quoi vous n'avez pas eu de la consolation, qui ne voit que votre intention étoit impure, et que vous ne cherchiez de vous unir à Dieu, ains seulement aux consolations ? » ce qui est un déréglement manifeste. La suite le montre encore plus évidemment : « Si vous désirez la perfection d'un désir plein d'inquiétude, qui ne voit que c'est l'amour-propre qui ne voudroit pas que l'on vît de l'imperfection en vous [2] ? » N'est-ce pas là un secret orgueil et un manifeste déréglement? C'est donc là ce qu'il excluoit sous le nom *d'intérêt propre;* et c'est pourquoi le Saint ajoute : « S'il étoit possible que nous pussions être autant agréables à Dieu étant imparfaits comme étant parfaits, nous devrions désirer d'être sans perfection, afin de nourrir en nous par ce moyen la très-sainte humilité [3]. »

CXXXIII.

Que l'auteur devoit éviter de produire ces passages qui n'ont aucun effet dans la pratique.

Pourquoi affecter de répéter ces passages, et faire dire aux libertins que le saint homme s'est laissé aller à des inutilités qui donnent trop de contorsions au bon sens pour être droites? Les paroles qu'on vient d'entendre sur la perfection sont de même force que celles que nous avons expliquées ailleurs : « Les ames pures aimeroient autant la laideur que la beauté, si elle plaisoit

---

[1] *Entr.* XVIII, *des sacremens.* — [2] *Ibid.; Inst. past.,* pag. sans chif. après 80. — [3] *Ibid., Inst. past.,* p. 80, n. 2.

autant à leur amant [1]. » Que servent ces violentes suppositions, si ce n'est à faire voir à l'auteur que ce sont des expressions, et non des pratiques ? Jamais un directeur ne s'avisera de faire dire à son pénitent : Oui, mon Dieu, si vous aimiez la laideur plus que la beauté, ou l'imperfection plus que la perfection, je préférerois la laideur et l'imperfection à la perfection et à la beauté ; car que voudroit dire un tel acte ? Or celui-ci n'est pas plus solide : Si vous m'envoyiez en enfer avec votre amour, je l'aimerois mieux que le paradis sans cet amour : ce sont toutes fictions d'imagination, dont si l'on faisoit des pratiques régulières, on tomberoit le plus souvent dans le vide : ce sont donc des expressions ; si l'on veut, ce sont des transports d'où si l'on tire des conséquences, et qu'on en fasse des états, on met la piété en péril.

CXXXIV.

Quatrième passage, tiré des *Opuscules :* jugemens qu'ont fait de cet ouvrage ceux qui l'ont publié.

Le quatrième passage remarquable qu'on allègue de nouveau est celui-ci : « O que bienheureux sont ceux lesquels se dépouillent même du désir des vertus, et du soin de les acquérir ! n'en voulant qu'autant que l'éternelle sagesse les leur communiquera et les emploiera à les acquérir [2]. » En vérité, je ne sais pourquoi on cite de tels passages : les *Opuscules* du saint homme sont marqués par deux fois dans la préface, comme n'ayant pas la trempe et la solidité des autres ouvrages, et comme des productions d'un âge encore tendre et foible. » J'avoue que tout ce qui vient des saints mérite sa révérence ; il ne faut pourtant pas croire que ce qu'on donne avec tant de précaution dans une préface, soit d'une égale autorité que le reste. On sait après tout que ces expressions qui semblent *nous dépouiller même du désir des vertus et du soin de les acquérir*, sont insoutenables au pied de la lettre, et qu'il faut bien les réduire à un autre sens que celui qui se présente d'abord. J'en dis autant de celle où l'on insinue qu'on ne veut avoir les vertus *qu'autant que l'éternelle sagesse*

[1] *Inst. sur les Etat. d'Or.*, liv. VIII, n. 2. *Entret.* 1, 2. — [2] *Inst. past.*, p. 80. *Opusc.* de saint François de Sales, traité VIII, n. 4.

nous les communiquera; comme s'il étoit indigne de nous de travailler à les acquérir : pourquoi donc donner au lecteur un vain tourment, et n'aller pas au vrai sens que voici?

CXXXV.
Beau principe du Saint sur la recherche des vertus.

Le principe du saint évêque se trouve très-bien établi dans l'*Entretien de la Simplicité* : « L'ame, dit-il, qui a la parfaite simplicité n'a qu'un amour, qui est pour Dieu, et en cet amour elle n'a qu'une prétention, qui est celle de se reposer sur la poitrine du Père céleste, laissant entièrement tout le soin de soi-même à son bon Père, sans que jamais plus elle se mette en peine de rien : non pas même les désirs, et les graces qui lui sembloient être nécessaires, ne l'inquiètent point [1]. » C'est donc à l'inquiétude qu'il en veut, et voici le fond : « L'ame, poursuit-il, ne néglige voirement rien de ce qu'elle rencontre en son chemin ; mais aussi elle ne s'empresse point à rechercher d'autres moyens de se perfectionner que ceux qui lui sont prescrits ; » ce qu'il conclut en cette sorte : « Mais à quoi servent aussi les désirs si pressans et inquiétans des vertus dont la pratique ne nous est pas nécessaire ? la douceur, l'amour de notre abjection, l'humilité, la douce charité et cordiale envers le prochain, l'obéissance, sont des vertus dont la pratique nous doit être commune, parce que l'occasion nous est fréquente : mais quant à la constance, à la magnificence, et telles autres vertus que peut-être nous n'aurons jamais occasion de pratiquer, ne nous en mettons point en peine, nous n'en serons point pour cela moins magnanimes ni généreux. »

C'est donc premièrement l'inquiétude qu'il veut bannir, et *c'est* en second lieu, le désir d'un certain éclat qui nous rend plus vains que solidement vertueux; ce qu'il explique encore mieux en un autre endroit.

C'est dans l'*Entretien des Sacremens* : « Les personnes les plus spirituelles se réservent pour l'ordinaire la volonté d'avoir des

---

[1] *Entret.* XII, p. 434 et 435, édit. Vivès.

vertus, et quand elles vont communier : O Seigneur, disent-elles, je m'abandonne entièrement entre vos mains; mais plaise vous me donner la prudence pour savoir vivre honorablement : mais de simplicité ils n'en demandent point [1]. » Il parle de même de ceux qui « demandent un grand courage pour faire des œuvres excellentes; mais la douceur pour vivre paisiblement avec le prochain, il ne s'en parle point, » non plus que de la vertu qui fait aimer *sa propre abjection ;* ils n'en *ont point besoin ce leur semble* : c'est l'éclat, c'est l'ostentation, et non pas la solidité et la vérité ou le remède aux maux véritables qu'on recherche dans ces vertus ; et c'est pourquoi le Saint conclut de rechercher dans les sacremens « les vertus qui leur sont propres, comme sont à la confession l'amour de votre propre abjection et l'humilité. »

Il est donc aisé d'entendre de quelles vertus il rejette la curieuse recherche; et si au lieu de produire un passage où l'on ne parle que confusément, l'auteur avoit pris soin de donner l'explication qu'on vient d'entendre, la difficulté seroit levée : on verroit qu'il faut s'attacher particulièrement, non aux vertus dont l'occasion est rare, mais aux vertus de pratique ; non à celles qui flattent notre vanité, mais à celles qui règlent nos mœurs et qui nous corrigent. Voilà l'esprit véritable de saint François de Sales, et il est digne d'un si grand directeur des ames.

CXXXVI.
Autre principe plus général du Saint : cinquième et dernier passage de saint François de Sales.

Il y a encore un principe plus général qu'il faut expliquer : « Nous ne suivons pas, dit le Saint, ces motifs en qualité de motifs simplement vertueux, mais en qualité de motifs voulus, agréés, aimés et chéris de Dieu [2]. » Que veut-on conclure de là? que Dieu est la fin dernière des vertus : qui ne le sait pas? C'est la première pratique qu'on apprend dans la vie chrétienne, et on n'attend pas un état passif, un état de perfection pour y entrer. « Nous ne disons pas que nous allions à Lyon, mais à Paris ; quand nous n'allons à Lyon que pour aller à Paris. » Que vou-

---

[1] *Entret.*, XVIII. — [2] *Am. de Dieu*, liv. XI, ch. 14. *Inst. past.*, p. 77.

lez-vous qu'ait pensé le Saint par ces paroles? quoi? qu'occupé de la fin, souvent on n'exprime pas les moyens, ou qu'on se sert de termes exclusifs, comme par exemple de ceux-ci : « Seigneur, je ne veux les vertus, sinon parce que vous les voulez, » pour expliquer qu'on n'a point d'autre fin dernière : cela est vulgaire ; et je ne crois pas qu'on réserve un sentiment si commun à ce pur amour inaccessible à tant de saints, ou qu'on en connoisse quelques-uns qui ne l'aient pas. « Qui dérobe pour ivrogner est plus ivrogne que larron, selon Aristote ; et qui exerce la vaillance, l'obéissance, etc. pour plaire à Dieu, il est plus amoureux divin que vaillant et obéissant : » cela est très-vrai, et n'est ignoré de personne : c'est vouloir éblouir le monde que de faire accroire que l'on connoît seul des vérités triviales, ou de mettre la perfection de l'état passif dans une pratique qui est de tous les états. Mais s'il est des états communs dans l'exercice des vertus de n'y avoir point d'autre fin dernière que Dieu, il est des états les plus parfaits de regarder cette fin non pas exclusivement, mais, comme parle toujours le Saint, *principalement*[1] ; mais en *répandant* cette fin « sur tous les autres motifs : les en arrosant, les détrempant, les parfumant, afin que tout le cœur humain tende à l'honnêteté et félicité surnaturelle qui consiste en l'union avec Dieu[2]. » Voilà comme il faut être désintéressé : voilà comme il faut pratiquer le pur amour, en y joignant l'honnêteté à l'utilité et à la félicité ; et nous ne connoissons pas d'autre voie pour arriver à cette fin.

CXXXVII.

Observation sur le XIIIe article d'Issy, et sur les expressions de l'auteur.

L'auteur remarque très-bien que cette dernière fin des vertus a été expliquée dans les Articles d'Issy, lorsqu'on a dit que « dans la vie et dans l'oraison la plus parfaite, tous ces actes (de foi, d'espérance, et autres de piété) sont unis dans la seule charité en tant qu'elle anime toutes les vertus[3], » etc. Notre intention n'a pas été de réserver cette union des vertus dans la seule charité aux états passifs, dont on ne commence à parler que dans l'ar-

---

[1] *Am. de Dieu*, liv. XI, ch. 14. — [2] *Ibid.*, ch. 8. — [3] *Inst. past.*, n. 5.

ticle XXI : l'on y prend soin aussi bien que dans le XXXIII⁰, d'inculquer l'obligation des actes distincts en cet état comme dans les autres. Si l'auteur étoit autant attaché à ces Articles qu'il le témoigne, pourquoi laisse-t-il dans son livre ces propositions odieuses, « qu'on ne veut aucune vertu en tant que vertu; que les saints mystiques ont exclu de l'état de perfection les pratiques de vertu, » et les autres, que nous avons remarquées ailleurs? Ce sont là des propositions véritablement ennemies des motifs particuliers des vertus ; et l'auteur les devroit avoir cent fois rétractées depuis le temps qu'il est averti du scandale qu'elles causent.

Il est dangereux, comme l'a très-bien observé un grand archevêque dans sa savante *Instruction pastorale* ; il est dangereux de trop appuyer sur les expressions exclusives, et de dire trop qu'on n'aime ou le salut ou les vertus que comme voulues de Dieu, parce que cela peut induire à oublier la conformité naturelle et intérieure de la vertu avec les lois et les raisons éternelles. Saint François de Sales, à qui on ne cesse de nous renvoyer, a tout renfermé dans ces trois mots : « Aimons les vertus particulières, principalement par ce qu'elles sont agréables à Dieu [1] : » pesez toujours le mot, *principalement* : on les aime de cette sorte dans tous les états, *on n'en exclut pas la pratique* dans l'état parfait ; on ne fait pas une règle de quelques expressions extraordinaires ou quelquefois négligées : et quelque effort qu'on ait fait pour s'autoriser du saint évêque de Genève, on n'y trouve rien de semblable aux paroles de notre auteur qu'on vient d'entendre.

SECTION XII.

Sur quelques spirituels qu'on nous objecte.

CXXXVIII.

Sentimens de Rodriguez.

On nous oppose Rodriguez [2], à cause que selon lui, le serviteur de Dieu *se dépouille de tout intérêt;* ce qui, dit-on, ne se peut en-

[1] *Am. de Dieu*, liv. III, ch. 14. — [2] *Inst. past.*, p. 75.

tendre que de cet amour et affection naturelle : mais il est clair que Rodriguez n'y songeoit pas : l'intérêt qu'il faut rejeter, c'est l'intérêt comme fin dernière; l'intérêt sans rapport à Dieu; l'intérêt plein d'inquiétude, et destitué de confiance : nous verrons ailleurs [1] ses sentimens, et nous en produirons des passages décisifs qu'il ne falloit point supprimer.

CXXXIX.

Passages de l'auteur du *Catéchisme spirituel*.

Il n'est pas jusqu'au Père Surin dont j'ai approuvé le *Catéchisme spirituel*, qu'on ne tourne contre nous, et où l'on ne veuille trouver l'amour naturel, comme celui dans lequel diffèrent les parfaits et les imparfaits : mais que dit ce pieux auteur? Voici ce que l'on en cite : « L'homme dit naturellement : Moi, moi, par sa corruption (ce qu'il appelle *l'égoïté* avec un spirituel), quand son fond est réparé surnaturellement, il dit dans son centre: Dieu, Dieu [2]. » Que prouve ce passage, sinon que j'ai approuvé une locution barbare, et une vérité constante? « L'ame retranche même les bons désirs : » je ne sais où est ce passage : mais après tout que conclut-il? est-ce peut-être, sous le nom *des bons désirs*, le retranchement de cet amour naturel qui n'est ni bon ni mauvais? ou bien est-ce que cet auteur veut retrancher le désir du salut, que M. de Cambray lui-même ne retranche plus? Quels sont donc ces bons désirs qu'on retranche, si ce n'est, comme les appelle l'auteur du *Catéchisme*, certains bons désirs particuliers et indifférens au salut qu'on peut avoir de bonnes raisons de retrancher, ou par leur inutilité dans de certains temps, ou par l'inquiétude et la diversion qu'ils pourroient causer à de meilleures pensées? Le reste, qu'on a tiré de cet auteur, est expliqué au cinquième Ecrit de ce livre [3], et on verra que tout est clair dans cette réponse.

CXL.

Vain avantage qu'on tire de l'approbation que j'ai donnée à ce livre.

Après tout, pourquoi faire tant de bruit d'un écrit que j'ai approuvé il y a trente ans? Quand dans un temps non suspect, et

[1] *Cinq° Ecrit*, n. 13. — [2] *Inst. past.*, p. 82. — [3] *Cinq° Ecrit*, n. 14.

avant que les matières fussent discutées, quelques fausses propositions m'auroient échappé dans un livre qu'après tout je ne faisois pas, mais que je lisois seulement, est-ce que la bonne cause en seroit blessée ? Que deviendroit donc le *securius loquebantur* de saint Augustin ? n'oserois-je plus me corriger, me repentir, avouer ma faute? Qui suis-je, pour mériter que mon approbation soit comptée pour quelque chose? Je voudrois presque pouvoir dire en cette occasion avec le prophète Michée : *Plût à Dieu que j'eusse été sans esprit, et que je fusse tombé* (innocemment) *dans le mensonge* [1], pour donner au peuple de Dieu la consolation de voir mon erreur réparée par mon aveu! Mais je ne puis pas faire ce tort à la vérité ni à un saint religieux dont j'ai approuvé l'ouvrage; je l'approuve encore, et j'en rapporterai quelques endroits.

CXLI.

Opposition de ce *Catéchisme* aux nouvelles spiritualités.

Loin de retrancher universellement les désirs, il prescrit « un grand désir de plaire à Dieu, d'arriver à la perfection, de posséder Dieu [2]. » Pour recommander l'austérité, il remarque que tous les saints l'ont pratiquée même avec excès : ce qu'il propose sans cesse comme le soutien nécessaire de l'oraison surnaturelle [3], bien éloigné de reprendre *cette âpreté* qu'on nous fait tant craindre dans les *Maximes des Saints*. Dans le *Catéchisme spirituel*, les saints parfaits marchent toujours dans les *pratiques vertueuses* [4], que les *Maximes des Saints* font exclure aux saints mystiques. Dans le même *Catéchisme* [5], « le contre-poids de la foi est nécessaire pour servir de contre-poids à l'expérience, laquelle étant suivie cause des illusions sans nombre, dont la foi est le correctif avec la doctrine des saints, conformément à ce que Dieu a déclaré à son Eglise. » La perfection des épreuves est établie, non à faire perdre un certain amour naturel, qui n'est de soi ni bon ni mauvais, mais « à déraciner du fond l'amour-propre et la rouille du vieil homme, et le reste de la tache originelle contractée en sa naissance [6]. »

[1] *Mich.*, VI, 14. — [2] T. II, *édit. de* 1693, p. 2, 70, 233. — [3] *Ibid.*, p. 19. — [4] *Ibid.*, p. 83. — [5] *Ibid.*, p. 86. — [6] *Catéc. spirit., ibid.*, p. 197.

CXLII.

Autres belles instructions du même livre contre les voies raffinées et métaphysiques.

J'ai remarqué surtout dans ce livre le caractère des fausses dévotions, où « les directeurs veulent rendre ordinaires et communes à plusieurs, les conduites rares et sublimes; ne prêchant rien tant comme de laisser faire Dieu; avoir une vertu sans vertu, un amour sans amour [1]. Ces gens, poursuit-il, forment leur tendresse et leur dévotion sur tels objets subtils : ce qui est dangereux, parce qu'ordinairement l'esprit humain n'agit en vérité, que par des sentimens naïfs et simples; » et un peu après : « Nous ne voyons aucun des saints qui ait fait ces contemplations et exclamations par des choses métaphysiques subtiles, et qu'on ne peut concevoir d'abord [2]. »

Voilà des leçons d'un homme consommé dans la spiritualité : il est incomparable sur les épreuves, et nous observerons ailleurs combien il est opposé à celles que nous proposent les nouveaux mystiques.

CXLIII.

L'auteur tronque un passage important : doctrine admirable sur l'abandon.

On objecte un dernier passage de l'auteur dont nous parlons, et c'est celui où l'on dit « qu'en sortant de tous les intérêts, on abandonne tout à Dieu, non-seulement dans le temps, mais encore dans l'éternité : sans jamais agir par la considération de son intérêt, ni s'arrêter à autre motif qu'à celui de plaire à Dieu [3]. » Voilà, dira-t-on, qui est bien fort, et pour achever, cet auteur ajoute : « Ce n'est pas que je blâme le motif de la récompense, qui peut parfois servir et profiter; mais le plus louable et le plus souhaitable est celui de la gloire, de l'amour, et du bon plaisir de son Dieu. » M. l'archevêque de Cambray a copié avec soin tout ce long passage, et enfin il n'a oublié que ces derniers mots où étoit tout le dénouement : « Afin que l'ame puisse dire qu'elle espère tout de celui pour qui elle quitte tout. »

[1] *Catéch. spir.*, *ibid.*, p. 424. — [2] *Ibid.*, p. 407. — [3] *Fondemens de la vie spirituelle*, liv. V, ch. 3, p. 324.

Pourquoi oublier des paroles si essentielles, si ce n'est qu'on y eût aperçu d'abord l'acte d'espérance en pleine vigueur dans le plus parfait abandon? Voici donc le secret de l'abandon, qui est aussi celui du parfait amour : l'ame parfaite semble y perdre de vue tout intérêt : mais c'est afin *qu'elle puisse dire ;* car elle veut se le pouvoir dire, et ne trouve rien de foible dans ce sentiment, *qu'elle espère tout de celui pour qui elle quitte tout :* en sorte que quitter tout d'une manière sensible, ce soit une raison nouvelle de tout espérer. C'est ce que disoit l'apôtre saint Pierre : *Rejetez en Dieu tous vos soins* [1] *:* n'en ayez aucun qui vous inquiète, mais comprenez-en la raison : *Parce que Dieu a soin de vous?* Ainsi n'avoir plus de soin de son propre bien d'une certaine façon, c'est d'une autre en avoir le soin le plus parfait. Qui ne sait que le *fuyez* de l'Epouse [2] n'est qu'une manière d'invitation plus secrète? L'ame, qui voudroit la cacher aux sens extérieurs, veut en même temps la sentir dans un fond plus intime, et l'Epoux entend ce langage.

CXLIV.

Quelques remarques sur F. Laurent, carme déchaussé.

Dirai-je un mot du frère Laurent, carme déchaussé, pour qui on nous a donné une réponse si solide? Je ne puis que je ne rapporte encore une pensée de ce bon religieux : il croyoit, dit-il, « impossible que Dieu laissât longtemps souffrir une ame toute abandonnée à lui, et résolue de tout abandonner pour lui [3]. » Il croyoit impossible? Est-ce un dogme qu'il s'étoit mis dans l'esprit? Non : il parloit par sentiment, et non point par dogme ; ce dogme eût été mauvais, témoins les longues souffrances de Job et des autres saints : mais ce sentiment appuyé sur les immenses bontés de Dieu, étoit admirable. Mais s'il croyoit impossible que Dieu pût faire souffrir longtemps une ame qui enduroit pour l'amour de lui, eût-il pu croire qu'il la fît souffrir éternellement? Il ne le croyoit donc pas, et ce qu'il disoit de sa damnation étoit l'effet tout ensemble d'une conscience timorée, et d'une imagination frappée de sa peine.

[1] I *Petr.* v, 7. — [2] *Cant.*, VIII, 14. — [3] *Trois^e Entret.*, p. 65.

Mais ses « peines étoient si grandes pendant quatre années, que tous les hommes du monde ne lui auroient jamais pu ôter de l'esprit qu'il seroit damné : et voilà, dit-on, le trouble que j'ai appelé invincible, et l'impression du désespoir qui ne détruit point l'espérance [1]. » Quelle différence, et du côté de la chose, et du côté de la personne! D'un côté c'est un frère lai qui avoue une peine; de l'autre c'est un docteur qui établit un dogme : le frère lai parle d'une tentation dans son imagination, dont il ne peut se défaire : le théologien y ajoute la persuasion et la conviction, qui ne sont pas actes d'imagination : et l'une et l'autre invincibles. Pour s'expliquer plus clairement, *la persuasion* qu'il admet est *réfléchie :* un acte par conséquent de la partie supérieure, et dont l'imagination est incapable : c'est à quoi ce bon frère lai ne songea jamais, non plus qu'au sacrifice absolu, à l'acquiescement simple, et aux autres actes exprès, qui rendent le désespoir complet.

SECTION XIII.

Sur les diverses explications de l'anathème de saint Paul.

CXLV.

Saint Grégoire de Nazianze altéré par l'auteur.

On croira d'abord que je sors un peu de mon sujet, en examinant ce que l'auteur attribue à saint Grégoire de Nazianze sur l'anathème de saint Paul : mais outre que l'importance de la chose feroit peut-être excuser cette digression, il paroîtra à la fin que mes remarques sont très-nécessaires à la matière que j'ai à traiter.

Notre auteur assure [2] que saint Grégoire de Nazianze mettoit, comme saint Chrysostome, l'apôtre saint Paul « dans une disposition véritable de souffrir les peines éternelles si Dieu l'eût exigé de lui. » Mais où trouve-t-il les peines éternelles? ce grand homme traite trois fois, dans ses admirables discours, la matière de l'anathème de saint Paul : mais sans y donner une seule fois l'idée de peine éternelle. Le passage que l'auteur produit est celui-ci, de la première *Oraison,* « où, dit-il, ce Père représente l'amour de

[1] *Instr. past.*, p. 83. — [2] *Inst. past.*, p. 41, 51.

saint Paul, qui étoit désintéressé jusqu'à vouloir être anathème, c'est-à-dire malédiction; et souffrir comme un impie pour l'amour de Dieu [1]. » C'est le seul passage qu'on cite; et l'auteur y veut trouver la peine éternelle, mais il le tronque : le texte porte, non pas comme le rapporte l'auteur, *souffrir* simplement, mais *souffrir quelque chose comme un impie :* on retranche ce mot : *Quelque chose*, et on met à la place : *La peine éternelle*. Mais une altération si manifeste du texte paroîtra beaucoup plus grande en rapportant le passage entier : « Saint Paul imite Jésus-Christ, qui a été fait pour nous malédiction en prenant nos infirmités et portant la mort, ou pour dire quelque chose de plus modéré, » et qui semble moins égaler saint Paul avec le Fils de Dieu ; « c'est le premier après Jésus-Christ qui ne refuse pas de souffrir pour les Juifs quelque chose comme un impie, pourvu qu'ils fussent sauvés. »

Il y a une différence infinie entre παθεῖν τι, *souffrir quelque chose*, et souffrir éternellement les peines de l'enfer : il s'agit donc seulement d'être anathème comme Jésus-Christ, et à son exemple condamné à mort comme un malfaiteur; c'est-à-dire, comme l'explique le même Père [2] après le même saint Paul, qu'il s'agit de Jésus-Christ « fait malédiction pour notre salut, *factus pro nobis maledictum,* et détruisant par ce moyen notre malédiction et notre péché [3]. »

On voit que ce Père explique l'anathème de saint Paul par la malédiction que le même apôtre a remarquée en Jésus-Christ ; et cela ne sort point de l'idée de la mort, à laquelle on est condamné comme impie, mis au nombre des scélérats, comme avoit parlé le Prophète [4], et comme dit Jésus-Christ même, tellement détesté des hommes, *qu'on croie rendre service à Dieu* [5]*,* en nous immolant comme des méchans à la vengeance publique.

Saint Grégoire de Nazianze s'attache encore à ce même sens dans son *Oraison* XLIV, où touché des bonnes mœurs et de la régularité apparente des hérétiques macédoniens : « Je consens, dit-il, d'être anathème pour eux, *à Christo*, de Jésus-Christ; et

[1] *Orat.* 1. *Inst. past.*, p. 44. — [2] *Orat.* XXXVI. — [3] *Gal.*, III, 13. — [4] *Isai.*, LIII, 12. — [5] *Joan.*, XVI, 2.

souffrir quelque chose comme condamné : παθεῖν τι [1] » ce que le savant abbé de Billy a traduit, *nonnihil pati* : voilà toujours cette restriction, ce παθεῖν τι, qui n'est mis que pour tempérer et réduire l'expression de saint Paul à quelque chose de moins que ce qu'elle sembloit porter d'abord.

Il ne faut pas dissimuler que ce Père dit par deux fois [2], que le zèle ardent de saint Paul, et son amour pour les Juifs « le poussoit à les vouloir introduire à sa place vers Jésus-Christ, » sans s'expliquer davantage ; ce qui pourroit être un simple consentement à retarder la jouissance si désirée de Jésus-Christ, pour l'amour de ses frères, ainsi que nous le voyons pratiqué par le même Apôtre dans l'*Epître aux Philippiens* [3]. Quoi qu'il en soit, si ce Père avoit voulu exprimer la peine éternelle, il l'auroit marquée en termes propres, au lieu qu'on voit clairement qu'il l'a évitée par les paroles qu'on vient d'entendre.

Au reste, il ne servoit de rien d'alléguer Nicétas sur saint Grégoire de Nazianze, puisqu'on sait qu'il ne fait jamais qu'un peu étendre le texte par une espèce de glose ou de paraphrase, sans faire aucune découverte.

CXLVI.

Explications par les autres Saints : par saint Jérôme, par saint Augustin et par Cassien, conformes à celles de saint Grégoire de Nazianze, et différentes de saint Chrysostome.

Après avoir altéré saint Grégoire de Nazianze, l'auteur affecte de rapporter les paroles où saint Chrysostome pousse ceux qui sous le nom d'anathème entendent la mort, jusqu'à les traiter d'*aveugles* et de *vers de terre* [4]. Quand on veut se prévaloir de quelque interprétation, il est bon de remarquer de bonne foi si c'est la seule. On devoit donc, non pas attribuer celle de saint Chrysostome à saint Grégoire de Nazianze ; mais au contraire avertir qu'il a pris visiblement une autre idée : et peut-être ne falloit-il pas dissimuler que saint Jérôme, qui se glorifie d'être son disciple, l'a suivi : on n'a qu'à lire la Question IX à Algasie [5],

---

[1] *Orat.* XLIV. — [2] *Ibid.*, XXIV et XXVI. — [3] *Philip.*, I, 23, 24. — [4] *Inst. past.*, p. 51. — [5] *Ad Algas.*, ep. CLI, nunc VIII inter crit., q. 9.

où il traite exprès ce passage de saint Paul ; et on verra qu'il juge impossible qu'on veuille être séparé de Jésus-Christ : saint Paul vouloit périr, à la vérité ; mais à la manière de Moïse, qui souhaitoit comme un bon pasteur de mettre sa vie pour ses brebis, et demandoit en ce sens d'être effacé du livre de vie : l'anathème de saint Paul, ne signifioit autre chose, et « cela, dit-il, c'étoit périr non point à jamais, mais à présent : *Perire autem non in perpetuum, sed impræsentiarum;* » et après : « L'Apôtre veut donc périr selon la chair, afin que les autres soient sauvés selon l'esprit ; répandre son sang, afin que les ames de plusieurs soient conservées ; *Vult Apostolus perire in carne, ut alii serventur in spiritu : suum sanguinem fundere, ut multorum animæ conserventur :* » ce qu'il appuie, en prouvant par l'Ecriture que l'anathème souvent ne signifie autre chose que d'être tué : *quod anathema interdùm occisionem sonet :* » mais de peur qu'on ne crût aussi que l'anathème de saint Paul ne fût qu'une simple mort, il ajoute ailleurs : « *Et pro fratrum salute anathema esse cupit, imitari volens Dominum suum, qui et ipse cùm non esset maledictio, pro nobis factus est maledictio :* Il désire d'être anathème pour ses frères, voulant imiter Jésus-Christ, qui n'étant point malédiction, a voulu être malédiction pour nous [1] : » ce qu'il a traduit de mot à mot de saint Grégoire de Nazianze, et clairement expliqué qu'il entend par l'anathème la mort temporelle soufferte à l'exemple de la croix, où Jésus-Christ a été fait malédiction pour nous.

Et parce qu'on vient de voir par saint Jérôme que ce passage de Moïse : *Effacez-moi du livre de vie,* et celui-ci de saint Paul sur l'anathème, sont de même esprit, nous rapporterons encore saint Augustin, qui s'en explique en cette sorte : *Dele me de libro vitæ. Securus hoc dixit, ut in consequentibus ratiocinatio concludatur, id est ut, quia Deus Moysem non deleret de libro suo, populo peccatum illud remitteret :* « Il a parlé avec assurance ; et la conséquence qu'il vouloit tirer étoit celle-ci, que comme Dieu n'effaceroit pas Moïse du livre de vie, il pardonneroit ce péché à son peuple [2]. » Il faudroit donc expliquer, dans le

---

[1] *In Zach.*, lib. III, cap. XIV, ad vers. 11. — [2] *Qu. in Exod.*, lib. III, q. 147.

même sens, que comme Dieu ne voudroit pas faire saint Paul anathème, aussi ne voudroit-il pas laisser périr les Juifs sans ressource.

Cassien, quoique fort attaché aux Grecs, et en particulier à saint Chrysostome, leur préfère ici saint Jérôme et saint Augustin [1] : il n'entend que de la vie temporelle le livre de vie de Moïse, ni que de la mort temporelle l'anathème de saint Paul, sans pousser plus loin sa pensée.

CXLVII.

Deux premiers avis à ceux qui suivent l'explication de saint Chrysostome.

Tels sont les sentimens des saints Pères sur ces passages si obscurs; et après cela on peut donner ces avis à ceux qui suivent l'interprétation de saint Chrysostome.

Le premier, qu'ils se gardent bien de la donner comme la seule, puisque saint Grégoire de Nazianze, saint Jérôme, saint Augustin et Cassien en suivent une autre.

Le second, que s'ils veulent suivre l'explication de saint Chrysostome, en quoi on ne peut pas les condamner, ils se souviennent toujours qu'elle procède par supposition impossible, εἰ δυνατὸν, comme nous l'avons souvent observé.

CXLVIII.

Troisième avis, qui fait voir que l'explication de saint Chrysostome est directement contraire aux prétentions de M. l'archevêque de Cambray.

Le troisième, que par conséquent c'est une erreur de changer la proposition que saint Chrysostome attribue à saint Paul, en proposition absolue, en sacrifice absolu, en acquiescement simple; ou de laisser croire que le cas impossible devienne actuel et réel, puisque saint Chrysostome, dont on emploie l'autorité, y est si contraire, et que de telles propositions sont des hérésies, comme il est démontré dans le troisième Ecrit de ce recueil [2].

[1] *Collat.*, IX, cap. 18. — [2] *Trois° Ecrit*, n. 3.

CXLIX.

Quatrième avis, qui fait voir que, selon le sentiment de saint Chrysostome, ce n'étoit pas de Dieu ni de Jésus-Christ que saint Paul offroit d'être privé, même sous la condition impossible.

Le quatrième avis, est de prendre garde à ne pas pousser l'interprétation de saint Chrysostome plus loin que lui-même : il ne suppose pas que saint Paul fût privé de la vue ni de la personne de Jésus-Christ, puisqu'il réduit la privation dont il parle à être séparé de la compagnie dont Jésus-Christ est environné : et ailleurs, à être séparé, non pas *de la compagnie de son Père,* mais de tous les biens qui l'accompagnent, *n'ayant pas,* dit-il, *une estime égale de son Père et de ses biens* [1], ce qui fait dire à Sylvius, que par *cette séparation* d'avec Jésus-Christ, saint Chrysostome entendoit, non pas la privation de l'amitié de Dieu, *mais celle de la gloire des élus : carentiam gloriæ* [2]*;* ce qu'il modifie encore dans la suite [3]. On voit donc manifestement à quoi se bornoit saint Chrysostome; et quoi qu'il en soit, on doit si peu conclure de son interprétation que saint Paul n'eût pas désiré Jésus-Christ, qu'au contraire, dit ce même Père [4], il ne l'a jamais tant désiré ; et même que ce désir d'être anathème lui venoit de l'ardeur *qui lui faisoit désirer* Jésus-Christ : ce qui dans le fond n'est autre chose que de désirer d'en jouir.

CL.

Cinquième avis, où l'on démontre que l'anathème de saint Paul, loin d'exclure le désir de la jouissance, l'établit.

Ainsi le cinquième avis, et le plus important de tous, est de ne pas croire que par ces suppositions impossibles, on doive jamais cesser de désirer Jésus-Christ, puisque c'est plutôt une manière de le désirer : c'est jouir soi-même de Jésus-Christ que d'en jouir dans ses frères, qui sont autant d'autres nous-mêmes; c'est en jouir que de jouir et d'être assuré de son amour; et on ne pourroit pas n'être pas heureux de lui donner cette marque d'un amour à toute épreuve : c'est en jouir que d'avoir le témoignage

---

[1] Homil. xvi, in *Ep. ad Rom,* 11-11. — [2] In q. 26, art. 4 ad 2. — [3] In II 11, q. 27, art. 8, ad 1. — [4] Homil. xvi, in *Ep. ad Rom.*; Hom. IV, in *Ep. ad Philip* , n. 2.

de sa conscience, dont on ne suppose pas que Dieu puisse priver une ame sainte : enfin c'est en jouir que de le refuser de cette sorte, puisque rien ne peut empêcher qu'on ne ressente au fond de son cœur l'impossibilité absolue de la proposition qu'on lui fait ; en sorte qu'on est heureux de tenter jusqu'à l'impossible pour lui plaire. Il y a donc toujours, quoi qu'on fasse, dans ces suppositions impossibles, quelque chose de ce que disoit saint Augustin, que parce qu'il est assuré que Dieu n'effacera pas un Moïse du livre de vie, ni ne fera un anathème d'un saint Paul, on assure le pardon qu'on demande en le proposant avec une alternative impossible.

CLI.
Sixième avis, où sont détruites les prétentions de l'auteur sur l'amour naturel dans saint Grégoire de Nazianze.

Enfin le sixième et dernier avis regarde en particulier M. l'archevêque de Cambray, que nous conjurons de ne plus chercher dans les passages de saint Chrysostome et de saint Grégoire de Nazianze son affection naturelle, dont il n'y a pas le moindre trait dans leurs discours.

Et d'abord bien certainement saint Grégoire de Nazianze ne songe pas à la privation d'un amour naturel de soi-même, mais à faire qu'on veuille *souffrir quelque chose comme impie* pour sauver ses frères, « quand il s'écrie, dit l'auteur[1] : O grandeur d'ame ! ô ferveur d'esprit ! et qu'il regarde comme une chose qu'il est hardi même de rapporter aux fidèles : cette disposition devoit exclure l'amour et le désir naturel de la récompense qui fait l'intérêt propre. » C'est justement le contraire qu'il faudroit conclure, puisqu'il n'y a rien de moins étonnant ni de moins hardi pour un saint Paul, que de rejeter un désir naturel de la récompense éternelle. C'est sans doute la moindre chose que les hommes les plus vulgaires pussent sacrifier au salut de leurs frères ; et la moindre chose aussi que les fidèles pussent présumer d'un si grand Apôtre : c'est ainsi que notre auteur nous fait le plus grand de tous les mystères, de la chose la plus médiocre, et on ne comprend rien dans son discours.

[1] *Inst. past.*, p. 44. *Ibid.*, p. 51.

CLII.

Les réflexions de l'auteur sur saint Chrysostome entièrement inintelligibles.

Il fait de même sur le passage de saint Chrysostome une réflexion où je n'entends rien du tout. « D'où vient, dit-il, que saint Chrysostome admire tant le désintéressement de cet amour? d'où vient que l'idée de ce désintéressement le ravit? est-ce parce qu'il détruit l'espérance surnaturelle en détruisant l'intérêt propre? Tout au contraire, c'est qu'il n'y trouve aucun intérêt propre, quoique l'espérance n'y soit point blessée : c'est qu'il n'y trouve aucun reste d'amour naturel de soi-même, ni aucun attachement à la récompense pour le contentement de cet amour[1]. » Encore un coup, je ne comprends rien dans ce discours, si ce n'est qu'à quelque prix que ce fût, on y a voulu fourrer l'amour naturel. Je ne puis plus refuser un mot si significatif : c'est d'ailleurs une illusion sans pareille de s'imaginer dans saint Chrysostome cette affection naturelle dans deux ou trois grandes homélies, où un esprit si clair et si lumineux a fait tout l'effort (a) qu'il pouvoit pour faire bien entendre sa pensée. Enfin on peut bien comprendre quelque chose de merveilleux à consentir en quelque façon à la privation de l'extérieur de la gloire ; mais de consentir à la perte d'une affection naturelle aussi inutile, ce n'est rien qu'un saint Paul dût faire tant valoir aux Juifs, ni qu'un saint Jean Chrysostome dût tant admirer, ni qui mérite davantage nos attentions.

CONCLUSION :

Où le discours précédent est réduit en démonstration.

CLIII.

Analyse des deux parties de cette préface.

J'ai exécuté ce que j'ai promis : il a paru clairement que bien éloigné que les explications de l'*Instruction pastorale* excusent le

---

[1] *Inst. past.,* p. 51, 52.

(a) L'édition originale et celle de 1767 porte *l'effet :* c'est sans doute une erreur typographique, nous préférons dire *effort* avec les éditions postérieures.

livre qu'elles vouloient éclaircir, non-seulement elles en découvrent plus évidemment les erreurs, mais encore elles les augmentent en y ajoutant de nouvelles. Mais comme l'auteur nous mène par des sentiers détournés, plus sont subtils les raffinemens où il voudroit nous jeter, plus il en faut réduire la réfutation à une forme sensible, et à un ordre plus net par une espèce d'analyse de tout ce discours.

CLIV.

Deux moyens de démontrer la première partie.

La première vérité qu'il faut démontrer, c'est que ces explications, loin de relever le livre de M. de Cambray des erreurs dont on l'accusoit, les mettent en évidence : ce qu'on prouve par deux moyens : l'un, que le prétendu dénouement de l'amour naturel et délibéré de soi-même, est inintelligible, et contient une illusion manifeste : l'autre, qu'il fournit des principes, pour la démonstration des erreurs, qui ôtent à l'auteur tous ses subterfuges.

CLV.

Premier moyen, que le dénouement proposé dans l'*Instruction pastorale* est une illusion manifeste.

Le dénouement de l'auteur contient en lui-même une illusion manifeste : la première preuve consiste à le définir. Ce dénouement est que par le mot d'*intérêt propre* il faut entendre un amour naturel et délibéré de soi-même, non vicieux, mais permis, quoique non parfait. C'est ainsi qu'il a été défini par l'auteur même, dont les propres termes sont rapportés dès le commencement de ce discours dans les nombres 3 et 7.

CLVI.

Preuve par sa propre définition.

Dès cette définition, l'illusion commence à paroître, puisqu'il faut prendre d'abord l'intérêt propre pour ce qu'on désire naturellement, et le désintéressement pour ce qu'on désire par un amour surnaturel : ce qui ne revient en aucune sorte à nos idées, où l'on prend le désir intéressé pour le désir de son avantage, et au contraire le désir désintéressé pour celui où l'on ne regarde pas son propre profit, soit que ce désir soit naturel ou surnaturel, comme il a été démontré dans le n. 4, où il a paru absurde que la notion d'intérêt fût attachée, « non pas à l'objet utile que nous recherchons, mais au principe naturel ou surnaturel qui nous le fait rechercher. » Voilà donc une première illusion, d'attacher la notion de l'intérêt propre à une idée inconnue que personne n'eut jamais.

CLVII.

Que l'auteur n'a point expliqué par une définition sa nouvelle idée d'intérêt propre.

Cette illusion paroît davantage si l'on considère que cette idée d'intérêt et de désintéressement par un motif naturel, n'étant point établie parmi les hommes, si l'auteur vouloit s'en servir, il devoit auparavant l'établir par une claire définition; ce qu'il avoue qu'il n'a point fait, comme on l'a vu dans les n. 6 et 10.

CLVIII.

Qu'il devoit au public cette définition.

Il le devoit d'autant plus, qu'il demeure lui-même d'accord que dans son livre il avoit mis le mot d'*intérêt* et celui de *désintéressement* en deux manières différentes, dont l'une étoit de regarder comme intéressé le désir où l'on poursuivoit son avantage, et pour désintéressé celui où l'on ne le poursuivoit pas, comme il a été expliqué n. 4, 5, 6.

CLIX.

Nouvelle raison qui l'obligeoit à définir.

Il est vrai qu'il convient aussi qu'il a pris le plus souvent l'intérêt pour ce qu'on désire par un amour naturel, et le désintéressement pour ce qu'on désire par un désir surnaturel; mais c'est ce qui l'obligeoit à déclarer d'abord son intention, d'autant plus qu'il est convenu qu'en deux lignes consécutives il a changé le sens du mot d'*intérêt* sans en avertir, ce qui tend à faire au lecteur une illusion manifeste, comme il a été démontré n. 5.

CLX.
Vain prétexte pour ne définir pas.

Le prétexte que prend l'auteur, de n'avoir pas défini ces termes, lui qui avoit promis de tout définir et d'ôter toute ambiguïté, est le plus frivole du monde : c'est qu'il suppose que le second sens qui prend *intéressé* pour *naturel*, et au contraire *désintéressé* pour *surnaturel*, est le sens le plus naturel et le plus ordinaire dans notre langue, n. 6, 10, 49 : ce qui fait, dit-il, « qu'il a supposé que tout le monde le prendroit comme lui, pour signifier un attachement naturel aux dons de Dieu : » n. 10.

CLXI.
L'illusion prouvée par trois moyens.

Mais il n'a pu supposer cela sans faire illusion à son lecteur pour trois raisons : l'une, qu'il n'est pas vrai en soi que le sens *le plus naturel* de l'amour *intéressé, c'est que cet amour soit naturel*, et au contraire : l'autre, qu'il n'est pas vrai que *notre langue détermine à ce sens* : la troisième, qu'il n'est pas vrai que l'auteur lui-même s'y soit déterminé.

CLXII.
Que l'intérêt propre est pris par toute l'Ecole pour surnaturel.

Premièrement donc, il n'est pas vrai que le sens le plus naturel de l'amour intéressé, c'est que cet amour soit naturel : car au contraire il a été démontré par saint Anselme, par saint Bernard, par Scot, par saint Bonaventure, par Suarez, par Sylvius, par toute l'Ecole, que ce qu'elle appelle intérêt et propre intérêt, c'est l'objet surnaturel de l'espérance chrétienne, comme il a été supposé d'abord, n. 3, et démontré dans la suite par le témoignage de tous les auteurs, n. 32, 33, 34, etc., jusqu'à 38.

C'est donc une vérité constante, que le terme d'*intérêt propre*, loin d'être attaché à un désir naturel, désigne l'objet surnaturel que tous ces Pères, tous ces scolastiques et toute l'Ecole a donné à l'espérance chrétienne, c'est-à-dire à une vertu théologale.

CLXIII.
Que saint François de Sales a parlé de même, et que le terme d'*intérêt* n'est point déterminé par notre langue à quelque chose de naturel.

La seconde remarque est que cette idée d'amour naturel, pris pour amour intéressé, n'est non plus l'idée naturelle où notre langue soit déterminée; ce qui se démontre en deux manières : l'une, que notre langue en effet n'a rien sur cela de déterminé; on y traduit naturellement ce que les Latins appellent *commodum* par le terme d'*intérêt* : l'autre manière de le prouver est, que saint François de Sales, auteur françois, a expliqué l'amour d'espérance comme distingué de l'amour de charité par l'intérêt, en supposant que l'espérance, vertu théologale, à l'opposition de la charité, avoit pour son objet propre, c'est-à-dire pour son objet surnaturel, notre intérêt, comme il paroît par le n. 40.

CLXIV.
Que l'auteur a pris l'*intérêt* au même sens.

Il est si peu vrai que notre langue soit déterminée à ce sens, qu'il est faux que l'auteur s'y soit déterminé lui-même dans son livre : ce qui se démontre en diverses manières que voici.

CLXV.
Le fait posé par l'auteur sur la notion qu'il a donnée de l'intérêt propre, est convaincu de faux.

La première, c'est que l'auteur met en fait qu'il ne s'est jamais servi du mot d'*intérêt*, en y ajoutant celui de *propre*, que pour signifier cet intérêt naturel, comme il a été prouvé par ses paroles expresses, n. 11. Or est-il que ce qu'il allègue de son propre fait est faux, en termes formels, puisque, comme on l'a démontré dans le même endroit, il y a *un intérêt propre éternel, et un intérêt propre pour l'éternité*, qui ne peut être autre chose que celui du salut éternel; par conséquent un objet surnaturel et divin, et qui ne peut être attribué qu'à la vertu théologale et divine de l'espérance : il n'est donc pas vrai que l'auteur prenne toujours le mot d'*intérêt* joint avec le terme de *propre*, pour un objet naturel.

CLXVI.

Autres passages de l'auteur contraires à ce qu'il a dit de son propre fait sur l'intérêt propre.

Secondement, on a démontré dans les nombres 42 et 43 qu'en parlant des motifs intéressés, l'auteur a dit qu'ils étoient répandus par tous les livres de l'Ecriture, par tous les monumens de la tradition, par toutes les prières de l'Eglise ; et qu'aussi c'étoit pour cela qu'il les falloit révérer. Or les motifs naturels ne sont point répandus dans toute l'Ecriture, dans toute la tradition, dans toutes les prières de l'Eglise : et d'abord ni l'Ecriture, ni l'Eglise, pour laisser ici en suspens la tradition dont on parlera à part, ne disent mot de cet amour naturel : ce qui est répandu partout dans l'Ecriture et dans les prières de l'Eglise, c'est l'intérêt surnaturel et divin du salut éternel; c'est cela, et non autre chose, qu'il faut révérer : par conséquent l'auteur n'a pas pris le motif intéressé pour le motif naturel.

CLXVII.

Autre passage important.

Il est dit ailleurs que « les anciens pasteurs ne proposoient d'ordinaire au commun des justes que les pratiques de l'amour intéressé [1]. » Or est-il que les pratiques d'amour qu'on leur proposoit d'ordinaire étoient les pratiques de l'espérance chrétienne, sans qu'on leur ait jamais insinué un mot de ces motifs naturels : par conséquent ces motifs intéressés étoient les motifs surnaturels qui sont suggérés par l'espérance chrétienne.

CLXVIII.

Autres passages pour la même fin.

On trouvera beaucoup d'autres endroits dans le livre de l'*Explication des Maximes des Saints*, où l'intérêt propre ne peut être pris que pour un objet surnaturel ; et je renvoie pour cela au

[1] *Max. des SS.*, art. 44, p. 261.

n. 42. Mais pour abréger la preuve, le lecteur se peut contenter des trois ou quatre passages qu'on a proposés ici, n. 162, 163, 164, 165 (a).

CLXIX.

Démonstration qui résulte de tout ce qu'on vient de voir : question si l'auteur a toujours pensé ce qu'il nous dit aujourd'hui sur son livre.

De là se forme la démonstration : Ou l'auteur en écrivant le livre des *Maximes*, a prévu l'équivoque de l'*intérêt propre;* et qu'il pourroit être mis ou pour un objet avantageux, ou pour un objet naturel; ou il ne l'a pas prévu: s'il l'a prévu, il nous a voulu tromper, faute d'avoir expliqué ce terme, sur lequel il avoue que tout rouloit, comme il a été remarqué, n. 6 et 10 : et s'il ne l'a pas prévu, il ne peut pas dire, comme il fait, *qu'il a toujours suivi les mêmes principes de doctrine* [1] sur cet endroit essentiel d'où la doctrine dépend, puisqu'en ce cas il n'en sauroit rien, et n'y auroit pas même pensé.

CLXX.

Suite.

Cela se confirme par les paroles suivantes, où il déclare *qu'il a voulu borner dans ces principes,* dans ceux principalement de l'amour naturel ou surnaturel, *tout le système de son livre* : et un peu après, qu'il a rapporté dans son *Instruction pastorale* les *véritables sentimens qu'il a toujours eu intention d'exprimer dans son livre;* ce qui marque un dessein formel de tout accommoder à cette fin : il faut donc pour cela l'avoir prévue, quoiqu'il paroisse d'ailleurs que l'auteur ne la prévoyoit pas, puisqu'il n'en a pas dit une seule parole.

CLXXI.

Autre manière de tourner la démonstration du n. 167.

La démonstration se tourne d'une autre façon aussi évidente : si l'auteur n'a point prévu la difficulté de l'équivoque de l'amour

(a) L'édition originale porte *n.* 163, 164, 165, 166; mais depuis le *n.* CXVII, par une erreur de chiffre, elle est en avance d'une unité. Cette remarque s'applique à plusieurs indications que nous rectifierons dans la suite.

[1] *Inst. past.,* p. 103.

naturel ou surnaturel, il a écrit à l'aveugle, sans entendre son propre principe, sur lequel il fait tout rouler : s'il l'a prévue sans nous en avoir voulu avertir, il est cause de tout le scandale de l'Eglise ; et en se donnant l'autorité des oracles, il se trouvera à la fin qu'il n'en aura recherché que l'obscurité et les discours ambigus.

CLXXII.

Comment l'esprit humain se persuade lui-même de ce qu'il veut faire accroire aux autres.

Croyons-nous donc que l'auteur nous trompe, en nous disant à présent que, lorsqu'il a composé son livre, il a toujours eu dans l'esprit le dénouement qu'il nous donne ? Mais croyons-nous d'un autre côté qu'il ait prévu l'équivoque, sans la vouloir prévenir par une définition qui auroit levé tout le doute ? ou qu'un esprit aussi net que le sien ait toujours eu l'intention d'exprimer une chose dont il ne dit mot ? Voilà des extrémités également condamnables. Sans vouloir choisir pour l'auteur entre de tels inconvéniens, renfermons-nous dans le fait, et reconnoissons en tremblant les imperceptibles liens où l'on s'enveloppe soi-même le premier, lorsqu'on veut, à quelque prix que ce soit, persuader aux autres qu'on a raison : on croit à la fin ce qu'on leur dit, et on abonde en ses propres justifications. Ne jugeons personne ; mais ne trouvons pas mauvais qu'on nous avertisse des foiblesses communes de l'humanité.

CLXXIII.

Abrégé de tout le discours précédent.

Telle est donc notre première démonstration : un livre dont on prouve qu'il n'a pour excuse et pour dénouement qu'une illusion manifeste, par là devient inexcusable : or est-il que le livre de M. de Cambray n'a pour excuse et pour dénouement qu'une illusion manifeste, comme il a paru depuis le n. 153 jusqu'à celui-ci : il paroît donc clairement que ce livre est inexcusable.

CLXXIV.

Preuve de l'erreur contre l'espérance chrétienne.

Mais si le dénouement de l'intérêt propre pris pour l'amour naturel, n'est qu'une illusion, il demeure donc que l'intérêt propre sera le motif surnaturel de l'espérance chrétienne, et le même qui sera ôté aux parfaits.

Car visiblement, selon l'auteur, il leur faut ôter quelque chose; c'est ou l'amour naturel, ou l'intérêt surnaturel : ce ne peut pas être le premier, puisque ce n'est qu'une illusion : c'est donc l'autre, qui est l'erreur qu'on avoit voulu éviter, mais qui demeure par là répandue dans tout le livre, comme il a été démontré dans les nombres 3, 8 et 43.

CLXXV.

Autres erreurs qu'on omet ici.

Je ne m'attache dans cette analyse qu'aux choses plus générales, et qui règnent dans tout le livre ; et je laisse dans certains articles particuliers, comme dans ceux de la préparation à la justice, du trouble involontaire en Jésus-Christ, et des vertus, les frivoles dénouemens qui ont été remarqués dans les nombres 47, 49, 65.

CLXXVI.

La seule erreur du sacrifice absolu emporte la condamnation de tout le livre.

Je ne puis m'empêcher de relever ce qui regarde le sacrifice du salut, parce que cette seule erreur entraîne la condamnation de tout le livre, qui aboutit là : après les choses qui ont été dites, la démonstration en est courte, et se réduit à ces deux syllogismes.

Le premier prouve que le dénouement de l'amour naturel ne convient pas à ce sacrifice ; et en voici la démonstration. Le sacrifice du salut procède par supposition impossible : or est-il que la suppression de l'amour naturel n'est pas impossible ; donc le dénouement de l'amour naturel ne convient pas à ce sacrifice.

CLXXVII.
Solution de l'auteur.

Par là l'auteur est contraint de dire que le sacrifice absolu et le conditionnel étant distingués, le dénouement de l'amour naturel ne convient qu'au premier, et non au second, n. 14 ; mais cette solution, où consiste tout le fort de l'explication, se détruit par le second syllogisme.

CLXXVIII.
Elle est vaine et se détruit elle-même.

Par cette solution, il suivroit que le sacrifice conditionnel et le sacrifice absolu auroient deux objets différens, c'est-à-dire que le sacrifice conditionnel auroit le salut éternel, et que le sacrifice absolu auroit le seul amour naturel : or est-il que cela est faux manifestement, puisque le sacrifice absolu, qui dit, non : *Je voudrois*, mais : *Je veux*, n. 15, ne procède qu'en croyant que la même chose qu'on suppose comme *impossible*, c'est-à-dire que Dieu veuille damner une ame sainte, est celle qui paroît *réelle* et actuelle, comme il a été expliqué dans le même lieu ; par conséquent ces deux sacrifices ont le même objet, et le dénouement d'amour naturel ne convient non plus à l'un qu'à l'autre.

CLXXIX.
Autre manière de former la démonstration.

Pour une plus grande évidence, la démonstration se peut faire en cette sorte : Le sacrifice conditionnel qui dit : Je consens à être livré aux feux éternels si Dieu le veut, est le même qui se réduit en forme absolue, et qui dit : Je le veux : or est-il que ce premier sacrifice regarde le salut même, et non l'amour naturel ; donc le sacrifice absolu regarde la même chose, qui est l'erreur qu'on veut éviter.

CLXXX.

On commence à démontrer que l'*Instruction pastorale* contient des principes qui ferment la bouche à l'auteur.

Pour passer de là à une autre démonstration, elle tend à faire voir que l'explication de l'auteur contient des principes qui lui ferment la bouche à lui-même, et lui ôtent toute échappatoire ; et en voici la preuve dans la matière du sacrifice absolu. Le principe que pose l'auteur dans son *Instruction pastorale,* est que « l'imagination est incapable de réfléchir, » et qu'ainsi « les réflexions sont de la partie supérieure, qui consiste dans l'entendement et dans la volonté [1] : » or est-il que par ce principe toute échappatoire est ôtée à notre auteur. Il ne s'échappe de l'objection de la persuasion invincible de sa juste réprobation, qu'en répondant que cette persuasion n'est qu'un acte d'imagination, n. 16 : or est-il qu'il est démontré dans le même lieu que cela est faux par le principe qu'il pose, puisque d'un côté cette persuasion est réfléchie, et que de l'autre toute réflexion est de la partie supérieure, qui consiste dans l'entendement et dans la volonté ; donc après l'*Instruction pastorale,* on ne peut plus éviter l'erreur qui est contenue dans la persuasion invincible. Mais cette erreur, selon l'auteur même, entraîne le désespoir et l'impiété, par les n. 8 et 13 ; il ne peut donc plus se mettre à couvert de ces deux reproches.

CLXXXI.

Tout le livre tombe tout d'un coup par ce seul endroit.

Mais la chute, pour ainsi parler, de ce seul endroit attire celle de l'édifice tout entier. Le désir des volontés inconnues y est renfermé par le n. 27 ; la ruine de l'espérance y est comprise, puisqu'on la perd en effet dans ce sacrifice affreux, ou en tout cas qu'on ne la conserve qu'avec le désespoir actuel, ce qui induit toutes les horribles conséquences des quiétistes marquées dans les nombres 18 et 24.

[1] *Instr. past.*, n. 15, p. 28.

CLXXXII.
Principe sur la béatitude.

Il a été remarqué que dans l'*Instruction pastorale* l'auteur avoue un principe qu'il n'avoit pas encore reconnu si clairement, qui est qu'on « ne peut pas ne se pas aimer, ni s'aimer sans se vouloir le souverain bien, ni jamais disconvenir du poids invincible d'une tendance continuelle à la béatitude [1]. » Mais ce principe avoué ne laisse aucune ressource aux propositions où l'on suppose qu'on aimeroit également Dieu quand on sauroit qu'il voudroit nous rendre malheureux ; par le même principe est renversée cette séparation du motif de la béatitude, établie dans les *Maximes des Saints* : et à la fois ce que dit l'auteur dans l'*Instruction pastorale*, que Moïse et saint Paul ont pu aimer sans le motif d'être heureux ; ce qui détruit la tendance continuelle à la béatitude en autant de mots qu'elle avoit été établie, et convainc l'auteur d'une erreur aussi manifeste que sa contradiction est évidente, comme il a été démontré dans le même nombre 46.

Ce qui suit est de la dernière importance, parce qu'il démontre dans l'auteur un quiétisme parfait, par principe et par conséquence.

CLXXXIII.
Faux principe sur la grace actuelle et sur la volonté de bon plaisir.

Le principe est que la volonté de bon plaisir se fait connoître à nous par la grace actuelle ; ce qui a été rapporté et réfuté tout ensemble comme inouï, inconnu à toute la théologie et contraictoire, n. 61.

CLXXXIV.
Autre faux principe tiré de celui-là.

De ce faux principe, il en suit un autre également reconnu par notre auteur et inconnu à tous les autres, que la grace actuelle est notre règle. Elle nous applique à la règle ; mais elle n'est pas la règle : la règle doit être clairement connue de celui à qui on

---

[1] *Instr. past.*, n. 11, 20, p. 24, 47.

la donne, et la grace actuelle ne l'est pas; et tout cela est bien démontré dans le même n. 61.

CLXXXV.
Ces principes sont les sources du fanatisme et du quiétisme.

Ces principes, qui n'ont aucun lieu dans la théologie ordinaire, sont les sources du quiétisme et du fanatisme. Les ames passives de cette passiveté du quiétisme, croient à tous momens être dirigées par inspiration, et connoître par là ce que Dieu veut d'elles à chaque moment, ou comme parle l'auteur, à chaque occasion. C'est ce qu'on a expliqué dans le même n. 61 ; et par là il a été démontré que ces principes inutiles à tout autre, ne l'étoient pas à l'auteur pour l'établissement du quiétisme.

CLXXXVI.
L'exception du cas de précepte ne sauve point du fanatisme.

L'exception du cas de précepte mise à la règle qui soumet tout à la grace actuelle, n'est rien, parce qu'elle laisse sous le domaine de l'inspiration, en premier lieu, toutes les choses indifférentes d'elles-mêmes ; secondement, toutes celles de simple conseil ; troisièmement, dans le cas du précepte même les momens et les circonstances ou les manières que le précepte laisse indéterminés, c'est-à-dire presque tout : et ces trois cas rangent sous le ressort de l'instinct presque toute la vie humaine, comme il a été démontré, n. 59, 61.

CLXXXVII.
Application faite par l'auteur des faux principes qui induisent au quiétisme à divers cas particuliers.

Aussi a-t-il été démontré en particulier que l'auteur abandonne à cet instinct le choix des objets que se propose la contemplation, parmi lesquels est compris Jésus-Christ même. Il abandonne aussi à cet instinct la raison qui nous fait passer de l'état méditatif au contemplatif : les réflexions, c'est-à-dire les actions de graces, les précautions pour éviter le mal, et tout l'effort qu'il faut faire par son propre soin pour pratiquer les vertus ; ce qui s'étend si loin, qu'on peut dire qu'il ne reste rien, ou presque rien, qui ne soit abandonné à l'instinct, selon la remarque des n. 57, 59, 60, 62.

CLXXXVIII.

Application des mêmes principes de fanatisme à l'exclusion des actes de propre effort.

Surtout il faut remarquer ce dernier endroit du n. 62, où l'on voit dans les principes de l'auteur tout effort propre, tout propre travail exclus des ames parfaites ; où par conséquent est renversée la distinction solennelle entre les spirituels, des actes infus et des actes de propre industrie ; ce qui est sans difficulté le pur quiétisme.

CLXXXIX.

Les actes où l'on prévient Dieu, mal exclus.

C'est une pareille erreur d'exclure les actes par lesquels on prévient Dieu en un certain sens, comme il a été remarqué et prouvé par les Ecritures au même n. 62.

CXC.

Le demi-pélagianisme objecté à ces sortes d'actes par l'auteur, qui y enveloppe S. Augustin même, aussi bien que tous les spirituels.

C'est une erreur trop grossière aux défenseurs de l'auteur, et à l'auteur même, de trouver un demi-pélagianisme dans cette manière de prévenir Dieu et d'agir comme de soi-même par son propre effort, comme il résulte des endroits ci-dessus marqués. Car par là non-seulement tous les spirituels, mais encore saint Augustin même se trouveroit semi-pélagien dans ses ouvrages de la grace, comme il est marqué dans les mêmes lieux.

CXCI.

Principe par où cette objection est résolue.

La solution y est expliquée, et consiste à dire qu'encore que Dieu nous prévienne secrètement, nous agissons comme le prévenant, parce que nous nous excitons et émouvons de nous-mêmes par un propre effort : ce qu'on ôte à ceux à qui on donne pour règle la grace actuelle, c'est-à-dire cette inspiration qui leur fait connoître à chaque moment, et en toute occasion, la volonté efficace et de bon plaisir de Dieu : par les mêmes nombres ci-dessus marqués.

CXCII.
Que l'auteur ne diffère qu'en paroles d'avec les quiétistes, et que l'inspiration qu'il admet est en effet extraordinaire.

Il est vrai que l'auteur change un peu ici le langage des nouveaux mystiques, parce qu'il ne veut reconnoître d'autres graces ou inspirations dans ses prétendus parfaits, que celles qui sont communes à tous les fidèles. Mais comme ces inspirations communes à tous les fidèles ne sont point celles qui font connoître la volonté de bon plaisir, et qui par là deviennent la règle des prétendus parfaits par les n. 58 et 61, il s'ensuit que l'inspiration que l'auteur appelle commune, est en effet une inspiration extraordinaire, et qu'il ne diffère qu'en paroles d'avec les mystiques de nos jours, comme il est conclu dans les mêmes nombres 58 et 61.

CXCIII.
Réflexions sur le progrès de l'erreur.

L'on peut remarquer ici la suite et le progrès de l'erreur : elle commence par la distinction des trois volontés de Dieu, qui sont un fondement de tout le système; l'erreur étoit d'y avoir omis la volonté de bon plaisir : une autre erreur étoit de nier que cette volonté fût notre règle, lorsqu'elle se déclare par les événemens. Pour rétablir cette règle et réparer cette erreur, l'*Instruction pastorale* a mis expressément la grace actuelle, c'est-à-dire dans le fond, comme on vient de voir, une inspiration extraordinaire comme la règle des parfaits, et comme un moyen de connoître à chaque moment, et en toute occasion, la volonté de Dieu pour eux; ce qui entendu comme on a vu, a ramené pièce à pièce, et même tout à la fois, tout le quiétisme : en sorte que l'*Instruction pastorale*, bien loin d'excuser l'auteur, ne lui laisse aucun moyen d'échapper.

CXCIV.
Palliation sur la contemplation et sur l'exclusion de Jésus-Christ.

Une des erreurs capitales et qui regarde de plus près le quiétisme, est d'éloigner Jésus-Christ de la contemplation pure et directe, ou, ce qui revient à la même chose, de faire perdre aux ames contemplatives Jésus-Christ présent par la foi, comme il a été expliqué dans le nombre 51 et dans les suivans.

L'auteur allègue deux cas où cela leur arrive; l'un est l'état des commençans, l'autre est celui des épreuves, et il a été démontré aux mêmes endroits, que ce n'est là qu'une palliation du quiétisme : mais ce qui achève la démonstration, c'est dans l'*Instruction pastorale* l'*errata* que nous avons rapporté aux n. 52, 53 et 54.

CXCV.
Solution dans un *errata* de l'*Instruction pastorale*, et trois démonstrations pour la détruire.

On voit dans cet *errata* que la seule excuse que trouve l'auteur à une erreur si visible, est que *les épreuves sont courtes de leur nature :* mais en même temps, ce qui ne lui laisse aucune ressource, c'est premièrement que ce principe est insuffisant; secondement, qu'il est faux; troisièmement, qu'il convainc l'auteur et le laisse sans réplique.

CXCVI.
Ces trois démonstrations expliquées.

Premièrement, il est insuffisant, puisqu'il ne s'étend point aux nouveaux contemplatifs qui commencent à entrer dans les voies parfaites (par le nombre 55) : de sorte qu'il sera toujours vrai que les commençans demeureront très-longtemps privés de Jésus-Christ.

Secondement, ce principe est faux : il est faux, dis-je, que les épreuves soient courtes *par elles-mêmes :* elles n'ont point d'autres règles de leur durée que la volonté de Dieu, qui les continue autant qu'il lui plaît, par les nombres 53 et 54.

Troisièmement, ce principe condamne l'auteur, puisqu'avouant d'un côté une vraie privation de Jésus-Christ, et n'y trouvant aucune ressource qu'en la faisant courte *de sa nature;* dès que cette brièveté lui est ôtée, il ne lui reste que la privation avouée, et en même temps condamnée par l'auteur même si elle étoit longue, comme il se trouve qu'elle l'est (par les mêmes nombres).

CXCVII.
On déplore l'état de l'auteur.

On ne peut ici s'empêcher de déplorer le triste état de l'auteur, qui se voit contraint à chercher des excuses à ceux qui mettent un degré de perfection à être privé de Jésus-Christ, et ne peut leur en trouver que de pitoyables, qu'il aime mieux soutenir par de mauvais raffinemens que d'avouer avec sincérité qu'il a manqué.

CXCVIII.
Erreur sur la contemplation pure et directe.

Ce n'est pas une moindre erreur d'avoir réduit la pure et directe contemplation à l'être abstrait et illimité, comme au seul objet dont elle s'occupe *volontairement,* comme s'il y avoit de l'inconvénient qu'elle s'occupât aussi volontairement, aussi directement, aussi purement des attributs ou absolus ou relatifs, et de Jésus-Christ Dieu et homme : c'est ce qui est expliqué dans le n. 58, où l'on montre qu'il n'y a aucune raison, mais une injure manifeste envers Jésus-Christ et les personnes divines, d'avoir ôté cet objet, aussi bien que celui des attributs, à la contemplation pure et directe.

CXCIX.
Erreur qui rend Jésus-Christ indigne d'entrer dans le corps de la parfaite contemplation.

C'est encore une autre injure à Jésus-Christ, de le jeter dans les intervalles de la contemplation, *et où elle cesse,* comme s'il étoit indigne d'entrer dans le corps ; ce qui est convaincu d'erreur dans le nombre 55, où l'on démontre, en passant, que les Articles d'Issy, si on les eût suivis de bonne foi, auroient prévenu tous ces égaremens.

CC.

Avertissement sur l'ordre de cette analyse.

On aura remarqué sans doute que je change ici l'ordre de cette *Préface*, et on n'en sera pas étonné, si l'on observe qu'encore que le premier ordre ait ses raisons et ses utilités : celui-ci sera plus court et plus commode à ceux qui se trouveront moins accoutumés au raisonnement.

CCI.

Corollaire : que l'*Instruction pastorale* est une rétractation, mais inutile et insuffisante : trois démonstrations.

Depuis le n. 178, on a vu par quatre principes de l'*Instruction pastorale*, que le livre des *Maximes des Saints* est inexcusable dans ses articles les plus capitaux, et qui induisent le plus clairement le quiétisme : ce qui faisoit la seconde démonstration de notre première partie : j'y ajouterai maintenant ce corollaire : que la nouvelle explication, c'est-à-dire celle de l'*Instruction pastorale*, est une rétractation manifeste, mais inutile, pour trois raisons, dont je ne prétends maintenant examiner que la première. Cette première raison est que la rétractation, quoique très-claire, n'est pas avouée de l'auteur, qui n'en soutient pas moins qu'il a raison, et que son livre est irréprochable : la seconde, qu'elle n'est pas pleine, et qu'elle laisse beaucoup de points dont il ne tente pas seulement l'explication : la troisième, que je ne rapporte ici que pour l'ordre du raisonnement, et qui a fait le sujet de la seconde partie de cette *Préface*, c'est que cette explication ajoute de nouvelles erreurs aux premières.

CCII.

Rétractations générales de l'auteur.

Premièrement, j'ai démontré, n. 8, que tout le corps de l'explication dans l'*Instruction pastorale*, est un désaveu de cet amour désintéressé qui excluoit, dans *les Maximes des Saints*, les motifs de l'espérance.

Secondement, j'ai semblablement démontré que le nouveau sens, qui fait prendre l'intérêt propre pour un amour naturel de soi-même, est une vraie rétractation du sens naturel et simple de ce terme dans les *Maximes des Saints,* par les n. 11, 41, 42 et par les suivans.

En troisième lieu, tout ce que dit maintenant l'auteur sur le sacrifice absolu, est une rétractation de ce qu'il en disoit d'abord, et la démonstration en résulte des remarques qui en ont été faites depuis le n. 12 jusqu'au 26 : mais ces rétractations, pour être évidentes, n'en sont pas plus édifiantes pour cela, puisque l'auteur n'en profite pas pour s'humilier, et qu'on n'y voit au contraire qu'un dessein de tout défendre jusqu'aux dogmes les plus insoutenables.

CCIII.

Rétractations sur les actes directs et réfléchis.

Outre ces rétractations qui règnent dans tout le système, j'en remarquerai deux ou trois particulières, dont l'une regarde la différence des actes directs et réfléchis. Il n'y a rien de plus manifeste que l'auteur a mis la partie supérieure dans les actes réfléchis par le nombre 63 : il n'y a rien de plus manifeste, par le n. 64, que le même auteur a dit le contraire en termes formels dans l'*Instruction pastorale,* puisqu'il y a enseigné que « la partie inférieure est incapable de réfléchir [1] : » voilà donc la plus manifeste rétractation qu'on vit jamais, et en même temps la plus inutile, puisque l'auteur n'en défend pas moins le livre où se trouve cette erreur.

CC IV.

Rétractation manifeste sur le sujet de la vocation à la perfection chrétienne.

C'étoit dire la chose du monde la plus inouïe et la plus contraire à l'Evangile, que de dire que la perfection qui consiste dans le pur amour soit au-dessus de la vocation du christianisme, jusqu'au point que non-seulement le commun des justes, mais encore jusqu'à des saints n'aient ni lumière ni grace pour y pouvoir atteindre, et que la seule proposition les jette dans le trouble et

---

[1] *Instr. past.,* n. 15.

dans le scandale : c'est s'en dédire formellement que de dire que tous sont appelés à cette perfection, et qu'il s'agit seulement de la proposer par degrés ; et cette rétractation, aussi bien que l'erreur même, a été montrée dans l'*Instruction pastorale* par les n. 66 et 67.

CCV.
Contradiction de l'*Instruction pastorale* avec elle-même.

Il est prouvé, dans le même endroit, qu'il y a une manifeste contradiction, non-seulement du livre avec l'*Instruction pastorale*, mais encore de l'*Instruction pastorale* avec elle-même, puisque cette même *Instruction pastorale*, qui dit que tous les fidèles sont appelés à la perfection, dit aussi qu'ils ne sont pas appelés aux pratiques et aux exercices du plus parfait amour, ce qui a été expliqué n. 66.

CCVI.
Que l'explication est une rétractation véritable.

Il ne s'agissoit en façon quelconque de proposer par degrés le parfait amour, mais seulement de le proposer en général, lorsqu'on a dit que l'ancienne Eglise n'en parloit qu'aux ames à qui Dieu en donnoit déjà l'attrait et la lumière : et qu'en effet pour se conformer à cette conduite, l'auteur dès le commencement de sa préface a déclaré que de peur de trop exciter la curiosité publique, il eût gardé le silence, s'il ne l'eût déjà trouvée toute excitée, et cette contradiction est marquée dans les mêmes nombres 66 et 67.

CCVII.
Cette rétractation convainc et n'excuse pas.

Il est donc entièrement convaincu d'avoir voulu la suppression de la perfection chrétienne, et il est en même temps convaincu d'avoir rétracté cette erreur, sans le vouloir avouer.

CCVIII.
Autre sorte de rétractation, de réduire la difficulté de la perfection au retranchement d'un amour naturel.

C'est une sorte de rétractation, que le premier livre mette la doctrine qui scandalise et qui trouble jusqu'aux saints dans le désintéressement de l'amour ; et que l'*Instruction pastorale* la mette dans le retranchement d'un amour naturel.

CCIX.

L'auteur réduit à rien des passages de saint François de Sales, dont il avoit fait un fondement des *Maximes des Saints*.

On impute à saint François de Sales une erreur capitale en lui faisant dire « que le désir du salut est bon, mais qu'il ne faut désirer que la volonté de Dieu : » ou qu'il est encore « plus parfait de ne désirer rien : » on avance ces propositions en toute rigueur par rapport au salut éternel, dans les *Maximes des Saints :* on les réduit à rien dans l'*Instruction pastorale* par des explications violentes, comme il a été démontré dans les nombres 29 et 31 ; et on ne songe qu'à cacher sa faute.

CCX.

On passe à la seconde partie de cette analyse : deux sortes de démonstrations.

La seconde partie de notre analyse, où il s'agit de prouver que les explications de l'auteur ajoutent de nouvelles erreurs au système, sera plus courte, quoiqu'elle ne soit pas moins importante.

Je procéderai en deux manières : dans la première on verra en général que l'explication de l'*Instruction pastorale* est erronée par les nouveautés qu'elle introduit : dans la seconde on en recueillera les erreurs particulières qui ont été démontrées dans ce discours.

CCXI.

Première démonstration : préjugé d'erreur dans la nouveauté.

La première manière de démontrer consiste dans ce syllogisme : Toute doctrine de religion nouvelle, inconnue et inouïe dans l'Eglise, est mauvaise : or est-il que la doctrine de l'auteur sur son amour naturel est une doctrine de religion introduite pour expliquer le point de la perfection chrétienne, et en même temps elle est nouvelle, inconnue et inouïe dans toute l'Eglise : elle est donc mauvaise.

La majeure n'a pas besoin d'être prouvée parmi les chrétiens, après la parole de saint Paul[1], qui défend en termes formels toutes les nouveautés ; d'où est tirée cette règle de l'Eglise catholique, qu'il faut suivre « ce qui a été cru partout : ce qui l'a toujours été : *Quod ubique, quod semper :* » par où aussi on doit condamner : « *quod nullibi, quod nunquàm :* ce qui n'a jamais été enseigné, ce qui n'a été enseigné en aucun endroit : » il n'y a donc plus qu'à prouver la nouveauté inouïe de la doctrine de l'auteur.

CCXII.

On n'allègue aucun endroit de l'Ecriture.

C'est d'abord un préjugé manifeste contre toute cette doctrine, qu'on ne tente pas seulement de la prouver par l'Ecriture : car encore qu'il soit certain qu'il y a des vérités dont l'Ecriture ne parle pas, ce n'est point de ces verités qui appartiennent aussi essentiellement à la religion que celle-ci, où il s'agit de déterminer le point de la perfection chrétienne, puisque c'est précisément ce que se propose toute l'Ecriture, qui ne veut que nous rendre parfaits.

CCXIII.

Propriétés attribuées sans témoignage à l'amour naturel et délibéré.

Mais quand on voudroit s'en tenir aux preuves de tradition, on n'en a non plus de celle-là que des autres. Cette considération paroîtra d'autant plus forte, que cet amour naturel d'un côté a dans notre auteur beaucoup de propriétés extraordinaires ramassées au n. 106, et de l'autre qu'il n'en paroît aucun vestige dans les auteurs ecclésiastiques. Cet amour est une charité d'un ordre naturel, une charité différente de la charité vertu théologale ; il est réglé et parfait à sa manière, et c'est seulement une moindre perfection : quoiqu'il soit délibéré, il n'est ni bon ni mauvais ; c'est une consolation toute naturelle, un appui sensible pour se soutenir lorsque la grace n'est ni sensible ni consolante ; c'est une affection naturelle, mais imparfaite, pour la récompense éternelle, et pour le bonheur que Dieu a promis : une affection,

---

[1] I *Tim.*, vi, 20.

une espérance naturelle et non vicieuse des biens éternels et de la béatitude formelle : elle n'est point de la grace : dans les justes en particulier elle est réglée par la raison, qui est la règle des vertus naturelles : cet amour naturel domine dans l'ame avant qu'elle soit justifiée, comme si l'amour dominant dans cet état n'étoit pas l'amour vicieux et désordonné. Il demeure dans l'état de la justification ; on le trouve encore dans l'état parfait, quoiqu'il n'y agisse presque plus. Un amour qui a toutes ces propriétés et tant de part à la vie chrétienne, dans l'état de péché, dans l'état de grace et dans l'état de perfection, devroit se trouver, sinon dans toutes les pages de l'Ecriture, du moins dans les Pères et dans les auteurs ecclésiastiques, au lieu qu'il est démontré qu'il n'y en a nulle mention.

CCXIV.

On ne prouve que par conséquences forcées qu'on tire des Pères.

Il n'y en a, dis-je, nulle mention : et cet amour naturel qui devroit être si connu, puisqu'il sert, comme on prétend, à expliquer dans tous les auteurs la différence des parfaits et des imparfaits, ne se trouve dans aucun passage ; de sorte qu'on est obligé à l'en tirer seulement par des conséquences forcées et fausses : forcées, comme il est prouvé n. 70 ; et fausses, comme il paroîtra dans toute la suite.

CCXV.

Que nous avons examiné les principaux passages sans y rien trouver.

Pour en découvrir la fausseté, j'ai examiné les passages dont l'auteur fait son principal appui, et il a paru par des preuves de fait, qui ne dépendent que de la lecture et d'une attention médiocre, que bien loin que l'on y puisse trouver l'amour naturel et délibéré, on y trouve précisément le contraire, entre autres dans le *Catéchisme du concile de Trente*, comme il paroit dans le nombre 75 et dans les suivans jusqu'au 86.

CCXVI.

Quatre auteurs principaux examinés.

J'ai dans la suite examiné les passages de Sylvestre de Prière, de Tolet, de Bellarmin, de Sylvius, où j'ai montré clairement que les longs raisonnemens de l'auteur pour fonder son prétendu amour naturel, n'ont point d'autre fondement qu'une ignorance manifeste de l'état de la question, et un manquement de réflexion sur le concile de Trente, par le nombre 86 et par les suivans.

CCXVII.

Quatre autres auteurs principaux.

Voilà déjà quatre ou cinq principaux auteurs dont nous avons fait l'examen, le *Catéchisme du Concile*, Sylvestre de Prière, Tolet, Bellarmin et Sylvius, auxquels il faut ajouter dans la même suite saint Augustin, saint Anselme, saint Bernard et Albert le Grand, dans les n. 97, 98 et dans les suivans : et ailleurs saint François de Sales, avec les nouveaux passages que l'auteur a tirés de ce saint évêque, n. 128 ; et pour conclusion ceux de saint Grégoire de Nazianze et de saint Jean Chrysostome, n. 145, 146, 152.

CCXVIII.

Conséquence.

On ne doit donc point hésiter à mépriser comme une illusion pleine d'erreur ce prétendu amour naturel et délibéré, puisque les auteurs où l'on prétend le trouver le plus sont ceux où il est le moins, et où même on y découvre le plus clairement le contraire.

CCXIX.

Trois autres auteurs principaux.

Il faut joindre encore à ces auteurs, que nous ôtons au nouveau système, saint Thomas, Denys le Chartreux et Estius. Ce sont les seuls parmi ceux qu'a cités M. de Cambray, où l'on trouve quelque mention de l'amour naturel de soi-même : mais nous avons démontré dans les n. 71 et 72, que c'est pour toute autre fin que pour distinguer les parfaits d'avec les imparfaits, qui est celle que ce prélat s'étoit proposée [1] ; de sorte que ces passages, et en particulier ceux de saint Thomas et d'Estius, quoiqu'il en fasse tout le fondement du nouveau système, lui sont aussi inutiles que les autres.

CCXX.

Combien est basse l'idée de la perfection que donne l'auteur.

En effet on ne pourroit donner une idée plus basse de la perfection chrétienne, ni plus indigne des docteurs sacrés et de toute la théologie, que de la faire consister dans une chose si mince, et que de faire regarder aux saints la suppression d'un amour naturel et délibéré, comme une peine terrible qui les trouble, qui les scandalise, dont il leur faut faire un mystère, qui est si haute et les passe de si loin, qu'elle leur est inaccessible, et qu'ils n'ont ni de lumière ni de grace pour y atteindre, et enfin dont le sacrifice leur coûte si cher, qu'ils sont poussés aux dernières extrémités, et jusqu'au désespoir quand il le faut faire : chose si absurde que la seule exposition en est la ruine, ainsi qu'on le pourra voir plus amplement expliqué dans le n. 120.

CCXXI.

Erreurs nouvelles dans l'*Instruction pastorale*.

Il est temps de mettre par ordre les erreurs particulières que l'Instruction pastorale ajoute à celles de l'*Explication des Maximes des Saints*.

La première a été remarquée, n. 60, comme la source du quiétisme et du fanatisme ; « c'est que la volonté de bon plaisir se fait connoître à nous par la grace actuelle [1], » c'est-à-dire, comme on a vu, par une inspiration qui nous déclarant ce que Dieu veut de nous en toute occasion, ne peut être qu'extraordinaire et particulière, et qui exclut toute industrie et tout effort propre.

2. Un peu après on trouve une charité qui n'est pas la

---
[1] *Instr. past.*, n. 3.— [2] *Ibid.*

vertu théologale¹ : ce qu'aucun théologien n'a jamais pensé.

3. Conformément à cette doctrine, on dit et on fait dire à saint Augustin que la charité *est tout amour de l'ordre* naturel ou surnaturel² : ce qui est faux en soi-même, contraire à tout le langage de l'Ecriture, et directement opposé à saint Augustin, comme il a été remarqué n. 48.

4. C'est une semblable erreur de dire que la cupidité qu'on oppose à la charité, et qui est la racine unique de tous les vices, soit un amour *bon de soi*³. *La cupidité,* qui selon saint Paul, *est la racine de tous les maux*⁴, est vicieuse : on doit juger par ce passage de toute la cupidité : ce qui est l'effet du péché, et ce qui incline au péché, est mauvais de soi, comme saint Augustin l'enseigne partout : ni l'Ecriture, ni ce Père ne connoissent de cupidité, racine de tous les vices, que la concupiscence, et les nouvelles idées de l'auteur renversent toutes celles de la saine théologie.

5. C'est une erreur déjà marquée, mais en passant, n. 14, que les théologiens regardent *la béatitude formelle ou créée en tant que séparée de l'amour divin*⁵. Il semble qu'on ait entrepris de dérouter entièrement les théologiens, tant est étrange et sauvage la théologie qu'on veut introduire. Qui jamais a seulement imaginé une béatitude formelle ou créée séparée de l'amour divin? peut-on seulement penser qu'on soit heureux sans aimer Dieu ? Dieu peut-il se donner à ceux qui ne l'aiment pas, ou bien peut-on être heureux sans le posséder ? Ce sont là les fruits de l'*Instruction pastorale* et des vains raffinemens.

6. L'auteur tire de Denys le Chartreux, mais faussement, cette conséquence, comme on l'a montré au n. 72; « que la propriété ou l'intérêt propre, dont l'ame se dépouille, et qui n'est plus dans l'enfant, est un amour naturel de la béatitude; et que pour être déiforme, il faut aimer Dieu d'un amour surnaturel qui ne soit point joint dans l'ame avec cet amour naturel de soi-même⁶. » Mais ce pieux solitaire ayant expliqué que par cet amour naturel il entend celui de la béatitude, ce seroit mettre au rang des im-

---

¹ *Instr. past.*, n. 7. — ² *Ibid.*, n. 9. — ³ *Ibid.* — ⁴ 1 *Tim.*, VI, 10. — ⁵ *Instr. past.*, n. 10. — ⁶ *Ibid.*, p. sans chiffre devant la p. 65.

parfaits *et non déiformes,* tous ceux qui désirent la béatitude, c'est-à-dire tous les hommes. On se trouveroit obligé à séparer des pratiques les plus épurées, et du soin même de purifier son cœur, les béatitudes que Jésus-Christ y a attachées : erreur qui n'est pas moins opposée aux paroles expresses de l'Evangile, pour être mal inférée de Denys le Chartreux qui dit le contraire, comme on a vu dans le même nombre 72.

La même erreur se trouve encore à l'endroit où il est dit que Moïse et saint Paul ont aimé sans le motif de la béatitude, ce qui a été remarqué et réfuté n. 46.

7. Que « ce qui vient de la grace n'a rien d'imparfait, et que l'attachement qu'on exclut comme une imperfection, ne peut venir de la grace et du Saint-Esprit [1] : » ce qui a été rejeté dans le n. 74, comme une erreur dans la foi, puisque c'est soustraire à l'opération de la grace et du Saint-Esprit la crainte de la peine qui est bannie par la parfaite charité, contre la définition expresse du concile de Trente [2].

8. « Que le Saint-Esprit n'est point l'auteur du propre intérêt [3], » dans le n. 74 ; c'est-à-dire qu'il n'est point l'auteur de l'objet que saint Anselme, que saint Bernard, que toute l'Ecole, que le *Catéchisme du concile de Trente,* que saint François de Sales et cent autres donnent à l'espérance chrétienne, ni du saint attachement qu'y ont tous les chrétiens, contre ce qui a été démontré depuis le nombre 33 jusqu'au 41 et dans le n. 75, où est expliqué le *Catéchisme du concile de Trente.* L'auteur avance cette erreur aussi bien que la précédente, parce qu'il les croit nécessaires à soutenir son prétendu amour naturel, qui ne se peut établir que par de telles faussetés, comme il paroît dans les mêmes lieux.

9. Que l'espérance de tous les chrétiens ne doit pas être toute appuyée « sur l'amour que le *Catéchisme du concile* appelle : *eximiam charitatem ;* et que cette perfection de l'espérance ne regarde, selon le *Catéchisme,* que les ames parfaites. » L'erreur consiste à enseigner que le commun des justes ne soit pas obligé à s'appuyer, dans son espérance, sur la volonté de Dieu, et qu'on puisse donner un autre appui à cette vertu théologale pour la

---

[1] *Instr. past.,* n. 20, p. 38, 41, 59. — [2] Sess. XIV, c. IV. — [3] *Instr. past.,* 66.

rendre fructueuse et méritoire : ce qui a été proposé et réfuté dans les n. 77 et 78.

10. On y a aussi démontré l'erreur imputée au *Catéchisme du concile*, qui tend à décharger le commun des chrétiens de l'amour souverain et de l'excellente charité qu'on doit à Dieu dans tous les états. On verra dans ces endroits-là, c'est-à-dire dans les n. 77 et 78, les excellences de la charité, prise en elle-même, dans tous les états de la justice chrétienne, et pourquoi l'amour souverain que tout chrétien doit à Dieu, est appelé un *amour excellent : eximia charitas*.

11. On voit dans les n. 106, 107, 108 et 109 que, selon les principes de l'auteur, tous les avantages des chrétiens sont partagés entre la nature et la grace; tout y est double : s'il y a une espérance surnaturelle, il y en a aussi une naturelle : elles regardent toutes deux les mêmes objets; et il n'y a de différence que du côté de l'affection avec laquelle elles les regardent : ainsi l'espérance naturelle, comme la surnaturelle, regardent les biens promis aux enfans de Dieu, et qui ne sont connus que par la foi. S'il y a une espérance naturelle, il y a aussi cette charité naturelle qui n'est pas la vertu théologale ; par la même raison la nature devra aussi avoir sa foi sur laquelle ces deux vertus soient fondées : ainsi elle aura toute sorte de vertus : non-seulement morales, mais encore théologales à sa manière : non-seulement ces vertus n'ont rien de mauvais, mais elles sont réglées par la raison, et parfaites à leur manière, puisqu'on leur assigne une perfection, quoique moindre. Ce sont là de ces pensées que les hommes prennent dans leur esprit. L'Ecriture est bien imparfaite, si dans un sujet où elle revient sans cesse, qui est celui de la perfection, il faut reconnoître tant de nouveaux mystères sans qu'elle en dise un seul mot : et outre la profane nouveauté de cette doctrine, elle induit à croire qu'on peut parvenir par la nature comme par la grace aux éminentes vertus, et qu'il n'y a de différence que du plus au moins.

12. Il y a plus : on voit dans les mêmes lieux, que ces vertus sont un secours et un soutien nécessaire des imparfaits, qu'ils peuvent se donner à eux-mêmes sans aucun besoin de la grace :

les parfaits mêmes s'en aident, quoique non pas d'ordinaire : on ne sent plus la plaie du péché originel, puisqu'on se sent de si grandes forces pour pratiquer des vertus irrépréhensibles.

13. On a démontré dans les mêmes endroits, par les paroles de l'auteur [1], que cet amour naturel dans les justes les détache d'eux-mêmes, et les unit à Dieu, et que c'est par là qu'il en faut faire la différence d'avec la cupidité vicieuse. On voit donc encore une fois cette charité naturelle ; on voit dans les chrétiens un nouveau combat où la grace n'a point de part à la victoire : ce qui est encore plus expliqué dans le n. 120.

14. L'auteur fait tant d'estime de ces vertus, qui sont le fruit d'une affection naturelle, qu'il veut qu'on en laisse exprès la consolation à l'ame pour la soutenir dans sa foiblesse [2] ; comme si la consolation qui vient de la grace ne suffisoit pas à l'homme juste, sans ces imparfaites vertus qui nourrissent l'amour-propre.

15. Par la définition que l'auteur donne du terme de motif dans le nouveau système, il est démontré que ces vertus et cet amour naturel servent de motif aux actes surnaturels ; et quoique l'auteur n'en veuille pas ouvertement demeurer d'accord, il y est forcé par ses principes : ce qui est un pélagianisme formel, démontré dans les n. 110, 111, et dans les suivans jusqu'au 119.

16. C'est une autre erreur de confondre partout, comme fait l'auteur, la dévotion sensible avec cette affection naturelle, puisque cette dévotion est d'un autre ressort, et qu'elle appartient à la grace ; par le n. 123.

17. C'est en vain qu'on veut appeler naturelle cette affection, puisqu'on lui donne tous les caractères de la cupidité vicieuse ; par le n. 120.

18. Enfin par le même nombre, en établissant cette affection naturelle, on se prépare un prétexte pour en revenir au premier système, et exterminer l'amour surnaturel de la récompense, sous prétexte d'extirper le naturel, auquel on le fait si semblable qu'il n'y a aucun moyen de les distinguer.

[1] *Instr. past.*, p. 90.— [2] *Ibid.*, p. 71.

Telles sont les erreurs particulières du nouveau système dans '*Instruction pastorale* : mais tout cela n'égale pas l'erreur qui règne partout, d'abuser du nom sacré de la tradition, de mépriser la parole de Dieu jusqu'au point de n'y pas chercher la perfection chrétienne, et de débiter comme indubitables pensées des saints docteurs, des conséquences qu'on leur attribue par des raisonnemens forcés qu'on ne trouve dans aucun auteur.

CCXXII.

Sur ce qu'on appelle *imperfections*.

J'apprends à ce moment par un petit livre de l'auteur qui vient de tomber entre mes mains, qu'il me reproche de ne pas assez reconnoître le milieu entre la vertu et le vice, qui s'appelle *imperfection*, et qui n'est ni l'un ni l'autre. Je me suis assez expliqué dans le n. 119, sur l'inutilité de cette question par rapport à notre dispute : mais s'il faut y ajouter quelque chose, je dirai que ce qu'on appelle imperfection simplement n'est pas un vrai acte : c'est, ou quelque chose de si indélibéré et de si léger, qu'il ne parvient pas à faire un acte parfait : ou seulement dans un acte le défaut d'être rapporté assez vivement, et assez souvent à Dieu, comme il a été remarqué dans le n. 84. De telles imperfections n'ont rien de commun avec l'amour naturel et délibéré de soi-même, où sans aucun témoignage de l'Ecriture et de la tradition, l'on voudroit mettre la différence des parfaits et des imparfaits. J'ajouterai néanmoins encore que ce qu'on appelle du nom d'*imperfection*, si on en pénètre le fond, et qu'on tranche jusqu'au vif, se trouvera le plus souvent être un vrai péché que l'amour-propre nous déguise sous un nom plus doux. Quoi qu'il en soit, et sans nous jeter dans des questions qui ne serviroient qu'à embrouiller la matière, contentons-nous d'avoir démontré par tant de preuves, que l'auteur a pris dans son esprit tout le dénouement et toute la théologie qu'il nous propose.

CCXXIII.

Réflexions sur la conclusion de l'*Instruction pastorale*.

Résistons donc de toutes nos forces à cette audacieuse théologie, qui sans principes, sans autorité, sans utilité, met en péril la simplicité de la foi : ne nous laissons point éblouir par des paroles spécieuses : ici les ménagemens seroient dangereux; plus on se cache, plus il faut percer ces ténèbres souvent affectées ; plus l'erreur s'enveloppe, et se replie pour ainsi parler en elle-même, plus il la faut mettre au jour : et, comme dit saint Augustin, *quantò periculosior et tortuosior est, tantò instantiùs et operosiùs corrigenda est* [1].

Ainsi, quand on « recommande d'avoir en horreur tous les vains raffinemens de perfection [2], » c'est le cas où il faut montrer que celui qui parle ainsi se condamne lui-même. Il semble tout accorder quand il dit qu'il ne faut « pas laisser les ames dans l'oisiveté intérieure : » mais il ne faut pas oublier qu'en même temps il ôte le propre effort, le propre travail essentiel à l'état de la vie présente, et donne tout à l'inspiration particulière. « Ne retranchez dans les ames que les réflexions d'amour-propre, ou d'une affection trop mercenaire, trop empressée. » Il faudroit donc dire en quoi consiste ce *trop;* autrement c'est retrancher toute activité sous le titre *d'inquiétude et d'empressement :* et pour ce qui est des réflexions, n'est-ce pas assez les dégrader que de les reléguer à la partie basse et inférieure de l'ame? Que sert de se rétracter de cette erreur et de quelques autres, si l'on n'en est pas plus humble, et qu'on veuille toujours conserver en autorité et en honneur un livre qui les enseigne ? Ne vaudroit-il pas mieux une bonne fois avouer, ce qu'aussi bien tout le monde voit, que de s'épuiser en explications par un vain tourment? « Détestez, continue-t-on, l'indifférence impie et monstreuse pour le salut : ayez horreur de cet affreux désintéressement de l'amour qui détruiroit l'amour même par le sacrifice du salut, et par l'acquiescement à la perte de la béatitude éternelle ; » mais en même temps laissez croire d'une persuasion invincible et réfléchie, par conséquent

[1] S. Aug., *de Bapt. cont. Donot.*, lib. IV, cap. XVI, n. 23. — [2] *Instr. past.*, p. 104.

raisonnée et libre, que le cas qu'on supposoit impossible devient réel, et qu'on est justement réprouvé de Dieu. « Faites désirer aux enfans de Dieu de toute la plénitude de leur cœur le règne de Dieu en eux [1] ; » mais que ce soit en même temps « de la manière la plus désintéressée, » c'est-à-dire d'une manière qui sépare actuellement le motif de la béatitude éternelle de ce désir du règne de Dieu, et divise le commencement des béatitudes de l'Evangile, d'avec leur fin. C'est en effet à quoi aboutit toute la nouvelle spiritualité; et nous ne serons jamais assez spirituels et assez parfaits, au gré de l'auteur, si par exemple nous ne divisons la vue de Dieu, de la volonté de purifier son cœur, et d'être heureux, en proposant ce divin objet : « Regardez, nous dit-on, comme des antechrits ceux qui voudroient inspirer aux fidèles une perfection où ils perdroient de vue Jésus-Christ ; » mais en même temps ce n'est rien d'introduire cette privation, pourvu que ce soit à titre *d'imperfection,* comme si le dernier étoit meilleur que l'autre. « Ne rendez point trop général ce qui ne convient qu'à un petit nombre d'ames : ne laissez point les ames dans un goût de curiosité, ni dans un désir secret d'atteindre toujours aux choses les plus hautes : » sage avis en lui-même, s'il en fut jamais ; mais qui selon les principes de l'auteur, renferme celui de ne pas tendre à l'amour pur : c'est donc bien fait de ne pas prétendre aux oraisons extraordinaires ; mais il faut en même temps éloigner l'abus de les mettre dans le parfait amour. Qu'on souffre donc que nous opposions à des illusions spécieuses la claire manifestation de la vérité : et pour ceux qui ne peuvent pas se persuader que le zèle de la défendre soit pur et sans vue humaine, ni qu'elle soit assez belle pour l'exciter toute seule, ne nous fâchons point contre eux : ne croyons pas qu'ils nous jugent par une mauvaise volonté ; et après tout, comme dit saint Augustin [2], cessons de nous étonner qu'ils imputent à des hommes des défauts humains.

[1] *Instr. past.*, p. 104, 105. — [2] *In Expos., Ep. ad Gal.*

PREMIER ÉCRIT

ou

MÉMOIRE

DE M. L'ÉVÊQUE DE MEAUX

A M. L'ARCHEVÊQUE DE CAMBRAY;

ENVOYÉ PAR LES MAINS DE M. L'ARCHEVÊQUE DE PARIS, LE LUNDI 15 DE JUILLET 1697.

AVERTISSEMENT.

Il y a, dit le Sage [1], le temps de se taire et le temps de parler : comme on passe de l'un à l'autre ; et du silence que la charité impose, à la déclaration nette et précise que demande la vérité, plusieurs ne l'entendent pas ou ne veulent pas l'entendre. Ils veulent qu'on cherche toujours, même dans les affaires de la foi, des ménagemens politiques, des excuses, des tempéramens ; et sont ordinairement pour ceux qui se plaignent. C'est pour ceux-là qu'on est obligé de publier ces écrits. Il faut que les ministres de Jésus-Christ, qui sont appelés à la défense de la vérité, pour l'honneur de la cause qu'ils soutiennent, aient raison dans le procédé comme dans le fond. La *Déclaration* qu'on a publiée, justifie assez que les évêques, qui se sont opposés au livre qui a pour titre : *Explication des Maximes des Saints*, etc., avoient raison dans le fond de la doctrine. Il est temps maintenant de montrer que la raison n'est pas moins pour eux dans la manière d'agir. La chose parlera d'elle-même : et pour ne rien dire que ce que demande la seule nécessité, dans une matière où l'on ne parle qu'à regret ; sans préparer le lecteur par un long avertissement,

[1] *Eccl.*, III, 8.

ni lui expliquer davantage ce qu'on réservoit à la conférence proposée, on lui présente d'abord ce premier mémoire, dans toute la simplicité où il fut produit, lorsque sans étude, sans dessein de le publier, et de l'abondance du cœur, il partit pour attirer seulement des entretiens, d'où l'on espéroit un entier éclaircissement de la vérité.

I.

Que notre conscience ne nous permet pas de nous taire sur le livre intitulé, Explication des Maximes, etc.

L'auteur a déclaré dès son avertissement, pag. 16, « que deux grands prélats [1] ayant donné au public XXXIV propositions, qui contiennent en substance toute la doctrine des voies intérieures, il ne prétendoit dans cet ouvrage qu'en expliquer les principes avec plus d'étendue. »

Si au lieu d'expliquer ces principes, il les détruit, et que la doctrine qu'il enseigne soit mauvaise, ces prélats qu'il appelle ainsi comme en garantie à la tête de son livre, sont indispensablement obligés à parler, à moins de vouloir que toute l'Eglise leur impute cette mauvaise doctrine, et se déclarer prévaricateurs de leur ministère.

Pendant qu'ils étoient occupés d'un travail si nécessaire, M. l'archevêque de Cambray a écrit au Pape pour la défense et en partie pour l'explication de son livre : il déclare de nouveau dans sa lettre, qu'il n'a fait que suivre les XXXIV Articles de ces évêques, et la commence en disant à Sa Sainteté qu'il les a posés pour fondement.

Il pose aussi pour fondement de la condamnation de quelques endroits (*quœdam loca*) de quelques libelles, les censures de trois évêques, c'est-à-dire celle de M. l'archevêque de Paris, celle de l'évêque de Chartres [2], et la mienne.

Après avoir exposé dans la même lettre sept articles où il a paru vouloir réduire toute sa doctrine, il conclut en disant : *hactenus omnia* XXXIV *Articulis episcoporum consona.*

[1] M. de Paris, alors évêque de Châlons, et M. de Meaux.
[2] M. de Chartres, dans le diocèse duquel le mal avoit commencé de se déclarer, comme on sait.

Il paroît donc de plus en plus qu'il veut s'appuyer du sentiment de ces évêques, et il en porte la déclaration jusqu'aux oreilles du Pape, qui par là auroit sujet de les envelopper dans la condamnation d'un livre qui a scandalisé toute l'Eglise, s'ils ne faisoient voir qu'ils en improuvent la doctrine, et ne portoient cette déclaration partout où l'on a porté la doctrine même.

II.

Que dans l'état où sont les choses, on n'a plus besoin de s'expliquer davantage avec l'auteur sur les difficultés de son livre.

Il est vrai pourtant que la charité et l'amitié les obligeoient à s'expliquer à l'amiable avec l'auteur, avant que de déclarer leur sentiment au public; et c'est aussi pour cela qu'ils ont rédigé par écrit les propositions qu'ils ont jugées dignes de censures, dans le dessein de les lui communiquer, s'étant fait une loi inviolable de ne les faire voir auparavant à qui que ce soit. Mais la lettre de l'auteur au Pape les obligeoit à prendre une voie plus courte, et où aussi on s'explique plus précisément, qui est celle de la conférence de vive voix.

Cette voie, qui a toujours été pratiquée en cas semblable, a été proposée à M. de Cambray par M. de Paris : et sur le refus perpétuel qu'il a fait de vouloir conférer avec moi, ce prélat lui a déclaré, à ma très-humble prière, que je lui demandois en mon nom particulier cette conférence avec nous trois, dans le désir que j'avois de recevoir ses instructions, et avec une ferme espérance que la manifestation de la vérité seroit le fruit de ces entretiens, pourvu que nous y apportassions toutes les dispositions nécessaires, qui sont l'amour de la vérité, la charité et la paix.

Je n'ai jamais douté que je ne trouvasse ces dispositions dans M. de Cambray, et je ne sais pourquoi il n'a pas voulu croire qu'il les trouveroit en moi. Il sait que depuis trente ans, par la disposition de la divine Providence, je suis accoutumé à des conférences importantes sur la religion, sans que par la grace de Dieu, on se soit jamais plaint que j'y aie porté des dispositions contentieuses, ni que j'y aie passé au delà des bornes de la charité et de la bienséance : ce qu'ayant toujours gardé avec des hérétiques et des ministres, avec combien plus de religion et de respect me serois-je contenu avec un confrère, avec un ami, si accoutumé à entendre ma voix, comme j'étois de ma part si accoutumé à la sienne !

Dieu, sous les yeux de qui j'écris, sait avec quel gémissement je lui ai porté ma triste plainte, sur ce qu'un ami de tant d'années me jugeoit indigne de traiter avec moi, comme nous avions toujours fait, de la religion, dans une matière où l'intérêt de l'Eglise demandoit notre union plus que jamais. Hélas ! j'avois traité si amiablement avec lui des raisons de réprouver certains ouvrages, et de se défier du moins d'une certaine personne ; et il peut se souvenir qu'en cette occasion, comme en quelques autres qui ont suivi, je n'ai pas élevé la voix d'un demi-ton seulement.

Quoi qu'il en soit, et en imputant seulement à mes péchés l'éloignement qu'un tel ami a marqué de moi, je me consolois de voir les conférences journalières qu'il avoit avec M. de Paris et M. de Chartres, par lesquelles il apprenoit les communs sentimens de tous les trois.

Ces prélats les lui ont donnés en toutes les manières qu'il a désirées ; et M. de Paris nous a dit souvent qu'il n'ignoroit rien, puisque outre la vive voix il lui avoit laissé sur ce sujet plusieurs mémoires par écrit.

M. de Chartres pareillement lui a proposé nos communes difficultés, et même par écrit quelques-unes des principales, s'étant expliqué amplement, et ayant reçu aussi d'amples réponses.

On lui a aussi mis en main deux mémoires très-amples de M. l'abbé Pirot, où sont toutes les difficultés, et une partie des preuves.

Pour moi, qu'on jugeoit seul indigne d'être écouté, et qui pourtant n'ai jamais rien tant souhaité, que d'ouvrir, comme j'avois fait durant tant d'années sur cette même matière, le fond de mon cœur à un prélat que je porte, Dieu le sait, dans mes entrailles : je n'ai cessé de demander quelques conférences, au péril d'être déclaré ennemi de la paix, si elles n'étoient de mon côté amiables et respectueuses.

En attendant qu'il plaise à M. de Cambray de se radoucir envers un ami de toute la vie, qui pour avoir dit la vérité lorsqu'il n'y avoit plus moyen de la taire, n'en a pas moins gardé la paix au fond de son cœur ; je me contente de dire que ce cher auteur n'a aucun sujet de se plaindre qu'il ignore mes difficultés sur sa doctrine, puisqu'elles me sont communes avec les prélats qui ont été assez heureux pour pouvoir communiquer avec lui par écrit et de vive voix : ce qui a produit les explications qu'à la fin il a bien voulu me communiquer par écrit, et sur lesquelles il a reçu de nouveau de très-amples éclaircissemens de M. Chartres.

III.

Abrégé des principales difficultés que nous trouvons dans le livre.

Encore qu'il soit si clair par les remarques précédentes, que l'auteur est très-informé des difficultés que nous trouvons dans son livre, je ne laisserai pas, puisqu'il se plaint de mon silence, de lui en proposer les principales en abrégé, à commencer par son avertissement.

Nous nous plaignons donc à lui-même de ce qu'il y dit :

I. « Que toutes les voies intérieures tendent à l'amour pur et désintéressé : que cet amour pur est le plus haut degré de la perfection chrétienne : qu'il est le terme de toutes les voies que les saints ont connues, etc. [1]; » et néanmoins :

II. « Qu'il falloit garder le silence sur cette matière, de peur d'exciter trop la curiosité du public [2] : » et que ce qui oblige l'auteur à parler, c'est que « cette curiosité est devenue universelle. »

A cela revient ce qui est porté dans le livre :

III. Que « la doctrine (de l'exercice du pur amour) est la pure et simple perfection de l'Evangile [3] : » et néanmoins :

IV. « Que les pasteurs et les saints de tous les temps ont eu une espèce d'économie et de secret pour n'en parler qu'aux ames a qui Dieu en donnoit déjà l'attrait et la lumière [4] : » à quoi revient encore ce qui est répandu par tout le livre :

V. « Que, pour y parvenir (au pur amour), on n'a besoin d'aucune lumière que de celle de la foi même qui est commune à tous

---

[1] *Avert.*, p. 16, 23. Art. 7. p. 64. — [2] *Avert.*, p. 4. — [3] Art. 44, p. 261. — [4] *Ibid.*

les chrétiens, et de l'inspiration qui est commune à tous les justes[1] : » à l'exclusion « de toute inspiration miraculeuse et extraordinaire[2] : » et néanmoins :

VI. « Que la plupart des saintes ames » sont si éloignées de la perfection, qu'il est inutile et indiscret de leur proposer un amour plus élevé[3]. »

VII. « Qu'elles n'y peuvent atteindre, parce qu'elles n'en ont ni la lumière intérieure, ni l'attrait de grace[4] : ce qui fait avouer :

VIII. « Qu'il y a dans tous les siècles un grand nombre de saints (expression qui emporte même les Saints dont on célèbre la mémoire dans l'Eglise) qui n'arrivent jamais à cette perfection et pureté d'amour en cette vie[5] : » d'où l'on infère :

IX. « Que dans la direction des ames il faut se borner à laisser faire Dieu, et ne parler jamais du pur amour, que quand Dieu par l'onction intérieure commence à ouvrir le cœur à cette parole, qui est si dure aux ames encore attachées à elles-mêmes, et si capable ou de les scandaliser ou de les jeter dans le trouble[6] : » d'où il s'ensuit, au grand opprobre de la vocation chrétienne :

X. Que la perfection de l'Evangile est un secret dont il faut faire mystère, non-seulement au commun des justes, mais encore aux saints : que cette doctrine les scandalise et les jette dans le trouble : qu'ils sont au rang *des ames encore attachées à elles-mêmes*[7], et qu'il n'est pas permis de leur proposer l'accomplissement du précepte : *Diliges*, etc. : *Vous aimerez de tout votre cœur*, etc., ni de cette parole de l'Evangile : *Soyez parfaits*, etc.

Comme on met la contemplation ou oraison passive dans ce pur amour[8], où tout le monde et même des Saints ne sont pas appelés : il s'ensuit encore :

XI. Que lorsqu'on fait passer une ame *de la méditation discursive à la contemplation*[9], c'est lui dire qu'elle est élevée et encore par état à la plus haute perfection, et au-dessus des Saints qu'on honore d'un culte public : ce qui précipite les ames dans la présomption qui les perd.

[1] Art. 7, p. 64, 67. 150, etc. — [2] P. 65, 199, 201, 210, 212, etc. — [3] Art. 3, p. 34. — [4] Ibid. — [5] Ibid. — [6] Art. 3, p. 35. — [7] Art. 3, p. 35. — [8] P. 271, etc. — [9] P. 170, 171, etc.

Si nous passons de l'*Avertissement,* et des propositions du livre qui y ont rapport à celles du livre même, nous trouvons d'abord et dès les premières définitions :

XII. Que *l'amour d'espérance* est tel, que *le motif de notre propre intérêt* (ce qui est une chose créée) *est son motif principal et dominant*[1] *:* ce qui le rend vicieux et désordonné, en sorte que l'espérance, vertu théologale, qui se trouve dans les fidèles hors de l'état de grace, est vicieuse : ce que l'auteur assure encore plus précisément dans cette proposition, où parlant de l'état d'une ame qui n'a encore *qu'un amour d'espérance*[2], il y applique ce principe de saint Augustin :

XIII. « Que tout ce qui ne vient pas du principe de la charité, vient de la cupidité et de cet amour, unique racine de tous les vices, que la jalousie de Dieu attaque en nous[3] : » à quoi revient :

XIV. « Que l'amour, dans lequel le motif de notre propre bonheur prévaut encore sur celui de la gloire de Dieu, est nommé l'amour d'espérance[4] : » où il faut remarquer en particulier, que le motif de notre bonheur est celui qu'on veut éloigner, et que c'est là ce qu'on appelle partout l'intérêt propre : surtout aux pages 10, 11, 15, 44, 46, 57, 135, etc.

Toutes les propositions précédentes sont autant d'erreurs dans la foi. On ajoute :

XV. « Qu'on donnera à cet amour mélangé [5] (qui est pourtant un amour de charité dominante) et où l'ame ne cherche son bonheur propre que comme un moyen qu'elle rapporte et qu'elle subordonne à la fin dernière, qui est la gloire du Créateur : on lui donnera, dit l'auteur[6], le nom d'amour intéressé : » ce qui dégrade un amour si pur, et en même temps est contraire au langage de toute la théologie, formé sur celui de saint Paul, lorsqu'il dit que « la charité ne cherche point son propre intérêt[7]. »

XVI. « Qu'on peut aimer d'un amour qui est une charité pure, et sans mélange du motif de l'intérêt propre [8] : » ce qui emporte

---

[1] *Expos. des div. Amours,* p. 4, 5. — [2] P. 7, 8. — [3] *Ibid.* — [4] P. 14. — [5] P. 15. — [6] *Expos. des div. Am.*, p. 9. — [7] I *Cor.*, XIII, 5. — [8] *Expos. des div. Am.*, p. 10, 11, 57, 135.

l'exclusion de ce motif, et en même temps de celui de la crainte et de l'espérance, en disant :

XVII. « Que ni la crainte des châtimens ni le désir des récompenses n'ont plus de part à cet amour [1] : » ce qui revient aux endroits où le motif de la crainte, qui est la peine, est exclu en égalité avec celui de l'espérance, qui est la béatitude. Comme si saint Jean, qui a dit que *la parfaite charité bannit la crainte* [2], avoit dit aussi qu'elle bannit l'espérance ou, ce qui est la même chose, son motif.

XVIII. « Que l'amour pour Dieu seul, considéré en lui-même et sans aucun mélange de motif intéressé ni de crainte ni d'espérance, est le pur amour [3] : » à quoi revient l'amour « sans aucune idée qui soit relative à nous [4]. »

On remarquera ici une fois pour toutes, qu'en effet il n'y a rien au-dessus de l'amour du quatrième degré de l'auteur, « où l'on ne cherche son propre bonheur, que comme un moyen qu'on rapporte et qu'on subordonne à Dieu [5] ; » il n'y a, dis-je, rien au-dessus de cet amour, que l'exclusion entière par état du motif qu'on nomme intéressé, qui est, comme on a vu, le propre bonheur.

XIX. « Que ce n'est plus le motif de son propre intérêt qui excite l'ame [6] : » ce qui montre que le motif de la récompense n'est plus un motif, puisqu'il cesse d'exciter : à quoi reviennent les passages des pages 10, 11, 21, 22, 23, 26, 27, 28, 29, 40, 44, qui est contradictoire, *in terminis*, avec 52 et 54. Il y faut joindre ce qui regarde la résignation et l'indifférence, pages 22, 49, 50, 51, 135, etc., passages que je tranche légèrement, parce que M. de Chartres les a traités.

Toutes ces propositions depuis la xvie sont contre la foi, en tant qu'elles excluent l'espérance, en lui ôtant la vertu d'être le motif de nos actions, et contre toute la théologie, en lui ôtant d'être le motif puissant et véritable, quoique second et moins principal, de l'amour divin.

XX. « Que l'amour de pure concupiscence, où l'on ne regarde-

---

[1] P. 15, 23, 24, 38, 102, etc. — [2] I *Joan.*, IV, 18. — [3] *Expos. des div. Am.*, p. 15. — [4] P. 42. — [5] P. 9. — [6] P. 12.

roit Dieu que pour le seul intérêt de son bonheur, seroit indigne de Dieu, un amour sacrilége, une impiété sans pareille, et plutôt un amour mercenaire qu'un amour de Dieu ¹ : » et néanmoins dans la même page, « il peut bien préparer à la justice et à la conversion des ames pécheresses; » contre la foi de l'Eglise si clairement expliquée dans le concile de Trente ², que toute préparation à la grace justifiante est un don et un effet de la grace.

XXI. « Que les motifs intéressés sont répandus dans toute l'Ecriture, dans toute la tradition, dans toutes les prières de l'Eglise ³ : » et néanmoins « qu'il y a des ames qu'il faut détacher de cet intérêt; » ce qui est répété page 36; en sorte que l'Ecriture, les principaux monumens de la tradition, et les prières de l'Eglise ne seroient que pour les imparfaits; ce qui est d'autant plus véritable, que, comme on dira dans la suite, on ne peut alléguer aucun passage pour ce prétendu détachement où l'on met la perfection.

XXII. « Qu'on ne veut la béatitude que par pure conformité à la volonté de Dieu ⁴. » Ce qui revient à ce qu'on a dit ailleurs, « qu'on ne la veut qu'à cause qu'on sait que Dieu la veut ⁵ : » ce qui met la béatitude au rang des choses indifférentes, qui ne sont bonnes que comme voulues, et non voulues comme bonnes : par où l'on induit les ames à l'indifférence du salut, dont on réduit le désir en proposition équivoque ⁶.

XXIII. « Que parler ainsi (ôter la force et la raison de motif à l'espérance), c'est conserver la distinction des vertus théologales ⁷ » (quoiqu'on n'en conserve que le nom, puisque le motif d'une d'elles, c'est-à-dire de l'espérance, n'agit plus, n'influe plus, ne meut plus) : « et que c'est par conséquent ne se départir en rien de la doctrine du concile de Trente ⁸. »

Le mal est de dire qu'en supprimant l'espérance comme motif, on ne se départe pas de la doctrine du concile de Trente : mais au contraire c'est s'en départir formellement, puisque ce concile suppose que les plus parfaits, comme David et Moïse, agissent en

___
¹ *Expos. des div. Am.*, p. 16, 17, 20, 21. — ² Sess. VI, cap. VI, can. 1, 2, 3, 4, — ³ P. 33, 34. — ⁴ P. 42, 45. — ⁵ P. 26, 27. — ⁶ P. 54, 55, 56, 57. — ⁷ *Exp. des div. Am.*, p. 46. — ⁸ P. 47.

vuę de la récompense, *intuitu mercedis æternæ*[1] : et que l'auteur au contraire veut que les parfaits n'agissent plus en cette vue, comme on vient de voir, propositions 16 et 17.

XXIV. « La sainte indifférence admet des désirs généraux pour toutes les volontés de Dieu que nous ne connoissons pas[2]. » Elle en admet donc pour les décrets de notre réprobation et de celle des autres : ce qui étant très-mauvais de soi, a d'étranges effets dans la suite.

XXV. « Qu'il ne faut jamais prévenir la grace, ni rien attendre de soi-même, de son industrie, de son propre effort[3] : » ce qui induit à toujours attendre, sans s'exciter comme de soi-même : opération où l'auteur ne forme difficulté sur difficulté, et ne fait restriction sur restriction[4], que pour la rendre dangereuse et impossible, et par là induire tout le quiétisme, c'est-à-dire un pur tenter Dieu, et une attente oisive des mouvemens de la grace.

XXVI. « Que les actes directs sont l'opération que saint François de Sales nomme la pointe de l'esprit ou la cime de l'ame[5]. »

XXVII. « Que les sacrifices que les ames les plus désintéressées font d'ordinaire sur leur béatitude éternelle, sont conditionnels[6]. » Ainsi ce qu'on sacrifie, c'est la propre béatitude éternelle, et non autre chose : mais en marquant que ces sacrifices *d'ordinaire* sont conditionnels, on suppose que quelquefois il y en a d'absolus : ce qui revient à ce qu'on ajoute, « que ce sacrifice est en quelque manière absolu. »

XXVIII. « Qu'une ame peut être invinciblement persuadée d'une persuasion réfléchie, et qui n'est pas le fond intime de la conscience, qu'elle est justement réprouvée de Dieu, et que c'est ainsi que saint François de Sales se trouva dans l'église de Saint-Etienne-des-Grès[7]. » Sans avouer le fait de saint François de Sales sur sa réprobation, il me suffit de remarquer que c'est donc d'une véritable réprobation et de l'attente d'un vrai enfer qu'il s'agit.

XXIX. « Qu'il n'est pas question de lui dire alors le dogme

---

[1] Sess. VI, cap. XI. — [2] P. 61. — [3] P. 68, 69, 97, 98. — [4] P. 99, 100. — [5] *Exp. des div. Am.*, p. 82, 87, 90, 91, 118, 122. — [6] P. 87. — [7] P. 87, 88.

précis de la foi sur la volonté de Dieu de sauver tous les hommes[1] ; » par où il paroît toujours qu'il s'agit du véritable salut.

XXX. « Que dans ce trouble involontaire et invincible, rien ne peut la rassurer, ni lui découvrir ce que Dieu lui cache [2] ; » qui est sa justice, qu'elle croit avoir perdue pour jamais, selon l'auteur, et par conséquent être véritablement damnée.

XXXI. « Que c'est alors que divisée d'avec elle-même, elle expire sur la croix avec Jésus-Christ, en disant : O Dieu, mon Dieu, pourquoi, etc. [3]. »

XXXII. Que l'ame qui parle ainsi avec Jésus-Christ (chose abominable), « a une impression involontaire de désespoir, et qu'elle fait le sacrifice absolu de son intérêt propre (qui est son salut) pour l'éternité [4]. »

XXXIII. « Que le cas impossible (qui est que Dieu damne une ame innocente) lui paroît possible et actuel : qu'il n'est pas question de raisonner avec cette ame, qui est incapable de tout raisonnement [5]. »

XXXIV. Que ce qui l'empêche de raisonner, c'est une conviction qui n'est pas intime, qui n'est qu'apparente, mais néanmoins invincible [6]. »

XXXV. « Qu'en cet état l'ame ne perd jamais dans la partie supérieure, c'est-à-dire dans ses actes directs et intimes, l'espérance parfaite [7] : » de sorte qu'elle a tout ensemble l'espérance et le désespoir : l'une, dans l'acte direct qu'on prend pour la haute partie [8] ; et l'autre, dans l'acte réfléchi qu'on prend pour la basse : ce qui a les conséquences affreuses désavouées par l'auteur [9], mais dont il pose le principe.

XXXVI. « Qu'un directeur peut alors laisser faire un acquiescement simple à la perte de son intérêt propre, et à la condamnation juste où elle croit être de la part de Dieu [10]. » Ainsi il ne faut point ici pallier une doctrine qui fait horreur, et où l'on ne peut entendre qu'un jugement à toute rigueur, qui emporte la damnation et toutes ses suites.

XXXVII. « Que c'est alors qu'une ame est divisée d'avec elle-

---

[1] P. 88, 89.— [2] *Exp. des div. Am.*, p. 88, 89. — [3] P. 90. — [4] *Ibid.* — [5] *Ibid.* — [6] *Ibid.*— [7] P. 91.— [8] Ci-dessus, prop. 26. — [9] *Expos. des div. Am.*, p. 91. —[10] *Ibid.*

même; et qu'il se fait une séparation de la partie supérieure d'avec l'inférieure: à l'imitation de celle qui arriva à Jésus-Christ, notre parfait modèle [1]. »

XXXVIII. Que cette séparation en Jésus-Christ opéroit que « la partie inférieure ne communiquoit pas à la supérieure son trouble involontaire : » et qu'en nous aussi « les actes de la partie inférieure sont d'un trouble entièrement aveugle et involontaire [2]. »

Les erreurs sur la contemplation sont :

XXXIX. « Que l'ame ne s'y occupe volontairement d'aucune image sensible ni d'aucune idée nominable, etc. [3], » d'où l'on conclut :

XL. Que pour s'occuper des attributs et de Jésus-Christ, il faut y *être appliqué par une impression* particulière *de la grace qui nous présente ces objets* [4] : ce qui est un pur quiétisme.

XLI. « Que l'ame ne considère plus les mystères de Jésus-Christ pour s'en imprimer des traces dans le cerveau, et s'en attendrir avec consolation [5]. »

XLII. « Qu'on est privé de la vue distincte, sensible et réfléchie de Jésus-Christ en deux temps différens [6]. » Vain raffinement pour excuser les excès des quiétistes.

XLIII. « Qu'on n'est jamais privé pour toujours en cette vie de la vue simple et distincte de Jésus-Christ [7] : » où il insinue qu'on en peut être privé, non pas à la vérité pour toujours, mais dans des états fort longs, comme la suite le fait voir : ce qui n'est fait que pour chercher des occasions de se priver de Jésus-Christ.

Sur les vertus on est frappé de ces propositions qui en ôtent les motifs particuliers :

XLIV. « Que le pur amour fait lui seul toute la vie intérieure, et devient lui seul l'unique principe et l'unique motif de la vie intérieure [8]. »

XLV. « Qu'un même exercice d'amour devient chaque vertu distincte, et tour à tour toutes les vertus, mais sans en vouloir aucune en tant que vertu [9]. »

---

[1] P. 90, 121. — [2] P. 122, 123. — [3] P. *Exp. des div. Am.*, p. 186. — [4] *Ibid.*, p. 189. — [5] *Ibid.* — [6] P. 194. — [7] *Ibid.* — [8] P. 272. — [9] P. 224.

XLVI. « Qu'on ne veut plus être vertueux ¹ : » l'*errata* qui ajoute, *pour soi*, ne signifie rien.

XLVII. « Qu'on ne l'est jamais tant, que quand on n'est plus attaché à l'être ². »

XLVIII. « Que les saints mystiques ont exclu de cet état les pratiques de vertu ³. » Toutes propositions mauvaises par elles-mêmes, odieuses et inexcusables.

J'en pourrois marquer un grand nombre d'autres qui ne sont pas moins importantes : mais malgré le soin qu'on a d'être court, on est encore si long, en se restreignant, qu'on ne voit que trop que cette voie de procéder par écrit va à l'infini : et qu'il en faut venir à des conférences, à moins que de déclarer qu'on ne veut point voir de fin à cette affaire.

C'est là qu'on fera voir à l'ouverture du livre, que l'auteur a détruit en termes formels plusieurs articles de ceux qu'il a signés;

Que les passages de saint François de Sales se trouvent (sans mauvais dessein, nous le croyons), supposés, tronqués, altérés dans les termes, et pris à contre-sens par l'auteur au nombre de dix ou douze; que tous les passages de l'Ecriture, qu'il allègue pour son prétendu amour pur, sont pareillement à contre-sens, sans qu'il y ait la moindre vraisemblance ; et enfin que tout son livre n'est depuis le commencement jusqu'à la fin, qu'une apologie cachée du quiétisme.

Il nous est dur de parler ainsi du cher auteur à lui-même; mais il voit bien que la cause nous y force, comme au reste qu'il va entendre.

IV.

Sur les explications.

Le livre dans son fond est une explication des *Maximes des Saints* pour en retrancher toutes les ambiguïtés « avec la plus rigoureuse précaution ⁴ : pour y apporter tous les correctifs nécessaires à prévenir l'illusion, et pour expliquer en rigueur le dogme théologique ⁵ : pour expliquer dans la partie fausse l'en-

¹ P. 225. — ² *Ibid.* — ³ P. 253. — ⁴ *Avertiss.*, p. 23. — ⁵ P. 10, 11.

droit précis dans lequel le danger de l'illusion commence [1] : rapporter dans chaque article ce qui est excessif, et le qualifier dans toute la rigueur théologique : pour, en donnant des définitions exactes des expressions des saints, les réduire toutes à un sentiment incontestable : pour en composer une espèce de dictionnaire, par où l'on saura la valeur précise de chaque terme, et faire un système simple et complet de toutes les voies intérieures [2]. »

Cependant pour expliquer un livre si clair et si précis, et pour en sauver le fondement, sans encore presque parler des conséquences, quels tours violens n'a-t-il pas fallu donner à son esprit? D'abord en écrivant au Pape, et ensuite à M. de Chartres, on prétend substituer et sous-entendre partout un *interdùm*, ou un *d'ordinaire*, qui ne se trouve nulle part dans tout le livre, et changer l'exclusion universelle en exclusion restreinte et particulière. Il eût donc fallu une fois au moins, et dès le commencement, proposer ce *d'ordinaire :* mais non : ce mot si nécessaire dès le commencement du livre, ne s'y trouve qu'en un seul endroit, vers la fin, dans l'article XXXVI, à la p. 235, et pour un autre sujet que celui dont il est ici question. Ce n'est rien. M. de Chartres a démontré par un ample écrit, que ce *d'ordinaire* étoit étranger au livre, et n'y pouvoit convenir. Après quelques répliques de l'auteur, il est enfin venu au grand dénouement de la *cupidité soumise*, qui n'est ni nommée ni définie dans le livre, et à laquelle on ne songeoit pas encore dans la réponse à M. de Chartres, qui n'étoit pas courte. Il est venu ensuite une autre réponse trois fois grande comme le livre, où la cupidité soumise commence à paroître : où l'auteur veut à toute force qu'elle soit sous-entendue dans tout son livre qui n'en dit mot : sous-entendue dans tous les Pères qui n'en parlent pas : et il a fallu en même temps, que *l'intérêt propre*, si connu et si usité depuis plusieurs siècles dans l'Ecole, pour signifier le motif de l'espérance et du salut ; d'où aussi tout le monde entendoit et entend encore que l'auteur l'a pris, ait eu tout à coup une nouvelle signification qui ne cadre plus avec le premier système. M. de Chartres l'a dé-

[1] *Avertis.*, p. 25. — [2] *Ibid.*, p. 26 et 27.

montré très-clairement, et cela paroît en ce que cette nouvelle signification ne peut être substituée, non plus que la *cupidité soumise* à laquelle on la réduit, à la plupart des endroits où se trouve le mot de propre intérêt. On en peut faire l'épreuve, et essayer seulement à substituer la *cupidité soumise* aux endroits qui sont marqués dans la xiv° proposition ci-dessus : on verra manifestement qu'elle n'y convient pas.

Elle ne convient non plus à aucun des Pères où l'on en veut montrer la tradition ; aucun mystique, aucun scolastique, aucun auteur ne s'en est servi avant cette réponse, c'est-à-dire avant quinze jours.

Mais, dira-t-on, saint Bernard ne s'en sert-il pas, et ne trouve-t-on pas dans l'*Epître* à Guigue, répétée dans le *Traité de l'Amour de Dieu*, le *cupiditas ordinata*, qu'on peut traduire indifféremment selon l'auteur, *cupidité soumise* ou *réglée* ? Il est vrai : elle s'y trouve : mais elle s'y trouve en un sens contraire à l'intention de l'auteur, comme M. de Chartres l'a démontré ; et on le pourroit démontrer encore plus amplement, et par d'autres raisons certaines, que ce prélat n'a pas voulu toucher. Ainsi que peut-on penser des explications de l'auteur, auxquelles il ne paroît point que qui que ce soit ait jamais songé, ni lui-même, avant quinze jours ou trois semaines au plus ?

V.

Argument de l'auteur pour faire recevoir son explication.

Mais, dira-t-on, n'est-il pas bien dur de refuser à un auteur vivant et encore à un archevêque, de recevoir une explication qui est bonne, et qu'il assure d'avoir toujours eue dans l'esprit ? n'est-ce pas assez d'avoir pourvu à la vérité ? veut-on perdre la personne, et ne peut-on pas trouver des tempéramens ?

On suppose ici deux choses : l'une que l'explication soit bonne en soi : l'autre que, pourvu qu'elle soit bonne en soi, il importe peu qu'elle cadre au livre. Mais nous sommes prêts à faire voir à l'auteur en très-peu de temps, que ces deux choses, avec le respect qui lui est dû, sont insoutenables.

Nous sommes, dis-je, prêts à lui faire voir :

Que son explication ne convient pas à saint Bernard qu'il allègue seul, et qu'elle lui est contraire :

Qu'elle ne convient non plus à aucun Père, à aucun théologien, à aucun mystique :

Qu'elle est pleine d'erreurs, et que loin de purger celles du livre, elle y en ajoute d'autres :

Enfin que le système très-mauvais en soi, l'est encore plus avec l'explication.

Cela, dis-je, se verra en peu de temps clairement, amiablement; nous l'osons dire, certainement et sans réplique ; en très-peu de conférences : en une seule peut-être, et peut-être en moins de deux heures. Et si l'on demande d'où vient donc que nous refusons de donner une réponse par écrit : c'est à cause des équivoques des demandes de l'auteur dans ses vingt articles, qu'on seroit longtemps à démêler, même après ses définitions : et à cause du temps trop long qu'il faudroit donner à écrire les réfutations et les preuves : il faudroit écrire sans fin : on a pour exemple les réponses de M. de Chartres qui ne font et ne feront qu'en attirer d'autres, et en entassant écritures sur écritures, le livre, qui fait la question, sera noyé dans ce déluge, en sorte qu'on ne saura plus où retrouver ce qui fait la question. Au lieu que la vive voix tranchera tout court : on saisira d'abord le point principal, et la vérité qui est toute-puissante éclatera par elle-même.

C'est ainsi, c'est par des conférences que les apôtres convainquoient leurs adversaires : c'est ainsi qu'on a confondu, ou qu'on a instruit amiablement les contredisans ; et ceux qui ont évité ces moyens naturels et doux, se sont toujours trouvés être ceux qui avoient tort, qui vouloient biaiser et chercher des avantages indirects.

On demandera si nous refusons d'écrire ce que nous pensons ? A Dieu ne plaise. Nous l'écrirons, et même nous écrirons et souscrirons sans peine toutes les propositions que nous aurons avancées dans la conférence, si on le demande : mais il faut commencer par ce qui est le plus court, le plus décisif, le plus précis, et j'ajoute, le plus charitable. Rien ne peut suppléer ce que fait la présence, la vive voix et le discours animé, mais simple, entre amis, entre chrétiens, entre théologiens, entre évêques : rien, dis-je, ne peut suppléer cette présence, ni celle de Jésus-Christ, qui sera au milieu de nous par son Saint-Esprit, lorsque nous serons assemblés en son nom pour convenir de la vérité.

Quant à ce qu'on dit en faveur des explications, qui visiblement ne cadrent pas avec un livre, constamment elles ne sont pas recevables, parce qu'elles ne sont pas sincères.

Nous approuvons les explications dans les expressions ambiguës : il y en peut avoir quelques-unes de cette sorte dans le livre dont il s'agit, et nous convenons que, dans celles de cette nature, la présomption est pour l'auteur, surtout quand cet auteur est un évêque dont nous honorons la piété ; mais ici, où le principal de ses sentimens est si clair à ceux qui les examinent de près, il n'y a qu'à le juger par ses paroles expresses, en lui laissant à justifier ses intentions devant Dieu : toute autre chose produiroit un mauvais effet, tant envers le peuple qu'envers les savans.

Le peuple ne sauroit à quoi s'en tenir, entre une explication qui seroit orthodoxe, et un livre qui ne l'est pas. Il ne sert de rien de dire que la vérité dans l'explication est une rétractation équivalente de la fausseté qui est dans un livre. Le peuple ne connoît point ces équivalens : en matière de foi, il ne lui faut rien laisser à deviner : si on ne lui donne les choses toutes mâchées, comme on dit, toutes digérées, la crudité, le venin, parlons sans figure, l'erreur le perdra : surtout s'agissant d'un livre petit, en langue vulgaire, qui est entre les mains de tout le monde, qui a troublé et scandalisé toute l'Eglise : ce que nous ne disons point pour insulter à l'auteur, à Dieu ne plaise, mais pour le faire entrer dans nos raisons indépendamment de son propre intérêt. Si l'on n'abandonne expressément un tel livre, ou si, faute d'être abandonné par l'auteur, on ne le note par tous les moyens possibles, il demeure en autorité et en honneur : on dira qu'on est revenu de cette grande clameur que l'esprit de la foi avoit excitée : trompé par des expressions spécieuses, on avalera tout le mal : on se dégoûtera des Ecritures, des passages de tant de saints, des prières de l'Eglise comme de choses qui ne regardent que les imparfaits, et on ne trouvera rien de parfait que de tenir sa damnation pour indifférente : on croira qu'on a pu dire impunément, que le motif du salut ne touche pas, qu'on est résigné à le perdre, qu'on en fait le sacrifice absolu ; c'est-à-dire qu'on croira pouvoir dire en un certain sens, ce qui est mauvais en tout sens. Il en est de même de ce qui est dit sur la contemplation des attributs et de la sainte humanité de Jésus-Christ : de la vertu qu'on n'aime point en tant que vertu : de sa pratique bannie par les saints : du nom de vertueux dont on se défend comme d'un crime, ou du moins comme d'une chose suspecte. Il ne servira de rien de dire le contraire de tout cela, non plus que du trouble involontaire de l'ame de Jésus-Christ. Le blasphème est prononcé, l'erreur est énoncée en termes formels dans un livre qui reste en honneur : on croira que la religion n'a rien de fixe dans ses expressions ; en tout cas, que ses expressions et tout le langage théologique n'est qu'un jargon : que l'on peut dire tout ce que l'on veut, et que tout est bon ou mauvais *ad arbitrium*.

L'auteur ne doit donc point imputer à défaut de charité dans ses amis et dans ses confrères, si dans la nécessité où il les a mis de s'expliquer sur son livre, ils refusent de consentir à une interprétation pour cela seul, quand il n'y auroit que cela, qu'elle ne convient pas avec le texte. Ils ne sont pas ses juges, il est vrai : mais ils sont témoins nécessaires, que lui-même a appelés en témoignage dans sa préface, et encore dans sa lettre au Pape ; il les prend pour ses garans et s'appuie sur eux : tout le monde attend de leur témoignage une approbation ou une improbation de son livre et de la doctrine qu'il contient : en cet état de la question, tout ce qu'ils taisent ils l'approuvent.

Après tout, que veut-on qu'ils disent sur la tradition alléguée à toutes les pages ? peuvent-ils se taire là-dessus sans l'avouer ? peuvent-ils se taire sur saint François de Sales, et laisseront-ils penser que tant de passages altérés en tant de manières sont bien allégués ? quelle explication peut sauver un fait si constant ? Si on l'avoue, comment peut-on espérer de laisser le livre en son entier ?

Mais veut-on perdre un grand archevêque ? A Dieu ne plaise : c'est lui-même qui se perdroit, s'il n'abandonnoit expressément son livre comme contenant une mauvaise doctrine. Quand il n'y auroit qu'une seule proposition mauvaise : quand il n'y auroit que le trouble involontaire de Jésus-Christ, et que son imitation qu'on trouve dans ceux qui consentent, qui acquiescent à leur désespoir avec l'avis de leur directeur, c'en est assez pour renoncer expressément à un livre qui d'ailleurs (nous le disons avec peine, mais la vérité nous y force), qui d'ailleurs n'a rien de particulier que cela même qui le rend suspect. Oui, nous le disons devant Dieu : l'auteur ne peut plus sauver sa réputation qu'en s'humiliant. Toutes les fois qu'il tiendra sur son livre un langage ambigu, on dira toujours qu'il garde dans son cœur toute sa doctrine, et qu'il n'attend qu'un temps favorable, qui pourtant, s'il plaît à Dieu, n'arrivera pas, pour y revenir.

Plus les savans ont de lumière, plus ils verront ces inconvéniens : les savans bien intentionnés verront plus clairement que les autres, qu'on biaise, qu'on dissimule, qu'on épargne un mauvais livre par considération pour la personne : si c'étoit un simple docteur, on s'écrieroit contre son livre : on épargne, diront-ils, un archevêque accrédité, dont le nom pourtant n'est que plus propre à donner de l'autorité à ce qui sera trouvé mauvais. Ils savent les tristes effets de pareilles tolérances : les livres qu'on a épargnés de cette sorte sont restés avec leurs erreurs qu'on a sucées : les évêques n'entrent point dans ces connivences : *apertè, apertè;* c'est ce qu'ils demandent à leurs confrères plus encore qu'à tous les autres. Il faut que les livres qui peuvent tromper le peuple par leurs douces insinuations, ou par le nom de leurs auteurs, soient notés ou par leurs auteurs, ou par l'Eglise, ou par tous les deux : on n'a jamais fait autrement : et présentement toute la gloire de l'auteur consiste d'autant plus dans un entier désaveu de son livre, qu'il a dit lui-même dès l'entrée[1], qu'il ne falloit rien laisser à désirer pour l'édification

---

[1] *Avertissement,* p. 15, 31.

de l'Eglise, et le reste que nous voulons bien ne pas répéter par respect, à cause de l'application qu'il en faudroit faire : nous la laissons à l'auteur. Après la déclaration qu'il a faite dans sa préface, on doit croire qu'il ne veut point être épargné ; de sorte que son livre passera pour bon et édifiant, si l'on n'en dit mot.

Pour les savans mal intentionnés, que la démangeaison d'écrire des nouveautés tient pour ainsi dire au bout des doigts, ils croiront qu'on peut hasarder tout ce qu'on veut, et qu'après tout on en sera quitte en disant contre la foi des paroles, qu'on n'a voulu dire que ceci ou que cela, à sa fantaisie : c'est ainsi qu'on sauvera tout, excepté les misérables qui seront destitués d'appui : pour les autres on connivera, pour ne pas perdre un auteur, quoique ce soit le perdre plutôt de laisser croire qu'il déguise ses sentimens.

Nous travaillons donc pour la gloire de l'auteur par l'humble désaveu que nous lui demandons : c'est ce qu'on attend de sa magnanimité et de l'amour qu'il a pour l'Eglise. Il a tant de rares talens, qu'il se fera bientôt pardonner et oublier tout à fait un court éblouissement qu'il aura reconnu lui-même : plus il y apporte de difficultés, plus il retarde sa gloire, et plus il fait révoquer sa sincérité en doute.

VI.

Sur les demandes que fait l'auteur à M. de Meaux.

L'auteur le prie de répondre à quatre de ses demandes : c'est une nouvelle dispute au lieu de finir celle où nous sommes : c'est donner lieu à des répliques, dupliques et dissertations infinies. Par la grace de Dieu, on ne m'accuse de rien ; et je n'ai point à me justifier, ni à expliquer ma doctrine. Je ne ferois donc qu'émouvoir de nouvelles questions, et donner lieu à des longueurs infinies, en répondant par écrit à ces demandes. Si l'auteur se résout enfin, comme on l'en conjure de nouveau, de venir à des conférences de vive voix, nous aurons vu en un moment ce que nous pouvons attendre les uns des autres : je lui répondrai à tout ce qu'il voudra : ce que je puis lui dire en attendant, c'est que, lorsqu'il s'agit de la foi, je ne fais aucun cas de mes opinions particulières, si j'en ai : que je ne rejette aucune des opinions de l'Ecole; et que, pourvu qu'on sache bien prendre le fonds commun dont elles conviennent toutes, je n'ai rien à demander davantage.

RÉFLEXIONS SUR LE MÉMOIRE PRÉCÉDENT.

Ces réflexions seront courtes et fort simples : car c'est ainsi que la vérité aime à être dite. La 1re est que l'on n'a reçu aucune réponse à cet écrit, quoiqu'on l'ait attendue quinze jours durant, après avoir auparavant insisté environ trois mois à demander des conférences réglées avec ceux que la divine Providence et l'auteur même avoient mis dès le commencement dans cette affaire.

2. Les dates justifient ce qu'on vient de dire, puisque celle de l'envoi de ce mémoire est du 15 de juillet, plus de quinze jours avant la *Déclaration des trois évêques*, qui est du 6 d'août, et qui même n'a été envoyée pour Rome que le 12 du même mois. Ainsi il s'est écoulé près d'un mois sans que l'auteur ait rien dit sur cet écrit.

3. Cependant les trois évêques, qui ne différoient de s'expliquer que pour éviter l'éclat et pousser les voies amiables le plus loin qu'il seroit possible, étoient accusés de ne garder le silence qu'à cause qu'ils ne trouvoient rien sur quoi on pût appuyer une censure. On répandoit aussi dans le monde, qu'ils ne faisoient rien connoître de leurs difficultés à l'auteur : encore qu'il les apprît toutes par les moyens qu'on a vus, et même par un ample écrit de M. l'abbé Pirot, dont l'auteur n'a non plus fait de mention que s'il ne l'eût jamais reçu. Ce qui sembloit tendre à se faire plaindre, et à tourner contre les évêques le silence que leur inspiroit l'amour de la paix.

4. Ces évêques, et en particulier celui de Meaux, qui demande la liberté de parler ainsi de lui en tierce personne tant qu'il s'agira des procédés, insistoit toujours, comme il avoit fait, aux conférences amiables, et nous avons pour témoin du refus constant qu'on en a fait ce qu'il y a de plus auguste dans le monde.

5. On a offert d'y admettre les évêques et les docteurs que M. l'archevêque de Cambray y voudroit appeler, et on a proposé toutes les conditions les plus équitables à ce prélat.

6. Ce n'est qu'après tout cela et après qu'il a souvent déclaré qu'il n'avoit rien à nous dire sur son livre, ni rien autre chose à faire qu'à attendre le jugement de Rome, où il avoit porté l'affaire par une lettre expresse adressée au Pape ; ce n'est, dis-je, qu'après tout cela, que nous avons fait à la fin la *Déclaration* solennelle de nos sentimens, au temps que nous venons de marquer.

7. On voit par les termes de cette *Déclaration*, par l'écrit qu'on vient d'entendre, et par toute la suite du procédé amiable, que nous n'avons point agi comme dénonciateurs ou accusateurs, et encore moins comme juges. Nous sommes, comme on a vu, appelés par l'auteur du livre en témoignage et en garantie, et par là contraints à déclarer notre sentiment : nous ne l'avons fait qu'à l'extrémité, et après avoir tenté toutes les voies douces. Voilà tout notre procédé : il n'y a rien de plus simple.

8. L'évêque de Meaux n'est pas plus accusateur que les deux autres prélats : malgré l'affectation de le prendre seul à partie, tout le monde sait qu'il n'a aucune affaire particulière avec l'auteur, ni aucune autre contestation que sur le sujet de son livre.

9. Il a espéré, comme les autres, qu'un si grand prélat, qu'il ne peut maintenant nommer qu'avec douleur, se feroit bientôt nommer avec joie ; et il souhaitoit seulement que dans une matière si claire il n'attendît pas les extrémités pour se déterminer.

10. Si après avoir longtemps examiné le livre dont il s'agit, il en a dit dans l'occasion ce que la sincérité et la vérité requéroient, il peut assurer sous les yeux de Dieu qu'il a été prévenu par le sentiment du public.

11. Ce qui reste à expliquer dépend du fond. C'est assez qu'on ait vu d'abord que les principales difficultés dont on réservoit un plus ample éclaircissement à la vive voix, ont été proposées : et plût à Dieu qu'on eût eu moins de sujet de parler.

12. *La Déclaration des trois évêques* s'explique plus amplement : mais non pas encore avec toute l'étendue que demandoit la matière. Chaque chose a ses mesures et son temps ; et chacun selon la grace qui lui est donnée, doit tâcher à prévenir les erreurs, en attendant le jugement du saint Siége avec tout respect.

SECOND ÉCRIT

ou

MÉMOIRE
DE M. L'ÉVÊQUE DE MEAUX,

POUR RÉPONDRE A QUELQUES LETTRES, OU L'ÉTAT DE LA QUESTION
EST DÉTOURNÉ.

I.

Dessein et nécessité de cet écrit.

On me presse de répondre à deux ou trois lettres, dont la première, du 3 août, a pour titre : *Lettre de M. l'archevêque de Cambray à un ami :* la seconde est de ce même prélat *à une religieuse qu'il conduit :* la troisième n'est pas de lui, mais de M. l'abbé de Chanterac son grand vicaire et son député à Rome. Sous ces titres, ces lettres sont en effet écrites à tout le public, puisque les mains cachées et officieuses les répandent en un instant et plus vite que l'impression, dans la Cour, dans la ville et dans les provinces : la première même est déjà imprimée, et les autres apparemment le seront bientôt. Que ferai-je sur cette demande? Il faut poser pour fondement que je ne veux rien taire d'essentiel, ni aussi rien écrire que de nécessaire. Pour m'obliger à parler, on dit que ces lettres préviennent les esprits : le monde ne peut se persuader que l'erreur soit accompagnée de la modestie, de la soumission, de la tranquillité qu'on y fait paroître : mais je suis encore touché de raisons plus hautes. C'est qu'on y change insensiblement l'état de la question ; et qu'une dispute, où il y va du tout pour la religion, ne paroît plus qu'un malentendu où l'on est d'accord dans le fond : en tout cas une finesse d'école, une innocente subtilité, où il n'y va point de la foi, et qui aussi échappe des mains quand on la pénètre. D'autre côté néanmoins la matière est grave. On souffre pour *l'oraison qui est en péril*, et pour le pur et parfait amour. « On a, dit-on, accoutumé les chrétiens à ne chercher Dieu que pour leur béatitude et par intérêt pour eux-mêmes. » Voilà donc déjà de grands maux qu'on se plaint de voir introduits dans l'Eglise, et la question n'est plus si légère : l'oraison, qui est l'ame de la religion, est non-seulement attaquée, mais encore en péril, et une pratique basse et intéressée à laquelle *les chrétiens s'accoutument, est mise* à sa place. *On défend*, ajoute l'auteur, *le parfait amour même aux ames les plus avancées* : qui le pourroit croire dans l'Eglise de Jésus-Christ? Cependant il faut avouer qu'on se laisse facilement prévenir par ceux qui font entendre au public qu'ils ont tout sacrifié pour cette cause. Il n'est plus permis de se taire; et à moins de trahir la vérité et sa conscience, il faut entrer dans ce parti, ou le combattre.

II.

Quelle obéissance promet l'auteur de ces lettres.

Pour commencer par l'obéissance, qui sans doute est le bel endroit de la *Lettre à un ami,* je ne la veux pas révoquer en doute : mais ici où je n'ai à considérer que les paroles d'un auteur, j'en dois représenter l'obéissance selon qu'il l'a lui-même circonstanciée. Il « demande (seulement) au Pape qu'il ait la bonté de marquer précisément les endroits qu'il condamne. » Ainsi l'on élude d'abord les condamnations générales, quoique utilement pratiquées dans l'Eglise pour donner comme un premier coup aux erreurs naissantes, et souvent même le dernier, selon l'exigence du cas et le degré d'obstination qu'on trouve dans les esprits. Mais la lettre passe plus avant : il faut que le Pape « marque précisément les endroits qu'il condamne et les sens sur lesquels portent les condamnations : » ainsi ce ne seroit pas assez d'extraire des propositions selon la coutume, et de les noter par une censure : il faut prévoir tous les sens qu'un esprit subtil leur peut donner : « afin, dit-il, que ma souscription soit sans réserve, et que je ne coure jamais risque de défendre ni d'excuser ni de tolérer un sens condamné : » de sorte que si la censure tomboit sur quelque sens que par malheur on ne voulût pas abandonner, dès à présent on se prépare des défaites : le Pape, à qui on a déféré la cause, sera soumis à son tour aux *réserves*, aux restrictions de l'auteur ; et l'on verra renaître les raffinemens qui ont fatigué les siècles passés et le nôtre. Voilà comme on tourne l'obéissance : voilà ce qu'on répand de tous côtés avec une affectation surprenante : à ce prix on est prêt à s'humilier : « Laissons-nous corriger, dit-on, si nous en avons besoin, et souffrons la correction quand même nous ne la mériterions pas. » On prépare déjà le public à tout événement : l'auteur s'attend bien que Rome, où il a porté l'affaire, ne se taira pas : et il voit venir la censure déjà contenue en substance dans celle de Molinos et de ses sectateurs : s'il résiste, ce qu'à Dieu ne plaise, il en a marqué le prétexte dans la différence des sens ; s'il veut, il fera naître un nouveau procès. Se taira-t-il, il aura souffert *la correction qu'il n'aura point méritée*, et il réservera sa défense à un temps plus commode. Il pourra même ou avouer ou désavouer, malgré le style qui parle, des lettres qui distribuées avec tant de soin et envoyées en tant de paquets par les maisons particulières, auront toujours fait leur effet. A la vérité nous avons vu les mêmes sentimens dans des originaux écrits de main sûre, et à des personnes qu'on ne dément pas. Mais enfin ce sera toujours un procès : il n'est pas permis d'exposer l'Eglise à ces incertitudes, et la charité aussi bien que la conscience nous pressent de mettre l'affaire en un état où tout le monde y voie clair.

III.

Si l'oraison est en péril.

Venons donc au fond : *L'oraison*, dit-on, *est en péril* : quelle oraison, et de quel côté ? est-ce l'oraison discursive et la méditation ? Si cette oraison est en péril, c'est du côté des nouveaux mystiques qui la ravilissent, puisque même elle est renvoyée par notre auteur, *à l'exercice de l'amour intéressé*[1]. Mais nous

---

[1] Act. 21, p. 165.

disons au contraire, malgré les nouveaux mystiques et avec tous les spirituels anciens et modernes, que cette oraison peut conduire au plus pur amour, et par là à la perfection du christianisme. La preuve en est constante par notre *Instruction sur les Etats d'Oraison*, à laquelle nous renvoyons pour ne charger pas cet écrit de trop de remarques [1]. Quelle oraison donc encore un coup est en péril? est-ce celle qu'on nomme affective, à cause qu'elle s'exhale comme un encens en pieux désirs, en saintes affections? C'est cette oraison que nous avons défendue contre le P. la Combe qui la mettoit en péril avec « les Psaumes, les Lamentations des prophètes, les plaintes des pénitens, la joie des saints, toutes les hymnes de l'Eglise, et toutes les oraisons, principalement l'oraison divine que Jésus-Christ nous a enseignée [2]. » J'en reviens donc toujours à demander quelle oraison est en péril? est-ce l'Oraison de simple présence, de contemplation et de quiétude, ou peut-être les oraisons extraordinaires et même passives qui sont attaquées : elles à qui on a consacré un article exprès parmi les xxxiv d'Issy [3], où on met ces oraisons à couvert de toute attaque sous l'autorité de saint François de Sales et des autres spirituels reçus *dans toute l'Eglise?* L'article xxiv établit aussi la contemplation, et lui propose les objets qui lui conviennent. Ce seroit donc une calomnie de faire mettre l'oraison en péril à des prélats qui prennent tant de soin de la conserver dans tous ses états, dans toutes ses diversités.

IV.

Que ceux qu'on veut accuser d'être opposés à l'oraison en sont les défenseurs.

S'il faut descendre aux particuliers : qui sont donc ces ennemis de l'oraison contre qui il la faut défendre? Est-ce M. l'archevêque de Paris, qui dans la censure qu'il a publiée contre les mystiques de nos jours, étant évêque de Châlons [4], s'oppose également à ces deux excès, ou d'abuser de l'oraison, ou de la mépriser; et qui parle si dignement de l'onction qui nous l'inspire,

---

[1] *Préf.*, n. 7, liv. VII, n. 28, 29; liv. IX, n. 11, 12, 13. — [2] Liv. III, n. 18, 19, 139, 140. — [3] Art. xxi. *Instr. sur les Etats d'Or.*, liv. X. n. 5. — [4] *Ordon.* du 25 avril 1695.

et de l'esprit qui souffle où il veut? M. l'évêque de Chartres prend les mêmes précautions [1], et tout respire l'intérieur et la piété dans les *Ordonnances* de ces deux prélats. Ce sera donc peut-être M. de Meaux qu'on accusera de mettre l'oraison en péril, lui qui a traité si amplement cette matière dans une *Instruction* expresse, sans que personne y ait rien repris. Est-ce lui qu'on veut déclarer l'adversaire de l'oraison, après qu'il a tâché d'expliquer les plus beaux effets de la contemplation, dans le livre V [2] ; qu'il a tiré dans le livre VII, des spirituels les plus approuvés, les principes de l'oraison qu'on nomme passive ; et enfin qu'il a rapporté avec tant de soin les maximes et les pratiques de saint François de Sales et de la mère de Chantal sa sainte fille, aussi bien que celles de sainte Thérèse et des autres saints [3]. L'oraison ne sera point en péril, quand on proposera ces grands exemples ; et c'est un dessein surprenant de lui forger des persécuteurs pour s'en faire le martyr.

J'ai peine ici à nommer ceux qui se sont donnés pour défenseurs du libre arbitre, comme s'il étoit attaqué par les défenseurs de la grace, pendant qu'ils le soutenoient de toute leur force, et qui ont pris sur ce fondement des tons plaintifs pour s'attirer la pitié des ignorans. Je veux bien ne point parler de tant d'autres, qui pour s'ériger en défenseurs de la vérité, la supposoient combattue par les catholiques ; si éloigné de leurs dispositions, pourquoi en renouvelle-t-on les exemples odieux, et nous contraint-on de les rappeler à la mémoire des hommes?

V.

Sentimens de M. de Meaux sur l'objet spécificatif de la charité.

« On a, dit-on, accoutumé les chrétiens à ne chercher Dieu que par intérêt et que pour leur béatitude. » Mais, qui les y a accoutumés? Ce n'est pas du moins M. de Meaux, qui s'est attaché à montrer par l'Ecriture, par les saints docteurs et surtout par saint Augustin, que l'amour qu'on avoit pour Dieu comme objet béatifiant, présupposoit nécessairement l'amour qu'on avoit pour

[1] *Ordonn.* du 21 novembre 1695. — [2] *Inst.*, liv. V, n. 12, 13, 17, 18, 19 et suiv. — [3] *Ibid.*, liv. VIII et IX.

lui à raison de la perfection et de la bonté de son excellente nature [1]; sans quoi la charité même destituée de son objet principal, et comme parle l'Ecole, spécifique et essentiel, ne subsistoit plus.

VI.

Des motifs de la charité : doctrine de l'Evangile : décision expresse du concile de Trente.

« On défend, ajoute l'auteur, aux ames les plus avancées de servir Dieu par le motif par lequel on avoit jusqu'ici souhaité que les pécheurs revinssent de leur égarement, c'est-à-dire la bonté de Dieu infiniment aimable. » Qui le défend? Pour se donner le mérite de souffrir pour la défense du pur motif de l'amour, est-il juste, est-il permis de lui imaginer des ennemis? On veut encore, et on voudra toujours que le pécheur revienne de son égarement par le motif de la bonté de Dieu parfaite en elle-même : mais l'on ne croit point déroger à la pureté de ce motif, d'y ajouter avec David : « Louez le Seigneur, parce qu'il est bon, parce que sa miséricorde est éternelle [2]. » Nous voyons tous les jours que les confesseurs se servent si utilement pour nous exciter à la pure et sincère contrition, de la longue patience de Dieu, qui nous a pardonné tant de péchés. Si ce motif dégradoit l'amour, Jésus-Christ ne l'auroit pas proposé à celle à *qui il remettoit beaucoup de péchés, parce qu'elle avoit beaucoup aimé* [3]. Quand le concile de Trente a défini que les justes qui *se devoient aimer* eux-mêmes *principalement par le motif de glorifier* Dieu, y pouvoient et y devoient ajouter *la vue de la récompense éternelle pour s'animer davantage* [4] : il a défini en même temps que le motif de la récompense, bien éloigné d'affoiblir la charité, au contraire la rendoit plus forte; et cela non-seulement dans les justes du commun, mais encore dans les plus parfaits, dont ce concile allègue l'exemple [5] : comme dans David, qui disoit : « J'ai incliné mon cœur à vos justifications, à cause de la récompense [6] : » et dans Moïse, dont saint Paul a dit : « Qu'il regardoit à la récompense [7]. »

Il faut donc conclure de là, que le motif de la récompense est

---

[1] *Inst. sur les Etats d'Or.*, Addition, n. 2 et suiv.— [2] *Psal.*, cv, 1.— [3] *Luc*, vii, 47.— [4] Sess. VI, cap. xi.— [5] *Ibid.*— [6] *Psal.*, cxviii, 112.— [7] *Hebr.*, xi, 26.

né pour animer ceux qui se proposent pour leur fin dernière la gloire de Dieu; et que ces motifs, loin de s'affoiblir ou de s'exclure l'un l'autre, sont subordonnés l'un à l'autre.

VII.
Autre décision expresse du même concile.

Quand le même concile a prononcé « qu'il falloit proposer la vie éternelle aux enfans de Dieu, et comme une grace qui leur étoit miséricordieusement promise en Jésus-Christ, et comme une récompense qui devoit être fidèlement rendue à leurs bonnes œuvres et à leurs mérites [1]; » ce motif, *tanquàm merces, comme récompense*, n'est-ce pas le motif commun de tous les enfans de Dieu? ou bien y a-t-il deux classes des enfans de Dieu, à l'une desquelles il faille proposer ce motif, et ne le pas proposer à l'autre? le proposer au commun des justes, et ne le proposer pas aux parfaits? Qui ne voit l'illusion manifeste d'une semblable doctrine? car le concile dit clairement, qu'il faut proposer la vie éternelle comme récompense, « *tanquàm merces :* à ceux qui persévèrent dans le bien jusqu'à la fin, et qui espèrent en Dieu. » Il faut donc, ou dire que les parfaits ne sont pas de ceux *qui persévèrent dans le bien, et qui mettent en Dieu leur espérance :* ou avouer, comme un point de foi décidé par le concile de Trente, qu'on leur doit proposer la vie éternelle à titre de récompense, et cela en qualité d'enfans de Dieu, *filiis Dei :* sans par là les rendre mercenaires, ou les dégrader du nom d'enfans de Dieu, ou le leur faire porter d'une manière imparfaite.

VIII.
Illusion de l'auteur.

L'auteur nous répondra qu'aussi a-t-il dit, parlant en la personne des parfaits : « Je veux Dieu en tant qu'il est mon bien, mon bonheur et ma récompense [2] : » il est vrai. Il ajoute même : « Je le veux formellement sous cette précision : » il falloit donc s'en tenir là, et n'ajouter pas aussitôt après : « Mais je ne le veux

---

[1] Sess. VI, cap. XVI. — [2] *Explic. des Maximes*, etc., p. 44, 45.

point par ce motif précis qu'il est mon bien. L'objet et le motif sont différens : l'objet est mon intérêt, mais le motif n'est point intéressé, puisqu'il ne regarde que le bon plaisir de Dieu : » ainsi ce qui est l'objet n'est pas le motif pour les parfaits : « Je veux Dieu, dit-il, sous cette précision qu'il est mon bien ; mais je ne le veux point par cette raison précise. » Si cette raison précise n'est plus mon motif, ne me meut plus, ne me touche plus : que me sert d'avoir un objet dont je ne suis plus touché ? C'est sous prétexte de reconnoître la décision de Trente, l'éluder manifestement : et en avouant de paroles qu'on propose aux plus parfaits la vie éternelle, *en tant qu'elle est récompense, tanquàm merces*, on cesse de la proposer comme un motif qui les touche.

C'est précisément s'opposer aux paroles du même concile, qui décide que tous les justes et même les plus parfaits « regardent la récompense éternelle, principalement pour glorifier Dieu, mais aussi pour exciter leur négligence, et pour s'engager à courir dans leur carrière [1] : » ce qui bien assurément ne seroit pas, si cette récompense ne les touchoit plus, et n'étoit plus un motif pour eux capable de les animer et d'exciter leur courage.

Il ne sert de rien de dire toujours : On ne m'entend pas ; ce n'est pas ainsi que je le conçois ; car après tout, qu'est-ce qu'on entend, sinon qu'on ôte aux parfaits le motif qui touche les justes du commun, pendant que le concile de Trente, pour prouver que ce motif est bon à tous les justes, leur allègue l'exemple des parfaits ?

IX.

Réflexions sur les exemples de Moïse et de David, allégués par le concile de Trente.

Nous avons vu que ce saint concile appuie sa décision sur les exemples d'un David, qui dit : « J'ai incliné mon cœur à vos préceptes, à cause de la récompense ; » et d'un Moïse, dont l'Apôtre a dit, « qu'il regardoit à la récompense [2] : » pour montrer que dans les plus grands saints, dans les hommes inspirés de Dieu, il y a pendant tout le cours de cette vie, un fonds de paresse qui a

---

[1] *Concil. Trid.*, sess. VI, cap. XI. — [2] *Ibid.*

besoin d'être excité par la vue de la récompense éternelle ; et que négliger ce secours, ou en un mot ne s'en servir pas comme par état, c'est raffiner sur l'Evangile, c'est se livrer à l'orgueil, et ne pas connoître l'infirmité et les tentations où nous sommes durant tout le temps de notre pèlerinage.

X.

Doctrine de l'Ecole sur la nature et les motifs de la charité.

Ainsi quand l'Ecole dit, comme elle fait communément, « que la charité est l'amour de Dieu comme excellent en lui-même sans rapport à nous, » visiblement il faut entendre, et tous aussi sans exception l'entendent ainsi ; que l'on peut bien distinguer ou séparer par l'esprit ce rapport à nous de l'objet spécificatif de la charité ; mais non pas l'exclure pour cela, ni séparer les bienfaits divins du rang des motifs pressans, quoique seconds ët subsidiaires de la charité.

De cette sorte la distinction de cet objet spécificatif d'avec les autres motifs est bonne en spéculative : mais cette séparation ne se fait que par la pensée, pendant que réellement et dans la pratique on s'aide de tout ; et celui-là est le plus parfait, qui absolument aime le plus par quelque motif que ce soit.

La charité est une : la théologie n'en connoît pas de deux espèces. Saint Paul dit que « la charité ne se perd jamais, *nunquàm excidit*[1]. » Et bien loin qu'il y ait une autre charité quand on passe de l'état imparfait au parfait, il est de la foi que la même charité demeure toujours, quand on passe de l'état présent à la patrie. L'auteur convient avec nous dans les réponses qu'il nous a communiquées, qu'elle est la même et de même espèce dans le ciel et dans la terre, et ici-bas la perfection dépend des degrés. Il y a un degré connu de Dieu, où selon saint Jean, dans sa première *Epître* canonique, *la charité bannit la crainte*[2] : mais il n'y en a point où elle bannisse l'espérance ni son motif. La crainte n'a pas Dieu pour son objet immédiat : son motif essentiel, qui est la peine éternelle, ne fait qu'ôter les empêchemens, et ra-

[1] I *Cor.*, XIII, 8. — [2] I *Joan.*, IV. 18.

battre la concupiscence par une terreur salutaire : mais, comme dit excellemment saint Bonaventure, l'espérance a Dieu même pour objet immédiat, et son motif naturellement entre dans l'amour, l'excite et l'augmente : ce sont là des vérités inébranlables, clairement révélées de Dieu, et dont toute la théologie est d'accord.

XI.

Vaine plainte dans la Lettre à un ami.

Quand donc la *Lettre à l'ami* se plaint qu'*on défend de servir Dieu par les purs motifs de sa bonté infinie*, on veut se faire pitié à soi-même et en faire aux autres en se donnant gratuitement des adversaires ; et au lieu de prier pour eux, comme s'ils étoient dans l'erreur, il auroit été plus sincère de leur faire justice, en avouant qu'ils ne mettent en péril ni l'oraison, ni l'amour parfait, ni les motifs qui nous y portent.

XII.

La même doctrine plus précisément proposée.

Et pour montrer à M. de Cambray que c'est en vain qu'il prétend se faire valoir envers le public comme le défenseur particulier de l'amour désintéressé, on lui accorde sans peine avec le commun de l'Ecole, ce qu'il demande dans sa *Lettre à un ami*, que « la charité est un amour de Dieu pour lui-même, indépendamment de la béatitude qu'on trouve en lui : » on lui accorde, dis-je, sans difficulté cette définition de la charité : mais à deux conditions : l'une, que cette définition est celle de la charité qui se trouve dans tous les justes, et par conséquent n'appartient pas à un état particulier qui constitue la perfection du christianisme : et l'autre, que l'indépendance qu'on attribue à la charité, tant de la béatitude que des autres bienfaits de Dieu, loin de les exclure, les laisse dans la pratique comme un des motifs les plus pressans, quoique second et moins principal de cette reine des vertus.

On assure sans crainte, et on met en fait, que jamais M. de Cambray, avec la tradition qu'il a tant vantée, ne trouvera un seul auteur, ou parmi les Pères, ou parmi les scolastiques, ou parmi les mystiques, qui rejette ces deux conditions ; et à l'ouverture du livre on lui en montrera cent qui expressément les admettent : ce qu'on auroit fait en sa présence, s'il n'avoit si soigneusement évité la conférence réglée, qu'on lui proposoit avec toutes les circonstances les plus favorables qu'il eût désirées.

XIII.

Que l'auteur de la *Lettre* détourne l'état de la question : son erreur sur l'état parfait.

Ainsi quand il réduit dans sa *Lettre* la question à deux points, dont l'un est cette indépendance de la charité, il donne le change aux théologiens ; et il demande comme une merveille qu'on lui accorde ce que personne ne lui a jamais disputé, et ce qui ne fait rien du tout à la question, comme on vient de voir.

Il ne réussit pas mieux dans la seconde chose, qu'il demande pareillement qu'on lui accorde : « qui est que dans la vie des ames les plus parfaites, c'est la charité qui prévient toutes les autres vertus, qui les anime, et qui en commande les actes pour les rapporter à sa fin : en sorte que le juste de cet état exerce alors d'ordinaire l'espérance et toutes les vertus avec tout le désintéressement de la charité même, qui en commande l'exercice. » Tout cela, dis-je, ne sert de rien, puisque c'est là non-seulement une doctrine absolument inintelligible, mais encore une erreur manifeste.

C'est une doctrine inintelligible, puisque admettre une espérance qui soit exercée avec *tout le désintéressement de la charité,* c'est en admettre une, selon l'auteur même, qui, comme la charité, soit *indépendante de la béatitude :* et cela c'est une espérance qui n'espère rien, et une contradiction dans les termes.

Mais ce qui est inintelligible par cet endroit-là, en soi-même est une erreur manifeste pour deux raisons : l'une, que c'est ôter l'espérance contre la parole expresse de saint Paul : « Maintenant ces trois choses demeurent, la foi, l'espérance et la charité : *manent tria hæc*[1] : » l'autre, que c'est mettre une espérance qui n'excite point, contre la définition expresse du concile de Trente :

[1] I *Cor.*, XIII, 13.

ce qui retombe dans le défaut d'ôter l'espérance, puisqu'il est égal de l'ôter ou de la laisser sans effet.

XIV.

Vaine réponse de l'auteur, qui n'entend ni l'espérance ni la charité.

Il ne sert de rien de dire que la charité prévient l'espérance et la commande, puisqu'il doit toujours demeurer pour certain, selon la foi, qu'elle ne la peut commander que pour s'exciter elle-même; car pourquoi l'acte d'espérance est-il si précisément commandé de Dieu par ces paroles; *Espérez au Seigneur : Spera in Domino* [1]; et encore : *Attendez le Seigneur : agissez avec courage; et que votre cœur se fortifie* [2] : et par cent autres de cette force : pourquoi, dis-je, cet acte d'espérance est-il si soigneusement commandé, si ce n'est parce qu'il sert à la charité; qu'il est né pour l'exciter, pour la soutenir, pour l'accroître, conformément à cette parole de l'Apôtre : *La fin du précepte,* c'est-à-dire sans aucun doute, la fin de tout précepte, *c'est la charité : finis præcepti charitas* [3] ? »

XV.

Que la distinction du quatrième et du cinquième état de l'amour, où l'auteur a constitué toute la doctrine de son livre, ne subsiste plus après sa lettre, et son pur amour est un fantôme.

C'est aussi très-vainement que l'auteur suppose que cette prévention de la charité ne convient qu'à son amour pur : car l'amour du quatrième degré, qui selon lui n'est pas encore l'amour pur, mais cet amour mélangé qu'il appelle partout *mercenaire* ou *intéressé* [4], encore qu'il soit *justifiant* et que la charité *y domine* [5]; ne laisse pas d'être « un amour de préférence de Dieu à soi, où l'âme aime principalement la gloire de Dieu [6], et ne cherche son bonheur propre que comme un moyen qu'elle rapporte et qu'elle subordonne à la fin dernière qui est la gloire du Créateur [7]. »

Tel est l'amour du quatrième degré, qui n'est pas encore *l'amour pur,* dont l'auteur fait un degré plus éminent, qu'il appelle

---

[1] *Psal.* XXXVI, 3. — [2] *Ps.* XXVI, 14. — [3] I *Tim.*, I. 5. — [4] *Explic. des Max.*, p. 14, 15. — [5] P. 6, 8. — [6] P. 15. — [7] *Explic.. des Max.*, p. 9.

dans son livre le cinquième amour, où non content de ne plus « aimer son propre bonheur que comme un moyen subordonné à la gloire de Dieu, on aime Dieu sans aucun mélange de motif intéressé ni de crainte ni d'espérance [1]. »

Et néanmoins cet amour, qui n'est pas encore l'amour pur, ce qu'on ne peut assez répéter, prévient et commande toutes les vertus par cette raison démonstrative. Ce qui est voulu comme fin est voulu par prévention devant les moyens : c'est un principe constant : or est-il qu'en cet état, qui est le quatrième et celui de la justice commune, la gloire de Dieu qui est l'objet de la charité est voulue comme la fin, et au contraire la béatitude n'est voulue *que comme* un moyen qui lui est subordonné par la propre définition de l'auteur : donc cette prévention de la charité, dont la *Lettre à un ami* vouloit faire l'état des parfaits, c'est-à-dire le cinquième état du livre, se trouve établie dès le quatrième : et ainsi ce cinquième état, encore que ce soit celui qui fait le sujet du livre, n'est plus qu'un fantôme.

Cette raison est démonstrative, puisque la définition de l'état parfait, qu'on fait consister dans la charité en tant qu'elle prévient l'exercice de l'espérance, est épuisée dès l'état de la justice commune, en sorte qu'il ne reste rien à mettre au delà que l'exclusion du motif de la béatitude en tout sens : ce qui emporte la suppression de l'espérance chrétienne, et par là, comme on a vu, une erreur manifeste contre la foi.

XVI.

Réflexions sur la distinction du quatrième et du cinquième amour posé par l'auteur : et nouvelle conviction de son erreur dans son pur amour.

Dans certaines matières abstraites et qu'on affecte encore de subtiliser pour embarrasser la matière, il ne faut pas craindre de répéter ce qui fait la difficulté. Je répète donc que le fort de la difficulté dans cette matière consiste dans les deux amours que l'auteur appelle dans son livre, le quatrième et le cinquième.

Le caractère du quatrième amour, qui est l'amour de charité et celui de la justice commune, selon l'auteur consiste en trois

[1] *Explic. des Max.*, p. 15.

choses : la première, « que l'ame alors aime Dieu pour lui et pour soi [1] : » la seconde, « qu'elle aime principalement la gloire de Dieu, et qu'elle ne cherche son bonheur propre que comme un moyen qu'elle rapporte à la fin dernière, qui est la gloire de son Créateur [2] : » la troisième, que cet « amour est encore mélangé d'un reste d'intérêt propre, quoiqu'il soit un amour de préférence de Dieu à soi [3]. Ce reste d'intérêt propre, » c'est ce qu'on venoit d'appeler « le propre bonheur, qu'on ne vouloit plus que comme un moyen rapporté à la fin dernière qui est la gloire de Dieu. »

Ces trois caractères posés dans le quatrième amour, il reste que le cinquième, qui est le parfait, les doit exclure tous trois : autrement il ne seroit point au-dessus. Or il n'y a rien au-dessus de ces caractères, que l'exclusion entière du motif du propre bonheur : au-dessus, dis-je, de l'amour où l'on aime Dieu *pour lui et pour soi,* il n'y a plus que l'amour où l'on ne l'aime que *pour lui* et plus pour soi : au-dessus de l'amour où l'on *n'aime son propre bonheur que comme un moyen* de glorifier Dieu; il n'y a rien que de cesser de l'aimer de cette sorte et même comme moyen : enfin au-dessus d'un amour où il n'y a *plus qu'un reste de cet intérêt* qui est *le propre bonheur,* il n'y a plus que l'amour où *ce reste* même est ôté. Ainsi le pur et parfait amour que l'on établit au-dessus du quatrième degré et dans le cinquième, doit avoir pour caractère la totale extinction de ce qui restoit du motif du propre bonheur et de l'espérance : et en effet il est ainsi défini [4] : « L'amour pour Dieu seul considéré en lui-même et sans aucun mélange du motif intéressé ou de crainte ou d'espérance, est le pur amour ou la parfaite charité. » Voilà cet amour que j'appelle une illusion, l'extinction de l'espérance comme de la crainte, un amour qui se détruit par lui-même, dont j'ai dit et je dis encore qu'on ne trouve rien dans aucun scolastique, dans aucun mystique, dans aucun théologien, dans aucun Père.

[1] *Explic. des Max.*, P. 8. — [2] P. 9.— [3] P. 15. — [4] *Ibid.*

XVII.

Conséquences pour établir le vrai état de la question : première conséquence :
que l'auteur se perd dans des subtilités.

De là résultent quelques conséquences, qui nous serviront à poser le véritable état de la question qu'on veut obscurcir.

La première, que l'auteur se perd dans de vaines subtilités, dans des finesses inintelligibles. Lorsqu'on est venu au point de n'aimer plus son propre bonheur que *comme un moyen* pour établir la gloire de Dieu, laquelle n'est en effet primitivement que dans la glorification de ses serviteurs, on a atteint la perfection du christianisme : or est-il que, par les propres définitions de l'auteur, on est arrivé à ce point dès le quatrième degré : par conséquent en allant plus loin, et poussant l'effort de l'esprit jusqu'à un certain degré supérieur, qui est le cinquième, on sort de mesure, on donne dans l'illusion, dans l'amusement, dans la présomption, et on se perd dans les nues, où l'on n'embrasse qu'une ombre au préjudice du corps de la religion.

XVIII.

Seconde conséquence : inutilité de certaines thèses sur le pur amour.

Secondement, je conclus que ceux qui semblent affecter depuis quelque temps de faire thèses sur thèses *sur le pur amour sans rapport à nous*, ne nous nuisent pas. Ils savent bien, en leur conscience, qu'on ne songe pas seulement à attaquer le désintéressement de la charité en tout état, même dans celui de la justice commune : ils ne sont pas assez malhabiles pour s'engager à soutenir le désintéressement aussi dangereux que chimérique du prétendu pur amour du cinquième état. Ainsi quelque officieuse que veuille être leur théologie, on veut bien la regarder comme indifférente.

XIX.

Troisième conséquence : que l'auteur déguise l'état de la question dans sa Lettre à une religieuse.

Je conclus, en troisième lieu, que l'auteur instruit mal la religieuse à qui il écrit « que ceux qui attaquent son livre, le prennent en un sens qui n'a aucun rapport avec le sien [1]. » Le contraire paroît clairement par les remarques précédentes ; ce qu'on attaque dans son livre est son amour pur du cinquième état, *qui pousse* l'amour au delà de celui *où le bonheur propre n'est* recherché *que pour Dieu, et où l'on ne laisse aucun mélange* ni aucun *reste* de cet intérêt. Or est-il que cet amour est celui précisément qu'il veut défendre, comme on l'a démontré par ses paroles. Il est donc faux qu'on le prenne dans un sens opposé au sien, comme il le dit à la religieuse.

XX.

Quatrième conséquence : qu'il n'est pas vrai que l'on convienne de la catholicité du sens de l'auteur.

Il ne la trompe pas moins en quatrième lieu, lorsqu'il l'assure que « ceux qui attaquent son livre avouent eux-mêmes que son sens est très-catholique ; » car ou il parle du sens de son livre considéré en lui-même, et loin de lui avouer qu'il soit catholique, on vient de voir le contraire : ou il parle du nouveau sens qu'il lui a donné contre la naturelle signification des paroles ; et on lui dira bientôt, forcé par la vérité et par le service qu'on doit à l'Eglise, que ses explications ne sont pas meilleures que son texte ; mais chaque chose doit être dite à sa place et dans son temps.

XXI.

Cinquième conséquence : que l'auteur déguise l'objet de son livre dans la même Lettre à une religieuse.

En cinquième lieu, on le loue d'avouer franchement à la religieuse « que son livre, supposé qu'il soit bon, n'est pas utile à

[1] Extrait d'une lettre de M. de Cambray à une religieuse qu'il conduisoit.

tout le monde : » mais quant à ce qu'il ajoute, « qu'il n'est fait que pour ceux qui conduisent, et par rapport aux ames de l'état dont il parle ; » il suppose premièrement qu'il y ait des ames au-dessus de celles qui ne veulent leur bonheur propre *que par rapport* à la gloire de Dieu ; et c'est ce qu'on lui conteste. Il suppose secondement, qu'il n'a écrit que pour les directeurs ; mais en même temps il oublie ce qu'il avoue dans son *Avertissement*, qu'il a voulu satisfaire *à une curiosité qui est devenue universelle* [1]; et encore, qu'il n'a écrit que pour expliquer les principes de deux prélats dans les XXXIV Articles [2], qui certainement n'ont point eu la direction pour objet.

XXII.

Sixième conséquence : qu'en réduisant la question à deux points dans la *Lettre à un ami*, l'auteur dissimule les principales difficultés.

En sixième lieu, je conclus que, lorsque dans sa *Lettre à un ami*, il réduit la question à deux points, dont l'un est la charité désintéressée, et l'autre est la charité toujours prévenante ; il ne songe pas à son étrange doctrine du sacrifice absolu de l'éternelle félicité et du simple acquiescement à sa réprobation, ni à celle de l'espérance unie dans une même ame avec un invincible désespoir, ni à l'union avec Jésus-Christ dans ce désespoir invincible, ni aux troubles involontaires de la sainte ame de Jésus-Christ, ni à cette séparation des deux parties dont les suites sont si terribles. Il se fait grace à lui-même sur ces étranges doctrines, et sur beaucoup d'autres non moins importantes. Plût à Dieu que nous y pussions consentir ; mais la vérité ne le permet pas.

XXIII.

On dit un mot de la lettre de M. l'abbé de Chanterac, et on conclut cet écrit.

Quant à M. l'abbé de Chanterac, on entend avec plaisir dans sa lettre à madame de Ponchat, les louanges de la modération de M. l'archevêque de Cambray dans l'incendie de son palais ; mais qu'il s'emporte jusqu'à composer des propres paroles de saint

---

[1] *Explic. des Max.*, p. 4. — [2] P. 16.

Jean sur Notre-Seigneur le témoignage qu'il rend à ce prélat, et qu'en même temps il fasse de ces divines paroles la chute de son compliment pour cette dame ; qu'il attribue le soulèvement universel qui a paru tout à coup contre le livre au dedans et au dehors du royaume à des intérêts particuliers ou à la sublimité de sa doctrine, où le reste des théologiens comme vulgaires esprits, ne peuvent atteindre ; qu'il le compare aux apôtres, où la plénitude du Saint-Esprit parut une ivresse, et le comble de la sagesse une folie, pendant qu'une contradiction si générale est l'effet visible des erreurs palpables d'une partie de ce livre et des raffinemens inouïs de l'autre : c'est quelque chose de si outré, qu'il fait peur à ceux qui savent ce qu'ont coûté à l'Eglise de semblables entêtemens. Et pour la soumission qu'il vante dans le même auteur, nous la louerons avec joie quand il cessera de menacer l'Eglise de restrictions sur le jugement qu'elle attend, et qu'il a lui-même demandé.

Concluons donc de tout ce discours, que c'est inutilement qu'on se donne au monde comme un homme contredit pour la justice : ni l'oraison n'est en péril, ni l'amour désintéressé n'est attaqué, ni l'on n'en défend la pratique, ni on n'accoutume les ames à ne chercher Dieu que par intérêt, ni on ne censure aucune opinion de l'Ecole, comme on le voudroit faire accroire aux ignorans. Il ne faut point attendrir le monde en déplorant des maux qui ne sont pas ; on sait en quoi l'auteur est à plaindre, et de quelle oraison il a voulu être le martyr : n'en disons pas davantage, et prions que la vérité paroisse bientôt, sans que le beau nom d'amour pur serve à l'obscurcir. L'auteur demeure d'accord dans sa *Lettre à un ami*, « qu'on abuse du pur amour, et qu'il y en a qui renversent l'Evangile sous un si beau nom. » Le pur amour, dont il s'est rendu le défenseur particulier, ne peut être d'un autre genre, puisqu'il détruit avec l'exercice et l'utilité de l'espérance et avec de si grands motifs de la charité, un des fondemens de l'Evangile : sans parler ici davantage des autres inconvéniens aussi essentiels de sa doctrine.

TROISIÈME ÉCRIT

ou

MÉMOIRE

DE M. L'ÉVÊQUE DE MEAUX

SUR LES PASSAGES DE SAINT FRANÇOIS DE SALES.

J'ai justifié la doctrine du saint évêque de Genève dans les livres VIII et IX de l'*Instruction sur les Etats d'Oraison*; et j'ai fait voir les principes de ce Saint contraires à ceux des quiétistes, principalement sur le désintéressement de l'amour, et par conséquent sur l'indifférence et le désir du salut : mais comme l'auteur du livre produit de nouveaux passages, ou leur donne un tour particulier, par où il croit se mettre à couvert de toute censure, et qu'il les répand dans tout son ouvrage pour y servir de fondement, il importe en les parcourant l'un après l'autre, de faire voir qu'il n'en marque aucun qui ne soit tronqué ou pris manifestement à contre-sens ou même entièrement supposé. L'accusation est griève; mais elle ne peut être dissimulée, et après tout, c'est un point de fait où l'on n'a besoin que de la simple lecture.

I.

Premier passage.

Le premier passage tronqué, est celui où l'on allègue ce Saint [1] pour montrer que le motif intéressé est encore dominant dans l'amour qu'on nomme d'espérance. L'on cite à cette occasion le chapitre XVII du livre II de l'*Amour de Dieu*; mais l'on en retranche deux choses essentielles : l'une, est que dans l'espérance *on aime Dieu souverainement*, ce que le Saint répète par trois

[1] *Explic. des Max.*, etc., p. 5.

fois : l'autre. que ce qui empêche *d'observer les commandemens et d'obtenir la vie éternelle* par cet amour, c'est *qu'il donne plus d'affection que d'effet.*

II.

Second passage.

On fait dire au Saint, sans coter aucun endroit, quoiqu'on en récite la teneur comme ses propres paroles : « La pureté de l'amour consiste à ne vouloir rien pour soi[1] ; » après lui avoir fait dire six lignes plus haut ce qu'il a dit en effet, que « c'est une sainte affection de l'épouse, de dire : J'aime Dieu pour moi[2], » où l'auteur commet deux fautes : l'une, de citer un endroit qui ne se trouve pas ; et l'autre, de faire avancer à saint François de Sales en sept ou huit lignes deux propositions contradictoires.

Si l'on dit *qu'aimer Dieu pour soi,* est selon lui un acte de l'espérance, et que l'acte *où l'on ne veut rien pour soi,* est l'acte du pur amour, on tombe dans l'inconvénient d'exclure de l'état du pur amour, l'acte où l'on dit : *J'aime Dieu pour moi :* c'est-à-dire, comme l'interprète saint François de Sales au même endroit : « J'aime à avoir Dieu : j'aime que Dieu soit à moi ; j'aime qu'il soit mon souverain bien : qui est, dit le même Saint, une sainte affection de l'Epouse, laquelle cent fois proteste par excès de complaisance : Mon bien-aimé est tout mien, et moi je suis toute sienne : il est à moi, et je suis à lui[3]. »

Si l'on dit que ne *vouloir rien pour soi* dans l'état du pur amour, c'est seulement exclure *le vouloir pour soi,* comme pour sa fin dernière, on confond les deux actes de saint François de Sales : *aimer pour soi, et aimer pour l'amour de soi :* dans lesquels on a voulu trouver *la plus exacte précision, et une précision si théologique*[4].

III.

Troisième passage.

On fait dire au Saint par rapport au salut éternel, que « la sainte résignation a encore des désirs propres, mais soumis[5] : » ce qu'on répète aux pages 49, 51, 135 et ailleurs.

---

[1] *Expl. des Max.*, p. 12. — [2] P. 11. — [3] *Am. de Dieu*, liv. II, ch. XVII. — [4] P. 11, 46. — [5] P. 22.

On rapporte ici le sentiment de saint François de Sales d'une manière fort vague, sans citer ses paroles et sans seulement marquer le chapitre d'où est tiré le passage dont on se sert : ce qui n'est guère exact. Mais la grande faute est de faire introduire la résignation à ce Saint par rapport au salut éternel, en sorte qu'on se résigne à être damné ; ce qui seroit une erreur dans la foi.

C'est dans le chapitre troisième du livre IX *de l'Amour de Dieu*, que ce Saint explique la résignation et lui donne deux objets : l'un est : *les afflictions et tribulations spirituelles*, comme le porte le titre, c'est-à-dire les privations et les sécheresses : l'autre est, *les afflictions même temporelles, telles que celles du saint homme Job*. Or en tout cela il ne s'agit point du salut. Quand donc on fait dire au Saint, par rapport à la béatitude et au salut éternel, que *la résignation a des désirs, mais soumis*, pour insinuer qu'on se soumet et qu'on se résigne à la perte de son salut, on impose au Saint : et la résignation qu'on lui fait introduire contre sa pensée, ne peut être excusée d'erreur en la foi.

IV.

Autres passages.

On produira ici tout ensemble les passages que l'auteur apporte[1] pour montrer « que saint François de Sales, qui a exclu très-formellement et avec beaucoup de répétitions, tout motif intéressé de toutes les vertus des ames parfaites, a marché précisément sur les vestiges de saint Augustin et de saint Thomas qu'il a cités. »

Pour entendre la fausseté de cette allégation, il n'y a qu'à repasser sur les passages de saint François de Sales cités par l'auteur, et voir si on y trouvera l'exclusion du motif qu'il appelle *intéressé, de toutes les vertus des parfaits*.

Le premier passage de ce Saint, qui est cité page 3, dit seulement que « l'ame qui n'aimeroit Dieu que pour l'amour d'elle-même, etc., feroit un extrême sacrilége. » Il n'exclut ici que l'a-

---

[1] *Explic. des Max.*, etc., p. 40.

mour par lequel on rapporte Dieu à soi-même, comme à sa fin dernière : ce qui n'induit pas dans les parfaits, l'exclusion du motif prétendu intéressé qu'ils pourroient subordonner à Dieu.

Le second passage de saint François de Sales, cité pages 4 et 5 de notre auteur, dit seulement « qu'il y a bien de la différence entre dire : J'aime Dieu pour le bien que j'en attends ; et : Je n'aime Dieu que pour le bien que j'en attends : » ce qui n'exclut pas le bien qu'on attend, quand on l'attend par rapport à Dieu et avec subordination à sa gloire.

Le troisième passage est celui où il emploie saint François de Sales, pour montrer que le motif intéressé est dominant dans l'espérance [1] : mais nous avons vu qu'il est faux et tronqué.

Le quatrième passage cité en la page 5, dit bien *que dans l'espérance l'amour est imparfait :* mais il n'exclut pas ce motif imparfait du moins comme subordonné.

Il est vrai qu'il dit *que l'amour souverain n'est qu'en la charité :* mais il ne s'agit point là des parfaits, puisqu'il s'agit uniquement de la charité, qui n'est pas seulement pour eux.

Le cinquième passage cité page 11, est celui où le Saint exclut, non point : *J'aime Dieu pour moi ;* mais : *J'aime Dieu pour l'amour de moi :* ce qui ne se trouve dans aucun des fidèles justifiés, pas même dans les imparfaits, puisque c'est une *impiété* [2], selon l'auteur : ainsi ce passage est hors de propos, et mal allégué pour exclure le motif prétendu intéressé de toutes les vertus des parfaits.

Le sixième passage est celui de la résignation : mais on vient de voir qu'il est pris directement contre l'intention du Saint.

On peut donc dire, sans hésiter, que l'auteur en faisant exclure « à saint François de Sales, tout motif intéressé, pour toutes les vertus des parfaits, » impose à ce Saint : à quoi il faut ajouter qu'il est faux aussi que saint François de Sales cite pour cette exclusion saint Augustin et saint Thomas, puisqu'il n'en rapporte aucun endroit ; et que ni ces Saints ni lui-même n'ont jamais eu intention d'enseigner cette erreur.

---

[1] *Am. de Dieu*, liv. II, ch. 17. — [2] *Explic. des Max.*, p. 3, 4.

V.

Autres passages sur l'indifférence du salut.

On soutient de plusieurs passages de saint François de Sales cette proposition, que dans l'état de l'amour pur, *on ne veut pas Dieu en tant qu'il est notre bien*[1].

Le premier passage est celui où le Saint dit que, « s'il y avoit un peu plus du bon plaisir de Dieu en enfer qu'en paradis, les Saints quitteroient le paradis; » ce qu'on apporte pour conclure à l'indifférence du paradis : mais l'on y fait un mauvais usage des suppositions impossibles, qui ne produisent que de simples velléités, et non jamais de ces volontés qu'on nomme absolues et parfaites, comme il a été prouvé dans l'*Instruction sur les Etats d'Oraison*[2].

Second passage[3] : « Le désir de la vie éternelle est bon ; mais il ne faut désirer que la volonté de Dieu : » où l'on oppose le désir de la vie éternelle à celui de la volonté de Dieu, comme s'il étoit bon de supprimer le premier pour exercer l'autre.

Ce passage ne se trouve pas au lieu allégué en marge, ni dans tous les *Entretiens* de ce Saint, ni enfin en aucun autre endroit qui nous soit connu, quelque soin qu'on ait pris de le chercher : mais on a trouvé partout le contraire, comme il paroît dans les livres VIII et IX du *Traité de l'Instruction sur les Etats d'Oraison*.

On omet ici le troisième passage sur le mérite, aussi mal cité que le précédent ; mais qu'on n'a point cherché, parce qu'au fond il ne conclut rien, ne contenant autre chose qu'une simple velléité semblable aux autres, dont on a vu l'inutilité par rapport à la question dont il s'agit.

Le quatrième passage est celui de la résignation, qui a été déjà tant examiné ; et où l'on a vu clairement que le Saint n'a point compris le salut.

Le cinquième passage[4] est celui où l'on fait attribuer par le

---

[1] *Max. des SS.*, p. 54. — [2] Liv. IX, n. 1 et 2. Liv. X, n. 19. — [3] *Max. des SS.*, p. 55. — [4] *Max. des SS.*, p. 56.

Saint, à saint Paul et à saint Martin, l'indifférence pour le fond du salut, au lieu qu'il est clair qu'il ne s'agit que du plus tôt ou du plus tard, et du délai seulement : comme il est démontré ailleurs[1].

Le sixième passage n'est que la répétition du premier, qui, comme on a vu, ne conclut rien.

Le septième passage est celui où le Saint dit « qu'il faut se reposer en la divine Providence, non-seulement pour les choses temporelles, mais encore, et beaucoup plus, pour les spirituelles, et pour notre perfection : » ce qui est très-véritable, mais ne fait rien pour l'indifférence du salut dont il s'agit : et en général il est faux que se reposer sur Dieu de quelque chose, soit la tenir pour indifférente, puisqu'on ne le fait jamais que sur ce fondement de saint Pierre[2] : *Quoniam ipsi est cura de vobis*, parce que Dieu a soin de nous ; ce qui n'est pas une indifférence, mais la remise expresse de notre intérêt en des mains plus sûres que les nôtres.

Par la même raison le passage huitième[3] où le Saint dit « qu'il ne faut rien vouloir que ce que Dieu veut pour nous, » ne fait rien à l'indifférence du salut : tant à cause qu'il s'agit ici des événemens temporels, comme la suite le fait voir, qu'à cause aussi qu'il ne s'ensuit pas, de ce qu'on ne veut que ce que Dieu veut, qu'on soit indifférent pour l'avoir, mais au contraire qu'on ne l'est pas, puisqu'on ne peut l'être à ce qu'on sait que Dieu veut, comme il est certain du salut.

Le neuvième et dernier passage[4] où l'on fait dire au Saint, par rapport au salut dont il s'agit, « qu'il ne désire rien, etc. ; que si Dieu venoit à lui, il iroit à Dieu ; sinon, qu'il demeureroit là ; » est une dépravation manifeste du texte, puisqu'on a remarqué ailleurs[5] que le Saint ajoute cinq lignes après, qu'il n'entend cette indifférence que des choses temporelles, et non des vertus ; pour lesquelles dans le même endroit, il prouve par l'Evangile qu'il est défendu d'être indifférent ; à plus forte raison est-il défendu de

---

[1] *Instr. sur les Etats d'Or.*, liv. VIII, n. 10. — [2] I *Petr.*, v, 7. — [3] *Max. des SS.*, p. 56, 57. — [4] *Max. des SS.*, p. 57. — [5] *Instr. sur l'Or.*, liv. VIII, n. 2, et dans tout le reste du livre.

l'être pour le salut, qui n'est autre chose que le comble, la perfection, la consommation des vertus.

Il a aussi été démontré que l'aller ou le demeurer dont il s'agit, ne regarde que les visites, ou les privations dans les exercices spirituels.

Il n'a pas tenu à l'auteur, qu'il n'ait donné une grande atteinte à la réputation de saint François de Sales, en lui faisant tourner au salut, qui est la chose du monde la moins indifférente, ce qu'il a dit seulement de celles qui le sont en effet, ainsi qu'il a souvent été expliqué[1].

En d'autres endroits l'auteur revient encore à cette matière; et il fait dire à ce Saint[2] « que le désir du salut est bon, mais qu'il est encore plus parfait de ne rien désirer : » ce qui établit la perfection à ne pas désirer le salut. Mais ce passage ne se trouve pas : au contraire il est réfuté par cent passages de ce Saint rapportés ailleurs[3]; où le désir du salut le plus ardent se trouve avec l'amour le plus parfait.

Quand le Saint dit dans un de ses *Entretiens*[4], et qu'il le répète si souvent, « qu'il ne faut rien demander, ni rien refuser : » loin qu'il le faille entendre du salut ou des moyens nécessaires pour y parvenir, ce discours se trouve toujours appliqué à d'autres choses, comme dans l'endroit qu'on vient de citer sur les obédiences de la religion : « Il est, dit-il, toujours meilleur de ne rien désirer; mais se tenir prêtes pour celles que l'obéissance vous imposera[5].

Il dit ailleurs en conformité : « Ne demandez rien, ne refusez rien de tout ce qui est en la vie religieuse[6] : » c'est ce qu'il appelle *la sainte indifférence*[7], etc.; c'est ce qu'il répète très-souvent dans les mêmes termes.

VI.

Règle du Saint.

Il décide tout par cette belle règle : « Il ne faut vouloir que Dieu absolument, invariablement, inviolablement; mais les

---

[1] *Instr. sur les Etats d'Orais.*, liv. VIII, n. et 17. — [2] *Max. des SS.*, p. 226. — [3] *Instr. sur l'Or.*, liv. VIII et IX. — [4] *Entr.*, XXI, p. 556, édit. Vivès.— [5] *Ibid.*, 558, édit. Vivès. — [6] Liv. IV. Ep. 86. — [7] *Ibid.*, ep. 98.

moyens de le servir (c'est-à-dire ceux qui ne sont pas commandés), il ne les faut vouloir que foiblement et doucement, afin que si l'on nous empêche en l'emplette d'iceux, nous ne soyons pas grandement secoués [1]. » Il faut donc vouloir Dieu, c'est-à-dire vouloir le posséder absolument et nécessairement, sans aucune indifférence à cet égard, et l'indifférence est seulement pour certains moyens.

Quand il se trouveroit quelque léger embarras dans quelque passage du saint évêque, il vaudroit mieux l'expliquer bénignement que de l'entendre contre l'Ecriture, contre les saints Pères et contre lui-même. Ainsi l'on a droit de conclure que dans tous les passages de ce Saint qu'on vient de voir, ou l'on en altère le sens, ou l'on en tronque la lettre, ou même on les allègue tout à fait à faux.

VII.
Autre passage sur l'indifférence du salut.

« C'est, dit notre auteur, dans cette pure contemplation qu'on peut dire ce que dit saint François de Sales : il faut que l'amour soit bien puissant, pour se soutenir lui seul sans être appuyé d'aucun plaisir ni d'aucune prétention [2] : » il cote en marge : *Am. de Dieu*, liv. IX, ch. 21, où l'imprimeur a mis 21 pour 11, ce qui n'est rien : mais ce qu'il y a d'essentiel, c'est qu'on cite ce saint évêque directement contre sa pensée.

On le cite pour faire voir que l'ame contemplative « n'a plus besoin de chercher, ni de rassembler des motifs intéressés sur chaque vertu pour son propre intérêt (c'est-à-dire pour celui de son salut) et qu'elle trouve le motif de toutes les vertus dans l'amour : » comme si les motifs particuliers ne subsistoient plus. Mais sans parler de tout cela, le Saint ne traite en ce lieu que de l'état d'épreuve et de sécheresse. Le titre du chapitre est : *De la perplexité du cœur qui aime sans savoir qu'il plaît au bien-aimé* : toutes les paroles reviennent à ce dessein : *N'avoir point de prétention*, ce n'est pas n'en avoir point pour le salut, à Dieu ne plaise : c'est n'avoir pas la consolation de voir qu'on sortira de

---
[1] Liv. III, ep. 42. — [2] Art. 21, p. 167, 168.

cet état de privation, comme toute la suite le montre : encore le Saint ajoute-t-il « que la foi, qui est résidente en la cime de l'esprit, nous assure bien que ce trouble finira, et que nous jouirons un jour du repos : mais les remontrances ne sont presque plus entendues ; » remarquez ce *presque*, qui exclut la totale extinction de l'espérance, même dans la partie inférieure, qui est celle qu'on représente dans ce pénible exercice.

VIII.
Autres passages sur l'amour des vertus.

On allègue encore ce saint évêque [1] pour autoriser les paroles scandaleuses, *qu'on ne veut aucune vertu en tant que vertu*. Mais il ne les a jamais proférées, ni rien de semblable : il dit, sans seulement nommer la vertu, que *l'amour* des ames parfaites desquelles il parle, « est bien pur, bien net et bien simple, puisqu'elles ne se purifient pas pour être pures, elles ne se parent pas pour être belles : ains seulement pour plaire à leur amant, lui donner du contentement, lui obéir, etc. [2] : » ce qui au fond ne dit autre chose sinon que la beauté de ces ames n'est pas la fin dernière qu'elles se proposent : paroles qui, loin d'exclure le nom de vertu, en marquent seulement la fin.

Au lieu de ces paroles qui sont simples et très-véritables, l'auteur fait dire à saint François de Sales que « l'ame désintéressée n'aime plus les vertus parce qu'elles sont belles et pures : ni parce qu'elles sont dignes d'être aimées : ni parce qu'elles embellissent ceux qui les pratiquent : ni parce qu'elles sont méritoires : ni parce qu'elles préparent la récompense éternelle ; mais seulement parce qu'elles sont la volonté de Dieu [3]. »

On ne peut assez s'étonner que l'auteur ait ajouté de son crû, au texte du saint évêque, des paroles si considérables, dont aucune ne s'y trouve. Elles tendent toutes à déprimer les vertus, et tous les motifs qui y attirent ; à quoi le Saint n'a jamais pensé : ce qu'il dit véritablement, c'est que sans songer à plaire à ses propres yeux, ou aux yeux des autres, on ne veut plaire qu'au céleste Epoux : ce qui en tout état est incontestable.

[1] *Max. des SS.*, p. 224. — [2] *Entr.* XII, *de la Simp.* — [3] *Max. des SS.*, p. 224.

Dès qu'on lui veut plaire et le contenter, aussi bien que lui obéir, qui sont les paroles du Saint, on ne se désintéresse non plus de la volonté d'en être aimé que de celle de l'aimer : si on veut en être aimé, on veut le posséder, on veut être heureux : on veut toutes les choses qui lui plaisent : on veut par conséquent la beauté et la régularité qu'il aime lui-même dans la vertu : on veut le mérite particulier de chaque vertu, et la récompense qui n'est autre chose que la perfection de la vertu même.

C'est aussi à quoi aboutit le soin que le Saint attribue « à ces colombes innocentes de se mirer de temps en temps dans des eaux très-pures (par l'examen de conscience), pour voir si elles sont bien agencées au gré de leur amant[1] : » bien éloignées de pousser le désintéressement jusqu'à tenir pour indifférent *d'être à son gré*, pour s'en tenir à la sèche disposition de ne chercher les vertus que comme voulues de l'amant céleste, sans avoir égard à l'excellence qu'il a voulu qui se trouvât dans leur objet propre aussi bien que dans leur fin commune.

On ne peut conclure autre chose du passage tiré par l'auteur[2], de la *Vie de la mère de Chantal :* et ce qu'il en conclut, « qu'alors on exerce toutes les vertus sans penser qu'elles sont vertus, » comme si le nom de vertu les rendoit suspectes ; c'est la mauvaise conséquence de l'auteur, et non pas le sentiment de ceux qu'il allègue.

Saint François de Sales a prévenu tous les abus qu'on pouvoit faire de sa doctrine, lorsqu'il a dit « qu'il ne falloit point tant pointiller sur l'exercice des vertus : mais y aller franchement et à la vieille françoise, avec liberté et à la bonne foi, *grosso modo*[3]. » Les raffinemens de l'auteur sur les motifs des vertus, sont trop pleins de réflexions subtiles et inutiles dans une matière « où il faut aller franchement, rondement et simplement, » comme dit le même Saint[4].

Ne nous laissons point éblouir par un son confus de paroles, que des oreilles peu délicates pourroient écouter comme approchantes. Les propositions qu'on reprend dans le livre dont il s'a-

---

[1] *Entr.* XII. — [2] *Max. des SS.*, p. 225. — [3] Liv. III, ép. XI. — [4] Liv. IV, p. LIV.

git sont celles-ci : « qu'on ne veut aucune vertu en tant que vertu [1], » comme si le nom de *vertu* étoit odieux ou suspect : « qu'on aime les vertus seulement parce qu'elles sont la volonté de Dieu, » comme si elles n'avoient pas leur beauté intérieure qui fait que Dieu les aime : « qu'on exerce toutes les vertus sans penser qu'elles sont vertus, » contre le précepte de saint Pierre, qui nous ordonne d'aimer avec « toute sorte de soin dans notre foi la vertu, dans la vertu la science, dans la science l'abstinence, dans l'abstinence la patience, dans la patience la piété, dans la piété l'amour de ses frères, dans l'amour de ses frères la charité [2] : » et contre ce que dit saint Paul : « Au reste, mes Frères, toutes les choses qui sont véritables, qui sont pudiques, qui sont justes, qui sont saintes, qui sont aimables, qui sont de bonne réputation : s'il y a quelque vertu et quelque chose de louable dans les mœurs; c'est ce que vous devez penser [3]. » Il n'est pas digne d'un théologien de chercher des restrictions à l'amour qu'on doit aux vertus, et encore aux vertus chrétiennes ; en sorte qu'on ne sache plus s'il les faut aimer. On ne peut rien imaginer de plus opposé ni aux paroles ni à l'esprit de ces beaux préceptes des apôtres, que les propositions qu'on vient d'entendre, et encore, que celle-ci du même livre, « qu'on ne veut plus être vertueux, » et « qu'on ne l'est jamais tant, que quand on n'est point attaché à l'être [4] : » et ce qui est encore plus insupportable, « que les saints mystiques ont exclus de l'état de perfection les pratiques de vertu [5] : » ce qui se trouvera dans le *Moyen court* [6] et dans Molinos [7], après les béguards, comme nous l'avons démontré ailleurs [8] : mais jamais dans saint François de Sales ni dans aucun des saints mystiques.

CONCLUSION.

Ainsi dans les endroits fondamentaux, l'auteur en tout et partout abuse de l'autorité de ce Saint; ce qui suffit pour montrer

---

[1] *Max. des SS.*, p. 225—[2] II *Petr.*, I. 5, 6, 7.— [3] *Phil.*, IV, 8.— [4] *Max. des SS.*, p. 225.—[5] *Ibid.*, p. 253.— [6] *Moyen court*, p. 59.—[7] *Mol.*, prop. 32, etc.— [8] *Instr. sur les Etats d'Or.*, liv. V, n. 37; liv. X, n. 1.

qu'il n'y a rien à attendre de la tradition des saints, que le même auteur promet sans en alléguer aucune preuve, puisqu'il altère en tant de manières le seul des saints qu'il a cité, et sur lequel il a fondé toute la doctrine de son livre.

QUESTION IMPORTANTE

Si l'état d'une ame parfaite qui se croit damnée, est autorisé par l'exemple et par la doctrine de saint François de Sales, ou par les xxxiv Articles d'Issy.

I.

Dessein de ce discours.

Je traite à part cette question, quelque rapport qu'elle ait d'ailleurs avec saint François de Sales, afin de la traiter plus à fond, et de pousser la démonstration à la dernière évidence.

Il s'agit d'examiner l'article x du livre de l'*Explication des Maximes des Saints*, etc. Il faut ici avant toutes choses faire l'analyse de l'état qu'on y représente, et démontrer qu'il est plein d'erreur. 2. Il faut répondre à ceux qui objectent que nous l'avons approuvé. 3. Il faut voir s'il est appuyé de l'exemple de saint François de Sales. Par ce moyen la résolution de la question sera faite en forme démonstrative, et il en faut venir là pour fermer la bouche aux contredisans.

II.

Analyse de cet état : sept caractères.

Cet état est représenté avec ces sept caractères dans l'article x de l'*Explication des Maximes*[1], etc.

1. Les sacrifices des ames désintéressées sur leur béatitude

[1] *Max. des SS.*, P. 87, 90.

éternelle sont d'ordinaire conditionnels : celui-ci est absolu.

2. L'ame est invinciblement persuadée qu'elle est justement réprouvée de Dieu.

3. Il n'est pas question de lui dire le dogme précis de la foi sur la volonté de Dieu de sauver tous les hommes, et sur la croyance où nous devons être qu'il veut sauver chacun de nous en particulier.

4. C'est dans cette impression involontaire de désespoir qu'elle fait son sacrifice absolu.

5. Le cas impossible lui paroît possible, et actuellement réel.

6. Il n'est pas question de raisonner avec elle; car elle est incapable de tout raisonnement.

7. Elle fait, avec le consentement de son directeur, un acquiescement simple à la condamnation juste où elle croit être de la part de Dieu.

Ce sont les propres paroles de l'auteur. Le terme d'*intérêt propre*, dont il se sert de temps en temps, est expliqué par les autres; il parle de béatitude et de réprobation ou condamnation dans le juste jugement de Dieu, et le terme d'*intérêt propre* est déterminé en ajoutant que c'est l'*intérêt propre pour l'éternité*[1], et comme l'auteur parle ailleurs, l'*intérêt propre éternel*[2].

III.
Quatre erreurs dans ce système.

Il y a quatre erreurs capitales dans ce système :

La première, de mettre une ame sainte dans une hérésie formelle :

La seconde, de la faire succomber à la tentation du désespoir :

La troisième, de faire une ame sainte incapable de toute raison :

La quatrième, de la mettre dans un état d'impiété et de blasphème.

IV.
Démonstration : première erreur.

L'hérésie formelle est dans ces paroles du cinquième caractère: « Le cas impossible lui paroît possible : » et l'hérésie s'en dé-

[1] *Explic. des Max. des Saints*, p. 90. — [2] P. 73.

montre en cette sorte. Le cas impossible, selon que l'auteur le définit, est « que Dieu condamne une ame aux peines de l'enfer, sans perdre son amour. » Or de croire de cet état qu'il soit possible, et encore plus, de croire qu'il soit réel, c'est une hérésie contraire directement à toutes les promesses de l'Evangile, qui promettent le bien aux bons, et réservent le mal aux méchans ; contraire en particulier à cette parole du Sage : *Vous trouvez indigne de votre justice de punir un innocent* [1]. C'est encore une autre hérésie de croire *invinciblement que Dieu nous laisse tenter au-dessus de nos forces :* ce qui est expressément selon la parole de l'Apôtre [2], *contre la fidélité de Dieu.* C'est encore une hérésie anathématisée par tous les conciles, que Dieu commande des choses impossibles, et qu'il nous ordonne d'espérer, pendant qu'il nous livre invinciblement au désespoir (par le second et quatrième caractère). Il y a donc dans ces caractères des hérésies manifestes ; l'ame y adhère invinciblement, puisque même elle ne veut ou ne peut rien écouter au contraire (par le troisième et sixième caractère), et y donne son consentement simple et absolu, même avec conseil (par le septième) : elle est donc formellement hérétique, pendant qu'on la suppose sainte et parfaite.

V.

Seconde erreur.

C'est de faire succomber une ame à la tentation du désespoir. La tentation du désespoir consiste à induire l'ame à croire invinciblement qu'il n'y a point de salut pour elle. Or une ame sainte est représentée comme tombée dans cet état par le second caractère, qui emporte une invincible persuasion qu'elle est justement réprouvée de Dieu; laquelle persuasion n'en est que plus mauvaise, parce que selon l'auteur elle est *réfléchie :* à quoi il faut ajouter, que (par le quatrième caractère) vaincue de l'*impression involontaire* de désespoir, elle sacrifie absolument sa béatitude éternelle : et enfin que (par le septième) elle *acquiesce simplement* à la juste condamnation où elle croit être de la part de Dieu ;

[1] *Sap.*, XII, 13. — [2] *Cor.*, X, 13.

ce qui est le comble du désespoir, puisqu'elle le croit invinciblement. Donc une ame sainte est représentée comme plongée dans le désespoir, sans y voir aucune ressource.

VI.

Troisième erreur.

C'est qu'une ame sainte et parfaite soit en même temps incapable d'entendre la vérité, et d'écouter la raison (par les propres termes du sixième caractère) : ce qui ne peut arriver à ceux qui sont appelés enfans de la lumière que dans le cas d'actuelle et véritable folie, où l'on présuppose que l'ame n'est pas, puisqu'on la suppose au contraire dans une épreuve surnaturelle, et dans la sublimité d'un état divin.

VII.

Quatrième erreur.

C'est qu'une ame sainte et parfaite soit livrée à l'esprit d'impiété et de blasphème comme celle-ci (par les propres termes du troisième caractère); où non-seulement on est incapable de recevoir de la bouche des ministres de l'Eglise l'assurance de la bonté générale de Dieu envers tous les hommes, principalement envers les fidèles; mais encore celle de la bonté particulière de Dieu envers elle : elle n'en veut pas écouter la proposition; elle y renonce par son désespoir : ce qui n'est rien moins qu'un blasphème et une impiété contre un Dieu infiniment bon et toujours prêt à pardonner.

VIII.

Objection tirée des Articles d'Issy.

On objecte que nous avons à répondre aux mêmes inconvéniens, et qu'on en trouve même de plus grands encore dans les Articles signés à Issy, que dans l'article x de l'auteur, puisqu'il se contente de dire qu'un directeur *peut laisser faire* l'acquiescement à sa damnation; au lieu que dans le xxxiiie article d'Issy, nous nous servons du terme *d'inspirer*, qui est bien plus fort :

mais il y a, entre les Articles d'Issy et le x⁰ de l'auteur, quatre différences trop grandes pour pouvoir être ignorées.

IX.

RÉPONSE.

Quatre différences entre les Articles d'Issy et l'article x de l'auteur.

Première différence.

Premièrement, l'article xxxiii d'Issy, qui est celui dont on se prévaut, ne parle de soumission aux tourmens éternels sans être privée de la grace, que par *impossible* et par une très-fausse supposition [1] : au lieu que dans l'article x de l'auteur, le sacrifice de la béatitude éternelle est absolu, et l'acquiescement à sa condamnation est simple.

X.

Seconde différence.

De là naît une seconde différence entre le xxxiii⁰ article d'Issy et l'article x de l'auteur ; *que la soumission et le consentement* dont parle l'article d'Issy n'est qu'une velléité, et non pas une volonté absolue et proprement dite, au lieu que l'article x de l'auteur établit un sacrifice *absolu,* un acquiescement *simple,* un consentement véritable à sa perte.

XI.

Troisième différence.

La troisième différence, qui est la plus essentielle, est que dans l'article xxxiii d'Issy, l'ame demeure toujours renfermée dans le cas de la supposition impossible ; au lieu que l'article x de l'auteur fait paroître invinciblement à une ame sainte, que le *cas impossible* est devenu *non-seulement possible,* mais encore *actuellement réel,* qui est l'hérésie formelle où nous avons vu que l'auteur engage une ame sainte.

---

[1] *Instr. sur les Etats d'Or.,* liv. X, n. 5 et 19. *Explic. des Maxim.,* art. 10, p. 90, 91 ; ci-dessus, 1ʳᵉ erreur.

XII.

Quatrième différence.

Une quatrième différence, qu'on ne peut assez remarquer, c'est que l'article x de l'auteur fait permettre par un directeur, à l'ame parfaite, un *acquiescement simple* à sa juste condamnation ; au lieu que dans l'article xxxi d'Issy, qui est relatif au xxxiii, il est expressément porté « qu'il ne faut pas permettre aux ames peinées d'acquiescer à leur désespoir et damnation apparente, mais avec saint François de Sales les assurer que Dieu ne les abandonnera pas. » Tant s'en faut donc que l'article de l'auteur convienne avec ceux d'Issy, qu'au contraire on a affecté dans celui-là le terme d'*acquiescement;* qui est expressément défendu dans ceux d'Issy, comme celui qui met le comble au désespoir.

Après quatre différences si essentielles, si l'on veut dire que les Articles d'Issy sont de même sens que le x° du livre de l'*Explication,* il n'y a plus ni de sincérité ni de bonne foi dans ces discours.

XIII.

On vient à saint François de Sales : savoir s'il a été, comme dit l'auteur, dans une persuasion invincible de sa juste réprobation.

Cependant, pour autoriser cet affreux état, où une ame, qu'on suppose sainte, est livrée au désespoir, on se sert de l'exemple de saint François de Sales ; et après avoir dit que dans cet état « une ame est invinciblement persuadée qu'elle est justement réprouvée de Dieu [1], » on ajoute : « C'est ainsi que saint François de Sales se trouva dans l'église de Saint-Etienne des Grès. » Voyons donc si l'on pourra montrer que le Saint fut dans cette *persuasion invincible*, en conséquence de laquelle il fût inutile de lui parler de la bonté de Dieu envers tous les hommes, et envers lui en particulier ; ou de lui alléguer aucune raison, parce qu'il en *étoit incapable :* car ce sont là les suites infaillibles qu'on attache à cette *invincible persuasion;* et il faut montrer que le Saint ait été en cet état, ou avouer qu'on ne prouve rien.

[1] *Explic. des Max.*, etc., art. 10, p. 87, 88.

XIV.

Que cet état est contraire à la doctrine du saint.

Mais loin que le Saint ait approuvé cet état, il le combat directement par ces paroles : « Vous me direz que l'on ne peut pas emmi ces grandes ténèbres faire ces considérations, vu qu'il semble que nous ne pouvons pas seulement dire une parole à Notre-Seigneur [1]. » Voilà du moins l'objection bien clairement proposée : mais le Saint la repousse en cette sorte : « Certes vous avez raison de dire qu'il vous semble, d'autant qu'en vérité cela n'est pas : le sacré concile de Trente a déterminé cela, et nous sommes obligés de croire que Dieu et sa grace ne nous abandonne jamais; » et le reste qu'on pourra voir dans le même endroit : mais il nous suffit de montrer que bien loin de croire, avec l'auteur, qu'il n'est pas *question de dire à cette ame le dogme précis de la foi*, c'est au contraire ce *dogme précis*, que le Saint lui propose ici par le concile de Trente. Il est donc extrêmement question de soutenir ces ames désolées, par les principes de la foi : et si en disant qu'il n'en est pas question, l'auteur veut faire entendre que cela ne leur sert de rien, il se trompe encore; car si cela ne servoit de rien, *si la persuasion étoit tellement invincible*, qu'elle fût en même temps irrémédiable, *et que ces ames fussent incapables de tout raisonnement*, saint François de Sales ne leur tiendroit pas le sage discours qu'on vient d'entendre.

XV.

Autre passage du Saint.

Il dit ailleurs à une ame dans une semblable épreuve : « Ma chère fille, demeurez en paix dedans votre amertume; vous savez bien cela en la pointe de votre esprit, que Dieu est trop bon pour rejeter une ame qui ne veut point être hypocrite, etc. Cependant soupirez souvent devant lui doucement vos intentions. Je suis vôtre, ô Seigneur! sauvez-nous. Il le fera, ma très-chère fille; qu'à jamais son saint nom soit béni [2]. »

---

[1] *Entr.* v, p. 333 édit. Vivès; édit. de Toulouse, 1637. — [2] Liv. III, ép. 26; en d'autres éditions, 29.

Celle à qui il écrit ainsi est la même à qui il venoit d'écrire dans la même lettre : « Quand par une entière soumission et résignation à la Providence, vous vous dépouillerez du soin du succès de votre vie, même éternelle, ès mains de sa douceur et de son bon plaisir, il vous délivrera de cette peine, ou vous donnera tant de force pour la supporter, que vous aurez sujet d'en bénir la souffrance [1]. » Il en revient toujours *à la douceur*, aux bontés de Dieu, qui ne délaisse jamais ceux qui ne *veulent point être hypocrites*. Pourquoi? parce qu'il sait que cet abandon, par où l'on remet avec saint Pierre tous ses soins et toutes ses sollicitudes, même celle de son salut, entre les mains de Dieu, est appuyée sur ce fondement du même Apôtre [2] : *Quoniam ipsi cura est de vobis; parce qu'il a soin de vous*. De là vient qu'il met à la bouche de ces ames désolées : *Seigneur, je suis à vous, sauvez-moi*. Parole de confiance, s'il en fut jamais, dont le fondement est dans ce mot : *Je suis à vous;* non content de leur faire dire : *Je suis à vous, sauvez-moi*, il ajoute : *Il le fera;* c'est le vrai ministère des pasteurs évangéliques, de faire sentir aux ames la bonté de Dieu, et leur appliquer les promesses qui nous en assurent. Loin donc des ministres de Jésus-Christ la dureté et la sécheresse des nouveaux directeurs, qui ne parlent aux ames peinées que d'acquiescer à leur damnation comme juste : leur pratique n'est pas celle de notre Saint; aussi posent-ils pour fondement dans les ames *une persuasion invincible de leur juste réprobation*, que ce bon pasteur ne connoissoit pas.

XVI.

Autre passage du Saint, où il parle de sa propre épreuve.

Pour consoler un gentilhomme, qui après une longue et dangereuse maladie, « étoit surchargé d'une violente mélancolie, d'une triste humeur, par la crainte de la mort soudaine et des justes jugemens de Dieu [3], » il lui allègue en termes exprès les rudes épreuves où il s'étoit trouvé lui-même : « Hélas ! c'est un étrange tourment que celui-là ! mon ame qui l'a enduré six se-

---

[1] *Instr. sur l'Or.*, liv. IX, n. 8. — [2] I *Petr.*, v, 7. — [3] Liv. V, ép. 27; en d'autres édit. 30.

maines durant, est bien capable de compatir à ceux qui en sont affligés. » Voilà donc cette dure épreuve dont il est parlé dans sa vie. Le Saint en parle assez souvent : mais ces paroles impies autant que barbares, de *persuasion invincible*, de *sacrifice absolu*, d'*acquiescement simple* à sa damnation, ne sortent jamais de sa bouche : il ne parle que d'espérance à ce gentilhomme alarmé ; il lui fait dire avec le Psalmiste : *Mon ame, pourquoi es-tu triste? espère en Dieu* [1]. Pour le reste des duretés qu'on trouve dans les nouveaux directeurs, le saint homme ne les connoît ni dans lui ni dans les autres.

XVII.

Conséquence de cette doctrine : nouveau genre de tentation proposé par l'auteur, et inconnu au saint évêque.

Il résulte de cette doctrine, que le saint homme ne connoissoit pas le nouveau genre de tentation, et d'*une nature*, comme dit l'auteur, *si différente des tentations communes*, puisqu'il y faut acquiescer, comme on fait acquiescer une ame parfaite, mais peinée, par *un acquiescement simple* à sa juste condamnation, *ce qui d'ordinaire*, ajoute l'auteur, *sert à la mettre en paix et à la calmer, parce que la tentation n'est faite que pour cet effet*. Voilà donc ce nouveau genre de tentation auquel on ne remédie qu'en y consentant : voilà, dis-je, ce nouveau genre de tentation qu'on met au rang des graces, en sorte que leur résister, c'est résister à la grace : *Le moyen de les apaiser, c'est de n'y point chercher d'appui aperçu*, tel que seroit celui de la résistance. Il n'y a donc *qu'à acquiescer ; et c'est là ce qu'on appelle se laisser purifier de tout intérêt* jusqu'à celui du salut *par l'amour jaloux* [2].

Telles sont ces tentations qui sont insinuées et enveloppées dans l'article VIII [3], mais qui sont enfin, après avoir bien tourné, proposées en termes précis dans l'article X, comme on vient de voir.

Ces tentations encore un coup, sont inconnues au saint évêque de Genève. La tentation du désespoir n'est jamais invincible non plus que les autres : c'est une tentation, où, de même que dans

[1] *Psal.*, XLII, 5, 6. — [2] *Max. des SS.*, p. 77, 91, 92. — [3] *Ibid.*, art. 8, p. 74 et suiv.

les autres, la chair convoite contre l'esprit, et l'esprit contre la chair. On leur oppose comme aux autres la raison avec le dogme de la foi : les vrais spirituels reconnoissent ces tentations, et en savent le remède ; et ils renvoient aux quiétistes et aux autres faux spirituels, les tentations à qui on n'oppose ni la raison ni la foi, et qu'on ne guérit qu'en y consentant.

XVIII.
L'article xxxi d'Issy est tiré de cette doctrine du Saint.

On voit maintenant que ce n'est pas sans raison qu'on a proposé l'article xxxi comme tiré de la doctrine et construit des propres paroles du saint évêque. On a déjà rapporté cet article décisif en cette matière[1], et il ne reste plus qu'à rappeler en notre mémoire que l'auteur, qui l'a signé, affecte trop visiblement de le contredire.

XIX.
On vient aux paroles de M. l'évêque d'Evreux, et on examine s'il est vrai que je me sois contredit en les rapportant.

Mais enfin, dit-on, c'est ici un fait : ce fait est décidé par les paroles de M. l'évêque d'Evreux, auteur de la *Vie* du Saint; je les ai moi-même rapportées avec approbation dans le livre de l'*Instruction*[2] *:* et je me suis contredit quand j'ai souscrit avec M. de Paris et M. de Chartres dans notre commune *Déclaration*[3], le contraire de ce que j'ai dit dans mon livre. Voilà l'objection dans toute sa force, telle qu'elle est publiée par cent bouches préoccupées ; et si je n'y réponds clairement, ma bonne foi deviendra suspecte.

XX.
Paroles de M. d'Evreux, et quelle explication l'on y a donnée.

Cet auteur après avoir représenté « dans les frayeurs de l'enfer dont le saint homme fut saisi, *les effets* d'une noire mélancolie et des convulsions qui lui faisant perdre le sommeil et le manger, le poussèrent si près de la mort, qu'on ne croyoit point de remède à son mal : ajoute qu'il fallut enfin dans les dernières presses d'un

[1] Ci-dessus, n. xii.— [2] *Instr. sur les Etats d'Or.*, liv. IX, n. 3. — [3] *Déclar.*, p. 276.

si cruel tourment, en venir à cette terrible résolution, que puisqu'en l'autre vie il devoit être privé pour jamais de voir et d'aimer un Dieu si digne d'être aimé, il vouloit au moins, pendant qu'il vivoit sur la terre, faire tout son possible pour l'aimer de toutes les forces de son ame. » Au reste on ne voit point là de persuasion invincible, de sacrifice absolu, d'acquiescement simple, qui étoit pourtant ce qu'il y falloit trouver pour me faire contraire à moi-même. Le Saint aussi n'a fait nulle mention de toutes ces choses dans la lettre qu'on vient de voir, où il parle de cette cruelle épreuve [1] : mais seulement d'une *triste humeur*, d'une *violente mélancolie, de la crainte d'une mort soudaine et des justes jugemens de Dieu*. Pour moi, insistant toujours aux mêmes principes, j'ai dit en trois mots [2] « que le saint homme agissoit par cette supposition visiblement impossible, qu'après avoir aimé toute sa vie, il n'aimeroit plus dans l'éternité. » Ainsi j'ai donné ce sens nécessaire et naturel aux paroles de l'homme de Dieu comme son historien les a rapportées, que *puisque* (par supposition) *il seroit privé d'aimer* Dieu dans la vie future, il vouloit l'aimer toujours dans celle-ci : qui est un sens si simple et si droit, que tout lecteur en va convenir.

XXI.

Démonstration.

En effet en parcourant tous les sens qu'on peut imaginer dans le discours du Saint, l'on aperçoit d'un coup d'œil qu'il n'y a que celui-ci qu'on puisse souffrir. Si l'on pense qu'il ait pu croire sérieusement que ne devant plus aimer Dieu dans l'éternité, il l'aimera du moins durant toute la suite de sa vie, on lui fait croire une hérésie, qui est qu'en persévérant dans l'amour de Dieu on soit damné.

Il y auroit un égal inconvénient à faire, en quelque sorte que ce fût, consentir un saint à déchoir du saint amour. Qu'ainsi ne soit : si l'on prétend faire dire à saint François de Sales absolument : « Puisque je n'aimerai plus dans l'autre vie, je veux du moins aimer tant que je pourrai dans celle-ci, » l'acquiescement que contiendroit la première partie de ce discours, ou ne seroit

---

[1] Ci-dessus, n. XVI. — [2] *Instr*, liv. IX, n. 3.

rien, ou seroit un acquiescement à ne plus aimer : chose si absurde et si impie qu'on ne la peut supporter, puisque dans les autres suppositions impossibles, par exemple dans celle-ci de l'auteur : « Si par impossible Dieu me vouloit condamner à l'enfer sans perdre son amour, je ne l'aimerois pas moins [1], » ceux à qui on les attribue du moins, réservent l'amour, au lieu, chose abominable, que ce seroit de l'amour même que saint François de Sales se laisseroit dépouiller.

Ainsi l'auteur auroit mieux fait de supprimer tout cet endroit que d'en tirer avantage ; mais puisqu'il en vouloit parler, pour en faire l'analyse, il devoit dire que la première partie, qu'on ne veut plus répéter, étoit, comme on parle, une concession de chose non avouée, et pour me faire mieux entendre, un *transeat* de l'Ecole. Le vrai acte d'amour du Saint étoit de vouloir toujours aimer dans le temps présent : dans le reste, que l'auteur propose d'une manière odieuse et insoutenable, il n'y a rien à prendre au pied de la lettre : tout consiste en suppositions absurdes et impossibles : l'acquiescement qu'on suppose ne fut jamais en effet ni n'a pu être, ni dans saint François de Sales, ni dans aucune ame pieuse : ce qu'on appelle acquiescement et sacrifice est une peine, une tentation qu'il faut faire détester à l'ame ; qu'elle déteste en effet dans son fond, encore que dans la peine elle s'imagine qu'elle y consent, ainsi qu'il arrive en tant d'autres tentations, surtout aux ames peinées et scrupuleuses : mais on ne peut sans impiété supposer qu'elle y consente, ni appeler sacrifice ce qui est une tentation ou un crime.

XXII.

On explique quelques expressions.

Il se faut bien garder de croire, lorsque je dis que le Saint *portoit dans son cœur comme une réponse de mort* [2], que je l'entende d'une réponse de réprobation : c'est que le Saint en effet étoit à la mort comme parle son historien, et comme il parle lui-même dans sa lettre qu'on a rapportée [3] : ainsi cette *réponse de mort* s'entend comme dans saint Paul [4], et signifie à la lettre

[1] *Max. des SS.*, p. 87. — [2] *Instr.*, etc. — [3] Ci-dessus, n. 16. — [4] II *Cor.*, I, 8, 9.

qu'ennuyé de la vie il crut mourir, *afin,* dit-il, *qu'il apprît à ne plus mettre sa confiance en lui-même; mais en Dieu qui ressuscite les morts* : ce qu'il y eut de particulier dans cet accident de saint François de Sales, c'est que la tentation le portoit à croire que la mort qu'il voyoit présente seroit le sceau de sa perte, à quoi pourtant une ame si sainte ne pouvoit pas adhérer.

Après tout, quand M. d'Evreux n'auroit pas assez expliqué cet endroit de la vie du Saint, ce n'est pas de ces minuties que dépend la vérité, et il ne m'est pas permis de dissimuler le grand péril de la religion dans l'abus d'un si grand exemple.

XXIII.

Si la doctrine de l'article x peut être excusée.

On voudra *peut-être* excuser l'auteur sur ce que « la persuasion et la conviction qu'il nomme invincible est réfléchie, apparente, et n'est pas le fond intime de la conscience : » et qu'après tout pour se conformer au xxxie article d'Issy, il dit « qu'on ne doit jamais ni conseiller ni permettre à l'ame peinée de croire positivement par une persuasion libre et volontaire qu'elle est réprouvée[1]. »

Mais la vérité me force à dire que ces excuses sont pires que le mal même. Car c'est par où nous serons contraints à reconnoître qu'on peut être *invinciblement* et même avec *réflexion* dans le désespoir, sans néanmoins que le désespoir *soit dans le fond intime de la conscience* : toute autre tentation, à cet exemple, induira des acquiescemens qui ne seront *qu'apparens,* encore qu'ils soient *invincibles*[2]. Il nous faudra reconnoître ces tentations dont le remède est d'y céder; et il n'y aura plus de vertu qui ne puisse subsister avec une adhérence actuelle, invincible, et réfléchie à l'acte que la loi défend.

Quant au refus de la permission « de croire positivement par une persuasion libre et volontaire qu'on est réprouvé[3], » que sert-il à l'ame peinée, si on y reconnoît d'ailleurs une persuasion *invincible et involontaire*, à laquelle on n'ose opposer ni la raison

---

[1] *Max. des SS.*, p. 87, 90, 92. — [2] Ci-dessus, n. xvii. — [3] *Max. des SS.*, p. 92.

ni la loi de Dieu et le dogme précis de la foi : si l'on permet d'y acquiescer par un acquiescement simple, et qu'on appelle cet acquiescement un sacrifice comme l'acte le plus parfait de la religion?

Voilà des nouveautés contre lesquelles on ne peut assez s'élever, tant à cause des maux qu'elles contiennent, qu'à cause de ceux qu'elles attirent par des conséquences infaillibles. Le sage lecteur jugera si l'on a tort d'en souhaiter le désaveu ; et si cette doctrine est contradictoire en elle-même, comme elle l'est nécessairement par son propre excès, il ne faut que se souvenir que la contradiction n'est pas une excuse.

QUATRIÈME ÉCRIT

OU

MÉMOIRE

DE M. L'ÉVÊQUE DE MEAUX

SUR LES PASSAGES DE L'ÉCRITURE.

Ce qui marque le plus clairement le mauvais caractère de la nouvelle spiritualité, est l'abus manifeste et perpétuel de la parole de Dieu ; et ce discours fera voir le même défaut dans le livre dont il s'agit.

Deux parties de ce discours.

Il y a ici deux choses à considérer : l'une, que pour établir l'amour qui s'aide des motifs de la récompense éternelle, l'auteur allègue toute l'Ecriture, soutenue comme il dit lui-même de toute la tradition, de toutes les prières de l'Eglise : et ce qui rend la preuve complète d'un décret exprès du concile de Trente [1], où la pratique des plus grands Saints est établie par l'exemple de Moïse et de David : toutes preuves qui selon les règles de l'Eglise et du même concile de Trente, rendent cette vérité incontestable.

L'autre chose à considérer, est au contraire que pour exempter les parfaits de l'obligation de ce motif, et pour établir la perfection dans cette exclusion ou séparation, les passages que l'auteur produit, sont par un abus manifeste, détournés de leur sens naturel à un sens étranger et faux, dont aussi on n'allègue aucun garant parmi les saints Pères.

[1] *Max. des SS.*, p. 19, 21. Sess. VI, cap. XI.

PREMIÈRE PARTIE

Où le motif de la récompense est établi par l'Ecriture et la tradition constante.

I.

Quelques réflexions sur les passages de l'Ecriture, qui proposent le motif de la récompense. Première réflexion : qu'ils sont proposés en termes généraux et sans exception.

Pour entrer d'abord en matière, sans rechercher avec soin les passages où l'Ecriture nous propose ce saint et cher intérêt, si on veut l'appeler ainsi, de l'éternelle béatitude, puisque l'auteur demeure d'accord qu'ils sont répandus partout, nous remarquerons :

1. Que ce motif est également proposé à tous dans les termes les plus généraux, sans aucune restriction : de sorte qu'on n'en peut excepter personne. Il n'y a point de restriction dans les huit béatitudes ; il n'y en a point dans cette parole : *Réjouissez-vous, parce que vos noms sont écrits dans le ciel*[1] : ni dans toute l'*Epître aux Hébreux*, où la cité permanente nous est proposée; ni en aucun des endroits de l'Ecriture, où toute l'Eglise, sans distinction de parfaits et d'imparfaits, est mise en mouvement vers le ciel.

II.

Remarque sur le précepte de la charité.

Ce motif nous est proposé avec le grand et premier commandement, qui est celui d'aimer Dieu; ce qui paroît par ces paroles du *Deutéronome*: « Ecoute, Israël, et prends garde à observer les commandemens que te donne le Seigneur ton Dieu, afin que tu sois heureux (*et benè sit tibi*), que tu sois multiplié, et que tu possèdes la terre coulante de lait et de miel, comme le Seigneur te l'a promis[2]. » Cette terre coulante de lait et de miel est pour nous la patrie céleste, qui est la terre des vivans, et le royaume

---
[1] *Luc.*, x, 20. — [2] *Deut.*, VI, 3, 4.

de Dieu : à quoi le Seigneur attache le commandement en ces termes : « Ecoute, Israël ; le Seigneur notre Dieu est un seul Dieu : Tu aimeras le Seigneur ton Dieu de tout ton cœur, et de toute ton ame, et de toute ta force [1]. »

III.

Tous les motifs de l'amour de Dieu sont compris dans ce commandement.

Il n'est pas ici question de discuter les motifs de l'amour de Dieu spécificatifs, principaux, immédiats, subsidiaires, ou autres dont on dispute dans l'Ecole : mais seulement de considérer les choses que Dieu veut qui marchent ensemble en quelque manière que ce soit ; qui sont d'aimer Dieu à titre *de Seigneur* ; ce qui est un titre relatif à nous : à titre de *notre Dieu, Deum tuum*, d'un Dieu qui veut être à nous en toutes manières, et autant par ses bienfaits que par son empire naturel : et enfin avec le motif de désirer d'être heureux, et de posséder la terre qu'il nous a promise.

V.

Preuve de la vérité par la suite du précepte.

Ces annexes inséparables du premier commandement ont la même étendue que le commandement même, et entrent dans les motifs, sinon spécificatifs, de quoi il ne nous importe pas à présent, du moins excitatifs de l'amour de Dieu, ainsi qu'il paroît encore dans ces paroles du *Deutéronome* : « Regarde que le ciel, et le ciel des cieux, est au Seigneur ton Dieu, avec la terre et tout ce qu'elle contient : et toutefois le Seigneur ton Dieu s'est attaché et collé à tes pères (*conglutinatus est*), et les a aimés et leur postérité après eux [2] ; » pour en venir à conclure : « Aime donc le Seigneur ton Dieu [3] ; » ce qui montre que l'union de Dieu avec nous pour nous rendre heureux, et son amour bienfaisant, entre en quelque manière que ce soit dans le motif de l'aimer, et ne peut pas en être absolument séparé.

[1] *Deut.*, VI., 4, 5. — [2] *Deut.*, X, 14, 15. — [3] *Ibid.*, XI, 1.

V.

Les béatitudes.

Ce motif de notre béatitude n'entre pas seulement dans le culte de l'Ancien Testament, comme il paroît par ces passages : « Heureux l'homme qui ne marche point dans le conseil des impies : Heureux ceux dont les péchés sont remis : Heureux ceux qui marchent sans tache dans la voie du Seigneur; » et cent autres de cette nature : mais il est encore présupposé comme un fondement de la nouvelle alliance dès le sermon sur la montagne, où Jésus-Christ commence à établir la loi nouvelle par les huit célèbres béatitudes, qui sont le fondement de ce grand édifice.

VI.

Comment Jésus-Christ propose la béatitude.

Jésus-Christ en proposant ce motif, n'use point de paroles de commandement, mais il procède en présupposant que de soi il est voulu de tout le monde, et le donne aussi pour motif commun de tous les commandemens qui doivent suivre dans les v, vi et viie chapitres de saint Matthieu.

VII.

Tout cela regarde les parfaits comme les autres.

Ces commandemens regardent les parfaits comme les autres, et même plus que les autres, puisque Jésus-Christ y établit l'excellence de l'Evangile par-dessus la loi : ainsi les béatitudes, qui en sont les fondemens et les motifs, les regardent aussi.

VIII.

Jésus-Christ propose la récompense comme motif à ceux qui aiment.

Le motif de la récompense est clairement exprimé dans ces paroles adressées à tous : Quoi! « vous ne voulez pas venir à moi pour avoir la vie [1] ? » Qu'est-ce que venir à lui, sinon s'y unir par une foi vive, ce qui revient à cette parole : « Maître, que

[1] *Joan.*, v, 40.

ferai-je pour posséder la vie éternelle [1] ? » Celui qui parle en cette sorte, déclare assez de quel motif il est poussé; et loin de l'en détourner, le Maître céleste, après lui avoir fait réciter le commandement de la charité, le confirme dans son intention, en lui disant : « Faites cela, et vous vivrez. »

IX.

Ce motif est proposé nommément aux plus parfaits.

Pour exclure toute exception, ce motif est proposé nommément aux plus parfaits; à ceux qui font les plus grands miracles, lorsqu'on leur dit : « Ne vous réjouissez pas de ce que les mauvais esprits vous sont assujettis; mais réjouissez-vous de ce que vos noms sont écrits dans le ciel [2] : » à ceux « qui souffrent persécution pour la justice [3], » qui sont au plus haut degré de la *perfection chrétienne,* auxquels on dit néanmoins : « Réjouissez-vous et triomphez de joie, parce que votre récompense est grande dans le ciel; » ce que Jésus-Christ confirme, lorsqu'il promet « le centuple avec la vie éternelle [4] » à ceux qui ont pour lui un si grand amour, qu'il leur fait « quitter pour son nom leurs maisons, leurs frères, leurs sœurs, leur père, leur mère, leur femme, leurs enfans, leurs terres; » qui sont sans doute les plus parfaits : et toutefois il ne trouve pas indigne d'eux, ni de lui, de les exciter par la récompense éternelle.

X.

Toute l'Ecriture se rapporte à la charité : principe de saint Augustin.

Si on répond que ce motif doit être proposé à tous les justes et même aux plus parfaits, mais non pas précisément comme le motif de leur charité, on oublie cette parole de saint Paul : « La fin du précepte est la charité [5]; » ce qui montre que Dieu se propose dans tous les préceptes de la faire régner en nous de plus en plus : et c'est aussi ce qui a fait dire à saint Augustin, « que l'Ecriture ne défendoit que la convoitise, et ne commandoit que

---

[1] *Luc.,* x, 25, 28. — [2] *Ibid.,* x, 20. — [3] *Matth.,* v, 12. — [4] *Ibid.,* xix, 29. — [5] I *Tim.,* 1, 5.

la charité : *Non vetat nisi cupiditatem, non præcipit nisi charitatem.* »

XI.

Exemple d'Abraham.

Les exemples secondent les préceptes : Abraham est le père des croyans et le modèle de la justice chrétienne, même dans les plus parfaits : son premier pas a été de tout quitter pour l'amour de Dieu et de le suivre à l'aveugle ; et néanmoins Dieu ne juge pas indécent d'attirer par la récompense un homme si parfait, en lui disant : « Je suis ton protecteur et ta trop grande récompense[1] ; » à quoi Abraham consent en disant : « Seigneur, que me donnerez-vous ? » parce qu'on ne peut mieux répondre à la libéralité de Dieu qu'en l'acceptant.

XII.

Moïse, selon saint Paul, en exerçant le plus grand amour de Dieu regardoit à la récompense.

Moïse est si parfait, que lorsque Dieu lui promet Jésus-Christ, il se sert de ces paroles : « Je leur donnerai un prophète comme vous : *sicut te*[2] : » ce qui montre qu'il devoit être la plus parfaite image de Jésus-Christ : et néanmoins saint Paul ne croit pas le rabaisser en disant, « que s'il préféroit à tous les trésors de l'Egypte l'opprobre de Jésus-Christ, c'est à cause qu'il regardoit à la récompense[3]. »

XIII.

Si l'on peut dire qu'alors Moïse n'étoit point parfait, ou que ce n'étoit pas là sa plus parfaite action.

Si l'on répond que lorsqu'il agissoit par cette vue, il n'étoit pas encore si parfait, ou qu'en tout cas ce n'étoit pas là sa plus parfaite action : il faudroit rendre raison pourquoi c'est celle-là que saint Paul remarque, et demander s'il vouloit par là dégrader Moïse, un si parfait ami de Dieu, qui dès lors « étant devenu grand, ne voulut plus être le fils de la fille de Pharaon[4], » ni changer à cette naissance royale la sienne si méprisée et si haïe dans

[1] *Gen.*, xv, 1, 2. — [2] *Deut.*, xviii, 18. — [3] *Hebr.*, xi, 24, 26. — [4] *Hebr.*, xi, 24.

l'Egypte. Il faudroit aussi expliquer si ce n'est pas au plus haut état de la perfection qu'il disoit à Dieu : « Si j'ai trouvé grace devant vos yeux, montrez-moi votre face[1]; » et encore : « Montrez-moi votre gloire; et Dieu répondit : Je vous montrerai tout bien[2]. » Que ne disoit-il une fois à ces parfaits qu'ils étoient encore trop intéressés, et que contens de l'aimer sans rien désirer de lui, ils ne devoient point demander de voir sa face ?

XIV.
Exemple de David.

J'en dis autant de David, cet homme selon le cœur de Dieu, qui confesse qu'il « a incliné son cœur à observer ses commandemens, à cause de la récompense[3]. » Je me suis souvent étonné de quelques auteurs scolastiques, qui pour éluder ce passage, remarquent qu'il est couché un peu autrement dans l'hébreu : sans considérer qu'il est cité précisément selon la version Vulgate par le concile de Trente[4], pour établir le motif de la récompense. Les LXX y sont conformes : saint Jérôme en traduisant selon l'hébreu et pour en mieux prendre l'esprit, a mis : *Propter æternam retributionem :* cette version est conforme à l'esprit de David, qui dans tout ce Psaume, l'un des plus parfaits comme l'un des plus profonds, ne cesse de s'exciter par tous les motifs à aimer Dieu, comme il paroît par ces mots : *Retribue servo tuo :* Récompensez votre serviteur[5] ; et par ceux-ci au milieu de la sécheresse : *Quand me consolerez-vous? Quandò consolaberis me*[6]? et par cent autres semblables, pour ne point ici parler des autres Psaumes où il disoit : « Le Seigneur est mon partage et mon héritage; » et encore : « Je ne lui demande qu'une seule chose, que je ne cesserai de lui demander; » et encore : « Que désirerai-je dans le ciel, et qu'est-ce que j'ai voulu sur la terre ? Vous êtes le Dieu de mon cœur, et Dieu est mon partage à jamais[7] : » et ainsi des autres endroits qui sont infinis. Il ne reste plus qu'à dire qu'Abraham, Moïse et David étoient de ces saints qu'il falloit laisser dans ces motifs imparfaits et intéressés.

[1] *Exod.*, XXXIII, 13. — [2] *Ibid.*, 18, 19. — [3] *Ps.*, CXVIII, 11. — [4] Sess., VI, cap. XI. — [5] *Ibid.*, 17. — [6] *Ibid.*, 82. — [7] *Ps.*, XV, 5, XXVI, 14, LXXII, 25.

XV.

Décret du concile de Trente.

On ne peut donner un autre sens à ces exemples de Moïse et de David sans encourir la condamnation du concile de Trente, qui les rapporte expressément pour montrer qu'on « peut exciter sa paresse et s'encourager par la vue de la récompense, quoique ce soit principalement pour glorifier Dieu [1] : » ce qui montre qu'il reste toujours dans la nature, et même dans les plus grands Saints, un fond de paresse qu'il faut exciter par le motif de la récompense.

XVI.

Les Saints, à l'exemple de David, font concourir tous les motifs à l'amour de Dieu.

Il y a donc plusieurs motifs d'aimer Dieu : l'excellence de sa nature, comme quand on dit : *Le Seigneur est grand; Magnus Dominus :* sa bonté communicative, ou, ce qui est la même chose, sa magnificence, comme quand on dit et qu'on répète avec un sentiment si vif : « Louez le Seigneur, parce qu'il est bon et que sa miséricorde est éternelle : *Quoniam in æternum misericordia ejus :* » le bienfait particulier de la création, comme quand on dit : « Il nous a faits, et nous ne nous sommes pas faits nous-mêmes : *Ipse fecit nos, et non ipsi nos :* » tous les bienfaits ramassés, comme lorsqu'on dit : « Je vous aimerai, Seigneur, qui êtes ma force : le Seigneur est mon appui, mon refuge et mon libérateur, mon Dieu, mon secours, et j'espérerai en lui : » où l'on prend pour motif de son amour les graces qu'on en a reçues et celles qu'on en espère.

XVII.

Jésus-Christ décide en termes formels que la rémission des péchés est un motif de la charité.

Surtout c'est un grand motif de l'aimer que la rémission des péchés : et si elle n'étoit pas l'un des motifs des plus naturels d'un grand amour, Jésus-Christ n'auroit pas décidé que « celui à

[1] Sess. VI, cap. XI.

qui on remet plus, aime plus : et que celui à qui on remet moins, aime moins [1]. » Il s'agit bien certainement de l'amour de charité, puisqu'il s'agit de l'amour à qui les péchés sont pardonnés : « Plusieurs péchés, dit-il, lui sont pardonnés, parce qu'elle a beaucoup aimé ; » c'est donc s'opposer directement à l'intention et à la parole de Jésus-Christ, que d'ôter ce motif à la charité.

XVIII.
Autre motif dans l'amour de Dieu prévenant.

C'est encore un grand motif d'aimer Dieu, que d'être prévenu de son amour ; et le disciple bien-aimé en est si touché, lui dont l'amour étoit si parfait, qu'il s'unit à tous les fidèles pour dire avec eux d'une commune voix : « Aimons donc Dieu, puisqu'il nous a aimés le premier : *Quoniam ipse prior dilexit nos* [2] : » *quoniam* ; par cette vue, par ce motif.

XIX.
Les motifs sont infinis.

La charité a donc, encore un coup, plusieurs motifs nécessaires en tout état : elle en a une infinité, puisqu'elle en a autant qu'il y a, pour ainsi parler, de grandeurs en Dieu et de bienfaits envers l'homme.

XX.
L'Oraison Dominicale.

Tous ces motifs sont compris dans l'Oraison Dominicale, qui n'est pas moins l'oraison des parfaits que des imparfaits : et l'on y joint l'excellence de la nature divine à la grandeur de ses bienfaits, dès l'abord sous le nom de *Père*, dans la suite en le regardant *dans les cieux* où il jouit de sa grandeur et où il en fait jouir ceux qu'il aime : toute la tradition reconnoît que par la première demande *son nom* saint en lui-même devoit *être sanctifié en nous* : que son règne en lui-même toujours invincible devoit nous arriver : que sa volonté toujours accomplie dans le ciel, le

---
[1] *Luc.*, VII, 43, 47. — [2] I *Joan.*, IV, 10, 19.

devoit être en nous et par nous, en sorte que nous fussions saints et heureux ; et ainsi du reste, où la parfaite charité nous fait joindre la grandeur de Dieu à notre bonheur et à ses bienfaits.

XXI.

Dessein de l'Ecole dans la distinction des motifs.

Quand donc, en considérant tous ces motifs de la charité, on demande en théologie quel est le premier et le principal, ou, ce qui est la même chose, quel est l'objet spécifique de cette vertu ; on demande quel est l'objet sans lequel elle ne peut ni être, ni être entendue, l'objet qu'on ne peut séparer d'elle, pas même par abstraction et par la pensée, et on répond que c'est l'excellence et la perfection de la nature divine : mais en pratique on ne prétend pas dire qu'on puisse négliger les autres motifs, ou les regarder comme foibles, ou, ce qui seroit encore plus faux, les exclure d'entre les motifs de la charité ; ce seroit contredire directement l'Ecriture. On peut bien n'y pas penser toujours, et le seul objet qu'on ne peut pas séparer absolument des autres, même par la conception et par la pensée, c'est celui de l'excellence et de la perfection divine, car qui peut songer seulement à aimer Dieu sans songer que c'est à l'être parfait qu'il se veut unir? C'est la première pensée qui vient à celui qui l'aime, et sans elle on ne connoît même pas les bienfaits de Dieu, puisque ce qui en fait la valeur est qu'ils viennent de cette main divine et parfaite qui donne le prix à ses présens.

XXII.

S'il est vrai qu'on est d'accord dans le fond, et qu'il n'y a qu'à s'entendre.

Si après cela on nous répond qu'on ne prétend pas autre chose, et qu'enfin on ne s'entend pas les uns les autres ; entendons-nous donc : car c'est mauvais signe de dire toujours qu'on n'est pas entendu par les chrétiens. Je demande à l'auteur ce qu'il entendoit par ces paroles [1] : « Il faut laisser les ames dans l'exercice de l'amour qui est encore mélangé du motif de leur intérêt propre,

[1] *Max.*, p. 33.

tout autant de temps que l'attrait de la grace les y laisse ? » Ne suppose-t-il pas par ce discours qu'il viendra un temps où la grace ne laissera pas les ames dans l'usage de ces motifs, et qu'alors il faudra les en tirer, comme on ôte le lait à l'enfant qu'on sèvre ? car c'est précisément la comparaison dont on se sert. Hé bien donc viendra le temps de sevrer l'enfant : mais si l'on demande de quoi donc il faut sevrer les chrétiens, on répondra, selon la méthode des nouveaux spirituels, que c'est des motifs répandus partout dans l'Ecriture : un des motifs, par exemple, dont il faudra les sevrer, c'est celui de la vue de Dieu à laquelle nous sommes préparés par la purification du cœur. Est-ce là entendre l'Ecriture ? n'est-elle que pour les imparfaits ? y a-t-il un autre évangile pour les autres ? en est-on quitte pour dire toujours : On ne nous entend pas : sans jamais vouloir parler nettement ? Car enfin que signifient « ces motifs répandus partout qu'il faut révérer, et dont il faut se servir pour réprimer les passions, pour affermir toutes les vertus, et pour détacher les ames de tout ce qui est renfermé dans la vie présente ? » Voilà ces motifs répandus partout : et quand est-ce qu'on cesse d'en avoir besoin ? quand est-ce, dis-je, qu'on n'a plus besoin de réprimer ses passions, ou d'affermir ses vertus, ou de se dégoûter du siècle présent par ces motifs dignes d'être révérés ? Mais est-ce les révérer que de les juger indignes des parfaits, ou dire en tout cas qu'ils y ont recours par pure condescendance ? C'est un nouvel évangile : ces motifs, dignes en effet d'être révérés, sont les bienfaits et les récompenses : et le besoin n'en cessera jamais.

XXXIII.

Que le prétendu amour pur, qui bannit les motifs de la récompense, est une illusion.

Il ne cessera pas, dira-t-on, mais il cessera d'être dominant. Je le veux : ce sera l'état du quatrième « degré de l'amour, où l'on ne cherche son bonheur propre que comme un moyen subordonné à la gloire de Dieu [1]. » N'est-ce pas là un vrai amour

---

[1] *Max.*, p. 8.

désintéressé? sans doute, dès que c'est un amour de charité : et vous ne sauriez le désintéresser davantage qu'en poussant la chose jusqu'à empêcher les chrétiens de s'intéresser dans leur salut. C'est aussi à quoi l'on déclare qu'on les veut porter : c'est ce qu'on réserve au cinquième degré d'amour, où l'on suppose que l'ame s'épure, même de la vue du bonheur uniquement rapporté et subordonné à la fin dernière, qui est la gloire de Dieu. C'est donc alors qu'il se faut sevrer de tout les motifs du salut et du bonheur éternel : mais qui bannira ces motifs? qui aura l'autorité d'exempter les ames d'un motif répandu partout dans l'Ecriture? Sera-ce dans la tradition des saints que se trouvera cette exception? Mais l'auteur avoue que ces motifs ne sont pas moins répandus dans la tradition que dans l'Ecriture même, et que l'Eglise ne retentit d'autre chose dans ses prières ; ce qui est, selon saint Augustin et selon toute la théologie, la preuve la plus constante de la tradition.

XXIV.

Conclusion démonstrative.

De là se forme la démonstration qui fera la réduction de tout le discours précédent, et la conclusion de cette première partie. La règle pour entendre l'Ecriture est de l'entendre selon la tradition, par le concile de Trente [1], qui établit ce principe. Or est-il que le motif de la récompense, qui est renfermé dans celui des bienfaits, se trouve par toute l'Ecriture, de l'aveu de l'auteur : du même aveu, l'explication que nous donnons aux passages est conforme à la tradition, dont nous avons pour preuve invincible, comme parle le même auteur, *les monumens les plus précieux* de la même tradition, c'est-à-dire les plus beaux endroits des saints, et encore toutes les prières de l'Eglise, où tout le monde est d'accord que reluit principalement sa foi, comme nous l'avons démontré ailleurs [2]. Cette explication de l'Ecriture est donc comprise dans la foi de l'Eglise, et ne peut être niée sans erreur.

[1] Sess. IV.— [2] *Instr. sur les Etats d'Or.*, liv. VI, n. 2, 3.

SECONDE PARTIE.

Les passages de l'Ecriture, allégués pour le sentiment contraire, sont un abus manifeste de la parole de Dieu.

XXV.

Premiers passages. David et Daniel.

La vraie interprétation des passages de l'Ecriture, pour le motif de la récompense sans exception ni restriction, étant établie, tout ce qu'on peut alléguer au contraire ne peut être qu'une erreur où l'on commet l'Ecriture avec l'Ecriture, et un abus manifeste de la parole de Dieu. En effet, les premiers passages qu'on allègue contre nous sont ces deux-ci [1] : « La sainte indifférence qui n'est que le désintéressement de l'amour, est le principe réel de tous les désirs désintéressés. C'est ainsi que Daniel fut appelé l'homme de désirs : c'est ainsi que le Psalmiste disoit : Tous mes désirs sont devant vous. » Mais rien n'est plus éloigné de l'indifférence que ces deux endroits. David demandoit que Dieu détournât sa colère, et sous la figure d'une maladie, qu'il le délivrât de ses péchés et de ses tentations. Et après cela, au lieu de dire : Mon indifférence vous est connue, il dit : *Mon désir est devant vous* [2]; vous voyez ce que j'ai reçu, et ce que j'attends de vos bontés infinies : *Soyez attentif à mon secours, Seigneur, vous qui êtes l'auteur de mon salut* [3]. Voilà comme il y est indifférent.

Pour Daniel, tout occupé du désir du rétablissement de Jérusalem marqué par le prophète Jérémie, et occupé sous cette figure de la délivrance future des enfans de Dieu par Jésus-Christ, il est appelé non pas l'homme d'indifférence, que la restauration de Jérusalem et la rédemption par Jésus-Christ ne touchât pas, ce qu'on ne peut penser sans impiété : mais au contraire, *l'homme de désirs*, à qui aussi ses désirs ardens obtiennent la révélation du temps précis du mystère [4]. L'auteur, qui ne peut trouver en

---

[1] *Max.*, p. 60. — [2] *Psal.* XXXVII, 10. — [3] *Ibid.*, 23. — [4] *Dan.*, IX, 16, etc., 23.

aucun endroit son indifférence du salut, inouïe parmi les saints, est si prévenu en sa faveur, qu'il croit la trouver partout.

XXVI.
Troisième passage, le seul nécessaire.

« Il n'y a plus pour cette ame qu'un seul nécessaire [1]; » c'est-à-dire, comme on l'avoit expliqué deux lignes auparavant, « qu'elle n'a plus besoin de rassembler des motifs intéressés sur chaque vertu pour son propre intérêt; » ce qu'on soutient d'un passage de saint François de Sales, où il dit « qu'il faut que l'amour soit bien puissant, puisqu'il se soutient lui seul sans être appuyé d'aucun plaisir ni d'aucune prétention [2]. » Nous avons vu que le passage de ce saint auteur est pris à contre-sens; nous remarquerons ici qu'il est employé pour ôter aux ames parfaites toute *prétention,* c'est-à-dire toute vue de son salut, tout le motif de l'espérance chrétienne : c'est à quoi on rapporte le seul nécessaire que Jésus-Christ a proposé aux sœurs de Lazare [3].

Voici une étrange interprétation : *Le seul nécessaire,* n'est pas dit par opposition à la multiplicité de désirs vains et corrompus que nous inspire la triple concupiscence, où saint Jean a renfermé tout l'esprit du monde [4] : il est dit encore par opposition au motif de l'espérance chrétienne : il n'est pas permis aux parfaits de se servir de ce motif pour s'exciter à aimer et à servir Dieu. Moïse et David allégués par le concile de Trente, comme ayant besoin de s'exciter par ce motif, sont sortis de cette unité, se sont écartés du seul nécessaire : lequel des saints l'a jamais pensé, et où Jésus-Christ a-t-il marqué ce sens? Mais il falloit bien en cet endroit, comme en tant d'autres, dire quelque chose en faveur des nouveaux mystiques, et de l'auteur du *Moyen court,* où nous avons trouvé et repris cet abus des paroles de l'Evangile [5].

[1] *Max.*, p. 167. — [2] P. 168. — [3] *Luc.*, X, 41. — [4] I *Joan.*, II, 16. — [5] *Instr. sur les Etats d'Or.*, liv. III, n. 13.

XXVII.

Quatrième passage : la mort et la résurrection spirituelle.

« *Vous êtes morts :* La mort spirituelle n'est que l'entière purification ou désintéressement de l'amour [1]; » c'est-à-dire que c'est la mort des prétentions, comme on vouloit tout à l'heure le faire dire à saint François de Sales, et du motif de l'espérance. On oublie donc que saint Paul ajoute à ces mots, « Vous êtes morts; et votre vie est cachée en Dieu avec Jésus-Christ : quand Jésus-Christ, qui est votre vie, paroîtra, alors vous paroîtrez en gloire avec lui [2]. » Et après cela on voudra nous faire accroire que saint Paul, en disant : *Vous êtes morts,* nous veut séparer du motif de l'espérance chrétienne?

Saint Paul venoit de parler de la résurrection spirituelle, en disant : « Si vous êtes ressuscités avec Jésus-Christ, cherchez ce qui est en haut, où est Jésus-Christ à la droite de son Père [3]; » ce qui est sans doute l'exercice des parfaits, qui désirent, comme on vient de voir, d'être unis avec Jésus-Christ dans sa gloire. Mais l'auteur ajoute à saint Paul que « la résurrection spirituelle n'est que l'habitude du pur amour [4], » d'où l'on sépare tous les autres motifs chrétiens : remarquez, elle n'est *que cela,* et tout le reste n'agit plus en nous.

XXVIII.

Erreur commune, d'attribuer dans tous les passages à des états particuliers ce qui est commun à tous les fidèles.

Tous ces passages, et en général tous ceux que l'auteur produit, regardent tous les justes; et on ne peut les déterminer à des états particuliers, ou les restreindre aux seuls parfaits, sans les détourner de leur sens naturel. C'est cependant ce que l'auteur fait partout, et il n'en faut pas davantage pour détruire toutes ses interprétations pour son prétendu pur amour, qu'il élève dans son cinquième degré sur la ruine de l'espérance, et de son motif : car au reste le pur amour de la charité demeure toujours

---

[1] *Maxim.,* p. 228. — [2] *Col.,* III, 3, 4. — [3] *Ibid.,* I. — [4] *Max.,* p. 229.

inébranlable, et nous avons souvent repris l'auteur de l'avoir fait mercenaire.

XXIX.

Autres passages de saint Paul, et après lui des martyrs.

Il applique encore à son pur amour ces passages de saint Paul, « que toutes vos actions se fassent en charité, » et les autres de même nature, qu'il cite en ce lieu [1] : mais c'est en vain qu'on veut les restreindre au seul état des parfaits : ils regardent tous les chrétiens, et ainsi on n'en peut conclure l'exclusion des motifs de l'espérance qui est commune à tous les états.

J'en dis autant de celui-ci [2], « où l'ame (parfaite) dit en simplicité après saint Paul : Je vis, non plus moi, mais Jésus-Christ en moi ; » et : « Jésus-Christ se manifeste dans sa chair mortelle ; » ce que saint Paul répète à toutes les pages, et toujours pour conclure que sa mort paroît en nous, afin que sa résurrection y paroisse aussi : mais la nouvelle théologie nous veut faire accroire que l'amour de Jésus-Christ absorbe cette idée, et ne lui laisse dans les parfaits aucune action. Pour ces mots : *Je vis, non plus moi* [3], voudroit-on que le *moi* auquel on ne vit plus, fût le *moi* qui cherche à posséder Jésus-Christ, et qui dit : « Jésus-Christ est ma vie, et ce m'est un gain de mourir pour être avec Jésus-Christ [4] ? » C'est le gain qu'il cherche, et il a toujours en vue ce cher intérêt : il est suivi par tous les martyrs. Saint Ignace allant au supplice, avec un amour que rien ne surpassoit, ne laissoit pas de dire : « Pardonnez-moi, mes enfans, je sais ce qui m'est utile : » et c'étoit là une utilité dont il ne vouloit jamais se désintéresser.

XXX.

Autres passages sur l'abandon marqué par saint Pierre.

Mais le plus grand abus qu'on ait jamais fait de l'Evangile est dans ces paroles : « La sainte indifférence devient l'abandon, c'est-à-dire que l'ame désintéressée s'abandonne totalement et sans réserve à Dieu pour tout ce qui regarde son intérêt propre [5] ; » et

---

[1] *Maxim.*, p. 179. — [2] P. 232. — [3] *Gal.*, II, 20. — [4] *Phil.*, I, 21, 23. — [5] *Max.*, p. 72.

pour ne laisser aucun doute, on ajoute, *même éternel* [1], ce qui ne peut être que le salut, puisque l'auteur nous apprend à le regarder *comme le plus grand de nos intérêts* [2] : là même, « cet abandon n'est autre chose que l'abnégation de soi-même, que Jésus-Christ nous demande dans l'Evangile... pour l'intérêt propre [3]. » Ainsi par le précepte de l'abnégation, l'intention de Jésus-Christ seroit en nous portant à la prétendue *sainte indifférence*, de nous faire renoncer au motif de l'espérance chrétienne, qui sans doute est notre avantage et notre intérêt éternel. Qu'on nous montre un seul auteur qui l'ait jamais entendu de cette sorte ; et si l'on n'en peut montrer aucun, qu'on reconnoisse qu'on interprète l'Ecriture sainte contre la règle du concile de Trente [4] et la profession de foi des Catholiques.

XXXI.

Abus de l'abandon, prouvé par saint Pierre.

Pour l'entendre plus clairement, faisons l'analyse des propositions de l'auteur. Il nous dit que par l'abandon, l'on ne voit plus « aucune ressource ni aucune espérance pour son intérêt propre, même éternel [5]; » ce qui comprend le salut, puisqu'il n'y a point d'autre intérêt éternel que celui-là.

Qu'ainsi ne soit, il est clair par toute la suite de la doctrine de l'auteur, qu'il veut élever les parfaits au-dessus de *leur bonheur propre*, même *comme subordonné à la gloire de Dieu* [6], puisqu'en le recherchant de cette sorte, on demeureroit dans le quatrième degré, et que l'auteur ne tend dans son livre qu'à nous en proposer un *cinquième*, où libre de tout *motif intéressé de crainte ou d'espérance*, on exerce *le pur amour ou la parfaite charité* [7]. Or cet abandon est condamné par ces paroles de saint Pierre : *Rejetant en lui toute votre sollicitude, parce qu'il a soin de vous* [8]; où cet Apôtre nous donne pour motif de notre abandon, non point une volonté de renoncer à tout avantage ; mais au contraire cet inébranlable fondement, *que Dieu a soin de nous*, où tout avantage est compris.

---

[1] *Max.*, p. 73. — [2] P. 46. — [3] P. 72, 73, 107. — [4] Sess. IV. — [5] *Max.*, p. 73. — [6] P. 8, 9.— [7] P. 15.— [8] I *Petr.*, v, 7. Voy. *Instr. sur les Etats d'Or.*, liv. X, n. 18.

XXXII.

L'abus de l'explication du renoncement, démontré par les paroles du précepte même.

L'explication du renoncement que nous propose l'auteur avec tous les mystiques, n'est pas seulement contraire aux autres paroles expresses de l'Ecriture, mais encore au propre commandement de l'abnégation, où Jésus-Christ expliquant son intention, ajoute à ces mots, *qu'il se renonce soi-même* : « Celui qui perd son ame, la trouvera : que sert à l'homme de gagner le monde, s'il perd son ame? Le Fils de l'homme viendra pour rendre à chacun selon ses œuvres [1]. » Ce qui montre que son intention est qu'on veuille gagner son ame ; en sorte que le salut nous est proposé comme un motif qui nous presse à ce nécessaire renoncement, loin de nous en éloigner. Mais si selon la nouvelle interprétation renoncer à soi-même, c'est renoncer au motif de son intérêt éternel, qui n'est autre que son salut, la première moitié de la sentence de Jésus-Christ nous fait renoncer à la seconde.

XXXIII.

Démonstration du même abus par le dénombrement que fait Jésus-Christ de toutes les choses auxquelles il faut renoncer.

Jésus-Christ explique ailleurs tout ce qu'il faut renoncer en renonçant à soi-même : « Il faut, dit-il, abandonner sa maison, ses frères, ses sœurs, son père, sa mère, sa femme, ses enfans, ses terres [2]; » et il n'a rien oublié, sinon qu'il falloit encore renoncer *au centuple* qu'il nous promet *avec la vie éternelle*, pour avoir renoncé à toutes ces choses, et encore *à son ame* propre, comme il l'explique en un autre endroit [3], c'est-à-dire à ses sens, à sa convoitise, et enfin à tout ce qui fait une vie humaine.

XXXIV.

Autre remarque sur l'abnégation, et contradiction manifeste de l'auteur.

Ce qui rend l'interprétation plus insoutenable, c'est qu'elle se contredit elle-même. Le précepte du renoncement est conçu en ces termes : « Si quelqu'un veut venir après moi, qu'il renonce à soi-même [4] : » c'est donc une obligation qu'il impose sans excep-

[1] *Matth.*, XVI, 24, *Luc.*, IX, 23. — [2] *Matth.*, XIX, 29. — [3] *Luc.*, XIV, 26. — [4] *Matth.*, XXI, 24.

tion à tous ses disciples : et il la confirme en ajoutant *que celui qui veut sauver son ame, la perd ;* ce qui ne fait qu'expliquer en d'autres termes le renoncement commandé, et l'établir *sous peine de perdre son ame*, qui est la marque la plus certaine du commandement absolu. C'est en vertu de cette parole de Jésus-Christ qu'on prétend que nous devons faire l'abnégation de *notre intérêt propre, même éternel*, ce qui est appelé ailleurs la propriété du second rang; c'est-à-dire *la propriété qui n'est point un péché véniel*, ni même absolument *une imperfection*[1] : ainsi ce qui répugne au commandement exprès de Jésus-Christ, loin d'être *un péché du moins véniel*, n'est pas même *une imperfection* dans le commun des fidèles, *mais seulement pour les ames actuellement attirées par la grace au parfait désintéressement.*

Il est vrai que pour éluder l'autorité du commandement de Jésus-Christ, l'auteur se sert d'un terme ambigu; et qu'au lieu de dire simplement que Jésus-Christ *commande* cette abnégation, il croit se sauver en disant qu'*il la demande* [2] : comme si ce qu'il demande sous les conditions que nous avons remarquées, pouvoit jamais être autre chose qu'un commandement précis; ou que pour établir le nouveau système, il fût permis d'inventer tout ce qu'on voudra.

XXXV.

Deux réponses : la première combien vaine.

Il est bien aisé, quand on est pressé par des vérités manifestes, d'en revenir à dire toujours qu'on ne nous entend pas; car cela même c'est ce qu'on entend encore moins : et rien n'est plus inintelligible que de mettre la perfection à n'être plus touché des saints motifs que le Saint-Esprit propose dans son Ecriture à tous les justes.

Je ne vois ici que deux réponses : l'une, en avouant qu'à la vérité tous les passages qu'on allègue en faveur de l'état parfait conviennent en effet à tous les justes, et que ce qui donne lieu à les attribuer particulièrement aux parfaits, c'est qu'ils les observent d'une façon particulière; mais si par une *façon particulière* on entend qu'ils les observent dans un degré de perfection

---

[1] *Max. des SS.*, p. 133, 134. — [2] P. 72.

plus éminent, j'en conviens, et ce n'est rien dire : mais si l'on entend avec l'auteur l'exclusion du motif commun de la récompense éternelle, c'est précisément l'erreur qu'il faut détruire.

XXXVI.

Seconde réponse : s'il nous est permis de séparer la gloire de Dieu d'avec les bienfaits : passages de saint Grégoire de Nazianze.

L'autre réponse, est de dire qu'on prétend seulement exclure le salut comme voulu de l'homme et pour son bien, mais non pas comme voulu de Dieu dans son ordre et pour sa gloire. Mais c'est là en effet précisément ce que nous n'entendons pas, qu'on entreprenne de séparer de la volonté de Dieu les saintes volontés qu'il nous inspire et qu'il nous commande, qui sont celles de notre éternelle félicité, dont lui-même il fait le fond : nous n'entendons pas, encore un coup, qu'on entreprenne de séparer la gloire de Dieu d'avec notre bien, pendant qu'il a révélé dans toute son Ecriture, qu'il met sa gloire à nous bien faire : il veut s'intéresser à notre salut, puisqu'il y met sa grande gloire ; il veut nous intéresser à sa grande gloire, puisqu'il la met dans notre salut. Nous louons Dieu dans cet esprit, et nous n'augmentons sa gloire qu'en profitant de ses graces.

C'est ce que saint Grégoire de Nazianze, un si sublime contemplatif, a exprimé par ces paroles : « Quand les anges louent Dieu, dit ce grand homme, ce n'est pas afin que par leurs louanges il lui arrive quelque bien, à lui qui est plein et qui est la source de tout ; mais c'est afin que la nature angélique, qui est la première après Dieu, ne soit point privée de ses bienfaits [1] : » c'est là qu'il faut mettre la gloire de Dieu : aimer ses bienfaits en nous, c'est aimer sa gloire ; c'est l'aimer souverainement que d'aimer l'état bienheureux où notre amour sera immuable. Ce qui fait dire encore au même saint [2] : « Embrassons le Verbe par les plus étroits embrassemens ; et pour tout bien, désirons de posséder Dieu, qui est le bien perpétuel et qui est le nôtre : » ne séparons pas ce qu'il a uni dans toute son Ecriture, et ne cessons de joindre sa gloire à notre bonheur.

[1] Orat. XXXIV. — [2] *Epist.* LVII.

CINQUIÈME ÉCRIT

ou

MÉMOIRE
DE M. L'ÉVÊQUE DE MEAUX

Des trois états des justes, et des motifs de la charité, où sont donnés des principes pour l'intelligence des Pères, des scolastiques et des spirituels.

I.

Paroles de l'auteur, où il pose les trois états des justes, esclaves, mercenaires et enfans.

En relevant les endroits où un auteur manque, il ne seroit pas de bonne foi d'oublier ceux qui semblent le soulager. Dans le livre de l'*Explication des Maximes des Saints*, etc., le principal fondement est la distinction de trois états, que l'auteur explique en cette sorte. « C'est, dit-il, ce que tous les anciens ont exprimé, en disant qu'il y a trois états (des justes) : le premier est des justes qui craignent encore par un reste d'esprit d'esclavage. Le second est de ceux qui espèrent encore pour leur propre intérêt par un reste d'esprit mercenaire[1] : » cet intérêt est celui que l'auteur appelle ailleurs « l'intérêt propre éternel, ou l'intérêt propre pour l'éternité. Le troisième état est de ceux qui méritent d'être nommés les enfans, parce qu'ils aiment le père sans aucun motif intéressé ni d'espérance ni de crainte[2] ; » c'est ce qu'il venoit d'expliquer, en disant que, « par cet amour purement désintéressé, on aime sans aucun autre motif que celui d'aimer uniquement en elle-même et pour elle-même la souveraine beauté de Dieu. » Ainsi la distinction de ces trois états semble nous conduire naturellement à un amour qui exclut le motif de la récompense avec

[1] *Max. des SS.*, p. 23. — [2] *Max., des SS*, p. 73, 90.

celui de la peine : et voilà sans rien déguiser ce qu'on nous objecte.

II.

Illusion de l'auteur dans la distinction des trois états.

Quelque spécieuse que soit cette distinction des états, de la manière dont l'auteur nous les représente, l'illusion en est manifeste.

Il erre avant toutes choses, en ce qu'il omet que l'amour désintéressé est de tous les trois états, puisque la charité qui est essentiellement désintéressée, *non quærit quæ sua sunt*[1], y est dominante : ainsi en réduisant le désintéressement au seul état des parfaits, il pose un mauvais fondement et donne une fausse idée.

Il n'erre pas moins dans les caractères qu'il donne à chaque état particulier. Il met avant toutes choses, *un reste d'esprit d'esclavage;* c'est-à-dire un reste de crainte des peines dans le premier état : et cela pourroit passer, si premièrement l'impression de la crainte n'y étoit si forte, qu'on ne la pût pas nommer *un reste*, et secondement si cette impression ne duroit encore au second état; de sorte qu'on la donne en vain pour le caractère du premier.

Le défaut du second état consiste donc en ce qu'on le met dans *l'esprit mercenaire,* c'est-à-dire dans le désir des récompenses, dans cet intérêt éternel qu'on vient de voir : en quoi il y a deux erreurs : l'une, en ce que dès cet état on semble exclure la crainte; ce qui est directement contre l'apôtre saint Jean qui n'attache cette exclusion de la crainte qu'à la charité parfaite, *qui*, dit-il, *bannit la crainte*[2]; l'autre erreur est de ne mettre dans cet état qu'un reste de ce désir de la récompense qu'on appelle *l'esprit mercenaire :* au lieu que ce désir y est très-fervent, de l'aveu même de l'auteur.

De là s'ensuit l'illusion du troisième état, où l'on ôte tout à fait la crainte de la peine et le désir de la récompense. Car puisque dans les deux états précédens on n'a pu trouver qu'un *reste* du

[1] I *Cor.,* XIII. — [2] I *Joan.,* IV, 18.

motif de la peine non plus que de celui de la récompense, il s'ensuit qu'il n'y en a pas même *un reste,* c'est-à-dire qu'il n'y en a plus du tout dans le dernier état, qui est celui des parfaits et des enfans.

Ainsi cette distinction des trois états, qui sembloit si favorable à l'auteur, aussitôt qu'elle est pénétrée, découvre la fausseté et l'illusion de son système, qui consiste principalement en ce qu'il fait décroître avec la crainte de la peine le désir de la récompense à mesure qu'on avance dans la perfection : ce qui est absurde et contradictoire, puisque la perfection qui rabat la crainte, en même temps et par la même raison doit faire monter l'espérance : de sorte qu'il n'est pas possible que l'un et l'autre décroissent ensemble.

III.

Ce qu'il y a de vrai dans ces trois différens états, et quels en sont les inconvéniens, à les prendre à la rigueur.

Il faut donc examiner cette distinction des saints Pères, et convenir avant toutes choses, qu'encore que l'auteur en tire de mauvaises conséquences, le fait qu'il allègue ne laisse pas d'être véritable. Saint Clément d'Alexandrie, qui a le premier exposé ces trois états, est suivi en termes formels de saint Grégoire de Nazianze, de saint Basile, de Cassien parmi les Latins, et de beaucoup d'autres.

Pour établir l'état le plus bas et le plus servile, où la crainte agissoit encore, ils se servoient des passages de l'Ecriture où l'esprit de crainte est appelé un esprit de servitude. Ils fondoient l'état des mercenaires sur ces paroles de l'enfant prodigue : « Combien de mercenaires ont du pain en abondance dans la maison de mon père ! » et encore, « Faites-moi comme l'un de de vos mercenaires [1] : » et pour l'état des enfans, qui est un état d'amour parfait, ils le trouvoient dans toute l'Ecriture.

Il n'y a personne qui ne sente les inconvéniens où l'on tomberoit en poussant à bout cette doctrine : car à la rigueur elle introduiroit des justes où la crainte seroit dominante : d'autres qui

---

[1] *Luc.,* xv, 17, 19.

seroient justifiés par la seule espérance, sans amour : d'autres enfin où l'amour n'auroit plus besoin de regarder à la récompense : toutes choses incompatibles avec la saine théologie : il faut donc chercher des principes pour débrouiller tout cela.

IV.

Principes des Pères : deux sortes de récompenses : laquelle fait les mercenaires.

Le premier principe qu'il faut établir, c'est qu'on appelle récompense, ou les biens qu'on reçoit de Dieu, ou lui-même. Cette dernière sorte de récompense est celle qu'a proposée saint Clément d'Alexandrie, en disant *qu'il faut désirer Dieu*, et le désirer *pour s'unir à lui*[1].

Un second principe, c'est que la vue de cette dernière récompense n'est jamais regardée par ces saints docteurs comme faisant des mercenaires. Ceux qu'ils appeloient mercenaires étoient ceux qui plus touchés des biens qu'on reçoit de Dieu que de lui-même, ne goûtoient pas assez cette vraie et substantielle récompense qui aussi étoit la plus inconnue au sens humain. L'esprit de saint Clément d'Alexandrie paroît clairement dans ces paroles où il fait consister le désintéressement des gens de bien, en ce qu'ils « aiment à faire le bien à cause que cela est bon en soi, et non pour la gloire ou la bonne réputation ou pour quelque autre récompense qu'ils puissent recevoir ou des hommes ou de Dieu[2]. » On voit qu'il regarde Dieu comme celui qui donne la récompense, plutôt que comme celui qui est lui-même la récompense qu'il faut rechercher.

V.

Quelques expressions de saint Clément d'Alexandrie.

La manière dont il s'explique est remarquable. Il est vrai qu'il répète toujours que le véritable vertueux désire le bien, non pour l'utile et le délectable, mais pour le bien même, et que c'est aussi pour ce bien-là qu'il assure qu'on *veut être chaste*[3]; mais pour s'expliquer, il ajoute aussitôt après, que ce *beau*, ce *bon*,

---

[1] *Strom.*, lib. II, édit. Par., p. 403; lib. IV, p. 533. — [2] *Strom.*, lib. IV, p. 529. — [3] Lib. III, p. 451.

cet *honnête* qu'il oppose à l'utile et au délectable, *c'est le royaume des cieux*, c'est la béatitude éternelle.

Et on ne peut assez remarquer que ce plaisir et cet intérêt dont il parle distinctement, est celui *du dehors*[1]; ce qui n'exclut en tout cas que les récompenses extérieures et comme étrangères à la vertu.

Il faut donc soigneusement observer, que les vertus sont perfectionnées dans leur intérieur par cette récompense qui est Dieu même, parce que lorsqu'on le possède on est à la source du bien, de sorte que les vertus sont consommées.

La vertu en général est consommée, quand elle est portée à la perfection, qui empêche de succomber jamais au vice. La charité est consommée, lorsqu'elle est immuablement unie à Dieu sans pouvoir en être séparée. Il en est de même des vertus particulières, qui toutes sont consommées par l'immuable union qu'on a avec Dieu; cette union, qui fait la perfection de la vertu, en est en même temps la récompense. La vraie récompense de la bonne volonté, est de la rendre éternelle : toute autre récompense, comme la gloire, la réputation et les voluptés, qui ne sont pas dans la vertu même, lui sont étrangères et extérieures; mais cette récompense de la bonne volonté ou de la vertu, qui la rend éternelle et immuable, ne lui est pas étrangère, puisque ce n'est qu'elle-même dans sa perfection. Ainsi quand saint Clément d'Alexandrie exclut d'entre les motifs de la vertu la récompense avec cette note, que la récompense qu'il exclut est seulement celle du dehors, il a pris garde à n'exclure pas la récompense de la vertu qui en est la perfection, et c'est celle-là où consiste la béatitude essentielle.

VI.

Passage de ce même Père sur l'espérance.

Il y avoit alors, comme aujourd'hui, des chrétiens plus grossiers, que saint Clément pour cette raison a traités *d'enfans*[2]; qui outre les grands biens que Dieu promettoit de donner hors en quelque façon de lui-même, se faisoient mille petites espé-

[1] *Ibid.*, p. 531, 532. — [2] *Strom.*, lib. VII, p. 788.

rances. Ceux qui trop touchés de ces biens ou véritables ou imaginaires distingués de Dieu, les ressentoient plus que Dieu possédé en lui-même, pouvoient être considérés comme ayant l'esprit mercenaire. Mais ce Père n'avoit pas la même pensée de ceux qui cherchoient à posséder Dieu, puisqu'il fait dire aux vierges prudentes, dont les lampes toujours allumées faisoient voir la perfection de leur charité : *Seigneur, nous vous désirons pour jouir de vous* [1].

VII.

Passage de saint Grégoire de Nazianze.

Saint Grégoire de Nazianze parle dans le même sentiment, lorsqu'il dit que « le vrai amour est d'aimer à être uni au souverain bien pour l'amour de lui-même, et non pas pour les honneurs de l'autre vie [2]. » Il ne se trouvera jamais dans les saints Pères qu'ils appellent l'amour de cette récompense incréée, comme l'appelle saint Bonaventure, du nom d'amour mercenaire et intéressé ; au contraire, c'est un tel amour que saint Augustin appelle cent fois chaste ou pur, désintéressé, gratuit ; et quand on traitera la matière à fond, il ne sera pas malaisé de montrer que les autres Pères sont de même esprit.

VIII.

Autre passage de saint Clément d'Alexandrie sur la crainte.

Pour ce qui regarde la crainte, saint Clément d'Alexandrie dit que celui qui a la vraie crainte de Dieu « ne craint pas Dieu, mais qu'il craint de perdre Dieu [3]. » Il ne se trouvera jamais que ni lui ni aucun autre Père ait appelé cette crainte, intéressée, quoique celui qui craint de perdre Dieu, aime nécessairement à le posséder. Et voilà en abrégé les principes de dénouement pour les passages des Pères.

[1] *Strom.*, lib. VII, p. 742. — [2] Orat. III, p. 72. — [3] *Strom.*, lib. II, p. 276.

IX.

Les trois différens états expliqués selon ces idées : que c'est par un pur amour de charité que saint Paul a dit : Je désire d'être avec Jésus-Christ.

Il est maintenant aisé d'entendre les trois états de justice ou de charité, marqués par les saints. L'amour désintéressé s'y trouve partout, puisqu'ils sont dans la charité, qui est la véritable justice; et que la charité dont saint Paul a dit qu'*elle ne cherche point ses propres intérêts*[1], est essentiellement désintéressée, ayant pour son objet spécifique Dieu comme bon en lui-même. Ainsi le désintéressement est commun, et ce n'est point par cet endroit-là que ces trois états diffèrent. En voici donc la vraie différence. Au premier, qui est le plus bas, on a besoin d'être soutenu par l'état servile, lorsqu'on est encore troublé et inquiété par les terreurs qu'inspire la peine éternelle. Au degré qui suit, on est élevé à quelque chose de plus noble, lorsqu'on y est soutenu par les récompenses que nous avons nommées étrangères, après saint Clément d'Alexandrie. Le troisième et le dernier état est tout ensemble le plus solide et le plus parfait, puisque Dieu s'y soutient tout seul en lui-même et par lui-même : ce qui constitue l'état de la parfaite charité.

En même temps il faut observer que la récompense qui est Dieu même, non-seulement n'est point étrangère à la charité, mais encore lui appartient à la manière que nous avons expliquée ; ce qui fait que selon les idées des saints dont nous avons produit les autorités, elle ne nous rend point mercenaires.

Si le langage a varié dans la suite, et que quelques-uns aient appelé du nom d'intérêt la béatitude consommée par la jouissance de Dieu, la doctrine n'a pas varié pour cela, comme nous avons souvent promis de le démontrer ; et quoi qu'il en soit, tous les docteurs anciens et modernes rapportent à la charité, et même à la charité parfaite, le désir de jouir de Dieu.

Saint Thomas y est exprès, lorsqu'expliquant la distinction des commençans d'avec ceux qui profitent et d'avec les parfaits, par l'application à la charité, il dit que « le troisième soin des ver-

---

[1] I *Cor.*, XIII, 5.

tueux (*tertium studium*) est d'avoir pour intention principale d'être uni à Dieu et d'en jouir ; ce qui appartient aux parfaits qui désirent d'être séparés de leurs corps, et d'être avec Jésus-Christ[1]. » Saint Bonaventure enseigne précisément la même doctrine[2] ; et sans ici rechercher d'autres témoignages, la pratique de saint Paul, qui est parfait entre les parfaits, le démontre assez.

X.
Vraie pratique du parfait amour.

Il faut donc entendre ici ce que nous répéterons souvent, et ce qui ne peut être assez répété; qu'encore que Dieu, bon en soi, soit l'objet spécificatif de la charité, cette notion n'exclut pas, mais renferme plutôt en pratique celle de Dieu bienfaisant et aimant les hommes, parce qu'être ainsi bienfaisant est en Dieu une bonté, une perfection, une excellence digne d'être aimée. L'amour que Dieu a pour nous, est en lui, pour ainsi parler, une spéciale *amabilité*, comme saint Thomas, comme saint Bonaventure, comme Scot, etc., comme Suarez, comme tous les scolastiques anciens et modernes l'enseignent unanimement[3] : ce qui aussi par soi-même est de la dernière évidence.

Nous avons marqué ailleurs[4] une grande partie des passages, tant des Pères que des scolastiques, et nous pourrons les recueillir plus commodément en un autre lieu, s'il est nécessaire. Sylvius qui est un des auteurs qu'on nous objecte le plus, décide[5] qu'encore que l'amour de Dieu (il parle de l'amour de charité) conçu par le motif de la perfection, qui est le principal, soit en lui-même plus excellent et plus digne que celui qui seroit conçu par le motif de la récompense ; il ne s'ensuit pas qu'il y ait plus de perfection de n'avoir que l'un des motifs, c'est-à-dire le principal, que de les avoir tous deux ensemble, en sorte que le dernier enferme et suppose l'autre.

Les mystiques sont de même avis : témoin Rusbroc[6], témoin

---

[1] II-II, q. 24, art. 9, c — [2] In 3, dist. 27, art. 2, q. 2, conclus. — [3] S. Thom. II-II, q. 23, 4, c.; S. Bon, in 3, dist. 26, art. 1, q. 1, art. 5 : d. 27, a. 2. q. 2.; Scot. in 3, dist. 27, q. un., n. 8 ; Suar., *de Char.*, disp. 1, sect. 2, n. 3.— [4] *Inst. sur les Etats d'Or.*, liv. X, n. 19, Addit, etc.— [5] In II-II, q. 27, art. 3.— [6] Rusbr., lib. *De VII grad. amoris*, edit. Colon., 1552, p. 301.

Harphius [1], qui donnent pour motif au plus pur et plus vif amour, *d'aimer l'amour qui nous aime éternellement : amorem æternaliter nos amantem :* d'aimer comme ils parlent, *l'amour abyssal : abyssalem amorem ;* c'est-à-dire, selon leur langage, l'amour intime, infini, profond, qui en Dieu n'est autre chose que Dieu même.

C'est ainsi, dans la pratique, sans tant raffiner sur la distinction des objets et des motifs de l'amour ; c'est ainsi, dis-je, qu'ont aimé ceux qui se sont signalés dans l'exercice du divin et pur amour : on peut mettre parmi ceux-là dans les premiers rangs sainte Catherine de Gênes, qui ne parle que de l'amour pur et net, et cependant je trouve à l'ouverture du livre : « Elle vit ce que c'étoit que l'amour pur et net, qui se verse et se répand dans l'ame, et vit qu'il étoit si pur, droit et net, qu'elle comprenoit bien dès ce monde ici, que ce n'étoit autre chose que Dieu même, lequel étoit amour béatifique, et non autre ; c'est-à-dire la seule cause de notre béatitude : et ce sien pur amour est tel, qu'il ne peut faire autre chose, sinon qu'aimer [2], » etc. : ce qu'elle répète sans cesse, et ne donne d'autre objet à son amour pour le rendre pur, que l'amour si pur de Dieu, qui nous aime, qui nous béatifie, nous sauve sans intérêt : mais tout désintéressé qu'est son amour, à l'exemple de celui de Dieu, elle sait bien dire « que le divin amour ne craint rien que de perdre la chose aimée [3]. » Qu'on ne nous parle donc point de cet amour qui se croit plus pur en ne craignant plus de perdre cette chose aimée, et tenant tout, jusqu'à son salut, pour indifférent.

XI.

Expressions des scolastiques, qui veulent qu'on aime Dieu sans rapport à nous.

Il faut donc entendre sagement et sainement les expressions des scolastiques, lorsqu'ils disent que Dieu, bon en soi, sans rapport à nous, est l'objet spécificatif de la charité : car à pousser à bout cette expression, il s'ensuivroit qu'on ne pourroit aimer

---

[1] Harph., lib. III *Theol. myst.* cap. 28, édit. Rom. 1586, p. 786. — [2] *Vie de sainte Cath. de Gênes*, ch. XXI. — [3] *Ibid.*, ch. XXV.

par la charité Dieu comme bienfaisant, comme créateur, comme rédempteur ; pensée absurde et insoutenable, contre laquelle réclame toute l'Ecriture ; et non-seulement tous les passages, mais encore tout l'esprit et toute la pratique des Saints. Il faudroit encore s'empêcher de regarder en aimant, la propre amabilité de Dieu, qui seroit l'absurdité des absurdités : il faudroit exclure jusqu'à la bonté de Dieu : je dis cette bonté excellente et transcendentale par laquelle on l'appelle bon, ainsi qu'on l'appelle vrai, puisque cette notion si simple et si pure, en présupposant que Dieu est parfait, l'exprime selon saint Thomas [1] comme désirable, de même que l'idée de vrai l'exprime comme intelligible. A la fin donc on aimeroit tellement Dieu comme bon en soi, que même le mot de *bon* ne conviendroit plus à l'objet de la charité. Entendons plutôt que l'Ecole, quand elle donne pour objet à la charité, Dieu comme bon en lui-même *sans rapport à nous*, outre les autres explications que nous avons déjà données à ce terme, veut dire encore qu'il ne faut pas regarder Dieu comme chose qui soit relative à nous, puisqu'au contraire c'est plutôt nous qui par notre fond devons lui être rapportés, et l'aimer plus que nous-mêmes ; et concluons après toutes nos spéculations, qu'en pratique il entre deux sortes de motifs dans l'amour quelque pur qu'il soit : l'un est l'excellence de la nature divine en elle-même ; et l'autre, en la supposant, d'y ajouter que cette parfaite et excellente nature nous aime éternellement, ce qui fait qu'elle nous crée, qu'elle nous rachète, et qu'elle nous rend heureux : d'où il s'ensuit que l'objet total de l'amour, même le plus pur, est Dieu comme excellent en lui-même, et par là infiniment communicatif : en sorte que séparer ces deux idées autrement que par abstraction, comme nous l'avons dit souvent, c'est une doctrine contraire à la piété, à toute la théologie et à toute l'Ecriture sainte.

[1] P. I, q. 5, art. 1, 2, 3.

XII.

Que l'espérance et la charité regardent différemment la jouissance de Dieu.

Pour ceux qui après cela seront en peine comment on distinguera l'espérance de la charité, si la charité comme l'espérance peut produire le désir de posséder Dieu : ils devroient penser que la charité, qui est la vertu universelle, comprend en soi les objets de toutes les autres vertus qui lui sont subordonnées, pour s'en servir à s'exciter et à se perfectionner elle-même ; à quoi nous ajouterons ce beau principe, que l'espérance et la charité regardent la jouissance de Dieu chacune d'une manière différente : l'espérance comme un bien absent et difficile à acquérir ; et la charité comme un bien déjà si uni et si présent, que nous n'aurons pas un autre amour quand nous serons bienheureux, selon ce que dit saint Paul : *La charité ne périt jamais ; soit que les prophéties s'anéantissent, soit que la science soit abolie avec tout ce qui est imparfait* [1], et que tout cela soit absorbé dans la claire vue.

C'est ce qui fait dire quelque part à saint Clément d'Alexandrie, qu'il n'y a plus pour la charité ni d'espérance, ni de désir, ni d'absence, parce qu'elle nous unit au bien qui nous est promis par une jouissance anticipée ; en sorte qu'en un certain sens, il nous est présent, et qu'à l'instant de la mort notre amour, sans y rien ajouter, devient jouissant et béatifiant.

De là vient que la charité, qui de sa nature a la force de nous unir immuablement et inséparablement à Dieu, par là est incompatible avec l'état de péché ; ce qui ne convenant pas à l'espérance, il n'en faut pas davantage pour mettre une éternelle différence entre les opérations de ces deux vertus.

C'est aussi cette différence qui est marquée en termes précis par saint Thomas [2] ; et il en conclut que la charité ne regarde pas le bien éternel comme difficile, ainsi qu'il est regardé par l'espérance, parce que ce qui est présent et uni n'est pas considéré comme difficile.

---

[1] *I Cor.*, XIII, 8, 10. — [2] II-II, q. 23, art. 6. ad 3.

XIII.

Objection tirée de la pratique des spirituels, et premièrement de Rodriguez.

Je ne sais pourquoi l'on nous objecte certaines façons de parler des spirituels tirées principalement de Rodriguez.[1].

« L'accomplissement de la volonté de Dieu donne, dit-il, plus de joie à l'homme parfait que son bonheur propre. » Ce passage conclut pour nous, puisque loin d'exclure la joie du bonheur, il ne fait que la subordonner à la volonté de Dieu, de quoi nous sommes d'accord, et ne condamnons seulement que l'exclusion établie au cinquième état du livre de l'*Explication*, comme il a souvent été dit.

J'en dis autant de l'autre passage, où il est dit que les bienheureux se réjouissent davantage de l'accomplissement de la volonté de Dieu que de leur élévation à la gloire; ce qui est, pour ainsi parler, ordinatif des deux motifs, et non pas exclusif de l'un des deux, qui est la seule chose que nous condamnons.

Mais voici qui semble tendre à l'exclusion : « Moïse et saint Paul s'oublient eux-mêmes, et ne se soucient point de leur propre béatitude[2]. » Ce qui regarde Moïse et saint Paul sera examiné à part avec les suppositions impossibles. En attendant, si Rodriguez dit qu'ils ne *se soucient point de leur béatitude*, son discours seroit outré, n'étoit qu'il entend et qu'il explique luimême que pour éviter le relâchement et la nonchalance dans la recherche des choses spirituelles comme des temporelles, sous le nom de *souci*, il ne faut exclure que le *trouble, l'inquiétude et le trop grand empressement,* en laissant non-seulement *le désir,* mais encore l'*effort.*

Ces passages de Rodriguez sont proposés par M. l'archevêque de Cambray dans ses explications manuscrites, comme parties de la tradition qu'il nous a promise; et il insiste beaucoup sur ce qu'il est dit qu'on ne se soucie point de sa béatitude, en supprimant la réponse de Rodriguez même, qu'on vient de rapporter.

---

[1] 1 p., 8ᵉ tr. ch. xxxi, tom. I, p. 639, *de la trad. de M. l'abbé Régnier.* —
[2] *Ibid.*

C'est à cette condition que ce pieux auteur enseigne qu'il faut abandonner à Dieu le soin de son ame comme celui de son corps ; où il faut toujours se souvenir que cet abandon tiré de saint Pierre, a pour fondement ces paroles du même apôtre, *que Dieu a soin de nous : ipsi est cura de vobis*[1] ; de sorte que rejeter en lui tous nos soins, et même celui du salut comme il nous l'ordonne, ce n'est pas l'abandonner, à Dieu ne plaise, mais le mettre en des mains plus sûres.

Il faut entendre selon ces règles ce que dit le même Rodriguez, qu'il est *de la perfection consommée de ne chercher aucunement son intérêt :* ce qui ne peut être supporté qu'avec les explications et les tempéramens qu'on vient d'entendre de la bouche de ce pieux auteur.

On insiste beaucoup sur cette pieuse dispute rapportée par le même Rodriguez[2], entre le père Lainez et saint Ignace son père : le premier voulant accepter d'abord la vue de Dieu si elle lui étoit présentée, et l'autre consentant à la différer avec le péril de son salut si ce délai lui donnoit l'occasion de « rendre à Dieu quelque service signalé ; à quoi le Saint ajoutoit, qu'il ne considéroit purement que Dieu sans aucun retour sur soi-même. »

Saint Ignace rendoit néanmoins cette raison de son choix, « que dans le parti qu'il prenoit de demeurer sur la terre, son salut eût été également indubitable, et sa récompense plus grande, étant impossible de se pouvoir figurer d'un aussi bon Maître que Dieu, qu'il nous laissât choir dans le précipice, parce que nous aurions différé pour l'amour de lui de jouir de lui-même. »

On voit donc *que ce retour sur soi-même*, qui est exclus par saint Ignace, n'est déjà pas le désir de son éternelle béatitude : ce retour n'est point *désintéressé* au sens que le propose l'auteur, puisque le Saint ne consent à ce délai qu'en présupposant *son salut également assuré, et l'impossibilité* en cette occasion *d'être abandonné* de Dieu jusqu'à le perdre.

---

[1] I *Petr.*, v, 7. — [2] Dans la même explication. Ms. Rodrig., *ibid.*, ch. xxxi.

XIV.

Autre objection tirée d'un livre intitulé : *Fondemens de la vie spirituelle.*

On m'objecte en dernier lieu un passage tiré d'un livre qui porte pour titre : *Fondemens de la vie spirituelle :* que j'ai approuvé il y a trente ans, où l'on prétend que sont enseignées avec la plus grande force les maximes que je condamne aujourd'hui.

Avant que de relire ce livre, dont les traces presque effacées depuis tant d'années ne tenoient plus guère à mon cœur, non plus qu'à ma mémoire, il me semble que j'ai résolu sous les yeux de Dieu, si j'étois tombé dans quelque erreur sur une matière alors peu examinée, de confesser franchement ou ma surprise ou mon ignorance; et si j'avois quelque chose à craindre dans cette résolution, ce seroit peut-être de l'exécuter avec trop de complaisance.

Après cette confession que je fais à mon lecteur, je lui exposerai maintenant en toute simplicité, que l'endroit que l'on m'objecte est tiré, comme je l'apprends, du chapitre v du livre iii de cet ouvrage : dont le titre est : *Sur ces paroles du livre de l'Imitation de Jésus-Christ, Où est-ce qu'on trouvera quelqu'un qui veuille servir Dieu gratuitement?*

La méthode de ce livre est de procéder, comme dans un catéchisme, par demandes et par réponses, et la demande est : « En quoi consiste le service gratuit qu'on rend à Dieu? » Il répond qu'il consiste à vouloir « agir par le motif de lui plaire, et par son amour duquel ils sont pleins, n'étant véritablement poussés que par l'extrême estime qu'ils ont de sa majesté et par l'attrait qui les touche vers sa bonté et son mérite. Cela les excite de telle sorte, qu'ils n'ont besoin d'aucun autre aiguillon pour bien faire, que de savoir que Dieu est bon et libéral et généreux, opérant et faisant du bien par pure charité et générosité : » où l'on voit en paroles claires, que l'amour que l'on porte à Dieu comme *bienfaisant, libéral et généreux,* fait partie de ce service gratuit que l'auteur vouloit expliquer : ce qui loin d'exclure les bienfaits de Dieu, de l'amour gratuit et pur, n'en pose que ce fondement.

C'est donc sur ce fondement inébranlable qu'il établit trois degrés d'amour et de service gratuit, dont le dernier et le plus parfait est « de ceux qui ont même abandonné entre les mains de Dieu leur salut et leur éternité, sans vouloir conserver en eux aucune inquiétude ni vue aucune, sinon pour voir ce que Dieu veut d'eux : » ce qu'il explique assez au long et conclut enfin, qu'on ne peut parvenir à ce degré, « sans un long effort de renoncer à soi-même en l'oraison, disant à Dieu mille fois qu'on ne veut que lui. » On le veut donc, et dans le plus haut point du *désintéressement*, on ne se *désintéresse* pas de la volonté de le posséder. Qui jamais en a désiré davantage ? et d'ailleurs cet amour de Dieu comme *bon, libéral et généreux* étant posé pour fondement commun les trois degrés, il est clair qu'il se doit trouver dans les trois, et qu'ainsi les bienfaits de Dieu, à recevoir et reçus, sont un motif naturel du plus pur amour ; surtout si l'on met sa possession comme le plus grand de tous ses bienfaits, et le fondement de tous les autres.

C'est à quoi insistoit perpétuellement ce pieux auteur : et dans le chapitre suivant il veut toujours que celui qui aime « cherche Dieu en soi, le cherche dans son intérieur, y établisse son repos ; » ce qui se trouve répandu dans tout le livre.

Quand donc il dit si souvent dans l'endroit qu'on nous objecte, qu'il faut être « sans inquiétude et sans vue pour son intérêt, pour sa récompense, pour ses mérites mêmes, sans du tout penser à soi : » ou c'est en présupposant selon le précepte de saint Pierre, que Dieu y pense et prend soin de nous : *quoniam ipsi cura est de vobis :* ou c'est que ce qu'il appelle *intérêt*, ne comprend pas ce grand intérêt de posséder Dieu qui mérite un nom plus relevé : ou c'est que le soin que nous en prenons doit être sans inquiétude, ou en tout cas que nos mérites étant un don de Dieu, il faut être plus attentif à sa libéralité qu'à notre coopération, à la source plus qu'aux ruisseaux, au principe plus qu'aux effets ; et quoi qu'il en soit, lui donner tout, attendre tout de sa grace, lui attribuer tout, et reconnoître de lui par un abandon parfait tout le bien qu'on a, comme nous l'avons exposé dans notre *Instruction sur les états d'Oraison*[1], après saint Cyprien et saint Augustin.

Voilà les vaines recherches qu'on a faites dans ce pieux livre pour nous y rendre approbateurs de la nouvelle spiritualité, sans y avoir pu trouver un mot qui marque ni l'indifférence du salut, ni l'exclusion du motif de la perfection, du bonheur, de la récompense. On n'y trouve non plus dans les épreuves, dont cet auteur a parlé si divinement[2] après les avoir expérimentées, ni l'acquiescement à sa damnation, ni le sacrifice absolu de son éternité, ni l'invincible persuasion de sa perte, ni l'union dans son désespoir avec le délaissement de Jésus-Christ, ni ses troubles involontaires, ni les autres choses qui font dans le livre dont nous improuvons la doctrine, le juste sujet de nos plaintes.

XV.

Conclusion de ce discours; et cinq vérités pour établir les motifs de l'amour divin.

Pour conclure ce discours, nous pouvons réduire à cinq vérités les règles ou les maximes qui établiront les motifs du divin amour.

La première : le parfait amour a pour motif la plus grande perfection et la plus haute excellence.

La seconde vérité : c'est une excellence en Dieu d'être bon, libéral, bienfaisant, communicatif, aimant ceux qui l'aiment, les prévenant de son amour et les comblant de tous les biens quand ils y répondent, jusqu'à se donner lui-même à eux.

La troisième : il n'appartient qu'à Dieu seul d'aimer sans besoin : notre besoin essentiel nous attache et nous assujettit à lui comme à celui qui nous rend heureux en se donnant lui-même, et hors duquel nous ne pouvons trouver que trouble et malheur.

La quatrième : rien ne nous peut arracher du cœur le désir d'être heureux; et si nous pouvions gagner sur nous de ne nous en pas soucier, nous cesserions d'être assujettis à Dieu, qui ne pourroit nous rendre heureux ni malheureux, nous récompenser ni nous punir, si ce n'est peut-être en nous anéantissant ; ce qui

---

[1] *Instr. sur les Etats d'Or.*, liv. X, n. 18. — [2] *Cat. spir.* p. II, ch. VI, etc.; IV. p. ch. VI, etc.

encore seroit incertain, si on supposoit que cela même nous pût être indifférent.

La cinquième et dernière vérité : la béatitude essentielle n'est autre chose que la perfection ou la consommation de la charité : la vision de Dieu en rend l'amour le plus pur et le plus parfait qu'il puisse être, en le rendant immuable ; l'amour même fait une partie de la possession. Ainsi dire que le désir de posséder Dieu empêche la pureté et la perfection de l'amour, c'est dire qu'elle est empêchée par le désir d'arriver où l'amour est immuable et parfait.

Ces cinq vérités sont évidentes par la raison, indubitables par la foi, incontestables dans l'Ecole : on ne peut montrer un auteur qui les ait jamais révoquées en doute, et tout ce qui s'y oppose est digne de condamnation. C'est la preuve, c'est l'abrégé, c'est le résultat de ce discours.

FIN DE DIVERS ÉCRITS SUR LE LIVRE DES MAXIMES DES SAINTS.

SUMMA DOCTRINÆ

LIBRI CUI TITULUS:

EXPLICATION DES MAXIMES DES SAINTS, ETC.

DEQUE CONSEQUENTIBUS, AC DEFENSIONIBUS, ET EXPLICATIONIBUS.

1.

Causa et partitio hujus scripti.

Posteaquâm ab Illustrissimo ac Reverendissimo Antistite semel atque iterùm in testimonium vocati, ac velut fidejussores dati, nostram de ejus libro sententiam, quâ simplicitate ac brevitate par erat, Sedi apostolicæ necessariò prompsimus, hæc agenda restant : primùm, ut summâ doctrinæ propositâ, de consequentibus quædam à nobis delibata tantùm, exponam fusiùs : tùm, ut defensiones sive explicationes, quibus idem Antistes utitur, proferam, nullâ acerbitate, nullo offensæ studio, quorum causas procul habeo.

Quanquam enim Antistes colendissimus (quod ego nec tacere, nec nisi summo dolore commemorare possum) in eo reposuit vel maximam defensionis partem, ut me adversarium, me in hâc causâ actorem prædicaret : testis est Deus, me nihil aliud toto vitæ tempore esse conatum, quàm assiduè, quoad fieri potuit, certare benefactis, benevolentiam provocare, gratiam promereri, nullâ vel in speciem, nisi ex infelici libello, simultatis causâ.

Qui liber statim atque est editus, quos concitarit motus, referre nihil attinet : quæ autem turbarum causa fuerit, summa doctrinæ prodet, quæ his ferè capitibus continetur.

II.

Prima pars scripti : Summa doctrinæ illustrissimi auctoris.

Libri enim auctor, ad devovendam ultrò salutem æternam, perfectas quas vocat animas adducturus, his velut gradibus ad ima et extrema devolvitur.

1. Meritum, perfectionem, salutem, seu felicitatem æternam, esse illud commodum, illud mercenarium, quod purus amor excludat, nec pro motivo sive incitamento colendi et amandi Dei habeat [1].

2. Itaque desiderium salutis esse bonum; nec tamen desiderari oportere quidquam præter Dei voluntatem [2].

3. Ad cætera, et ad salutem ipsam eòque conducentia, admitti indifferentiam [3] : quæ omnia, subscribente illustrissimo auctore, erronea, imò etiam hæretica judicentur.

4. Sanctâ indifferentiâ admitti generalia desideria omnium latentium voluntatum Dei [4].

5. His aperitur via ad devovendam absoluto sacrificio, simplicique consensu, permittente etiam directore, salutem æternam [5] : ità ut suæ justæ condemnationi ac reprobationi, ex involuntariâ et invictissimâ desperatione, sancta etiam anima simpliciter acquiescat.

6. In hoc statu se esse perfectas animas qualis erat sancti Francisci Salesii, habere persuasum : adeòque eas esse desperatas, ut omnis ratio expediendæ salutis, imò etiam prædicatio dogmatis fidei, ac divinæ bonitatis in omnes effusæ, sit inutilis [6].

7. Tunc fieri separationem animæ à seipsâ, in quâ, cum spe perfectâ, desperatio plena et tota consistat [7].

8. Eo statu, animas etiam desperatas, cum Christo expirare in cruce, et cum eodem dicere [8] : « Deus, Deus meus, ut quid dereliquisti me? »

9. Hinc admitti in Christo perturbationes involuntarias, quas pars inferior superiori non communicet [9].

---

[1] *Explicat. des Max. des Saints*, etc., p. 10, 57, 135, etc. — [2] *Ibid.*, p. 55, 226. — [3] P. 49, etc. — [4] P. 61. — [5] P. 87, 89, 90, 91 — [6] *Ibid.* — [7] P. 90, 91, etc. — [8] P. 90. — [9] P. 122, etc.

10. Salutem autem omnem ità esse Deo permittendam, ut omnis perfectio in quâdam divini auxilii expectatione ponatur : nullâ proprii conatùs, propriique laboris et industriæ habitâ ratione : imò piis conatibus ad quemdam semipelagianismum relegatis [1].

11. Perfectam animam in contemplatione divinâ, voluntariè quidem, nonnisi in abstractissimâ et illimitatissimâ entis ratione versari [2] : ad cætera, hoc est attributa divina, absoluta et relativa, atque ad Christi mysteria contemplanda, non ultrò prosilire, nec nisi instinctu Dei moventis impelli : quo etiam fiat, ut duobus in statibus animæ perfectiores Christo distinctè viso ac per fidem præsente priventur [3].

12. His etiam fieri, ut singulis virtutibus sua incitamenta tollantur : neque ullum, nisi unum motivum puri amoris relinquatur [4] : neque ulla virtus expetatur ut est virtus; et ut praxis ususque virtutum à perfectorum statu arceatur [5].

13. Hùc accedunt alia : nempè quod amor impius ac sacrilegus, qualis est amor puræ concupiscentiæ, inter ea collocetur, quæ ad justitiam præparent [6].

14. Quòd amor spei non proveniens à charitate, secundùm sanctum Augustinum, ad vitiosam pertineat cupiditatem [7].

15. Denique, quòd amor justificans, ac divinæ gloriæ postpositis omnibus adhærescens, sit tamen mercenarius, si felicitatis æternæ etiam subordinatâ ac minùs præcipuâ ducatur illecebrâ. Quæ, aliaque permulta per totum librum fusa, eum inemendabilem et inexcusabilem efficiunt [8].

Caput autem omnis mali est (quod adversùs amicissimum dicere, veritas ac necessitas et salus Ecclesiæ postulat) virum subtilissimum, dùm se à mysticis intelligi, et plerisque eorum diligentiùs de re spirituali ac vitâ interiore dicere gloriatur [9]; in hos gravissimos ac notissimos errores impegisse, neque ab iis ullâ se ratione dimoveri passum, magno nostro et collegarum amicorumque luctu.

Accessit ad cumulum, quòd de oratione quietis dicere aggres-

---

[1] *Explic. des Max., des Saints*, etc., p. 97, etc. — [2] P. 186, 187, 189, etc. — [3] P. 194, 195, 196, etc. — [4] P. 272. — [5] P. 224, 225, 253. — [6] P. 17, 20, etc. — [7] P. 7, 8. — [8] P. 9, 14, 15. — [9] *Avert.*, p. 28.

sus[1], negare non potuit, quin ad eam paucissimis tantùm aditus et vocatio pateret, reliquis etiam sanctissimis maneret inaccessa[2]; quod vitæ spiritualis auctores uno ore confirmant : hæc, inquam, certissima et evidentissima negare non potuit. Cæterùm nescio quo pacto non vidit quæ hinc essent consectanea : quippe qui eam orationem in purissimo ac sanctissimo perfectissimoque amore collocarit[3]; undè conjectus est in eas angustias, ut fateri cogeretur, non christianos omnes, non etiam sanctissimos, vocari ad christianam perfectionem, quæ in amando consistat[2] : magna christiani nominis, christianæ vocationis, et Evangelii contumelia.

Hæc igitur viri illustrissimi summa doctrinæ est : quæ quàm consentiat Molinosi propositionibus à Sede apostolicâ condemnatis, præsertim verò VII, XII, XXXI, XXXV, aliisque dogmatibus, quæ in eodem Molinoso et asseclis meritò reprehenduntur, hîc conticescimus; cùm id, et res ipsa testetur, et ex nostro tractatu *de Statibus Orationis* facilè appareat.

III.

Secunda pars scripti : De consequentibus; ac primùm de vitiosis actibus unà cum virtute conjunctis.

Jàm ergò de consequentibus pauca dicamus. Neque enim hunc librum eo duntaxat nomine exitiosum putamus, quòd catholicæ fidei adversa doceat; sed eò vel maximè, quòd ad pejora quoque, ipsique auctori improbata, deducat incautos.

Tale profectò istud est : animam per actus directos et reflexos ità in duas partes esse separatam, ut consistant in eâ simul et in actu directo perfecta spes, et in reflexo plena desperatio, ut est suprà positum; quo ritu modoque, et cum perfectâ fide, plenus perfectusque consensus in infidelitatem constet, ac tentatio in actu reflexo victrix non excludat vitium illud ad quod animum impellit : quod cùm ad omne flagitii genus pateat, cum omnibus vitiis conjunctæ virtutes oppositæ permanebunt : undè existent illa probrosa, quæ in Molinoso cum totâ Ecclesiâ noster detestatur

---

[1] *Explic. des Max. des SS.* p. 203, 204. — [2] *Avert.*, p. 3, 4, in libro, p. 34, 35, 261.

quidem; vi tamen decretorum suorum, certæque et perspicuæ consecutionis, inducit.

IV.

De consensu in odium Dei, aliisque damnationis effectis.

Hoc igitur est, quod Propheta dicebat : *Ova aspidum ruperunt, et quod confotum est, erumpit in regulum*[1]. Noster quidem horruit consecutiones eas, quæ ex consensu simplici in damnationem oriuntur[2] : nempè ut non modò à Dei amore cessetur, sed etiam ut odio sit Deus : at interim ista ex ipso principio consequuntur. Qui enim consentiunt in reprobationem justam, cùm id præpostero divinæ justitiæ studio faciant, eamdem consectentur necesse est, ut in se vivit vigetque; non ut eam animo fingunt et informant. Ut autem in se est, omnia à damnatis aufert, quibus ament Deum : eosque ità permittit sibi, ut odio habeant ejus perfectionem, bonitatemque summam; quod vel est acerbissimum divinæ justitiæ impios persequentis effectum : quæ quantùmlibet nostri horreant, tamen prohibere non possunt, quominùs dent locum secuturis; quæque horrent vel maximè, ipsâ consecutione pariant. Sic ergò, dùm Molinosismi semina ac principia fovent, incauti et nescii, nonnisi venena pestesque excludunt.

V.

De fanatismo.

Hinc etiam periculosissimo fanatismo locus. Cùm enim directorum officium eo contineri coercerique doceatur, « ut Deum agere sinant, neque unquàm de puro amore disserant, nisi præeunte Deo et cor aperiente per interiorem unctionem[3] : » hinc profectò fit, ut ad illum amorem, quo christianæ vitæ perfectio constat, non pertineat illud : « Fides ex auditu, auditus autem per verbum Christi[4]; » nec illud : « Quomodò credent ei, quem non audierunt? quomodò autem audient sine prædicante? » Ex quo consequitur, ut non Dei verbo se regi, sed instinctu agi putent, seque

---

[1] *Isai.*, LIX, 5. — [2] *Explic. des Max.*, etc., p. 91, 92. — [3] P. 35. — [4] *Rom.*, X, 14, 17.

suo spiritu perfectissimos cogitent, aut directorem sequantur eum, quem pari impetu rapi et instigari credant; qui merus putusque fanatismus est, Molinoso ejusque asseclis meritò imputatus : et à nostro quidem auctore improbatus [1]; sed interim per necessariam consecutionem invectus.

Eòdem pertinent suprà memorata [2], de objectis, præter abstractissimam rationem entis; peculiari instinctu nec voluntariè in animum inferendis : quo fit, ut ad pleraque objecta, non voluntariâ electione, sed impetu moveantur.

Item hùc spectant alia quoque suprà memorata [3], de excludendis actibus propriæ industriæ, propriique conatùs : qui sanè actus in auctoris articulo XI tot difficultatibus impediti intricatique prodeunt [4], nihil ut sit propius, quàm ut illi qui perfecti videri volunt, curam omnem suî abjiciant, seque instinctu agi sinant : vanaque est exceptio de præcepti casu, qui in præceptis affirmativis est rarissimus, ac vix unquàm ad certa momenta revocandus : quo fit, ut animæ in aliis quibusque momentis, non se ratione aut prudentiâ, sed impetu rapi putent ac velint.

Quod etiam protenditur ad reflexos actus, quæ pars est vel maxima, eaque liberrima christianæ vitæ [5] : ad quos actus scilicet anima per sese indifferens habeatur, et extra præcepti casum, qui, uti prædictum est, sit infrequentissimus, ad seipsam in se suaque cogitata reflectendam, solo gratiæ attractu impellatur, nullo ferè relicto proprii consilii, propriique conatùs, et excitatæ propriæ voluntatis officio : sed cohibitis reflexis actibus, et a divini instinctus expectatione suspensis : quibus omnibus imbecilles animæ, delusæ scilicet vanæ perfectionis imagine, suos motus et instinctus Deo impulsori imputare, ejusque impulsum expectare assuescant.

VI.

De aliis consecutionibus.

Jam illud quàm noxium assuescere animas, ut Ecclesiam ad cœli gaudia et Sponsi amplexus assiduè suspirantem, putent mercenariam : Paulum mercenarium, Christum lucrifacere cupien-

---

[1] P. 68. — [2] Sup., n. 2. — [3] *Ibid.* — [4] P. 95, 97, etc. — [5] P. 117, 118.

tem, et huic lucro inhiantem[1]: martyres mercenarios, qui cum eodem Paulo[2] jam delibati, ac tempore resolutionis instante, in mercede cogitandâ et quærendâ toti sint: mercenarium etiam istud Ignatii, provocaturi feras, ac dicentis : « Quid mihi prosit intelligo ; » quo utilitas illa possidendi Christi maximè commendatur : mercenarios deniquè omnes, qui morientes illud exclament: *In manus tuas, Domine;* et illud : *Domine Jesu, suscipe spiritum meum;* et illud : *Me expectant justi, donec retribuas mihi;* et alia ejusmodi, non nisi à puro castoque amore dictata. Quæ si animo vilescant; si præter unam entis illimitatam abstractissimamque rationem, nihil est in Deo vel Christo quod sapiat, deniquè si Christus ipse fastidio est, quid superest, nisi ut, reluctante licèt auctore, tamen ex consequentibus, quidam (quod absit) deismus inolescat, et christiana pietas extinguatur, aut in vaniloquiis et argutiis collocetur? ut non frustrà adversùs nova ista commenta boni omnes, ipsaque Ecclesia Romana mater Ecclesiarum insurgat, ac de summâ fidei ac religionis agi credat.

VII.

Tertia scripti pars : De defensionibus, et explicationibus ; ac primùm de defensionibus.

Jam defensionem illam aggrediar, quam auctor spargit in vulgus. Currunt enim per ora et manus, ejus epistolæ, ac præsertim illa quæ ad amicum scripta perhibetur[3], cujus quidem summa est: Omnem doctrinam suam duobus contineri : primum, ut concedatur charitatem esse amorem Dei in se, à beatitudinis studio absolutum : alterum, ut item concedatur, in perfectis animabus plerumquè charitate præveniri et incitari virtutes omnes, maximè verò spem; quæ ab eâ imperata, haud magis mercenaria quàm ipsa sit charitas. Quâ in re id statim animadvertimus auctorem nimis favere sibi : quòd tot ac tantis erroribus implicitus, ad duo tantùm capita quæstionem redigat : reliqua haud minùs gravia prætermittat. Et tamen ad cumulum, ex his ductam defensionem, ut falsissimam, ita vanissimam esse paucis conficimus.

[1] *Philipp.*, I, 21, 22, 23 ; II *Tim.*, IV, 6, 7, 8. — [2] Litt. 3 August. 1697.

VIII.

Prima pars defensionis : De charitate non mercenariâ, atque à beatitudinis studio absolutâ.

Nam quod attinet ad charitatis definitionem illam, quam Schola communiter tradit, planè confitemur ejusmodi esse, ut Deum in seipso spectet et diligat amore absoluto ac libero ab omni respectu ad nos, adeòque à studio ipsius beatitudinis; quo fit, ut eadem Schola spem quidem ex se mercenariam esse decernat, ut quæ mercedi studeat; charitatem verò haud mercenariam esse definiat, ab illo quippe studio liberam, et unâ Dei perfectione flagrantem : quod nemo condemnare possit, cùm sit à totâ ferè Scholâ, ac maximè Scoti scotistarumque traditum. His igitur confisus auctor, notari et accusari se deplorat pro ea sententia, quam cum totâ ferè Scholâ communem habeat : sed palàm illudit theologis.

Primùm enim, eam quâ se tuetur definitionem charitatis, ad quæstionem nostram minimè attinere certum. Quid enim est illud, quod hic theologi definire satagunt? profectò nihil aliud, quam illam communem justis sanctisque omnibus charitatem : at de illà nihil nunc quæritur : omninò quæritur de amore illo puro, quo perfectorum statum constitui contendit auctor : daturne ille amor, communi quâ justi sumus charitate perfectior, qualem ille fingit, quæritur : quis ille sit quæritur : de illâ charitate communi nihil omninò quæritur. Quare, cùm ad communem notionem charitatis provocat, imponit theologis, patronos sibi quærit præter rei veritatem; ejusque defensio mera ludificatio est.

Deindè, id quod ipse assumit ad defensionem, idem ipse labefactat. Conqueritur enim non agnosci à nobis charitatem illam non mercenariam, quæ fideles justificet. At contrà is ipse est, qui justificantem illam charitatem toto passim libro vocet mercenariam [1] : amorem verò purum seu non mercenarium altiore reponat loco, et perfectissimis tantùm attribuat; quo fit, ut in id quoque, quo se tutum velit, non nos utiquè, sed ipse, ipse, in-

[1] *Explic. des Max.*, etc., p. 14, 15.

quam, impingat : usquè adeò vana ac ludificatoria ejus defensio est.

Deniquè, ne quidem intelligit definitionem illam, quâ vel maximè nititur. Sic enim tradunt theologi, charitatem uni Deo in se spectato esse deditam, *nullo respectu ad nos ;* ut id ad specificum, quod aiunt, objectum unicè referri velint : non interim negent, imo uno ore fateantur omnes, divina beneficia quæ nos respiciant, ad illam excellentiam infinitam magis magisque diligendam, secundaria quidem, sed tamen maxima incentiva, et amandi fomitem inextinctum ministrare : ut, scholasticè quidem et speculativè, charitati sufficiat Deus in se excellens et optimus; quod est objectum specificum, sine quo ipsa charitas stare non possit : cæterùm ipso usu, et in praxi, ut aiunt, valeat illa complexio, quâ Deum totum, si ità loqui fas est, et ut est in se optimus, et ut ex illâ quoque bonitatis plenitudine erga nos beneficentissimus, consectati, in eum colliquescimus, ipsi adhæremus, ipsi conglutinamur ; nec ab illo tam perfectæ quàm profluæ bonitatis fonte, divelli nos patimur. Quo fit, ut istud, *nullo respectu ad nos,* in Scholæ definitione positum, abstractivè quidem, non autem exclusivè intelligi debeat : nec omitti opporteat etiam à perfectis, suo tempore et loco, ad inflammandum amorem, effusissima illa beneficentia Dei, quæ cum divino bono bona nostra omnia complectatur.

Absit autem à nobis, ut scholæ christianæ in eam abeant sententiam, quæ ab incentivo charitatis prohibeat istud, in ipso capite præcepti charitatis tam disertè positum, maximo respectu ad nos : *Diliges Dominum Deum tuum* [1]; et illud præparatorium : *ut benè sit tibi,* et istud consectaneum : *Et tamen patribus tuis conglutinatus est Dominus... Ama ergò Dominum Deum tuum* [2]. Absit, ut Redemptor Christus, quod esset impium, a christianæ charitatis ratione arceatur : aut ad illam inflammandam vacare credatur istud : *Sic Deus dilexit mundum* [3]; et istud : *Nos ergò diligamus Deum, quoniam Deus prior dilexit nos* [4]; et istud : *Cui minùs dimittitur, minùs diligit* [5] : incentivo amoris, quo jus-

---

[1] *Deut.,* VI, 5, 18. — [2] *Ibid.,* X, 15; XI, 1. — [3] *Joan.,* III, 16. — [4] I *Joan.,* IV, 19. — [5] *Luc.,* VII, 47.

tificata peccatrix est, cum ipsâ beneficentiâ clarè distinctèque conjuncto. Absit, ut Sponsa, tota in amplexus ruens, et Christi sitiens, ideò minùs casto amore fungatur, atque inter mercenarios ablegetur : quæ absurda et infanda, si quis in veram genuinamque pietatem induxerit, non tantùm Scripturarum imperitus, sed etiam ingratus, excors, humanitatis expers, ipsiusque amoris nescius habeatur.

Non ita Augustinus, millies ad castum gratuitumque amorem referens ipsum potiundi Dei desiderium : quos locos si torqueri vanis sinamus argutiis, jam ipsa cum Augustini decretis atque principiis antiqua purissimaque theologia evanescit : evanescit illa distinctio rerum utendarum ac fruendarum, quam ab eodem Augustino promptam Magister et interpretes, hoc est scholastici omnes, pro certo fundamento posuêre : ac nequidem valeat illa definitio charitatis, quam idem sanctus Augustinus tradidit, ac sanctus Thomas repetiit, « motus animi ad fruendum Deo propter seipsum [1]. »

Neque par est, ut credamus scholasticam theologiam à Patrum theologiâ, hoc est à suis fontibus discrepare : sanctus Thomas totus noster est : sanctus Bonaventura noster : ambo Augustini toti sunt : quin etiam Scotus ab iis dissentire visus, summâ ipsâ convenit [2] : cumque primario charitatis objecto, quæ Dei excellentia est, conjungit *secundarias rationes objectivas, allicientes ad amandum Deum;* quòd amet, quòd redamet, seque amare demonstret, *sive creando, sive reparando, sive disponendo ad beatificandum* : quæ quidem sint in Deo *specialis amabilitas,* atque in unam amandi rationem, cum perfectissimâ et infinitâ ejus bonitate coalescant. Hunc secuti Suarez[3], aliique passim omnes, amorem erga Deum ut beneficum charitate elici confitentur ; eo quòd beneficum illud, suîque diffusivum, et ipse amor divinus, largiendi ac benefaciendi fons, sit quædam excellentia in Deo amorem illiciens ac provocans : ut qui hæc omittat, perfectionis specie, ab omni theologiâ alienum se esse fateatur. Hoc

---

[1] S. August., III. *De Trin.,* cap. XI. S. Thom., II-II, quæst. XXII, art. 2, *Sed contra.* — [2] Dist. XXVII, quæst. unica, n. 8. — [3] Suar., *De charit.*, disput. I, sect. 2, n. 3.

fecit Molinosus : hoc illa apud nos fœmina quietistarum dux et magistra : quodque est dictu acerbissimum, hoc tantus Archiepiscopus : neque eò magis excusandus, quòd quietismum illum, absit verbo injuria, eò periculosiùs, quò speciosiùs et artificiosiùs colorat et pingit.

IX.

Secunda pars defensionis : Quòd spes à charitate imperata haud magis quàm charitas sit mercenaria.

Hinc facilè secunda defensionis pars corruit. Sic autem se habebat. Plerumquè in perfectis charitate præveniri et incitari virtutes omnes, maximè verò spem, quæ ab eâdem scilicet charitate imperata, haud magis quàm charitas sit mercenaria : nullo planè sensu : tanquàm æquè ac ipsa charitas, à beatitudinis studio, in quo illud est Scholæ mercenarium constitutum, spes secludi possit. Cujus ergò rei erit spes? nullius profectò rei, quandò nec ipsius promissæ à Deo beatitudinis.

Addamus et quæstiunculam : Cur tanto studio charitas haud mercenaria, mercedis spem imperet? Ut Deo pareat? rectè : Cur autem jubet Deus ut à charitate spes ipsa mercedis excitetur, imperetur? Nempè ut serviat charitati, ut charitatem inflammet, confirmet, augeat; alioqui vacat illud : *Finis præcepti charitas* [1]. Huc ergò spem mercedis ciet charitas, ut instimulante, movente, urgente mercede, charitas invalescat : adeò quocumque statu, merces illa apta nata est ad fovendam, excitandam, augendam charitatem : apta nata est charitas, ut illâ mercede, quæ Deus est, inardescat.

Hùc etiam pertinet illa sæpè memoranda concilii Tridentini definitio [2], de vitâ æternâ omnibus, atque adeò perfectissimis, tanquàm mercede proponendâ : en *tanquàm mercede;* sub ipsâ ratione mercedis : nec minùs manifestum illud ejusdem concilii, *de socordiâ excitandâ*, ac de justis, imò etiam perfectissimis, Davide, Mose, cæteris, *intuitu quoque mercedis æternæ, ad currendum in stadio sese cohortantibus* [3] : quâ definitione constat, nedùm intuitu mercedis æternæ decrescat charitas, fiatque imper-

[1] I *Tim.*, I, 5. — [2] Sess. VI, cap. 16. — [3] *Ibid.*, cap. II.

fectior aut impurior; contrà perfectiorem, alacriorem, vividioremque fieri.

Quidquod illa, quæ trahitur ad perfectionis statum, spei ac virtutum imperatrix incitatrixque charitas, etiam in justorum imperfectorum statu ab auctore collocatur? nempè illius hæc sunt de quarto statu, qui est justificantis quidem sed imperfectæ charitatis : ut « gloria Dei præcipuè diligatur, ibique propria beatitudo, non nisi ut medium, ad hunc ultimum finem, hoc est ad Dei gloriam, relatum, eique subordinatum requiratur [1]. » Quo loco necesse est, ut objectum charitatis, hoc est Dei gloria, cùm sit finis ultimus, id quod est medium, nempè studium adipiscendæ mercedis, intentione mentis, omninò anteveniat : quo semel posito, nihil quidem ulterius aut sublimius, illi purissimæ, quam jactant, charitati relinquatur : confundanturque status, et omnia misceantur : usquè adeò res eis redit ad argutias, easque inanes, nec sibi cohærentes.

X.

Amor purus quis verè sit.

Quantò saniùs ac planiùs amorem castum purumque in eo collocarent, non ut perfectissimi quique salutis ac mercedis æternæ, vetante concilio Tridentino, intuitum omitterent : absit : sed ut terrena desideria, et alienas à Dei charitate concupiscentias, quoad fieri potest, ad purum excoquerent : interque hujus mundi prospera et adversa, imò verò inter vitæ spiritualis tædia atque solatia, interque alternantes vices animæ nunc inarescentis, nunc inardescentis, æquo pede incederent : quâ in re vel maximè à viris spiritualibus, atque ab ipso principe Francisco Salesio passim, purissimi amoris constitutam rationem legimus.

Jam de omni sollicitudine projiciendâ in Deum, deque huic connexo actu, quo nos resque nostras, ipsamque adeò salutem ei commissam et permissam volumus; quo actu amor perfectus ac purus potissimùm constat : Petrum auctorem habemus [2], non sanè suadentem, ut salutis curam ac spem omittamus, aut eam vel maximam utilitatem nostram parvi faciamus, aut pro indif-

[1] *Explic. des Max.*, etc., pag. 9. — [2] I *Petr.*, v, 7, 8.

ferenti, quod absit, habeamus ; sed eo innitentem, quòd *Deo sit cura de nobis*[1] : et eò inducentem, non ut adjutorem Deum otiosi expectemus, sed ut *sobrii simus atque vigilemus; satagamusque omninò, ut per bona opera certam nostram vocationem et electionem faciamus*[2]*;* et, *ut immaculati et inviolati ei inveniamur in pace*[3] : de quibus nunc copiosiùs dicere parcimus, quòd ea, quantùm ab alto concessum est, in *Instructione* nostrâ *de Statibus Orationis*[4], elucidare conati sumus.

Quo etiam loco, veram purificandi animi rationem[5], eâ sententiâ nixam : *Omne donum perfectum desursùm est*[6], pro nostrâ mediocritate tractavimus ; in eoque vel maximè versati sumus, ne mysticorum recentium, nostrique auctoris exemplo, puritatem illam ac perfectionem amoris, in orationem passivam sive quietis, aut in peculiarem statum conferremus; sed ut ad omnes vitæ et orationis christianæ status pertinere doceremus.

XI.

De explicationibus, deque earum ratione generatim, ac de auctoris stylo.

Sanè animadvertimus, nunc eò conniti auctorem, ut doctrinam suam velut advectitiis interpretationibus atque explicationibus molliat et excuset. Hùc redit ea perspicuitas, eaque ab omni æquivocatione libera, et ad scholasticum rigorem redacta præcisio, quam in ipsâ præviâ commonitione promiserat[7]. Nempè plana omnia, et prona esse debuerant. Nunc autem hæret ubique, novaque comminiscitur, ac suspenso pede, veluti per anfractus, vix ullo loco firmum gressum figit. Quò etiam spectare videatur illa libri gallici in latinam linguam promissa, necdùm ut putamus, à tanto licèt tempore, adornata versio : quæ rectè æstimantibus nihil aliud videtur esse, quàm spes emolliendi veri genuinique sensùs; ut liber ipse nativo ac suo habitu prodire vereatur.

Nunc autem, cùm auctor explicationes subindè diversas nobis communicatas voluerit, aliasque aliis involverit, nec planè sciamus cui stet, quam sequatur : de singulis loqui præposterum

---

[1] *Petr.*, v, 7, 8. — [2] II *Petr.*, I, 10. — [3] *Ibid.*, III, 14. — [4] Lib. X, cap. XVIII. — [5] *Ibid.*, et cap. XXX. — [6] *Jac.*, I, 17. — [7] *Avert.*, p. 23, 26.

ducimus. Sanè stylus anceps permultis in locis dat locum argutiis, potiusquàm sanis probisque interpretationibus. Ipse etiam queritur, suas excusationes, elucidationes, attemperationes negligi; quem quidem optaremus, planiùs ac certiùs gradientem, non tot excusationibus, quantas ipse sibi comparandas duxerit, indigere.

XII.

Implicita et contradictoria.

En exemplum rei ponimus. Proprietas, quam vocant, in mysticorum libris res est intricatissima : quare ejus abdicatio item obscurissima, necesse est, ut sit : tot undiquè ingruunt, in probis quoque mysticis, earum vocum varii perplexique sensus. Rem ad planum noster deducere aggreditur : duplicem proprietatem agnoscit : alteram ex superbiâ, quæ planè peccatum sit : alteram sic definit : « Illa proprietas, quâ propriam excellentiam, etiam uti est nostra, diligimus, ad Dei quidem præcipuè gloriam, cui eam subordinatam volumus; sed interim meriti nostri, mercedisque causâ : innoxia est, ac nequidem veniale peccatum : imò nec vera imperfectio, nisi in perfectissimis animabus [1], » etc. Et tamen illam quoque « innoxiam, ac divinæ gloriæ ut suo ultimo fini subordinatam, meriti, perfectionis, æternæ quoque mercedis » cupiditatem à perfectis abjici oportere subdit. Grave illud : at non eo gradu sistitur ; ecce enim illa proprietas « per eum rejicitur actum, quo Deo nos absolutè ac nullâ reservatione permittimus, abdicato quoque proprii commodi studio [2] : » qui actus nihil sit aliud, quàm illa *suî abnegatio à Christo postulata* [3]. Hìc ergò primùm miror interpretationis insignem inauditamque novitatem : ut scilicet, sub commodi utilitatisque nomine, etiam subordinatum divinæ gloriæ, quod sæpè dicendum est, *meriti, perfectionis ac mercedis æternæ studium* abnegare jubeamur. Non id sancti docuêre : non id ipse Dominus subdens : *Qui voluerit animam suam salvam facere, perdet eam : qui autem perdiderit animam suam propter me, inveniet eam* [4]. Quæ spes si

---

[1] Art. xvi, p. 133, 134, 135. — [2] Art. viii, p. 72. — [3] *Matth.*, xvi, 24. — [4] *Ibid.*, 25.

abnegatur, jam prior tanti præcepti pars, posteriorem abdicare cogat. Neque minùs insolens est, quòd illud *innoxium*, imò nec per sese *imperfectum* tanto Christi præcepto repugnare dicitur. Annon enim Christus perspicuè satis præscripsit abnegationem illam, tanquàm conditionem necessariam omnibus, qui ipsum sequi velint [1]? An verò innocuum esse possit illud, quod sub tam gravi interminatione sit vetitum? Secum ergò pugnat auctor : planè, perspicuè, tergiversatione nullâ. Sibi tamen præparavit excusationem quamdam, dùm ambiguo vocabulo usus, abnegationem à Christo *postulari*, non autem præcipi asserit : tanquàm Christi postulatum, tam justis circumcinctum minis, sit aliud quàm præceptum.

Sanè in *Epistolâ ad Innocentium XII* eò se effert auctor, « quòd actum permanentem, et nunquàm iterandum, ut inertiæ et socordiæ lethale venenum, confutarit [2] : » rectè ; si non ejus loco reposuit uniforme illud, quod jam in memoriam revocare nos oportet. Verba proferantur : « Ipsa contemplatio, inquit, actibus constat tam simplicibus, tam directis, tam placidis, tam uniformibus, tam leni et sensibus occulto, fidei charitatisque contextu, ut nihil insigne sit atque conspicuum, quo ab animâ secernantur : neque quidquam aliud quàm unus idemque actus ; imò verò non actus, sed mera unionis quies esse videatur [3]. Quo fit, ut alii, ut sanctus Franciscus Assisinas, nullum actum ; alii, ut Gregorius Lopezius, unum et continuatum actum, toto vitæ decursu, edi à se fateantur. » En quàm lenibus verbis, illa quam auctor à se jactat explosam, influit continuitas : et tamen nondùm satis mitigata prodit. Quid enim, quæso, illi continuitati similius, quàm hæc unionis quies ; hic Gregorio Lopezio summo contemplatori, *toto vitæ decursu, unus idemque continuatus actus?* Quare audiamus, quàm hoc quoque molliat. Scribit enim sic ad Romanum Pontificem : « Nullam aliam quietem, cùm IN ORATIONE, tùm IN CÆTERIS VITÆ INTERIORIS EXERCITIIS admisi, præter hanc Spiritûs sancti pacem, quâ animæ puriores actus internos ita uniformes ALIQUANDO eliciunt, ut hi actus jam non actus dis-

---

[1] *Matth.*, XVI, 25. — [2] *Ep. ad Innoc.*, XII, art. 1. — [3] *Explic. des Max.*, etc. p. 166, etc.; p. 201, 202, etc.

tincti, sed mera quies et permanens cum Deo unitas INDOCTIS videatur [1]. » En quanto discrimine, blandis intersectis voculis, res eadem pingitur. Et in libro quidem universim, perfectis animabus, indistinctus, ac toto vitæ decursu continuatus actus agnoscitur : in epistolà verò *aliquandò* tantùm ; nec nisi *indoctis :* quos inter indoctos memoratur Gregorius Lopezius, inter excelsissimos vitæ asceticæ sectatores ab auctore laudatus. Sic variat. Sed mittamus verborum offucias, quid res ipsa postulet cogitemus. Sanè admittit actus *tam nullo conatu, et,* ut vocat, *succussu, ut nihil sit insigne atque conspicuum, quo ab animâ secernantur* [2] : quod quidem quid est aliud, quàm continuitatem illam, quâ novorum mysticorum secta ut ostendimus nititur, refutare verbis, summâ ipsâ retinere, speciosis tantùm vocabulis incrustatam ? Quâ in re id peccat imprimis, quòd contemplationem, imò etiam actionem inducit, nullo virtutum officio interstinctam; quæ si successione actuum objectorumque constaret, eam quam Cassianus memorat volutationem suî mens ipsa persentisceret, et interdùm cum Davide diceret : *Quare tristis es, anima mea?* interdùm cum eodem : *Cor meum et caro mea exultaverunt in Deum vivum :* exorientibus per vices cœlestis gaudii piæque tristitiæ, speique ac desiderii motibus, ipsis etiam animi seipsum cohortantis nisibus haud frustrà iteratis atque perceptis.

Multa ejusmodi commemorare possem, quibus effugia, latebras, interdùm et insidias parasse videatur. Nec profectò mirum, quòd sibi contradicat, præsertim de motivis diligendi Dei disserens [3] : vana, subtilia, affectata, non hærent pectori, animo elabuntur : eorum sectatores, non tam suo ingenio, quàm causæ conditione, improvidi, immemores, in diversa et contraria rapiuntur; satis superque se tutos arbitrati, si per excusationum, explicationumque ludibria, pessimos libros, incolumes tamen integrosque præstent.

[1] *Epist. ad Innoc.* XII, art. 5. — [2] P. 166, 201, 202, 203, 237. — [3] *Explic. des Max.*, etc., p. 44, 52, 54, etc.

XIII.

Cur interpretationes auctoris admitti non possint.

Omninò explicationes eas quas vidimus, admitti oportere, haud aliâ magis ratione negaverim, quàm quòd nec ipsæ innocuæ sint et erroris immunes, nec libri contextui ullo modo accommodari possint.

Neque enim, si explicationis nomine alius liber ab hoc diversus cuditur, ideò hic purus est atque integer : ac si plana et aperta in contrarium sensum detorquentur; si album pro nigro, pro quadrato rotundum reponitur; non hæc explicatio, sed ludificatio est : neque ejus rei ullum exemplum legimus, à Sede apostolicâ, à conciliis, ab episcopis, ab ullo conventu ecclesiastico comprobatum : pessimique est moris, præsertim in exiguo libello, ac vulgi manibus trito, explicandi specie, asserere librum apertis scatentem erroribus.

Hoc enim nihil est aliud, quàm confirmare falsa, ac publicæ fidei illudere : id deniquè perficere, ut theologica nihil certi habeant, liceatque cuivis quodvis impunè jactare : quo proindè constet confici omnia argutiis ac distinctiunculis, nihilque non audendum, quandò rebus pessimis, pro damnatione certâ, excusatio quæritur. Neque verò his artibus, aut theologiæ ac fidei, aut christianæ plebi, aut auctoribus ipsis consulitur : non theologiæ ac fidei; quæ in omnem partem versatilis flexibilisque, et cothurni, ut aiunt, instar esse videatur; non plebi, quæ inter librum explicationemque fluctuet, sumatque toxica, relinquat antidota : non deniquè auctoribus, qui parùm sincerè, imò verò superbè agere videantur, suspectosque se magis quàm excusatos præbeant.

Quidquod liber ipse, ab ipsis initiis, ab ipsâ commonitione præviâ [1], dictionarii instar haberi se voluit, quo omne ambiguum tolleretur? Qui si nunc ubique suppletur intextis additionibus, aut si in alienissimos obscurissimosque sensus trahitur, jam illa ad scolasticum rigorem exacta tractatio nihil aliud erit,

[1] *Avert.*, p. 23, 26.

quàm imperitis laqueus, ludibrium doctis, omnibus scandalum. Quidquod ipse librò spiritus dùm singulares affectat vias, et à recto tritoque tramite pietatem ad vana, arguta, aliena deducit, procul à christianâ ac patriâ simplicitate aberret? Quidquod ipse auctor in câdem præfatione[1], clarâ voce testatur, si quid erratum sit, et ultrò confitendum, et palàm ejurandum esse? ut nunc per interpretationes librum intactum et immunem à reprehensione præstare, nihil sit aliud quàm omnia ibi sana et integra, frustràque auctorem sollicitatum esse, profiteri.

Valeat ergò justa sententia : ut qui tradunt erronea, nec tamen seipsi spontè condemnant, ecclesiastico judicio condemnentur, fideique et modestiæ, ac publicæ securitati consulatur. *Non enim aliquid possumus adversùs veritatem, sed pro veritate* [2], cui servire omnia, omnia posthaberi, ipsa jubet veritas.

Summa dictorum est : in hoc libello, plerumquè, quæ plana sunt, falsa sunt, noxia sunt, ipso fine prava sunt : quæ obscura et perplexa sunt, suspecta sunt, et in errorem inducunt.

Hæc ego episcoporum infimus, nostræ *Declarationi* confirmandæ, pro testimonio dixi. Auctorem rogo supplex, ut hæc qualiacumque æqui bonique consulat : ipsi verò impensè gratulor, quòd se librumque suum in Sedis apostolicæ potestate positum voluerit : deniquè spero futurum ut Innocentius XII, tot rebus magno et paterno animo gestis, ad tanti pontificatûs gloriam sempiternam dissecet nodos, evanescentem sapientiam cohibeat, fractumque jam antecessorum auctoritate quietismum, ad victoriæ cumulum, ab effusis coloribus pigmentisque nudet

Hæc voveo addictissimus ac devotissimus. In Castello nostro Germiniaco, 20 *aug.*, *an.* 1697.

Signatum, † J. Benignus, Ep. Meldensis.

[1] *Avert.*, p. 14, 15. — [2] II *Cor.*, XII, 8.

FINIS SUMMÆ DOCTRINÆ.

SOMMAIRE DE LA DOCTRINE

DU LIVRE QUI A POUR TITRE :

EXPLICATION DES MAXIMES DES SAINTS, ETC.,

DES CONSÉQUENCES QUI S'EN ENSUIVENT ;

DES DEFENSES ET DES EXPLICATIONS QUI Y ONT ÉTÉ DONNÉES.

TRADUIT DU LATIN.

I.

Nécessité et partage de cet ouvrage.

Après que nous avons été contraints par l'auteur même, en nous appelant jusqu'à deux fois en témoignage et comme en garantie de sa doctrine, de déclarer au saint Siége, le plus simplement et le plus brièvement qu'il a été possible, notre sentiment sur son livre; voici ce qui reste à faire. Premièrement, sa doctrine étant proposée en abrégé, j'en déduirai plus au long les conséquences, que nous n'avons fait que toucher légèrement : ensuite, je rapporterai les défenses et les explications dont ce prélat se sert, sans dessein de l'offenser, dont je suis très-éloigné.

Car, quoique ce prélat que j'honore, semble vouloir mettre sa principale défense à me faire regarder comme sa partie et son accusateur (ce que je ne puis taire, ni aussi le dire sans une extrême douleur), Dieu m'est témoin que toute ma vie je n'ai rien eu tant à cœur que son amitié, l'entretenir et y correspondre par toute sorte de moyens; sans que jamais il y ait eu entre nous la moindre division, si ce n'est depuis ce livre malheureux.

Il est inutile de rapporter les bruits que ce livre excita dès qu'il parut : mais l'abrégé de la doctrine qu'il contient, que j'ai réduite à ces principaux chefs, fera voir la cause d'un soulèvement si général.

II.

Première partie : Sommaire de la doctrine du livre.

L'auteur s'étant proposé de conduire les ames qu'il nomme parfaites, à faire volontairement le sacrifice de leur salut éternel, semble être arrivé à cette extrémité par ces degrés.

1. Que le mérite, la perfection, le salut, et le bonheur éternel, est cet intérêt, ce motif mercenaire que le pur amour rejette, et qu'il ne peut se proposer comme un motif pour s'exciter à servir et à aimer Dieu [1].

2. Que le désir du salut est bon, mais qu'il ne faut rien désirer que la volonté de Dieu [2].

3. Qu'il faut admettre l'indifférence pour tout le reste, même pour le salut et pour tout ce qui y a rapport [3] : toutes propositions erronées et hérétiques, comme l'auteur même les a reconnues par sa propre signature [4].

4. Que la sainte indifférence admet des désirs généraux pour toutes les volontés de Dieu que nous ne connoissons pas [5].

5. Par là s'ouvre la voie qui conduit l'ame à faire le sacrifice absolu de son salut éternel, même par un acquiescement simple et avec la permission du directeur : en sorte qu'une ame sainte fasse cet acquiescement simple à sa juste condamnation et réprobation par un désespoir involontaire et invincible [6].

6. Que les ames parfaites, comme celle de saint François de Sales, ont une persuasion invincible qu'elles sont en cet état, et par conséquent dans le désespoir, en sorte qu'il est inutile de leur proposer aucun moyen d'en sortir, pas même le dogme de la foi sur la volonté de Dieu de sauver tous les hommes [7].

7. Qu'alors l'ame est divisée d'avec elle-même, et que dans cette séparation elle conserve avec l'espérance parfaite un plein et parfait désespoir [8].

8. Que les ames ainsi désespérées expirent sur la croix avec

---

[1] *Expl. des Max.*, etc., p. 10, 57, 135, etc. — [2] P. 55, 226. — [3] P. 49, 50, etc. — [4] xxxiv. Art., viii et xi. — [5] P. 61. — [6] P. 87, 89, 90, 91. — [7] P. 87, 88, 89, 90. — [8] P. 90, 91, etc.

Jésus-Christ, en disant : « O Dieu, mon Dieu, pourquoi m'avez-vous délaissé [1] ? »

9. Que par là on reconnoît en Jésus-Christ un trouble involontaire, que la partie inférieure ne communiquoit pas à la supérieure [2].

10. Qu'il faut tellement abandonner à Dieu tout le soin de son salut, qu'on fait consister toute la perfection dans une pure attente de sa grace : en rejetant tout ce qu'on fait de soi-même, tout propre effort et toute industrie, que l'on dit être un reste d'un zèle demi-pélagien [3].

11. Que dans la contemplation divine l'ame ne s'arrête volontairement, qu'à l'idée purement intellectuelle et abstraite de l'être qui est sans bornes et sans restrictions : qu'elle ne se porte point d'elle-même à tous les autres objets, aux attributs divins absolus et relatifs, ni aux mystères de Jésus-Christ, sinon quand Dieu les lui présente pour objets, et qu'elle y est attirée par l'impression de sa grace [4] : d'où il arrive qu'en deux temps différens, les ames contemplatives sont privées de la vue distincte de Jésus-Christ même présent par la foi [5].

12. Que par là on ôte aux vertus particulières leurs motifs qui n'excitent plus: en sorte qu'on n'est plus touché d'aucun motif que de celui du pur amour [6] : on ne veut plus aucune vertu en tant que vertu ; et on rejette de l'état des parfaits les pratiques de vertu [7].

13. On ajoute ces autres propositions : Qu'un amour impie et sacrilége, comme l'amour de pure concupiscence, peut préparer à la justice et à la conversion [8].

14. Que selon saint Augustin, l'amour d'espérance, qui ne vient pas du principe de la charité, vient de la cupidité [9].

15. Enfin, que l'amour justifiant qui recherche la gloire de Dieu principalement et préférablement à tout, est néanmoins un amour intéressé, s'il est excité par le motif du bonheur éternel, quoique rapporté et subordonné au motif principal et à la fin dernière qui est la gloire de Dieu [10].

---

[1] *Explic. des Max.*, etc., P. 90. — [2] P. 122, etc. — [3] P. 97, etc. — [4] p. 186, 187, 189, etc. — [5] P. 194, 195, 196, etc. — [6] P. 272. — [7] P. 224, 225, 253. — [8] P. 17, 20, etc. — [9] P. 7, 8. — [10] P. 14, 15.

Ces propositions et tant d'autres répandues dans tout le livre, font qu'il ne peut recevoir aucune explication ni correction.

La source du mal est (ce que la vérité, la nécessité et le salut de l'Eglise nous force de dire, même contre un tel ami) que l'auteur, homme très-subtil, se flattant de bien entendre les mystiques [1], et croyant avoir parlé mieux qu'eux tous de la vie spirituelle et des voies intérieures, est tombé dans ces erreurs très-griéves et très-manifestes, sans qu'il ait été possible de l'en retirer par aucun moyen; ce que ses amis et ses confrères n'ont pu voir sans une douleur extrême.

Mais le comble de l'erreur est qu'ayant entrepris de parler de l'oraison de quiétude [2], il a été obligé d'avouer que « très-peu d'ames y sont appelées et y peuvent atteindre, et même que la plupart des saintes ames n'y parviennent jamais [3], » comme les maîtres de la vie spirituelle en sont tous d'accord; en sorte qu'il n'a pu nier une maxime aussi certaine et aussi évidente. Et néanmoins qui ne s'étonnera qu'il n'ait pas vu les conséquences qui s'en ensuivent, en faisant surtout consister cette oraison dans l'amour très-pur, très-saint et très-parfait [4]? ce qui l'a réduit à cette extrémité, de reconnoître que tous les chrétiens, pas même les plus saints, ne sont point appelés à la perfection chrétienne qui consiste dans l'amour : au grand mépris du nom chrétien, de la vocation chrétienne et de l'Evangile.

Voilà l'abrégé de la doctrine de l'auteur : conforme aux propositions de Molinos condamnées par le saint Siége, et surtout à la VII, XII, XXXI, XXXV, et autres maximes censurées pareillement dans ce docteur et dans ses sectateurs qu'il est inutile de rapporter, puisque la chose parle d'elle-même, et qu'elle est clairement démontrée dans notre *Instruction sur les Etats d'Oraison*.

---

[1] *Avertis.*, p. 28. — [2] *Explic. des Max.*, etc. p. 203, 204. — [3] *Avert.*, p. 3, 4, dans le liv., p. 34, 35, 261. — [4] *Avertiss.*, p. 16, 23; dans le liv., p. 34, 35, 64, 261, 272, etc.

III.

Seconde partie de cet écrit : Des conséquences, et premièrement des actes vicieux joints ensemble avec la vertu.

Venons maintenant aux conséquences. Car nous n'estimons pas seulement ce livre pernicieux, parce qu'il enseigne une doctrine contraire à la foi catholique : mais bien plus, parce qu'il conduit ceux qui n'y prennent pas garde, à des choses encore pires et que l'auteur a lui-même désavouées.

En voici un exemple évident : que par les actes directs et réfléchis *l'ame est divisée d'avec elle-même*, en sorte que dans cette séparation elle conserve en elle à la fois l'espérance parfaite dans l'acte direct, et un plein et parfait désespoir dans l'acte réfléchi comme on vient de voir dans cet écrit[1]. Que de la même manière le plein et parfait consentement à l'infidélité se pourra trouver dans l'ame avec la foi parfaite; et que la victoire sur la tentation dans l'acte réfléchi ne chasse point le péché auquel l'ame est sollicitée : ce qui ayant lieu également dans toute autre sorte de crimes, il s'ensuit que les vertus peuvent être ensemble avec tous les vices qui leur sont opposés : ce qui ouvre la porte aux abominations, que notre auteur déteste, je l'avoue, dans Molinos, avec toute l'Eglise; et que néanmoins il établit par la force de ses principes, et par les conséquences claires et évidentes qui s'en ensuivent.

IV.

Du consentement à la haine de Dieu, et des autres effets de la damnation.

C'est ce que disoit le Prophète : « Les œufs de l'aspic sont éclos, et de ce qui a été couvé il en sortira une vipère[2]. » Il est vrai que notre auteur rejette avec horreur les conséquences qui suivent de l'acquiescement simple à sa juste condamnation[3], qui sont non-seulement la cessation de l'amour de Dieu, mais même sa haine : et néanmoins ces conséquences suivent de ce principe. Car, puisque ceux qui acquiescent à leur juste réprobation, le font par un

---

[1] Ci-dessus, n. 2, propos. 7. — [2] *Isai.*, LIX, 5. — [3] *Explic. des Max.*, etc., p. 91, 92.

zèle insensé pour la justice divine, il faut nécessairement qu'ils la prennent telle qu'elle est en effet en elle-même, et non comme ils se l'imaginent. Or la justice divine considérée en soi a cet effet, d'ôter aux damnés tous les moyens d'aimer Dieu, en les abandonnant tellement à eux-mêmes, qu'ils haïssent même la perfection de son être et sa bonté infinie : ce qui est le plus dur châtiment de la justice vengeresse de Dieu sur les impies. Mais quelque horreur qu'aient nos mystiques de ces choses, ils ne peuvent s'empêcher d'y donner lieu, et d'établir par des conséquences les abominations qui leur sont le plus en horreur. Ainsi, en fomentant comme un mauvais germe les principes du molinosisme sans y prendre garde et sans le savoir, ils ne produisent que des choses venimeuses et empoisonnées.

V.

Du fanatisme.

De là vient aussi le fanatisme encore plus pernicieux. Car, puisque l'on borne le devoir du directeur *à laisser faire Dieu*, et qu'on lui défend de « parler jamais du pur amour, que quand Dieu par l'onction intérieure commence à ouvrir le cœur[1] : » il s'ensuit qu'on ne peut appliquer à cet amour, auquel consiste la perfection chrétienne, cette parole de l'Apôtre : « La foi vient par l'ouïe, et l'ouïe par la parole de Jésus-Christ ; » ni celle-ci : « Comment croiront-ils en celui qu'ils n'ont pas ouï ! mais comment écouteront-ils, si on ne les prêche[2] ? » D'où il faut conclure que s'estimant très-parfaits dans leur esprit, ils s'imaginent être mus par inspiration, et n'avoir plus besoin de se conduire par la parole de Dieu, ou qu'ils prennent pour directeur celui qu'ils croient agité par un semblable transport : ce qui est le pur fanatisme, justement attribué à Molinos et à ses sectateurs, rejeté au contraire par notre auteur[3], et que néanmoins il a établi par une conséquence nécessaire.

Il faut ici rapporter ce que nous avons dit des objets, autres que l'idée purement intellectuelle et abstraite de l'être infini[4] :

---

[1] *Explic. des Max.*, p. 35. — [2] *Rom.*, X, 14, 17. — [3] *Explic. des Max.*, etc., p. 68. — [4] Ci-dessus, n. 2.

lesquels selon l'auteur sont présentés à notre esprit par une impression particulière de la grace et non volontairement : d'où il arrive que les ames ne s'occupent plus de ces objets par leur propre choix, mais parce qu'elles y sont mues par impulsion.

Il faut encore rapporter au fanatisme les propositions que nous avons citées[1], où sont exclus tous actes de propre effort et de propre industrie. Aussi ces actes sont-ils tellement embrouillés, et embarrassés de tant de difficultés par l'auteur dans l'article XI de son livre[2], qu'il semble ne les avoir proposés aux prétendus parfaits que pour leur inspirer la pensée d'abandonner le soin de leur salut, et de se laisser emporter par leur instinct. L'exception alléguée du cas du précepte est vaine, puisque ce cas est très-rare dans les préceptes affirmatifs ; et qu'à peine a-t-il lieu dans quelques momens de la vie ; en sorte que dans les autres temps les ames s'imagineront être entraînées par un ravissement divin, et ne se voudront plus conduire par raison ni par prudence.

Cette doctrine est appliquée par l'auteur aux actes même réfléchis[3], qui sont les plus fréquens et les plus libres de la vie chrétienne. Il veut que l'ame soit indifférente à les produire ; en sorte que hors le cas du précepte, qui est très-rare, comme on a dit, elle ne puisse réfléchir sur elle-même et sur ses propres pensées, que quand elle s'y sent attirée par une impression particulière de la grace, sans se servir presque jamais de son propre choix, de son propre effort, ni de l'excitation de sa propre volonté ; mais en arrêtant tous les actes réfléchis, et les tenant comme en suspens dans l'attente de l'impression divine : ce qui accoutume les ames foibles, mais séduites par cette vaine apparence de perfection à attribuer tous leurs mouvemens et toutes leurs imaginations à l'impulsion divine, et à l'attendre dans toutes leurs actions.

VI.

Des autres conséquences.

Mais quelle illusion est celle-ci, d'accoutumer les ames à regarder comme intéressés les saints gémissemens de l'Eglise,

---

[1] Ci-dessus, n. 2. — [2] *Explic. des Max.*, etc., p. 95, 97, 99, etc. — [3] P. 117, 118.

pressée dans cet exil du désir de posséder son Epoux au milieu des joies du ciel? d'estimer un saint Paul mercenaire, lorsqu'il est avide du bonheur d'être avec Jésus-Christ [1], comme d'un gain qui anime son espérance; et les martyrs mercenaires aussi, lorsque se voyant avec le même saint Paul [2] des victimes destinées à la mort et prêtes à être immolées, ils se sentent plus puissamment excités par la récompense prochaine? Par la même raison il faudra encore écouter comme intéressée cette parole de saint Ignace, lorsque s'animant à irriter contre soi-même les bêtes auxquelles il étoit condamné, il disoit : « Je sais ce qui m'est avantageux; » par où ce saint homme excitoit en son cœur ce noble intérêt de posséder Jésus-Christ. Il y a un semblable inconvénient à réputer mercenaires tous les saints lorsqu'ils s'écrient en mourant : « Seigneur, je remets mon ame entre vos mains; » et encore : « Seigneur Jésus, recevez mon esprit; » et encore : « Les justes attendent que vous me donniez ma récompense; » et tant d'autres paroles, poussées par le mouvement d'un saint et chaste amour. Que si les ames méprisent ces sentimens; si elles ne trouvent en Dieu et en Jésus-Christ d'autre nourriture de leur piété, que la seule idée purement intellectuelle et très-abstraite de l'être infini; enfin si Jésus-Christ même leur tourne à dégoût : que reste-t-il autre chose, contre le dessein de l'auteur, mais par des conséquences certaines, que d'établir le déisme, ce qu'à Dieu ne plaise, en éteignant tous les sentimens de la piété chrétienne, ou en la faisant consister dans de vains discours et dans des pointilles? Ce n'est donc pas en vain que l'Eglise romaine, mère des Eglises, s'est élevée avec tous les gens de bien contre ces nouvelles imaginations, et qu'elle a cru qu'elles mettoient la foi et toute la religion en péril.

VII.

Troisième partie de cet ouvrage : Des défenses et des explications de l'auteur :
et premièrement de ses défenses.

Il est temps maintenant de répondre aux nouvelles défenses, que l'auteur répand dans le public. Car on n'entend parler que de

[1] *Philipp.*, I, 21, 22, 23. — [2] II *Tim*,, IV, 6, 7, 8.

ses lettres qui sont entre les mains de tout le monde, et surtout de celle qu'on dit être écrite à un ami, dont voici l'abrégé[1] : « Que toute sa doctrine se réduit à deux points : le premier, que la charité est un amour de Dieu pour lui-même, indépendamment du motif de la béatitude qu'on trouve en lui ; le second, que dans les ames parfaites, c'est la charité qui prévient et anime toutes les vertus, et qui en commande les actes pour les rapporter à sa fin, en sorte que le juste de cet état exerce alors d'ordinaire l'espérance et toutes les autres vertus avec tout le désintéressement de la charité même. » Sur quoi nous remarquons d'abord, que l'auteur se traite trop favorablement, puisque avec tant de grièves erreurs, il réduit la question à deux chefs, et laisse les autres qui ne sont pas moins importans. Mais nous allons faire voir en peu de mots, que la défense même qu'il tire de là est également vaine et fausse.

VIII.

Première partie de la défense : De la charité désintéressée et exempte du motif de la béatitude.

Car pour commencer par la définition de la charité, dont toute l'Ecole convient, j'avoue qu'elle regarde Dieu en soi-même, comme l'objet de notre amour absolu et sans aucun rapport à nous, et par conséquent indépendamment du motif même de la béatitude : ce qui fait que la même Ecole propose l'espérance comme mercenaire de sa nature, et ayant en vue la récompense comme son motif : au lieu qu'elle définit la charité comme désintéressée, parce que toute enflammée de la beauté des perfections divines, elle ne se laisse toucher d'aucun désir de la récompense : cette doctrine est enseignée presque par toute l'Ecole, et surtout par Scot et par ses disciples, de sorte qu'elle ne peut être condamnée en aucune manière. L'auteur donc mettant en ce point toute sa confiance, se plaint d'être inquiété et accusé sur un sentiment qui lui est commun avec les scolastiques : mais il se joue visiblement des théologiens.

Et premièrement il est certain que la définition de la charité,

[1] Lettre du 3 août 1697.

dans laquelle il met sa défense, ne regarde aucunement la question que nous avons à traiter ensemble. Car qu'est-ce que les théologiens veulent ici définir, si ce n'est la charité commune à tous les saints et à tous les justes? Or ce n'est pas là de quoi il s'agit présentement : il s'agit de savoir ce que c'est que cet amour pur, dans lequel notre auteur fait consister l'état des parfaits : on demande si cet amour pur, tel que l'auteur le propose, est plus parfait que la charité commune par laquelle nous sommes justifiés : on demande quel est cet amour pur : et il n'est nullement question de la charité commune à tous. C'est donc imposer aux théologiens, que de recourir à la notion commune de la charité; c'est se chercher des partisans contre la vérité de la chose; et cette défense est une illusion manifeste.

J'ajoute que c'est détruire ce qu'on avance pour sa justification. Car l'auteur se plaint que nous ne reconnoissons point cette charité désintéressée qui justifie les fidèles : et c'est lui-même au contraire, qui dans tout son livre, nous donne comme intéressée la charité justifiante [1]; en mettant son amour pur ou désintéressé dans un degré plus haut, qu'il n'attribue qu'aux parfaits : ce qui le fait tomber lui-même, et non pas nous, dans l'erreur qu'on vient de voir, et se combattre de ses propres armes : tant sa défense est vaine et illusoire.

Enfin il n'entend pas même la définition qu'il prend pour le fondement de sa défense. Car, quand les théologiens disent que la charité ne regarde que Dieu en soi-même, sans aucun rapport à nous, c'est en le considérant comme son objet, qu'ils appellent *spécifique :* en sorte qu'ils sont tous d'accord, sans qu'aucun ose le nier, qu'en même temps les bienfaits de Dieu qui se rapportent à nous, nous sont une source inépuisable d'amour, et nous excitent par des motifs très-pressans, quoique moins principaux, à aimer de plus en plus cette excellence infinie: en sorte que, pour parler dans la rigueur et dans la précision scolastique, il suffiroit à la charité d'avoir pour objet Dieu très-bon en soi, qui est son objet spécifique, sans lequel la charité ne peut être : mais dans la pratique la charité embrasse tout, elle nous présente Dieu tout

---

[1] *Explic. des Max.*, etc., p. 14, 15.

entier, si l'on peut parler ainsi, comme très-bon en soi, et comme très-bienfaisant envers nous par cette plénitude de bonté : enflammés par tous ces motifs nous nous écoulons en lui, nous nous y attachons, et nous y demeurons collés sans que nous puissions être arrachés de cette source de bonté aussi féconde que parfaite. Ainsi ce que dit l'Ecole dans la définition de la charité, qu'elle se porte à Dieu sans aucun rapport à nous, doit s'entendre par abstraction et non par exclusion, parce qu'on peut bien ne pas penser à cette bonté répandue de toutes parts, mais non en exclure la considération si capable d'enflammer notre amour, et en qui se réunissent tous nos biens comme dans leur source.

Gardons-nous donc de croire que les écoles chrétiennes puissent retrancher d'entre les motifs de la charité, celui qui semble mis exprès à la tête du précepte même de l'amour de Dieu, quoiqu'il se rapporte si fort à nous : « Tu aimeras le Seigneur ton Dieu [1]; » et celui-ci, qui ouvre le cœur à l'amour : « Afin qu'il te tourne à Dieu ; » et cet autre, qui est une suite de l'amour de Dieu envers nous : « Et néanmoins le Seigneur s'est collé à tes pères... Aime donc le Seigneur ton Dieu [2]. » A Dieu ne plaise que Jésus-Christ notre Sauveur soit un obstacle à la nature de la charité chrétienne, ce qui seroit une impiété : ou que pour l'exciter en nous cette parole soit inutile : « Dieu a tant aimé le monde [3]; » et celle-ci : « Aimons donc Dieu, puisqu'il nous a aimés le premier [4]; » et encore : « Celui à qui on remet moins, aime moins [5]; » on voit au contraire dans ces dernières paroles, un puissant motif de l'amour par lequel la pécheresse a été justifiée, et qui néanmoins est clairement et distinctement uni aux bienfaits divins. A Dieu ne plaise que l'Epouse tant enflammée du désir de posséder Jésus-Christ, et déjà reçue dans ses chastes embrassemens, en soit réduite à l'exercice d'un amour intéressé, et mise au rang des ames mercenaires. Quiconque fait consister la vraie piété dans des nouveautés si étranges, se déclare non-seulement ignorant dans la sainte Ecriture, mais encore ingrat, sans cœur, sans humanité, et incapable des sentimens de l'amour même.

[1] *Deuter.*, VI, 5, 18. — [2] *Ibid.*, X, 15 ; XI, 1. — [3] *Joan.*, III, 16. — [4] I *Joan.*, IV, 19. — [5] *Luc.*, VII, 47.

Saint Augustin bien éloigné de ces pensées rapporte cent et cent fois le désir même de voir Dieu, à l'amour chaste et gratuit : et si l'on souffre que ces beaux endroits soient détournés par de vains raffinemens, cette pure et ancienne théologie s'évanouira avec les maximes et les principes de ce Père : cette belle distinction des choses dont on peut user et de celles dont on doit jouir, disparoîtra, quoique enseignée par ce saint docteur, et posée depuis par le Maître des *Sentences*, par ses interprètes et par tous les scolastiques, pour fondement de la théologie : et la définition même de la charité, que saint Augustin nous a donnée [1], et que saint Thomas a répétée après lui [2], qui porte qu'elle n'est autre chose qu'un mouvement de l'ame pour jouir de Dieu pour l'amour de lui-même, ne demeurera pas sans atteinte.

Mais on ne peut croire que la théologie scolastique soit différente de celle des saints Pères d'où elle tire son origine. Saint Thomas est tout à fait de notre sentiment : saint Bonaventure de même : tous deux sont purs augustiniens : Scot, qui semble s'éloigner d'eux [3], convient néanmoins avec eux dans le principe : car à l'objet principal de la charité, qui est l'excellence de Dieu, il joint de seconds motifs qui nous attirent à l'amour de Dieu, parce qu'il nous aime, qu'il nous rend amour pour amour, et nous donne des preuves de son amour dans la création, dans la rédemption, et dans la béatitude éternelle qu'il nous destine : ce qui est en Dieu, dit-il, une *amabilité* particulière, dans laquelle tous ces motifs sont renfermés avec sa bonté et ses perfections infinies, pour ne faire de tout, poursuit-il, qu'une seule raison de l'aimer. Suarez qui le suit [4], et tous en un mot, avouent sans contredit qu'aimer Dieu comme bienfaisant est un acte de charité, parce que les bienfaits divins, et cette bonté toujours prête à se répandre, enfin l'amour divin même qui est la source d'où coulent les faveurs et les bienfaits, est en Dieu une excellence particulière qui excite et qui anime l'amour : de sorte que rejeter ces beaux motifs sous ombre de perfection, c'est avouer

---

[1] S. August., *de Doct. christ.*, lib. III, cap. x, n. 16. — [2] S. Thom., II, 2, q. 23, art. 2. Sed contra. — [3] *Distinct.* 27, q. unic, n. 8. — [4] Suar., *de Charit.*, disp. 1, sect. 2, n. 3.

qu'on n'a pas les premières teintures de la théologie. C'est néanmoins ce qu'a fait Molinos ; et parmi nous cette femme qui s'est donnée pour chef et maîtresse des quiétistes : mais c'est ce que fait encore à notre grande douleur, un si grand archevêque; qui n'en est pas plus excusable (il le faut bien dire) pour avoir couvert le quiétisme de spécieuses couleurs, puisque cette belle enveloppe ne le rend que plus dangereux.

IX.

Seconde partie de la défense : Que l'espérance commandée par la charité, n'est pas moins désintéressée que la charité même.

Par ces principes, la seconde partie de la défense tombe par terre : qui est « que dans la vie des ames les plus parfaites, c'est la charité qui prévient toutes les autres vertus, qui les anime et qui en commande les actes pour les rapporter à sa fin : en sorte que le juste de cet état exerce alors d'ordinaire l'espérance et toutes les vertus avec tout le désintéressement de la charité même, qui en commande l'exercice : » ce qui n'a aucun sens, puisque si l'espérance aussi bien que la charité, pouvoit être sans le désir de la béatitude, qui est ce que l'Ecole nomme intéressé, l'espérance n'espéreroit rien, pas même la béatitude que Dieu promet.

- Ajoutons cette question : Pourquoi la charité qui est désintéressée commande-t-elle avec tant de soin l'espérance de la récompense ? C'est sans doute pour obéir à Dieu qui l'ordonne ainsi. Mais pourquoi Dieu veut-il que l'espérance elle-même soit excitée et commandée par la charité, sinon pour l'échauffer davantage et servir à son affermissement ? Autrement saint Paul aura dit sans raison « que la charité est la fin du précepte [1]. » Voici donc la fin où la charité dirige l'espérance : c'est que par elle la charité jette de plus profondes racines, étant excitée par le motif pressant de la récompense : tant la récompense est proposée en tout état, pour exciter, nourrir et augmenter la charité : tant la charité a besoin d'être enflammée par la récompense, qui n'est autre que Dieu même.

1 *Tim.*, I, 5.

C'est aussi à cette fin qu'il faut rapporter la définition du concile de Trente[1], qu'on ne peut trop répéter, « que la vie éternelle doit être proposée comme récompense à tous les justes, » même aux plus parfaits. Ceci est précis : la récompense est proposée *comme récompense*, par ce motif, par cette vue. Aussi cet autre décret du même concile n'est-il pas moins évident, où il dit que « pour exciter notre paresse, » les justes et même les plus parfaits, un David, un Moïse et les autres, « s'animent dans leur course par la vue de la récompense éternelle[2] : » en sorte qu'il demeure pour constant par cette décision, que loin que la charité diminue, soit plus imparfaite et moins pure par la vue de la récompense éternelle, elle en devient au contraire plus parfaite, plus vive et plus agissante.

Cependant cette charité qui excite et qui commande l'espérance et toutes les vertus, quoique d'un côté l'on y mette la perfection, de l'autre se trouve placée dans les états imparfaits. Car voici ce qu'on en dit en parlant du quatrième état, qui est celui de l'amour justifiant, mais encore imparfait : « Alors l'ame aime principalement la gloire de Dieu, et elle n'y cherche son bonheur propre que comme un moyen qu'elle rapporte et qu'elle subordonne à la fin dernière, qui est la gloire de son Créateur[3]. » Or il est évident par ces paroles, que l'objet de la charité, qui est la gloire de Dieu, étant la fin dernière, prévient nécessairement dans l'intention la recherche de la récompense, qui n'est que le moyen ; et ce principe une fois posé, il ne reste rien au delà pour établir le pur amour qu'on nous vante tant. Par conséquent nos mystiques confondent les états, et ils embrouillent tout : tant il est vrai qu'ils n'ont de recours qu'à des pointilles et à de vaines subtilités, qui n'ont ni suite, ni liaison, ni fondement.

X.

Quel est véritablement l'amour pur.

Combien plus seroit-il conforme à la saine doctrine, d'établir l'amour pur et chaste, en enseignant aux parfaits, non à rejeter

---

[1] Sess. VI, cap. 16. — [2] *Ibid.*, cap. 11. — [3] *Expl. des Max.*, etc., p. 9.

la vue du salut et de la récompense éternelle, contre la définition du saint concile de Trente : mais à se purifier, autant qu'il est possible, des désirs terrestres, et des convoitises qui sans cesse combattent en nous l'ardeur de l'amour de Dieu ; et à marcher d'un pas égal dans les voies du salut, au milieu des prospérités et des adversités du monde, ou même dans les sécheresses et dans les consolations de la vie spirituelle, et dans les vicissitudes d'une ame tantôt fervente et tantôt abattue et découragée ; en quoi principalement les spirituels, et saint François de Sales à leur tête, dans tous ses ouvrages, font consister la nature de l'amour très-parfait.

Maintenant, pour ce qui regarde la sollicitude que nous devons rejeter en Dieu, et l'acte d'abandon qui y est joint, par lequel nous lui remettons et nous-mêmes et nos intérêts, nous apprenons de saint Pierre[1] à fonder cet acte d'amour le plus pur et le plus parfait, non point sur l'indifférence du salut, mais à nous convaincre que *Dieu a soin de nous :* par où il nous conduit, non à attendre le secours divin dans l'oisiveté, « mais à nous rendre sobres et vigilans : et à faire tous nos efforts pour affermir notre vocation et notre élection par les bonnes œuvres [2], afin que Dieu nous trouve purs et irrépréhensibles dans la paix [3]. » Nous n'en dirons pas davantage sur ce sujet, parce que nous avons tâché, autant que Dieu nous l'a donné, d'éclaircir ce point plus au long dans notre *Instruction sur les Etats d'Oraison* [4].

Nous avons aussi traité dans le même lieu [5], la vraie et solide purification de l'amour, appuyée sur cette parole : « Tout don parfait vient de Dieu [6] ; » où nous nous sommes principalement appliqués à faire voir contre les mystiques de nos jours, que cette pureté et perfection de l'amour n'est point attachée à l'oraison passive ou de quiétude, ni à aucun état particulier, mais qu'elle est de tous les états de l'oraison et de la vie chrétienne [7].

[1] 1 *Petr.* v, 7, 8. — [2] *Ibid.*, et II *Petr.*, I, 10. — [3] *Ibid.*, III, 14. — [4] Liv. X, ch. 18. — [5] *Inst.*, liv. X, ch. 18 et 30. — [6] *Jac.*, I, 17. — [7] *Inst.*, liv. X, n. 18.

XI.

Des explications de l'auteur : quelles elles sont en général, et quel est son style.

Il est maintenant aisé de montrer que l'auteur fait tous ses efforts, pour préparer des excuses et des adoucissemens à sa doctrine par des explications tirées de loin. Dès son *Avertisssment* il avoit promis une netteté et une précision si exacte dans toute la rigueur théologique, qu'elle ne laisseroit aucune équivoque [1]. Tout devoit être clair dans son livre, sans qu'il y eût la moindre difficulté : mais maintenant il s'arrête à chaque as : d'un jour à l'autre, il invente quelque nouveauté à laquelle il n'avoit jamais pensé : il marche comme dans un chemin raboteux ; et à peine trouve-t-il où se reposer. De là lui est venu le dessein de présenter son livre en latin à l'examen : ce qui ne peut avoir d'autre fin que l'espérance d'en adoucir le sens naturel, ce livre n'osant paroître surtout devant ses juges dans son habit ordinaire et tel qu'il a été composé.

Après les variations de l'auteur dans ses explications, qu'il nous a communiquées à diverses fois, ou toutes différentes les unes des autres, ou tellement embarrassées, que nous ne pouvons encore savoir à laquelle il s'arrêtera ; ce seroit faire une chose à contre-temps, d'entreprendre de les réfuter en particulier. Son style trop raffiné donne lieu en plusieurs endroits à des évasions, plutôt qu'à des interprétations saines et droites. Il se plaint aussi qu'on ne tient aucun compte des excuses, des éclaircissemens et des tempéramens qu'il propose : mais nous eussions souhaité que prenant des principes plus clairs et plus certains, il n'eût pas besoin d'excuses si recherchées.

XII.

Son embarras et ses contradictions.

En voici un exemple. Ce que les mystiques nomment *propriété*, est certainement une chose très-embrouillée : c'est pourquoi aussi la désappropriation est nécessairement très-obscure ; tant ces

---

[1] *Avert.*, p. 23, 26.

termes se prennent en des sens différens et incertains, même dans les meilleurs mystiques. Notre auteur entreprend d'en éclaircir l'obscurité [1], et pose d'abord deux sortes de propriétés, dont l'une qui vient de l'orgueil, est manifestement un péché : « La seconde propriété, dit-il [2], est un amour de notre propre excellence en tant qu'elle est la nôtre, mais avec subordination à notre fin essentielle, qui est la gloire de Dieu..., » et néanmoins « pour en avoir le mérite et la récompense...; et ce n'est point un péché..., ni même une imperfection, » si ce n'est dans les parfaits. Et cependant il ajoute que les ames parfaites doivent rejeter ce désir quoique innocent « du mérite, de la perfection, et de la récompense même éternelle, quoique rapporté à Dieu comme à sa fin principale [3]. » C'est une étrange décision, mais on pousse encore plus avant : car selon l'auteur, cette propriété est rejetée par le même acte, « par lequel l'ame désintéressée s'abandonne totalement et sans réserve à Dieu pour tout ce qui regarde son intérêt propre [4]... et cet acte n'est que l'abnégation ou renoncement de soi-même, que Jésus-Christ nous demande dans l'Evangile [5] : » où premièrement l'on ne peut assez s'étonner de la nouveauté inouïe et singulière de cette interprétation : que sous le nom d'*intérêt*, il nous soit ordonné de renoncer à toute recherche, même subordonnée à la gloire de Dieu (ce qu'il faut bien ici répéter), « du mérite, de la perfection et de la récompense éternelle. » Ce n'est pas ce que les saints nous ont enseigné, ni Notre-Seigneur lui-même, quand il ajoute : « Celui qui voudra sauver son âme, la perdra : et celui qui perdra son ame pour l'amour de moi, la sauvera [6]. » Il veut donc qu'on songe à sauver son ame : et s'il faut renoncer à cette espérance, il se trouvera que la première partie d'un si grand précepte nous fera rejeter la seconde. Mais il n'est pas moins étrange d'entendre dire que cette « propriété innocente, qui de soi n'est pas même une imperfection, » soit néanmoins opposée à un commandement si formel de Jésus-Christ. Est-ce que le Sauveur n'a pas assez clairement ordonné cette abnégation comme une condition nécessaire à tous ceux qui

---

[1] Art. XVI, p. 133 et suiv. — [2] P. 133, 134, 135, 136. — [3] Art. XVI, p. 135. — [4] Art. VIII, p. 72. — [5] *Matth.*, XVI, 24. — [6] *Ibid.*, 25.

le voudroient suivre, à peine de perdre leur ame? ou qu'une chose défendue avec une menace si terrible pût être innocente[1]? L'auteur se combat donc lui-même avec une telle évidence, qu'elle ne peut être éludée par aucun détour. Mais voici peut-être une excuse qu'il s'est préparée dans ce terme équivoque dont il se sert en disant, que Jésus-Christ demande cette abnégation, et non pas qu'il la commande : comme si sa seule volonté, signifiée avec des menaces si terribles, pouvoit être autre chose qu'un précepte formel.

Certainement dans sa lettre à N. S. P. le pape Innocent XII[2], il se flatte « d'avoir condamné l'acte permanent et qui n'a jamais besoin d'être réitéré, comme une source empoisonnée d'une oisiveté et d'une léthargie intérieure : » ce qui seroit vrai, s'il n'avoit pas mis à sa place son uniformité si douce, si égale et si continue, dont il nous faut souvent parler. Et d'abord voici ce qu'il en écrit dans son livre[3] : « La contemplation consiste dans des actes si simples, si directs, si paisibles, si uniformes : c'est un tissu d'actes de foi et d'amour, si doux et si fort au-dessus des sens, qu'ils n'ont rien de marqué par où l'ame puisse les distinguer : en sorte qu'ils ne paroissent plus faire qu'un seul acte, ou même qu'ils ne paroissent plus faire aucun acte, mais un repos de pure union... De là vient que les uns, comme saint François d'Assise, ont dit qu'ils ne pouvoient plus faire d'actes ; et que d'autres, comme Grégoire Lopez, ont dit qu'ils faisoient un acte continuel pendant toute leur vie. » C'est par ces belles paroles que l'auteur insinue l'acte continu des quiétistes, qu'il se vante d'avoir réfuté : mais ses palliations sont trop visibles. Car qu'y a-t-il de plus semblable à l'acte continu, que *ce repos de pure union*, qu'il nous donne ici ; et que l'*acte continuel de toute la vie,* qu'il attribue à ce grand contemplatif Grégoire Lopez? Aussi y apporte-t-il de nouveaux adoucissemens dans sa lettre au souverain Pontife, où il dit[4] : « Je n'ai admis aucune autre quiétude NI DANS L'ORAISON, NI DANS LES AUTRES EXERCICES DE LA VIE INTÉ-

[1] *Explic. des Max.*, etc., p. 72. — [2] *Lettre de M. de Cambray au pape Innocent XII,* imprimée dans son *Instruction pastorale,* art. 1, p. 55 de l'Addition. — [3] *Explic. des Max.,* etc., p. 166, etc., p. 201, 202, etc. — [4] *Lettre à Innocent XII,* art. 5, p. 55, 56 de l'*Instr. pastorale*, dans l'Addition.

RIEURE, que cette paix du Saint-Esprit avec laquelle les ames les plus pures font QUELQUEFOIS leurs actes d'une manière si uniforme, que ces actes paroissent AUX PERSONNES SANS SCIENCE, non des actes distincts, mais une simple et permanente unité avec Dieu. » On voit comme avec de petits mots il fait de grands changemens dans la même chose. Dans son livre il attribuoit aux ames parfaites sans restriction des actes qui n'avoient point de distinction marquée, tant ils étoient simples : dans sa lettre cela n'arrive que *quelquefois*, et seulement *aux ignorans :* entre lesquels il range Grégoire Lopez, qu'il cite toujours comme un des plus sublimes contemplatifs : et c'est ainsi qu'il varie. Mais sans nous arrêter à ces échappatoires, voyons en effet quelle est sa doctrine. Il admet constamment « des actes si simples, si paisibles, et tellement sans effort et sans secousse, comme il parle [1], qu'ils n'ont rien de marqué par où l'ame puisse les distinguer : » et cela, qu'est-ce autre chose que de faire semblant par de belles paroles de rejeter l'acte continu, qui est le fondement de la doctrine des faux mystiques, en le retenant au fond, enveloppé seulement de termes affectés? Mais il tombe encore ici dans une erreur manifeste, en introduisant une sorte de contemplation et d'action même qui ne reçoive aucune variété par les motifs divers des vertus; au lieu que si elle étoit soutenue d'objets et d'actes successifs, l'ame se sentant ébranlée par la volubilité des mouvemens de son cœur, dont parle Cassien, tantôt se plaindroit avec David : « O mon ame! pourquoi es-tu triste ? » tantôt se réjouiroit avec lui : « Mon cœur et ma chair ont tressailli de joie pour le Dieu vivant : » étant successivement émue par les saillies d'une joie céleste ou par une pieuse tristesse, par l'espérance ou par le désir, et s'excitant elle-même par des efforts remarquables.

Je pourrois ici faire plusieurs autres semblables remarques, qui découvriroient les détours cachés de notre auteur, et même je l'oserai dire, comme des pièges dans son discours. Il ne faut donc pas s'étonner, s'il se contredit souvent, surtout en expliquant les motifs de l'amour divin [2] : de vaines subtilités, des

---
[1] *Explic. des Max.*, etc., p. 166, 201, 202, 203, 257. — [2] *Ibid.*, p. 44, 52, 54, etc.

raffinemens excessifs ne tiennent pas à l'esprit : ils échappent aisément : et ceux qui les ont inventés, les oubliant aussitôt, sont entraînés, non tant par la faute de leur génie que par la nature même de l'erreur, dans des variations et contradictions continuelles : estimant avoir suffisamment pourvu à leur réputation, s'ils peuvent au moins par des excuses et des interprétations frivoles conserver de mauvais livres entiers et sans flétrissure.

XIII.

Pourquoi on ne peut recevoir les explications de l'auteur.

Mais pour montrer que les explications que nous avons vues ne sont aucunement recevables, je n'en veux d'autre raison sinon que peu saines en elles-mêmes, elles ont encore le malheur de ne se pas accorder avec la doctrine du livre.

En effet si sous couleur d'explication on compose un nouveau livre différent du premier, le premier n'en est pas pour cela plus sain et plus entier : et si des choses évidentes sont détournées en un sens opposé ; si l'on dit blanc pour noir, ce ne sera pas une explication, mais une illusion : aussi ne lisons-nous aucun exemple d'une pareille connivence, qui ait été approuvée ni par le saint Siége, ni par les conciles, ni par des évêques, ni par aucune assemblée ecclésiastique : et ce seroit une chose d'une dangereuse conséquence, de laisser en honneur un livre plein d'erreurs manifestes sous prétexte de l'expliquer, surtout un petit livre qui a passé par les mains de tout le peuple.

Ce seroit approuver l'erreur, imposer à la foi publique, et faire enfin qu'il n'y ait plus rien de certain dans la théologie, mais qu'il soit permis à un chacun de tout hasarder impunément, parce qu'on en sera quitte en éludant tout par de petites distinctions : on osera tout, quand on verra chercher des excuses à des choses qui devoient être condamnées ouvertement. Aussi par de tels détours rien n'est-il en sûreté, ni la foi et la théologie, ni le peuple fidèle, ni les auteurs mêmes. La foi ni la théologie n'y sont point, puisque la doctrine devient incertaine et douteuse,

PARTIE III : DÉFENSES ET EXPLICATIONS. 491

et qu'on en peut changer, s'il est permis de le dire, comme on change de chaussure : le peuple n'y est pas davantage, qui flottant entre le livre et l'explication, avalera le venin et laissera le contre-poison : enfin les auteurs qu'on veut excuser n'y gagneront rien, mais paroissant pleins d'eux-mêmes, ils se rendront plutôt suspects qu'excusables.

Dès les premières pages et dès l'*Avertissement* [1], le livre même a pris le nom de *dictionnaire,* qui devoit lever toute équivoque. Mais si maintenant on y fait partout des supplémens dans le texte même par de nouvelles additions, ou si on le tire à des sens très-éloignés et inintelligibles, cette exactitude promise dans toute la rigueur théologique, ne sera autre chose qu'un piége dressé aux ignorans, une illusion aux savans, et un scandale public. L'esprit même du livre, en affectant des routes inconnues, en quittant le droit chemin battu par nos pères, en réduisant la piété à de vaines subtilités et à des imaginations nouvelles, s'éloigne partout de l'ancienne simplicité pratiquée par les chrétiens. L'auteur même reconnoît dans la préface [2] « que ceux qui se sont trompés, doivent confesser humblement leurs erreurs, et les condamner en rendant gloire à Dieu. » Ainsi laisser maintenant passer ce livre, à la faveur d'une explication sans y toucher, c'est déclarer publiquement que la doctrine en est saine et irrépréhensible, et que c'est injustement que toute la terre s'est soulevée contre l'auteur.

Qu'il parte donc une juste censure du suprême tribunal de la vérité : que ceux qui sèment l'erreur, et qui n'ont point le courage de la rétracter, soient condamnés par le jugement de l'Eglise, afin que la foi demeure en son entier, que le public soit édifié, et les auteurs retenus dans la modestie par la crainte. « Car nous ne pouvons rien contre la vérité, mais pour la vérité [3], » à laquelle tout doit servir et tout doit céder, comme la vérité même l'ordonne.

Pour conclusion de tout ce qui vient d'être dit : les maximes de ce livre, dans les endroits clairs et intelligibles, sont pour la plupart fausses, dangereuses et mauvaises par leur fin : dans les

---

[1] *Avert.*, p. 23, 26. — [2] *Ibid.*, p. 14, 15. — [3] II *Cor.* XIII, 8.

endroits obscurs et embarrassés, elles sont suspectes et induisantes à erreur.

Voilà le témoignage que j'ai cru devoir rendre à la vérité, moi qui suis le dernier des évêques, en confirmation de notre *Déclaration*. Je supplie l'auteur de regarder cet écrit tel quel, avec un esprit d'équité, en considérant ce que je dois dire plutôt que ce qui lui seroit agréable. Je me réjouis de ce qu'il s'est soumis lui et son livre au saint Siége apostolique : et enfin j'espère que N. S. P. le Pape Innocent XII, après avoir fait tant de choses importantes avec un esprit aussi grand que paternel, pour éterniser la mémoire d'un pontificat si glorieux, tranchera les nœuds, réprimera une sagesse qui en s'élevant s'en va en fumée, et que pour achever le triomphe de la vérité sur le quiétisme déjà abattu par l'autorité de ses prédécesseurs, il effacera les couleurs et le fard sous lequel on le déguise.

Ce sont les vœux que je fais, étant le plus soumis et le plus dévoué à Sa Sainteté. Dans notre château de Germigny, l'an 1697, *le vingtième du mois d'août.*

Signé, †J. Bénigne, Ev. de Meaux.

EPISTOLA AUCTORIS.

EMINENTISSIMO D. D. CARDINALI SPADÆ;

Jacobus Benignus Bossuetus, Episcopus Meldensis, salutem et obsequium.

Cùm ab illustrissimo Archiepiscopo Cameracensi in testimonium appellati, nostram de ejus libro sententiam necessariò prompsimus, et in manus illustrissimi atque excellentissimi Nuntii Apostolici depositam, ad pedes S. D. N. Papæ apponi supplicavimus, uti à nobis septimâ hujus mensis factum est ; simul inter nos convenit, ut ad nostra reversi, si quid in confirmationem nostræ *Declarationis* cederet, singuli mitteremus Romam : non ut Ecclesiam Romanam magistram doceremus; absit : sed ut intellectâ ratione, quâ hîc res tractarentur, S. S. in tantâ re, ubi de summâ fidei agitur, pro suâ sapientiâ id opportunius faceret, quod in Domino viderit expedire. Hinc igitur est, EMINENTISSIME CARDINALIS, quòd ego occultâ providentiâ jam indè ab initio huic negotio applicitus, hæc quoque apostolicis obtutibus offerenda, EMINENTIÆ TUÆ tradenda curaverim : dederimque negotium abbati Bossueto, ut quæ in eam rem conducerent, ad tuam deferret audientiam : id unum professus, me TUÆ EMINENTIÆ miris incensum laudibus ac virtutibus, ejusque benevolentiâ toties provocatum, hanc affectare viam ad beatissimos pedes, tantoque Pontifici summam meam devotionem, obedientiam, et fidem attestari : simul EMINENTIÆ TUÆ magis magisque confirmare obsequium meum, ac reverentiam singularem. Datum in castello nostro Germiniaco, 20 aug. anno 1697.

LETTRE DE L'AUTEUR.

A S. E. MONSEIGNEUR LE CARDINAL SPADA :

JACQUES BÉNIGNE BOSSUET, Evêque de Meaux,
offre le salut et le respect.

Après que nous avons donné notre *Déclaration* sur le livre de monseigneur l'archevêque de Cambray, qui nous y a contraint lui-même en nous appelant en témoignage, et que dès le septième de ce mois nous l'avons mise entre les mains de monseigneur le Nonce, le suppliant de la faire porter aux pieds de N. S. P. le Pape; en même temps nous sommes convenus qu'étant retournés dans nos diocèses, si nous croyions nécessaire de la confirmer par quelques écrits, nous les enverrions à Rome chacun de notre part ; non pour enseigner l'Eglise romaine notre maîtresse, dont nous sommes bien éloignés ; mais afin que Sa Sainteté fût informée de tout ce qui s'est ici passé dans cette affaire, où il s'agit du fondement de la foi, et que par sa sagesse elle en ordonnât ce qu'elle jugeroit le plus à propos en Notre-Seigneur. Ainsi, Monseigneur, comme par une providence particulière je suis entré dès le commencement en connoissance de toutes choses, j'ai cru devoir envoyer à Votre Eminence le mémoire ci-joint, que je la supplie de présenter à Sa Sainteté; ordonnant à l'abbé Bossuet de se présenter à l'audience de Votre Eminence pour y traiter, selon qu'il vous plaira de le permettre, tout ce qui aura rapport à cette fin. Je n'ai d'autre dessein que de faire connoître à Votre Eminence que touché de ses rares vertus, et après avoir reçu tant de marques de sa bienveillance, je prends cette voie pour m'approcher des pieds de Sa Sainteté et pour donner à un si grand Pape toutes les assurances de mon attachement, de ma soumission et de ma fidélité : et en même temps témoigner de plus en plus à Votre Eminence le respect que j'ai pour elle. Dans notre château de Germigny, ce vingtième d'août 1697.

FIN DU SOMMAIRE DE LA DOCTRINE DE M. DE CAMBRAY.

DECLARATIO

ILLUSTRISSIMORUM AC REVERENDISSIMORUM

ECCLESIÆ PRINCIPUM

Ludovici Antonii de Noailles *Archiepiscopi Parisiensis*, Jacobi Benigni Bossuet *Episcopi Meldensis*, Pauli de Godet des Marais *Episcopi Carnotensis*,

CIRCA LIBRUM CUI TITULUS EST :

EXPLICATION DES MAXIMES DES SAINTS, ETC.

Jamdudùm in testimonium vocatos respondere tandem nos oportet. Illustrissimus et Reverendissimus D. D. Archiepiscopus Dux Cameracensis ab ipso libri initio cui titulus : *Explication des Maximes des Saints*, etc., et in ipsâ Præfatione seu Commonitione præviâ[1] duos commemoravit ex nobis, quorum doctrinam ac decreta, xxxiv Articulis comprehensa, tantùm copiosiùs exponenda susceperit[2]. Tertius verò etiam constitutione publicâ eamdem cum illis sententiam promulgavit.

Idem Illustrissimus ac Reverendissimus Archiepiscopus, datis ad SS. D. N. D. Innocentium Papam XII litteris, iisdem Articulis atque Episcoporum adversùs quosdam libellos censuris nititur : tres autem tantùm sumus qui eosdem libellos, eorumve *loca quædam* censurâ notandos duxerimus.

Neque tamen *loca quædam*, ut idem auctor asserit, sed pleraque omnia, ac totos libellos, ipsumque adeò eorumdem librorum spiritum elisum voluimus.

Neque, ut in eâdem epistolâ scribitur, adversùs mysticos aliquot anteactis sæculis, theologicorum dogmatum veniali inscitiâ laborantes, noster *zelus excanduit*, sed adversùs notissimos nostræ ætatis quietistas gravissimè lapsos censuræ nostræ Articulique directi sunt.

[1] *Avert.*, p. 16. — [2] D. Parisiensis, D. Meldensis, D. Carnotensis.

Neque confugimus *ad obvium naturalemque sensum*, tanquàm occultior sensus subesset, qui tolerari forsitan posset; sed venenum libellorum in aperto esse duximus.

Latet etiam nos, ex Articulis censurisve nostris aliquos arripuisse « occasionem amorem purum et contemplationem quasi deliræ mentis ineptias deridendi : » ut est in epistolâ proditum.

In eâdem epistolâ rursùs, libri summâ expositâ, omnia *iisdem Articulis consona* perhibentur.

Quæ cùm ita sint, cùmque prædictus liber nostrà se sententiâ tueatur, quid de eo sentiamus promere cogimur : non tamen ad hæc extrema dolentes anteà devenimus, quàm omnia conati et experti, ut fraternum animum flecteremus : omninò necessitati cedimus, ne quisquam in eumdem librum consentire nos putet : ac, quod gravissimum foret, ne SS. D. N. Papa, quem impensissimè colimus, cuique ut capiti fide indivulsâ adhæremus, doctrinæ quam Romana improbet Ecclesia, ullo modo favere nos arbitretur.

Ac primùm quidem eorumdem Articulorum quos prædictus liber commemorat, ea fuit ratio : Cùm apud nos extaret mulier, quæ edito libello, cui titulus : *Moyen court*, etc., et aliis ejusmodi, sparsisque manuscriptis quietistarum factionis dux esse videretur : ea consultores tres [1] dari sibi postulavit, quorum judicio staret. His Illustrissimus auctor quartus accessit. Itaque animus fuit, eam et ejus asseclas quibusdam finibus coercere, occupare suffugia : atque ex certissimis et notissimis fidei symbolis, ipsâque Oratione dominicâ, ac Scripturarum et sanctæ traditionis, virorumque spiritualium dogmatibus, propositiones à conciliis ac Sede apostolicâ, vel in se, vel in ipso fonte damnatas, indicare. Hic ergò nostrorum Articulorum ac censurarum scopus, hæc ratio est. An autem hos Articulos, atque censuras prædictus liber extendat et explicet tantùm, an verò intervertat, sequentia demonstrabunt.

Imprimis spes theologica in eo libro tollitur, cùm extra statum gratiæ, tùm inter perfectos in ipso gratiæ statu.

---

[1] D. Parisiensis, tunc Catalonensis. D. Meldensis. D. Tronson, totius Sulpicianæ Societatis superior.

Extra statum quidem gratiæ, cùm dicitur ante justificationem amore spei ità amari Deum, ut in eo amore, amor suî, nempè proprii commodi seu propriæ felicitatis, tanquàm motivum præcipuum dominetur, ipsique motivo divinæ gloriæ prævaleat[1]; undè efficitur, ut spes, motivo quippe creato seu commodo proprio nixa, non sit virtus theologica, sed vitium : quo etiam fit, ut ei, licèt perperàm, applicetur illud axioma sancti Augustini : Quod non provenit ex principio charitatis, provenit ex cupiditate, atque ab amore illo qui fons sit ac radix omnium vitiorum, eorum scilicet quæ in nobis Dei zelantis æmulatio impugnet[2].

Post justificationem verò, in statu perfecto, sive amoris puri, inducitur ea spes quæ sit quidem in animo, animum tamen non moveat : in quâ quippe amor sit purus, nullo motivo utili timoris aut spei mixtus : (tanquàm perfecta charitas spem perindè ac timorem foras mittat) : ità ut anima proprii commodi ratione aut motivo non excitetur[3] : incentivaque proprii commodi, Scripturis, traditionibus et Ecclesiæ precibus toties inculcata, perfectis mentibus subtrahantur.

Quæ sit autem ratio proprii commodi in toto libro passim, ità explicatur, ut anima nullo jam desiderio mercenario teneatur, neque meriti, neque perfectionis, neque felicitatis aut mercedis etiam æternæ[4], eòque redeat omnis sanctorum tùm antiquorum tùm recentiorum sententia[5].

Hinc universim dictum, omne motivum mercenarium ab omnibus virtutibus perfectarum animarum excludi : quod etiam sancto Francisco Salesio, nullo allato loco, imò contra illius multa loca imputatur.

Quo etiam spectat illud[6] : Velle nos Deum, quatenùs est nostrum bonum, nostra felicitas: nostra merces, et quidem formaliter sub hâc præcisâ ratione ; sed non propter hanc præcisam rationem : objectumque formale spei esse commodum, nempè Deum nobis bonum, nec tamen ullum esse motivum mercenarium : quod quidem est pugnantia dicere : motivum non motivum indu-

---

[1] *Explic. des Max. des Saints,* etc., p. 4, 5, 14. — [2] *Ibid.,* p. 7, 8. — [3] *Ibid.,* 15, 22, 23, 24, 102, etc. p. 12, 26, 33. — [4] *Ibid.,* p. 10, 157, 135. — [5] *Ibid.,* p. 40, 44, 57. — [6] P. 40.

cere : spem ipsam elidere, quæ movendi animi virtute destituta, solo spei nomine gaudeat.

His ergò aliisque, dùm spei retento nomine, res ipsa tollitur, primi, et trigesimi primi articuli ex nostris triginta quatuor [1], de spei exercitio omni in statu retinendo, sensus ad fidem pertinens eluditur.

Neque obstat, quòd his contraria aliis prædicti libri locis posita videantur ; reverà enim hic liber certis clarisque ac ipsissimis verbis dissona asseverat : quale istud est [2] : « Vult Deus ut velim Deum quatenùs meum bonum est, mea felicitas, mea merces : » rectè ; at contrarium semel iterùmque scribitur, his scilicet verbis : « Verum quidem est, eos non velle Deum, ut est nostra merces, nostrum bonum, nostrum commodum, nostra salus, nostra æterna redemptio ac liberatio, et commodorum maximum : » quæ sententiarum ac verborum tam aperta contradictio, non erroris excusatio sed probatio est.

Quin, universim libri stylus ità tortuosus est ac lubricus, ut plerisque in locis non nisi summo labore certus sensus exsculpi et eliquari possit : quod quidem doctrinæ malè sibi cohærentis, neque tam temperamenta quàm effugia quærentis indicium est.

De desiderio salutis in libro hæc habentur [3] : vitæ æternæ desiderium bonum est, sed nihil desiderandum nisi Dei voluntas : quæ sancto Francisco Salesio imputata non legimus tamen in hujus sancti libris.

Item in eodem libro habetur [4] : Duo sunt justorum status : alter resignationis, in quo desideria mercenaria (hoc est salutis æternæ) Dei voluntati submittuntur : alter sanctæ indifferentiæ, in quo nullum est penitùs mercenarium desiderium, exceptis iis casibus in quibus anima suæ gratiæ deest, nec ei toti planè respondet. Quo etiam referuntur suprà memorata : non optari salutem quatenùs est nostra merces, nostrum bonum, etc.

Hæc autem omnia de elusis salutis æternæ desideriis, etiam motivo spei conceptis, ac de salutis indifferentiâ, in prædictis Articulis, juxta Scripturarum auctoritatem, non modò ut falsa, verùm etiam ut erronea respuuntur [5].

---

[1] *Explic. des Max. des Saints*, etc., p. 34, art. 1, 31. — [2] *Ibid.*, P. 44. — [3] P. 55, 226. — [4] P. 49, 50. — [5] P. 34.

Quibus vel maximè damnatur illud, quod est in libro positum : « Sancta indifferentia admittit generalia desideria omnium latentium voluntatum Dei [1] : » quibus voluntatibus etiam reprobationis, et aliorum et suæ, decreta continentur : et desiderium ad ea usque protenditur.

Neque quod idem liber insinuat [2], ullus patet æquivocationi locus, cùm in dictis Articulis de salutis indifferentiâ omnis æquivocatio sublata sit, clarâ definitione indifferentiæ, quæ ad eventus hujus vitæ, solatiaque sensibilia, nusquàm autem ad salutem eòque conducentia pertinere possit [3].

Ad hæc quidem stabilienda, liber huic articulo videtur inniti [4] : « Optandam et postulandam salutem ut rem quam Deus velit : » quod est rectissimum, et ex ipso salutis fine repetitum.

At in libro exclusivè scribitur [5] : non illam optari, nisi quia Deus velit : quo et proxima ac specifica spei motiva detrahuntur, et aperitur via ad pessimam indifferentiæ sententiam : quasi salus res sit ex sese indifferens, nec jussa tanquàm per se expetenda et bona, sed expetenda tantùm quatenùs jussa.

Quam autem inter se differant res expetenda propter Dei voluntatem, et res non expetenda nisi propter Dei voluntatem, demonstrat ipse auctor jam indè ab initio, ex sancto Francisco Salesio hæc referens [6] : « Magno discrimine secernuntur ista : Deum amo propter bonum quod ab eo expecto : et, Deum non amo nisi propter istud bonum [7]. » Undè liquet, quàm in diversa abeant, quæ levi tantùm inflexione verborum distare videantur.

Ex istà salutis, quæ toto libro passim asseritur [8], indifferentiâ, hæc prodeunt : In extremis probationibus invincibiliter animæ esse persuasum se justè à Deo esse reprobatam : Quo statu sacrificium salutis, quod ordinarie conditionatum est, fit tandem absolutum, casu impossibili non tantùm possibili, sed etiam reali seu actuali viso : Et permittente directore, suæ justæ condemnationi ac reprobationi anima simpliciter acquiescit.

Quin etiam in eodem statu inutile et importunum judicatur,

---

[1] *Explic. des Max. des Saints*, p. 61. — [2] P. 54. — [3] XXXIV, art. IX. — [4] XXXIV, art. V. — [5] P. 26, 27. — [6] P. 4, 5. — [7] *Amour de Dieu*, liv. II, ch. XVII. — [8] *Max. des Saints*, etc., p. 87, 89, 90.

dogma fidei de bonitate divinâ in omnes effusâ huic animæ prædicare, aut rationem ullam in remedium adhibere ¹ : quo nihil est desperatius.

At in prædictis xxxiv Articulis ² hæc omnia disertè repudiantur, cùm in nullis probationibus absolutus consensus admittatur: absit; sed tantùm ex impossibili et præsuppositione falsâ : præmisso alio Articulo ³, in quo desesperatio omnis excluditur : ac nedùm director sinere permittatur, ut animæ suæ condemnationi ac justæ reprobationi simpliciter acquiescant; contrà prohibetur ne omninò eas acquiescere sinat : quin etiam disertè et clarè, non à prædicando divinæ bonitatis dogmate abstineri suadetur, ut est in libro positum ⁴ : imò verò director jubetur, Francisco Salesio auctore, afflictam animam certiorem facere, nunquàm eam esse à Deo deserendam : quo non modò Dei erga omnes homines bonitas generatim, sed etiam specialis erga hanc animam divinæ misericordiæ affectus commendatur ⁵.

Ad hæc in Articulis ⁶ virtutes omnes, tùm theologicæ, tùm morales, cum suis motivis singulæ exhibentur ac secernuntur; at earum distinctionem liber obscurat his verbis : Purus amor per se totam vitam interiorem constituit; fitque solus totius inteterioris vitæ unicum principium, unicumque motivum sive incitamentum ⁷. Reliqua ergò incitamenta tolluntur, præter illa quæ sunt solius charitatis : quin etiam sua charitati ratio adimi videtur, cùm dicitur : Hic amor fit per vices quævis distincta virtus ; nullam tamen expetit in quantum est virtus ⁸ : sic neque fides ut fides, neque spes ut spes, neque ipsa charitas, quæ vita et forma virtutum est, ut est virtus quæritur.

Hinc omnibus virtutibus suus honos detrahitur his propositionibus : Puro amore id effici, ut neque quisquam virtutis studiosus esse velit; nec quisquam sit virtutis studiosior, quam is qui virtuti non studet ⁹. Undè illud extremum, et hactenùs inauditum : Sancti mystici ab hoc statu exclusere praxim et virtutum

---

¹ *Max. des Saints*, etc., p. 87, 88, 89, 90. — ² XXXIV, art. XXXIII. — ³ art. XXXI. — ⁴ P. 88, 89, 90. — ⁵ *Entr.* v, liv. III, Ep. 26, autre édit., 29. — ⁶ XXXIV, art. 1, 2, 3, 13. — ⁷ P. 272. — ⁸ 224. — ⁹ P. 225.

actus [1] : quæ paradoxa et animum à studio virtutis avertunt, et imponunt spiritualibus viris, et ipsum virtutis nomen suspectum invidiosumque efficiunt.

His consonat [istud : Animas transformatas ex præsente disciplinâ venialia peccata confessas, detestari culpas, et remissionem peccatorum optare, non ut purificationem et liberationem propriam, sed ut rem quam Deus vult [2] : quod proprium et intrinsecum pœnitentiæ motivum obliterat, et articulo nostro xv adversatur : nec probandum confessionem venialium peccatorum ad præsentem tantùm referri disciplinam.

De concupiscentiâ, in quibusdam animabus, etsi paucissimis, perfectè purgatâ, suspensisque ejus sensibilibus effectibus, et carne jamdiù penitùs spiritui subditâ ; in libro id asseritur quod articulo nostro septimo et octavo ex conciliis deprompto apertè contradicat. Undè etiam eò auctor adducitur, ut mortificationis utilitatem necessitatemque extenuet [3], reclamante licet Apostolo et sanctorum praxi, faveatque doctrinæ Articulo nostro xvIII censurisque proscriptæ [4].

De contemplatione in libro ista promuntur : Cùm pura et directa est, nunquàm eam voluntariè occupari ullâ imagine sensibili, ullâ ideâ divinitatis distinctâ et nominabili, hoc est, limitatâ, sed tantùm purissimâ, atque abstractissimâ ratione entis illimitati [5] : in alia ergò objecta, hoc est in attributa quævis, personasque divinas, atque adeò in ipsam Christi humanitatem non propriâ electione ferri, sed repræsentante Deo, nec nisi instinctu et impressione gratiæ singularis ; quippè quâ animus non voluntariè his objectis adhærescat [6] : quasi non sufficiat ad hæc prosequenda ipsa rei bonitas, ipsa Scripturæ invitatio, ipsa cum gratiâ communi propriæ electio voluntatis.

Ex his eò devenitur, ut animæ contemplativæ duobus in statibus Christo distinctè viso, ac per fidem præsente priventur : nempè in ipsis contemplationis initiis, et in probationibus ; qui status diutissimè protrahi et prorogari possunt.

Nec piget distinctam visionem Christi in ipsa contemplationis intervalla conjicere [7] : quasi Christum contemplari, sit, ut be-

---
[1] *Max. des Saints*, etc., p. 253. — [2] P. 241. — [3] P. 127, 128, 129, 130. — [4] xxxiv, art. 18. — [5] P. 186, 187, 188, 189. — [6] P. 194, 195. — [7] P. 196.

guardi aiebant, à puritate et altitudine contemplationis descendere [1] : quibus argutiis ac tergiversationibus excusatio paratur falsis contemplatoribus, qui minùs delectentur Christo, nec ad illum contemplandum spontè prosiliant : à divinis attributis personisque abstineant : fidei distinctos actus à contemplatione amoveant, elusis articulis i, ii, iii, iv et xxiv.

In libro scribitur nunquàm licitum gratiam prævenire neque quicquam expectare à se, propriàque industriâ et propriis conatibus [2].

Quibus dictis, totoque libri articulo xi, si eâ quâ par est diligentiâ perpendatur, actus liberi arbitrii, qui propria excitatio dicitur, corruit; exscinditur illud Davidicum : *Præoccupemus faciem ejus;* et illud : *Oratio mea præveniet te :* et Augustinianum illud, quo tota divinæ gratiæ dispensatio nititur : *Nec adjuvari potest, nisi qui aliquid spontè conatur* [3] *:* evertitur quoque solemnis distinctio virorum spiritualium, unanimi consensu secernentium actus proprii conatûs propriæque industriæ, ab actibus infusis, ac motibus, sine conatu proprio, Deo agente et impellente, impressis ; quæ et alia ejusmodi partime vertunt, partim obscurant articulos xi, xxv et xxvi.

In iisdem articulis rejicitur absurdissimus, et omnibus Scripturis Patribusque inauditus continuus actus, à quietistis invectus in perfectionis statum : quem actum auctor in libro epistolâque respuit. Cæterùm in idem incommodum rursùs impingit, ipso nomine uniformitatis tam placidæ, tam æquabilis, tam nullo succussu, nullo conspicuo discrimine [4], ut aliis nullus actus aliis toto vitæ decursu unus idemque continuus actus esse videatur.

Deniquè illud imprimis nostris articulis cautum erat, ne, quod omnes contemplativi ac spirituales viri uno ore rejiciunt christiana perfectio et sanctitas, aut purificatio, aut omninò interior status in oratione passivâ seu quietis, aliisque extraordinariis, reponeretur. At contrà in eo totus versatur liber [5], ut eadem oratio, ipsaque contemplatio in purissimo amore consistat, qui non

---

[1] *Clement.*, *Ad nostrum : De Hæret.*, in prop. 8. — [2] *Explic. des Max. des Saints*, etc., p. 68, 69, 97, 98, 101, 95, 96, etc. -- [3] *De Pecc. merit.*, lib. II, cap. v. — [4] P. 166, 201, 202, 231, 257, etc. — [5] *Avert.*, p. 16, 23 ; dans le livre, p. 64, 203, 261, 263, 264, 272, etc.

modò sit per se justificans atque purificans, verùm etiam consummans atque perficiens, ac proindè summa perfectionis christianæ.

Quâ in re multùm errat, ac non tantùm à spiritualibus viris, verùm etiam à seipso discrepat : à spiritualibus quidem, qui sanctâ Theresiâ duce, Joanne à Jesu interprete, Jacobo Alvare Paz assecla, sancto etiam Francisco Salesio assentiente, aliisque permultis, docent, aut sine oratione quietis ad perfectionem posse pertingi, aut eamdem orationem ad illa charismata pertinere quæ gratiis gratis datis simillima videantur, aut nedùm perficiens sit atque consummans, ne quidem justificantem esse; quippè quæ cum peccato mortali possit consistere [1]. A seipso autem dissentit, quòd passim statuat christianam perfectionem eâ in oratione esse positam, quæ nihil sit aliud quàm amor purissimus; et tamen simul doceat plerasque pias animas, atque eos etiam qui singulari titulo sancti appellentur, ad illud orationis genus, adeòque ad perfectionem pervenire non posse, cùm iis desit lumen interius, et gratiæ trahentis beneficium.

Hinc etiam asserit hanc de puro amore doctrinam : quantumvis in eâ Evangelii absoluta perfectio collocetur, ejusque sit testis universa traditio, arcanum esse quoddam, non tantùm christianorum vulgo, sed etiam plerisque sanctis occultandum [2] : atque ideò totum directoris officium eo contineri, ut rem relinquat Deo, expectetque unctionem quæ cor aperiat [3] : quasi verbum Evangelii purè amaturos adjuvare non debeat, aut ipsa unctio verbum salutis excludat.

Unde consequitur, nec ad omnes etiam sanctos pertinere illud Christi præceptum : *Estote perfecti :* imò nec etiam summum illud : *Diliges,* etc., quæ vocationis christianæ perfectioni derogant.

Nec minùs inter se pugnant ista : Purissimi amoris contemplationisque donum pendere à gratiâ seu afflatu divino justis omni-

---

[1] S. Ther., *Chât.* 6ᵉ dem., chap. ɪx; 7ᵉ dem., chap. ɪv. Joan. a Jesu M., tom. III, *Theol. myst.,* cap. ɪɪɪ. Jac. Alv. Paz, tom. III, *De Contemp. perf.,* lib. v, p. 1, appar. II, cap. ɪx, S. Fr. de Sales, *Entr.,* II. Gerson, *De Elucid., Schol. Myst. theol., consid.,* 7. — [2]*Avert.,* p. 16, 23; dans le livre, p. 34, 35, 64, 168, 261. — [3] *Ibid.,* 35.

bus communi [1]; et tamen etiam sanctorum plurimis esse inaccessum, atque illis offendiculo et perturbationi futurum, si proponeretur [2]. Quæ omnia à nobis inter se conciliari non posse, candidè profitemur.

Hæc igitur, et cætera suprà dicta quæ toto libro fusa sunt, censuris nostris ac xxxiv Articulis adversantur : nec minùs ab eâdem doctrinâ et à vero aliena sunt quæ sequuntur.

Primum illud, quod in eodem libro, et ab initiis et in ipso progressu [3], semel atque iterùm falsorum spiritualium series referatur, in eâque memoratis vetustissimis gnosticis, et in mediâ ætate beguardis, in illuminatis Hispanicis series illa constiterit, nullâ mentione Molinosi factâ, nullâ asseclarum ejus, nullâ præsertim illius fœminæ adversùs quam Articulos instructos et institutos esse constabat : de quibus vel maximè agi oportebat, cùm eorum libellis eorumque censuris Romano Pontifice auctore tota Ecclesia personaret.

Hùc accedunt istæ propositiones : Quod amor puræ concupiscentiæ, etsi impius ac sacrilegus [4], ad justitiam tamen et ad conversionem præparet animas peccatrices [5]; cùm reipsâ præparatio non competat, nisi motibus à Spiritu sancto saltem impellente excitatis.

Quòd amor justificans, quo propria felicitas ideò tantùm requiritur, ut medium ad finem ultimum, Dei scilicet gloriam relatum, eique subordinatum, toto libro mercenarius vocitetur [6] : repugnante Scholâ spretoque axiomate Augustiniano apud theologos celebrato : « Nobis ad certam regulam loqui fas est. »

Quòd casus impossibilis [7], nempè ut anima justa, Deum licèt usque in finem diligens, æterno tamen supplicio mulctetur, fiat possibilis [8]; quodque sanctus Franciscus Salesius sibi in eo statu fuisse visus sit : quod quidem neque ipse tradidit, neque vitæ ejus auctores, nec cuiquam animæ justæ persuasum esse potuit.

Quòd actus directi, et qui animæ reflectentis effugiunt aciem, sint illa ipsissima operatio, quam sanctus Franciscus Salesius

---

[1] *Avert.*, p. 64, 65, 67, 150, 200, 210, 212, etc.— [2] P. 34, 35.— [3] P. 9, 11, dans le livre, p. 240. — [4] P. 17, 20, 21. — [5] *Concil. Trid.*, sess. vi. cap. vi ; sess. xiv, cap. iv. — [6] P. 6, 9, 15.— [7] *Ibid.*, p. 87, 89, 90. — [8] P. 88, 91.

apicem mentis appellet [1], nullo ejusdem sancti allato testimonio.

Quòd in his constituatur illa animæ à se divulsæ mira et inaudita divisio [2], quâ perfecta spes in summâ parte consistat, in inferiori verò desperatio; quodque est pessimum, illa in directis actibus, hæc in reflexis, qui ex sese sunt deliberatissimi ac efficacissimi, præsertim cùm à directore permittuntur, ita ut spes in actibus directis, etiam à reflexis actibus abdicata, persistat.

Quòd in hâc divisione animæ involuntariâ desperationis impressione laborantis, ac propriam salutem absolutè devoventis, eadem anima cum Christo expiret in cruce dicens [3] : *Deus, Deus meus, utquid dereliquisti me!* quasi desperatæ animæ expirent cum Christo, cum Christo deplorent se esse derelictas.

Quòd in illis extremis probationibus fiat illa separatio animæ à seipsâ, ad exemplum Christi exemplaris nostri : in quo pars inferior non communicabat superiori involuntarias perturbationes suas : quodque in hâc separatione motus inferioris partis nostræ cæci sint, et involuntariæ perturbationes [4]: quasi in Christo, ut in nobis, fuerint involuntariæ illæ perturbationes : quod *abominandæ* opinionis esse, probante synodo sextâ [5], Sophronius ille celeberrimus pronuntiavit.

Quòd autem in libro assiduè inculcatur traditio omnium sæculorum, id quale sit, ex uno Francisco Salesio æstimari potest : qui cùm in eodem libro unus omnium ferè adducatur et in ore habeatur : in eo tamen allegando sæpiùs aberratur : idque in rebus gravissimis quibus tota libri ratio nititur [6] : quæ in antedictis ex parte indicata, brevitatis causâ nunc quidem omitti, et in aliam occasionem, ut et alia multa differri placuit : quemadmodùm et illa quæ spectant ad orationem vocalem, contemplationis, actuum humanorum, et probationum naturam, ac tres notas quibus à meditatione ad contemplationem vocatio dignoscitur, et varia Scripturæ loca à nativo sensu ad novum et inauditum translata.

Miramur prætereà, altum esse in libro silentium de amore

---

[1] *Avert.*, p. 82, 91, 118, 122. — [2] P. 87, 90, 91. — [3] P. 90. — [4] P. 121, 122, 123. — [5] Conc. VI, act. LI. — [6] *Explic. des Max. des Saints,* etc., p. 115, 145, 149, 170, 171, 75, 77.

gratitudinis ergà Deum et Redemptorem Christum, cùm de perfectorum amore agitur ; tanquàm hæc ad veram genuinamque charitatem inflammandam et excitandam minimè pertinerent, aut puro amori derogarent, aut à perfectis ea prætermitti oporteret.

Nec minùs miramur, quòd cùm in libro laudatum fuerit [1] decretum concilii Tridentini, spem per sese esse bonam, ac bonis congruentem definientis, illud tamen prætermissum sit ex eodem decreto, sanctissimos quosque ac perfectissimos, quales fuere David ac Moses, eo incitamento esse permotos : undè patet quantùm auctor à concilii mente recesserit, cùm præsertim eodem concilio docente, *omnibus benè operantibus usquè in finem et in Deo sperantibus*, ac proindè optimo cuique et perfectissimo *vita æterna tanquàm merces proponenda sit*[2]; quo motivo non mercenarii fiunt, sed filii paternæ hæreditatis ex ipsâ charitate studiosi.

Hùc accedit, quòd dogmata in libro tradita eò tendant (invito licèt auctore) ut actuum directorum beneficio vitium cum virtute oppositâ stare possit; ut, dùm anima justitiæ divinæ præpostero studio, omnibus occultis Dei voluntatibus acquiescit, in plenam et absolutam reprobationem imprudens consentiat; et ut, quod vetat Apostolus, ad subtilia et *vaniloquia*[3] deducamur.

Postremò Ecclesiæ peregrinantis atque in patriam suspirantis extinguuntur gemitus : Paulus et alii inter ipsa martyria expectantes beatam spem atque hoc lucrum reposcentes inter mercenarios ablegantur.

Nos verò *formam habentes sanorum verborum*[4] ; sanctorumque vestigiis inhærentes, rebus impossibilibus et absurdis christianam pietatem perfectionemque minimè metimur ; nec insolitos affectus, quos pauci sanctorum parcè transeunterque effuderunt, confestim in regulam et in vitæ statum verti oportere credimus: neque has voluntates consensionesve quæ circa impossibilia versantur, veras voluntates consensionesque, sed velleitates more Scholæ appellamus.

[1] *Explic. des Max. des Saints*, etc., p. 19, 21, 47, 143. — [2] *Concil. Trident.*, Sess. vi, cap. ii, 16. — [3] II *Tim.*, ii, 16. — [4] II *Tim.*, i, 13.

Hæc igitur vera à majoribus accepimus, hæc sentimus, hæc omnibus testata esse volumus. Datum Parisiis in Palatio Archiepiscopali, anno Domini 1697, die verò mensis Augusti sextâ.

Signatum, † Ludovicus Ant. Arch. Parisiensis.
† J. Benignus Ep. Meldensis.
† Paulus Episc. Carnotensis.

FINIS DECLARATIONIS TRIUM EPISCOPORUM.

DÉCLARATION

DES SENTIMENS

DE MESSEIGNEURS LOUIS ANTOINE DE NOAILLES *Archevêque de Paris*, JACQUES BÉNIGNE BOSSUET *Evêque de Meaux*, PAUL DE GODET DES MARAIS *Evêque de Chartres :*

SUR LE LIVRE QUI A POUR TITRE :

EXPLICATION DES MAXIMES DES SAINTS, etc.

Traduite du latin.

Puisqu'on nous appelle depuis si longtemps en témoignage, nous ne pouvons différer davantage de répondre. Monseigneur l'Archevêque duc de Cambray, dans son livre de l'*Explication des Maximes des Saints*, déclare dès l'entrée, et dans son *Avertissement*[1], qu'il ne prétend qu'expliquer avec plus d'étendue la doctrine et les maximes contenues dans trente-quatre propositions données au public par deux de nous[2], à qui M. de Chartres s'est uni par l'ordonnance qu'il a publiée dans son diocèse.

L'auteur dans sa lettre à N. S. P. le pape Innocent XII[3], appuie encore sa doctrine sur les XXXIV Articles, et sur les censures des évêques contre certains petits livres ; ce qui ne peut regarder que nous, puisque nous sommes les seuls qui ayons fait de telles censures.

Il n'est pas vrai toutefois que nous nous soyons contentés de condamner, comme le dit cet auteur, *quelques endroits de ces livres*[4]; mais nous avons voulu noter les livres entiers, et en attaquer non-seulement la plus grande partie des passages, mais l'esprit et les principes.

Il est dit dans la même lettre[5], que notre zèle ne s'est « échauffé que contre les mystiques, qui depuis quelques siècles ont fait pa-

---

[1] *Avert.*, p. 16. — [2] M. de Paris et M. de Meaux. — [3] *Lettre de M. de Cambray au Pape*, imprimée dans son *Instruction past.*, p. 49, 51, 52, 58 de l'addition. — [4] *Ibid.*, p. 51, 52. — [5] *Ibid.*

roître une ignorance pardonnable des principes de la théologie; » quoique nos articles et nos censures combattent directement, non point les mystiques des siècles passés, mais les quiétistes de nos jours, dont les erreurs sont connues.

Nous n'avons pas eu besoin de recourir avec l'auteur, *au sens qui se présente naturellement*[1]; comme s'il y avoit dans les livres que nous avons condamnés, un sens plus caché qui fût supportable, ou que le venin que nous y avons découvert, ne fût pas clairement répandu partout.

Nous n'avons aussi aucune connoissance de ce qui est encore écrit dans sa lettre[2]: « que quelques personnes ont pris (de nos Articles et de nos censures), un prétexte de tourner en dérision, comme une rêverie et une extravagance, l'amour de la vie contemplative. »

Enfin l'auteur assure, après avoir réduit la doctrine de son livre à sept propositions, que « toutes ces choses sont conformes aux XXXIV Articles[3]. »

Ainsi, comme il paroît que c'est son dessein de défendre son livre par nos sentimens, nous sommes obligés de déclarer ce que nous en pensons : cependant nous n'en venons là qu'avec douleur, et après nous être mis en devoir de gagner notre frère par toutes sortes de voies. La seule nécessité nous force à parler, de peur qu'on ne pense que nous approuvons ce livre; et ce qui nous seroit très-fâcheux, que N. S. P. le Pape, pour qui nous avons un très-profond respect, et à qui nous sommes unis comme à notre chef par le lien indissoluble de la foi, ne croie que nous favorisons une doctrine improuvée par l'Eglise romaine.

Nous croyons devoir expliquer avant toutes choses le dessein de nos XXXIV Articles. Une femme qui sembloit être parmi nous à la tête du parti des quiétistes, ayant publié plusieurs livres, un entre autres intitulé : *Moyen court, etc.*, et ayant répandu quelques manuscrits, demanda trois personnes au jugement desquelles elle promit de se rapporter [4] : notre auteur s'est depuis

---

[1] *Lettre de M. de Cambray*, etc., p. 51, 52. — [2] *Ibid.*, p. 52. — [3] *Ibid.*, n. 58. — [4] M. de Paris, alors évêque de Châlons, M. de Meaux, et M. Tronson supérieur général de la congrégation de Saint-Sulpice.

uni à eux. On se proposa de la resserrer, elle et ses sectateurs, dans des bornes certaines, de prévenir leurs détours, de marquer leurs propositions déjà condamnées, ou en elles-mêmes, ou dans leurs principes, par les conciles et par le saint Siége, en y opposant les symboles et les dogmes connus de la foi, l'Oraison Dominicale, et les règles de l'Ecriture et de la tradition, avec les maximes reçues de tous les spirituels. Tel fut l'esprit et le but de nos articles et de nos censures. La suite fera voir si notre auteur s'est contenté dans son livre d'en expliquer la doctrine avec plus d'étendue, ou s'il ne l'a pas entièrement renversée.

Ce qui est certain d'abord, c'est qu'il ôte une des vertus théologales qui est l'espérance, hors de l'état de la grace, et même dans cet état entre les parfaits.

Il l'ôte hors de l'état de la grace, en disant qu'avant la justification on aime Dieu d'un amour d'espérance, où « le motif de notre propre intérêt » et de notre félicité « est le motif principal et dominant, qui prévaut sur celui de la gloire de Dieu[1] : » d'où il s'ensuit que l'espérance s'appuyant sur un motif créé, qui est l'intérêt propre, n'est point une vertu théologale, mais un vice : ce qui paroît en ce que l'auteur applique à cette espérance, quoique sans fondement, cette maxime comme étant de saint Augustin : « Tout ce qui ne vient pas du principe de la charité, vient de la cupidité[2] ; c'est-à-dire « de cet amour, qui selon que l'auteur l'explique lui-même, est l'unique racine de tous les vices, que la jalousie de Dieu attaque précisément en nous. »

Après la justification, dans l'état de la perfection ou de l'amour pur, il laisse bien dans l'ame une espérance, mais c'est une espérance à laquelle il ôte la force d'exciter l'ame : « Alors, dit-il[3], l'amour pour Dieu seul est le pur amour, sans aucun mélange de motif intéressé, ni de crainte, ni d'espérance : » (comme si la parfaite charité qui chasse la crainte, chassoit aussi l'espérance); d'où il conclut « que ce n'est plus le motif de son propre intérêt qui excite l'ame[4] : » retranchant ainsi aux ames parfaites le doux attrait de ces *motifs, qui* néanmoins, comme il l'avoue[5] : « sont

---

[1] *Explic. des Max.*, etc., p. 4, 5, 14. — [2] *Ibid.*, p. 7, 8. — [3] *Ibid.*, p. 15, 22, 23, 24, 102, etc. — [4] P. 12, 26. — [5] P. 33.

répandus dans tous les livres de l'Ecriture sainte, dans tous les monumens les plus précieux de la tradition ; enfin, dans toutes les prières de l'Eglise. »

Si maintenant l'on veut savoir ce que c'est dans tout le livre que d'être affranchi du propre intérêt, l'auteur nous dira que c'est lorsqu'une ame « n'a plus aucun désir propre et intéressé, ni sur la perfection, ni sur la béatitude ou la récompense même éternelle[1] : » à quoi se réduit, ajoute-t-il[2], la tradition universelle de tous les saints, tant des premiers que des derniers siècles.

C'est aussi ce qui lui fait avancer en général, qu'il faut « exclure tout motif intéressé de toutes les vertus des ames parfaites[3] ; » ce qu'il attribue à saint François de Sales, sans en apporter aucun témoignage, et contre plusieurs passages formels de ce Saint.

Il faut encore rapporter à la même doctrine ce qu'il dit ailleurs : « Dieu veut que je veuille Dieu en tant qu'il est mon bien, mon bonheur et ma récompense : je le veux formellement sous cette précision ; mais je ne le veux point par ce motif précis qu'il est mon bien[4] ; » et encore : « L'objet formel de l'espérance est mon intérêt[5] ; » c'est-à-dire, comme il venoit de l'expliquer, « la bonté de Dieu en tant que bonne pour nous ; mais le motif n'est point intéressé : » ce qui est dire des choses contradictoires ; admettre un motif qui n'est point motif, et détruire l'espérance même, qui privée de la force d'exciter l'ame, n'aura plus rien de l'espérance que le nom.

Par ces principes et autres semblables, encore qu'on retienne le nom de l'*espérance*, on lui ôte toute sa force, et on ruine la doctrine que nous avons établie dans le premier et le trente-un de nos Articles, comme appartenant à la foi, touchant l'obligation de faire des actes d'espérance en tout état.

Il ne serviroit de rien de nous objecter, qu'il se trouve en d'autres endroits du livre des propositions contraires à celles-ci : il est vrai qu'il y en a de contradictoires en termes exprès, comme

---

[1] *Explic. des Max.*, etc., p. 10, 57, 135. — [2] *Ibid.*, p. 40, 44, 57. — [3] *Ibid.*, p. 40. — [4] P. 44. 45. — [5] P. 42, 45.

celles qui suivent : « Dieu veut que je veuille Dieu, en tant qu'il est mon bien, mon bonheur et ma récompense [1]; » ce qui est très-véritable : mais voici précisément le contraire jusqu'à deux fois : « En cet état on ne veut plus le salut comme salut propre, comme délivrance éternelle, comme récompense de nos mérites, comme le plus grand de nos intérêts [2]; » et encore : « Il est vrai seulement qu'on ne le veut pas, en tant qu'il est notre récompense, notre bien et notre intérêt [3]. » On ne peut voir une plus manifeste contradiction et dans le sens et dans les termes, ce qui n'excuse pas une erreur, mais en achève la preuve.

Aussi en général le style du livre est-il tellement entortillé et embarrassé, qu'à peine en peut-on tirer un sens certain en plusieurs endroits, après s'y être fort appliqué : ce qui est la marque d'une doctrine sans principe et sans suite, où l'on ne cherche pas tant des correctifs que des faux-fuyans et des détours.

Sur le désir du salut, il s'explique ainsi : « Le désir de la vie éternelle est bon ; mais il ne faut désirer que la volonté de Dieu [4]: » ce qu'il attribue à saint François de Sales, quoique nous ne l'ayons trouvé en aucun endroit de ses livres.

Il enseigne encore « qu'il y a deux états différens parmi les ames justes : le premier est celui de la sainte résignation, où l'ame soumet ses désirs intéressés [5]; » c'est-à-dire le désir même de son salut éternel, « à la volonté de Dieu : le second état est celui de la sainte indifférence, où l'ame n'a plus aucun désir intéressé... excepté dans les occasions où elle ne coopère pas fidèlement à toute sa grace : » ce qui revient au passage déjà remarqué, « qu'on ne veut point son salut, en tant qu'il est notre récompense, notre bien, notre intérêt. »

Toutes ces propositions, où les désirs du salut sont éludés, quoique conçus par le motif de l'espérance, et celles aussi qui établissent l'indifférence du salut, sont rejetées dans nos Articles par l'autorité de l'Ecriture sainte, non-seulement comme fausses, mais encore comme erronées [6].

Par là même est aussi condamnée cette autre proposition : « La

---

[1] *Explic. des Max.*, etc., P. 44.— [2] P. 52. — [3] P. 54.— [4] P. 55, 226. — [5] P. 49, 5à. — [6] XXXIV, Art. IX, XI.

sainte indifférence admet des désirs généraux pour toutes les volontés de Dieu, que nous ne connoissons pas[1], où sont compris les décrets de la réprobation de l'ame même qui se trouve en cet état, comme de celles des autres ; et c'est jusque-là qu'on pousse le désir.

Quoi qu'en dise l'auteur, il n'y a point ici d'*équivoque*[2]; et toute ambiguïté est ôtée de nos articles, puisque nous y avons clairement établi, « que la sainte indifférence chrétienne regarde les événemens de cette vie (à la réserve du péché), et la dispensation des consolations ou sécheresses spirituelles, et jamais le salut ni les choses qui y ont rapport[3]. »

C'est donc en vain que l'auteur prétend ici s'appuyer de l'article où il est dit « que tout chrétien est obligé de vouloir, désirer et demander son salut, comme chose que Dieu veut[4]; » ce qui ne peut être désavoué, puisqu'on exprime par là très-clairement la fin qu'on se propose dans le désir du salut.

Mais il ne falloit pas dire pour cela d'une manière exclusive, que l'homme parfait « ne veut la béatitude pour soi qu'à cause qu'il sait que Dieu la veut[5] : » ce qui emporte l'exclusion des motifs prochains et spécifiques de l'espérance, et ouvre la voie à une pernicieuse indifférence ; comme si le salut en soi étoit une chose indifférente, et qui ne fût pas commandée comme bonne et désirable par elle-même, mais désirable uniquement à cause qu'elle est commandée.

Et pour comprendre quelle différence il y a, entre ce qui est désirable à cause de la volonté de Dieu et ce qui n'est désirable qu'à cause de la volonté de Dieu, il ne faut qu'entendre l'auteur dès les premières pages de son livre, lorsqu'il rapporte ces paroles de saint François de Sales : « Il y a bien de la différence entre cette parole : J'aime Dieu pour le bien que j'en attends ; » et celle-ci : « Je n'aime Dieu que pour le bien que j'en attends[6] : » d'où il paroît combien sont en effet éloignées entre elles des propositions qui semblent ne différer que par un changement presque imperceptible dans les termes.

---

[1] *Expl. des Max.*, etc., p. 61. — [2] P. 54. — [3] XXXIV, Art. IX. — [4] Art. v. — [5] *Expl. des Max.*, etc., p. 26, 27. — [6] *Max.*, p. 4, 5. *Amour de Dieu*, liv. II, ch. XVII.

De cette indifférence du salut établie dans tout le livre, viennent ces étranges propositions : « que dans les dernières épreuves une ame peut être invinciblement persuadée qu'elle est justement réprouvée de Dieu[1]; » et qu'au lieu « que les sacrifices que les ames désintéressées font d'ordinaire sur leur béatitude éternelle, sont conditionnels[2]; en cet état l'ame fait le sacrifice absolu de son intérêt propre pour l'éternité, parce que le cas impossible lui paroît possible et actuellement réel[3] : » en sorte qu'un « directeur peut alors laisser faire à cette ame un acquiescement simple à sa juste condamnation[4], et à sa réprobation dont elle est invinciblement persuadée[5]. »

Bien plus, l'auteur ajoute qu'alors « il n'est pas question de lui dire le dogme de la foi sur la volonté de Dieu, de sauver tous les hommes[6], ni de raisonner avec elle ; car elle est incapable de tout raisonnement[7] : » ce qui est le dernier excès du désespoir.

Pour nous, bien éloignés d'approuver ces excès, nous les avons expressément rejetés dans les XXXIV Articles, où nous n'avons permis aux ames peinées aucun consentement absolu, pas même dans les dernières épreuves[8]; mais seulement par une supposition impossible et fausse : ce qui est précédé d'un autre article[9], où le désespoir est entièrement exclus : et loin de permettre à un directeur de laisser faire à ces ames un acquiescement simple à leur juste condamnation et réprobation, au contraire il y est dit précisément qu'il ne le faut jamais souffrir. Au lieu aussi d'empêcher qu'on annonce aux ames peinées le dogme de la foi sur la volonté de Dieu, de sauver tous les hommes, comme il est porté dans le livre[10]; il est dit au contraire en termes exprès dans l'article[11], qu'il « faut avec saint François de Sales, les assurer que Dieu ne les abandonnera pas[12] : » ce qui est non-seulement représenter à l'ame la bonté de Dieu envers tous les hommes en général, mais encore lui faire sentir envers elle-même en particulier, cette favorable disposition de la miséricorde divine.

Nos Articles établissent aussi très-clairement la distinction des

---

[1] *Explic. des Max.*, p. 87. 89.— [2] P. 87. — [3] P. 90. — [4] P. 91.— [5] P. 87.— [6] P. 88, 89 — [7] P. 90. — [8] Art. XXXIII. — [9] Art. XXXI — [10] *Explic. des Max.*, etc., p. 88, 89.— [11] Art. XXXI. — [12] *Entr.* V, liv. III, ep. 26, autre édit., 29.

vertus théologales et morales avec leurs motifs particuliers[1] : au lieu que le livre les confond entièrement, en disant que « le pur amour fait lui seul toute la vie intérieure, qui est l'unique principe et l'unique motif de tous les actes délibérés et méritoires[2] : » par où il exclut les autres motifs, excepté ceux qui viennent de la charité ; encore semble-t-il vouloir ôter à la charité même son motif spécifique et sa notion formelle, quand il dit que « cet amour devient tour à tour toutes les vertus différentes, et qu'il n'en veut aucune en tant que vertu[3] : » ainsi selon l'auteur, l'on n'exerce plus la foi comme foi, ni l'espérance comme espérance, ni même la charité comme vertu, quoiqu'elle soit elle-même la vie et la forme de toutes les vertus.

En conséquence de ce faux principe, il ôte à toutes les vertus leur prix et leur éclat particulier, en disant « que l'amour pur et jaloux fait tout ensemble qu'on ne veut plus être vertueux, et qu'on ne l'est jamais tant que quand on n'est plus attaché à l'être[4]. » De là enfin est venue cette autre proposition inouïe jusqu'aujourd'hui : « Les saints mystiques ont exclu de cet état les pratiques de vertu[5] : » paradoxes inventés pour détourner les ames de l'amour de la vertu, et pour en rendre le nom suspect et odieux, malgré les spirituels à qui l'on impose.

On peut porter le même jugement des propositions suivantes : « Les ames transformées doivent dans la discipline présente confesser leurs fautes vénielles, les détester, se condamner et désirer la rémission de leurs péchés, non comme leur propre purification et délivrance, mais comme chose que Dieu veut[6] : » ce qui ôte le motif propre et intrinsèque de la pénitence, et renverse la doctrine de notre Article xv. Nous ne pouvons aussi approuver qu'on rapporte seulement à la discipline présente, la pratique de la confession des péchés véniels.

C'est avancer une doctrine contraire à celle que nous avons tirée des conciles dans nos Articles vii et viii que de dire qu'il y ait, quoique en petit nombre, des ames parfaitement purifiées ; « des ames très-pures et très-mortifiées, en qui la chair est de-

[1] Art. I, II, III, XIII. — [2] *Explic. des Max.*, p. 272. — [3] P. 224. — [4] P. 225. — [5] P. 253. — [6] P. 241.

puis longtemps entièrement soumise à l'esprit, » et en qui « les effets sensibles de la concupiscence puissent être suspendus [1]. » De là vient que l'auteur affoiblit l'utilité et la nécessité de la mortification [2], contre ce que dit l'Apôtre et contre la pratique de tous les saints, favorisant ainsi l'erreur condamnée dans notre article XVIII, et dans nos censures.

Sur la contemplation l'auteur enseigne que « quand elle est pure et directe, elle ne s'occupe volontairement d'aucune image sensible, d'aucune idée distincte et nominable, c'est-à-dire d'aucune idée limitée et particulière sur la divinité, pour ne s'arrêter qu'à l'idée purement intellectuelle et abstraite de l'être, qui est sans bornes et sans restriction [3] : » que pour les autres objets, c'est-à-dire les attributs, les personnes divines, et même l'humanité de Jésus-Christ, elle ne s'en occupe plus par son propre choix, mais *quand Dieu les présente*, et non autrement *que par l'impression particulière de sa grace;* en sorte que dans cet état une ame ne s'attache plus volontairement à ces objets : comme si, avec ce qu'en dit l'Ecriture, leur propre excellence ne suffisoit pas à la volonté soutenue de la grace commune, pour l'exciter à les rechercher par son propre choix. C'est par là qu'on en vient à dire que « les ames contemplatives sont privées de la vue distincte de Jésus-Christ rendu présent par la foi, en deux temps différens, dans la ferveur naissante de leur contemplation, et dans les dernières épreuves [4] : » ce qui peut durer fort longtemps.

On ne craint pas même de rejeter « dans les intervalles où la pure contemplation cesse, la vue distincte de Jésus-Christ [5], » comme si un si grand objet pouvoit faire descendre l'ame de la plus sublime contemplation, ainsi que l'ont osé dire les béguards [6] : ces pointilles et ces détours ne servent qu'à préparer des excuses aux faux contemplatifs, qui ne trouvent point l'onction de la piété dans Jésus-Christ, et ne se portent point par eux-mêmes à contempler ses mystères. Par la suite de la même erreur, ils ne s'occupent plus des attributs de Dieu, ni des personnes divines :

---

[1] *Explic. des Max.*, etc., p. 76, 78, 238. — [2] P. 127, 128, 129, 130. — [3] P. 186, 187, 188, 189. — [4] P. 194, 195. — [5] P. 196. — [6] Clem. *Ad nostrum :* de Hæret. in prop. 8.

et rejettent de la contemplation les actes distincts de la foi sur tous ces objets : tous ces excès sont contraires à la doctrine formelle de nos articles I, II, III, IV, XXIV.

Sur la grace, nous trouvons dans le livre, qu'il « n'est pas permis de la prévenir, et qu'il ne faut rien attendre de soi-même, ni de son industrie, ou de son propre effort [1]. »

Par cette doctrine, qui est enseignée dans tout l'article XI [2], si on l'examine avec attention, on verra que l'auteur ôte entièrement au libre arbitre l'acte qu'on nomme de propre effort et de propre excitation, contre cette parole de David : *Prévenons sa face*, et encore : *Ma prière vous préviendra*; et contre ce principe de saint Augustin, sur lequel est appuyée toute la dispensation de la grace de Dieu. « La grace n'aide que celui qui s'efforce de soi-même [3] : » on y renverse aussi la célèbre et solennelle différence que font unanimement tous les spirituels, entre les actes de propre effort et de propre industrie, et entre les actes infus, ou les motions qui viennent de l'opération et de l'impulsion divine en nous, sans que nous y contribuions de notre part : ces propositions et les autres semblables détruisent en partie et en partie obscurcissent nos articles XI, XXV et XXVI.

On a expressément rejeté dans les Articles [4] l'absurdité inouïe de l'acte continu des quiétistes, également inconnu dans l'Ecriture et dans les saints Pères : cependant les faux mystiques l'avoient introduit dans l'état de perfection; et l'auteur, quoiqu'il le rejette dans son livre et dans sa lettre au Pape, retombe dans le même inconvénient par ce beau « tissu d'actes si simples, si directs, si paisibles, si uniformes, » et tellement « sans secousse, qu'ils n'ont rien de marqué par où l'ame puisse les distinguer ; d'où vient que les uns ont dit qu'ils ne pouvoient plus faire d'actes, et que des autres ont dit qu'ils faisoient un acte continuel pendant toute leur vie [5]. »

Enfin on a pris dans nos Articles une grande précaution, pour empêcher que, contre le sentiment unanime de tous les spiri-

---

[1] *Explic. des Max.*, etc., p. 68, 69, 97, 98, 101. — [2] P. 95, 96, etc. — [3] *De pecc. mer.*, lib. II, cap. v. — [4] Art. XIX. — [5] *Explic. des Max.*, etc., p. 166, 201, 202, 231, 257, etc.

tuels et de tous les contemplatifs, la sainteté et la perfection chrétienne, ou la parfaite purification, ou enfin la vie intérieure quelle qu'elle soit, ne fût établie dans l'oraison passive ou de quiétude, ni dans aucune autre oraison extraordinaire¹ : cependant tout le livre tend à faire voir que cette oraison et même la contemplation consiste dans le pur amour, qui non-seulement justifie et purifie l'ame par lui-même, mais qui est encore le plus haut degré de la perfection chrétienne, et le terme où elle aboutit².

Nous ne pouvons excuser l'auteur d'une erreur extrême en ce point, puisque non-seulement il s'éloigne de tous les spirituels, mais encore il se contredit lui-même; car tous les contemplatifs, sainte Thérèse, Jean de Jésus son interprète, Jacques Alvarez Paz, saint François de Sales et plusieurs autres³, enseignent unanimement, ou que l'on peut parvenir à la perfection sans l'oraison de quiétude, ou que cette sorte d'oraison est de ces dons extraordinaires qu'on peut regarder comme semblables aux graces qui sont appelées gratuitement données ; ou que tant s'en faut qu'elle soit la perfection, au contraire elle n'est pas même justifiante, puisqu'elle se peut trouver avec le péché mortel. Mais s'il s'oppose aux spirituels, il se contredit lui-même aussi visiblement, puisqu'après avoir établi à toutes les pages de son livre ⁴, que la perfection chrétienne consiste dans une oraison, qui n'est autre que le pur amour : il assure néanmoins en même temps, « que la plupart des saintes ames, et même un grand nombre de saints n'y parviennent jamais en cette vie, » ni par conséquent à la perfection chrétienne, « parce qu'elles n'en ont ni la lumière intérieure, ni l'attrait de grace⁵. »

De là vient ce qu'il enseigne sur le pur amour, « qu'encore que ce soit la pure et simple perfection de l'Evangile, marquée dans toute la tradition⁶ ; » néanmoins « les saints de tous les temps ont eu une espèce d'économie et de secret, pour n'en parler

---

¹ Art. XXII, XXIII, XXIX. — ² *Avert.*, p. 16, 23, dans le livr., p. 64, 203, 261, 263, 264, 272, etc. — ³ Sainte Thér., *Chât.*, 6ᵉ dem., ch. 9 ; 7ᵉ dem. ch. 4. Joan. à Jesu. M. tom. II. *Theol. myst.*, cap. III. Jacq. Alv. Paz, tom. III, *de Contemp. perf.*, lib. V, part. I, appar. 2, cap. IX, S. Fr. de Sales, *Entr.*, II. Gerson, de *Elucid. schol. myst. theol. cons.* 7. — ⁴ *Avert.*, p. 16, 23. Dans le liv., p. 34, 35, 64, 168, 261. — ⁵ *Ibid.*, p. 34. — ⁶ *Ibid.*, p. 261.

qu'aux ames à qui Dieu en donnoit déjà l'attrait ou la lumière; » et non « au commun des justes, à qui ils ne proposoient d'ordinaire que les pratiques de l'amour intéressé : » par conséquent, « que le directeur doit se borner à laisser faire Dieu, et ne parler jamais du pur amour, que quand Dieu, par l'onction intérieure, commence à ouvrir le cœur à ce sentiment [1] : » comme si la parole de l'Evangile ne devoit pas aider ceux qui tendent au pur amour, ou que l'onction intérieure exclût les paroles de salut.

C'est une suite de cette doctrine, que ni ce précepte de Jésus-Christ :]*Soyez parfaits*, ni celui qui est le premier et le plus grand de tous les commandemens : *Vous aimerez*, etc., ne regardent pas même tous les saints, au mépris de la vocation et de la perfection chrétienne.

Enfin il n'y a pas moins de contradiction à dire, que la perfection du pur amour et de la contemplation dépend de la grace, « et de l'inspiration divine, qui est commune à tous les justes [2] : » et cependant que « la plupart des saintes ames, et même un grand nombre de saints n'y peuvent atteindre; qu'il est inutile et indiscret de la leur proposer, » et que ce seroit les scandaliser ou les jeter dans le trouble [3] : » nous avouons simplement, qu'il ne nous est pas possible de concilier ensemble des maximes si opposées.

Voilà les principaux points qui se trouvent répandus dans tout le livre, et qui sont évidemment contraires à nos censures, et à nos XXXIV Articles (que l'auteur a pris pour fondement) : mais ce qui suit n'est pas moins opposé à notre doctrine, ni moins éloigné de la vérité.

Il paroît d'abord digne de remarque, que notre auteur ayant rapporté la suite des faux mystiques jusqu'à deux fois, dès les premières pages de son livre, et vers la fin [4], il la commence aux gnostiques des premiers siècles de l'Eglise, il la continue par les béguards vers les siècles du milieu, et la finit aux illuminés d'Espagne, sans faire aucune mention ni de Molinos, ni de ses sectateurs, ni même de cette femme contre qui il savoit que nos Articles ont été dressés, quoiqu'il y eût une raison si particulière de

---

[1] *Explic. des Max.*, etc., p. 35. — [2] P. 64, 65, 67, 150, 200, 210, 212, etc. — [3] P. 34, 35, 168. — [4] *Avert.*, p. 9, 11, dans le liv., p. 240.

les nommer tous, puisque leurs livres et les censures dont ils ont été frappés, même par le souverain pontife, qui en a donné l'exemple à tous les évêques, ont fait un si grand éclat dans toute l'Eglise.

Nous ajoutons ces propositions : « Que l'amour de pure concupiscence, quoique sacrilége et impie, peut néanmoins préparer les ames pécheresses à la justice et à leur conversion [1]; » quoique en effet la préparation à la justice ne puisse venir que du mouvement du Saint-Esprit qui commence à ébranler le cœur [2].

Que l'*amour justifiant,* par lequel « on aime principalement la gloire de Dieu, et on n'y cherche son bonheur propre que comme un moyen qu'on rapporte et qu'on subordonne à la fin dernière, qui est la gloire de son Créateur [3], » est néanmoins nommé dans tout le livre, du nom d'*amour intéressé,* contre la doctrine de toute l'Ecole, et contre cet axiome de saint Augustin, reçu aussi de toute la théologie : « Nous devons former nos discours sur une règle certaine, » et non pas dire sans mesure ce que nous voulons : *Nobis secundùm certam regulam loqui fas est.*

Que *le cas impossible,* savoir qu'une ame juste, quoiqu'elle persévère dans l'amour de Dieu jusqu'à la fin, soit néanmoins condamnée aux peines éternelles, « devienne possible et actuellement réel [4]; » en sorte « que ce soit ainsi que saint François de Sales se trouvât dans l'église de Saint-Etienne-des-Grès [5] : » quoique ce Saint n'en ait rien écrit, ni aucun auteur de sa vie; et qu'il soit impossible qu'aucune ame juste ait jamais eu une telle persuasion.

Que « les actes directs, et qui échappent aux réflexions de l'ame, sont cette opération que saint François de Sales a nommée la pointe de l'esprit [6]; » ce que l'on assure sans en apporter aucun témoignage du saint.

Que par le moyen de ces actes, *l'ame est divisée d'avec elle-même* [7], et que dans cette séparation inouïe et surprenante, elle

---

[1] *Avert.*, p. 17, 2,0 21. — [2] *Conc. Trid.*, sess. VI, cap. VI; sess. XIV, cap. IV. — [3] *Explic. des Max.*, etc., p. 6, 9, 15. — [4] P. 87, 89, 90. — [5] P. 88, 91. — [6] P. 82, 91, 118, 122. — [7] P. 87, 90, 91.

conserve tout ensemble et *l'espérance parfaite dans la partie supérieure*, et le désespoir dans l'inférieure ; et ce qui est de pis, c'est qu'on met l'espérance dans les actes directs, et le désespoir dans les actes réfléchis, qui sont de leur nature les plus délibérés et les plus efficaces, surtout lorsqu'ils sont permis par le directeur ; en sorte que l'espérance demeure dans les actes directs, quoiqu'en même temps rejetée par les actes réfléchis.

Que « l'ame ainsi divisée d'avec elle-même, dans cette impression involontaire de désespoir, fait le sacrifice absolu de son intérêt propre pour l'éternité, et expire sur la croix avec Jésus-Christ, en disant : *O Dieu, mon Dieu, pourquoi m'avez-vous délaissé*[1] *?* » comme si les ames désespérées expiroient avec Jésus-Christ, et qu'elles se plaignissent avec lui d'être délaissées.

Que « dans les dernières épreuves, cette séparation de la partie supérieure de l'ame d'avec l'inférieure se fait à l'exemple de Jésus-Christ notre parfait modèle, en qui la partie inférieure ne communiquoit point à la supérieure son trouble involontaire : » et que « dans cette séparation les actes de la partie inférieure sont d'un trouble entièrement aveugle et involontaire [2] ; » comme si le trouble involontaire qui est en nous, ait pu se trouver en Jésus-Christ ; ce qui est un *sentiment abominable*, au jugement du célèbre Sophronius dans sa lettre lue et approuvée au concile VI [3].

Notre auteur se fait fort de la tradition de tous les siècles, presque à toutes les pages de son livre : on peut juger ce que peut être cette tradition par le seul saint François de Sales ; car quoiqu'il le cite presque seul, et qu'il s'appuie principalement sur lui, il s'est néanmoins trompé plusieurs fois en le citant, et dans des matières très-importantes, sur lesquelles roule tout le livre : nous en avons déjà remarqué une partie ; et pour abréger ce discours, nous remettons le reste à une autre occasion, comme beaucoup d'autres choses d'une égale conséquence, telles que sont celles qui regardent l'oraison vocale, la nature de la contemplation, celles des actions humaines et des épreuves, et les trois marques par lesquelles on connoît sa vocation pour passer

---

[1] *Explic. des Max.*, etc., p. 90. — [2] *Ibid.*, p. 121, 122, 122. — [3] *Conc.* VI, *Act.* IV.

de la méditation à la contemplation¹; et encore plusieurs passages de l'Ecriture, détournés de leur sens naturel à des interprétations nouvelles et inouïes.

Nous ne pouvons assez nous étonner que l'auteur ait gardé un si grand silence sur l'amour de reconnoissance envers Dieu et envers Jésus-Christ notre Sauveur, dans tout un livre fait exprès pour expliquer la perfection du pur amour; comme si ce n'étoient pas là les plus puissans motifs pour exciter et pour enflammer la vraie et sincère charité; ou qu'ils fussent indignes de l'amour pur, ou que les parfaits dussent les négliger.

Nous ne sommes pas moins surpris qu'en rapportant le décret du concile de Trente, où il définit que l'espérance est bonne de sa nature, et que l'exercice en est convenable aux fidèles², il ait passé sous silence cette autre partie du même décret, que les plus parfaits et les plus saints, comme David et Moïse, ont été excités par ce motif; ce qui montre combien l'auteur s'est éloigné de la pensée du concile, qui enseigne dans la même session³, « que la vie éternelle doit être proposée comme récompense : *tanquàm merces :* à tous ceux qui persévèrent jusqu'à la fin dans les bonnes œuvres, et qui mettent leur espérance en Dieu : *in Deo sperantibus;* » et par conséquent à tous les justes et aux plus parfaits : motif propre à les faire agir, non comme des mercenaires, mais comme de véritables enfans, que la charité même pousse à rechercher l'héritage de leur père.

Il faut ajouter à cela, que les principes posés dans ce livre, tendent à montrer contre l'intention de l'auteur, que par le moyen des actes directs le vice peut se trouver en même temps avec la vertu opposée; et à faire que par un zèle déréglé pour la justice divine, l'ame acquiesçant à toutes les volontés de Dieu qui nous sont cachées, consente au décret plein et absolu de sa réprobation. Enfin contre le précepte de l'Apôtre, par l'esprit qui est répandu dans tout le livre, on réduit la piété à de vaines subtilités, *et à des discours frivoles*⁴ : on étouffe les saints gémissemens de l'Eglise, qui durant ce pèlerinage, soupire après la patrie; et on

---

¹ *Explic. des Max.*, p. 145, 149, 155, 170, 171; p. 75, 77. — ² P. 19, 21, 47, 143. Sess. VI, cap. XI. — ³ *Ibid.*, cap. XVI. — ⁴ II Tim., II, 16.

met au rang des mercenaires un saint Paul, et tant d'autres saints martyrs animés au milieu des tourmens par l'espérance bienheureuse, et demandant avec ardeur cette récompense.

Pour nous, *qui nous proposons pour modèles les paroles saines*[1] que nous avons entendues, et qui marchons sur les pas des saints qui nous ont précédés, nous ne pouvons faire consister la piété et la perfection chrétienne dans des pratiques absurdes et impossibles ; ni faire un état et une règle de vie, des mouvemens extraordinaires qu'un petit nombre de saints ont ressentis en passant ; ni réputer pour vraies volontés et pour consentemens, les volontés et les consentemens où l'on se porte à des choses impossibles : c'est ce que nous ne pouvons prendre que pour des velléités, comme parle l'Ecole.

Telles sont les vérités que nous avons reçues de nos pères ; c'est ce que nous avons dans le cœur, et que nous croyons devoir témoigner à toute l'Eglise. Donné à Paris dans le palais archiépiscopal, l'an mil six cent quatre-vingt-dix-sept, le sixième d'août.

Signé, † Louis Ant., Archev. de Paris.
† J. Bénigne, Ev. de Meaux.
† Paul, Ev. de Chartres.

[1] II *Tim.*, I, 13.

FIN DE LA DÉCLARATION DES TROIS ÉVÊQUES.

RÉPONSE

A QUATRE LETTRES

DE

Mᴳᴿ L'ARCHEVÊQUE DUC DE CAMBRAY.

I.

Sur les contradictions.

Monseigneur,

J'ai vu quatre lettres que vous m'avez adressées, et j'ai admiré avec tout le monde la fertilité de votre génie, la délicatesse de vos tours, la vivacité et les douces insinuations de votre éloquence. Avec quelle variété de belles paroles représentez-vous « qu'on vous fait rêver les yeux ouverts[1], » et qu'au reste il n'est pas permis de vous accuser « de si grossières contradictions, sans avoir prouvé juridiquement que vous avez perdu l'usage de la raison[2]. »

Vous poussez la plainte jusqu'à dire : « Si je suis capable d'une telle folie, dont on ne trouveroit pas même d'exemple parmi les insensés qu'on renferme, je ne suis pas en état d'avoir aucun tort, et c'est vous qu'il faut blâmer d'avoir écrit d'une manière si sérieuse et si vive contre un insensé[3]. » Quelle élégance dans ces expressions ! quelle beauté dans ces figures ! mais après tout, on ressent que des preuves de cette nature dans un point de fait, où il s'agit de savoir si vous vous êtes contredit ou non, ne peuvent être qu'éblouissantes, et qu'il en faut revenir à la vérité. N'est-il pas vrai, Monseigneur, que vous avez dit dans l'art. IV : « Dieu veut que je veuille Dieu, en tant qu'il est mon bien, mon

---

[1] I *Lettr.*, p. 46. — [2] *Ibid.*, p. 14. — [3] *Ibid.*, p. 18.

bonheur, et ma récompense¹? » et n'est-ce pas vous-même qui dites encore dans l'article v et très-peu de pages après : « Il est vrai seulement qu'on ne le veut pas, en tant qu'il est notre récompense, notre bien et notre intérêt². »

Je sais que vous répondez que dans le premier passage vous parlez de Dieu, et dans l'autre du salut³ : subtilité merveilleuse ; comme si le salut étoit autre chose que Dieu voulu comme *son bien, son bonheur et sa récompense*, ou qu'on pût ne pas aimer le salut *comme notre récompense, comme notre bien*, sans cesser d'aimer Dieu sous ces titres? Je sais encore que vous répondez qu'il s'agit du sens que vous donnez à saint François de Sales⁴. Mais permettez-moi de le dire : vous donnez le change : ce n'est pas saint François de Sales ; c'est vous-même qui dites ici : « Il est vrai qu'on ne le veut pas, en tant qu'il est notre récompense, notre bien, notre intérêt⁵. » Vous alléguez saint François de Sales en preuve de votre discours, quoiqu'il n'ait rien dit de semblable. Mais enfin, c'est vous qui parlez : ce qu'on veut dans la page 44, c'est cela même qu'on ne veut point dans la page 54. Avouez la vérité, Monseigneur ; on aimeroit mieux s'être expliqué plus précisément, et employer son esprit à bien définir ses mots pour parler conséquemment, que de les tordre après coup pour se sauver comme on peut. Mais quoi ! les contradictions sont un accident inséparable de la maladie qu'on appelle erreur, et de celle qu'on appelle vaine et fausse subtilité; la prévention demande une chose, la vérité en présente une autre : on avance des choses subtiles et alambiquées qui ne peuvent point tenir au cœur, et dont aussi on se dédit naturellement : quiconque est attaqué de ces maladies, quoi qu'il fasse, il ne peut jamais éviter de se contredire ; car celui qui erre, il faut qu'il en vienne à un certain point où il est jeté nécessairement dans la contradiction. Quand saint Paul a dit des faux docteurs « qu'ils n'entendent ni ce qu'ils disent, ni de quoi ils parlent si affirmativement⁶ : » quand il a dit que la fausse science est pleine de *contradictions*, qui est un des sens de cette parole où il établit *les oppositions de la*

---

¹ *Max. des SS.*, p. 44. — ² *Ibid.*, p. 54. — ³ *Réd. à la décl.*, art. 15, p. 36. — ⁴ *Ibid.*, p. 36, 37. — ⁵ *Max. des SS.*, p. 54. — ⁶ I *Tim.*, I, 7.

science faussement nommée[1] : quand il a dit que l'homme hérétique, sans vouloir donner ce nom à celui qui se soumet, et en l'appliquant seulement à celui qui se trompe dans la foi, *se condamne par son propre jugement*[2]; et qu'enfin tous ceux qui s'opposent à la vérité, après avoir durant quelque temps *par un malheureux progrès, erré et jeté les autres dans l'erreur*, c'est-à-dire après avoir ébloui le monde par de spécieux raisonnemens et par une éloquence séduisante, *cesseroient d'avancer, parce que leur folie seroit connue de tous*[3] : l'Apôtre ne vouloit pas les faire lier, ni *prouver juridiquement qu'ils avoient perdu la raison*, et qu'il les falloit interdire. Il vouloit seulement nous enseigner qu'il y a une lumière de la vérité qui se fait sentir jusque dans l'erreur : que l'erreur ne peut s'empêcher de se contredire, de se condamner elle-même : qu'il y a une espèce d'égarement et de folie, que j'espère vous voir éviter par votre soumission, mais qui malgré vous se trouvera dans votre doctrine comme dans toute autre où la vérité sera combattue.

Cependant vous plaidez la cause de ces errans que saint Paul condamne par eux-mêmes. Ils n'ont qu'à dire qu'ils ne sont pas des insensés, pour fermer la bouche à l'Apôtre et à quiconque se servira de sa méthode pour la conviction de l'erreur : prouvez-moi qu'il faille me renfermer, qu'il faille du moins m'interdire, ou bien je détruirai tous vos argumens par la seule réputation d'homme d'esprit, que vous n'oseriez me contester.

Mais cette réputation d'avoir de l'esprit, loin d'excuser ces grands esprits qui se précipitent eux-mêmes et qui précipitent les autres dans l'erreur : au contraire c'est ce qui les perd. « Les grands esprits, dit saint Augustin[4], les esprits subtils, *magna et acuta ingenia*, se sont jetés dans des erreurs d'autant plus grandes, que se fiant en leurs propres forces, ils ont marché avec plus de hardiesse : *In tantò majores errores ierunt, quantò præfidentiùs tanquàm suis viribus cucurrerunt.* » Il ne faut point les lier ni les renfermer comme vous dites : ce sont là des raisonnemens qui n'ont qu'une fausse lueur : il n'y a souvent qu'à les

---

[1] I *Tim.*, VI, 20. — [2] *Tit.*, III, 11. — [3] *Ibid.*, III, 9. — [4] *Ep.*, CLV, ol. LII, *ad Marced.*, n. 5.

laisser beaucoup écrire, et étaler les lumières de leur bel esprit, pour les voir bientôt, ou se perdre dans les nues et s'éblouir eux-mêmes comme les autres, ou se prendre dans les lacets de leur vaine dialectique.

Je le dis avec douleur, Dieu le sait : vous avez voulu raffiner sur la piété : vous n'avez trouvé digne de vous que Dieu beau en soi; la bonté par laquelle il descend à nous et nous fait remonter à lui, vous a paru un objet peu convenable aux parfaits, et vous avez décrié jusqu'à l'espérance; puisque sous le nom d'*amour pur*, vous avez établi le désespoir comme le plus parfait de tous les sacrifices, c'est du moins de cette erreur qu'on vous accuse: quiconque la voudra soutenir, ne se pourra soutenir lui-même ; il faut que lui-même il se choque en cent endroits, ou pour se défendre, ou pour se couvrir et cacher son foible : et vous venez dire : Prouvez-moi que je suis un insensé ; et quelquefois : Prouvez-moi que je suis de mauvaise foi ; sinon, ma seule réputation me met à couvert. Non, Monseigneur, la vérité ne le souffre pas : vous serez en votre cœur ce que vous voudrez ; mais nous ne pouvons vous juger que par vos paroles.

II.

Sur l'intérêt propre éternel.

Vous avez dit que « Dieu jaloux veut purifier l'amour en ne lui faisant voir aucune ressource pour son intérêt propre même éternel [1]. » Vous avez dit que « l'ame parfaite fait le sacrifice absolu de son intérêt propre pour l'éternité [2] : » croyez-vous en vérité que ces expressions soient indifférentes pour le quiétisme? Molinos a dit que « c'est à ne considérer rien, à ne désirer rien, à ne vouloir rien, que consiste la vie [3]. » Il a dit que « l'ame autrefois étoit affamée des biens du ciel, et qu'elle avoit soif de Dieu craignant de le perdre : » mais c'étoit *autrefois;* et maintenant, quand on est parfait, « on ne prend plus de part à la béatitude de ceux qui ont faim et soif de la justice. » De là sont nées

---

[1] *Max. des SS.*, p. 73. — [2] *Ibid.*, p 90. — [3] Voyez *Instr. sur les Etats d'Or.*, liv. III, .2.

ces propositions censurées par Innocent XI d'heureuse mémoire :
« L'ame ne doit penser ni à salut, ni à récompense, ni à punition, ni au paradis, ni à l'enfer, ni à la mort, ni à l'éternité [1].
Celui qui a donné son libre arbitre à Dieu ne doit plus être en souci d'aucune chose : ni de l'enfer, ni du paradis : il ne doit avoir aucun désir de sa propre perfection ni des vertus, etc. [2]. »
Madame Guyon que vous connoissez, dans son *Moyen court* que vous avez vous-même donné à tant de gens depuis qu'il est condamné, enseigne sur le même fondement de Molinos l'indifférence à tout bien [3] « ou de l'ame, ou du corps, ou du temps, ou de l'éternité; indifférence qui fait entrer l'ame dans les intérêts de la justice de Dieu, jusqu'à ne pouvoir vouloir autre chose, soit pour elle ou pour autre quelconque, que celui que cette divine justice lui vouloit donner pour le temps et pour l'éternité. » Voilà ce que disent les nouveaux mystiques, et c'est sur cela qu'ils fondent leur désintéressement.

Vous avez pris Dieu à témoin à la tête de la première lettre que vous m'écrivez, « que vous n'avez fait votre livre que pour confondre tout ce qui peut favoriser cette doctrine monstrueuse : » voilà vos propres paroles, « et Dieu, dites-vous, qui sera mon juge m'en est témoin. » Je vous demande après ces grands et terribles mots, si cette purification de l'amour jaloux, qui ne laisse *aucune ressource pour l'intérêt propre éternel* et qui sacrifie *son intérêt propre pour l'éternité*, est utile à confondre ou à établir ce désintéressement des faux mystiques que vous-même vous appelez monstrueux.

L'intérêt propre éternel, au simple son des paroles, est un intérêt qui dure toujours; y en a-t-il un autre que le salut? *L'intérêt propre pour l'éternité* est celui que nous trouverons sans fin avec Dieu : pourquoi falloit-il enseigner aux faux mystiques que vous vouliez confondre, qu'on pouvoit ou abandonner ou sacrifier cet intérêt, sans se laisser à soi-même aucune ressource?

Vous répondez : « Ai-je dit que cet intérêt subsiste dans l'éternité [4]? » Mais s'il ne subsiste pas dans l'éternité, pourquoi l'avez-

---

[1] *Prop.* VII. — [2] *Propos.* XII. — [3] *Instr. sur les Etats d'Or.*, liv. III, n. 4, 10, 12. — [4] 1re *Lett.*, p. 39.

vous appelé un *intérêt éternel?* « Mais ne voit-on pas clairement que l'intérêt éternel n'est que l'intérêt pour l'éternité? » Il est vrai, et c'est aussi ce qui nous convainc que cet intérêt, que l'on sacrifie pour l'éternité, est celui qui dure toujours : mais, ajoutez-vous, ne disons-nous pas « tous les jours que nos idées sont éternelles ? » ainsi l'intérêt propre éternel sera « un attachement naturel, par lequel on s'intéresse pour soi-même par rapport à cette éternité. » Tout cela n'est pas véritable ; jamais on n'a dit que nos idées, ni comme vous l'expliquez, *que nos pensées* fussent éternelles, encore que leur objet puisse être éternel. On dit bien que les idées sont éternelles, en parlant de celles de Dieu : on dit bien que Platon pose des idées éternelles, parce qu'en effet ce philosophe les suppose telles, ou en Dieu ou en elles-mêmes. Mais après tout, à quoi servent ces subtilités ? Si vous ne vouliez que confondre *le désintéressement monstrueux* des quiétistes, pourquoi le favoriser en leur montrant *un intérêt propre éternel* à sacrifier ? Que voulez-vous qu'on entende naturellement par l'*intérêt propre éternel?* est-on obligé de deviner le sens forcé autant que nouveau que vous attachez à ces paroles, ou de croire que ce qu'on quitte pour l'éternité, ne devoit pas être éternel ? n'aviez-vous point de terme plus propre pour confondre les quiétistes, ni de meilleur expédient contre leur doctrine, détestable selon vous-même, que celui d'entrer dans leurs pensées ? Car après tout, que veulent-ils autre chose, sinon que l'on sacrifie tout intérêt propre, jusqu'à celui qui est éternel, et qui nous rendra heureux dans l'éternité?

Mais, dites-vous, je me suis assez expliqué ailleurs. Dites plutôt que sans jamais vous être expliqué précisément, comme la suite le fera paroître, après vous être contredit, comme on vient de voir, sur ce qui est notre bien, notre récompense, notre bonheur ; et après avoir embrouillé par là, permettez-moi ces paroles qui sont les seules précises pour exprimer ma pensée, après, dis-je, avoir embrouillé ce que vous ne voulez pas taire, et ce que vous n'osez dire à découvert ; un petit mot, qui sort naturellement une et deux fois, fait sentir ce qu'on a dans le fond de l'ame, et ce qui fait tout l'essentiel d'un système.

C'est en vain que, pour dernière ressource, vous me dites que j'ai avoué dans Albert le Grand *l'intérêt propre éternel,* au sens que vous l'entendez [1]. « Vous avez reconnu vous-même, ce sont les paroles que vous m'adressez, dans les paroles de cet auteur un intérêt éternel qui ne subsiste point dans l'éternité : » moi, Monseigneur, je l'ai reconnu? vous marquez l'endroit à la marge, c'est à la page cxxxviii de ma préface que je vous ai fait cet aveu : qui ne le croiroit? Et cependant, permettez-moi de le dire, il n'est pas vrai : c'est tout le contraire, puisque j'ai dit en termes exprès à la page que vous citez, que selon Albert le Grand, « le parfait amour, qui est celui de la charité, ne cherche aucun intérêt, ni passager, ni éternel, pour y mettre sa fin dernière, comme l'ont expliqué tous les docteurs [2], » c'est-à-dire, comme vous voyez, qu'il ne s'arrête pas finalement, *ultimatè,* aux biens vraiment éternels que propose l'espérance chrétienne; mais qu'il les rapporte à la gloire de Dieu, qui est aussi le sentiment que j'avois montré dans tous les docteurs [3].

Voilà comme j'ai reconnu votre prétendu amour naturel, en le combattant. Vous ne cessez de m'imputer de pareilles choses auxquelles je ne songe pas, et il faudra bien dans la suite en remarquer quelques-unes. Au reste je n'empêche pas que vous ne tiriez d'Albert le Grand ce que vous voudrez; mais sans entrer à présent dans cette discussion, qui ne vous sera point avantageuse, il me suffit de vous dire qu'il faut bien que vous espériez peu de chose de cet auteur, puisque pour le faire valoir, vous feignez un consentement de mon côté en votre faveur contre mes propres paroles.

Voilà donc votre intérêt propre éternel, votre intérêt propre pour l'éternité, manifestement favorable aux quiétistes, que vous aviez, dites-vous, dessein de confondre. Passons outre. Vous apportez une solution surprenante à l'objection qu'on vous a faite, tirée de saint Anselme, de saint Bernard, de Scot, de Suarez, de Sylvius et des autres docteurs de l'École, sur l'intérêt propre. On vous a montré [4] que tous ces auteurs employoient ce terme

---

[1] IV⁰ *Lettre*, p. 21. — [2] *Préf. sur l'Instr. past.,* n. 103. — [3] *Ibid.,* n. 32 et suiv. — [4] *Préf.,* n. 74.

d'intérêt propre pour l'objet de l'espérance chrétienne, qui sans doute est surnaturel et un effet de la grace; par conséquent, qu'entendre par là une affection naturelle, c'étoit une hérésie formelle. A cela vous répondez seulement : « Mais à quoi servent ces grandes figures? Il ne s'agit ici ni de COMMODUM ni D'UTILITAS, dont ces auteurs ont parlé; il s'agit d'intérêt propre, qui est un terme françois qu'ils n'ont jamais employé [1]. Les scolastiques, ajoutez-vous, n'ont écrit qu'en latin; il est donc inutile de les citer sur un mot de notre langue. Ils n'ont donc jamais pu autoriser le terme d'*intérêt* pour signifier le salut même [2]. » Mais pourquoi donc alléguez-vous, pour le soutenir, Albert le Grand, qui n'a pas écrit en françois non plus que les autres? C'est, Monseigneur, que vous savez que les mots latins, surtout ceux qui sont consacrés par un usage si commun et si solennel, ont des termes qui leur répondent en françois parmi les théologiens qui écrivent en cette langue. Mais quel autre terme avoit notre langue pour signifier *commodum proprium*, que celui de *propre intérêt*? Pour moi, je n'en sais point d'autre, et j'avois pris la liberté de vous le représenter dans ma préface [3]. Bien plus, pour en venir aux auteurs françois, j'y ai produit saint François de Sales, qui suivant les notions de l'Ecole, a répété tant de fois que l'amour d'espérance, qui a notre bien et notre bonheur pour son objet propre et essentiel, « est vraiment amour, mais amour de convoitise et intéressé; » et après : « Notre intérêt y tient quelque lieu : » tout au contraire de la charité, « laquelle, dit ce Saint, est une amitié et non pas un amour intéressé, » parce que son principal objet est de regarder Dieu comme bon en soi, et non pas comme bon pour nous. D'où a-t-il pris ce mot d'*intérêt*, par où il établit la différence essentielle entre l'espérance et la charité, si ce n'est dans les notions de l'Ecole? Il a donc cru, comme tous les autres, que le langage latin de l'Ecole, en autorisant le *commodum* attribué à l'espérance chrétienne, autorisoit le terme françois d'*intérêt*, qui lui répond si précisément et sans aucune ambiguïté; autrement on pourroit dire de même que le concile de Nicée ni celui d'Ephèse n'ont pas autorisé le *Consub-*

[1] 1re *Lett*., p. 19. — [2] *Ibid.*, p. 31. — [3] *Préf.*, n. 42, 44.

stantiale ni le *Deipara* des Latins, parce qu'ils ont parlé grec. Que diriez-vous, Monseigneur, si je répondois à tant de passages que vous alléguez pour votre affection et intérêt naturel, que les auteurs que vous produisez ont écrit en latin, et que dès là on ne doit avoir aucun égard à leur autorité ? Vous me blâmeriez avec raison comme un chicaneur : et vous ne voulez pas qu'on s'étonne de vos vaines subtilités et des minuties où vous voulez réduire notre question ?

« Les seuls auteurs, dites-vous, qu'on peut consulter pour l'usage de ce terme françois sur les choses de piété, sont les auteurs de la vie spirituelle, les plus approuvés de l'Eglise, qui ont écrit en notre langue, ou qu'on a traduits en nos jours ; et c'est par les exemples tirés de ces auteurs que la question est pleinement décidée[1]. » Mais comment est-elle décidée, apportez-vous un seul exemple par où vous montriez que le terme d'*intérêt* ou d'*intérêt propre*, soit consacré dans notre langue à signifier une affection naturelle, délibérée et non vicieuse ? Vous n'en apportez pas un seul ; on vous en avoit pourtant prié[2] ; on s'étoit plaint que vous vouliez nous faire trouver de nouveaux mystères dans notre langue, qui nous étoient *inconnus*, quand vous disiez que l'affection naturelle, indélibérée et non vicieuse, chose qui est hors d'usage, et que vous avez tant de peine à nous faire entendre, avoit son terme consacré parmi les auteurs françois, dans celui d'*intérêt* ou d'*intérêt propre*. On vous avoit demandé : Mais qui a fixé ce langage ? quelque auteur a-t-il défini l'intérêt propre en ce sens ? » On vous avoit averti que le terme d'*intérêt* dans notre langue « étoit déterminé par le sujet, et devenoit ou bas ou relevé ou indifférent par ce rapport. » Il y a un noble intérêt, il y a un intérêt bas et sordide. On s'étoit plaint à vous-même que sur ces ambiguïtés du mot d'*intérêt,* sur lequel roule, de votre aveu propre, tout le système de votre livre ; en avouant que vous n'aviez rien expliqué, vous disiez pour toute réponse « que vous aviez supposé que tout le monde vous entendoit, et prendroit ce terme comme vous[3]. » Mais c'étoit très-mal supposé, puisqu'on vous montroit par vous-même que dans le livre des *Maximes des Saints,*

[1] Ire *Lett.*, p. 21. — [2] *Préf.*, n. 10, 44. — [3] Ire *Lett.*, p. 21.

vous aviez pris ce terme en deux divers sens, et que vous-même vous en demeuriez d'accord. C'est à quoi il falloit répondre : mais, Monseigneur, vous vous taisez. Pour toute réponse vous continuez à supposer ce qu'on vous conteste : et vous ne voudrez pas qu'on vous dise que ce n'est pas satisfaire aux doutes qu'on vous proposoit ; mais vouloir éblouir le monde par une feinte réponse, où vous laissez toujours à côté les objections décisives.

Vous direz peut-être que c'est donc ici tout au plus une dispute de mots ; mais cela n'est pas. Car, je vous prie, revenons à l'origine : vous ne faisiez votre livre que pour confondre les excès énormes des quiétistes : vous les aviez vus dans Molinos et dans madame Guyon : vous y aviez vu l'abandon et l'indifférence jusqu'à se désintéresser absolument pour le salut, en éteindre le désir et y renoncer ; si vous les vouliez combattre, falloit-il les favoriser en leur accordant tout ce qu'on vient de représenter sur l'intérêt propre éternel ? falloit-il induire à erreur tous les lecteurs, faute d'avoir voulu expliquer ce qui portoit dans les esprits un sens si pernicieux par sa propre et naturelle signification ? falloit-il imaginer dans notre langue des mystères que personne ne connoît parmi nous ? Ce sont là des mots, sans doute : car aussi s'explique-t-on autrement que par des mots ? Mais enfin en pouviez-vous trouver de plus forts pour autoriser le quiétisme dans votre livre des *Maximes* ? Et si l'on répond que vous vous êtes du moins assez expliqué dans votre *Instruction pastorale*, vous savez bien que non, puisque vous nous déclarez expressément dans vos lettres, que vous ne prétendez nullement vous rétracter. Ainsi vous voulez toujours laisser en honneur un livre, qui visiblement ne fait qu'envelopper le quiétisme ; pour ne pas dire, que votre *Instruction pastorale* ne fait qu'ajouter, non-seulement ambiguïté à ambiguïté, mais encore très-expressément erreur à erreur.

III.

De la persuasion réfléchie.

Permettez-moi de parler de même de votre persuasion réfléchie. « Vous dites que je n'oublie rien pour fortifier cette objection principale : vous avez soin, me dites-vous, d'arranger à votre mode mes paroles pour l'impression que vous désirez qu'elles fassent¹. » Pour moi je n'entends point toutes ces finesses, et je ne sais que prendre les mots dans leur signification simple et naturelle. J'ai rapporté ces paroles² : « L'ame est invinciblement persuadée qu'elle est réprouvée de Dieu ; » et ces autres où vous accordez que la *conviction est invincible*. Je dis que ces termes, *persuasion* et *conviction*, regardent naturellement l'esprit et la partie haute de l'ame. C'est autre chose de s'imaginer être roi, et autre chose d'en être convaincu : et les termes de *persuasion* et de *conviction* sont nés pour expliquer l'acquiescement de l'esprit. Quand on y ajoute que la persuasion comme la conviction est invincible, on les regarde comme l'effet d'une inévitable et certaine démonstration. Vous savez bien dire maintenant à toutes les pages, qu'on s'imagine sa perte éternelle : quand vous composiez votre livre, ignoriez-vous ces termes qui viennent si naturellement sur la langue, quand il s'agit d'exprimer les imaginations d'un cerveau mal affecté, de quelque côté que lui vienne cette impression ? Mais vous ne vous contentez pas d'employer les termes de *conviction* et de *persuasion*, qui sont ceux par où l'on explique le consentement de la partie raisonnable : vous y ajoutez que cette persuasion est *réfléchie :* que voulez-vous qu'on entende, sinon qu'elle est confirmée par la réflexion, et enfin qu'elle y est conforme ? Mais, dites-vous, « je n'ai jamais dit que cette persuasion consistât précisément dans les actes réfléchis de l'entendement, et c'est de quoi il est question ; si je l'ai nommée réfléchie, c'est seulement pour exprimer que les réflexions la causent par accident et en sont l'occasion : comme on dit qu'un homme sage et réglé a des plaisirs raisonnables, quoique les plaisirs soient par leur nature des sensations qui ne sont ni raisonnables, ni intellectuelles³. » Je ne sais comment il arrive que vos exemples se tournent tous contre vous. Ces plaisirs que vous appelez *raisonnables*, quoiqu'ils ne soient ni raisonnables ni intellectuels, sont réglés, sont commandés, sont du moins approuvés par la raison, la suivent et lui sont conformes ; ainsi vos convictions,

---

¹ Iʳᵉ *Lettr.*, p. 33. — ² *Préf.*, n. 16. — ³ Iʳᵉ *Lett.*, p. 34, 35.

vos persuasions sont conformes à la réflexion : elle les approuve ; et après tout, sans tant raffiner, n'aviez-vous point de meilleurs termes pour confondre ceux qui livrent les ames parfaites à leur désespoir par une invincible et convaincante persuasion, que d'y ajouter avec cela qu'elle est réfléchie? Je ne veux point encore vous presser par les autres malheureuses circonstances de cette conviction. Je ne vous dis pas qu'elle est suivie d'un sacrifice absolu, d'un acquiescement avec l'avis, raisonné sans doute et bien réfléchi, d'un directeur, à sa juste condamnation du côté de Dieu : je laisse à présent toutes ces choses. Je vous demande seulement à quoi servoit pour confondre les quiétistes, dont vous vouliez combattre les prodigieux excès, de dire que leur conviction, leur persuasion étoit réfléchie? par où vouliez-vous que l'on devinât que c'étoit à cause que les réflexions la *causent par accident et en sont l'occasion?* ne sentez-vous pas de combien de phrases ont besoin vos expressions, pour y couvrir et envelopper l'erreur qu'elles montrent? que ne parliez-vous naturellement? Quand vous avez dit que les ames contemplatives sont privées *de la vue sensible et réfléchie de Jésus-Christ*[1], vouliez-vous dire seulement que la réflexion *causoit cette vue par accident et qu'elle en étoit l'occasion,* ou bien que c'étoit un vrai acte réfléchi? On ne l'entend pas autrement; et à moins de donner la gêne à vos paroles, on ne pouvoit prendre en un autre sens votre conviction, votre persuasion réfléchie. Mais, dites-vous, j'avois assez expliqué que ces persuasions, ces convictions n'étoient pas intimes, mais apparentes. Ne voyez-vous pas que c'est là ce qui augmente la difficulté? Le malheureux Molinos et ses disciples que nous découvrons tous les jours, lorsqu'ils se livrent aux horreurs qu'on n'ose nommer, ne croient-ils pas que leurs crimes ne sont qu'apparens, et que leur consentement n'est pas intime? Cependant parce qu'ils agissent avec réflexion, vous ne pouvez vous empêcher de les condamner : pourquoi donc ne craignez-vous pas de leur préparer des excuses, et de poser les principes dont se tirent leurs détestables conséquences? On vous a fait cette réponse[2] sur vos expressions de *persuasion apparente* et non *intime :* pourquoi n'y

[1] *Max. des SS.*, p. 194. — [2] *Préf.*, n. 18. IIIe *Ecrit*, n. 23.

dites-vous rien dans vos quatre *Lettres*, si ce n'est à cause qu'elle est poussée jusqu'à la démonstration la plus évidente ?

IV.

Sur la bonne foi, et encore sur le terme de *réflexion*.

Vous accusez donc, direz-vous, ma bonne foi, si vous refusez de me croire sur l'explication de mes paroles. Je vous demande à mon tour : Prétendez-vous accuser ma bonne foi, quand vous dites si souvent dans une de vos réponses des plus sérieuses, « que les docteurs et les universités se doivent donner de garde d'un prélat, qui par un profond artifice, par des détours captieux, par des travaux souterrains, par de beaux semblans et des paroles flatteuses, machine la ruine entière des notions communes de l'Ecole [1] ? » En passant, est-ce là ce que vous appelez « ne répondre aux insultes que par des raisons [2] ? » Mais laissons ces traits d'esprit, si souvent répétés dans vos écrits, que vous appelez des raisons et non des insultes : laissons tous les airs de modération et de douceur qui ne sont que dans les paroles : ne perdons point le temps à nous accuser ni à nous défendre sur ces inutiles discours : daignez seulement penser en vous-même si vous prétendez accuser ma sincérité par tant d'artifices et de détours captieux que vous m'imputez. Pour moi, Monseigneur, si les choses sont véritables, je ne me plains point des paroles : et je conclus seulement que vous devez me faire la même justice sans vous fâcher, si je suis contraint de découvrir les sens forcés et insoutenables que vous donnez à vos expressions, laissant à Dieu le jugement de vos secrètes pensées.

Ce que je tâche de faire, c'est de n'entendre dans vos paroles que ce qu'elles portent pour ainsi dire sur le front. Vous vous sauvez, en disant que la conviction et la persuasion ne sont pas intimes, quoique invincibles. Mais qu'est-ce, selon vos principes, qui les empêche d'être intimes, sinon qu'elles sont réfléchies ? Voici vos paroles : « Une ame est invinciblement persuadée d'une persuasion réfléchie, et qui n'est pas le fond intime de la

---

[1] *Resp. ad Sum. Doct.*, p. 9, 12, etc. — [2] 1re *Lett.*, p. 4.

conscience, qu'elle est justement réprouvée de Dieu [1] : » vous le voyez, Monseigneur, ce qui l'empêche d'être *l'intime de la conscience*, c'est qu'elle est réfléchie. C'est vous-même qui dites encore que l'ame ne perd jamais l'espérance « dans la partie supérieure, c'est-à-dire dans ses actes directs et intimes [2]. » C'est donc vous qui définissez la partie supérieure par les actes qui ne sont pas réfléchis, qui sont ceux qu'on nomme directs, parce qu'ils vont tout droit à l'objet sans se retourner sur eux-mêmes. C'est vous encore qui dites ailleurs que « les actes réfléchis sont ceux qui se communiquent à l'imagination et aux sens, qu'on nomme *la partie inférieure*, pour les distinguer de cette opération directe et intime de l'entendement et de la volonté qu'on nomme *partie supérieure* [3]. » C'étoit donc la réflexion qui faisoit alors la partie basse de l'ame, dont les actes par conséquent n'étoient pas *le fond intime de la conscience*. Si vous vous êtes avisé depuis que c'étoit là une erreur également opposée à la théologie et à la philosophie; si vous avez reconnu dans votre *Instruction pastorale* que « la partie inférieure est incapable de réfléchir [4], » et que la réflexion est l'ouvrage de la raison même et de la plus haute partie de notre ame : on ne pouvoit pas deviner que vous changeriez d'avis, et on ne pouvoit excuser l'erreur qui excluoit de l'intime de la conscience ce qui étoit réfléchi.

On avoit donc découvert cette erreur énorme, qui vous faisoit joindre en même temps dans une même ame l'espérance et le désespoir : vous accordiez la première avec l'acte réfléchi qui faisoit succomber à l'autre : on pouvoit succomber de même à la tentation d'infidélité en gardant la foi; il n'étoit pas plus difficile d'accorder les autres vertus avec leur contraire, et cette funeste séparation de l'ame d'avec elle-même portée jusqu'à ces excès, malgré que vous en eussiez, laissoit tout Molinos en son entier.

V.

Sur la rétractation.

Encore un coup, Monseigneur, il ne sert de rien à l'Eglise que vous ayez renversé depuis, dans votre *Instruction pastorale*, les

[1] *Max. des SS.*, p. 87. — [2] *Ibid.*, p. 90. — [3] *Ibid.*, p. 122. — [4] *Inst. past.*, n. 15.

fondemens de votre livre des *Maximes des Saints*, puisque vous voulez toujours autoriser le livre où vous enseignez de si visibles erreurs. D'ailleurs on vous a fait voir que vos explications ne sont pas meilleures que votre texte [1], et tout le monde a bien remarqué que vous n'avez pas répondu à la centième partie des difficultés que je vous propose. On vous a fait voir aussi que même en vous rétractant, non-seulement vous ne voulez pas le faire paroître, mais encore que vous ne faites que changer d'erreur [2]. La plupart des partisans de vos sentimens refusent les explications de votre *Instruction pastorale*; et vous savez, Monseigneur, que parmi ceux qui, à quelque prix que ce soit, ont entrepris de vous soutenir, le nombre n'est pas petit de ceux qui estiment que vous vous êtes condamné vous-même en substituant à votre texte un sens si visiblement étranger. Vous savez aussi bien que nous, combien il est dangereux de recevoir ces sortes d'explications forcées qui corrompent la pureté de la foi, en donnant lieu aux théologiens de hasarder tout ce qui leur plaît, dans l'espérance de sauver tout par des distinctions. C'est, Monseigneur, l'état où vous nous mettez par vos intérêts éternels, par vos convictions et persuasions réfléchies, et par vos autres expressions semblables : et vous voudriez qu'on se tût dans de tels excès, ou qu'on les accusât mollement et avec de foibles paroles? Et quand on dit qu'en les relevant avec la force qu'exigeoit de nous un si grand besoin de l'Eglise, on n'a fait que prêter à la vérité les expressions qu'elle demande, vous vous plaignez qu'on vous persécute et qu'on vous opprime; Dieu jugera entre nous, et nous appelons à témoin le ciel et la terre.

VI.

Sur le sacrifice absolu, et sur les dernières épreuves.

Que dirons-nous maintenant, quand nous entrerons dans le sacrifice que vous nommez absolu? En voici le cas. Vous avouez qu'on offre à Dieu un sacrifice conditionnel, lorsqu'on lui dit : « Mon Dieu, si par impossible vous me vouliez condamner aux

[1] *Préf.*, p. II, n. 69. — [2] *Ibid.*

peines éternelles de l'enfer sans perdre votre amour, je ne vous en aimerois pas moins[1]. » Voilà selon vous le sacrifice conditionnel : et qu'est-ce encore selon vous que *le sacrifice absolu?* c'est lorsque le cas impossible *paroît possible et réel*[2]. Il s'agit donc précisément du même objet dans les deux sacrifices, avec cette seule différence, que ce qui paroît impossible dans le premier, paroît possible et réel dans l'autre. Mais enfin ce qui paroît maintenant réel, c'est ce qui auparavant paroissoit impossible : c'est donc précisément le même objet, le même salut éternel que l'on sacrifie, et vous ne pouvez échapper cette conséquence. On dira : Cela n'est pas clair : on peine un peu à l'entendre. Je suis fâché, Monseigneur, que vous ayez voulu mettre la piété dans des choses si alambiquées : mais enfin en les prenant comme il vous a plu de les proposer, on n'en peut pas démontrer plus certainement les contradictions.

Vous répondez cependant avec les mêmes subtilités, que « la persuasion est l'occasion et le fondement du sacrifice : mais que le sacrifice ne doit jamais tomber précisément sur l'objet de la persuasion[3]. » Sur quoi tombera-t-il donc? qu'est-ce qu'on croit maintenant réel, sinon ce qu'auparavant on avoit cru impossible? ce sont vos propres paroles. Mais qu'est-ce que jusqu'alors on avoit cru impossible? c'est que l'ame juste pût être privée de la vision de Dieu, et sujette à des peines éternelles? C'est donc là précisément ce qu'on croit réel : on sacrifie absolument son éternité bienheureuse : on consent véritablement à être privé de la présence de Dieu, et à souffrir les feux éternels : et avec cela on a l'espérance? quand est-ce qu'on se récriera, si on dissimule de telles erreurs?

Il ne sert de rien de répondre : « Cette accusation est affreuse : vous m'accusez d'avoir enseigné le désespoir, et de n'oser le dire; d'insinuer l'impiété, et de la désavouer ensuite pour la couvrir avec hypocrisie. Voilà sans doute un endroit où il faudroit m'accabler par mes propres paroles[4]. » Qui ne sent à tous ces détours qu'on est pressé par la vérité, et qu'on ne travaille qu'à la noyer

[1] *Max. des SS.*, p. 87. — [2] *Ibid.*, p. 90. — [3] I*re Lettr.*, p. 30. — [4] IV*e Lett.*, p. 26.

dans un déluge de grandes paroles? Voici celles de votre livre :
« On croit réel ce qu'on croyoit impossible ; » autrement : « Le cas
impossible paroît réel : » or ce qu'on croyoit impossible, c'est
qu'une ame juste fût privée de Dieu et soumise à des peines éternelles : voilà donc ce qu'à présent on croit réel, et ce qui compose le sacrifice absolu, qui par conséquent n'a point un autre
objet que le sacrifice conditionnel : « Cela est affreux, direz-vous;
c'est m'accuser d'enseigner le désespoir, et ne l'oser dire : d'insinuer l'impiété et de la désavouer : ce qui seroit une hypocrisie. »
Que vous dirai-je? est-ce ainsi encore une fois, qu'on se défend
contre un fait certain? Quoi qu'il en soit, il est vrai que vous vous
cachez à vous-même les excès de votre doctrine. Laissons les
termes odieux dont vous vous servez contre vous-même : si la
tache vous en paroît si honteuse, vous savez comment on l'efface : et par un aveu sincère de la vérité, vous nous ferez dire
avec joie ce que nous avons toujours désiré ; que votre erreur
n'étoit pas un dessein formé, mais un éblouissement de peu de
durée.

VII.

Sur la résignation et l'indifférence.

A cela vous n'avez aucune ressource, que d'en appeler toujours au père Surin ou même à saint François de Sales. Mais
avant que d'y être reçu, ne falloit-il pas vous purger d'avoir
tronqué les passages du père Surin, et d'en avoir ôté les mots
essentiels que j'ai remarqués dans ma *Préface*[1], et dans mon
Cinquième Ecrit[2] : et pour saint François de Sales, il falloit aussi
satisfaire à l'objection qu'on vous fait, que « le chapitre de la
résignation et de l'indifférence chrétienne, dont vous faites partout votre fondement, se tournent contre vous, dès qu'il est constant qu'elles ne regardent que les événemens de la vie et la
dispensation des consolations ou des sècheresses, sans avoir le
moindre rapport au salut, à la perfection, aux mérites, aux vertus, ni au désir naturel ou surnaturel que vous prétendez qu'on
peut avoir ou n'avoir pas de toutes ces choses[3]. »

[1] *Préf.*, n. 201. — [2] V° *Ecrit*, n. 14. — [3] *Avert.*, n. 27.

C'est ici qu'il falloit répondre par *oui* et par *non*, selon la méthode que vous proposez. Il auroit passé pour avoué que ni la résignation ni l'indifférence, dont vous faisiez votre fondement, sont inutiles à votre sujet ; et ainsi que vous ne faites qu'éblouir le monde par l'autorité d'un grand nom, quand vous alléguez saint François de Sales pour une résignation et pour une indifférence dont il est bien constant qu'il ne parle point.

Il en seroit arrivé autant, si vous étiez demeuré d'accord, comme on vous l'avoit proposé[1], que le Saint que vous citez tant, n'a jamais connu de charité que celle qui est une vraie amitié et un amour réciproque entre Dieu et l'homme : ce qui confond votre erreur quand vous voulez séparer si absolument des choses inséparables. Mais sans pointiller davantage et sans répéter de nouveau ce qu'on a dit cent et cent fois, les auteurs que vous ne cessez de citer comme ayant dit tout ce que vous dites, ont-ils dit qu'il ne restoit aucune ressource aux ames parfaites pour leur intérêt éternel? qu'on sacrifiât l'intérêt propre pour l'éternité? ont-ils dit que par un acte réfléchi on fût invinciblement persuadé, convaincu, de sa juste réprobation, de sa juste condamnation du côté de Dieu? ont-ils dit qu'il n'étoit plus question *de dire le dogme de la foi* à une ame outrée, *ni de raisonner avec elle, parce qu'elle est incapable de tout raisonnement*[2]? ont-ils dit qu'une ame sainte ait perdu *le culte raisonnable*, qui selon saint Paul[3], *accompagne le sacrifice de la nouvelle alliance : rationabile obsequium*? Si vous voulez qu'elle soit folle au pied de la lettre, cessez de nous la donner comme le modèle d'un amour qui se purifie dans les dernières épreuves : si vous lui laissez la raison, et la raison éclairée par la foi, ne la rendez pas *incapable* d'un sage raisonnement, ni des maximes de l'Évangile.

VIII.
Sur la parfaite sécurité de Moïse et de saint Paul dans les désirs qu'ils faisoient par impossible.

Pour entrer un peu dans le fond par les endroits les plus décisifs comme les plus clairs, j'ai encore une demande à vous faire.

---

[1] *Avert.*, n. 17. — [2] *Max. des SS.*, p. 88, 90, 91. — [3] *Rom.*, XII, 1.

Saint François de Sales et les autres, et pour aller à la source, Moïse et saint Paul, quand ils disoient; l'un : *Ou pardonnez à ce peuple, ou effacez-moi du livre de vie*[1]*;* et l'autre : *Je désirois d'être anathème pour mes frères*[2] : croyoient-ils, l'un qu'en effet il seroit anathème, et l'autre qu'il perdroit la vie éternelle? Croyoient-ils, comme dit saint Paul[3], que Dieu fût *injuste* et capable d'*oublier* leur justice ou leurs *bonnes œuvres?* ou qu'un Dieu si juste et si bon voulût sacrifier leur éternité au salut des Juifs? Répondez ce que vous voudrez : je ne me donne pas la liberté de vous demander par écrit un *oui* ou un *non* : ce ton de maître ne me convient pas : mais répondez-vous à vous-même; saint Augustin a-t-il tort de dire que Moïse étoit de côté-là en une pleine sécurité, *securus hoc dixit*[4]? N'en doit-on pas autant penser de saint Paul? Saint Chrysostome s'est-il trompé, en disant qu'il ne procédoit que par impossible, et que dans le fond de son ame il savoit bien que Dieu, loin de l'éloigner de sa présence, lui assuroit d'autant plus son éternelle union, qu'il sembloit en quelque façon l'abandonner pour l'amour de lui[5]? S'ils avoient cette assurance dans leur cœur; s'ils ne pouvoient pas ne la point avoir sans blasphémer : donc ils accordoient parfaitement dans le même acte l'abandon conditionnel et par impossible de l'éternité bienheureuse, avec l'espérance actuelle et le désir inséparable de la posséder.

Qu'ainsi ne soit, je demande encore si ce que Moïse et saint Paul ont sacrifié au salut de leurs frères selon l'interprétation de saint Chrysostome, étoit une chose que ces hommes divins désirassent ou non? S'ils ne la désiroient pas, le sacrifice étoit léger : si au contraire ils la désiroient de tout leur cœur, et que ce désir imprimé jusque dans leur fond fût invincible et inaltérable, que devient ce raisonnement que vous tournez en cent manières différentes? « Comment peut-on, par le désir de la béatitude, désirer de pouvoir renoncer à la béatitude même[6]? » Ne sentez-vous pas l'équivoque, et qu'en effet on ne peut jamais véritable-

---

[1] *Exod.*, XXXII, 32. — [2] *Rom.*, IX, 3. — [3] *Hebr.*, VI, 10. — [4] *Q. in Exod.*, lib. III, q. 147. Serm. LXXXVIII, n. 24. *Préf.*, n. 147 — [5] Chrys. Hom. X *in Ep. ad Rom.* — [6] III⁰ *Lett.*, p. 14.

ment et absolument désirer de pouvoir ce qui répugne, comme on va voir, à la nature de la volonté? Il ne faut donc point tant chimériser, et encore moins faire consister la piété dans ces chimères.

IX.

Principes de saint Augustin sur la béatitude naturelle et surnaturelle.

Voici le principe inébranlable de saint Augustin [1], que personne ne révoqua jamais en doute : la chose du monde la plus véritable, la mieux entendue, la plus éclaircie, la plus constante : *tam illa perspecta, tam examinata, tam eliquata, tam certa sententia* : c'est non-seulement qu'on veut être heureux, mais encore qu'on ne veut que cela, et qu'on veut tout pour cela : *Quòd omnes homines beati esse volunt, idque unum ardentissimo amore appetunt, et propter hoc cœtera quæcumque appetunt.* C'est, dit-il, ce que crie la vérité, c'est à quoi nous force la nature : *hoc veritas clamat, ad hoc natura compellit :* c'est ce qui ne peut nous être donné que par le seul Créateur : *Creator indidit hoc.* Ainsi quel que soit cet acte où l'on suppose qu'on voudroit pouvoir renoncer à la béatitude, si c'est un acte humain et véritable, on ne le peut faire que pour être heureux : ou le principe de saint Augustin est faux ; ou on l'emporte contre la nature, contre la vérité, contre Dieu même.

Mais il parle, dites-vous sans cesse [2], d'un instinct *aveugle*. Point du tout : écoutez-le bien : on ne peut pas, dit ce Père, désirer ce qu'on ne sait point : *Nec quisquam potest appetere, quod omninò quid vel quale sit nescit :* on ne peut pas ignorer ce qu'on sait qu'on veut ; et puisqu'on sait qu'on veut la vie bienheureuse : *Nec potest nescire quid sit, quod velle se scit ;* il s'ensuit que tout le monde connoît la vie bienheureuse : *sequitur ut omnes beatam vitam sciant.*

Vous répondez partout que cela est vrai de la béatitude naturelle, et non pas de la béatitude surnaturelle : mais qu'importe, puisqu'il demeure toujours véritable, selon le principe de saint

---

[1] *De Trinit.*, lib. XIII, cap. VIII, n. 11. — [2] Ire *Lett.*, p. 14, IIe *Lettr.*, p. 15, 16, etc.

Augustin, qu'on ne peut se désintéresser jusqu'au point de perdre dans un seul acte, quel qu'il soit, la volonté d'être heureux, pour laquelle on veut toutes choses? Saint Augustin passe plus outre : et comme il est impossible selon la nature de rien vouloir sans le vouloir pour être heureux, il est autant impossible à la charité de rien vouloir que pour jouir de Dieu, puisque la définition de la charité « c'est d'être un mouvement pour en jouir, et en jouir pour lui-même : *motus animi ad fruendum Deo propter ipsum*[1]. »

Vous vous tourmentez pour nous faire accroire que ce n'est pas la charité proprement dite que saint Augustin veut ainsi définir[2] : vous errez; vous ne pouvez soutenir cette réponse, puisque vous ajoutez aussitôt après que ce mot *frui propter se*, jouir de Dieu pour l'amour de lui, exclut tout égard vers nous. Mais saint Augustin retombe sur vous en vous disant : « Point du tout : au contraire, Dieu veut que nous l'aimions, non par le désir qu'il a d'avoir de nous quelque chose, mais afin que ceux qui l'aiment reçoivent de lui le bien et la récompense éternelle, qui n'est autre que celui qu'ils aiment : *Non ut sibi aliquid, sed ut eis qui diligunt æternum præmium conferatur, hoc est ipse quem diligunt*[3]. » Tel est donc le dessein de Dieu quand il nous inspire la charité : telle est sa fin, à laquelle si nous manquons à nous conformer dans quelque acte que ce soit, la charité n'y est pas.

Cent passages de saint Augustin prouveroient cette vérité : vous le savez; mais que serviroit de vous prouver ce que vous avouez vous-même? C'est vous-même qui nous assurez qu'on ne « doit jamais être indifférent et sans désir sur le salut éternel[4]. » Si l'on n'est jamais *sans ce désir*, on l'a toujours, on l'a en tout acte; et un peu après : « On n'a qu'à lire ce que j'ai dit de la nécessité où nous sommes de nous aimer toujours nous-mêmes : » *toujours;* c'est donc en tout acte, comme disoit saint Augustin; et après : « Peut-on s'aimer sans se désirer le souverain bien qui est l'unique nécessaire? » et ailleurs : « Saint Augustin suppose dans l'homme une tendance continuelle à sa béatitude qui est la

---

[1] *De Doctr. christ.*, lib. III, cap. x. n. 16. — [2] *Resp. ad Sum.*, p. 32, 33 — [3] *De Doctr. christ.*, lib. I, cap. XXIX, n. 30. — [4] *Instr. past.*, n. 11.

IX. PRINCIPES DE S. AUGUSTIN SUR LA BÉATITUDE.

jouissance de Dieu : et vous ajoutez qu'on n'en doit jamais disconvenir [1]. » Dites tant qu'il vous plaira, que c'est là une tendance indélibérée ; elle en est donc d'autant plus inévitable. Vous la supposez continuelle, elle ne cesse donc dans aucun acte. Cette tendance continuelle selon vous est une tendance à la jouissance de Dieu, au seul nécessaire, prenez-le comme vous voudrez : ou votre discours n'a aucun sens, ou c'est un point fixe qu'il n'est non plus possible à la charité de n'avoir point le désir de jouir de Dieu, qu'à la nature de ne pas vouloir être bienheureuse, continuellement, en tout acte, sans interruption.

Ainsi vous vous combattez vous-même dans l'explication que vous donnez à vos suppositions impossibles. Vous supposez « qu'on y veut pouvoir renoncer à la béatitude [2] : » Mais comment concevez-vous qu'on veuille pouvoir ce qu'on sent dans cet acte même qu'on ne peut pas, et ce qui répugne à l'essence de la volonté par la nature, et à l'essence de la charité par la grâce ? Moïse, saint Paul, saint François de Sales, tous ceux qui ont jamais fait les suppositions impossibles dont vous tirez de si fausses conséquences, ont su tous en les faisant qu'elles étoient impossibles : ils les ont faites dans une pleine sécurité qu'il n'en seroit rien : *securus hoc dixit*. Malgré que vous en ayez, c'étoient là de pieux excès, comme les appelle saint Chrysostome [3] : vous ne deviez pas avoir oublié que saint Paul a confessé qu'il en avoit souvent de tels : *Sive mente excedimus, Deo* : ni que David a reconnu de tels excès : *Ego dixi in excessu meo*. Je ne parle point ici des amoureuses extravagances, de l'ivresse, des sages folies que saint Bernard [4] et tant d'autres attribuent à la sainte Epouse : qu'un saint abbé de son temps attribue à Moïse et à saint Paul sans craindre de les offenser : « *Audi sanctam insaniam : Dele me de libro vitæ : audi Pauli insaniam : Optabam anathema esse* [5]. Ecoutez une sainte folie : Effacez-moi du livre de vie : écoutez la folie de saint Paul : Je désirois d'être anathème : telle étoit, continue-t-il, l'ivresse des apôtres après la descente du Saint-Es-

---

[1] *Inst. past.*, n. 20. — [2] IIIe *Lett.*, p. 14. — [3] *Homil.* XV et XVI *ad Rom.* — [4] *In Cant. serm.* VII, LXXIII, LXXIX, etc. — [5] Guill. S. Theol., *de Nat. et dign. amoris*, cap. III, n. 6; *int. Op.* S. Bern.

prit. » Il ne vous étoit pas permis d'oublier ces grands témoignages, pour me reprocher cent fois d'avoir admis de pieux excès ou d'amoureuses folies. De tels actes sont grands ou méritoires ; grands, parce qu'ils ne conviennent qu'aux plus grandes ames : méritoires, puisqu'ils partent d'une charité si grande, et pour ainsi dire si excessive, qu'elle ne peut être expliquée que par ces excès. Ne raffinez plus sur le mot de *velléité*, dont je ne me sers après Photius, que pour faire voir que les actes dont il s'agit n'ont rien de régulier, ni d'achevé ou de complet en qualité d'actes, puisqu'on ne peut jamais les avoir ni les exercer, sans d'un côté paroître exclure la béatitude, et de l'autre la renfermer en effet. Défaites-vous donc, je vous en conjure, de ces vains raisonnemens : « On peut bien désirer la possibilité d'une chose impossible en d'autres matières : mais désirer de vouloir ce qu'il est absolument impossible, même de vouloir, ni de désirer de vouloir en aucun sens, ce n'est rien vouloir, c'est extravaguer[1]. » Ce n'est pas ainsi qu'il faut entendre les excès et les transports. Quand on veut vouloir l'impossible connu comme tel, on veut vouloir en effet des contradictions inexplicables : en cela vous avez raison : mais quand vous voulez trouver dans de tels actes la séparation de la charité d'avec le désir d'union, et d'avec la béatitude ; vous combattez saint Augustin ; vous combattez tout ensemble et la nature et la grace ; vous combattez ceux que vous louez, c'est-à-dire saint Paul et Moïse, qui savoient bien qu'ils proposoient l'impossible : qui sacrifiant s'il eût pu se faire ce qu'ils désiroient, le désiroient dans le temps et dans l'acte même où ils le sacrifioient. Vous vous combattez vous-même, et vous ne voulez qu'éblouir le monde ; ce qu'apparemment vous ne voudriez pas si vous ne vous étiez ébloui vous-même le premier, par votre spécieuse dialectique.

X.

Sur les interprétations de saint Grégoire de Nazianze et de saint Chrysostome.

Au surplus il faut toujours vous souvenir qu'on ne vous accorde, ni que saint Jean Chrysostome ait cru que saint Paul pré-

[1] III° *Lett.*, p. 14.

tendît être séparé de Dieu et de Jésus-Christ, ni que tous les autres Pères fussent d'accord avec lui de la séparation qu'il admettoit. On vous a fait voir que saint Paul en suivant même l'interprétation de saint Chrysostome, désiroit dans son anathème d'être séparé, « non pas de la compagnie du Père céleste, mais des biens qui l'accompagnent¹ : il vouloit, il attendoit cette compagnie : συνουσίαν² : il désiroit Jésus-Christ, » c'est-à-dire de le posséder. Vous dites que ces paroles sont contraires à celles de saint Paul. Ce sont pourtant celles que saint Chrysostome attribue à cet Apôtre. Vous vous trompez donc manifestement de faire avouer à saint Chrysostome que saint Paul voulût souffrir « loin de Dieu toutes les peines de l'enfer³. » Saint Paul ne désiroit pas d'être loin de Dieu, puisqu'il en attendoit la compagnie, συνουσίαν. Il n'avoit garde de consentir, comme vous dites, « à souffrir toutes les peines de l'enfer, » puisque parmi ces peines, les plus douloureuses et les plus extrêmes sont celles qui suivent la privation de l'amour, auquel c'est un blasphème de faire renoncer saint Paul. Ainsi vous excédez en tout. La privation dont parle saint Chrysostome regardoit certaines choses extérieures, que ce Père n'explique pas non plus que l'Apôtre : d'ailleurs il est bien certain que saint Chrysostome ne connoissoit point ce sacrifice absolu que vous enseignez, où l'impossible devenoit réel : on vous a dit toutes ces choses⁴, sans que vous ayez seulement tenté de répondre aux plus décisives ; et vous allez devant vous, comme si des réponses si graves n'avoient pas dû vous arrêter tout court.

Quant à l'autre partie de la réponse, qui consistoit à vous dire que tous les Pères n'étoient pas du sentiment de saint Chrysostome, pas même en le réduisant au point qu'on vient de voir : vous faites semblant d'y répondre, mais c'est toujours en dissimulant la difficulté. On vous avoit représenté que vous abusiez de saint Grégoire de Nazianze⁵, puisqu'au lieu qu'il avoit dit « que saint Paul avoit voulu souffrir quelque chose comme un impie, vous aviez supprimé ce mot *quelque chose* qui fait tout

---

¹ *Hom.* XV *ad Rom.* — ² *Ibid.*, *Hom.* XVI ; ubi sup. — ³ *Max. des SS.*, p. 27. — ⁴ *Préf.*, n. 148, 149, 150, 151. — ⁵ *Préf.*, n. 146. *Inst. past.*, n. 20. Greg. Naz., *orat.* I, p. 24.

le dénouement. » Mais, dites-vous, « ne voyez-vous pas que τὶ (quelque chose) n'est qu'un terme indéfini et suspendu, qui ne signifie qu'en tant qu'il est déterminé par la suite? Mais la suite, continuez-vous, le détermine à mon sens. C'est que saint Paul veut souffrir quelque chose comme un impie[1]. » Voilà votre réponse et vos propres mots. Quand votre conséquence seroit légitime, vous étoit-il permis de supprimer dans la version le mot d'où la solution dépendoit? Mais d'ailleurs on vous a fait voir que souffrir quelque chose *comme un impie*, n'étoit pas la peine éternelle : que Jésus-Christ avoit été condamné *comme un impie*, puisqu'il avoit été condamné pour s'être fait Dieu et fils de Dieu, ce qu'on vouloit qu'il ne fût pas : qu'aussi le pontife en le condamnant, s'étoit écrié : *Il a blasphémé*, et avoit déchiré ses vêtemens, comme frappé de l'horreur d'une impiété manifeste : qu'il avoit été rangé parmi les scélérats, comme porte l'Evangile[2] après Isaïe ; que c'étoit en cette manière, selon saint Grégoire de Nazianze après saint Paul[3], qu'il avoit été pour nous exécration et malédiction, *maledictum :* que si c'étoit peu de chose à un apôtre de souffrir la mort, on ne pouvoit pas compter pour peu de chose d'être en exécration avec Jésus-Christ crucifié comme un scélérat et comme un blasphémateur : que saint Jérôme avoit manifestement pris ce sens de saint Grégoire de Nazianze, en disant : *Pro fratrum salute anathema esse cupit ; imitari volens Dominum suum, qui pro nobis factus est maledictio*[4] : il désire d'être anathème pour ses frères, voulant imiter Jésus-Christ, qui n'étant point malédiction, a été fait malédiction pour nous. On vous a dit toutes ces choses[5] : on a prévenu toutes vos objections : cependant vous voulez toujours penser que saint Grégoire de Nazianze est dans votre sens : comme si dans le cas que vous supposez qu'il eût voulu exprimer les peines éternelles, il n'eût rien eu de plus fort pour les faire entendre que le désir de souffrir *quelque chose*, en y ajoutant même de le souffrir comme impie et comme condamné aux derniers supplices en cette qua-

---

[1] IIIe *Lett.*, p. 17. — [2] *Marc*, xv, 28. *Luc*, xxii, 37. — [3] *Gal.*, iii, 13. *Greg. Naz.*, orat xxxvi. — [4] *In Zach.*, lib. III, cap. xiv, ad ỳ. 31. — [5] *Préf.*, n. 146.

lité : pendant qu'on voit au contraire qu'il ne s'est servi d'un terme qui seroit si foible pour exprimer les éternelles rigueurs de l'enfer, que pour en ôter l'idée.

XI.

Embrouillement de questions inutiles.

Vos questions sur cette matière m'étonnent. « La supposition qu'on nomme impossible ne l'est pas, dites-vous, à la rigueur : Dieu ne doit rien à personne : il ne doit en rigueur ni la persévérance à la mort, ni la vie éternelle après la mort. Il ne doit pas même à notre ame de la faire exister après cette vie : il pourroit la laisser retomber dans son néant comme par son propre poids [1]. » Il pourroit réduire les hommes à l'état de pure nature, où ils seroient sans aucune destination à la vie éternelle ; il les pourroit réduire au-dessous même de cet état en faisant les ames mortelles : il auroit pu nous créer comme les païens, comme un Socrate, comme un Epictète, comme un Epicure, comme cent autres qui sont morts ou pour la vertu ou pour la patrie, ou même pour se dérober à une douleur insupportable, sans se proposer une éternelle béatitude : ajoutez si vous voulez : Dieu pourroit envoyer une ame juste et sainte dans les supplices éternels, et la rendre malheureuse : il pourroit du moins pendant qu'elle seroit en état de grace, lui révéler sa réprobation : devroit-elle pour cela cesser d'aimer ? Voilà de quoi vous remplissez maintenant vos livres, et où vous paroissez avoir mis la défense de votre cause. Mais à quoi servent ces vaines demandes, si ce n'est à faire perdre de vue le point de la question ? Tout se résout en un seul mot. Moïse et saint Paul formoient leurs désirs par impossible sur l'état présent où Dieu nous avoit mis par Jésus-Christ ; c'est de Jésus-Christ que saint Paul vouloit être anathème : *anathema à Christo :* c'est du livre de la vie éternelle que Moïse vouloit être exclus dans l'interprétation que vous suivez. Ils ne songeoient ni à l'état de pure nature, ni à celui où une

[1] *Max. des SS.*, p. 85, 86. *Opposit.*, p. 14, 15, 16, 17, 29, etc. *Lett. II à M. de Paris*, p. 26, 27. *Lett. III*, p. 5, etc. IIe *Lett. à M. de Meaux*, p. 38. IIIe *Lett.*, p. 9, 10.

ame *immortelle de sa nature,* comme l'appelle saint Augustin, retomberoit dans le néant *de son propre poids* : ils songeoient encore moins à l'état où étoit un Socrate, un Epictète, un Marc-Aurèle, « sans testament, sans promesses, sans Christ en ce monde : » ils songeoient encore moins à l'état où Dieu leur eût révélé leur damnation. Si selon vous, pour faire un acte d'amour pur, il faut retourner en esprit à tous ces états, la première chose qu'il faudra faire sera d'oublier qu'on a un Sauveur. Il faudroit même oublier qu'on a un Dieu qui gouverne les choses humaines ; qui connoît dans le fond des cœurs si on l'aime ou non ; qui punit et qui récompense : il faudroit, dans le temps qu'on aime Dieu, séparer de lui tous ces attributs, le regarder comme un Dieu qui ne sait et ne fait ni bien ni mal, qu'il faudroit servir néanmoins à cause de l'excellence de sa nature parfaite, comme disoient les Epicuriens chez Diogène Laërce. Il faudroit même le mettre au-dessous du dieu d'Epicure, puisque celui-ci non content de sa parfaite indifférence pour le bien et pour le mal, « prendroit plaisir selon vous à rendre éternellement malheureux ceux-là mêmes qui l'aimeroient [1] : » voilà toutes les questions, ou métaphysiques, ou raffinées au-dessus de toute métaphysique, par où il faudroit faire passer une ame simple pour produire un acte de pur amour. Quoique toutes ces choses soient impossibles, ou absolument, ou du moins dans l'état présent où nous sommes ; il les faudroit supposer pour ne fonder son amour que sur la perfection de Dieu, en oubliant tout le rapport qu'il veut bien avoir avec nous. Car encore qu'on reconnoisse que ces choses ne se peuvent pas séparer réellement surtout dans l'état présent, la perfection, Monseigneur, où vous aspirez par ces suppositions, c'est d'en séparer les motifs, du moins dans l'acte d'amour où l'on fait ces suppositions, en sorte non-seulement qu'on n'y songe point à vouloir s'unir avec Dieu ; mais encore que l'on conclue qu'il ne sert de rien pour aimer, d'avoir un Dieu bienfaisant en tant de manières, ni d'avoir un Christ en qui il nous a donné toutes choses : plus on pourra éloigner de la pensée ces vérités de la foi, plus l'amour sera désintéressé et pur : et si l'on pouvoit tout

[1] *Max. des SS.*, p. II.

oublier excepté seulement qu'on est, sans penser même qu'on est chrétien, ce seroit le comble de la perfection, puisqu'alors les bienfaits de Dieu passés, présens et futurs n'entreroient en aucune sorte dans notre amour. Que si cet oubli est un crime, si le seul exemple de saint Paul nous démontre que le souvenir de Jésus et de Christ ne peut être trop continu et trop vif, c'est une erreur trop insupportable de mettre la perfection à séparer ces motifs, quoique seconds, d'avec les premiers, et d'en former l'habitude. Voilà néanmoins où vous induisez les ames prétendues parfaites : voilà de quoi vous les nourrissez : voilà maintenant où vous mettez le fort de la dispute, et ce sont de ces questions que vous voudriez pouvoir occuper l'Eglise romaine.

Qu'on ne croie point que ce soit ici de vaines exagérations. Avouez que, selon vos principes, l'état le plus parfait de l'amour est d'en séparer tous les motifs qu'on vient de voir : moins ces motifs influeront dans l'amour, plus il sera parfait et pur : il seroit donc à souhaiter qu'on les oubliât, afin qu'ils n'eussent non plus d'influence que s'ils n'étoient point. Vous ne sauriez remédier à cette funeste conséquence, qu'en supposant avec moi contre vos principes, que dans toutes les suppositions impossibles, à quelque excès qu'on les porte, on ressent en sa conscience qu'il n'en est rien : qu'il n'en peut rien être : qu'on est dans une parfaite et entière sécurité au fond de son cœur contre toutes ces suppositions, et que ce seroit une erreur impie et un vrai désespoir de n'y être pas : d'où il s'ensuit, comme on vient de voir, qu'on ne cesse jamais dans le fond de vouloir être avec Jésus-Christ, dans les actes mêmes où l'on souhaiteroit d'en être anathème par supposition impossible et ressentie comme telle.

XII.

Sur la résolution terrible attribuée à saint François de Sales, et sur la réponse de mort.

Si vous m'objectez après cela, comme vous faites sans cesse : Que devient donc *la conviction apparente*, que devient *l'impression involontaire* de désespoir et cette *terrible résolution* que j'approuve qu'on ait attribuée à saint François de Sales¹ ? Avant, Monseigneur, que de me faire ces demandes, commencez par vous accorder vous-même avec la vérité : reconnoissez que prendre les choses au sens que vous les prenez dans ce Saint, c'est en faire non-seulement un désespéré, mais encore un hérétique et un impie : c'est, dis-je, en faire un impie et un désespéré, que de lui attribuer la moindre croyance, que ces suppositions impossibles fussent véritables. Je vous ai dit plus d'une fois² que si vous n'eussiez mis que dans une imagination affectée et mélancolique, telle que le Saint la reconnoît en lui-même durant cet état, une impression involontaire de désespoir, je ne vous en aurois jamais repris : car l'imagination peut être livrée à cette espèce de maladie : mais que de la mettre, comme vous faites, dans un acte réfléchi, et de l'y mettre invincible : d'y mettre un sacrifice absolu, et un acquiescement à sa juste condamnation de la part de Dieu ; en quelque sens qu'on le mette dans la partie haute de l'ame, et qui seule peut offrir à Dieu ce qu'on appelle un sacrifice, c'est y mettre un vrai désespoir. Pour la conviction *apparente*, n'en parlons jamais : c'est vous seul qui l'admettez : c'est votre erreur, qu'il faudroit non point excuser par de nouveaux embarras, mais désavouer nettement, si vous vouliez édifier l'Eglise. Quant à la *terrible résolution* que vous ne pouvez trouver sans ce *sacrifice absolu de l'amour naturel et délibéré de la béatitude formelle* ³, on ne comprend rien dans ce vain amas de paroles ; vous devriez montrer que le Saint, que vous appelez en témoignage, ait jamais parlé d'un tel sacrifice, ou que quelque autre s'en soit servi ; autrement nous rejetterons votre sentiment par le seul titre de sa nouveauté.

Pour nous, sans nous jeter dans le labyrinthe où vous vous perdez, nous vous disons nettement en quoi consistoit cette résolution terrible, qu'ont supposée dans le Saint les écrivains de sa vie ; il est terrible en effet d'avoir toujours à combattre une noire mélancolie, qui ne vous met dans la fantaisie que damnation, sans qu'on croie pouvoir s'en défaire. Quelque assurance qu'on

---

¹ Ire *Lett. à M. de Meaux*, p. 31. IVe *Lett.*, p. 37. — ² *Préf.*, n. 17. IIIe *Ecrit*, n. 13 et 14. — ³ Ire *Lett.*, p. 32.

ait au dedans qu'on suppose faux, en supposant qu'on cesse d'aimer en l'autre vie, sans avoir cessé d'aimer en celle-ci, il ne laisse pas d'être terrible de se laisser infester l'imagination de cette funeste image de sa perte. Dans cet état importun, dans une tentation si opiniâtre, c'est une foible consolation d'être obligé pour s'en délivrer, d'en venir jusqu'à dire : Pourquoi me troublez-vous, mon ame? Folle et aveugle imagination, qui semblez me devoir tourmenter sans fin, quand ce que je sens non-seulement impossible, mais encore insensé, seroit véritable, ce qui n'est ni ne peut être, il faudroit toujours aimer Dieu jusqu'à la fin de sa vie. Cet état est pénible, je l'avoue : mais aussi reconnoissez qu'il n'y a point là de sacrifice absolu : il n'y a point d'acquiescement à sa juste condamnation de la part de Dieu; et sans enseigner ces excès si pernicieux en eux-mêmes, et qui couvrent des conséquences encore plus pernicieuses, on a parfaitement expliqué tout ce qui regarde saint François de Sales.

Mais quand vous me faites dire [1] que la réponse *de mort* qu'il portoit empreinte en lui-même, étoit une réponse de mort éternelle, permettez-moi de le dire, puisque la vérité m'y contraint; vous m'imposez manifestement; quand je l'aurois dit cent fois, cent fois il faudroit me dédire et effacer ce blasphème avec un torrent de larmes. Mais vous me justifiez vous-même : vous ne niez pas ce que porte mon *Troisième Ecrit* [2], que la réponse de mort dans le passage de saint Paul dont je me sers, ne regarde que la mort temporelle : la chose est claire. Vous avouez qu'en effet le Saint étoit en cet état, et qu'il croyoit à chaque moment aller mourir de mort subite : c'est lui-même qui le raconte, et j'en ai rapporté les *Lettres* [3], que vous avez reconnues : j'ai donc trouvé au pied de la lettre la réponse de mort assurée, sans être complice de vos erreurs, et il n'y a qu'à relire mon *Troisième Ecrit*, pour en voir la conviction en moins d'un quart d'heure.

[1] IVe *Lett. à M. de Meaux*, p. 37. — [2] *Div. Ecrits ou Mém.* IIIe *Ecrit*, n. 22. — [3] *Ibid.*, n. 15 et 16.

XIII.

Sur le sacrifice absolu de l'amour naturel.

Vous avez peine à souffrir que je trouve si peu terrible le sacrifice d'un amour naturel : et « quoi ? me dites-vous, comptez-vous pour rien tous les sacrifices qui ne tombent que sur nos affections naturelles ? qu'est-ce donc qu'on peut sacrifier à Dieu de plus douloureux, et qui coupe plus dans le vif, que la suppression de tous nos désirs naturels ? Si le sacrifice de l'amitié pour un père, pour un époux, pour un ami, est si douloureux ; si celui de certaines consolations passagères est si amer et si terrible, que devons-nous penser de celui d'un attachement naturel et innocent à la consolation qu'on tire d'un bonheur suprême [1] ? » Voilà du moins votre objection dans toute sa force, et par vos propres paroles. Vous prouvez, Monseigneur, parfaitement par un discours si poli, que vous êtes riche en expressions et en éloquence ; mais pour l'état de la question, à ce coup visiblement vous le détournez : car le voici tout entier dans l'un des endroits que vous rapportez de ma préface [2]. Vous croyez que ce sacrifice d'amour naturel est celui que saint Grégoire de Nazianze trouvoit si grand et si hardi dans saint Paul. Mais, vous ai-je dit, « c'est justement le contraire qu'il faudroit conclure, puisqu'il n'y a rien de moins étonnant ni de moins hardi pour un saint Paul, que de rejeter un désir naturel de la récompense éternelle. C'est sans doute la moindre chose que les hommes les plus vulgaires puissent sacrifier au salut de leurs frères, et la moindre chose aussi que les fidèles pussent présumer d'un si grand Apôtre [3]. » Le raisonnement est démonstratif. Saint Paul étoit parfait entre les parfaits, lorsqu'il désiroit d'être anathème pour ses frères ; et quand vous auriez montré qu'il eût jamais eu besoin de cet amour naturel autant qu'innocent de l'éternelle béatitude, dont nous ne voyons dans ses écrits aucun vestige ; puisqu'il ne convient selon vous qu'aux imparfaits, il y avoit longtemps que le sacrifice en étoit fait par cet Apôtre : ainsi, selon vous-même, il ne pouvoit plus

---

[1] 1re *Lett.*, p. 35. — [2] 1re *Lett.*, p. 36. *Préf.*, n. 152. — [3] *Ibid.*

s'agir de ce sacrifice. J'en dis autant de Moïse, qui sans doute étoit sorti de l'état d'imperfection, lorsqu'en figure de Jésus-Christ il fut le médiateur entre Dieu et le peuple, et qu'il dit : Ou pardonnez-leur, ou effacez-moi du livre de vie. Que servoit alors l'amour naturel de l'éternelle béatitude, à des hommes à qui la foi la rendoit d'ailleurs si présente et si familière, et qui devoient être si fort au-dessus même des petites douceurs, des petites consolations de la dévotion sensible? Concluez donc, si vous voulez, contre saint Grégoire de Nazianze avec saint Chrysostome, que c'étoit à la gloire même éternelle dans un certain sens, que songeoit saint Paul, par supposition impossible : et que c'étoit là un excès d'amour digne d'un apôtre, puisqu'on ne pouvoit l'exprimer que par une si forte exagération. Dites-en autant de Moïse, je suis avec vous; mais de nous figurer tant de perfection à sacrifier un amour naturel de la béatitude, dont personne n'a jamais senti la privation, ni n'a tâché de le combattre : c'est une chimère qu'avec toute votre éloquence vous ne mettrez jamais dans l'esprit des hommes.

Que si vous renfermez cette perfection, non pas dans le sacrifice conditionnel, mais dans le sacrifice absolu : c'est ce qui achève votre conviction. Car où prenez-vous ce sacrifice absolu? est-ce dans saint Chrysostome, qui décide si clairement que saint Paul ne se proposoit cet anathème que sous cette condition : *s'il étoit possible?* est-ce de saint Paul ou de Moïse, qui savoient bien en leur conscience que ce qu'ils disoient étoit impossible? est-ce peut-être de saint Clément d'Alexandrie ou des autres saints, qui tous sans exception, dans la préférence qu'ils ont donnée à la charité sur le salut même, n'ont jamais manqué d'ajouter la condition ou la clause : *s'il étoit possible de les séparer.* J'interpelle ici votre bonne foi de reconnoître cette vérité. Je sais que vous l'avouerez, et qu'on ne peut la nier. Ce sont donc là des sentimens d'un pieux excès; ce sont des expressions exagératives d'un amour sans bornes, mais non pas des sacrifices absolus. Ces sacrifices absolus, que vous vantez tant, ne se trouvent chez aucun auteur que chez vous, où il les faudroit effacer, et non pas leur chercher un vain appui. C'est là votre idée particulière, que vous ne pouvez défendre avec tant d'attache, ni en faire votre idole et le cher objet de votre plus parfaite spiritualité, qu'à cause qu'elle sert d'excuse aux sacrifices extrêmes des mystiques dont vous prenez adroitement la cause en main.

XIV.

Ce qu'emportent précisément ces suppositions impossibles : consentement unanime de l'Ecole.

Otez-leur donc cet appui fragile que vous leur cherchez contre l'Ecriture, contre les Pères, contre la nature, contre vous-même. Cessez de séparer d'avec les actes humains le motif de la béatitude, et d'avec les actes de charité le désir de la jouissance et de l'union ; c'est-à-dire de séparer de l'amour ce qui fait partie de son essence ; les suppositions impossibles peuvent faire voir que la charité aura un motif plus haut pour aimer Dieu, que celui de sa bonté bienfaisante envers nous et de notre béatitude : ce motif sera l'excellence de la nature divine ; mais elles ne font pas voir que ces motifs soient séparables : et c'est en cela qu'est votre erreur. L'Ecole, que vous alléguez sans jamais la vouloir entendre, en donnant à la charité deux sortes d'objets, les premiers et les seconds, arrange et ordonne ces objets, mais elle ne les sépare pas, comme vous le supposez. Il n'y a rien de plus net que cette distinction, que vous ne voulez pas entendre. J'en ai marqué les fondemens dans les passages exprès de tant de docteurs [1]. Je vous ai montré dans saint Thomas, vingt endroits formels où parlant *ex professo*, comme on dit, de l'amour de charité, il met *parmi les raisons* d'aimer Dieu, qu'il « est tout le bien de l'homme, l'objet et la cause de notre béatitude [2]. » J'ai mis dans notre parti saint Bonaventure, et vous-même vous en citez le passage [3], où il dit que « l'acte de charité envers Dieu est de souhaiter qu'il soit le souverain bien ; » mais vous supprimez ce qu'il ajoute : qu'il appartient à la même charité « de souhaiter et au prochain et à soi-même d'avoir ce souverain bien par la grace et par la gloire. » On vous a marqué dans Scot « les secondes raisons objectives de

---

[1] *Inst. sur les Etats d'Or.*, liv. X, n. 29. — [2] *Summa doct.*, n. 8. V° *Ecrit*, n. 9. — [3] IV° *Lett. à M. de Paris*, p. 41. In 3, d. 27, a. 2, q. 2.

la charité, » c'est-à-dire « la bonté communicative et béatifiante de Dieu, » comme choses « inséparables du premier motif, qui est l'excellence de la nature divine considérée en elle-même[1]. » Pour en venir aux modernes, on vous a produit Suarez[2], c'est-à-dire l'un des premiers qui a introduit dans l'Ecole d'à présent l'opinion de Scot sur le motif essentiel de la charité ; et néanmoins ce célèbre théologien en établissant l'amour de Dieu *comme bienfaisant*, et par conséquent comme auteur de notre béatitude, il l'établit comme un acte qui *est produit, elicitivè, par la charité;* on vous a fait voir la pratique constante des mystiques conformes sur ce sujet aux scolastiques[3] ; et sans répondre à ces passages, sans faire seulement semblant de les voir, vous persistez à nous opposer l'Ecole, dont nous avons comme vous voyez les maîtres pour nous : pendant que c'est vous-même, Monseigneur, vous-même qui en méprisez l'autorité. Rappelez l'endroit où après vous être opposé un raisonnement tiré de l'autorité de l'Ecole, vous avouez qu'elle est contre vous. *Ego verò non ita*[4] *:* je ne suis pas, dites-vous, de son sentiment : et vous ajoutez « que vous n'avez point à résoudre cette objection : *mihi minimè opus est objectionem solvere :* » elle ne me regarde pas : *hæc me nihil attinet :* c'est-à-dire, c'est bien à moi à presser les autres par l'autorité de l'Ecole ; mais ce n'est pas à moi à m'y attacher ; je la fais valoir contre mon adversaire ; mais pour moi je ne prétends point m'y astreindre. Voilà comme vous savez flatter d'un côté, et de l'autre vous méprisez l'Ecole, et vos raisonnemens n'ont point de règle.

XV.

Sur l'idée de la béatitude.

Le faux les accompagne partout. On vous reproche d'avoir supposé qu'on aimeroit autant Dieu « quand il voudroit rendre éternellement malheureux ceux qui l'aimeroient[5] : » vous répondez : « Je n'ai entendu par rendre malheureux que tenir les ames

---

[1] *Summa doct., ibid.* In 3, d. 27, q. un. n. 8. *Ibid.*, n. 1 et 20. *Rep. Par.* d. 27. q. un. schol. 2. n. 3. — [2] Suar., *de fid., spe, et car.*, tract. 3 disp. 1, Sect. II, n. 3, ad 2. — [3] Ve *Ecrit*, n. 10. — [4] *Resp. ad Sum.*, p. 33. — [5] *Max. des SS.*, p. 11.

pieuses par une fausse supposition dans des tourmens éternels, comme il est porté dans notre article d'Issy. » C'est en quoi votre idée est fausse, et vous montrez clairement que vous ne savez pas définir la béatitude. Les ames qui se proposent de souffrir, s'il étoit possible, éternellement pour donner à Dieu un témoignage éternel de leur amour, ne croiroient pas en cet état être malheureuses, puisqu'elles mettroient leur bonheur comme les apôtres à souffrir pour l'amour de lui. « On n'est jamais malheureux, dit saint Augustin, quand on a ce qu'on veut, et qu'on ne veut rien de mal[1]. » Ainsi il y a contradiction, qu'on souhaite s'il étoit possible d'être privé de la gloire et de souffrir éternellement ce que Dieu voudroit, et qu'on s'estime malheureux en obtenant ce que l'on souhaite : autrement on tomberoit dans l'absurdité tant rejetée par saint Augustin[2], qu'on seroit malheureux en obtenant ce qu'on veut : c'est-à dire, ce qui est le comble de l'absurdité, qu'on seroit heureux ma'gré soi, ou qu'on seroit malheureux parce qu'on seroit heureux.

Vous objectez que les philosophes, comme Socrate, ou les vertueux païens qui mouroient pour la vertu ou pour la patrie, ne songeoient pas à être heureux quand ils mouroient. Je ne vous reprocherai pas que vous avez oublié les sentimens de Socrate : car je ne veux pas me jeter dans les questions écartées, où vous tâchez vainement de nous détourner : mais ce que je ne puis dissimuler, vous oubliez votre saint Augustin : vous oubliez la vérité même qui lui disoit, comme à vous, que l'homme qui va périr ne cesse de s'imaginer une espèce d'immortalité bienheureuse. Quand un homme se tue lui-même, dit ce Père, « pour éviter des douleurs insupportables, il a dans l'opinion l'erreur d'une totale cessation d'être, mais cependant il a dans le sens le désir naturel du repos : *In opinione habet errorem omnimodæ defectionis, in sensu autem naturale desiderium quietis*[3]. » Ainsi on a toujours pour objet secret une subsistance éternelle, ou dans la mémoire des hommes, ce qui s'appelle la vie de la gloire, ou une autre espèce de vie dans le corps de la république, dont on est un membre qui

---

[1] *De Trinit.*, lib. XIII, cap v, n. 8. — [2] *Epist.* CLI, ol. LII, *ad Maced. De Trinit.*, lib. XIII, pass. — [3] *De lib. Arbitr.*, lib. III, cap. VIII, n. 23.

XV. SUR L'IDÉE DE LA BÉATITUDE.

se veut sauver dans son tout : quoi qu'il en soit, on n'a jamais en vue le pur néant; et on ne cesse de le revêtir, malgré qu'on en ait, de circonstances réelles qui nous y font établir un certain bonheur.

Vous dites que l'inclination « naturelle à la béatitude ne regarde qu'un contentement naturel et passager [1]. » Nous sommes bien malheureux, s'il vous faut apprendre que l'idée de la béatitude enferme en confusion l'amas de tout bien : par conséquent qu'elle est mise dans le cœur de l'homme pour y porter l'empreinte de Dieu : que c'est donc Dieu qu'on désire secrètement quand on désire d'être heureux : que la béatitude, je dis même la surnaturelle, ne peut faire autre chose en nous, que de remplir entièrement cette idée. Ne cherchez point à incidenter sur cette vérité constante, reçue de toute l'Ecole, que saint Augustin a prise dans l'Evangile autant que dans les lumières de l'éternelle vérité, et que vous seriez le premier à nous remettre devant les yeux, si vous n'aviez il y a longtemps tout sacrifié à la vanité de votre système.

Vous croyez nous embarrasser par cette demande : « Veut-on glorifier Dieu pour être heureux, ou bien veut-on être heureux pour glorifier Dieu [2]? » On vous répond en deux mots : ces deux choses sont inséparables : la gloire de Dieu est sans doute plus excellente en elle-même que la béatitude de l'homme; mais cela ne fait pas qu'on puisse séparer ces choses : d'autant plus qu'il est bien certain par tous les docteurs, que Dieu, qui n'a besoin de rien pour lui-même, met sa gloire précisément dans notre utilité : nous vous avons dit que l'Ecole arrange bien ces motifs, en disant quel est le premier, et quel est le second ; mais qu'elle ne les sépare pas : détruisez si vous pouvez cette distinction où consiste toute la doctrine que nous opposons à la vôtre. J'ajoute : Vouloir être heureux, c'est confusément vouloir Dieu : vouloir Dieu, c'est distinctement vouloir être heureux. J'ai avancé cette vérité dès l'*Instruction sur les Etats d'Oraison* [3] : combattez-la si vous pouvez : si vous ne pouvez, abandonnez votre vain système qu'elle renverse par le fondement.

---

[1] IIIe *Lett. à M. de Meaux*, p. 16. IVe *Lett.*, p. 15. — [2] IIIe *Lett. à M. de Meaux*.
[3] *Inst. sur les Etats d'Or.*, liv. X, n. 29.

XVI.

Sur les faussetés qu'on m'impose.

Vous ne cessez de m'imposer à toutes les pages de vos écrits [1], que je détruis la définition de l'Ecole, qui met Dieu considéré en lui-même comme l'objet spécifique de la charité. Vous avouez toutefois dans la troisième *Lettre* que vous m'écrivez [2], que je distingue les objets de la charité premiers et seconds, et que j'établis l'excellence de la nature divine comme l'objet primitif et spécifique de la charité. Vous m'imposez donc, quand cent et cent fois vous m'imputez le contraire.

Mais j'ai dit, poursuivez-vous, que « si Dieu n'étoit pas tout le bien de l'homme, il ne lui seroit pas la raison d'aimer [3]. » Ce n'est pas moi qui l'ai dit; vous venez de voir que c'est saint Thomas : c'est lui seul que vous attaquez sous mon nom; c'est de lui précisément que sont ces paroles : « Dieu sera à chacun toute la raison d'aimer, parce qu'il est tout le bien de l'homme : *Unicuique erit Deus tota ratio diligendi, eo quòd Deus est totum hominis bonum* [4]. » Ainsi d'être notre bien et tout notre bien, c'est un motif essentiel de notre amour; il s'agit bien assurément de l'amour de la charité. Cette vérité est si constante, que saint Thomas la confirme en retournant la proposition de cette sorte : « *Dato enim per impossibile, quòd Deus non esset totum hominis bonum, non esset ei ratio diligendi* : Si Dieu n'étoit pas tout le bien de l'homme, il ne lui seroit pas la raison d'aimer [5] : » ainsi la raison d'aimer précise et formelle selon saint Thomas, c'est d'être tout le bien de l'homme, puisque c'est là en effet ce qui absorbe et ce qui apaise tout son désir.

Quand vous concluez de là que si Dieu n'étoit pas notre bien, il ne seroit pas aimable, vous concluez contre saint Thomas; et de plus, vous concluez mal, puisqu'on ne pourroit manquer de trouver Dieu aimable par sa perfection, quand même on ne penseroit pas distinctement qu'il est encore aimable en communi-

---

[1] *Resp. ad Sum. doct.*, p. 3, etc., passim. — [2] IIIe *Lett.*, p. 5 et 8, etc. — [3] *Inst. sur les Etats d'Or.*, liv. X, n. 29. IIIe *Lett. à M. de Meaux*, p. 4, etc., 13. *Resp. ad Sum. doct.*, p. 5. — [4] II-II, q. 26, art. 13, ad 3. — [5] *Ibid.*

quant sa béatitude : ce qui même est une partie de sa perfection. N'est-ce pas une partie de la perfection de Dieu d'être libéral, bienfaisant, miséricordieux, auteur de tout bien? Y a-t-il quelqu'un qui n'enferme pas ces attributs dans l'idée de l'être parfait? Il est vrai que si l'on pouvoit séparer la perfection de l'être divin d'avec l'infinie bonté par laquelle il se communique, la perfection tiendroit toujours le premier lieu dans l'amour. Mais à quoi servent ces subtilités? Vous séparez, Monseigneur, l'inséparable : vous mettez la perfection et la pratique de la piété dans des pointilles : nul n'aime Dieu comme bienfaisant, qu'il ne l'aime en même temps comme parfait, et jamais je n'ai cessé de vous dire que l'idée de la perfection est la première qui vient quand on pense à Dieu.

XVII.

Sur la différence de l'espérance d'avec la charité.

Vous dites, et c'est ici votre grand argument, que ce sentiment est commun à la charité et à l'espérance, puisque l'espérance, aussi bien que la charité, suppose que Dieu est parfait; et que s'il ne l'étoit pas, on ne pourroit le regarder comme l'objet de l'espérance, non plus que de l'amour. Ainsi, dites-vous, je confonds ces deux vertus. C'est ce que vous répétez mille fois dans la réponse au *Summa*, et c'est l'argument qui règne dans la *Troisième Lettre* que vous m'adressez [1].

Saint Thomas y a donné une solution que j'ai rapportée [2], et que vous tâchez de réfuter. « Il est vrai, dit ce saint docteur, que la charité et l'espérance ont le même bien pour objet : mais la charité emporte une union avec ce bien, et l'espérance en emporte un certain éloignement : et de là vient que la charité ne regarde pas ce bien comme difficile, ainsi que fait l'espérance, parce que ce qui est déjà uni n'est plus difficile [3]. »

Vous n'ignorez pas cette solution, puisque vous la rapportez [4], et que vous l'attaquez de toutes vos forces; mais sans dire une seule fois que je l'ai prise de mot à mot de saint Thomas.

---

[1] IIIe *Lett.*, p. 5, 6, 7, 22, 23, 24, 25, etc. — [2] Ve *Ecrit*, n. 12. — [3] II II, q. 23, a. 6, ad 3. — [4] IIIe *Lett.*, p. 22.

Vous ne pouvez, dites-vous [1], vous étonner assez de cette réponse; et « ce qui vous y paroît le plus fâcheux, c'est, me dites-vous, que je veux réaliser la distinction de ces deux vertus par leurs effets, au lieu de la chercher comme l'Ecole, dans leurs objets essentiels. » Un peu au-dessus [2] : « Il n'est pas question de caractériser les vertus par leurs effets, mais par leur nature propre et par leurs objets. » Je vois bien que cela vous fâche, de trouver dans saint Thomas une solution si précise à votre grand argument : mais avouez du moins de bonne foi, que c'est encore sous mon nom que vous attaquez ce grand docteur. Si vous ne voulez pas vous en tenir à sa décision, que direz-vous à sa raison et à ses principes? N'est-ce pas bien caractériser les vertus, et les bien définir par leurs objets, que de les définir par la manière différente dont elles s'y portent? n'est-ce pas une différence assez essentielle entre l'amour de charité et l'espérance, que l'une regarde Dieu comme uni, et l'autre comme absent? Qu'y a-t-il de plus essentiel et de plus propre à l'amour, que d'être unissant? et qu'y a-t-il de plus essentiel et de plus propre à l'espérance que de supposer que le bien qu'on cherche n'est pas uni, qu'il est absent et éloigné? C'est par là que l'amour divin est justifiant, et que l'espérance ne l'est pas, parce que l'un est unissant, et l'autre non. C'est pour cela que saint Paul a dit que la charité *ne se perd jamais, nunquam excidit* [3]; et que dans le ciel où la foi s'évanouit, où l'espérance n'est plus, l'amour divin subsiste toujours : de sorte que par lui-même et de sa nature, il est toujours unissant dans cette vie et dans l'autre. Vous vous débattez en vain : il n'est pas possible d'établir entre ces vertus une différence plus profonde et plus radicale; ainsi votre grand argument est par terre, non-seulement par l'autorité de saint Thomas, mais encore par la conséquence de ses principes démonstratifs.

A cela vous nous opposez une autre distinction, que met saint Thomas entre l'espérance et la charité, en ce que l'une, qui est l'espérance, veut *qu'il lui revienne* quelque chose du côté de Dieu; au lieu que la charité ne demande rien de semblable : *Non vult*

---

[1] IIIe *Lett.*, p. 22. — [2] *Ibid.*, p. 25. — [3] I *Cor.*, XIII, 8.

ut sibi aliquid ex Deo proveniat [1]. Parlons, Monseigneur, de bonne foi : voulez-vous qu'il ne revienne pas même à la charité du côté de Dieu, de lui être unie : de vivre avec lui dans une sainte amitié, dans une éternelle correspondance? C'est ce que vous n'oseriez dire; et vous oserez encore moins le faire dire à saint Thomas, qui ne cesse de réfuter une telle erreur : mais cela suffit pour concilier ce saint docteur avec lui-même; et en lui faisant avouer ce qu'il vient de dire, que la charité embrasse Dieu comme un bien qui lui est uni, lui faire reconnoître en même temps qu'en effet il ne lui revient du côté de Dieu aucun autre bien que lui-même.

XVIII.

Sur les motifs de la charité proposés dans l'Evangile, et sur la fausse dialectique qui les veut séparer.

Après cela quand vous m'objectez que ces motifs *qu'on nomme seconds*, dès qu'ils ne sont pas « les premiers, ne peuvent être qu'accidentels, et qu'on les pourroit supprimer [2] : » vous vous laissez enserrer dans les lacets d'une fausse dialectique. Où prenez-vous cette règle, qu'on ne puisse avoir dans un même acte de différens motifs subordonnés l'un à l'autre, sans que pour cela ils soient séparables : mais surtout, peut-on les regarder comme séparables quand ils se touchent d'aussi près que font l'idée de l'être parfait en lui-même, et celle de l'être communicatif et bienfaisant? Laissons pourtant ces subtilités : venons au principe de la révélation et aux pratiques solides de la piété, telles que l'Ecriture nous les représente. Voici le principe des principes : c'est par les propres paroles du commandement de l'amour de Dieu qu'il faut unir ou séparer les motifs qui nous y portent. Dieu nous commande de l'aimer, non-seulement à cause de ce qu'il est en lui-même, mais encore à cause de ce qu'il nous est. « Ecoute, Israël, le Seigneur notre Dieu est un seul Seigneur : tu aimeras le Seigneur ton Dieu [3] : » et il en rapporte ce motif, « afin que tu sois heureux : *ut benè sit tibi :* » et le reste, que nous avons tant de fois remarqué ailleurs, qu'il n'est plus besoin

---

[1] II-II, q. 23, art. 6. — [2] III° *Lett.*, p. 8 et 12. *Rép. à la décl.*, p. 27, etc. — [3] *Deut.*, VI, 4.

de le répéter. Voilà donc dans le précepte de l'amour de Dieu, la source de l'union des motifs que je vous propose. Si le motif d'être heureux étoit étranger à l'amour, Jésus-Christ auroit-il souffert à celui qui en récite le précepte, d'y donner pour fin le désir de posséder la vie éternelle, en lui disant : « Maître, que ferai-je pour avoir la vie éternelle [1] ? » Au lieu d'approuver ce désir, en lui répondant, comme il fait : « *Hoc fac et vives :* faites cela et vous vivrez; » ne l'auroit-il pas repris de vouloir aimer pour avoir la vie? Avouez la vérité, Monseigneur, combien de fois diriez-vous à qui vous feroit une semblable réponse, qu'il ne connoît pas le vrai motif de l'amour? Vous vous croiriez obligé de le renvoyer à l'autorité de l'Ecole : et moi je vous ai fait voir par les témoignages contextes de saint Thomas, de saint Bonaventure, de Scot, de Suarez, en un mot de toute l'Ecole, que vous vantez sans la suivre, comme on vient de voir : je vous ai, dis-je, fait voir par ces témoignages, et je ne puis assez le répéter, que l'Ecole arrange ces motifs entre eux sans les séparer l'un de l'autre : je vous montre que dans la pratique il ne les faut point séparer, et que les saints, les docteurs, les spirituels n'ont jamais pensé, n'ont jamais agi autrement, ni même ne l'ont pu faire : et vous croyez décider cette question par des minuties de dialectique; comme si c'étoit une règle que tout ce qui n'est pas l'essence fût un accident inséparable, et qu'il n'y eût pas entre les deux des propriétés que la logique, où vous mettez votre confiance, appelle essentielles et inséparables.

XIX.

Que ce seul point renferme la décision du tout.

Je m'attache à ce point dans cette lettre, parce que c'est le point décisif. C'est l'envie de séparer ces motifs que Dieu a unis, qui vous a fait rechercher tous les prodiges que vous trouvez seul dans les suppositions impossibles : c'est, dis-je, ce qui vous y fait rechercher une charité séparée du motif essentiel de la béatitude, et de celui de posséder Dieu. C'est ce qui vous a fait trouver

---

[1] *Luc*, X, 25.

XIX. POINT DÉCISIF.

étrange qu'un Moïse, qu'un saint Paul, en faisant ces suppositions, les fissent avec une pleine sécurité. Vous ne voulez pas qu'on assure qu'ils étoient bien certains de n'y rien perdre, mais au contraire *d'y assurer leur béatitude.* Vous poussez vos raisonnemens jusqu'à dire que « cet acte, loin d'être digne d'un saint Paul et d'un Moïse, seroit le comble de l'hypocrisie : ou ces grands hommes seroient semblables à un enfant qui n'auroit aucune peine à offrir son jouet à sa mère, dès qu'il sent que s'il le lui offre, elle le lui laissera et lui en donnera un nouveau [1]. » Vous voulez donc qu'un Moïse, qu'un saint Paul, pour n'être point des enfans, ne sussent pas que Dieu ne leur ôteroit point leur béatitude. Il falloit qu'ils eussent selon vous une véritable intention d'oublier ou d'abandonner absolument leur salut dans ce moment. C'est aussi l'effet inévitable de cette affreuse séparation des deux motifs : c'est par là qu'on en vient à l'acte barbare et désespéré, de sacrifier son bonheur même éternel, et d'acquiescer à sa perte malgré la nature et malgré la grace. C'est pour conduire à cet acte, qui est le grand sacrifice du chrétien, que dans tout l'état de perfection, c'est-à-dire dans votre cinquième degré, vous rendez l'espérance inutile à l'amour, puisque vous voulez qu'on aime autant sans espérance qu'avec l'espérance : en sorte que Dieu commande inutilement un acte qui ne sert de rien à le faire aimer. On n'a non plus besoin des bienfaits pour s'y exciter, et le mieux que l'on puisse faire, c'est de s'occuper toujours de la perfection de Dieu détachée de tout rapport avec nous, et de tout souvenir de ses bontés : en sorte que l'amour sera d'autant plus pur que l'on pensera moins à un Dieu bienfaisant, à un Dieu qui ne dédaigne pas d'être notre ami et notre époux, enfin à un Dieu Jésus, à un Dieu Sauveur, puisque le premier principe qu'on établit, c'est que tout cela ne sert de rien à le faire aimer davantage, à une ame une fois bien pénétrée de sa perfection souveraine indépendante de toutes ces choses. C'est ce qui mène insensiblement au dégoût de Jésus-Christ ; ce qui fait qu'on en renvoie « la vue distincte, et la présence par la foi dans les intervalles où la pure contemplation cesse [2]; » et que si l'on se résout à l'ad-

[1] *Oppos.*, p. 21, 22, etc. — [2] *Max. des SS.*, art. XXVII, XXVIII.

mettre enfin dans la pure contemplation, ce n'est point en s'y portant de soi-même, puisqu'il faut attendre pour s'y appliquer une impression particulière. Vous avez beau dire que ce sont « des expressions choisies par la plus grande indignation, pour être les plus flétrissantes[1] ; » ce n'est point l'indignation, mais une douloureuse vérité qui nous y force. Osez-vous nier selon vos principes, que pour exercer le pur amour que vous nous vantez, il ne faille aimer comme si l'on étoit sans rédemption, sans Sauveur, sans Christ; et protester hautement que quand tout cela ne seroit pas, et qu'on oublieroit encore la Providence, la bonté, la miséricorde de Dieu, on ne l'aimeroit ni plus ni moins?

On vous a montré que ce prétendu amour pur fait la créature indépendante de Dieu. Il est vrai que vous répondez que « si Dieu n'avoit la puissance de nous rendre heureux ou malheureux, il seroit imparfait, et ne seroit plus Dieu; mais qu'il peut, sans déroger à ses droits, ne nous pas donner la béatitude chrétienne[2]. » Encore un coup, vous donnez le change, vous ne prenez pas la difficulté qu'on vous propose. Vous ne paroissez pas, je vous l'avoue, vouloir nier que Dieu ne puisse nous rendre heureux ou malheureux; mais vous faites pis, puisque ne pouvant nier une vérité si constante, pour nous soustraire à la dépendance, vous en venez jusqu'à dire à Dieu : Il est vrai, je ne puis pas empêcher que vous ne m'envoyiez ce que les hommes appellent bonheur ou malheur : mais je ne me soucie ni du bien ni du mal que vous pouvez me faire; car quel mal après tout pouvez-vous faire à celui qui ne se soucie plus d'être heureux? La charité désavoue l'espérance qui le voudroit être : elle l'attire, dites-vous, à son désintéressement, et lui déclare que le bonheur qu'elle lui propose ne la touche plus. Ne faites donc plus accroire à vos parfaits que vous ne leur faites sacrifier qu'un prétendu amour naturel : ils veulent aller plus loin, et leur pur amour, qui les réduit même selon vous à se contenter de l'état où ils n'auroient ni béatitude ni même d'immortalité, met Dieu à pis faire, et affronte toutes ses rigueurs. Si vous dé-

[1] *Lettre* III° *à M. de Meaux*. — [2] IV° *Lett.*, p. 15

testez ces impiétés, songez que vous ne pouvez les éviter que par les principes que nous opposons aux vôtres, et en renonçant à ceux que vous avez établis dans les *Maximes des Saints*.

Tout le monde avoit espéré que vous en vouliez revenir; et on tournoit en ce sens votre *Instruction pastorale;* l'on y sentoit un changement de maximes, et plusieurs n'avoient plus de peine que celle de voir que vous ne vouliez pas avouer d'avoir failli. D'autres disoient qu'encore que vos explications, comme on l'a déjà remarqué, ne valussent pas mieux que votre texte, c'étoit quelque chose de changer, et qu'on pouvoit espérer d'autres changemens meilleurs. Mais vous nous ôtez cette espérance en désavouant la *rétractation tacite de votre livre* [1], et en le voulant soutenir au pied de la lettre.

XX.

Sur l'involontaire en Jésus-Christ.

De quoi peut-on espérer que vous vous dédisiez jamais, puisque vous allez jusqu'à excuser ce trouble involontaire que vous mettez en Jésus-Christ, et à lui chercher dans votre *Instruction pastorale* le bon sens que nous avons repris ailleurs [2]? Vous me reprochez de m'être récrié en cet endroit : « Un chrétien, un évêque, un homme a-t-il tant de peine à s'humilier? Le lecteur, dites-vous, jugera de la véhémence de cette figure : » qu'il en juge donc; j'y consens. « Quoi! me dites-vous, vous trouvez mauvais qu'un évêque ne veuille point avouer contre sa conscience qu'il a enseigné l'impiété [3]? » Oui, Monseigneur, sans rien déguiser, je trouve mauvais, et tout le monde avec moi, que vous vouliez nous persuader qu'on a mis ce qu'on a voulu, et même *une impiété* dans votre livre sans votre participation : que sans vous en être plaint dans vos *errata,* vous ayez laissé courir impunément cette *impiété,* comme vous l'appelez vous-même : qu'au lieu de vous humilier d'une telle faute, vous la rejetiez sur un autre : que vous ayez tant travaillé à y trouver de vaines excuses. Sur un excès si palpable, j'ai voulu vous représenter ce qu'un

[1] IV° *Lett. à M. de Meaux,* p. 40. — [2] *Préf.,* n. 55, 56. — [3] IV° *Lett.,* p. 41.

chrétien, ce qu'un évêque devoit à l'édification de l'Eglise ; et vos propres justifications, que vous cherchez encore aujourd'hui, font trop voir que j'avois raison.

Oui, Monseigneur, vous cherchez encore à justifier de toutes vos forces dans votre *Quatrième lettre* [1], ce que vous n'osez avouer ailleurs : vous cherchez, dis-je, à montrer dans le trouble de Jésus-Christ quelque chose d'*indélibéré* et d'involontaire, sur ce merveilleux fondement que le mouvement de nos bras est de soi *non délibéré* et involontaire, « puisque ce n'est qu'un mouvement local d'un des membres de notre corps qui est incapable de délibération. » Selon cette rare interprétation, il faudra blâmer les physiciens et les médecins, qui ont distingué les mouvemens volontaires de nos membres d'avec ceux qui sont ou de convulsion, ou nécessaires et involontaires de leur nature, comme ceux du cœur et des artères : avec vos subtilités vous leur auriez fait changer une distinction si solennelle ; et ils auroient appris de vous, que les mouvemens qu'ils ont appelés volontaires ou délibérés, parce que la volonté les commande, sont en effet indélibérés et involontaires. Mais venons au fait. Ce téméraire, qui a osé insérer dans votre livre le terme d'*involontaire*, avoit-il raison ou avoit-il tort ? c'est sur quoi vous êtes encore irrésolu. Il avoit tort, puisque vous appelez impiété le terme d'*involontaire* qu'il a ajouté au trouble de la sainte ame de Jésus-Christ. Il avoit raison ; *son sens*, dites-vous [2], *est incontestable :* après l'avoir tant désavoué, vous en revenez à confesser naturellement que son addition est de votre livre. Reconnoissez vos paroles : « Vous paroissez, me dites-vous, n'avoir pris le vrai sens, ni de Sophronius, ni de mon livre [3]. Après cela vous ne voulez pas que je me récrie que « cent *errata* n'auroient pas suffi pour effacer une telle faute ? Vous vous plaignez que c'est là une trop forte exagération : à parler simplement et sans exagération, dites-vous, un seul *errata* suffisoit. » Que ne le faisiez-vous donc ? « Mais votre *errata* étoit déjà fait. » Quelles minuties ! il en falloit refaire un autre. « Vous n'y auriez pas manqué, dites-vous : car, encore que ce sens soit très-véritable, il pouvoit être mal expliqué, et il falloit ou le supprimer

---

[1] IV° *Lett.*, p. 22, 23, 24, 25, 26. — [2] IV° *Lett.*, p. 24. — [3] *Ibid.*

ou l'expliquer à fond. » Que ne le faisiez-vous donc, encore un coup ? que ne le supprimiez-vous, ou que n'y donniez-vous cette explication que vous aviez dans l'esprit ? Avez-vous oublié les longs *errata* de cinq ou six pages dans la première édition de votre *Instruction pastorale ?* Quand il en eût fallu autant sur l'*impiété de l'involontaire* en Jésus-Christ, deviez-vous les épargner ? Mais vous vouliez soutenir que ce mot avoit *un sens très-véritable :* vous vouliez vous réserver la liberté de défendre, comme vous faites même contre Sophronius, patriarche de Jérusalem, et contre le concile vi[1], ce téméraire qui avoit gâté votre livre. Pourquoi le désavouer avec tant d'efforts et si peu de vraisemblance, s'il a bien dit ; et s'il a mal dit, pourquoi encore aujourd'hui et si souvent averti en entreprendre la défense ? C'est donc inutilement que vous étalez votre nouvelle théologie : je ne perdrai pas le temps à la réfuter ; il me suffit de vous demander où vous l'avez prise. Pouvez-vous nommer un seul auteur qui ait enseigné le trouble involontaire de l'ame de Jésus-Christ, même au sens que vous excusez ? Si les moindres de nos écoliers savent qu'il est inouï dans l'Ecole, ne trouvez pas mauvais que je vous dise encore aujourd'hui que vous ne sauriez le rejeter avec trop d'horreur, et qu'il n'est pas de la piété ni de la sincérité d'un évêque de se tant débattre, et de demeurer si irrésolu sur une affaire si claire.

XXI.

Sur ce qu'on prend une objection pour une réponse.

Il faudroit peut-être en ce lieu me plaindre à vous-même de l'injustice que vous me faites, et des sentimens que vous m'imputez contre mes propres paroles : en voici un exemple surprenant dans votre *Quatrième lettre* à M. l'archevêque de Paris. « M. de Meaux parle ainsi de ce Saint (c'est saint François de Sales). Il semble exclure de la charité le désir de posséder Dieu :... et voilà fidèlement, et sans rien ménager, tout ce qu'on peut tirer de la doctrine du Saint en faveur des nouveaux mystiques[2]. » Je reconnois mes paroles : reconnoissez les vôtres que

[1] IV° *Lett.*, p. 25. — [2] *Ibid.*, p. 44.

voici : « Après cet aveu, M. de Meaux ajoute tout ce qu'il croit pouvoir ébranler cette doctrine qui est si décisive contre la sienne[1]. » Vous avez donc pris mes paroles qu'on vient d'entendre pour un aveu que je fais de la doctrine du Saint, afin de la réfuter comme contraire à la mienne. Mais que direz-vous, si ce que vous appelez mon aveu, est seulement une objection que que je me fais? la chose est claire par la lecture de l'endroit que vous citez où je parle ainsi : « L'on dira que ce dénouement n'est pas suffisant pour entendre toute la doctrine du Saint, ni même pour bien expliquer le lieu allégué[2] : » mais si vous n'êtes pas content de ces paroles par où je commence : *L'on dira,* qui marquent si clairement une objection, vous le serez de celles-ci : « Mais pour peu qu'on eût de bonne foi, on ne formeroit pas ces difficultés[3]. » Ce n'étoit donc pas un aveu : c'étoit des difficultés que je me formois à moi-même, et auxquelles je réponds dans toute la suite. Quand on montre à un chrétien, à un évêque, à un honnête homme, qu'il a lu avec tant de prévention et de précipitation le livre de son confrère, qu'il y a pris une objection pour une réponse, est-ce trop de lui demander un désaveu?

XXII.

Autre fausse imputation sur l'obligation des préceptes affirmatifs.

J'ai dit sur l'instinct particulier dont nos parfaits sont poussés, que vous ne gagniez rien à le réduire au cas précis du précepte, puisqu'il est très-rare dans les préceptes affirmatifs, et peut à peine être jamais réduit à des momens certains : *rarissimus, et vix unquàm ad certa momenta revocandus*[4]. J'avois donc manifestement expliqué le terme de *très-rare* par rapport aux *momens précis,* qui ne peuvent être déterminés; il n'en falloit pas davantage pour rendre ma preuve complète : car dès là que les momens de l'obligation ne sont pas précis, il s'ensuit également selon vos principes, que ces momens qui tous sont libres, par conséquent selon vous sont abandonnés à l'instinct, ce qui suffit

---

[1] IVe *Lett.*, p. 45. — [2] *Inst. sur les Etats d'Or.,* liv. VIII, n. 3. — [3] *Inst. sur les Etats d'Or.,* liv. VIII, n. 4. — [4] *Summa doct.,* n. 5.

pour le fanatisme dont il s'agit en ce lieu : cela est clair, et mes paroles aussi bien que mon intention déterminoient à ce sens. Cependant vous me reprochez sérieusement « que les préceptes de la foi, de l'espérance et de la charité sont affirmatifs [1] : » vous concluez par là que selon moi, « les cas où ces préceptes obligent sont très-rares : » vous me renvoyez au saint décret d'Innocent XI, que j'ai défendu de toute ma force dans mon *Catéchisme*, et que je soutiens tous les jours contre les auteurs relâchés. Je m'étois encore expliqué dans ma *Préface* [2] : et en excluant l'obligation astreinte à certains momens précis, j'avois expressément ajouté : « Qu'on m'entende bien : je ne dis pas que l'obligation de pratiquer les préceptes affirmatifs soit très-rare : je parle des momens certains et précis de l'obligation : car qui peut déterminer l'heure précise à laquelle il faille satisfaire au précepte intérieur de croire, d'espérer, d'aimer ; ou au précepte extérieur d'entendre la messe, et aux autres de cette nature ? » Qu'y avoit-il de plus clair ni qui revînt mieux à ce terme, *certa momenta*, dans le *Summa doctrinæ?* Cependant vous continuez à me reprocher que selon moi *le cas de l'obligation est très-rare* [3] : vous oubliez que j'explique expressément dans le même endroit ce mot : *très-rare*, par ces autres mots : *vix unquàm ad certa momenta revocandus :* vous divisez mes paroles pour m'imputer ce que non-seulement je n'ai pas dit, mais ce qu'encore positivement j'ai voulu exclure. Je le vois bien, Monseigneur, vous seriez bien aise de récriminer : mais à ce coup, la bonne foi ne le permet pas : voyons si d'autres reproches réussiront mieux.

XXIII.

Autres fausses imputations : censure d'un docteur de Louvain.

Vous m'imputez que « la distinction vulgaire de la béatitude objective et formelle me déplaît : et sans oser, me dites-vous, la combattre ouvertement, vous voudriez la décréditer. Sur ce fondement vous trouvez mauvais que, selon moi, la béatitude objec-

---

[1] *Resp. ad Summa doct.*, app., p. 81. — [2] *Préf.*, n. 59. — [3] *Lett. IIe à M. de Meaux*, p. 51, 52.

tive et la formelle ne fassent ensemble qu'une seule et même béatude¹. » Mais, je vous prie, en ai-je plus dit que saint Thomas, qui ne cesse de répéter que les actes, les opérations par lesquelles on possède Dieu, « sont la perfection, la dernière fin, la béatitude essentielle de l'homme² ? » Y a-t-il deux béatitudes ? Veut-il dire que Dieu ne soit pas la béatitude objective ? Non sans doute : mais c'est que Dieu seul seroit vainement notre objet, sans les actes qui nous y unissent : ainsi nous sommes heureux par cet objet et par ces actes conjointement. Prenez la peine, Monseigneur, de relire l'endroit que vous m'objectez de mon *Avertissement*³, vous n'y trouverez que cette doctrine, qui est celle de toute l'Ecole : quand vous m'imputez qu'elle me déplaît, et que n'osant la combattre ouvertement, je l'attaque par des détours, avouez que vous ne tâchez, à quelque prix que ce soit, qu'à me faire le personnage odieux d'un ennemi de l'Ecole : j'en renverse les notions ; je l'alarme ; je lui fais la guerre ; je la déclare impie, et le reste dont tous vos livres sont pleins : vous me faites dire par votre docteur de Louvain, qu'on dit être un de vos chanoines, que mon sentiment sur le motif formel de la charité est insoutenable, contraire à la doctrine de l'Ecole, et aux sentimens des saints, tant anciens que nouveaux ; une opinion dangereuse, qu'on ne peut soutenir sans condamner en même temps ce qu'il y a de plus grand et de plus saint dans l'Eglise ; qu'il est du devoir de ceux qui ont quelque autorité sur les Ecoles, de prendre tous les soins et toutes les précautions possibles pour en arrêter le cours⁴ : » sans doute par une censure, puisque les universités n'ont point d'autre voie. Voilà, Monseigneur, le censeur que vous lâchez contre moi : voilà le seul docteur de Louvain que l'on connoisse favorable à vos intentions : encore cache-t-il son nom, et tout votre chanoine qu'il est, il ne soutient que masqué son archevêque. Au reste quand il suscite toutes les universités, et qu'il y sonne le tocsin pour me courir sus, il ne fait que suivre votre exemple, puisque comme lui vous tâchez d'animer contre moi toutes les Ecoles⁵, comme contre un ennemi artificieux qui

---

¹ II⁰ *Lett.*, p. 5, 35, 37. — ² 1-II, q. 3, a. 1, 2. c. et ad 1, et 2, a. 4, etc. — ³ *Avert.*, n. 18 — ⁴ *Lettre d'un théol. de Louvain*, p. 70. — ⁵ *Resp. ad Sum.*, p. 9, etc.

en veut sapper les fondemens. Mais après tout à quoi aboutit la censure de votre défenseur déguisé, que vos amis ont tant vanté dans ces pays-ci? C'est à vouloir dire que selon saint Thomas, « l'amour de pure charité ne regarde pas la béatitude, sous l'idée de béatitude, de félicité, de propre bonheur : mais plutôt sous l'idée particulière de société, de commerce, de communion, d'union et d'unité avec Dieu, qui consiste dans sa vision claire et dans son amour consommé, qui fait la vraie béatitude de l'homme [1]. » Ainsi toute la finesse du nouveau système consiste à regarder Dieu comme uni, sans le regarder comme nous rendant heureux par cette union : selon cet auteur, que vous approuvez expressément [2], c'est l'essence de tout amour d'être associant et unissant; d'où il conclut que la charité nous attache à Dieu comme uni par la plus claire de toutes les connoissances, et par le plus consommé de tous les amours, sans néanmoins le considérer comme félicité, encore que ce soit là formellement la félicité. Est-ce là toute la finesse du nouveau système? Est-ce pour cela qu'on me veut proscrire dans toutes les universités? On pourroit mépriser ces chimères, qui après tout, sous quelque titre que ce soit, nous apprennent à chercher Dieu dans un intime rapport avec nous; mais quand on fait servir cette chimère à faire cesser le désir et naturel et surnaturel de la béatitude; à séparer les motifs que Dieu a unis; à éteindre la sécurité dans un saint Paul et dans un Moïse; à sacrifier son salut sous le nom d'*intérêt propre éternel*, et d'intérêt propre pour l'éternité, à consentir, à acquiescer par un acte autant invincible que réfléchi, à la juste condamnation qu'on mérite de la part de Dieu : quand, dis-je, on joint tous ces sentimens à des chimères plus creuses que celles des songes, les chimères ne sont plus chimères, puisqu'on les fait servir à l'impiété et au blasphème.

XXIV.

Sur l'aigreur imputée à mes expressions.

Vous vous plaignez de la force de mes expressions, et vous en venez jusqu'à ce reproche, « qu'on est étonné de ne trouver dans

[1] *Resp. ad Sum.*, p. 58. — [2] *Ibid.*, 53, 55.

un ouvrage fait contre un confrère soumis à l'Eglise, aucune trace de cette modération qu'on avoit louée dans mes écrits contre les ministres protestans [1]. » Venons au fond, Monseigneur, laissons là tous les égards qu'on doit à votre personne, contre lesquels vous ne montrez point que j'aie péché. Il ne s'agit pas ici de votre soumission : il s'agit des dogmes nouveaux qu'on voit introduire dans l'Eglise sous prétexte de piété, par la bouche d'un archevêque : si en effet il est vrai que ces dogmes renouvellent les erreurs de Molinos, sera-t-il permis de le taire? Mais si dès là qu'ils les renouvellent, ils renversent les fondemens de la piété : s'ils sont erronés, s'ils sont impies selon vos propres principes, pourra-t-on le dissimuler sans trahir la cause? Voilà pourtant ce que le monde appelle excessif, aigre, rigoureux, emporté, si vous le voulez : il voudroit qu'on laissât passer un dogme naissant, doucement et sans l'appeler de son nom : sans exciter l'horreur des fidèles par des paroles qui ne sont rudes qu'à cause qu'elles sont propres ; et qui ne sont employées qu'à cause que l'expression en est nécessaire. Pour ce qui est de la manière d'écrire contre les hérétiques déclarés, quelqu'un niera-t-il qu'il ne faille être plus attentif contre une erreur qui s'élève, que contre une erreur déjà connue ; qu'il ne faille prendre beaucoup plus de soin d'en découvrir le venin caché ; d'en faire voir les suites affreuses? Faut-il attendre pour s'en expliquer, de nouvelles condamnations de l'Eglise, quand il en a précédé de très-manifestes contre des dogmes semblables? Si l'auteur de ces nouveaux dogmes les cache, les enveloppe, les mitige, si vous voulez, par certains endroits, et par là ne fait autre chose que les rendre plus coulans, plus insinuans, plus dangereux, faudra-t-il, par des bienséances du monde, les laisser glisser sous l'herbe, et relâcher la sainte rigueur du langage théologique? Si j'ai fait autre chose que cela, qu'on me le montre : si c'est là ce que j'ai fait, Dieu sera mon protecteur contre les mollesses du monde et ses vaines complaisances.

Mais après tout, Monseigneur, il faut bien que je n'aie guère excédé dans la *vivacité* que vous reprochez à mon style [2], puisque

[1] III° *Lett.*, p. 46. — [2] IV° *Lett.*, p. 41.

parmi *tant de traits si véhémens d'un gros livre,* vous ne relevez que celui-ci, où racontant ce que vos amis répandoient dans le monde des avantages que vous remportiez sur moi, et sur mon livre intitulé, *Summa doctrinæ*, etc., j'ai répondu, *Nous verrons*[1]. Hé bien, Monseigneur, est-ce là ce trait si vif et si véhément? Pour ne point entrer dans la question de vos avantages, et ne point perdre de temps à y répondre : j'ai dit par le terme le plus court que mon esprit m'a pu fournir: *Nous verrons; mais en attendant, il demeurera pour certain,* etc., et sur cela vous me faites une belle moralité touchant le triomphe qu'il faut donner à la vérité toute seule. Je pourrois vous en rendre une autre sur l'extrême délicatesse qui s'offense de si peu de chose : mais tournons tout court, et venons à la conclusion de cette réponse.

XXV.

Sur l'amour naturel dont il n'y a rien dans l'Ecriture.

Vous voudriez peut-être que j'entrasse dans la discussion de votre grand dénouement de l'amour naturel innocent et délibéré ; et je le ferois si je n'avois traité la matière à fond, par des argumens dont vous ne touchez que la plus petite partie. Vous avouez du moins, Monseigneur, que vous ne trouvez rien dans l'Ecriture qui appuie vos raisonnemens; et je vous dirai en passant que sur cela vous donnez le change. « Ce Livre divin, dites-vous, qui nous révèle les choses surnaturelles, suppose d'ordinaire les naturelles telles que cet amour. Il s'agit uniquement, continuez-vous, de savoir si je dois prouver par l'Ecriture que cet amour, que vous admettez autant que moi, peut n'être point un péché[2]. » Non, Monseigneur, ce n'est pas là de quoi il s'agit : vous tentez inutilement à me jeter dans des disputes dont je n'ai que faire, et qui ne servent qu'à nous détourner de notre sujet. La question est de savoir si l'exclusion de cet amour, que vous suppposez innocent, fait la perfection des chrétiens, sans que l'Ecriture nous l'ait révélé : si l'endroit où vous mettez la différence des parfaits et des imparfaits, et le dénouement de tous les états d'oraison,

---

[1] *Avert.*, n. 6. — [2] II° *Lettr.*, p. 11.

ne doit pas être recherché avant toutes choses dans l'Evangile : si tout ce mystère consiste en subtilités, en dialectique, sans qu'un si grand maître de la spiritualité s'autorise par la parole de Dieu, et où loin de s'en appuyer, il soit trop heureux de nous alléguer *le silence de l'Ecriture*. Nous savons donc par votre aveu que l'Ecriture vous manque, et vous manque dans la matière de la perfection, qui est traitée en cent endroits de ce divin Livre. Si vous en voulez davantage, je vous dirai en finissant ce que j'ai tiré de vous-même sur l'entière inutilité de cet amour naturel.

XXVI.

Inutilité de cet amour naturel.

Dans la réponse au *Summa*, vous déclarez que *votre système* du livre des *Maximes* n'a besoin que de deux choses : « l'une est la définition de la charité dans l'Ecole, et l'autre est notre article XIII d'Issy. » Donc tout le reste vous est inutile. Or est-il que l'amour naturel innocent et délibéré, n'est point compris dans ces deux choses. Il n'est point compris dans la définition de l'Ecole, où il est dit que la charité a pour objet Dieu considéré en lui-même : il n'est non plus compris dans le XIII° article d'Issy, où il ne s'agit que d'expliquer les propriétés de la charité, marquées par saint Paul dans son chapitre XIII de la Ire aux Corinthiens, où il n'y a nulle mention d'amour naturel. Par conséquent l'amour naturel ne sert de rien au système des *Maximes des Saints ;* et c'est un embrouillement, plutôt qu'un dénouement de la question.

Je vous ai déjà proposé ce raisonnement [1] : et pour montrer que vous n'entrez pas seulement dans les difficultés, tout ce que vous y répondez, c'est « qu'il est manifestement inutile de dire que la définition de la charité et le XIII° article d'Issy n'ont rien de commun avec l'amour naturel de nous-mêmes : qui exclut pour la vie et pour l'oraison la plus parfaite les actes surnaturels non commandés et non rapportés formellement à la gloire de Dieu, exclut à plus forte raison les actes naturels [2]. » Cette

[1] *Avert.*, n. 15. — [2] IV° *Lett.*, p. 5. 6.

conséquence, par où vous tâchez d'amener l'amour naturel à la définition de l'Ecole et à l'article d'Issy, démontre qu'il n'y étoit pas, et que vous ne faites dans vos réponses que côtoyer les difficultés sans y entrer.

En effet si cet amour naturel eût été utile au système de votre livre, vous en eussiez mis la définition à la tête, comme celle des autres amours, puisque même vous n'y avez pas oublié l'amour judaïque, quoique vous reconnoissiez qu'il ne vous est d'aucun usage : à plus forte raison n'auriez-vous pas oublié l'amour naturel, sur lequel vous confessez que tout rouloit. Or est-il que vous n'avez pas seulement songé à le définir : vous n'avez défini que cinq amours[1]. 1, Le judaïque qui est vicieux. 2, L'amour où l'on aime Dieu, en le rapportant à nous; qui est impie et sacrilége. 3, L'amour de l'espérance chrétienne, qui selon vous et selon saint François de Sales que vous alléguez, non-seulement est innocent, mais encore vertueux, et de plus surnaturel. 4, L'amour de charité, qui est surnaturel, méritoire et justifiant. 5, L'amour parfait et pur, souverainement méritoire, surnaturel et perfectionnant. Donc tous les amours que vous définissez sont ou vicieux ou méritoires, ou surnaturels. Ils ne sont donc pas l'amour naturel et innocent, dont vous nous parlez après coup; et malgré que vous en ayez, cet amour, que vous n'avez point défini, ne servoit de rien à votre système.

Ce n'étoit point cet amour que vous vouliez ôter aux parfaits et laisser aux imparfaits seulement, dans votre livre des *Maximes*[2]. Car les motifs de cet amour-là « étoient répandus partout dans les Ecritures et dans les prières de l'Eglise : » or est-il que les motifs de cet amour naturel ne s'y trouvent en aucun endroit, ni pas même l'apparence. Les motifs de cet amour, que vous ôtiez aux parfaits, devoient être révérés dans les imparfaits : or est-il que les motifs d'amour naturel ne sont dignes d'aucun respect. Quand vous répondez « qu'on doit révérer dans *Isaïe* et dans l'*Apocalypse*, les magnifiques descriptions de la vie future, encore qu'elles excitent dans les imparfaits des désirs dont les uns sont surnaturels, et les autres natu-

---

[1] *Max.*, p. 1, 14. — [2] *Ibid.*, p. 33.

rels, que l'Ecriture ne commande pas, mais les suppose et s'y accommode avec condescendance dans la description des promesses[1]. » Ne vous y trompez pas, Monseigneur ; malgré les beaux tours de votre éloquence, tout le monde sent dans ce discours une pitoyable évasion. Supposé que j'aie dit qu'on trouve partout dans les prophètes, et peut-être dans les prières de la Synagogue, les motifs qui ont fait chercher aux Juifs en JésusChrist un Messie qui fût un roi temporel, et qu'il falloit révérer ces motifs que l'Ecriture nous donnoit partout : me pardonneriezvous cette parole pleine d'erreur, si je répondois que j'ai seulement voulu reconnoître dans les prophètes les magnifiques peintures d'une gloire humaine, qu'il faut respecter dans ces divins auteurs? Ne me confondriez-vous pas au contraire, en me disant que ce n'étoit pas là de quoi il s'agissoit : que mes paroles montroient les véritables motifs que nous donnoit l'Ecriture, et enseignoient à les respecter, et que mes explications n'étoient qu'un détour pour excuser un mauvais discours? Je vous dis de même, Monseigneur, quand vous nous parlez des motifs « qui sont répandus dans tous les livres de l'Ecriture, dans tous les monumens de la tradition, dans toutes les prières de l'Eglise ; » et que pour les rendre plus chers à tous les fidèles, vous ajoutez *qu'il les faut révérer*, et le reste qui n'est pas moins fort, visiblement vous parliez des véritables motifs que Dieu nous propose : ce n'étoit point par *condescendance* que vous vouliez que l'Ecriture *s'y accommodât;* vous nous vouliez exposer ce qui étoit de la première et directe intention du Saint-Esprit : s'il eût été question de condescendance, votre esprit si fécond en riches expressions, vous en auroit fait trouver de plus convenables au dessein que vous auriez eu ; ainsi ces inventions si subtiles et si délicates ne sont qu'une illusion, et vous ne pouvez pas seulement songer dans cet endroit à l'amour naturel que vous vantez.

Bien plus, dans les lettres mêmes que vous m'adressez, vous êtes encore forcé à reconnoître que cet amour est inutile à votre système. Une des conditions de cet amour, c'est qu'il soit naturel et innocent ; mais cela même ne vous est plus nécessaire : « que

[1] Ire *Lett.*, p. 24. — [2] *Max. des SS.*, p. 33.

XXVI. INUTILITÉ DE L'AMOUR NATUREL.

ce soit un péché ou non, il n'en est pas moins vrai de dire qu'il y a dans les justes imparfaits une mercenarité ou propriété, ou désir naturel et inquiet sur le salut, qu'il faut retrancher dans les parfaits. Voilà, dites-vous, tout l'essentiel de mon système[1]. » Il est vrai, continuez-vous, « que j'y ai ajouté que cette mercenarité ou propriété, n'est pas toujours un péché : mais enfin, cet adoucissement, et la question si cet amour naturel est péché ou non, n'est point essentiel à mon système[2]. » Chose admirable! après avoir mis dans tous vos livres, dans votre *Instruction pastorale*, dans votre *Réponse à la déclaration des trois évêques*, dans celle au *Summa doctrinæ*, dans tous les autres livres, comme un dénouement nécessaire cette propriété, cette imperfection qui tient le milieu entre la concupiscence et la vertu : tout d'un coup, quand il vous plaît, cela n'est plus nécessaire. Je vois ce qui vous force à cet aveu; c'est qu'après tout, après avoir proposé tant de fois ce désir naturel et inquiet, comme celui qu'il faut retrancher, quoique innocent[3], vous n'avez pu vous empêcher d'avouer que c'est celui-là, *qui est si contraire à l'esprit de Dieu*[4]. Il ne s'agit donc plus dans votre système de retrancher un désir naturel et innocent, mais un désir vicieux *contraire à l'esprit de Dieu*. C'est ce qui vous fait tourner si court; et cet amour naturel et innocent, jusque-là si nécessaire, s'en va en fumée.

On ne sait plus même ce que deviennent vos raisonnemens sur le désir naturel, après ces discours de votre *Première Lettre*. Pour expliquer cette parole des *Maximes*. (« On veut Dieu sous cette précision, mais non par ce motif précis »), vous parlez ainsi[5] : « Celui qui dit ces paroles a voulu seulement dire que cet objet est son avantage, mais qu'il ne le veut point par une affection naturelle et mercenaire, qui ne vienne point du principe de la grace[6]. » Vous confirmez ce discours par cette comparaison : « Auroit-on, dites-vous, quelque peine à entendre un sujet plein de zèle, qui diroit au Roi, des graces duquel il seroit comblé : En vous servant, je trouve le plus grand de tous mes intérêts, mais ce n'est point par un motif intéressé que je vous sers. Vos

---

[1] IIe *Lett.*, p. 11, 12. — [2] IVe *Lett.*, p. 7. — [3] Ire *Lett.*, p. 41, 42, etc. — [4] IVe *Lett.*, p. 8. — [5] Ire *Lett. à M. Meaux*, p. 13; *Max.*, p. 44. — [6] *Ibid.*

dons me sont chers, mais je voudrois vous servir de même quand vous m'en priveriez? » Permettez-moi, Monseigneur, que je vous demande si celui qui parleroit ainsi au Roi, songeroit à un désir naturel ou non naturel ; et s'il auroit autre chose dans l'esprit que les avantages qu'il auroit reçus ou qu'il pourroit recevoir. Tant il est vrai que quand vous voulez expliquer vous-même naturellement ce que vous aviez dans l'esprit en parlant de l'intérêt et de son motif, le désir naturel bon ou mauvais, innocent ou vicieux, n'y entroit pour rien.

Il paroît donc d'un côté par tant de raisonnemens tirés de vous-même, qu'il vous est entièrement inutile : mais d'autre côté vous ne pouvez vous en passer ; sans cela vous ne savez plus comment expliquer ce qu'il faut ôter dans les parfaits. Si l'amour naturel que vous voulez retrancher[1] étoit vicieux, les passages de saint Thomas et d'Estius sur lesquels vous fondez tout votre système[2], ne vous serviroient de rien, puisque le désir naturel que vous prenez d'eux, doit se pouvoir *rapporter à la charité* selon saint Thomas, et doit selon Estius, *n'être revêtu d'aucune circonstance dépravante*.

D'ailleurs vous avez besoin d'un désir naturel qui soit proposé partout dans l'Ecriture, dans la tradition et dans les prières de l'Eglise : et celui-là, oseriez-vous dire qu'il soit vicieux, et encore qu'étant vicieux il soit digne de respect? Tout se confond, tout se contrarie dans votre système : il faut que ce désir soit innocent ; il n'est pas besoin qu'il le soit : tout vous est bon, et vous entendez tout ce qu'il vous plaît selon vos besoins dans tous vos discours. Vous avez raison de vouloir qu'on en décide le préjugé par la seule bonne opinion qu'on a de votre esprit : quand on en vient au détail, on voit que tout s'y dément, et qu'on ne peut un seul moment se soutenir.

Cependant vous dites ailleurs[3] que le désir naturel dont on vous a démontré l'inutilité par vous-même, vous est si nécessaire, que sans son secours « vous ne pourriez qu'extravaguer de page en page et de ligne en ligne : » que sera-ce donc si l'on vous fait voir que ce désir naturel, non-seulement n'est appuyé

---

[1] IIe *Lett.*, p. 23. — [2] *Instr. past.*, n. 3. — [3] Ire *Lett.*, p. 46.

XXVI. INUTILITÉ DE L'AMOUR NATUREL.

d'aucune preuve, mais encore qu'il est plein d'erreurs, qu'il est nouveau, qu'il est inouï, qu'il est absurde, qu'il est pélagien, qu'il ramène par un certain endroit le molinosisme ? Je l'ai prouvé une fois, c'est assez ; on n'a qu'à voir ma *Préface :* et s'il m'est permis seulement pour un dernier éclaircissement, de mettre cette lettre en abrégé, tout s'y réduit dans le fond à examiner si vous avez bien entendu la béatitude, et la manière dont le motif en agit sur nous. Toute l'Ecole est d'accord qu'en toute action de la volonté raisonnable, la béatitude s'y trouve, ou bien explicitement et par acte exprès, ou bien implicitement, virtuellement, et sans en avoir toujours, comme vous parlez vous-même, *une certaine pensée réfléchie et aperçue*[1]. Montrez-moi un seul docteur de l'Ecole qui parle autrement : un seul qui ne dise pas qu'en ce sens la béatitude est la fin dernière de la vie humaine et de toutes ses actions : vous refusez cependant cette doctrine. Tout est perdu, selon vous, si l'on ne dit qu'on peut s'arracher le désir d'être heureux : jusqu'à ce secret désir qui se trouve en nous, *sans être réfléchi et aperçu*[2]. Vous dites que le laisser, ce n'est pas contenter l'Ecole : « parce que la béatitude n'en est pas moins le véritable objet qui meut réellement la volonté en tout acte que la raison peut produire. » Il faut donc, selon vous, pour la contenter, que la volonté se puisse arracher jusqu'à ce secret désir de la béatitude qu'on appelle implicite et virtuel, et dont l'action est d'autant plus réelle qu'elle tient plus intimement au fond des entrailles, au fond de l'ame. Vous êtes seul dans cette pensée : vous n'avez pas nommé un seul auteur pour ce sentiment : vous n'en nommerez jamais un seul : vous avez saint Augustin, et après lui saint Thomas, et toute l'Ecole expressément contre vous. On vous a montré que vous êtes vous-même contre vous-même ; et qu'ainsi tout ce beau système, que vous nous vantez comme la merveille du pur amour, se dément et tombe par ce seul endroit.

Vous vous entendez aussi peu lorsque vous dites « qu'encore qu'on ne puisse pas s'arracher l'amour de la béatitude, on peut le sacrifier, comme on peut sacrifier l'amour de la vie sans pouvoir se l'arracher tout à fait. » Avouez la vérité, Monseigneur,

---

[1] *Lett. III*, p. 11. — [2] *Resp. ad Sum.*, p. 5, etc. *Lett.* IV, p. 14, etc.

vous ne croyez pas avoir rien à dire ou avoir rien proposé de plus spécieux que cet argument : mais il tombe par ce seul mot : On peut bien sacrifier la vie mortelle à quelque chose de meilleur, qui est la vie bienheureuse ou vraie ou imaginée à la manière que nous avons vue : mais lorsque vous supposez qu'on puisse aussi sacrifier la vie bienheureuse, il faut que vous ayez dans l'esprit quelque chose de meilleur à quoi on le sacrifie : et toujours on redeviendra, ou heureux en le possédant, ou malheureux si on le perd : de sorte que, malgré vous, la vie heureuse se trouve toujours comprise dans l'acte du sacrifice que vous voulez qu'on en fasse.

Ne voyez-vous pas que vous vous perdez ? est-ce par de tels raisonnemens que vous vous donnez des airs si triomphans ? vous cherchez à vous arracher l'amour de la béatitude, quand c'est elle-même qui vous fait encore produire cet acte, où vous voudriez vous l'arracher s'il étoit possible. Quoi qu'il en soit, bien assurément vous ne serez pas malheureux, parce que vous serez heureux, et que vous aurez ce que vous voudrez, ce que vous aurez choisi avec raison. Ne cherchez donc plus par un vain et dangereux travail, à vous arracher la vue du bonheur que la nature et la grace rendent également inséparable des actes humains et divins, raisonnables et surnaturels : et croyez que votre amour sera pur au souverain degré, quand il mettra son bonheur en Dieu.

Après cela, Monseigneur, je n'ai plus rien à vous dire, et je m'en tiens pour vos quatre *Lettres* à cette seule réponse. S'il se trouve dans vos écrits quelque chose de considérable qui n'ait pas encore été repoussé, j'y répondrai par d'autres moyens. Pour des lettres, composez-en tant qu'il vous plaira : divertissez la ville et la Cour : faites admirer votre esprit et votre éloquence, et ramenez les graces des *Provinciales :* je ne veux plus avoir de part au spectacle que vous semblez vouloir donner au public ; et je ne vois plus que les procédés sur quoi je sois obligé de vous satisfaire, puisque vous le demandez avec tant d'instance. Je suis avec respect, etc.

FIN DE LA RÉPONSE A QUATRE LETTRES.

DE

NOVA QUÆSTIONE

TRACTATUS TRES.

I. Mystici in tuto.
II. Schola in tuto.
III. Quietismus redivivus.

ADMONITIO.

Omnes quidem quotquot hodiernæ controversiæ rationem intelligunt, facilè sentiunt librum *de Doctrinâ decretisque Sanctorum* à nemine defendi posse. Sed quidam ut justam legitimamque censuram, sive prohibeant, sive remorentur, duo tentant : primùm, quæstiones quæstionibus, vera falsis, certa dubiis involvunt, ut omnium oculos à vero statu quæstionis avertant : deindè innumerabilibus scriptis quàcumque diffusis, mysticorum ac Scholæ auctoritatem obtendunt. Hujus rei gratiâ demonstrandum suscipimus singulatim, et pios mysticos, et Scholam in tuto à nobis esse : ab adversariis verò nedùm in tuto sint, palàm oppugnari et subrui. Quibus, et ad veram quæstionem animos revocamus et pessimæ doctrinæ (episcopos enim et theologos candidè loqui oportet) omnem speciem probabilitatis ademptam credimus. Subjungimus tertium tractatum *de Quietismo redivivo,* quo speramus futurum, benè aspirante Deo, ut renascentis mali capita penitùs recidantur.

MYSTICI IN TUTO

SIVE

DE S. THERESIA, DE B. JOANNE A CRUCE, ALIISQUE PIIS MYSTICIS VINDICANDIS.

Quidam viri boni piique vereri mihi videntur, ne sub nomine illustrissimi Cameracensis Archiepiscopi, sancta Theresia, beatus Joannes à Cruce, aliique bonæ notæ mystici vapulent: quos equidem miror, non vereri potiùs ne illi succumbant, si ejus præsulis, quod absit, prævaleat auctoritas: cùm hic illos directâ fronte veluti collato pede impugnet; nec tantùm loci locis', sententiæ sententiis, sed etiam doctrina doctrinæ tota toti adversetur. Præsul autem illis duplicem infert contumeliam: primum quòd eos palàm oppugnat: alterum, quòd in suas partes invitos trahit: quæ duo erunt capita hujus scriptionis. Rem autem conficio non ratiociniis, sed verbis utrinquè prolatis atque collatis; nullâ elegantiæ, sed tantùm perspicuitatis habitâ ratione, quo credibilior nostra futura est oratio, spretis in locorum versione verborum ornamentis. Ac ne tempus promissis teram, en paucissimis rem totam.

PARS PRIMA.

MYSTICI PALAM OPPUGNATI A DOMINO CAMERACENSI.

ARTICULUS PRIMUS.

De suspensis animi facultatibus sive potentiis per impedimenta divina.

CAPUT PRIMUM.

S. Theresiæ oratio quietis et unionis, suspenso intellectu.

1. Cùm hîc vel maximè agatur de oratione quietis, cui apud sanctam Theresiam orationem unionis esse conjunctam neminem

fugit, en sanctæ virginis verba de suspensis in eo genere orationis animi facultatibus sive potentiis.

2. In *Vitâ* suâ, cap. IV, disertis verbis ait[1] : *In eâ oratione non posse agere intellectum :* quod revocat unicè *ad discurrendi actus.* Ibidem, cap. IX, in eo statu inquit *non posse se discurrere per intellectum*[2] : alioqui absurdissimum esset, in contemplatione per intellectum nihil agi posse.

3. Capite deindè undecimo ostendere aggreditur quid sit illa oratio[3], proposito celebri exemplo irrigandi horti quatuor modis; sive adhibitis brachiis ad hauriendam aquam ex puteo, sive rotæ ope, sive per leves aquæductus; quibus omnibus inest proprio industria et labor ; postremò per pluviam : « Hùc usque, inquit, ad alias orationes pervenire possumus nostro labore, posito auxilio Dei, sine quo perspicuum est ne bonam quidem cogitationem ullam inesse posse nobis. » Hæc illa ; ut cùm posteà totam rem refert ad Dei auxilium, intelligamus loqui de auxilio quodam extraordinario, sine quo hæc oratio fieri nullo modo possit.

4. Itaque in *Viâ perfectionis* sic habet, cap. XXV: « Possumus, inquit, aliquid ex nobismetipsis cum divino auxilio in his duabus orationibus mentali et vocali : sed in contemplatione (quæ est ipsissima oratio quietis aut unionis), nihil omninò possumus : Dominus hîc agit solus : ejus unius est opus : et quia istud opus supra naturam est, naturæ in eâ nulla pars est[4]. »

5. Rursùs in *Vitâ* suâ, cap. XII, de unione quietis, de quâ tot et tanta mystici docuere, et quam sancta ideò vocat *theologiam mysticam :* « Hîc, inquit, intellectus cessat, quia Deus hunc suspendit : quod, inquit, nemo per sese tentare debet, neque conari ut intellectum suspendat ; sed cùm Deus suspendit illum ejusque functiones tenet, sistit ; tunc plura sine discursu ac ratiocinio intelligit[5]. » En suspensionem intellectûs quoad actum discurrendi, eamque attributam non contemplandi habitui, sed peculiari cuidam operationi divinæ : agit autem procul dubio de oratione habituali et certæ regulæ subditâ. Antequàm verò ulteriùs pergamus, admonemus, nos hîc sequi accuratissimam habitam

---

[1] *Vie de sainte Thérèse*, ch. IV, p. 11,.14. — [2] *Ibid.*, ch. IX, p. 46. — [3] *Ibid.*, ch. XI, p. 56. — [4] *Chem. de perf.*, ch. XXV, p. 59. — [5] *Vie*, ch. XII, p. 62, 63.

versionem viri illustrissimi Andillii, cujus nota probitas et eruditio : huic ergò inhæremus, eò quòd non satis calleamus nobilissimam linguam hispanicam, quâ sancta virgo præstat.

CAPUT II.

Eam suspensionem non esse perpetuam, et esse supernaturalem : quo sensu.

6. Ibidem, cap. xiv, ait « intellectum non aliter agere, quàm certis intervallis, tamque sublimem esse eam orationem, ut neque precibus, neque laboribus, neque pœnitentiis comparari possit: oportet ut eam det Deus [1] : » diversissimis scilicet viis ac alias orationes : undè sancta virgo passim et in omnibus paginis *supernaturalem* appellat, non quòd aliæ orationes non sint supernaturales, ex principio gratiæ supernaturalis ortæ et ad supernaturale objectum elevatæ; sed quòd supra hanc supernaturalitatem omnem ista oratio habeat, ut sit *supernaturalis* secundùm istam agendi rationem, sublato scilicet discursu, quem in reliquis actionibus, adeòque in vulgari oratione adhibere solemus. Quanta autem hîc interveniat rerum et quàm subita mutatio, facilè intelligi potest ex iis quæ discursum comitari et consequi solent : hæc autem omnia subtrahuntur. Hæc illa. Jam de *supernaturalis* appellatione, cùm ea omnia plena sint apud Theresiam, hîc indicamus tantùm ex *Vitâ*, cap. xxxix; ex *Viâ perfectionis*, cap. xxv, xxxi, etc., aliis innumerabilibus locis prætermissis [2].

CAPUT III.

Item de suspensione per intervalla tantùm, et de oratione vocali, aliisque suspensionibus.

7. In eâdem oratione quæ est quietudinis, ex cap. xv, « utendum aliquibus precationibus vocalibus, si fieri potest [3] : » ubi clarè supponit non id semper fieri posse : tùm in eâ oratione « Deum omnia agere, eamque esse velut somnum trium facultatum sive potentiarum, » quæ tamen non sunt *penitùs consopitæ* [4] : ea enim fiunt certis gradibus, « et tamen facultates ibi sunt incapaces applicandi se alteri rei quàm Deo [5]; » ibid., cap. xvi:

[1] *Vie*, ch. xiv, p. 74. — [2] *Vie*, xxxix. *Chem. de perf.*, ch. xxv, xxxi, p. 263, 590, 610. — [3] *Vie*, ch. xvi, p. 83. — [4] *Ibid.* — [5] Ch. xvi, p. 86, 87.

sunt agendi incapaces [1]; cap. xviii : privatim, *ligata est memoria* [2]; cap. xvii : *omnis sensus amittitur* [3], ibidem ; « sed tempus, ubi anima cujuscumque rei imaginandæ est incapax, est brevissimum : neque hinc aliter quàm sensim sine sensu revocatur. Sat tamen longo tempore anima remanet stupida velut jumentum : interdùm potentiæ ita suspensæ remanent, ut quid agant, nesciant [4], » ibid. Hæc autem oratio à Sanctâ recensetur inter eas quæ multis communes sunt, et certæ cuidam regulæ subsint.

CAPUT IV.
De eodem : ac de obice amovendo.

8. Sancta iterùm inculcat, cap. xx, « transformationem illam, quæ facultates privat omnibus functionibus, esse brevissimam : esse tamen alias diuturniores impotentias [5] : » quas inter experimento comprobari, spiritum spirare ubi vult : neque animam intelligere quidquam, nisi id, in illis nullam suam *esse partem* [6].

9. « Intereà, inquit [7], fit in animâ quædam abstractio sive separatio, (gallicè : *détachement*), ad quam nihil confert, quoniam Domino placet animam subitò elevare. » Ibid., cap. xxi ; et, cap. xxiv : « Cùm orationem cœpisset à repræsentatione cujusdam mysterii passionis Christi, tùm verò si Dominus elevaret mentem ad sublimius aliquid, nihil se obsistere, ac Deo duci sese permittere [8]. » Quo loco ostendit excelsissimis illis operationibus, quanquàm illæ per sese elici non possunt, interdùm tamen obicem aliquem poni posse : quâ de re infrà agemus.

CAPUT V.
De orandi impotentiâ, et gratiis communibus.

10. Hæc quidem sufficerent : et tamen mirifica virgo id addit aliquandò contingere, « cùm est in solitudine, ut se esse comperiat in impotentiâ cujusvis efformandæ cogitationis de Deo, aut faciendæ orationis [9], » cap. xxvii ; quo loco ostendit hanc impotentiam spectare ad orationis statum et habitum.

---

[1] *Vie*, ch. xviii, p. 95. — [2] *Ibid.*, p. 93. — [3] *Ibid.*, p. 98.— [4] *Ibid.*, ch. xviii, p. 99. — [5] *Ibid.*, ch. xx, p. 115. — [6] *Ibid.*, p. 117. — [7] *Ibid.*, ch. xxi, p. 123. — [8] *Ibid.*, ch. xxiv, p. 142. — [9] *Ibid.*, ch. xxvii, p. 180.

11. Subdit hæc posteà : « Deus imprimit menti quamdam suî reverentiam longè diversam ab eâ quam per sese anima habere posset [1]. » Ibid., cap. xxxviii ; intellige *per sese* cum gratiis communibus et ordinariis, ut ex antecedentibus constat, n. 3, 4.

CAPUT VI.
De interveniente extasi, et cursu orationis consueto et habituali.

12. Sanè in oratione sanctæ virginis intervenire solebat raptus sive extasis; quà de re infrà agimus : interim hìc loquitur de oratione ordinatâ, et ut aiunt *regulatâ*, consuetâ scilicet et habituali, in quâ anima monitis, experimentis, documentis et aliorum et suis adjuvari potest ad repellendum obicem; ut patet ex *Vid perfectionis,* cap. xxv et xxxi [2], et ex antecedentibus.

13. Quam in rem legendum est istud, in ipsis primæ *Relationis* initiis : « Hæc est oratio, hoc genus meæ orationis, eo tempore quo scribo : rarissimè mihi contingit ut possim discurrere per intellectum (inter orandum scilicet; quà de re hìc agitur); quia statim atque incipio meipsam recolligere, ingredior in quietudinem et raptum; atque ideò non possum uti sensibus [3]. » Quid sit autem ille raptus, alibi exequemur : hìc tantùm id volumus, orationem quietis sanctæ virgini et aliis plerisque familiarem, in suspensione discursùs, atque ex eo sensitivarum facultatum collocari.

CAPUT VII.
De rapidis motibus, eorumque momentis.

14. Quàm sit supernaturalis ea oratio, sensu supradicto (n. 6), docent rapidi motus ejusque momenta brevissima, de quibus sancta virgo ait « orationem unionis vix durare per spatium dicendi *Ave Maria* [4], » *Vitæ* cap. iv. Item cap. xviii : « Ea suspensio omnium facultatum sive potentiarum, meâ quidem sententiâ, non durat diù, multùmque esse, si ad dimidiam horam protenditur [5]. » Quo loco sua experimenta tradit : Nobis verò sufficit eos actus esse rapidos et celeres : quod sanctus quoque Augustinus, Gregorius, Bernardus, Thomas, aliique semper inculcant.

---

[1] *Vie*, ch. xxxviii, p. 251. — [2] *Chem. de perf.*, ch xxv et xxxi, p. 591, 611, etc. — [3] *Relat.*, p. 283. — [4] *Vie*, ch. iv, p. 14. — [5] *Ibid.*, ch xviii, p. 98.

Argumento autem sunt divinæ extraordinariæ operationis illa momenta brevissima; de quibus etiam vide suprà. (Cap. II, III et IV, n. 6, 7, 8).

CAPUT VIII.

Beati Joanni à Cruce conformis sententia.

15. Beatus Joannes à Cruce is est, qui de contemplatione sive oratione passivâ, hoc est quietis sive simplicis intuitûs, quem *amatorium* seu mavis *amorosum* vocat, accuratissimè scripsit. Ait autem imprimis eam vel certissimam notam transeundi à statu meditationis ad contemplationem, « cùm quis animadvertit se non posse meditari, neque operari per imaginationem[1] : » quâ voce excluditur, secundùm stylum auctoris, ipsa operatio discursiva; quæ ex decretis Scholæ peripateticæ, quam post sanctum Thomam sequitur, fieri non potest nisi per conversionem ad phantasmata : quâ de re videndum in 1 p., q. 84, art. 7 ; et q. 85, art. 1.

16. Id autem exponens subdit : *Quamdiù potest quis discurrere per meditationem, non debet eam omittere*[2]. Rursùs ibid., cap. XIV[3], deserendam meditationem, « cùm quis non potest discurrere, » eò quòd anima jam receperit « emolumentum omne quod capere poterat meditatione et discursu : cujus rei signum est, non posse discurrere neque meditari, ut solebat. »

17. Quid sit autem illud *non posse discurrere* sive *meditari*, in libro *Obscuræ noctis* luculentiùs exponit[4] his verbis : « Non esse deserendam meditationem, nisi cùm eâ jam uti quis non potest, et tunc tantùm cùm Dominus id impedit : » quo loco docet « tunc non debere animam esse sollicitam quòd amittat potentiarum operationes[5], » quia tunc dat locum sublimiori operationi ex contemplatione ortæ : quæ contemplatio « nihil sit aliud quàm infusio Dei secreta, pacifica, et amorosa. »

18. Quale autem sit illud divinum impedimentum, ex Philosopho et Dionysio exponit his verbis, eam scilicet fieri non subtractione tantùm, sed ex eo quòd « ingenti supernaturali luce

---

[1] *Mont. du Carm.*, liv. II, ch. 13, p. 72. — [2] *Ibid.* — [3] *Ibid.*, ch. XIV, p. 74.— [4] *Obsc. nuit*, liv. I, ch. X, p. 257. — [5] *Ibid.*, ch. 10, 255.

vincitur vis naturalis intellectiva, privaturque ratione intelligendi ordinariâ et vulgari [1] : » quæ est ipse discursus sive meditatio, ex antecedentibus.

19. Hæc autem operatio tam sublimis est et extraordinaria, ut « anima sibi videatur ferri seu gradi extra se, totumque illud velut incantamenti loco habeat, vel stuporis cujusdam : subitque admiratio earum rerum quas videt et audit, adeò apparent alienæ ac velut ex longinquo venientes ; adeòque hæc operatio abstrahit animam ab ordinariis sensibus, totâque communi agendi ratione [2]. »

20. Quocircà anima « in illo statu actuali non potest hos actus facere, nisi speciali et particulari impulsu Spiritûs sancti : quo fit, ut illi actus divini sint, quatenùs anima ad hanc singularitatem movetur [3]. » Claret ergò, animam non communi justis, sed speciali motione agi : quâ sine hos singulares ac divinos actus elicere non possit : « adeò ut, quantumcumquè sibi anima ipsa vim faciat ut oret pro aliquo, non id tamen fiat, » deficiente scilicet « eâ motione quâ Deus singulari modo movet animæ facultates [4]. »

21. Ex his efficitur vera impotentia in animabus ad eam orationem actis : neque obest, quòd illa impotentia *ad habitûs gustûsque defectum referatur* [5] : simul enim intervenit illud impedimentum quod vidimus ex parte ipsius Dei ; intervenit etiam illa operatio quam « Deus passivè infundit, ità ut nec illam impedire, nec etiam acquirere anima illa possit : » adeò absoluta est hæc via à communibus gratiis : undè etiam passim extraordinaria ac supernaturalis dicitur [6], eo sensu quem diximus, n. 6 et seq.

22. Cæterùm impedimenta illa, illas impotentias, ad contemplationis actualis tempus duntaxat revocandas, docet vir beatus ipsissimis verbis, toto libro passim, maximè verò ubi ait, meditationem ablegandam quidem « toto illo tempore quo Deus largitur hunc simplicem ac generalem et amatorium intuitum : cæte-

---

[1] *Obsc. nuit.*, liv. I, ch. v, p. 276, 277. — [2] *Ibid.*, liv. II, ch. ix, p. 290. — [3] *Vive flamme, Cant.* I, vers. I, p. 500. — [4] *Mont du Carm.*, liv. III, ch. I. p. 152. — [5] *Ibid.*, liv. II, ch. xvi, p. 85. — [6] *Ibid.*, ch. xvi et xxxii, p. 85, 147, etc.

rùm extra illud tempus adhiberi oportere bonas meditationes, eo modo quo anima intellexerit magis esse proficuas[1]. » Hæc ille. Quibus omnibus duo constabilita remanent : primum, dari impedimentum illud divinum, quo anima à vulgari agendi ratione, hoc est à discursivâ operatione, prohibetur : alterum, ut impedimentum illud ad tempus contemplandi pertineat tantùm : quæ si quis nostri instar auctoris ad gratias communes revocare nititur, eum in luce meridianâ cæcutire certum est. Hæc exscribo ex versione accuratissimâ P. Cypriani Carmelitæ discalceati, anni 1652, cui versio latina apprimè congruit.

CAPUT IX.
Testimonium Nicolai à Jesu Marià, lectoris in theologiâ in collegio Salamanticensi.

23. Is est Joannis à Cruce eruditus interpres, qui allegato beati viri eo loco quem vidimus de discurrendi impotentiâ, quo signo à meditatione ad contemplationem transeamus (c. sup., n. 15, 16, 17), ità præclarum auctorem exponit : « Altera elevatio mentis sive contemplatio supernaturalis ità vocitata, quia est supra omnem humanum agendi modum ; cùm non possit acquiri proprio conatu ac diligentiâ sive industriâ, etiam cum communibus auxiliis gratiæ, sed à Deo solo detur et infundatur purâ ejus misericordiâ : hinc fit, ut sancti Patres ad eam comparandam minimè homines adhortentur[2]. »

24. Hæc igitur prima pars est doctrinæ beati viri Joannis à Cruce : secunda verò pars, de brevibus momentis, adstruitur auctoritate Cassiani, Gregorii Magni, sancti Thomæ aliorumque doctorum[3] : quæ doctrina rursùs duabus partibus constat; quarum altera est, ut non nisi tempore orationis hæc impotentia valeat : altera, ut paucis momentis duret : *Non omni tempore*, inquit, *nec diù*.

25. Jam quo sensu illa impotentia supernaturalis habeatur, idem auctor eo constare docet : quòd auferatur ab animâ *connaturalis ac discursiva operatio*[5] : cesset etiam opus *proprii laboris*,

[1] *Mont. du Carm.*, liv., II, ch. xxxii, p. 147. — [2] *Phrases myst.*, II part., ch. 3, § I, p. 119, 120, *édit. de Paris*, 1652. — [3] *Ibid.*, ch. III, § 8, 143, 144. — [4] *Ibid.*, p. 145, 146. — [5] *Ibid.*, ch. II, § 1, p. 107.

industriæ, et conatûs[1]: cessent deniquè « propriæ operationes, hoc est illæ quæ exercentur proprio labore, industriâ, acquisitione, discursu, et modo connaturali[2] : » quæ omnia cum sanctâ Theresiâ ac beato illo viro mirificè concinunt, atque in horum beatorum proferendis locis idem auctor totus est.

CAPUT X.

De impedimentis divinis per modum purgationis aut perfectissimæ contemplationis : egregia doctrina beati Joannis à Cruce.

26. Incredibile dictu est, à mysticæ sententiæ professore tot mysticorum, quorum defensor videri velit, testimoniis experimentisque fultam, non modò contemni sententiam, verùm etiam temerariam, imò etiam fanaticam appellari. Hæc autem confirmantur ex præclarâ doctrinâ Joannis à Cruce asserentis[3] talia impedimenta impotentiasque divinas « evenire animabus, aut per viam purgationis et pœnæ, aut per viam perfectissimæ contemplationis : » quo loco duobus verbis vir beatus ingentia arcana reservavit. Hæc nos alibi exposuimus[4]; nunc verò id intelligi volumus parem esse in utroque statu impotentiam : quanta autem in purgationum ac pœnarum, hoc est probationum statu reperiatur, hæc verba demonstrant : « In eo purgationis statu animæ tam exigua est potentia, ac illius qui in tenebricoso carcere catenis ferreis ligatus manus et pedes, neque se commovere potest, neque perspicere aut sentire ullam opem neque ab alto neque ab imo[5]. » En animus quàm arctè constrictus, quantoque impedimento tentus. Neque ita multò post : « Maximo vero dolore afficitur, quòd ligatis potentiis atque affectibus non possit ut anteà erigere mentem atque affectum in Deum (modo sensibili ac discursivo), nec precari Deum (eo modo quo solebat), nec interesse divinis magnà cum animi attentione[6] » (eo attentionis genere quam sensus ac discursus exprimit, ut patet ex antecedentibus). Vide quàm à vero absint, qui negant in oratione passivâ seu quietis ac simplicis intuitûs, impedimenta divina quibus ligentur

---

[1] *Phrases myst.*, II part., ch. IV, § 6, p. 167. — [2] *Ibid.*, ch. XVII, p. 230. — [3] *Obsc. nuit.*, liv. I, ch. x. — [4] *Instr. sur les Etats d'Or.*, liv. IX, n. 39.— [5] *Obsc. nuit.*, liv. II, ch. VII, p. 283. — [6] *Obsc. nuit.*, liv. II, ch. 8, p. 285.

facultates, affectus, discursivi actus, et eam orationem tam extraordinariam ad gratiam communem omnibus justis, contra mysticæ theologiæ decreta, imò etiam contra sua, ut mox videbimus, revocandam putent.

CAPUT XI.

De sancto Francisco Salesio, ac venerabili matre Joannâ Fremyottâ dominâ de Chantal.

27. Sanctus Franciscus Salesius de divinis impedimentis agit, occasione venerabilis matris Joannæ Fremyottæ, quæ in hanc oratione tracta erat : quâ de re cùm copiosè egerimus[1], hîc pauca dicemus. Primùm annotamus locos tam beati antistitis quàm venerabilis viduæ, in quibus illæ impotentiæ memorantur. Verùm ante omnia observamus, cùm de suis *impotentiis* tam sæpè quereretur, à sancto episcopo nusquàm esse reprehensam, tanquàm sua exaggeraret incommoda aut scrupulos : imò verò rem simpliciter ac propriè intellectam, ut patet ex epistolis[2] : ipsa quoque pari simplicitate ac proprietate verborum, suas *impotentias* ingenuè ac sine fuco fatebatur, iisque medebatur *Deo mente conjunctâ, sine actibus,* inquit, *nam nullum facere possum*[3].

28. Actus autem illos quos elicere non poterat fusè exposuimus[4], docuimusque fuisse vel maximè actus *discursivos, quos propriæ industriæ* vocabat; item *meditationis actus, quos anima hujus status nullo modo potest elicere*[5]. Non tamen semper erat suspensa ab illis actibus, sed tantùm *orationis tempore,* ut ibidem sæpè ostendimus. Cæterùm ità agebatur, ut Deus persæpè vim operationemque remitteret, piamque fœminam sibi relinqueret; quo liquet non id ex habitu provenisse, sed ex singulari divinâ operatione per momenta, per intervalla, per actus singulos, sive se exerente, sive reprimente, ut explicavimus[6]. Quòd ergo dominus Cameracensis sanctum Franciscum Salesium ejusque spiritualem filiam in ore assiduè habet, laudo : quòd eorum

---

[1] *Instr. sur les Etats d'Or.*, liv. IX, n. 26. — [2] Liv. IV, *ép.* XIII, Liv. V. *ép.* I. Liv. VII, *ép.* XXIII. — [3] *Ecrit de la M. de Chant. Vie*, II *part.*, ch. XXIV. — [4] *Instr. sur les Etats d'Or.*, liv. IX, n. 29, 30. — [5] *Ecrit de la M. de Chant.*, dem. 4, III *part.*, ch. III, IV. *Vie de Chant.*, II *part.*, ch. VII. — [6] *Instr. sur les Etats d'Or.*, liv. IX, n. 30, 31, 32, 33.

spernit et sententiam et usum et experientiam, tantus divinorum ac mysticorum experimentorum assertor ipse viderit.

CAPUT XII.

De P. Baltasare Alvare, et P. Ludovico à Ponte.

29. Duos hîc è Societate Jesu egregios proferimus testes, Baltasarem Alvarem Suaresii editorem, et Ludovicum à Ponte ejusdem Baltasaris Vitæ scriptorem, summostheologos ac spirituales viros, à domino Cameracensi sæpè cum laude appellatos. Hanc Vitam ex versione gallicanâ referam.

30. Itaque Ludovicus à Ponte incipit à duplici genere « orationis mentalis, quarum altera procedit per viam ordinariam : altera per viam magis extraordinariam paucis communicatam [1]. » Prima autem « maximè pendet à nostrâ industriâ, promovente gratiâ, sine quâ nihil boni cogitare possumus. » En ab ipso principio duplicem gratiam, communem alteram, alteram extraordinariam communicatam paucis, nec ab industriâ nostrâ, sed ex vocatione speciali ita pendentem, ut à communi gratiâ vulgares operationes pendent: quod ipse P. Alvares prodit in eâ relatione quam infrà memorabimus [2].

31. P. autem Alvares « sexdecim totos annos exegit in oratione vulgari per tres vias, purgativam, illuminativam et unitivam [3]. » Ergò via unitiva, quæ est perfectissimi amoris, ad vulgarem tamen orationem pertinet ; ad meditationem scilicet, non ad contemplationem : contra id quod dicit præsul, qui vitam unitivam ad suum quintum gradum, qui puri est amoris, revocat [4].

32. Certè P. Alvares antequàm ad extraordinarium orationis genus vocaretur, exercebat apostolicum illud : *Sine intermissione orate*, eâque oratione donatus erat [5]; quin etiam exercebat purum amorem erga Christum in se consideratum. Ergò hæc dona antecedebant « orationem illam quietis, unionis, ac perfectæ tranquillæque contemplationis, ad quam post sexdecim annos laboris evectus est [6] : » quo tempore à præposito generali jussus

---

[1] *Vie du P. Balt. Alv.*, ch. II, p. 11. — [2] Inf., n. 32. — [3] *Vie du P. Alvar.*, p. 20. — [4] *Max. des SS.*, p. 23, 24. — [5] *Vie du P. Balt. Alv.*, p. 22, ch. v, p. 30, 31, 32. — [6] *Ibid.*, ch. XIII, p. 127.

PARS I, ARTICULUS I, CAPUT XII.

edidit relationem de suâ oratione Vitæ ejus insertam [1] : adeò hæc extraordinaria, et singulari studio inquirenda habebantur. Eâ relatione memorat illum sexdecim annorum laborem, « quibus exactis, cùm nihil tale cogitaret, cor suum totum immutatum dilatatumque comperit, immisso animi deliquio illi beatorum simillimo; » quod fuit initium viæ interioris extraordinariæ, quam, inquit, *experiri cœpit à Deo donatam*, nonnisi singulari dono, cùm et antecedentem à Deo quoque esse constaret, sed per dona communia.

33. « Hæc igitur oratio, inquit, eâ in re sita erat, ut coràm Deo constituerer per præsentiam quamdam interiorem, et etiam corporaliter mihi datam, in quâ permanerem per modum habitûs fixi [2] » sive permanentis; quod planè est extraordinarium; neque hîc quidquam commemorat de separatione motivorum proprii commodi, in quo nunc auctor noster quintum suum gradum, id est, perfectionis statum collocat.

34. Ad eum statum evectus, arcanas voces plerumquè audiebat, « quibus et ad mundi contemptum et ad amorem latum incitabatur, et reprehendebatur si ab eo orationis genere deflecteret [3] : » quæ sanè sunt extraordinaria.

35. Sed extraordinarium hujus status *in cessatione discursûs*, et ille maximè, et Vitæ ejus scriptor reponebat [4] : « Per præsentiam Dei singulari dono datam, seclusâ propriâ industriâ, suspensis sanè, sed per certa tantùm intervalla potentis, » quæ ipsissima est « oratio quietis et recollectionis sive silentii, » in quâ, teste Dionysio, animus *patitur divina*, ad quæ ex suâ industriâ nihil confert.

36. Hîc autem quatuor observatu digna. Primum, quòd inter hujus orationis fructus nunquàm commemorat separationem illam à proprio commodo. Alterum, eam orationem in cessatione discursùs constitutam. Tertium, cessationem illam non ex habitu, sed ex singulari divinâ operatione profluere, et inter ea dona constitui, quæ nonnisi « gratiâ, privilegio, vocatione speciali, quæ non sit omnium, nec propriâ industriâ et communibus

---

[1] *Vie du P. Balt.*, ch. XIII, p. 128, 129, § 1.— [2] *Ibid.*, p. 132.— [3] *Vie du P. Alvar.*, p. 134, 135. — [4] *Ibid.*, p. 137, 138, ch. XIV; p. 140, 142, 143, 144.

gratiis acquiri et comparari possit [1]. » Quartum, ibi animam pati divina, quod etiam sancto Ignatio parenti suo contigisse narrat [2], ejusque rei gratiâ à summo Pontifice necessariò impetratum, ut à Breviarii precibus immunis esset, propter extraordinariam illam vim quâ victus ac subactus, ad orationes vocales prosilire vetaretur.

37. Solebat autem P. Alvares dicere [3], cùm Deus *discursum auferret*, tunc signum esse datum, *Deum velle esse dominum* singulari illâ et supra discursum omnem operatione quam vidimus : quod signum à beato quoque viro Joanne à Cruce datum legimus [4].

38. Nec minùs observatu dignum P. Ludovici de Ponte pronuntiatum illud, non esse mirandum si tunc animæ contingant *extases, scientia infusa* [5], aliaque extraordinaria : quod et ipse de se P. Alvares in suâ relatione memorabat, visionesque imaginarias et intellectuales, volatusque mentis, ut consueta referebat.

39. Deniquè ante omnia observatu dignissimum istud à P. Alvare singulari quodam edito sermone memoratum adversùs illuminatos, ubi eorum « reprehendit errores, quòd negarent sine oratione mentali posse quemquam esse perfectum, neque ad id sufficere orationem vocalem [6] : » non autem perfectos esse volebat sine amore puro : ergò in amore puro orationem quæ ad perfectionem duceret minimè collocabat; quo vel uno à domino Cameracensi in immensum distat.

CAPUT XIII.

De Gersone et Jacobo Alvare Paz, aliisque recensentibus orationem quietis inter gratias gratis datas.

40. Gersonis quidem orationem quietis sive contemplationem ad gratias gratis datas disertè referentis locum sæpè adduximus ex doctissimo libello cui titulus : *Elucidatio scholastica theologiæ mysticæ* [7]. Jacobi autem Alvaris Paz hæc verba sunt [8]: « Oratio-

---

[1] *Vie du P. Alvar.*, ch. XLV, p. 155, 157; ch. X, p. 453, 458, etc. — [2] *Ibid.*, p. 137, 138, etc.— [3] *Ibid.*, p. 159.— [4] *Sup.*, n. 15, 16 et seq.— [5] *Vie du P. Alvar.*, p. 145, 146, 163, 166, 167. — [6] *Ibid.*, ch. XXXIII, p. 353.— [7] *Consid.*, VII.— [8] Tom. III, *de Perf.* lib. V, app. 2, cap. IX, p. 1291.

nem simplicis intuitûs desiderare possumus, sed conatu et industriâ nostrâ habere non possumus; est enim donum verè supernaturale, sicut raptus et extasis et alia ejusmodi : » quo loco non indicat eam orationem esse extasim aut raptum propriè dictum, sed tantùm ejus donum tam singulare his donis esse simillimum. Concinunt mystici omnes, Rusbrokius, Taulerus, inter recentiores ipse Thomas à Jesu : quibus omnibus hæc oratio infusa et supernaturalis est, illo stricto et singulari sensu, quem sæpè diximus; hoc est extraordinaria, et à communibus gratiis absoluta.

CAPUT XIV.

Primum corollarium : Quòd falsum sit, in eâ oratione perfectionem collocandam, et quòd sine eâ comparari non possit, ex sancto Salesio ac sanctâ Theresiâ.

41. Sancti Francisci Salesii doctrinam et verba retulimus[1], et ille quidem jam episcopus apostolicâ charitate præditus, ad summum perfectionis gradum pervenerat, licèt orationem methodicam ac meditativam sivè discursivam necdùm prætergressus esset, ac superiorem gradum nequidem cognosceret, et præclarè secum agi putaret cùm solatiis atque affectibus inhærebat[2]. Deniquè clarâ voce testabatur[3] sæpè *eos qui per vim et ipso rationis apice* divinæ se voluntati conjungerent, antecellere *aliis qui illâ quietudine* et extraordinariis motibus traherentur : atqui absurdum esset perfectiores esse posse qui minùs casto puroque amore tenerentur : ergò illa quietudo non est in puro perfectoque amore statuenda.

42. Idem sentiebat sancta Theresia, cùm diceret « non pendere perfectionem ab illis gratiis extraordinariis, cùm multæ sanctæ animæ nunquàm eas acceperint, multæ acceperint quæ sanctæ non fuerint; imò verò qui laboribus acquisivere virtutes, meritis esse potiores[4]; » quod apprimè cum beato Salesio congruit.

43. Rursùs eadem sancta virgo memorabat « sibi notos esse, quos Deus ejusmodi gratiis dignaretur, quibus carere mallent,

[1] *Instr. sur les Etats d'Or.*, liv. IX, n. 11, 12. S. Fr. de Sales, liv. II, ép. 21. — [2] Liv. VII, ép. 21. — [3] *Entret.*, II. — [4] *Chât. de l'ame*, 6e dem., ch. IX, p. 798.

si id in suâ potestate relinqueretur¹; » quod profectò non dicerent de puro amore; quo carere velle est impium : longo ergò discrimine hæc habebant.

44. Item asserit² ad summam perfectionem pervenisse quamdam, quæ nedùm orationes extraordinarias assecuta esset, ex oratione vocali nunquàm excessisset : quod ex P. Baltasaris Alvaris ore mox accepimus (n. 39). Sic pro indubitato manet apud sanctos, orationes extraordinarias, de quibus diximus, in puro amore, quæ ipsa perfectio est, non posse constitui.

CAPUT XV.

Alterum corollarium : quòd justificationis gratia ab his orationis donis separetur : beatæ Theresiæ et P. Joannis à Jesu testimonium.

45. Quin sancta Theresia ultrà progreditur, clarisque verbis asserit³ non modò meriti magnitudinem ab his orationibus non procedere, ut statim diximus, verùm etiam non esse certum hujus status animas à *peccato mortali quod nesciant esse puras :* adeò illæ gratiæ ab amore non modò perfecto, verùm etiam justificante distant.

46. Quem in locum sanctæ matris, Joannes à Jesu Mariâ summus theologus, summusque mysticus, et in contemplativo ordine Carmelitarum discalceatorum ad summum honorem evectus, hæc habet : « Divinam quidem contemplationem sine supernaturali dono Dei nemini concedi : cæterùm contingere nonnullis in peccato mortali jacentibus, beata mater Theresia credidit; quod rationi consentaneum est⁴. »

47. Tùm objectionem solvit. « Posset, inquit, ità excipi, ut Spiritùs sancti dono contemplationis actu, qui jacebat in culpâ justus fiat⁵; » quam tamen interpretationem rejicit, « eò quòd non subsit efficax ratio ad omninò asserendum contemplationis actum ad gratiam gratis facientem pertinere : positâ sancti Thomæ doctrinâ, ii-ii, q. 171, art. 4, et omnium theologorum, in prophetiâ sublimem contemplationem exerceri. » Ex quo collegit : « Cer-

---

¹ *Chât. de l'ame*, 6ᵉ dem., ch. ix, p. 798. — ² *Chem. de la perf.*, ch. 3, 17. — ³ *Chât.*, 6ᵉ dem., ch. ix. *Ibid.*, ch. iv, p. 822. — ⁴ Init., tom. II, *Theol. myst.*, cap. 3, p. 15, 16. — ⁵ *Ibid.*

tius et ad mentem sanctæ Theresiæ accommodatius, insigni contemplationis dono peccatorem aliquantò emolliri, tametsi ad statum gratiæ minimè resurgat. » Non ergò status ille puro amore constat qui ad minimum justificans est, cùm in eo etiam perfectio collocetur.

48. Addit nonnullis videri hæc dona, iisque majora, « absque gratià gratum faciente constare posse, quemadmodùm et cætera dona quæ gratiæ gratis datæ à theologis nuncupantur : » atqui nemo existimare potuit purum ac perfectum amorem ad eas gratias referendum : non ergò in eo contemplationis statum ac theologiæ mysticæ summam reponebant.

49. Pergit : « Excepto illo eventu superiùs descripto, si de modo consueto sermo fiat, ii tantùm quos misericors Deus ad gratiæ statum evehat, illà (contemplatione) potiuntur. »

50. En contemplationis donum inter gratias gratis datas recensitum, ut suprà ex Gersone aliisque retulimus, n. 40.

51. Idem auctor inter effecta mysticæ contemplationis *animi suspensionem* notat[1] : ut prorsùs in hæc duo mysticos consentire constet, *suspensionem* illam *animi* admitti oportere, donumque esse extraordinarium nec à communibus gratiis pendens, et à puro amore longè distans : quod erat probandum.

CAPUT XVI.

His directè opposita domini Cameracensis verba; deque philosophià Scholæ, in quam culpam conjicit.

52. Jam domini Cameracensis verba videamus. Primum illud : « In his statibus nullam aliam inspirationem admitti, nisi eam quæ communis est omnibus justis [2]. » Sanè addit *validiorem esse ac specialiorem* in perfectis *puro amore gaudentibus*, sed interim ejusdem esse generis, et tantùm gradu differre : quo illas animi suspensiones excludit [3]. Eòdem pertinet locus de admittendà tantùm « inspiratione et attractu communi omnibus justis : » quod assiduè inculcat.

53. Hinc ad eum statum quem passivum vocant, nihil aliud

[1] *Schola*, *de orat. contempl. dubit.* 7. eod. t., p. 597. — [2] *Max. des SS.*, p. 67, etc. — [3] *Ibid.*, p. 150.

requirit[1], « quàm ut sit pacatus et ab omni commodo absolutus ; » quod procul abest ab eo quòd facultates animæ suspendantur et ad impotentiam redigantur.

54. Quo etiam cogitur à tribus illis notis transeundi ad contemplationem eximere impotentiam [2], quam suprà ex beato Joanne de Cruce, assentiente Nicolao à Jesu et Baltasare Alvare expressimus, n. 15, 16, 17, 18 et seq., 23, 37.

55. Quòd autem spirituales agnoverint « quemdam animæ fundum operantem sine ullo distincto potentiarum actu, id asserit provenire ex philosophiâ Scholæ quam mystici penitùs imbuerint [3] : » cæterùm « incidi difficultatem omnem, si semel supponamus animæ potentias non esse distinctas. » Sic Scholæ consulit, cujus in sinum refundit spiritualium errata : sed frustrà est. Primùm enim non tota Schola distinguit animæ potentias; tùm ea distinctio ad rem de quâ agimus planè indifferens est, cùm id tantùm agant viri spirituales, ut discurrendi operatio divinis impedimentis suspendatur, quam ad rem opinio de potentiis distinctis nihil facit. Postremò ille fundus animæ nihil aliud illis est, quàm subtilis quædam operatio intellectûs ac voluntatis, quæ, quia ab ordinario consuetoque usu longissimè abest, ideò ab interiore et latentiore fundo profecta videatur, sive re distinctæ sint facultates, seu ratione ac virtualiter tantùm : ut profectò luce sit clarius, nonnisi ad involvendam spiritualium sententiam Scholæ opiniones adduci potuisse.

CAPUT XVII.

Nota temeritatis inusta piis sanctisque mysticis, sanctæ Theresiæ, etc.

56. Neque eo contentus auctor ad hæc extrema prosilit [4]. « Si in viis interioribus aliquid agnoscamus extra puri amoris habitualis limites, » hoc est si præetereà inspirationes illas ac facultatum animæ suspensiones admittamus, quas omnes sancti spirituales uno ore docuerunt, « nihil magis temerarium aut periculosum futurum [5] : » quod etiam alibi urget.

57. Sic novus iste piorum mysticorum assertor, non modò

---

[1] *Max des SS.*, p. 204. — [2] *Ibid.*, p. 171. — [3] *Ibid.*, p. 201. — [4] *Ibid.*, Avert., p. 24. — [5] *Ibid.*, p. 205.

eorum abjicit decretum certissimum, de suspensis ac ligatis divino impedimento in satu et oratione passivâ animæ facultatibus, verùm etiam illis gravissimam temeritatis notam inurit.

CAPUT XVIII.
Iisdem sanctis mysticis imputatur fanatismus.

58. Nec veretur idem auctor mihi passim imputare fanatismum [1], quòd illa impedimenta divina ac facultatum animæ suspensiones agnoverim; quod cùm ego senserim, sanctæ Theresiæ omniumque mysticorum clarâ et irrefragabili auctoritate ductus, non ego sed illi fanatismi arguuntur.

59. At fortè auctor in eo vim facit, quòd ego concesserim illam orationem, eique conjuncta impedimenta divina, in venerabili matre Joannâ Fremyottâ, Mariâque Rossettâ fuisse penè continua. Quid tùm posteà? quid facit ad fanatismum, quòd rarò aut sæpiùs hæc intermissa fuerint? Si suspendi animæ facultates ad fanatismum pertinet; profectò Theresia, Joannes à Cruce, Baltasarus Alvares, aliique omnes ejus suspensionis assertores à fanatismo excusari non posse constat.

60. Quanquàm nec ego asserui continuitatem illam, quantam auctor indicat. Etsi enim religiosissimæ viduæ oratio penè continua fuisse fertur, non proptereà necesse est extra ipsum orationis argumentum illa impedimenta divina valuisse; nec ipsa oratio etsi penè continua, eodem semper impetu viget : quin etiam annotavi inter ipsos vividissimos contemplationis actus, alios discursivos ac plenè deliberatos intermisceri solitos; multos etiam scriptis aperto discursu consignatos fuisse [2]. Idem de Mariâ Rossettâ dixi clarissimis verbis [3], quæ quidem commemorare oportebat mea dicta recitantem, cùm ex iis tota vis pendeat.

61. Quare certissimum est nullam fuisse vel levissimam causam, cur fanatismi accusarer : et sanctissimos mysticos, ipsam imprimis Theresiam ac Joannem à Cruce, quorum operâ vel maximè uti velle se profitetur præsul [4], ipsius judicio, ut teme-

---

[1] *Resp. ad Summa*, p. 72. *Réponse à la Déclarat. des Evêq.*, 103, 109, etc. — [2] *Instr. sur les Etats d'Or.*, liv. VIII, n. 32, 34, 36. — [3] *Ibid.*, n. 36. — [4] *Max. des SS.*, Avert., p. 24, p. 205.

rariæ, ut periculosissimæ doctrinæ auctores, esse rejectos, neque tantùm ut suspectos, sed etiam ut apertè fanaticos [1].

CAPUT XIX.
Quid ad·hæc reposuerit auctor.

62. Hæc quidem auctori objecimus in *Declaratione* nostrâ [2], et auctores appellavimus quibus facultatum suspensio niteretur, Gersonem, Theresiam, Joannem à Jesu, Jacobum Alvarem Paz, Franciscum Salesium, atque his nunc addidimus Joannem à Cruce ac Baltasarum Alvarem. Hæc quidem refert auctor; quid autem respondeat, operæ pretium erit intelligere. Talis autem responsio est : « Facile probatu esset auctores quos citant non favere eorum sententiæ [3]; » quo dicto, tanquàm confectâ re, transit ad aliud. Fidem hominum! facilè probabis scilicet illos auctores et alios mysticos, in oratione quietis, divina illa discursùs impedimenta nescisse, neque eam orationem revocasse ad gratias gratis datas, quæ non modò nihil faciant ad justificantem gratiam, verùm etiam cum peccato mortali stare possint? Facilè, inquam, probabis, eam orationem quæ cum peccato mortali stare possit, in puro amore consistere, purumque illum amorem cum eo peccato posse conjungi : Hæc, inquam, facilè probabis, cui nihil non asserere, nihil non probare in promptu est? Miserum est, cùm ad hæc nec hiscere valeas, tam contemptim tamen tamque confidenter objecta transilire.

CAPUT XX.
Aliæ responsiones.

63. « At enim, sic objicit, prælati semper confundunt contemplationem et passivitatem [4] : » quid ad nos quâ hæc verborum subtilitate secernas? Certum, certum inquam illud est, contemplationem sine illâ tuâ quam vocas *passivitate* esse non posse, cum tibi contemplatio nonnisi in puro amore sit, in quo *passivitatem* reponis. Hoc nobis sufficit, cùm luce clarius dederimus

---

[1] *Resp. ad Summa*, p. 72. *Rép. à la Décl.*, p. 109. — [2] *Declar. trium Episc.*, suprà p. 495. — [3] *Rép. à la Décl.*, p. 107, 108, 139, etc. — [4] *Rép. à la Décl.*, p. 108.

eam orationem in puro amore reponi non posse, quæ etiam cum peccato mortali constet.

64. Pergit tamen : « Prælati in articulo Issiacensi xiii admittunt eam quam admisi passivitatem, » cùm agnoscant « actus in corde conceptos et formatos cum omni suavitate Spiritùs sancti. » Sanè : quis enim hos actus nesciat ? Sed hos actus esse passivos, tu solus asseris; neque in eo prælatos habes assentientes : quæ nostra quæstio est.

65. Adeò autem absumus ab eo, ut in articulo xiii passivitatem illam explicare velimus, ut è contrà passivitatem omnem ad articulum xxi referamus, ibique tantùm ejus mentio incipiat. Qui autem dixerit *passivum* hoc esse *tranquillum* [1], te primum, te solum esse comperimus, alium præter te neminem.

66. Quod addis [2], *eorum*, trium scilicet prælatorum, *passivitatem* quæ non eorum est, sed auctorum omnium spiritualium, ut vidimus, tibi esse *suspectam :* id ipsum est quod miramur, tantam esse confidentiam, ut ipsam Theresiam, ipsum Joannem à Cruce, aliosque tot ac tantos mysticos, quos à nostrà sententià separare nullà arte potuisti, nec ipse tentasti, pro suspectis, pro temerariis, pro fanaticis habere sis ausus; adeò nihil non audes, nihil non verborum fuco probare te posse confidis. Miram eloquentiam, sed planè noxiam !

CAPUT XXI.

Dominus Cameracensis sibi ipsi contrarius.

67. Quid quod dominus Cameracensis hanc ipsam quam fanaticam vocat impotentiam adstruit ? Annon enim agnoscit in certis statibus quoad orationem vocalem *veram impotentiam* [3] ? Undè illam, nisi ex suspensis divinà potentià etiam interioribus animæ facultatibus ? Non enim Deus, credo, linguam, sed illas facultates impeditas tenet : quænam autem illa est, in articulo x, toties decantata *invincibilitas et ratiocinandi incapacitas* [4], nisi impotentia quædam? undè verò orta, nisi ex eo quòd anima videre non possit id quod *Deus ipse subtrahit, suffuratur, occulit* [5] ? Tuo

---

[1] *Max. des SS*, p. 204, 210. — [2] *Rép. à la Décl.*, p. 108, 109. — [3] *Max. des SS.*, p. 157. — [4] *Ibid.*, p. 87, 89, 90. — [5] *Ibid.*, p. 89.

ergò te gladio jugulas, et ut me fanatismi arguas, non modò Theresiam et alios, sed etiam teipsum (pudet, ah pudet) facis fanaticum.

CAPUT XXII.

Domini Cameracensis responsio circa tres notas transitûs ad contemplationem.

68. Sanè dominus Cameracensis vult à se memoratas tres illas celeberrimas transitûs ad contemplationem à beato Joanne à Cruce præclarè constitutas notas : *Nempè,* inquit[1], objiciunt *à me prætermissam impotentiæ notam.* Certè id objicimus. Ostende verò quid de eâ dixeris. « Dixi enim solùm, » inquit, ex discursivâ oratione, « animam non trahere succum, neque quidquam aliud agere, quàm ut sese distrahat ac languore conficiat. » Certè id solùm dixisti. Dic sodes, an Joannes à Cruce aliique mystici id solùm dixerint, non veram impotentiam agnoverint, suspensis scilicet animi divinâ quâdam operatione ac per impedimenta divina facultatibus ? Verbis eorum teneris : negare non potes. Fatearis ergò necesse est à te unam mysticorum prætermissam notam, atque eorum, quam extollere velle videaris, spretam auctoritatem.

CAPUT XXIII.

Grande illius notæ suppressæ incommodum malè à domino Cameracensi propulsatum.

69. « Dominus Meldensis, inquit, id contendit pertinere ad inflandas animas[2]. » Sanè. Id enim pertinet ad infarciendam præcipitis superbiæ amentiam, si quoties animam ad contemplationem admoveris, simul illi declares in eo esse necessarium amorem purissimum ac perfectissimum : atqui hoc declaras, qui contemplationem in puro amore collocatam doces. Respondet dominus Cameracensis : « Idipsum damnare est beatum Joannem à Cruce, sanctam Theresiam, Baltasarem Alvarem, et Franciscum Salesium[3]. » Certè si illi tecum reponerent contemplationis orationem in amore purissimo, non tantùm justificante, verùm etiam perficiente : sed quàm longè ab eo errore absint, satis constitit.

[1] *Rép. à la Décl.*, p. 138, 139. — [2] *Ibid.*, p. 139. — [3] *Ibid.*, p. 40.

.70. Neque tantùm animas ad contemplationem traducendas in hunc gurgitem conjicis, sed ipsos etiam directores, quibus subtrahis certissimam et clarissimam impotentiæ notam; quâ tamen sublatâ audent declarare animabus, ipsas esse purissimo amore perfectas, quo discursum omnem abjicere teneantur.

71. Reponit : « Annon anima ad contemplationem à meditatione traduci potest, nisi id ei declaraveris [1]? » Speras ergò id à te posse præstari, ut anima omnem discursum te auctore abjiciat, neque id tamen persentiscat? Callidum directorem qui hæc se perficere posse crediderit !

72. At enim : « Cùm animæ cuipiam sua mutantur exercitia, non proptereà eidem indicatur eam esse amore perfectam, sicut nec diacono cùm ad sacerdotium promovetur. » Nec cogitas mutato exercitio, meditatione sublatâ, discursu interdicto, simul indicari purissimum amorem sine quo ista ex te esse non possunt : neque ullum est simile signum ; signum, inquam, facti in promovendis ad ordines. Hæc ergò mittamus, et à te fateamur neglectas illas notas à spiritualibus traditas.

CAPUT XXIV.

Dominus Cameracensis objectiones, sive argumenta quinque.

73. Præsulis responsa vidimus ; nunc ne quid probationi nostræ desit, objecta audiamus. Sunt autem hujusmodi. Primum : « Beatam Theresiam, septimâ in mansione asserere animas ejus statûs nullum experiri ampliùs raptum, qui contra ordinem naturæ suspendat intellectûs voluntatisque facultates [2]. »

74. Alterum : « his suspensionibus everti systema puræ fidei piorum omnium mysticorum, ac imprimis beati Joannis à Cruce [3]. »

75. Tertium : hanc fidei obscuritatem nullum admittere lumen extraordinarium, nullam extraordinariam aut miraculosam inspirationem [4], teste eodem beato Joanne à Cruce.

76. Quartum : « secundùm eumdem auctorem ab hujus statu

[1] *Rép. à la Décl.*, p. 140. — [2] *Max. des SS.*, p. 207. — [3] *Ibid.* — [4] *Ibid.*, p. 64, 65.

animabus extases, visiones, revelationes, communicationes interiores voluntariè recipi minimè oportere[1] : » cùm, eodem auctore teste, in fide nudissimâ atque obscurissimâ mens maneat.

77. Quintum : admittere illas facultatum suspensiones nihil aliud esse, quàm « contemplationem passivam, quæ ex se libera est et meritoria, cum gratiis gratis datis confundere; repugnantibus sanctis, qui dicunt nunquàm his gratiis voluntariè occupandam mentem[2]. » Hæc sunt igitur domini Cameracensis argumenta quinque, ad quæ resolvenda nunc ordine procedimus.

CAPUT XXV.

Responsio ad primum ex sanctâ Theresiâ sumptum.

78. Ad primum, quod sumptum ex sanctâ Theresiâ negante, in mansione septimâ, ullum esse actum suspendentem facultates, dicendum et rem esse falsam, et locum ab auctore esse corruptum. Et quidem satis constitit septem totis primi hujus opusculi capitibus, et centum eximiæ virginis locis de suspensis facultatibus in oratione quietis, quam ipsa contemplationis appellat. Ergò si in mansione septimâ jam nulla suspensio est, ne sancta ista sibi, quod nefas est credere, in re experimenti adversari videatur, vel dicendum raptum alio sensu dici ac auctor intelligat, vel hunc locum qui nobis objicitur, non ad orationem quietis, sed ad aliud orationis genus pertinere.

79. Ut autem sanctæ virginis mentem ex ipsâ teneamus, in illâ septimâ mansione id habemus, cap. I[3]. Hunc statum incipere à visione intellectuali sanctissimæ Trinitatis, quæ planè cœlestis et extraordinaria est. Quo etiam loco loquitur de operatione quâdam, quam *apertionem fenestræ*, hoc est introductionem cujusdam intimæ lucis, nominat : hanc autem « fenestram ab animâ aperiri posse negat, aut à quoquam nisi à Christo. » Quæ nisi de gratiâ extraordinariâ intelligantur, nihil sancta diceret.

80. Capite verò secundo, apparet « sanctissima Jesu Christi humanitas, multæque interveniunt divinæ operationes, aliæ raptim,

---

[1] *Max. des SS.*, p. 64, 65. — [2] *Ibid.*, p. 207. — [3] *Chât.*, 7ᵉ dem., ch. I, p. 809.

aliæ firmiores ac magis durabiles [1] » Quo etiam loco amittit anima « motum omnem quem potentiæ et imaginatio indere consueverant [2]. » Quin etiam intellectùs « operatio non perturbat animum; quia Omnipotens qui creavit illum, ejus suspendit actionem, hincque intueri tantùm id quod intùs agitur quasi per rimulam quamdam [3], » hoc est actione intimâ, tenui et exili vixque sensibili : « tùm verò potentiæ, » quatenùs magis afficiuntur sensibus, « manent non extinctæ quidem, sed operatione nullâ (sensibili scilicet) et quasi attonitæ rerum magnitudine. »

81. Capite deindè quarto sic ait : « Dominus animas interdùm sinit ad suum naturalem reverti statum [4], » à quo proindè eas abstraxerat. Deniquè « Deus solus potest hanc indulgere gratiam, et quicumque noster conatus esset inutilis [5]; » intellige conatum ex communibus gratiis (ut suprà, n. 3, 6, 23), alioqui nihil dicit. En quot operationes extraordinarias, quot rerum miracula inducat in eam mansionem, à quâ omnia extraordinaria arcere voluisse fingitur.

82. Quid ergò dicendum ad eum Sanctæ locum, quem auctor objecit (suprà, n. 72)? Omninò respondendum hunc locum ab eodem auctore esse truncatum. Sic enim refert à beatâ Theresiâ assertum ; « septimæ mansionis animas nullum experiri ampliùs raptum, qui suspendat intellectùs voluntatisque facultates : » atqui sancta illa virgo non scripsit absolutè nullum, sed *ferè nullum* [6] *:* neque etiam id scripsit de omni genere aut omni effectu raptùs, cùm disertis verbis dicat : « Ego autem id intelligo quoad exteriores effectus : » quod posteà exponit « de extasi aut volatu mentis : quæ, inquit, in septimâ mansione rara sunt, nec ferè contingunt in publico. » En quid beata virgo ab eâ mansione arceat; raptum *in publico,* raptum *quoad exteriores effectus,* idque non absolutè, sed *ferè :* ac ne quidem ait hos raptus nullos esse, *sed raros :* neque, ut auctor fingit [7], raptus generatim *ad infirmitatem animi* pertinere, sed *raptus illos* quales vidimus, quibus beata virgo toties laborasse se memorat [8] : raptus deniquè

---

[1] *Chât.*, 7e dem., ch. II, p. 811, 813. — [2] *Ibid.*, p. 814, 815. — [3] *Ibid.*, p. 819. — [4] *Chât.*, 7e dem., ch. IV, p. 821 — [5] *Ibid.*, p. 827. — [6] *Ibid.*, ch. III, p. 819. — [7] *Max. des SS.*, p. 207, 208. — [8] *Chât. de l'ame,* 7e dem., p. 819, 820.

ubi anima ita sibi excidit tota, ut *nullus usus sensuum relinquatur*[1] ; quod in ejusmodi oratione est infrequens, cùm ferè unus discursus intercludi soleat.

83. Sic igitur auctor beatæ Theresiæ locum nobis objicit, sed mutilum, resectis integris sententiis, iisque quæ ad rem vel maximè faciant.

CAPUT XXVI.

Ad alia objecta respondetur.

84. Ex his ad secundum argumentum ex beato Joanne à Cruce promptum facilè responderi potest. Sciendum autem est orationem quietis, quæ discursum impedimento divino suspendit et excludit, ut ex eodem beato viro suprà demonstravimus (n. 15 et seq.), etsi eo nomine sit extraordinaria, ut ibidem est dictum, tamen ejusmodi esse, ut longis diuturnisque voluntariis dispositionibus et experimentis præparetur ; quibus id anima vel maximè doceatur, ne supernaturali gratiæ obicem ponat ; unde ea gratia supernaturalis licèt, ut beatam Theresiam, Joannem à Cruce, Baltasarum Alvarem, aliosque omnes vitæ spiritualis auctores communi consensu docere vidimus, tamen non eodem modo extraordinaria est, atque extases, aliaque quibus sensus omnis penitùs interclusus absorbetur ac mergitur : undè eam prædicti sancti viri non ad miraculum revocare consuevere.

85. Diligenter autem attendendum in oratione quietis, secundùm illos beatos auctores nihil premi, nisi discursum qui christianis actibus non est essentialis, cùm teste Prophetâ et Apostolo, justus fide vivat, quæ non est discursiva, ut passim theologi docent : undè hîc christiano nihil extraordinariè adimitur, nisi ille discursus qui christianæ vitæ, ut christiana est, non est necessarius, cæteris integris et consueto modo currentibus : quare meritò asserit nullum hùc aliud advehi lumen præter illud nudæ ac simp'icis fidei, quæ discursiva non est, adeòque nihil de suo amittit sublato discursu, imò verò vel maximè ad suam redigitur nuditatem, sanctamque obscuritatem ; nihil ex discursùs luce mutuantem.

[1] *Chât. de l'ame,* 7ᵉ dem., p. 809.

86. Joannes autem à Cruce ab oratione quietis, sive à contemplatione, adeò non excludit gratias extraordinarias, ut etiam in eum statum passim admittat interiores voces, nonnisi ab extraordinariâ inspiratione profectas [1]: admittat etiam pennati Seraphini sagittam et plagas [2], quas quidem quantumvis extraordinarias, non tamen reponit miraculorum loco, eò quòd non subitis et omninò improvisis motibus et impressionibus evenire, sed totius status serie adduci et præparari videantur.

87. Itaque raptus ferè excludit illos tantùm, qui et omnes sensus hauriant, nec aliis inter se certo ordine connexis operationibus, sed divino tantùm impetu aut instinctu; nullâ vel non ità conspicuâ præparatione et connexione constant; quæ nos alibi indicavimus [3]; aliis tractatibus fusiùs exponenda recepimus.

Et per hæc patet solutio ad cætera objecta (n. 73 et seq.), quâ de re etiam videndus est Baltasar Alvares, locis allegatis (n. 34, 38); quæ cum beatâ Theresiâ ac beato Joanne à Cruce mirum in modum concinunt.

CAPUT XXVII.

De amore illo qui ab oratione passivâ inseparabilis videatur, quæstiuncula.

88. Quæres, quid igitur causæ sit cur orationem quietis ac simplicis intuitûs, sive passivam, vitæ spiritualis magistri in quâdam amoris vi reponere videantur? In promptu responsio est. Amor quodam sensu ipsâ passione constat, alio sensu, actione, imò etiam voluntatis electione verâ. Sunt qui ament volentes, illecebris amoris liberè consentiant, seque ultrò ac totâ voluntate amori ipsi tradant : tùm amor activus est. Sunt etiam qui ament inviti, nolentes, repugnantes, nec amori consentientes. Hi non amant secundo sensu, sed primo; amoris passione, non actione; ad amorem attracti potiùs quàm amantes. Id etiam in divinis habet locum. Verus amor, vera charitas virtus est et virtutum perfectissima, quæ etiam à theologis vera dilectio vocatur, verâ ac deliberatâ electione constans; undè etiam dilectionis nomen passim apud theologos. Est autem alius amor seu potiùs attractus

---

[1] *Mont. du Carm.*, liv. II, ch. 28, p. 135, etc. — [2] *Vive flamme*, cant. II, n. 2, p. 513, 514. — [3] *Instr. sur les Etats d'Or.*, liv. VII, n. 6, etc.; liv. X, n. 23, etc.

ad amorem impulsu divino inflammante, instigante, ad amandum illiciente, aut etiam quodam modo pertrahente. Hæc vis improprie amor dicitur; melius illecebra amatoria diceretur: viget autem in oratione passivâ. Cùm verò ei prono animo ac voluntate consentiunt, fit ipsa dilectio illa justificans atque perficiens: quare hæc sola non prior illa justificat; aliud est enim illici, impelli, trahi quodam modo ad amorem, aliud consentire, eligere ac verè diligere. Quæ nos à spiritualis vitæ magistris tradita hîc obiter annotamus; tractatu verò habito, seu continuato *de Statibus Orationis* copiosiùs exequemur. Nunc ista sufficiunt.

CAPUT XXVIII.

De fanatismo. Auctoris insignis error.

89. Ideò fanatismi me auctor accersit [1], quòd *orationem passivam* admiserim eam, « quâ positâ animæ reputantur extraordinario instinctu actæ et impulsæ, ità ut libero arbitrio careant, et prorsùs inhabiles fiant ad quoscumque discursivos, etiam dominicæ Orationis actus edendos : cùm Deus manu supremâ agat, animamque immedicabiliter ponat extra pastorum directionem omnem, ac liberi arbitrii actum indefinitè auferat [2]. » Quâ in re et mihi errorem imponit, et ipse vehementer errat.

90. Ac mihi quidem splendidè imponit. Primùm, quòd mihi imputat ea quæ à sanctâ Theresiâ, à beato Joanne à Cruce, Baltasare Alvare et aliis, de verbo ad verbum exscripseram. Deindè quòd et mihi et illis falsa imputet. Nulli enim diximus auferri *indefinitè* liberum arbitrium, sed tantùm ad effectum suspendendi discursûs, idque tempore orationis tantùm, ut expressè docuimus libro vii et x *de Statibus Orationis* [3]*;* neque eò usquè ut omnis directionis adjuvantis opera subtrahatur; id enim toto opere agit beata Theresia, id Joannes à Cruce ut eas animas regant, atque optimæ directioni subjiciant. De Oratione autem dominicâ, usquè adeò absumus ab eo, ut cuiquam subtrahatur, ut etiam *passivissimis*, si ità loqui fas est, animabus relinqui libe-

---

[1] *Resp. ad Summa*. p. 72. — [2] *Rép. à la Déclar.*, p. 109. — [3] *Instr. sur les Etats d'Or.*, liv. VII, n. 6, liv. X, n. 23.

ram pro certo statuamus toto libro III *de Statibus Orationis* [1], libro quoque x, inter xxxiv Articulos VIII, et lib. VIII, passim, ac præsertim n. 36. Quare, quodcumque hîc mihi ac spiritualibus aliis imputatur, mera et aperta calumnia est in me; et, quod gravius, in sanctos.

91. De libero sanè arbitrio, quod à me indefinitè sublatum insimulat, hæc disertè dixi [2] : « Ea actio, quam passivam vocant, non est suppressio cujuscumque actionis etiam liberæ, sed tantùm ejus actûs qui discursivus dicitur, ubi procedit ratio ab unâ re ad aliam, in quâ re usquè adeò certum est non tolli liberum arbitrium, ut etiam angeli, qui non sunt discursivi, procul dubio sint liberi. » Quæ doctrina inculcatur libro x, his verbis [3] : « Non ergò hæc suspensio est actuum liberi arbitrii, sed eorum tantùm actuum qui discursivi sunt sive proprii conatûs et industriæ : qui actus suspenduntur non indefinitè, ut calumniatur auctor, sed momentis à Deo dispositis, » id est potissimùm orationis tempore; quod toto libro fusum.

92. Cùm autem mihi, nec mihi sed sanctis sub meo nomine tantos errores imponat, ipse vel maximè errat, cùm in raptibus, extasibus, impulsibus, et instinctibus extraordinariis, manuque supremâ factis, qui negari non possunt, et in sanctis prophetis procul dubio reperiuntur, fanatismum reponat [4]; quod certè hæreticum et impium est.

CAPUT XXIX.

Quòd auctor à sanctis spiritualibus toto systemate discrepet.

93. Jam ergò sanctorum mysticorum à domino Cameracensi aperta discrepantia est. Primùm, quòd ab illis omnibus sanctis uno ore agnita divina impedimenta tollat : deindè quòd sanctorum doctrinam temerariam, periculosissimam, suspectam, fanaticamque decernat : deniquè, quòd *passivitatem*, reponat in purissimâ charitate, hoc est in ipsâ christianæ perfectionis arce,

---

[1] *Instr. sur les Etats d'Or.*, liv. III, n. 1, etc. liv. VIII, n. 36; liv. X, n. 5. — [2] *Ibid.*, liv. VII, n. 6. — [3] *Ibid.*, liv. X, n. 23. — [4] *Resp. ad Summam*, p. 72. *Rép. à la Décl.*, p. 109.

contra quod omnes sancti docuerunt, ut suprà vidimus, primo et secundo corollario, cap. xiv et xv, n. 41, etc., 45, etc.

94. Hæc autem et ista per se singularis inauditæque temeritatis sunt, et tollunt certissimas à magistris traditas ad orationem extraordinariam transeundi notas, et animas ad eam dirigendas in gravissimum superbiæ periculum agunt præcipites, uti suprà memoratum est, n. 67, 69.

95. Quòd autem orationem extraordinariam sanctis quoque inaccessam et speciali vocatione indigentem in ipsâ charitatis perfectione constituit, contra omnium spiritualium sensum, ut vidimus, christianæ perfectioni derogat, et habet omnia incommoda in nostrâ *Declaratione* copiosè recensita [1], responsis auctoris alibi Deo juvante perspicuè refellendis.

96. Vides, candide lector, quid illis eveniat qui se cæteris præstare velint; nempè existimavit auctor se ad summum mysticæ scientiæ devenisse, unum *se esse scilicet à quo,* vel maximè *spirituales viri intelligi* se sentiant, unum se omnium qui *accuratiùs quàm eorum pars maxima hæc arcana tradiderit* [2]. Itaque suo præfisus ingenio, (quod lugentes, nec nisi necessariò dicimus) dùm systema mysticorum componit ad arbitrium, non Joannem à Cruce, licèt sæpè laudatum, non alios à se toties appellatos sequitur, sed eos, ipsumque adeò sanctum Franciscum Salesium, sanctamque Theresiam supergressus, aliam eamque pessimam et inauditam init regendarum animarum viam : et qui mysticis favere fingitur, eos vel maximè impugnat, nec aliquot verbis atque sententiis, sed toto ut vidimus systemate, totâ doctrinæ, totâ instituendæ interioris vitæ ratione : quod erat demonstrandum.

APPENDIX

Ad primum articulum ex Dissertatione domini Cameracensis.

97. Ego cùm animum ad hanc scriptionem appuli, nondùm noveram *Dissertationem illam domini Cameracensis, de veris Oppositionibus inter doctrinam episcopi Meldensis et suam,* quam edidit post *Responsionem ad Declarationem* nostram. Hujus dis-

---

[1] *Declar.*, ci-dessus, pag. 508 et suiv. — [2] *Max. des SS. Avertiss.*, p. 28.

sertationis punctum secundum est *de oratione passivâ* : quo loco diligentissimè quærendum est : quid novi domini Cameracensis afferat. Quale autem illud sit, sequentia demonstrabunt.

CAPUT XXX.

In suâ Dissertatione dominus Cameracensis nullum affert suæ sententiæ auctorem.

98. Quod ad *passivitatem* attinet, dominus Cameracensis duo peccasse convincitur : primum, quòd suspensiones facultatum ab omnibus mysticis agnitas primus et solus è medio sustulerit : alterum, quòd *passivitatem* primus et solus in puro ac perfecto amore reposuerit : primus, inquam, et solus, nullo hujus rei adducto auctore : quod etiam illis verbis constitit in *Responsione ad Declarationem* positis : « Facile probatu esset auctores quos citant non favere eorum sententiæ[1]. » Quod quidem si facile probatu esset, non id prætermitteret diligentissimus sui tuendi artifex, cùm in eo tota sit constituta difficultas : prætermisit autem ; neque nostros auctores exponendos suscipit, nec quemquam pro se laudat ; ut etiam suprà demonstratum à nobis est (n. 62). At nunc eumdem impingit lapidem : « Credo, inquit, à me id posse demonstrari ex Joanne à Cruce, et aliis quos Meldensis citat[2]. » Demonstra ergò vel semel : saltem conare, ut vel unum tuæ sententiæ defensorem adducas : quamdiù enim hæc jactaveris, nunquàm præstiteris, nihil est.

99. Sanè confitetur sanctos mysticos posterioris ætatis, *quamdam impotentiam* agnovisse, sed *quæ ad litteram accipienda non sit*[3]. Quidni ? quid enim necesse est vim facere Sanctis ut eos à nativo sensu abstrahas ? quo auctore hæc aggrederis ? quem adducis vitæ spiritualis auctorem qui tecum sentiat ? imò, quem appellare potes qui non tibi clarè adversetur ? Ego verò, qui ab hâc sententiâ discesserit, qui non hæc divina impedimenta docuerit, novi neminem. Audi virum præstantissimum ac sanctitatis odore florentem Olerium : « Status tuus manifesta impotentia est, in quâ Deus te tenet[4]. » Rursùs : « Reddit tuas facultates naturales inutiles et impotentes ad illi serviendum. » Rursùs :

---

[1] *Rép. à la Décl.*, p. 108. — [2] *Diss.*, p. 47. — [3] *Diss.*, p. 17. — [4] *Ep.* CXVIII.

« Transire te oportet per ariditates, per languores, per impotentias. » In aliâ epistolâ [1] : « Tuum amandi desiderium (quatenùs sensibile est, et in sensus se exerit) impeditur sive sistitur superiore potentiâ, ac præsentiâ sponsi silentium imponentis interioribus facultatibus. » Iterùm : « O si sponsus sineret agere sponsam, quid non tunc loqueretur? » Nempè suspendit amatoria quæ à discursu pendent, quæ ad sensus vergunt : « ut anima agnoscat nihil se esse per se quàm ariditatem, quàm impotentiam, quàm languorem ac cæcitatem, quæ in eâ restat his subtractis auxiliis [2]. » En hæc impedimenta divina piis vitæ spiritualis magistris quàm sint familiaria, quæ tu tanquàm noxia ad litteram sumi vetas.

100. Audis carceres, catenas ferreas, audis divino numine, divinâ vi ligatas, suspensas, impeditas, quoad certos vulgatos actus, animæ facultates; quædam esse, quæ per certa momenta præstare non possint, eo sensu quo sine gratiâ nihil possumus : audis subtractiones, impossibilitates ab alto immissas; et quid non? Nempè ut experiantur illud Davidicum : « Domine, in voluntate tuâ præstitisti decori meo virtutem [3]; » cùm nempè dixisset « in abundantiâ suâ : Non movebor in æternum : » at illud evenit : « Avertisti faciem tuam à me, et factus sum conturbatus. » Cui concinit illud : « Avertente te faciem, turbabuntur : auferes spiritum eorum, et deficient, et in pulverem suum (in impotentiam suam, in nihilum suum) revertentur [4] : » et illud : « Flabit spiritus tuus, et fluent aquæ [5] : » quas, illo cœlesti flatu per intervalla subtracto, nullâ vi expresseris. Subtrahit enim Deus per certa momenta quæ vult, ut discant illud dominicum : « Sine me nihil potestis facere [6]. » Hinc illa impedimenta divina ab omnibus omninò spiritualibus posita : at tu, novus vitæ spiritualis magister, Theresiâ aliisque præstantior, ad litteram hæc sumi vetas.

101. Quidni autem tanti viri, si tanta sunt horum impedimentorum incommoda, si tanta pericula quanta tu jactas, quidni sua dicta ipsi temperarunt? cur Theresia hæc dixit quæ librum ape-

---

[1] Ep. CXXIII. — [2] Ep. CLVII. — [3] Ps. XXIX, 8. — [4] Ps. CIII, 29. — [5] Ps. CXLVII, 18. — [6] Joan., XV, 5.

rienti nunc succurrunt : « In tam excelso statu anima discurrere, nec si vellet, posset [1] : » quo quid expressius excogitari potuit? Cur alii paria millies repetebant, nec animas sibi ab alto commissas, ac suam impotentiam nimis deplorantes comprimendas putarunt : nempè, ut tu illis doctior, nova hæc temperamenta primus solusque reperires?

102. « At per illam, inquit, mysticorum impotentiam, intelligendum est gratiæ illecebram tunc esse tam validam, ut anima à se id impetrare non possit, ut ab eâ se abstrahat [2] : » hoc est, vix potest; ægrè potest. Nempè id Theresia, id Franciscus Salesius, id Joannes à Cruce, et alii vitæ interioris principes nesciebant : *vix* illud ignorabant : veram impotentiam, vera impedimenta divina propriissimis verbis ad animarum laqueum exprimebant.

103. Quòd autem iterùm recurrit auctor [3] ad Scholæ præjudicia, falsamque philosophiam; suprà luculentissimè confutatum est (n. 55), confutata ea, quæ ex me ipso mihi ipsi objicit de continuitate actuum, deque libero arbitrio indefinitè sublato, et aliis ejusmodi (n. 59, 60, 89, 90, 91); confutata deniquè quæ ex beatâ Theresiâ et Joannis à Cruce regulis prompsit (n. 77, 83, et seq.)

104. Nec minùs vana sunt, quæ profusissimè exponit [4] de liberi arbitrii usu sublato : non *indefinitè*, ut falsò exprobrat, sed ad certos actus non semper necessarios, sed ad certa momenta (ex n. 90, 91) : quo loco, ut vidimus, non me, sed auctores maximos, quos tantùm exscripsi, audacissimus censor carpere aggreditur.

105. Me verò propriè reprehendit eò quòd attulerim exemplum angelorum, ut ostenderem sine discursu liberum arbitrium stare posse : « Nempè, inquit, si dominus Meldensis dixisset angelos sine discursu fuisse liberos ad merendum, rectè : sed, angelos in præsenti esse ad merendum liberos, sine restrictione dictum, lutheranismum sapit, ac liberum à coactione tantùm admittit, sublatâ indifferentiâ [5]. »

---

[1] *Chât. de l'ame*, 6e dem., ch. 7, p. 786. — [2] *Diss.*, p. 17. — [3] *Ibid.*, p. 47. — [4] *Ibid.*, p. 35. — [5] *Diss.*, p. 34.

106. Equidem putabam etiam novitios theologos facilè intellecturos quæstionis statum, prout in Scholâ passim instituitur. Quærit nempè sanctus Thomas [1], et post eum theologi omnes : *Utrùm in angelis sit liberum arbitrium :* non quidem utrùm sit eo quo sunt statu : sed utrùm sit per naturam. Quia verò non quæsivit utrùm olim fuerit, Luthero favebit? En aucupia verborum, et Scholæ terminos à tanto magistro nequidem intellectos.

107. Pergit : « Quæ (Meldensis) de extasibus propheticisque inspirationibus dixit, non minùs me movent : supponit enim sanctos in illis omnibus statibus carere libertate [2]. » Pace præsulis dixerim : non id suppono. Vide enim quid eo loci quæram [3] : nempè quæro, cum Scholâ, utrùm Deus possit imponere libero arbitrii quamcumque voluerit necessitatem : quis autem eâ de re dubitat? Adduxi in exemplum extases et raptus : quo loco ad intentum meum sufficit, ut interdùm, non semper, adimatur liberi arbitrii usus : quod negari non potest.

108. An enim credendum est Paulum, cùm adeò extra se raperetur, ut ne quidem sciret utrùm in corpore esset necne [4]; toto liberi arbitrio usu gravisum esse? Quid Jeremias, cùm vastitatem populi clamitare tæderet, ac diceret : « Non recordabor ejus, neque loquar ultrà in nomine illius [5]? » annon intereà sentiebat incumbentem sibi vim illam propheticam planè ineluctabilem? Quid, cùm diceret : « Factus sum quasi vir ebrius, et quasi homo madidus à vino, à facie Domini, et à facie verborum sanctorum ejus [6] : » an erat suî compos, agebatque quod vellet? Quid Ezechiel, cùm ad eum diceret Dominus : « Ecce circumdedi te vinculis, et non te convertes à latere tuo in latus aliud [7]? » an lecto sic affixus per quadraginta dies, innato in corpus suum vigebat imperio? Quid sanctus Job? an quæcumque protulit proprio dixit arbitrio; et non alienâ vi tenebatur vinctus; nec per certa momenta eximios illos spei ac pietatis actus explicare sinebatur, ut cùm posteà prosilirent, diviniores essent?

109. Neque profectò necesse erat, tot paginis, tanto studio pro-

---

[1] I p. q. 59, art. 4. — [2] *Diss.,* p. 34. — [3] *Instr. sur les Etats l'Or.,* liv. VII, n. 3. — [4] II *Cor.,* XII, 1, 2. — [5] *Jer.,* XX, 8, 9. — [6] *Ibid.,* XXIII, 9. — [7] *Ezech.,* IV, 8.

bare usum meritorium liberi arbitrii, non esse semper ab extasi raptuve alienum [1] : quis enim id ignorat? aut cui non notum, somnium Salomonis liberâ sapientiæ electione celeberrimum? Cæterùm sufficiebat, interdùm abrumpi liberi arbitrii usum, multosque inesse actus non magìs ad illud pertinentes, quàm motus primò primos : quod à nemine negari posse, aut unquàm negatum esse constat : sed hæc in meo *de Statibus Orationum* libro necdùm tractanda susceperam : certa, concessa, omnibus nota referebam.

110. Quare, quod hujus rei præsul à me traditionem primorum sæculorum exposcit, inanis opera est : dari enim extases, raptus, mentis excessus, quibus ipsa sibi excidat, nec suî sit compos, Dei revelatione certum : quousquè pertineat ille raptus excessusque, res facti, res experimenti est, vacantque omnia, quæ operosissimè totis sex paginis argumentatur auctor [2].

111. « Nempè, inquit, Meldensis confitetur nullum in Basilio, nullum in Augustino, in aliis Patribus passivæ orationis ab ipsis frequentatæ, apparere vestigium. » Enimverò fateor, quòd magno argumento esse volui, errare vehementer illos, qui in eâ perfectionem christianæ vitæ collocant : at non proptereà legem imponebam Deo, ne quamcumque vellet passionis divinæ partem impertiret suis : quod facti, inquam, experimentique est; non traditionis, non dogmatis.

112. Illud verò præsuli perpendendum erat, quod in articulo Issiacensi XXI, ipso subscribente, seque ultrò submittente, conscriptum : « Orationem quietis, aliasque extraordinarias atque passivas, sancto Francisco Salesio, aliisque spiritualibus ab Ecclesià receptis, approbatas, esse admittendas. » Quam autem orationem quietis sive passivam Franciscus Salesius, Theresia, Joannes à Cruce, aliique approbarunt, nisi eam quam illa mystica impotentia faceret? aut qui sunt alii mystici, qui de eâ oratione tractarint? nulli profectò. Eorum ergò orationem ipse auctor approbavit, quam nunc, si Deo placet, temerariam, periculosam, fanaticam vocat.

113. Nec minùs hìc notatu dignus XXII Issiacensis articulus :

---

[1] *Diss.*, p. 34, 35, 36, 37, 38, 39. — [2] *Dissert.*, p. 39 et seq.

« Absque his orationibus extraordinariis (passivis scilicet) inter sanctos recenseri, et ad perfectionis apicem devenire quis potest. » Nempè alludebamus ad Franciscum Salesium, ad Theresiam, ad alios id perspicuè sentientes : non autem perfectio cuiquam contingere potest sine amore puro : non ergò puro amore passiva oratio constat.

114. Neque enim aut illi perfecti sine quâdam oratione sunt : aut eorum oratio in alio quàm in puro amore reponi potest; nec potest purus amor non esse *passivus*, si passivum esse nihil est aliud quàm esse tranquillum et proprii emolumenti vacuum, ut auctor asserit [1] : ergò ex eodem auctore non potest quis esse perfectus sine oratione passivâ et extraordinariâ : quod evertit xxii articulum ab auctore subscriptum.

115. In hæc se pessima, sibique ipsis adversa conjiciunt, qui se summos auctores regendæ vitæ spiritualis esse volunt : nos autem humiles et infirmi in tuto gradimur, qui pedissequi non duces esse volumus; neque quidquam aliud quàm sanctorum dictata exscribimus.

ARTICULUS II.

De actibus conatûs proprii.

CAPUT PRIMUM.

Sanctorum spiritualium doctrina recolitur.

116. Antequàm de actibus conatûs sive laboris, industriæque propriæ, auctoris mentem exponamus, recolenda paucis ea, quam retulimus, spiritualium concors sententia, de suspensis animi facultatibus. Primam eâ de re audivimus magnam Theresiam (n. 34, etc.), et alios toto priore articulo passim, præsertim verò (n. 15, 16, 23, 24, 25, 28, 34, etc.). Actus autem illos proprii laboris et conatûs, non alios esse quàm discursivos, ex iisdem spiritualibus tot testimoniis probavimus, ut ea repetere supervacanei laboris sit. Hoc ergò posito, si dominum Cameracensem ab

[1] *Max. des SS.*, p. 205, 210.

ejusmodi actibus abhorrere evincimus, profectò constabit, et à viris mysticis, quos tractandos et explicandos suscepit, abhorrere. Rem autem ità conficimus.

CAPUT II.

Auctoris loci de conatu proprio.

117. Sanè eam in rem multos referre possumus locos : verùm hîc unus sufficit ex appendice *Responsionis*, Bruxellis excusæ, adversùs librum cui titulus *Summa doctrinæ, etc.*, in quâ appendice hæc legimus : « *In Responsione ad Declarationem* abundè probatur, actus propriæ industriæ, propriique conatûs, esse evidenter in libelli textu actus naturales, anxios et sollicitos, quibus anima gratiam anteire satagit. Undè constat illos à perfectis ut imperfectionem amputari posse, juxta nostrum articulum Issiacensem XII, qui propriam industriam dicit expressissimè eam proprietatem, quæ, si sanctis auctoribus ac divo Bernardo credas, nullatenùs est supernaturalis, imò imperfectio merè naturalis habenda est. Quod est proprium sive ex proprietate fluit, hoc tantùm reputandum est fieri ex nobis tanquàm ex nobis. Proprium ità nuncupatur, ut quod à naturâ nobis insitum est, opponatur ei quod est in supernaturali ordine Dei donum. Hos naturales actus resecare, non est suî curam abjicere, et ingenio fanatico uti [1]. » Hactenùs dominus Cameracensis. Quid ille argumentis probaverit de actibus naturalibus, qui nihil sint aliud quàm proprii conatûs actus, alio loco viderimus : quid autem docuerit, et pronuntiaverit, hoc est.

CAPUT III.

In hoc loco aperta hæresis, et Sanctis imputatur, et ab auctore defenditur.

118. In his verbis elucet manifesta hæresis, in eo nempè quod dicitur : « Proprii conatûs actus esse naturales : proprium ità nuncupari, ut quod à naturâ nobis insitum est, opponatur ei quod est in supernaturali ordine Dei donum : » atqui in meditatione discursivâ viget ille proprius conatus, illa propria industria,

---

[1] *Resp. ad Summam*, appendix, p. 73, 74.

ille proprius labor : ea meditatio ejusmodi actibus conatibusque constat, ex sanctâ Theresiâ et aliis : ergò illa meditatio ex naturæ est viribus, non cœleste donum, nullaque est divina operatio, nisi ea quæ discursum excludit. Hoc autem est apertè hæreticum : nec minùs ab auctore assertum, quàm ex ipso veris spiritualibus, sanctæque Theresiæ tribuendum : ergò et ipse tuetur hæresim, et sanctis spiritualis vitæ magistris imputari cogit.

119. Nec minùs hæresim sapit illud : « Id quod fit ex nobis tanquàm ex nobis, » ad imperfectionem naturalem tantùm, non etiam manifestè ad peccatum ac vitiosum actum pertinere : cùm illud *cogitare ex nobis quasi ex nobis*[1], tanquàm à primâ et principe causâ, ab ipso Paulo rejectum sit ut vitium : sitque Augustino aliisque pelagianismi radix.

CAPUT IV.

De proprio: varii sensus: vis liberi arbitrii.

120. In hunc impingit scopulum, dùm proprii ideam eam informat, quæ gratiæ supernaturali sit opposita; nec intelligit, quàm diversis sensibus proprium appelletur. Primùm enim habet quævis anima per liberum arbitrium, teste Tertulliano[2], *suum et emancipatum à Deo bonum, sitque proprietas jam boni in homine* ex potestate *arbitrii, quæ efficeret bonum, ut proprium : ut homo institutione quidem, sed etiam ex voluntate inveniretur bonus quasi proprietate naturæ.*

121. Procul ergò abeat illud, ut proprium negemus id omne quod supernaturale sit. Procul, ut amputari posse credamus quæ insunt *nobis ex nobis*, quo posito omnem liberi arbitrii usum amputemus. An etiam oblivisci nos oportet Augustini toties inculcantis solemne illud : « Consentire vel dissentire, propriæ voluntatis est[3] ? » ut ipsum proprium inesse libero arbitrio, etiam ex Augustino constet.

122. Neque illud *ex nobis* rejici debuit : cùm præclarè Clemens

[1] II *Cor.*, III, 5. — [2] *Tert., adv. Marc.*, lib. II, cap. VII. — [3] *De Spir. et' Litt.*, cap. XXXIV, n. 60.

Alexandrinus dixerit : « liberum arbitrium ex sese moveri [1] : » undè etiam ipsum in græcâ linguâ liberi arbitrii nomen exurgit : et ut ait idem Clemens : « Vult Deus nos ex nobismetipsis salvos fieri : natura animæ est à seipsâ impelli : incitari, ὁρμᾶν [2] : » undè etiam illud à totâ philosophiâ celebratum ; ex hoc definiri liberum arbitrium, quòd sit causa suî ; non tamen prima causa, ut sanctus Thomas limitat. Non ergò rejiciendum illud quod nobis sit ex nobis ; sed quod sit ex nobis *tanquàm ex nobis :* quod causam primam, nec ad aliam superiorem causam referendam sonat. (suprà, n. 118.)

123. Frustrà ergò auctor ludit [3] passim de illo Augustini loco à nobis toties allegato : *Non adjuvat Deus nisi spontè conantem* [4], ex propriâ scilicet *voluntate,* in cujus potestate sit consentire vel dissentire, ut mox vidimus.

124. Quorsùm ergò illud proprium, ad imperfectionem, eamque naturalem revocatum, cùm ei notioni repugnet Tertullianus, Clemens, alii, ipse etiam Augustinus, ipse etiam Paulus ; dùm *propriam mercedem, propria dona, propria in corpore gesta* (hoc est propria merita) *sive bona, sive mala* commemorat [5] : ipse etiam Dominus, dùm unicuique tribuit *secundùm propriam virtutem* [6] ? Quæ sanè proprietas, et per se à naturâ est, nec abest à perfectis, nec supernaturalibus donis opponitur, sed eorum subjectum et fundamentum est : cùm naturam supponat gratia, non tollat.

125. An ergò putas, inquiet, hæc ignorari à nobis ? Neutiquàm : sed puto equidem, vanis tuis mystificationibus abreptum (patere enim simplices ac liberas voces) ; nec in promptu habere theologiam etiam vulgatissimam, aut veros mysticos cogitare. Id etiam sequentia demonstrabunt.

---

[1] *Strom.,* lib. VII. — [2] *Ibid.,* lib. VI. — [3] *Rép. à la Décl.,* p. 93. — [4] *De pecc. merit. et remiss.,* lib. II, cap. V, n. 6. — [5] I *Cor.,* IV, 8 ; VII, 7 ; II *Cor.,* V, 10. — [6] *Matth.,* XXV, 15.

CAPUT V.

Sancti Bernardi locus : domini Cameracensis manifestus error.

126. Quippe ad sanctum Bernardum provocas [1]. Equidem fateor, ne ab ipso quidem uno eodemque modo accipi proprietatem [2] : quam autem hîc memorat auctor, ea est in quâ *mercenarius propriâ trahi cupiditate convincitur :* relicto bono communi quo dilatamur, animus *constringitur, coarctatur : in proprietate, atque ideò in singularitate* versatur ; undè extat angulus *ubi sine dubio , sordes , rubigo :* inest illa cupiditas à quâ secundùm Jacobum quisque tentatur, *abstractus et illectus* [3] *:* inest, inquam, cupiditas , in quâ *aliud diligitur plusquàm Deus :* in quâ ipse *mercenarius habet legem , sed quam sibi fecerit ;* quem , inquit Bernardus [4], *dixerim fecisse suam legem, quandò communi et æternæ legi propriam prætulit voluntatem.* Hæc illa *proprietas,* hæc impuritas est, quam auctor mixtionis sive imperfectionis tantùm, non autem inordinationis appellat [5] : qui manifestus est error ; cùm sit apertè erroneum , si innocuum , ac tantùm imperfectum reputes id in quo *sordes, rubigo, propria cupiditas, tentans, abstrahens , illiciens , lex propria* in quâ *aliud plusquàm Deus itâ diligitur,* ut communi legi propria voluntas præferatur.

CAPUT VI.

Proprietas sanctorum spiritualium malè explosa.

127. Falso ergò prætextu à domino Cameracensi sanctorum spiritualium exclusa proprietas, sive proprius conatus, industria et labor. Duos enim prætextus vidimus [6] : alterum , ex eo quòd proprium supernaturali opponatur : alterum , ex auctoritate Bernardi : atqui uterque prætextus manifestum errorem continet ex dictis. Si enim in quocumque actu , ac vel maximè in actu, virtute, eâque christianâ, prædito, illa est liberi arbitrii agnoscenda proprietas, ex quâ ratio meriti existit : quantò magis in actu discursivo ipsâ reflexione magis oculato , atque ab ipsâ rationali

---

[1] *App.*, p. 74. — [2] *Epist.* xi, *ad Guig.*, n. 3, 5. *De dilig. Deo,* cap. xii, n. 341.
— [3] *Jac.*, i, 14. — [4] *Epist. ad Guig.*, n. 4, ubi sup. — [5] *Max. des SS.,* p. 136. —
[6] *Sup.*, cap. ii et v.

animi parte profecto et imperato, nec tamen eò minùs edito, gratiæ operantis atque animum ipsum in sese reflectentis influxu? quem actum, discursivum scilicet, omninò tollere à vitâ perfectorum, purum putumque fanatismum sapit.

CAPUT VII.

Auctoris effugia: inspiratio communis verbo tantùm agnita; gratia actualis domino Cameracensi quid sit.

128. Ut igitur auctor ab eo se fanatismo purget, hæc subdit: « Ego verò, » inquit, tantùm abest ut « instinctum et raptum animæ adstruxerim, insuper habitâ ratione et prudentiâ; imò passim statui, indesinenter incedendum viâ puræ fidei penitùs nudæ et obscuræ, in quâ tantùm affulget lumen cuivis Christiano commune [1]: » quo nihil videtur à fanatismo magìs alienum, cùm ipse fanatismus nonnisi extraordinariâ impressione constare possit. Facilè autem probat auctor à se ablegatam à perfectorum statu *inspirationem extraordinariam et miraculosam* [2]: nec aliam admissam gratiam, nisi illam ordinariam communem omnibus justis. Ergò procul à fanatismi *impetu et instinctu* abest. Hæc ille.

129. Sed profectò non omnia sua bonâ fide, ut oportebat, exposuit: tacuit enim *gratiam actualem* eam esse, *quâ voluntas beneplaciti nobis innotescat* [3].

130. Quis autem ex theologis id unquàm somniavit? Quis gratiæ actuali id tribuit, ut ea nobis *voluntatem beneplaciti*, quæ rerum eventus ordinet, det cognitam? nempè ejus sententiæ nullum auctorem appellat, nullum appellare potest. Quo ergò nova doctrina, nisi ut, sub gratiæ actualis nomine, involvat inspirationem illam extraordinariam, perfectis revelantem id, quod Deus singulatim de ipsis decreverit, et ab ipsis fieri velit, eòque impellentem: qui merus fanatismus est.

131. Hinc in libro de *Doctrinâ Sanctorum*, « pro regulâ posuerat legem scriptam, et gratiam actualem [4]: » cùm gratia actualis nemini theologorum sit regula, sed vis ad regulam inci-

---

[1] *Ead. app.*, p. 75. — [2] *Ibid.*, p. 75, 77, 78. — [3] *Inst. past.* n. 3. — [4] *Max. des SS.*, p. 65, 66.

tans. Præsul autem primus et solus, nullo theologorum auctore, *vult esse regulam, quòd per eam voluntas beneplaciti nobis innotescat* [1].

132. Id autem in libro de *Doctrinâ Sanctorum* subobscurè indicaverat, dicens « esse quamdam voluntatem Dei, quæ se nobis ostendat per inspirationem et attractum gratiæ quæ est in omnibus justis [2]. » Sed nondùm reserare ausus illud arcanum « gratiæ actualis, quâ voluntas beneplaciti singulis innotescat : » quæ doctrina, post quædam obscura tentamenta præmissa, in *Instructione pastorali* tandem erupit, ut vidimus, suprà, n. 128.

133. Quousquè autem illa *gratiæ actualis* se vis protendat, auctor tradiderat his verbis : « Perfectæ animæ, puerorum instar, se possideri, instrui, ac moveri sinunt in omni occasione per gratiam actualem quæ illis spiritum Dei communicat [3]. » Confusè tunc dictum *de spiritu Dei* : nunc autem in *Instructione pastorali* palàm revelatum ; eò quòd, cum notitiâ voluntatis beneplaciti sive singularium eventuum per gratiam actualem inditâ, simul exerat se spiritus, quo in omni occasione, perfectæ animæ ea quæ ad eventus singulos sint agenda discernant.

134. Jam gratiam actualem, etsi eam ordinariam et communem omnibus justis millies nomines, nullâ tamen arte perficies ut reverâ non sit extraordinaria: quippè quæ, *quocumque casu*, voluntatem beneplaciti perfectis animabus ostendat. Ergò voce tenùs inspirationem communem admittis ; reverâ introducis extraordinariam communis gratiæ nomine involutam, palliatam, ut in nostrâ *Præfatione* gallicâ adversùs *Instructionem pastoralem* adstruximus [4].

135. Ex his igitur liquet, introductâ inspiratione particulari ad singulos casus, et simul sublatos actus proprii conatùs atque industriæ (ex n. 116), et ipsum fanatismum sub gratiæ actualis nomine latenter invectum ; imò verò palàm, si rem ipsam, si vim ipsam verborum attenderis.

---

[1] *Instr. past.*, ubi sup. — [2] *Max. des SS.*, p. 150. — [3] *Ibid.*, p. 216, 217. — [4] *Préf.*, n. 61.

CAPUT VIII.

De Deo præveniendo.

136. Actus autem proprii conatùs ac proprii laboris hi sunt, quibus vigeat illud Davidicum : *Præoccupemus faciem ejus* : et : *Oratio mea præveniet te*. Deum enim prævenimus, cùm ultrò vigilamus, ultrò nobis attendimus : neque id expectamus, ut Deus palàm nos incitet afflatu singulari, gratiâ scilicet actuali præeunte, quâ nobis *quocumque casu* innotescit quid Deus de nobis decernat ac velit : hanc autem verissimam præveniendæ gratiæ rationem auctor infringit, dùm universim negat Deum *præoccupari, præveniri* [1], contra Scripturæ expressam auctoritatem; neque « quidquam ex sese, et ex suâ industriâ ac proprio conatu expectari posse, absque latentis semipelagianismi notâ : » quarum sententiarum nunc virus ostensum est, cap. III, IV, VI; n. 117, 119, 127, et seq.

137. Quod ergò fingit auctor novum hæresis genus imputari sibi [2], nempè quòd à semipelagianis gratiam præveniri docentibus abhorreat, ludit : satis enim novit nos probè intelligere, Dei latente gratiâ omnes christianos actus præveniri. Illud quærimus, nùm expectare otiosi illam gratiam debeamus, et an præveniri nos oporteat præeunte gratiâ actuali, eâ quæ singulis casibus Dei beneplacitum atque eventuum arcana, et quid in unoquoque casu agendum nobis sit, ostendat. Hæc ergò sunt quæ improbemus : hæc sunt quæ pessimum otium, pessimam gratiæ expectationem, pessimum fanatismum inferant.

138. Quærit operosissimè auctor subtilissimus [3], quid sanctum Augustinum voluisse arbitremur, cùm diceret : « Non adjuvat gratia nisi sponte conantem [4]? » Annon enim, inquit, etiam sponte conantes Deus prævenit? Quis enim id theologorum ignorat? Illud vult Augustinus, non esse, ut sponte conemur, expectandam gratiæ palàm se exerentis opem; non esse reprehendendum, aliquid expectari ex se, ex proprio conatu, ex propriâ industriâ : non esse voces illas proprii conatùs, propriæque industriæ ad se-

---

[1] *Max. des SS.*, p. 97. — [2] *Rép. à la Décl.*, p. 91, 92. — [3] *Ibid.*, p. 93, 94. — [4] *De pecc. mer.*, lib. II, cap. V, ubi sup.

mipelagianos ablegandas; non fuisse rejiciendam universim *justitiæ proprietatem*[1] libero arbitrio et propriis conatibus necessariò conjunctam, ut diximus (cap. III, IV, VI); hæc nos Augustinum secuti, in novo systemate erroris arguimus.

139. Ne ergò se præsul torqueat his quæstionibus: Quid in me reprehendunt? Palàm enim dicimus: Te reprehendimus in propriis conatibus naturalibus extinguendis ità laborantem, ut omnes pariter nostros proprios conatus extinguas. Cùm enim à naturalibus conatibus supernaturales internosci non possint, sublatis universim conatibus, laboribus, industriâ propriâ, universos liberi arbitrii conatus in ruinam trahis: ad gratiam actualem divini beneplaciti arcana reserantem nos remittis: his manifestè fanatismum foves.

140. Sic soles, dolens dico, sic soles: sic à perfectis excludi jubes æternæ beatitudinis, ac promissorum quoque amorem naturalem, quo sub titulo demonstravi[2] necessariò deveniri ad extinguendum etiam supernaturalem, qui à naturali discerni nullâ industriâ possit: sic etiam in auferendo conatu naturali laboras[3], ut eo sublato nullum deindè conatum proprium superesse constet: ac nihil perfectis suppetere præter instinctum fanaticum.

CAPUT IX.

De actibus reflexis ad instinctum fanaticum ablegatis.

141. De reflexis actibus hæc habet: « Animæ perfectæ, cùm sint per sese indifferentes ad actus directos aut reflexos, hos edunt cùm vel præceptum ad id urget, vel gratiæ attractus impellit[4]: » præcepti autem casus urgens ad reflexos actus vix ac ne vix quidem invenitur: ergò expectandus ille, quem vidimus, gratiæ actualis beneplacitum divinum indicantis motus: nulla prudentiæ ratio adhibenda, sive ad gratiarum actiones, sive ad lectiones pias, sive ad cautiones vitæ humanæ tot inter pericula necessarias, sive, quod est maximum, ad virtutum ultrò et propriâ sollicitudine incitanda studia. In his, quæ vel potissimam

---

[1] *Rép. à la Décl.*, p. 65. — [2] *Préf.*, n. 121, 122. — [3] Vid. inter gallica scripta, *Préf.* à n. 58, 59, usque ad 63. — [4] *Max. des SS.* p. 117, 118.

faciunt vitæ christianæ partem, non regimur ratione vel prudentiâ, sed instinctu et impetu : quod ad fanatismum ducit.

CAPUT X.

De præcepti casu.

142. Quòd autem præcepti casum hîc et alibi auctor excipit, nihil est : « Hîc, inquit, mirari mihi liceat, quod antistes perspicacissimus et eruditissimus, in libello carpendo sibi ipsi adeò indulserit, ut hæc proferat vocibus absolutis, et sine ullâ restrictione, aut temperamento : vanaque est exceptio de præcepti casu, qui in præceptis affirmativis rarissimus est, ac vix unquàm ad certa momenta revocandus : quo fit, ut animæ in aliis quibusque momentis, non se ratione aut prudentiâ (christianâ), sed impetu rapi velint ac putent [1]. » Hæc ille sibi à me objecta memorat : mea verba recognosco in *Summâ doctrinæ* [2]. Verùm non advertit gravis monitor vocem illam meam, *ad certa momenta*, semel atque iterùm inculcatam. Quis enim, si res ad momenta redigatur, quis certa momenta assignaverit; quis dies certos, quis horas queis sub pœnâ peccati, fidem, spem, charitatem, pœnitendi precandique, ac res divinas considerandi actus exerceas? Si ad exteriora veniamus, quis præscripserit quâ horâ præcisè in diebus festis sacræ Missæ assistas? Hæc ergò omnia instinctui permittes : ut omittam consilii res, connubium, cælibatum, totum directionis ordinem, eleemosynas absque gravi illâ necessitate faciendas; quibus si addideris reflexos actus suprà memoratos, cautiones, lectiones, gratiarum actiones, reliqua ejusmodi innumerabilia, vides impulsibus particularibus nihil esse subtractum.

143. Pergit : « Si hanc propositionem in casuistæ cujusvis operibus legeret (Meldensis Episcopus), continuò hanc ut laxiorem et Evangelio infensam censurâ gravissimâ protereret, » posteà : « Tantus præsul apprimè novit quid in hâc materiâ summus Pontifex Innocentius XI severissimè condemnaverit [3]. » Novi equi-

---

[1] *Max. des SS.* p. 99, 117. *Ead. app.*, p. 73, 80, 81. — [2] *Summa doct.*, n. 15. — [3] *Ead. app.*, 80, 81.

dem : novi et Alexandri VIII de præcepto amandi frequentando diligentissimum sanctissimumque decretum : his obsecutus præceptorum affirmantium certissimam legem in meo quoque Catechismo tradidi : non propterea certa momenta plerùmque indicari posse, aut ego aut quisquam hominum credimus. « Magistrum revereor, inquit, et sileo [1] : » me enim voluit hoc etiam nomine compellatum : at ego gratiis actis id unum supplico, ne mihi falsa imputentur : neve, quòd neque ego neque ipse certa illa momenta præceptis affirmativis assignare possimus, ideò puro manifestoque fanatismo singula momenta, instinctibus, impulsibusque particularibus, insuper habitâ prudentiæ christianæ ratione, relinquamus : quod unum egisse me [2] prolatæ objectionis verba testantur.

ARTICULUS III.

De Contemplatione : ibi quoque fanatismus.

CAPUT PRIMUM.

De transitu ad purum amorem.

144. Transitum ab amore mixto ad purum amorem, quo constat contemplatio, aperto fanatismo tribui, ex his verbis patet : « Id quod in directione essentiale est, hoc est, ut nihil aliud facias quàm gratiæ sequi singula vestigia : iisque te finibus coërceas, ut sinas agere Deum, neque unquàm de puro amore verba facias, nisi ei, cujus jam unctio cor aperuerit illi verbo quod adeò durum est animabus adhùc sibi adhærescentibus, quodque eas in scandalum perturbationemque conjiceret [3]. » Ergò purus amor is est, quem docere sit vetitum : non hic valet illud : *Quomodò audient sine prædicante* [4] ? Dei instinctui soli permittenda res : alioqui turbæ scandala ineluctabilia orientur : quod quid aliud quàm fanatismus est, ut etiam alibi demonstratum [5] ?

[1] *App.* 80, 81. — [2] *Sup.*, n. 131. — *Max. des SS.*, p. 35. — [4] *Rom.*, x, 14. — [5] *Déclar.*, Préf., n. 60.

CAPUT II.

Vitilitigationes auctoris: malè allegati Patres.

145. Ad hæc tergiversatur auctor, neque quidquam aliud : id enim ait intelligendum « de quâdam œconomiâ, de quodam arcano usitato sanctis circa probationes extremas et sublime puri amoris exercitium [1] : » cujus rei Gregorium Nazianzenum, Joannem Chrysostomum, Cassianum, alios in *Instructione pastorali* appellatos testes adducit. Quid nostrâ ? Id sufficit : non oportere de his verba fieri ad quemquam : totum relinquendum Deo : sinendum ut agat prout ipse voluerit : expectandum attractum gratiæ actualis, illius scilicet anteà explicatæ : atqui hæc ipsissima sunt, quæ nos mero instinctui ac fanatismo tribuimus.

146. Quanquàm nec loci Patrum allegati, ad illud arcanum quidquam faciunt : nempè ait Gregorius Nazianzenus de illo Pauli anathemate, « ausum aliquid esse Paulum, et se quoque audere [2] : » ergò illud arcanum est : quæ illa consecutio ? rem maximam, rem arduam Gregorii Nazianzeni verba indicant : non profectò arcanam, quam toti plebi explicabat, idque tribus locis alibi à me citatis [3], quibus tota sancti Patris interpretatio longè à domini Cameracensis mente diversa memoratur.

147. Quid autem Chrysostomi locus, ex homiliâ XVI ad Romanos, ab auctore allegatus ? nempè istud : « Quæ homiliâ præcedente dixisset, magna et supra naturæ captum quæ jam dicturus esset, majora et longè magis exsuperantia omnem dicendi facultatem [4]. » Ergò nova, arcana, inaudita, occultanda, licèt in ipsâ urbe regiâ tantæ multitudini prædicata : ità commentatur auctor, sed Joanne Chrysostomo palàm reclamante.

148. At enim Cassianus, ab auctore memoratus, arcanas eremi traditiones refert : sanè refert : « at de puro amore et contemplatione continuâ : » sic quidem affirmat auctor [5]; sed falsò : agitur de quibusdam ritibus ac methodis exercendæ sive assequendæ orationis continuæ, quantùm in hâc vitâ fas est, deque ejus rei gratiâ

---

[1] *Rép. à la Décl.*, p. 112; *Instr. past.*, n. 20, p. 44, 51. — [2] *Orat.* II. — [3] *Préf., ect.* XIII, n. 146. — [4] Chrysost., Hom. XVI, *in Ep. ad Rom.*, init. ubi sup. — [5] *Rép. à la Décl.*, p. 113.

frequentando Psalmo LXXIX : *Deus, in adjutorium*, cui connectantur variæ et quodammodò perpetes cogitationes : de his, inquam, agitur tantùm. Lege, lector diligens, relatam à præsule collationem [1]; nihil aliud reperies. De Gersone autem, ab eo supponit auctor vitam mysticam in puro amore collocatam [2]; quod falsum esse constitit (art. I, n. 40); omninò quicumque theologiam mysticam occultandam putant, ii procul absunt ab eâ reponendâ in puro amore qui supra tecta prædicandus. Quare quidquid respondet auctor mera vitilitigatio est : quâ contemptâ merus nobis ad ineundum puri amoris exercitium fanatismus relinquitur.

CAPUT III.

De contemplatione Christi, ac personarum, attributorumque divinorum.

149. Primùm, supponenda de contemplatione Christi sententia falsorum spiritualium, à nobis alibi, in *Instructione* scilicet super *Orationis Statibus* explicata, quorum hæc summa est : « Unionem personalem cum Christo homine in imperfectis statibus celebratam, cùm ad ipsum Deum anima pervenerit, omittendam [3]: in summo perfectionis gradu, quo anima refluit in Deum, totam eam esse immersam ac perditam in Deo, ità ut amittat etiam omnem visum Dei à se perceptum ; et quamvis distinctam cognitionem, quantumcumquè exigua sit [4] : » quo attributa omnia, personæ divinæ, adeòque ipse Christus excluditur. Hùc accedit illud : « animam, abjectâ per totos decem ac viginti annos omni cogitatione de Christi statibus, omnem eorum virtutem in se reperire, etiamsi per totam viam omni visu distincto Christi careat [5], » nec de eo loquatur aut cogitet : itaque tunc non aliter de Christo « cogitatur quàm eò quòd sub Dei ipsius aspectu (confuso illo et vago) comprehendatur Christus, neque mediis (hoc est Christo ipso Mediatore) utendum, cùm ad finem perventum est [6] : » quo etiam necesse sit vigere « fidem unam quæ nullam perfectionum et attributorum distinctionem admittat : » hæc igitur est novorum spiritualium doctrina ; ità Molinosus,

---

[1] *Coll.* X, cap. VIII-X. — [2] *Rép. à la Décl.*, ibid. — [3] *Instr. sur les Etats d'Or.*, liv. II, n. 2, 3. — [4] *Ibid.*, n. 4. — [5] *Ibid.*, n. 5. — [6] *Ibid.*, n. 7-9.

ità Malavallus, ità vel maximè falsa prophetis illa, quæ apud nos dux quietismi fuit. His autem quas excusationes auctor, quæ fulcimenta quæsiverit, nunc ostendere necesse est.

CAPUT IV.
Præsulis sententia et cavillationes.

150. Domini Cameracensis hæc verba sunt : « Contemplatio pura et directa, negativa est in eo quòd non sese occupet voluntariè ullà sensibili ideâ, imagine distinctâ et nominabili : sed supra omne sensibile et distinctum solà ideâ purè intellectuali et abstractà entis illimitati [1]. » En igitur quo *voluntariè* contemplatio pura directaque occupetur.

151. Hìc auctor duo facit : primùm, ut definiat contemplationem puram et directam esse negativam : deindè, ut doceat quà ex re præcisè negativa intelligatur : ut profectò constet contemplationem, quæ non eo modo negativa sit, impuram, hoc est mixtam atque compositam, indirectamque haberi.

152. Hìc auctor cavillatur in hunc modum : « Nullibi à me dictum, contemplationem, cùm pura directaque est, non se voluntariè occupare imagine sensibili, ideâque ullà distinctâ [2]. Contrà, tu dixisti : « contemplationem puram et directam esse negativam; » quod universim dictum nemo non videt.

153. Instas : « Non id dicere potui, cùm dixerim contemplationem puram et directam admittere omnia objecta, quæ pura fides offerre potest [3], » citasque locum ex libro *de Doctrinâ Sanctorum*, qui est p. 188. Rectè : at non erat omittendum id quod eo loci addis : illa objecta admitti, « quæ Deus ipse offert, et quibus anima non occupatur nisi impressione gratiæ [4] : » utique singularis, quæ nisi hìc intelligatur nihil est, cùm ubique sit necessarius gratiæ communis influxus. Ità omnia tibi apprimè constant, valetque illud tuum, non occupari animam, *voluntariè* quidem, *nisi ente illimitato, non ullà ideâ distinctâ* [5] : et tamen occupari aliis quoque *objectis atque ideis distinctis* [6] ; sed si Deus

---

[1] *Max. des SS.*, p. 186. — [2] *Rép. à la Décl.*, p. 74, 75. — [3] *Rép. à la Déclar.*, p. 75; *Max. des SS.*, p. 188. — [4] *Ibid.*, p. 189. — [5] *Ibid.*, p. 186. — [6] *Ibid.*, p. 188.

offerat, eòque animam adigat *illâ impressione gratiæ*, actualis quam vidimus : quâ quippe beneplaciti voluntas nobis innotescat. (Suprà, art. II, cap. VII, n. 27 et seq.)

154. Falsum ergò illud quod dicis : « Contemplatio pura et directa quandoquè negativa est, quandoquè non est [1] : » contrà enim definisti « universim, contemplationem puram et directam negativam esse : » tùm etiam præcisè in quo negativa sit. Ergò contemplatio pura directaque est illa quæ *voluntariè* ente tantùm abstractissimo occupetur : nec cæteris objectis ideisque distinctis, « nisi offerente Deo, et ex impressione gratiæ » singularis.

155. At negas à te assertam « impressionem illam gratiæ singularis ; negas exclusam propriam electionem [2]. » Quid igitur significat illud, contemplationem *voluntariè* quidem nonnisi illimitatâ et abstractissimâ entis ratione occupari, cæteris verò objectis nonnisi *impressione gratiæ et offerente Deo?* Quid est illud, inquam, *offerente Deo?* annon Deus offert illam quoque abstractissimam rationem entis ? annon illi intervenit gratiæ communis impressio ? annon intervenit omnibus actibus, et inter contemplandum et extra contemplationem ? Si non ergò hîc aliud postulas, si non impressionem gratiæ singularis intendis, planè vacat illa gratiæ impressio, quam hîc singulatim requiris, et actui animæ *sese voluntariè* occupantis opponis.

156. « At enim, inquit, non exclusi propriam electionem [3] : » eâ voce scilicet, fateor : at verò exclusisti conatum proprium, laborem proprium, propriam industriam : at induxisti gratiam actualem, omnia singulatim omnique casu ostendentem, quæ Deus velit beneplacito suo : at his duobus dogmatibus induxisti fanatismum, quem hîc quoque ad contemplationis objecta seligenda pertinere constet.

157. Frustrà objicit, à Meldensi quoque admitti « contemplationem, quæ se ente illimitato et abstractissimis rationibus aliquandò occupet [4]. » Quis enim eam negaverit aut ignoraverit ? Absit autem ut dixerim, illo quidem objecto *voluntariè* animum occupari, aliis verò Deo imprimente, instigante, ac movente singulares affectus : tanquàm animus per se generalibus tantùm et

---

[1] *Rép. à la Décl.*, p. 77. — [2] *Ibid.*, p. 82. — [3] *Ibid.* — [4] *Ibid.*, p. 77 et seq.

indistinctis rationibus occupetur ; divinis verò attributis, divinis personis, ipso Christo adhærescat, non spontè et ipsâ consiliante prudentiâ : non purè : sed si impellatur, si impressione et impetu agatur : quo fit, ut Christus tantaque illa objecta ipsâ contemplatione non satis per sese digna videantur. Id ergò bonus Deus avertat à nobis, quod puri quietismi est, ut vidimus.

CAPUT V.

De Christo subtracto perfectis animabus, auctoris effugia.

158. Jam quòd perfectis animabus, nempè contemplatricibus subtrahatur Christus, hæc verba auctoris probant : « Animæ contemplatrices privantur visu distincto, sensibili et reflexo Christi [1]. » Hic auctor conqueritur de suppressis his vocibus, *sensibili et reflexo* : « Cur autem eas voces, inquit, prælati omiserunt, ac tantùm retulerunt visu Christi distincto privatas animas? » Cur? quia nempè hæc auctor ipse separat. Subdit enim : « Animæ non sunt privatæ in perpetuum visu simplici et distincto Christi : » ergò privantur eo, eo, inquam, *visu simplici et distincto,* licèt non in perpetuum. Rursùs : « Initio ferventis contemplationis, non repræsentatur Deus nisi ratione confusâ : anima se recolligens tanquàm absorpta gustu sensibili non potest occupari distinctis visibus, » quales sunt attributorum, divinarum personarum, ipsiusque Christi : procul ergò est ab illius status conditione Christus distinctè visus. « Idem, inquit, evenit in extremis probationibus [2]. » Tùm : « Illis duobus exceptis casibus, anima vel excelsissima potest occupari Christo præsente per fidem. » Ergò in illis casibus *Christo præsente per fidem* anima occupari non potest. Christus autem *præsens per fidem,* is ipse est Christus, quem tenemur, juxta Paulum, habere *inhabitantem* [3], cujus *inhabitationis fides* Christi est medium : quæ tamen abesse fingitur. Deniquè « inter contemplationis intervalla, ubi cessat pura contemplatio, anima adhùc Christo (per fidem præsente) occupari potest [4]. » Ergò extra illa intervalla, cùm viget pura contemplatio, occupari

---

[1] *Max. des SS*, p. 194. — [2] *Ibid.*, p. 195. — [3] *Ephes.*, III, 17. — [4] *Max. des SS.*, ibid.

non potest. Hæc sunt quæ quietismum foveant, apertè introducant.

159. Neque audiendum illud : « Non, inquit, adhibui particulas exclusivas : » sed tamen verbis illis inest exclusio : « cessante contemplatione purâ, anima adhùc Christo per fidem occupari potest[1] : » claraque est consecutio : ergò in contemplatione purâ occupari non potest.

160. Pergit : « Atqui addidi, inquit, animas in altissimo contemplationis gradu constitutas eas esse quæ Christo vel maximè occupentur[2]. » Extra hos duos casus scilicet, et adhùc inter ipsa intervalla, purâ contemplatione cessante, nec aliter aut alio modo : neque ad aliud valet illud *adhùc,* quò refugit auctor, nisi ut intelligatur, verè his duobus casibus subtrahi Christum : et etiam extra illos duos casus, etsi tamen à contemplatione purâ, non ab intervallis puræ orationis posse subduci : quæ auctorem nedùm excusent, magìs magìsque gravant, ut vidimus.

CAPUT VI.

De duobus casibus quibus Christus subtrahatur: auctoris labor et ludibria.

161. Quantùm in his difficultatibus resolvendis laboret auctor, hæc *Instructionis pastoralis* responsa docent : « Hæ Christi subtractiones sive privationes, inquit, non sunt reales, sed apparentes[3]; » in his licèt nec fides inveniatur illa quæ Christum *præsentem reddat : sunt transitoriæ :* quæ duos integros status, nempè initia contemplandi et probationes extremas, et prætereà contemplationis puræ directæque tempus implent : « diuturnæ non sunt et Christus mox redibit : » ergò aberat, à mente et cogitatione discesserat : « probationes per se sunt breves; saltem illud extremum[4] : » Quis enim legem Deo fixit, ne quantùm voluerit et quamdiù voluerit probet animas ? Quis Theresiam quindecim, imò ut ipsa memorat[5], duos et viginti ferè annos inter ariditates detinuit, nisi Deus ? « Sunt intervalla quædam in illis probationibus : » sed horum intercapedinem quis mensus est ? ut

---

[1] *Rép. à la Décl.*, p. 89. — [2] *Rép. à la Décl.*, p. 89; *Max. des SS.*, p. 196 — [3] *Instr. past.*, n. 18. — [4] *Max. des SS.*, p. 75 et 79; *Instr. past.*, errata, sur la p. 33. — [5] *Lett.* XIX, n. 2.

et illud omittam, « variis causis effici ut sint prolixissimæ[1] : » sed esto probationes sint breves : an domino Cameracensi excidit, « transitum ad contemplationem ordinariè esse longum[2] : » quo spatio anima de Christo cogitare non possit? an tantum archiepiscopum à Christo per fidem præsente discedentibus has excusationes quærere oportebat? Dolendum sanè, dolendum, nec piæ lacrymæ hîc cessaverint.

162. At enim accusari non debuit tam *horrendi erroris*, de Christo à contemplatione secluso, nisi *prolatis ejus expressissimis verbis*[3]. Quid si de re tantâ tamque perspicuâ ambiguè scripsit, cùm perspicuè deberet ac posset? quid si apertè suffragari non ausus, tamen occultis molitionibus tam noxio quietistarum errori colorem fucumque quæsivit? Non erat scrutanda veneni sedes? non erant persecandi sinus? Sed nunc hæc vacant, cùm auctorem apertis verbis, totâque doctrinæ serie deprehensum teneamus, ac nihil nisi ludibria respondentem : quæ nos et in *Præfatione* nostrâ gallicanâ fusè persecuti sumus, et in articulo Issiacensi XXIV anteà proscripsimus[4].

CAPUT VII.

Sanctæ Theresiæ et beati Joannis à Cruce clara sententia.

163. Nunc deprehenso auctoris errore, quàm ex adverso stet contra sanctam Theresiam, norunt omnes : pauca ergò delibare juvat, tanquàm ex favo dulcissimo. Sancta Theresia initio à Christi humanitate sese abstrahebat, « cujus insaniæ non sine gravissimo dolore recordetur, tanquàm prodito Christo per ignorantiam[5]. » Subdit : « Fierine potest, subiisse in mentem, ut vel unius horæ spatio tu mihi, Christe, ad veram pietatem obstaculo fuisse videaris? » Ecce nec per horam unam sustinet mente abesse à Christo, nedùm per spatia duplicis integri status, aut quocumque tempore viget pura contemplatio : ac proindè deplorat *tantam cœcitatem*[6] : ab eâque avertit eum ad quem scribit, « allato Pauli aliorumque sanctorum contemplatorum exemplo, qui Christi nomen nunquàm non in ore habebant[7]. »

[1] *Instr. past.*, errata sur la p. 23. — [2] *Max.*, p. 75. — [3] *Rép. à la Décl.*, p. 81. — [4] *Préf.*, n. 51 et seq.; *Avert.*, n. 6; *Art. d'Issy* XXIV. — [5] *Vie*, ch. XXIII, p. 126. — [6] *Ibid.*, p. 127. — [7] *Ibid.*, p. 128.

164. Sanè confitetur, « cùm Deus suspendit omnes animæ facultates in variis orationis generibus, tunc amitti Christi ut hominis præsentiam[1], » eam quam intellectu complectimur, nec tamen Christum tunc omittimus, « cùm toti ad amandum eum animum convertamus. » Addit : « Qui mentem abstrahant ab intuendâ humanitate, gradi per aera nullo fulcimento, quanquàm Deo pleni sibi videantur. » Ex quo etiam infert animam « ordinariè indigere eo sustentaculo, præsertim in pœnis, in laboribus, in persecutionibus, in ariditatibus[2] : » hoc est profectò in probationibus : quo vel maximè tempore præsul à Christo nos avocat.

165. Alio loco hæc habet : « Mihi quidam persuadere voluerunt utilius esse animæ perfectiori, ut occupetur divinitate tantùm seclusis corporalibus, sed nunquàm in eam persuasionem adducar : quippe quæ experta sim, hàc viâ dæmonem me voluisse deceptam : à quâ viâ proindè caveri oporteat, neque credi cuiquam talia suadenti[3] : » adeò ab eorum auctoritate abhorrebat : neque cunctatur modestissima virgo hanc viam *periculosissimam* pronuntiare, quippe quâ dæmon utatur, *ad extinguendum sacræ Eucharistiæ gustum*.

166. Notandum autem illud, interdùm suspendi sacratissimæ humanitatis intuitum : sic tamen, ut in eam priùs et assiduè visam, ac penitùs animo comprehensam, voluntas toto amore inardescat, ut dictum est.

167. Hanc secutus vir beatus Joannes à Cruce, sic docet : « Quòd studeamus oblivisci figuras, nunquàm intelligitur de Christo ejusque humanitate : quanquàm enim interdùm in sublimi contemplationis arce, et in simplici divinitatis intuitu, hujus humanitatis anima non recordetur; nulla tamen adhibenda cura est ut ea omittatur, eò quòd ejus visus ac meditatio amatoria ad omne bonum auxilio sit, per eamque faciliùs ascendamus ad sublimissimum unionis gradum : cùm aliæ quidem corporales formæ impedimento sint : sed non ille qui seipsum fecit hominem, quia ipse est veritas, ostium, via, et dux ad bonum. »

[1] *Vie*, ch. XXIII, p. 129. — [2] *Ibid.*, p. 130. — [3] *Chât. de l'ame*, 6e dem., ch. XXVII, p. 783. — [4] *Mont du Carm.*, liv. III, ch. I, p. 155.

168. Dicent à beato viro id tantùm caveri, « ne curam adhibeamus ad Christum incarnatum omittendum. » Verùm advertenda causa ejus consilii, quòd nempè Christus incarnatus ad omne opus bonum, et ad ipsam excelsissimam unionem adjuvet : quo fit, ut nusquàm impedimento esse possit.

169. Quare, cùm formarum recordationem aufert, « Deum incarnatum excipit cujus recordatio semper adjuvet ad finem consequendum ; quippe cùm hic via sit, dux et fons omnis boni[1]. » Qui autem semper adjuvat, nusquàm officit, nusquàm obstaculo est.

170. De reliquis nulla est difficultas, cùm certum sit contemplatione Christi alias duas personas divinas, atque adeò omnia divina attributa introduci, « ut sapientiam et divina judicia, ac prædestinationis, præscientiæque altissima arcana : » quemadmodùm idem vir beatus docet[2], et sic in animam maximâ licèt abstractione suspensam per Christi mysteria perfectiones Dei, personæque divinæ assiduè reducuntur: nec à monte discedunt.

CAPUT VIII.

Conclusio et recapitulatio hujus primæ partis.

171. Videt ergò lector diligens, de tribus vel gravissimis articulis, quibus ferè tota vitæ spiritualis ratio continetur, quàm dominus Cameracensis sanctæ Theresiæ, beato Joanni à Cruce, cæteris probis mysticis adversâ fronte concurrat, qui favere se velle profitebatur : adeòque abesse, ut damnato libello præsulis, aliquid illis metuendum veniat, ut contrà probato, illi sanctissimi auctores nonnisi improbari possint.

172. Nunc juvat quæ dicta sunt repetere paucis : primo quidem articulo hæc vidimus : in oratione quietis, suspendi, ligari, impediri per certa momenta divinâ operatione animæ facultates : eam orationem ideò supernaturalem dici, quòd supra communem discurrendi viam à Deo elevetur per illud auxilium, quòd sit extraordinarium ac supra communes gratias : non ergò operationem hanc ab ejus gratiæ quæ sit communis omnibus justis inspiratione pendere.

[1] *Mont du Carm.*, liv. III, ch. xiv; p. 172.— [2] *Vive flamme*, Cant. ii, p. 512; *Explic. du Cant.*, p. 482.

173. Quòd auctor in viis spiritualibus agnoscat *impotentias*, sed impropriè dictas, manifestam esse cavillationem quæ vim verborum eludat, cùm etiam beatus Joannes à Cruce de illâ impotentiâ meditandi et discurrendi loquens, quæ sit nota transitûs ad contemplationem, clarè dicat : « Tunc animam nec si velit meditari posse [1] : » quo nihil est significantius ad veram impotentiam designandam : atque hâc etiam voce usam esse sanctam Theresiam [2], alibi observavimus.

174. Neque omittendum, me nihil aliud quàm sanctorum verba exscribentem, fanatismi accusatum : quæ accusatio redundet in eos, quorum exprimo disertas planasque sententias.

175. Secundo articulo, auctoris contra omnium spiritualium doctrinam excludentis actus proprii laboris, proprii conatûs, propriæ industriæ, et sub gratiæ actualis nomine omnia ad inspirationem extraordinariam revocantis, purum putumque fanatismum ostendimus.

176. Tertio articulo, de subtracto Christo, ac divinis attributis, divinisque personis à purâ contemplatione quietisticum errorem, sanctæ Theresiæ ac Joanni à Cruce penitùs repugnantem, deprehendi : quæ hâc primâ parte demonstranda susceperam.

PARS SECUNDA.

IN QUA SOLVUNTUR SPIRITUALIUM AUCTORITATES A DOMINO CAMERACENSI OBJECTÆ.

CAPUT PRIMUM.

Primus locus ex sanctâ Theresiâ.

177. Jam expendamus locos, quibus auctor approbat suam sententiam [3]. Primus iste, ex sanctæ Theresiæ sextâ mansione : « Animæ hujus statûs vellent, ut videret Deus, sese non ei famulari spe mercedis [4] : » quem locum sic urget præsul : « An vult

---

[1] *Vive flamme*, Cant. III, 3, § 6, p. 536. — [2] *Chât.*, 6° dem. ch. VII, p. 786.
— [3] *Instr. past.*, p. 73. II° *Lett. à M. de Paris*, p. 40.— [4] *Chât. de l'ame*, dem. 6 ch. IX, p. 799.

sancta dicere vel illas animas Deo ostendere à se rejici spem? Absit ab eà talis impietas. Ergò hîc spectatur merces tanquàm objectum affectûs naturalis et mercenarii. »

178. Ego verò quæro primùm, utrùm hujus affectûs naturalis sancta virgo Theresia ullam unquàm fecerit mentionem? si quam, locos proferat : nullum autem protulit, ac ne tentavit quidem. Si nullam ; ergò illam interpretatur ex libitu suo, non ex illius dictis.

179. Quæro iterùm, an beata Theresia ità nolit *famulari Deo spe mercedis*, ut eam ipsa spes ne quidem *cohortetur ad currendum stadium?* Hoc si voluit, palàm adversatur concilio Tridentino definienti valere spem, « ut justi suam ipsorum socordiam excitando, et sese ad currendum in stadio cohortando, cùm hoc ut imprimis glorificetur Deus, mercedem quoque intuentur æternam [1] : » cujus rei exemplum Moysen et Davidem præbent Tridentini Patres. Ergò sancta Theresia his potior, nec doctrinâ concilii, nec horum exemplo uteretur; quod nemo dixerit.

180. In promptu ergò est beatæ virginis sensus : « Non vult se famulari Deo spe mercedis, » tanquàm solo vel præcipuo motivo, certum : tanquàm et illa spes nullum sit motivum cohortans et invitans, falsum et hæreticum.

181. Nihil igitur ad rem facit *affectus naturalis*, nisi ad infringendam sanctæ Theresiæ sententiam : illa enim, non affectum tantùm naturalem, de quo nec unquàm cogitavit, supernæ felicitatis excludit ; sed ipsam spem supernaturalem mercedis æternæ, ut quidem esset finis ultimus, aut motivum primarium ac præcipuum : quod est ab omnibus theologis traditum.

182. Quod ergò sancta subdit : « Has animas non cogitare de gloriâ assequendâ, tanquàm de motivo, *quo magis incitentur*, Tridentino concilio, et sanctorum exemplis esset contrarium, nisi eo modo sumptum, quo diximus.

183. Nec aliter intelligendus hùc collatus Bernardi locus [2] : « Purus amor de spe vires non sumit : » non sumit præcipuas, vel maximas; fateor : non sumit ullas; falsum et hæreticum.

[1] Sess. VI, cap. XI. — [2] *Instr. past.*, p. 74. Serm. LXXXIII *in Cant.* n. 5.

CAPUT II.
De affectu naturali.

184. De affectu naturali, quo uno se auctor nunc expedit, sæpè diximus: hîc autem quærimus tantùm, an hujus affectùs concilium Tridentinum loco allegato [1] mentionem faciat? Nullam autem facit, sed vim spei explicans in eo reponit illam, « ut nos excitet, cohortetur mercedis intuitu, cùm hoc ut imprimis glorificetur Deus : » ergò vacant reliqua, nec affectùs naturalis ullam rationem habere nos oportet.

185. Jam, quòd auctor *commodi proprii* nomine affectum illum *naturalem* semper et ubique à se intellectum profitetur [2], manifestè falsum. Agnoscit enim *commodum proprium æternum*, quod abdicari vult *absque ullâ spe* [3] *:* commodum autem æternum, præter salutem æternam, nullum est. Idem efficit illa vox: « Fit sacrificium absolutum commodi proprii in æternum [4] : » illud enim quod abjicitur respectu æternitatis nonnisi æternum est. Non ergò hîc intelligitur affectus naturalis, qui non potest esse nisi temporarius.

186. Sanè homini justo nihil est æternum, nisi vel Dei possessio, vel de Deo possesso gaudium et delectatio. Atqui neutrum eorum est ex affectu naturali : neutrum eorum aut in patriâ exscindendum, aut in viâ contemnendum. Non ergò commodum proprium æternum affectus naturalis est, aut aliud quidquam quàm ipsa beata æternitas, cujus studium exerceri, non infringi oportet.

CAPUT III.
Quòd ille affectus naturalis ex ipso auctore sit inutilis.

187. Domini Cameracensis hæc sunt in *Responsione ad Summam doctrinæ :* « Fatetur dominus Episcopus Meldensis scholas communiter tradere charitatem spectare Deum in seipso, amore absoluto ac libero ab omni respectu ad nos [5] : » subdit : « Eam definitionem si semel admiseris, uno Issiacensi articulo XIII in-

---

[1] Sess. VI, cap. XI. — [2] *Inst. past.*, n. 3, 4, 11. — [3] *Max. des SS.*, p. 75. — [4] *Ibid.*, p. 90. — [5] *Resp. ad Summam doct.*, p. 3.

diget systema meum¹. » Duo ergò sunt capita quibus illud continetur : nempè definitione charitatis, et Issiacensi articulo illo XIII.

188. Atqui affectus naturalis ad ea duo est inutilis. Non enim amamus Deum, *sine ullo respectu ad nos*, affectu naturali. Non etiam est naturalis charitas illa quæ *benigna est, quæ patiens, quæ omnia credit, sperat, sustinet*, de quâ agit Paulus² : de quâ unâ tractatur Issiacensi articulo XIII : atqui ad hæc duo capita *totum systema* revocatur : non *ullâ aliâ re indiget :* non ergò indiget illo amore naturali, isque ad explicandam Theresiam perperàm adducitur.

CAPUT IV.

Secundus locus sanctæ Theresiæ.

189. Ex eâdem mansione sextâ, secundus affertur is beatæ virginis locus : « Anima non se incitat spe adipiscendæ gloriæ : verùm id unum cogitat, ut suo amori satisfaciat, cujus natura est, ut semper operetur mille modis. Si posset anima, mille inventa quæreret, ut sese ipso amore consumeret : si id necessarium ad majorem Dei gloriam, ut æternum in nihilo remaneret, ex animo consentiret³. »

CAPUT V.

De suppositionibus impossibilibus: auctoris manifestæ calumniæ.

190. Hic locus pertinet ad suppositiones illas impossibiles, de quibus cùm multa tradiderimus⁴, sanctæque Theresiæ locos latè pertractaverimus, nunc ad hæc capita summam doctrinæ nostræ referemus.

191. Primùm, hæ suppositiones nihil nobis adversantur, quas annotatis ad marginem locis et ultrò recepimus, et sanctorum auctoritatibus asseruimus. Quare minor ità nobiscum agi, tanquàm eas improbemus⁵.

192. Secundò, has etsi velleitates diximus, non tamen eis me-

---

¹ *Resp. ad Summam doct.*, p. 3.— ² *I Cor.*, XII. — ³ *Chât. de l'ame*, 6ᵉ dem., ch. XIX, p. 799. — ⁴ *Instr. sur les Etats d'Or.*, liv. IX, n. 3, 4; liv. X, n. 19. Art. XXXIII d'Issy. — ⁵ *Rép. à la Décl.*, p. 149.

ritum detraximus, quas magnis animabus, Moysi, Paulo, cæteris, à sanctis attributas esse, monuimus.

193. Tertiò, malè imputatur nobis à domino Cameracensi, Paulo et Moysi, aliisque piis animabus per illas suppositiones impossibiles attributas « pias ineptias, pios excessus, pia deliria, inanes argutias, quodque est gravissimum, inordinatos affectus [1]. » Ego autem ut pios excessus, nec tamen extra fines debitos, non denegaverim sanctis cum Paulo *mente excedentibus* [2], et in *excessu suo* cum sancto Davide multa dicentibus [3]: *ità inanes argutias, ineptias, deliria, inordinatos affectus*, etiam Paulo et Moysi à me fuisse imputatos, dolens dico, aperta calumnia est, pessimo exemplo ab antistite illata antistiti : vel ergò proferat locum, vel inficietur indignam in fratrem contumeliam. Notat quidem ad latus paginam meam 443 [4], ut ostendat hæc à me inter absurda reputari; sed falsò : lege, lector, nihil invenies præter *pios excessus* quos sibi ipse Paulus, ipse David attribuunt. Quòd si cuiquam sanctorum attribuere videor *amatorias amentias* [5] : id primùm nec meo nomine nec pravo sensu dictum, cùm etiam ejusmodi *amentias* Sponsæ ipsi, atque animis sancto amore percitis, non Bernardus, non alii optimo sensu imputare vereantur.

194. Quartò, nunquàm dissensi ab auctore asserente *velleitates* de re impossibili, ut gravissimo peccato, ità etiam maximo merito imputari posse [6]. Quis enim hoc ab Augustino, imò ab omnibus theologis non didicit, peccare gravissimè prava cupientem si per impossibile impunita essent? Quod quidem ad bonum ut in malum valere, absit ut negaverim.

195. Quintò, *velleitatis* nomen adhibui, ut docerem ejusmodi voluntatem etiam abdicandæ salutis (quoad quosdam effectus, si possibile esset), cùm ea voluntas absoluta et perfecta non sit, facilè conjungi posse cum absolutâ et perfectâ voluntate volendi salutem : quin ipsum illud « Vellem pro Deo salutem, quoad quosdam effectus abdicare, » est reverà velle salutem ipsam

---

[1] *Resp. ad Summam*, p. 19, 26, 49, etc. *Rép. à la Décl.*, p. 149. — [2] II *Cor.*, v, 11. — [3] *Ps.* cxv. — [4] *Rép. à la Décl.*, p. 149. — [5] *Instr. sur les Etats d'Or.*, liv. IX, n. 1. — [6] *Rép. à la Décl.*, p. 149, 151.

quam te nolle non posse fatearis. Quare si quis diceret : Vellem propter Deum non esse beatus, si id velle possem, aut si Deo placeret, illo ipso actu clamat se beatum esse velle, et nolle non posse; adeò nullus actus à beatitudinis voto est vacuus.

196. Igitur, quod sexto loco dixerim, in eo actu : « Vellem pro gloriâ Dei carere optatâ beatitudine, si fieri posset, » inest duplex meritum : et illud optandæ salutis, et illud anteponendæ divinæ voluntatis, si talis esse posset.

197. Deniquè non idem valet : si quis ità diceret : « Vellem delectari quocumque peccato, si impunitum esse posset. » In eo enim actu meritum omninò esset malum : cujus rei ratio est, quòd duo bona merita inter se compati possunt, non possint autem componi et compati in eodem actu meritum bonum et malum : ac per has propositiones septem patet responsio ad omnia objecta quæ oriri possunt ex suppositionibus impossibilibus.

CAPUT VI.

Tertius sanctæ Theresiæ locus: hujus vis auctori ignorata.

198. In *Instructione pastorali* tertius locus is est sanctæ Theresiæ, ex mansione septimâ : « In hoc perfectissimo gradu inducitur tanta oblivio suî, ut anima utrùm sit an non sit vix sciat : non enim cogitat de cœlesti patriâ : ac si certò teneret statim egressam ex corpore, in cœlum transituram, non eâ felicitate moveretur, quia tunc non cogitat de gloriâ Sanctorum aut de pari gloriâ consequendâ; sed tantùm ut Deo serviat[1]. » Hæc illa, quæ nos in *Statibus Orationis* facilè solvimus[2].

199. Ipse sensit auctor hujusmodi locos non esse ad summum urgendos : sed pessimas interpretationes adduxit duas[3] : primam, secundùm sanctam Theresiam, « non incitari animas affectu naturali ac mercenario suî ad formalem beatitudinem. » Quâ de re præmonuimus, nunquàm beatam virginem cogitasse (n. 177, 178): nunquàm, inquam, de affectu naturali beatitudinis formalis exsuperando cogitavit; sed ipsum christianæ spei supernaturalem

---

[1] *Instr. past.*, p. 74. *Chât.*, 7ᵉ dem., ch. III, p. 816, 817. — [2] *Instr. sur les Etats d'Or.*, liv. IX, n. 5. — [3] *Inst. past.*, p. 75.

affectum prætergressa, eum affectum ex omnium theologorum sensu subjunxit ac subordinavit Dei charitati : quare præsul Theresiam invitam ad suum affectum naturalem trahit, et à seipsâ facit esse degenerem.

200. Altera solutio non pluris valet : « Nempè quòd charitas ordinariè præveniat spem ejusque actus imperet, non autem à spe se præveniri sinat[1]. » Quæ perfectio omnibus vitæ christianæ professoribus à Paulo proponitur his verbis : « Omnia vestra in charitate fiant[2] ; » et : « Sive manducatis, sive bibitis, sive aliud quid facitis, omnia in gloriam Dei facite[3]. »

201. Sanè hæc pertinere ad præceptum et ad perfectionem illam evangelicæ legis omnibus imperatam exactiores theologi tradunt : sed quia perfecti nostri non ità de christianâ perfectione sentiunt, et Pauli sententias ad consilium revocant; non negabunt certè illud consilium proponi omnibus christianis : nec esse quemquam qui ab illo abhorreat, imò qui non ad id se invitari sentiat. Non ergò pertinet ad purum illum amorem, qui domino Cameracensi, « sanctis quoque inaccessus, nec iis proponendus esse videatur : ad quem scilicet, nec lumen interius habeant, nec gratiæ illecebram : quo proindè conturbentur, scanlizentur[4], » expaveant.

202. Quare illud, sive præceptum, sive consilium, omnibus communiter propositum, eò pertinet, ut omnes nostri actus à charitate imperentur : quod autem subdit auctor, ità imperari, « ut anima Deum diligeret, etiamsi nullam ab eo speraret beatitudinem[5] : » id omni actui charitatis intrinsecum esse, pars multò maxima theologorum tradit, neque expectavit sancta Theresia septimam mansionem, ut Deum illo amore diligeret. Altiùs ergò vestigandus sanctæ virginis sensus.

CAPUT VII.

Verus sensus sanctæ Theresiæ ex ipsâ stabilitus.

203. Is autem sensus hic est : Ut spe gloriæ non quidem moveretur tanquàm fine ultimo, ac motivo præcipuo charitatis ; mo-

---

[1] *Instr. past.*, p. 75. — [2] 1 *Cor.*, xvi, 14. — [3] *Ibid.*, x, 31. Col. III, 17. — [4] *Max. des SS.*, p. 34, 35. — [5] *Max. des SS.*, p. 75.

veretur tamen ut moveri solent piæ animæ per illas secundarias objectivas rationes, à theologis memoratas, quæ ad amandum alliciant.

204. Neque id voluit sancta Theresia, ut gloriâ cœlesti non absolutè moveretur; quod concilio Tridentino repugnare vidimus : sed ut non moveretur *tùm;* per certa momenta, alternantibus vicibus [1] : etsi enim ea motiva virtute semper movent, non tamen semper actu de illis cogitatur; nec tamen diù à cogitatione absunt : ac subindè recurrunt : undè sancta Theresia subdit de illis animabus : « Rursùs autem redeunt ad desiderium Dei perfectè potiundi : cui tamen posteà renuntiant (quoad dilationem, non quoad rem ipsam), satìsque contentæ quòd Deum comitem habeant, ei offerunt vitam suam prolongatam, ut certissimum ac laboriosissimum argumentum antepositæ divinæ commodi rationis suis rationibus et commodis : » qui sensus nec intelligi potest sine Dei possidendi absoluto desiderio : nisi enim desiderarent, nihil Deo immolarent : immolant autem non quidem auferendum, absit; sed tamen differendum Dei desideratissimi votum : ergò illo nunquàm absolutè carent : sed vicibus, aut tantisper premunt, aut actu eliciunt : summam autem ipsam nunquàm non retinent.

205. Quocircà ità concludit illum excelsissimum de Deo potiundo locum : « Quo sensu putatis esse illas animas, cùm reputant se illâ felicitate privari posse? » Absit ergò ut non optent illam felicitatem quâ privari se posse, non sine gravissimo dolore sentiunt. Sic omninò intelligenda sunt dicta sanctorum integris locis, non abruptè allegatis, et per vim manifestam ad aliena detortis.

CAPUT VIII.

De beato Joanne à Cruce.

206. Videamus autem annon à beati Joannis de Cruce sensibus dominus Cameracensis toto cœlo aberrarit : is enim est qui non semel desiderium potiundi Dei pressisse, et suppositionibus illis impossibilibus indulsisse videatur. Is igitur de perfectis anima-

---

[1] *Chât. de l'ame,* 7º dem., ch. III, p. 817.

bus hæc habet¹ : « Sine curâ, sine reflexione sunt ; » sanè : « sed per illud spatium, quo viget contemplatio. »

207. An igitur per illud spatium non desiderant Deum ? absit : « Amans enim anima non potest amoris sui non desiderare mercedem, cujus gratiâ amico servit : alioquin nec illud amor esset : quæ merces non alia est, nisi amoris augmentum, quousquè perveniat ad illum perfectissimum amoris statum, qui sit ipse sibi merces : nec aliam mercedem anima optare possit². » Optat ergò illam : optat Deum ipsum habendum, potiundum : nec sine illius mercedis « voto stat amor, aut amoris gaudet nomine. »

208. Rursùs : « Morbus amoris nonnisi præsentiâ sanari potest³ ; » quo nihil est clarius, ac simplicius. Et iterùm : « Animæ Deum amanti nonnisi potiundo potest satisfieri ; non enim aliæ gratiæ satisfaciunt, sed incendunt et irritant Dei, ut in se est, videndi desiderium⁴. »

209. Quod ergò alibi docet non esse animas illas « intentas solatiis, aut commodo proprio, sed Deo pro suâ ipsius dignitate et acceptis beneficiis⁵, » primùm vides intentas acceptis beneficiis, adeòque profectò suis commodis : non sic tamen ut præcipuo, sed ut secundario, magno tamen motivo.

210. Quin etiam cùm anima videtur optare ut avertat Deus dulcedines suas, Sponsæ instar canentis : *Fuge, dilecte mi*⁶ : « ne credas averti velle : genus locutionis est ex nativo amittendæ dulcedinis metu⁷ : » ergò sic avertere, elicere est, optare est : estque illa fuga ex amatoriâ vi grande desiderium : quantò ergò ferventius est desiderium illius Deo viso atque possesso æternæ dulcedinis ? Undè illud erumpit ex imo pectore : « Rumpe telam hujus vitæ, ut te statim amare possim cum eâ plenitudine ac saturitate quam desiderat anima mea æternam et interminabilem⁸. »

211. Sic illis amantibus pressa desideria, etiam per suppositiones illas impossibles, nihil aliud sunt quàm genus desiderii eò ardentioris quò latentioris.

---

¹ *Vive flamme*, Cant. III, ⁊. 3, § 6, 10, p. 538, 592. — ² *Exp. du Cant.*, 9ᵉ couplet, p. 383. — ³ *Ibid.*, 13ᵉ coup., p. 396. — ⁴ *Ibid.*, 6ᵉ coup., p. 375. — ⁵ *Obs. nuit.*, liv. II, ch. XIX. — ⁶ *Cant.*, VIII, 24. — ⁷ *Exp. du Cant.*, 13ᵉ coup. — ⁸ *Vive flamme*, cant. I, p. 521.

CAPUT IX.

Locus ejus auctoris à domino Cameracensi prolatus: deque proprietate.

212. Hæc præsul omnia prætermisit, quibus clarè constat nunquàm à mysticis suppressum potiundi desiderium : adduxit autem hujus beati viri unum tantùm locum : « de avaritiâ atque ambitione spirituali : quæ sit illa à mysticis commemorata proprietas, hoc est illud spirituale commodum, quod nunquàm abest à mercenariæ animæ virtutibus [1]. »

213. Quodnam autem sit illud spirituale commodum proprium, expressit his verbis : « Esse nempè illud commodum sive meriti, sive perfectionis, sive mercedis æternæ : » atque illud est quod in spirituali Joannis à Cruce avaritiâ sive ambitione vult quæri.

214. Contrà : avaritiam illam spiritualem sic definit beatus auctor, « ut animæ nunquàm contentæ sint donis à Deo datis, deficiantque animo, ac lamentis indulgeant, si non inveniant ea quæ in spiritualibus rebus quærunt solatia [2] : » hoc primum. Alterum : « ut præceptis, consiliis, libris, reliquiis, agnis Dei, exsaturari non possint : quâ in re, inquit, damno proprietatem cordis inhærentis earum rerum modo, multitudini, curiositati : » quæ quàm abhorreant ab æternæ mercedis studio, nemo non videt. Sic præsul suam omnibus spiritualibus ignotam proprietatem quærens, nec inveniens, eam per fas et nefas omnibus eorum dictis infarcit.

215. Neque quidquam aliud de spirituali ambitione à beato viro dictum comperi. Sanè gulæ ac luxuriæ spiritualis vitium tribuit animabus solatiorum sensibilium inexhaustâ cupiditate percitis [3]. Neque aliud quidquam. Quare proprietatem illam quam præsul inculcat, si extra solatii spiritualis aviditatem inexsaturabilem ad æternam mercedem transferatur, mysticis ignotam esse, et ab eorum doctrinâ abhorrere omninò decernendum est.

---

[1] *Max. des SS.*, p. 38, 135. — [2] *Obsc. nuit*, liv. I, ch. III, p. 235. — [3] *Ibid.*, ch. IV, 6.

CAPUT X.

De sancto Salesio locus decretorius.

216. De beato Salesio tot ac tanta retulimus, ut ea repetere nihil aliud esset, quàm lectori fastidium ac nauseam parere. Unum illud, sed decretorium, quod ad proprietatem definiendam pertinet, memorare hîc juvat. « Mystici, inquit, proprietariam vocant animam eam quæ suas virtutes per sanctam resignationem refert ad Deum : quâ in re minùs perfecta est quàm anima absoluta à proprio commodo, quæ suas virtutes refert ad Deum per sanctam indifferentiam [1]. »

217. Quid autem sit referre virtutes ad Deum per sanctam indifferentiam alio loco sic explicat : « Duo sunt status istarum animarum : primus est sanctæ resignationis, quâ anima sancta multa vult seu vellet sibi, ex proprii commodi motivo : cujus rei gratiâ sanctus Franciscus Salesius confitetur inesse ei desideria, sed submissa : quippe cùm illa submittat voluntati Dei, quam suo commodo anteponit. Secundus status est sanctæ indifferentiæ, ubi anima nihil vult sibi ex motivo proprii commodi : nulla habet submittenda mercenaria desideria, quia nulla habet mercenaria; quanquàm remanent proclivitates et repugnantiæ involuntariæ quas submittit : sed nulla habet desideria voluntaria et deliberata ad suum commodum, exceptis casibus ubi toti suæ gratiæ fidelis non est : anima illa indifferens cùm implet suam gratiam, nihil vult nisi propter Deum, et prout Deus attractu suo velle eam facit [2]. »

218. Hæc ergò principia, has definitiones resignationis sanctæque indifferentiæ ad beatitudinem refert his verbis : « Nihil vult anima ut sit perfecta et beata ad suum commodum; vult tamen perfectionem omnem, omnem beatitudinem, in quantùm Deus hæc velle nos facit impressione gratiæ, » ejus scilicet de quâ dixit : « animam nihil velle ad suum commodum, nisi ubi suæ gratiæ, singulari illi scilicet quâ ejusmodi anima trahitur, fidelis non est [3]. »

219. Eamdem doctrinam tradit et inculcat in *Responsione ad*

---

[1] *Max. des SS.*, p. 135. — [2] *Ibid.*, p. 49, 50, 51. — [3] *Ibid.*, p. 52.

Summam[1]; atque ex his principiis, « quæ sancto Salesio tribuit, proprietatem definiri asserit » à mysticis.

220. Facilè confutatur. Primùm enim qui resignationem ab indifferentiâ secernat præter unum Salesium profert neminem : Salesius autem nihil de proprietate cogitat : quin ipsum Salesium præsul pessimè intelligit, ut docent sequentia.

CAPUT XI.

Sancto Francisco Salesio imponitur circa resignationem et indifferentiam.

221. Sæpè monuimus[2], nec monere cessamus beatum Salesium de resignatione ac indifferentiâ tractantem, ad nihil aliud respexisse, quàm ad *afflictiones sive spirituales,* hoc est ariditates, sive *etiam temporales*[3], nunquàm autem ad salutem æternam, quò dominus Cameracensis sancti antistitis doctrinam omnem trahit.

222. Atqui tota doctrina libri *de Doctrinâ Sanctorum,* et proprietate nititur, et ex illo uno loco sancti Francisci Salesii explicatur, ut mox vidimus : ergò totus liber eo loco nititur, quem falsò allegatum et in alienum sensum detortum esse constat.

223. Sensit id Cameracensis : et ultrò confitetur « sanctam indifferentiam, quatenùs suspendit omne desiderium, spectare tantùm eventus vitæ præsentis: et quidem antequàm contingant[4]. » Ex quo sequitur, ipso confitente, falsò allegatum Francisci Salesii locum, et ad æternam beatitudinem pessimo consilio esse detorta quæ ad eam nihil attinent.

224. Quod autem subdit, nonnisi *naturalia salutis desideria* à se esse subtracta[5], duo peccat : primum quòd sancto Francisco Salesio falsa et aliena imputat, cùm ille, ipso Cameracensi fatente, nonnisi de eventibus hujus vitæ agat; non autem de salute, sive naturaliter, sive supernaturaliter desideranda : alterum, quòd salutis naturalia desideria, cùm à supernaturalibus nullâ arte secerni possint, necesse est ut hæc, profligatis aliis, in ruinam trahantur, ut suprà vidimus, n. 139, 140.

[1] *Resp. ad Summam,* p. 57. IIIe *Lett. à M. de Paris,* p. 23.— [2] *Déclar.* IIIe *Ecrit,* n. 3. — [3] *Am. de Dieu,* liv. IX, ch. III, IV. — [4] *Rép. à la Décl.,* p. 42.— [5] *Ibid.,* p. 43.

225. His tamen ludificationibus, his sancti Salesii apertè truncatis testimoniis sperat auctor se mysticis, se Scholæ, se Ecclesiæ Romanæ illudere posse; ac nedùm agnoscat errorem, sibi falsa omnia imputata esse jactat; adeò confidit hominum credulitati, ac vanis verborum offuciis.

CAPUT XII.

De proprietate, ex libro *de Imitatione Christi*.

226. Dominus Cameracensis omnia movet, ut quocumque loco suam proprietatem inveniat, cujus nulla vestigia deprehendit. Unus est omnium aurei libelli *Imitationis* auctor qui de proprietate, vel maximè verba faciat, sed longè diverso sensu. Cameracensis enim sic scribit : « Auctor *Imitationis Christi* sæpè loquitur contra proprietarios ; eaque proprietas quam ut imperfectam rejicit, nihil aliud potest esse quàm amor nostri naturalis, quo adhærescimus ornamento aut solatio quæ ex virtutum perfectione et possidendæ mercedis voluptate proveniunt [1]. » Hujus rei gratiâ locum istum profert : « Ad hoc conare, hoc ora, hoc desidera : ut ab omni proprietate possis exspoliari, et nudus nudum Jesum sequi ; tibi mori, et mihi æternaliter vivere [2]. » At quis hic odor, quod vestigium proprietatis illius quam naturalem vocas? Quin ipse sic loqueris : « Illa proprietas nihil potest esse aliud quàm amor sui naturalis, virtutum solatia et mercedis voluptatem spectans. » *Nihil*, inquit, *potest esse aliud :* consecutione agit, ratiocinio, conjecturâ, nihil expressi habet : ubi enim apud pium auctorem illa *ornamenta*, illa *solatia* abjicienda virtutum, ac *mercedis æternæ?* nullum verbum : *Conare*, inquit, *ut ab omni proprietate :* hoc est, sensu pii auctoris, ne hæreas proprio bono, relicto communi, qui est Deus : *ut nudus nudum Jesum sequaris:* terrenis omnibus derelictis, quibus Jesus caruit : *Tibi mori, et mihi æternaliter vivere :* ad hæc enim æterna pervenies, si hæc terrena contempseris.

227. « Vides, infert præsul, sine proprietate desiderari posse æternam cum Christo vitam. » Sanè : « ergò hîc agitur de studio

---

[1] *Instr. past.* p. 65. — [2] *De Imit.*, lib. III, cap. XXXVII, n. 5.

naturali virtutum, ac mercedis in quibus est proprietas : » at ego nihil horum video quæ te videre fingis : neque quidquam quàm præsulem casso studio in quærendà illà proprietate laborantem.

CAPUT XIII.

Alius locus.

228. « Auctor *Imitationis* exclamat : *O quantùm potest amor Jesu purus, nullo proprio commodo, vel amore permixtus !* » Sic præsul [1]. Sed quid sit illud commodum proprium, aut proprius amor, sequentia demonstrabunt : « Nonne mercenarii sunt dicendi, qui consolationes semper quærunt? nonne amatores suî magìs quàm Christi probantur et lucra semper meditantur? » nempè *solatiorum lucra* : ubi seipsos magìs quàm Christum amare convincuntur : non ergò innocua est illa proprietas. Undè addit : « Ubi invenietur talis qui velit Deo servire gratìs : » nec solà illà semper solatii sensibilis mercede duci?

229. Hæc quippe præcesserant : « Multi illum laudant quandiù consolationes aliquas ab ipso percipiunt : si autem Jesus se absconderit, et modicùm eos reliquerit, aut in querimoniam, vel in dejectionem nimiam cadunt [2] : » quæ sunt in vitio, non in illâ tuâ imperfectione ac proprietate naturali innocuâ.

230. Subdit : « Qui autem Jesum propter Jesum, et non propter suam aliquam consolationem diligunt, ipsum in omni tribulatione et angustiâ cordis, sicut in summâ consolatione benedicunt : et si nunquàm eis consolationem dare vellet, ipsum tamen laudarent, et semper gratias agere vellent [3] : » cui subjuncta sunt quæ ex domino Cameracensi mox lecta sunt : quæ nihil ad ornamenta virtutum et mercedis æternæ voluptatem faciunt.

CAPUT XIV.

De proprietate secundùm sensum pii auctoris.

231. Sed ad proprietatem redeamus, quandò hujus notionem ipse Cameracensis confitetur ab eo auctore esse repetendam. Repetamus libri III à præsule allegatum caput XXXVII : « Fili, re-

[1] *Inst. past.*, p. 65, lib. II *de Imit.*, cap. XI, n. 3. — [2] *De Imit.*, *ibid.*, n. 1, lib. III, cap. XXVII. — [3] Lib. II, cap. XI, n. 2.

linque te, et invenies me : sta sine electione et omni proprietate, et lucraberis semper [1]. » An verò hîc somniabat proprietatem naturalem imperfectam tantùm, nec proindè vitiosam ? Audi : « Nihil excipio, et in omnibus te nudatum inveniri nolo : alioqui quomodò poteris esse meus, et ego tuus, nisi fueris ab omni propriâ voluntate intùs et foris spoliatus ? » nempè illâ propriâ voluntate, sine quâ nec nos Christi, nec Christus noster esse possit : quæ quidem innocua non est.

232. Subdit : « Quidam se resignant, sed cum aliquâ exceptione; non enim Deo plenè confidunt [2]. » En à bono communi ad propriam deflexi voluntatem : undè illud : « Ad hoc conare, ut ab omni proprietate possis exspoliari : » quod ità interpretatur ipse : « Tunc deficient omnes vanæ phantasiæ, conturbationes iniquæ, et curæ superfluæ : tunc etiam recedet immoderatus timor, et inordinatus amor morietur : » hoc est ille amor quo à communi bono ad proprium convertaris, fiasque *proprietarius*.

CAPUT XV.

Alii loci, et de abnegatione vel amore naturali sui.

233. « Fili, inquit, non potes perfectam possidere libertatem, nisi totaliter abneges temetipsum : compediti sunt omnes proprietarii, et suiipsius amatores [3]; » conjecti quippe in angulum, ut Bernardus memorabat (n. 126); hinc etiam in sordes et maculas : quippe ad proprium bonum coarctati, relicto communi quo pectus dilatatur.

234. Sic sunt compediti, angusti, maculosi, *suiipsius amatores*. Subdit enim : « Cupidi, gyrovagi, quærentes semper mollia, non quæ Jesu Christi, » et cætera ejusmodi, quæ planè eveniunt, seque et sua, non verò æterna ac divina sectantibus.

235. Nec est ullus auctor qui de sui abnegatione toties, tamque præclarè dixerit, cùm in eo sit totus : neque tamen toto libro ullam voculam inveneris de illâ abdicatione desiderii, sive supernaturalis, sive etiam naturalis perfectionis suæ, ac salutis æternæ, quam auctor somnians ubique sibi videre videatur.

---

[1] Lib. III, cap. XXXVII, n. 4. — [2] *Ibid.*, n. 2. — [3] *Ibid.*, cap. XXXII, n. 1.

236. Tantus vitæ interioris ac perfectæ magister, in perfectione explicandâ nunquàm amoris naturalis usus est actibus aut motivis : nullus licèt subtiliùs distinxerit gratiæ et naturæ motus, toto quidem libro, sed præsertim libri III, cap. LIV et LV, ubi de his expressè tractat ; et tamen nihil tale tradidit : naturæ motus respicit, non ut gratiæ subordinandos, sed ut gratiæ contrarios [1], quippe qui naturam eam intelligat jam corruptam cum quâ nobis perpetuum bellum est. Cæterùm desideria naturalia promissorum Dei et beatæ visionis, quæ à perfectis evellenda essent, neque ipse neque alius quisquam spiritualium somniavit.

CAPUT XVI.

De amore beatitudinis pii auctoris sensus.

237. Amorem certè beatitudinis toties expressit, ut nihil aliud spirare videatur : « Fili, inquit, ego debeo esse finis tuus supremus et ultimatus; si verè desideras esse beatus [2]; » posteà : « Ego sum qui doceo terrena despicere, præsentia fastidire, æterna quærere, æterna sapere [3]. » Quàm autem suspiret ad supernæ civitatis beatissimam mansionem, ad æternam lucem, ad perfectam libertatem, ad Dei visionem, ad perpetuam et imperturbabilem pacem [4], *quanta patiatur intùs* [5], horum desiderio, attestatur, vel maximè cap. XLVIII : sequente verò : « Fili, cùm tibi desiderium æternæ beatitudinis desuper infundi sentis, et de tabernaculo corporis exire concupiscis, ut claritatem meam sine vicissitudinis umbrâ contemplari possis : dilata cor tuum, et omni desiderio hanc sanctam inspirationem suscipe [6] : ibi, inquit, aderit tibi totius facultas boni, sine timore amittendi : ibi voluntas tua una semper mecum, nil cupiet extraneum vel privatum [7] : » En illa ex privato bono proprietas exclusa semper ut in fruitione, ità in desiderio : en in bono communi bona vita ac felix ; nec quidquam aliud toto libro reperies.

---

[1] Lib. III, cap. LIV, n. 1, cap. LV, n. 1, 2, etc. — [2] *Ibid.*, cap. IX, n. 1. — [3] *Ibid.*, cap. XLIII, n. 3. — [4] *Ibid.*, cap. XLVIII. — [5] *Ibid.*, n. 5. — [6] Lib. III, cap. XLIX, n. 1. — [7] *Ibid.*, n. 6.

CAPUT XVII.

De motibus naturæ et gratiæ.

238. Placet illud delibare ex cap. LIV: « Fili, diligenter adverte motus naturæ et gratiæ, quia valdè contrariè et subtiliter moventur, et vix nisi à spirituali et illuminato homine discernuntur. » En non modò contrariè, sed etiam valdè contrariè procedunt. Pergit: « Omnes quidem bonum appetunt, et aliquid in suis dictis vel factis prætendunt : ideò sub specie boni multi falluntur. Natura callida est et multos trahit, illaqueat et decipit, et se semper pro fine habet : » quod apertè est in vitio.

239. Quòd autem gratia contrariè incedat, ut pius auctor prædixerat, hæc ostendunt: « Gratia omnia purè propter Deum agit, in quo et finaliter requiescit [1]: » quid sit autem requiescere in Deo, antecedentia facilè docuerunt : hæc ergò à gratiâ amoveri non possunt. Quod confirmat his verbis : « Gratia attendit æterna, nec in perditione rerum turbatur, quia thesaurum suum et gaudium in cœlo ubi nil perit constituit : » nec ità multò post : « Gratia nil temporale quærit, nec aliud præmium quàm Deum solum pro mercede postulat [2]. » Hæc ergò postulari vult : de naturâ, eadem desiderante amore imperfecto suî, nihil cogitat.

240. Aliud quidem est proprium quo quis sibi tribuit Dei dona, vel ipsa Dei dona ipsi Deo anteponit : quod sæpè auctor agnoscit, et in vitio ponit : de illo naturali, ac deliberato desiderio quod sit innocuum, et tantùm imperfectum, æquè cum aliis omnibus spiritualibus tacet.

CAPUT XVIII.

De imperfectionibus.

241. Alibi est observata à nobis [3] domini Cameracensis objectio, de imperfectione merâ quam à me prætermissam queritur. Sed hæc nihil ad nostram quæstionem aut ad mysticos pertinere, ibidem claruit.

[1] Lib. III, cap. LIV, n. 1. — [2] Ibid., n. 5. — [3] Préf., n. 223.

CAPUT XIX.

Quod nemini fraudi sint suppositiones impossibiles: quis in iis auctoris peculiaris error. Conclusio.

242. Ex his planè constat nihil interesse mysticorum, quid domini Cameracensis causâ fiat : imò multùm interesse, ne utræque causæ connexæ implicitæque habeantur. Quòd enim mystici suppositionibus impossibilibus gaudere videantur, sine periculo mercedis æternæ ejusque voti fieri, tam liquidò demonstravimus, ut nullus relinquatur dubitationi locus : itaque suppositiones illas nemini fraudi esse constitit. At non in tuto est domini Cameracensis sententia, quâ docet absolutè abdicari salutem : sic autem res conficitur paucis. Nam salus æterna profectò illud quod erat per conditionem et casum impossibilem abdicari posse dicebat [1] : idipsum autem erat quod ex impossibili possibile factum; imò reverâ evenisse piæ animæ crederent : ergò non illa naturalia desideria, sed ipsam salutem æternam abdicabant; quod est impium et blasphemum, ut etiam suprà vidimus. Ergò ostendimus, à nobis quidem omninò in tuto esse mysticos, quod erat demonstrandum : à domino verò Cameracensi, summum in discrimen adductos. Superest ut de Scholâ eadem statuamus, quod perfacile erit. Quò enim magìs scholastici viâ quâdam ac ratione procedunt, eò se tutiores præstant; sed id ad tractatum sequentem differri placet.

[1] *Max. des SS.*, p. 90.

SCHOLA IN TUTO :

SIVE

DE NOTIONE CHARITATIS, ET AMORE PURO.

PROLOGUS.

Quo falsò imputata nobis, et hujusmodi Operis causa indicatur.

1. Tanti inter est orbis christiani, ne Scholæ placita illustrissimi Archiepiscopi Cameracensis causæ connexa implicitaque esse videantur; ut ad illud incommodum propulsandum, nec curis nec vigiliis parcere debeamus. Is sanè, in *Responsione* ad librum cui titulus : *Summa doctrinæ*, Meldensem Episcopum duabus de causis accusat [1]. Primùm, quòd impugnet communem notionem charitatis à Scholâ traditam, quod est falsissimum : tùm, quòd agat illud subdolè : undè extat monitum illud ad theologos : « Ab eo præsule sibi maximè caveant, qui eos celare vellet et altas machinationes quibus illorum doctrinam de charitate evertere satagit [2]. »

2. Audentiùs et apertiùs in *Epistolâ gallicâ*, sub nomine *Lovaniensis Theologi ad doctorem Sorbonicum* nuperrimè Leodii editâ : ubi larvatus Lovaniensis : « Ego verò, inquit, non possum intueri domini Meldensis sententiam de motivo formali charitatis, nisi ut inexcusabilem, novamque et apertè repugnantem Scholæ, atque omnibus sanctis antiquioribus et recentioribus [3]; » ac paulò post : « Non possum, inquam, eam sententiam non intueri, ut periculosam, quæ defendi non possit, quin pariter condemnetur omne quod in Ecclesiâ magnum et sanctum est : quare pertinere ad eorum officium, qui regendis scholis præsunt, ut ejus sententiæ

---

[1] *Resp. ad Summam*, p. 5. — [2] *Ibid.*, p. 9. — [3] *Lett. d'un théol. de Louv. à un doct. de Sorb.* A Liége, chez Henri Hoyoux; 1698, p. 70, 71.

prohibendæ viam ineant. » Mirum Romam conticescere ad tantum Ecclesiæ periculum, necdùm mihi datos examinatores : cæterùm inflat in me classicum dominus Cameracensis, nullumque non movet lapidem, ut omnes academias commoveat. Quæ sive per imperitiam, sive per contumeliam dicta, diluere nos oportet.

3. Et quidem à primâ juventute sub auctoritate Facultatis theologiæ Parisiensis in Scholæ sinu nutritus, ejus placitis ac decretis facilè acquiescam : nec dubito quin Lovaniensis academia, sanctorum Augustini et Thomæ erudita disciplinis, nova commenta respuat, meque Estii ac Sylvii vestigiis inhærentem suscipiat : sed propter mei censoris admirabiles verborum offucias, hîc scholastico more, aliquot quæstionibus ordinatis, accuratissimè demonstrare conabor, non modò ab eodem ignorata Scholæ decreta, verùm etiam impugnata; à nobis verò defensa. Faxit autem Deus, ut quantùm ista res ad intima religionis spectat; tantâ à me perspicuitate, tantâ lectoris diligentiâ et attentione tractetur.

QUÆSTIO PRIMA.

Quæ à nobis tuenda suscepta sint.

ARTICULUS PRIMUS.

Ea xxxvi propositionibus comprehensa.

4. Quandoquidem dominus Cameracensis, quemadmodùm constabit infrà, totus in eo est ut falsa mihi imputet, primùm omnium exponam quæ adversùs illum pro Ecclesiâ catholicâ tuendâ susceperim, quæque quandiù inconcussa erunt, ut sunt, ejus præsulis doctrina, sive ut loqui amat systema, stare non poterit : ut autem à communioribus procedamus, incipimus à beatitudine in hunc modum.

I. Frui Deo finis est beatitudinis.

II. De beatitudine verò theologi, philosophi, docti indoctique pariter ità sentiunt: eam esse primum volitum, atque ultimum finem quem omnes homines volunt, et nolle non possunt. (Augustinus, millies.)

III. Præclarè sanctus Ambrosius eam in rem, *qui verus est finis, is finis est non unius, sed omnium* (In Psal. xxxviii, n. 16.)

IV. Neque tantùm omnium hominum, verùm etiam omnium actuum humanorum.

V. Illos autem actus humanos dicimus, qui ratione, consilio deliberatione fiunt.

VI. Neque quisquam diffitetur, quin omnes homines quidquid agunt, quidquid volunt, quidquid cogitant, quod ad vitam humanam alicujus momenti esse videatur, id omne ad beatitudinem explicitè, vel implicitè, sive virtualiter referant. Citiùs animam auferas, quàm ut cuiquam homini hanc mentem, hunc sensum, hanc animi præparationem eripias.

VII. Hæc de beatitudinis studio et amore naturali generatim : de speciali autem ac supernaturali christianorum beatitudine, quæ est in potiundo Deo; certum est, suppositâ notione, et amore naturali beatitudinis omnibus hominibus communi Christum toto Evangelio id egisse : ut Deo viso, dilecto, possesso, æternùm beati esse vellent.

VIII. Certum item est omnibus theologis, pertinere ad charitatem, et esse charitatis illud Pauli : « Mihi vivere Christus est, et mori lucrum : coarctor autem è duobus : desiderium habens dissolvi, et esse cum Christo, multò magis melius [1], » etc.

IX. Dei autem diligendi in Scripturis sacris omninò duæ causæ proponuntur : primùm, quòd in se est optimus et infinitè perfectus : deindè, quòd erga nos summè benevolus et beneficus : aliis verbis ex Paulo [2], φιλάνθρωπος, amator generis humani, bonorum omnium largitor.

X. Quòd Deus sit benevolus ac beneficus, id quoque pertinet ad ejus excellentiam ac perfectionem infinitam.

XI. Beneficium quo Deus est beneficus, in eo est vel maximè, quod se habendum, possidendum, et in hâc vitâ et in æternum donat.

[1] *Phil.*, i, 21, 23. — [2] *Tit.*, iii, 4.

XII. Eo ergò beneficio quo est beneficus, est item beatificus.

XIII. Ergò diligere Deum ut est beneficus, est eumdem diligere ut est beatificus.

XIV. Hæc autem omnia ad motivum charitatis, ut in Scripturis revelata est, spectant.

XV. Negari sanè non potest, ex præcepto charitatis juberi nos diligere Deum ut est Dominus : item ut est Deus noster : item ut ipse conglutinatus est nobis : item ut benè sit nobis. (*Deut.*, vi, x, xi.)

Hæc autem omnia, quòd Deus sit Dominus, quòd sit Deus noster, quòd sit benevolus, sive amator hominum : eâque φιλανθρωπία præditus quam ex Paulo retulimus : item quòd sit beneficus, ac beatificus, quo uno benè sit nobis, sunt quidem in se absoluta attributa : neque enim ulla in Deo sunt attributa verè relativa, præter paternitatem, filiationem, ac spirationem activam et passivam : ea tamen attributa in se absoluta connotant ex proprio conceptu aliquid extra Deum, cujus connotati ratione habent conjunctissimam et inseparabilem relationem ad nos, sive rationis cum fundamento in re, sive transcendentalem quamdam, sive aliam quamcumque malueris ; ità ut sine quodam respectu ad nos nec intelligi nec cogitari possint.

XVII. Charitas ergò in Deum sub illis attributis, ad ejus perfectionem et excellentiam pertinentibus tendens, ità est absoluta, ut illa quoque attributa absoluta sunt ; ità relativa, ut eadem attributa relationem dicunt ad nos.

XVIII. Nec immeritò Schola docet omnem actum charitatis esse in se absolutum, nullâ reali relatione ad nos ; non tamen absque ullo respectu rationis cum fundamento in re, propter illa attributa, eorumque connotata quæ diximus.

XIX. Non ergò potest amari Deus ut benevolus ac beneficus erga nos, neque ut beatificus, nisi quâdam relatione inseparabili ad nostram beatitudinem.

XX. Non sola nec prima, sed tamen vera causa per se amandi est, quòd *Deus prior dilexerit* (I *Joan.*, iv, 10, 19). Vera causa magis amandi, quòd plura donaverit, ac remiserit (*Luc.*, vii, 43, 47).

XXI. Hæc pertinere ad verum actum charitatis quo peccata remittuntur, ipse Christus docet (*Ibid.*).

XXII. Rectè ergò conjungitur primæ causæ amandi Deum, eò quòd sit perfectus; altera causa, quòd sit beneficus; quæ est evangelica ac certissima veritas.

XXIII. Has autem causas duas Dei propter se amandi, hoc est profectò causas veræ ac genuinæ charitatis in Deum, quòd sit perfectus, et quòd sit benevolus, sanctus Bernardus commemorat, dùm quærit *quo merito suo, quo commodo nostro* Deus propter seipsum diligatur : verba Sancti sunt : « Ob duplicem ergò causam Deum dixerim propter seipsum diligendum, sive quia nihil justius, sive quia nihil fructuosius diligi potest : » ad primum pertinet : *quo suo merito :* ad secundum, *quo nostro commodo* diligatur [1].

XXIV. Notandum autem illud etiam *ex commodo nostro*, Deum propter seipsum adeòque casto puroque amore diligi, quia benevolum illud ac beneficum, undè commoda nostra profluunt, sunt vera excellentia in Deo : hoc est vera et proxima causa glorificandi Dei, adeòque et amandi.

XXV. Hæc verò duo motiva purè diligendi Deum non ejusdem sunt ordinis; cùm priùs intelligatur Deus in se bonus ac beatus, quàm Deus beneficus ac beatificus.

XXVI. Quin etiam illud beneficum ac beatificum, ad illud bonum ac beatum per sese ordinatur.

XXVII. Rectè ergò Schola communiter, nosque cum illâ dicimus, Deum ut in se perfectum, bonumque et beatum, esse excellentissimum, præcipuum, ac primarium charitatis objectum : Deum verò ut beneficum, ac beatificum, esse minùs præcipuum ac secundarium, alteri subordinatum : tamen per sese maximum.

XXVIII. Ità sanè hæc motiva ordinata sunt, ut Deus in se optimus ac beatissimus possit quidem cogitari cogitatione abstractivâ ac transitoriâ, absque eo quòd actu et expressè cogitetur de Deo benevolo ac benefico : sed Deus benevolus ac beneficus ne cogitari quidem possit, nisi priùs intellecto Deo in se beato atque

[1] Bern. *De dil. Deo*, cap. I, n. 1 ; cap. VII, n. 17, col. 583, 591.

optimo, ordine sanè naturæ et per se cognitionis, non tamen semper temporis.

XXIX. Hæc autem sufficiunt, ut intelligatur Deum, ut in se optimum ac beatissimum, esse specificum objectum, sine quo charitas, nec esse, nec intelligi aut cogitari possit : Deum verò ut benevolum ac beneficum, motivum esse secundarium et in primario saltem virtute comprehensum.

XXX. Neque enim illud plenè intelligi potest, Deum esse in se perfectissimum, nisi pariter sit omnipotens, clemens, benevolus, atque beneficus, atque adeò horum attributorum amor est necessarius, ad perfectionem charitatis in Deum.

XXXI. Omninò ex antecedentibus, præsertim propositione XVII, hæc duo motiva magìs subordinata quàm coordinata sunt; neque ut duæ causæ propriè partiales, æquo jure concurrunt ad excitandam charitatem; sed ità ut prima illa alteram reducat et trahat in proprium finem.

XXXII. Quò magìs agnoscimus et lætamur Deum esse benevolum ac beatificum; eò magìs agnoscimus ac lætamur eum esse bonum, beatum, sibique omninò sufficientissimum : quo planè indigemus ut simus, et beati simus, cùm ipse nec nostri amoris nec laudis indigeat.

XXXIII. Nec si specificum illud motivum in se est præstantius, ideò pluris valet solum, quàm illa motivi utriusque complexio : neque nostrâ quidquam interest, quàm ut quoquo modo Deum perfectissimum, omni perfectionis genere impensissimè diligamus; naturæque excellentissimæ eò magìs hæreamus, quò magìs intelligimus esse non modò universim in genus humanum, verùm etiam in unumquemque nostrum propensissimæ atque effusissimæ voluntatis : sequitur ex dictis, et in praxi certum.

XXXIV. Sub Deo ut benevolo ac benefico hominum amatore ac servatore, intelligendus venit Jesus Christus verâ charitate per sese proximè diligendus, et ipsam charitatem incensurus in Patrem : « Sic enim Deus dilexit mundum, ut Filium suum unigenitum daret [1], » undè etiam Paulus : « Charitas Christi urget nos; æstimantes hoc, quia si unus pro nobis mortuus est, ergò

---

[1] *Joan.*, III, 16.

omnes mortui sunt : et pro omnibus mortuus est Christus ; ut, et qui vivunt, jam non sibi vivant, sed ei, qui pro ipsis mortuus est, et resurrexit [1] : » quod est purissimæ et plenissimæ charitatis in Christum, ut redemptorem.

XXXV. Nec licet Salvatorem non summo amore diligere, qui salutem diligat : nec, teste Apostolo, salutem aliò referre, « quam in laudem gloriæ Dei [2] : quoniam ex ipso, et per ipsum, et in ipso sunt omnia : ipsi gloria in sæcula [3]. »

XXXVI. Ex his autem liquet, charitatem rectà ferri ad fruendum ; nec immeritò eam à sancto Augustino, sequente Magistro, sancto Thomâ, Scoto aliisque theologis, ità definitam, « ut sit motus animi ad fruendum Deo propter ipsum, et se atque proximo propter Deum [4] : » quo tota quæstio facilè dirimatur : atque hæc sunt quæ tuenda suscepimus, quinque et triginta sex propositionibus comprehensa. Cætera, de eversis communibus Scholæ decretis ac notionibus, falsò nobis imputata, constabit.

ARTICULUS II.

Summa propositionum.

5. Summa est, Deum ut in se bonum atque perfectum, esse primarium ac præcipuum, imò etiam specificum charitatis objectum : Deum verò ut benevolum atque beneficum, haud minùs esse verum ac necessarium, licet secundarium motivum ejusdem charitatis : hanc esse certissimam totius Scholæ, hanc omnium sententiam : qui eam inficiatus sit, neminem reperiri : gravi errore teneri Cameracensem, qui solus inficiari velit : quod uberiùs suo loco declarabitur.

6. Hæc igitur sunt, quæ Meldensis Episcopus non ut sua, sed ut omnium theologorum certa et firma decreta tuenda suscepit. Negat idem Episcopus à domino Cameracensi appellatum esse, aut appellari potuisse quemquam, qui secùs sentiat : addit, hunc esse errorum quietismi fontem, quòd hæc dogmata, sive aliqua eorum, vel obscuraverint vel negaverint.

---

[1] II *Cor.*, V, 14, 15. — [2] *Ephes.*, I, 6, 12, 14. — [3] *Rom.*, XI, 36. — [4] Aug, *de Doct. christ.*, lib. III, cap. X, n. 16.

QUÆSTIO II.

De amore naturali beatitudinis, ad propositionem I et seq., usque ad VII.

ARTICULUS I.

Undè depromantur doctorum testimonia, imprimis sancti Thomæ.

7. Hæc autem, quanquàm per sese clara sunt et suo stant robore, tamen magìs magìsque confirmari oportet. Incipimus autem ab amore beatitudinis, qui fons est moralis philosophiæ ac theologiæ omnis, à quo etiam omnes theologi incipiunt : indicamus autem locos undè theologorum hâc de re decreta sumantur.

8. Legendus imprimis Magister, in primum, dist. 1, ubi ex Augustino hæc fundamenti loco ponit : « Res aliæ sunt quibus fruendum est, aliæ quibus utendum est, aliæ quæ fruuntur et utuntur : illæ quibus fruendum, nos beatos faciunt : illis quibus utendum est, tendentes ad beatitudinem adjuvantur, ut ad illas res quæ nos beatos faciunt, pervenire, eisque inhærere possimus [1]. » In ea præcipuè verba legendi sunt, excepto nullo, antiqui recentesve, qui in eam distinctionem scripserint. Legendus sanctus Thomas, 1. 2, q. 1 et sequentibus, et ejus commentatores ad unum pariter omnes post ipsum concludentes, hominis esse agere propter ultimum finem (q. 1, a. 1.); humanæ vitæ aliquem esse finem ultimum, nempè beatitudinem ; quem finem omnes velint, et propter quem omnia velint (art. 4, 6, 7, 8) : quæ usquè adeò certa sunt, ut his tanquàm communibus principiis, uti prædiximus, philosophia et theologia innitatur. Hâc ergò de causâ à citandis auctoribus abstinemus, ne nos irrideant, certa et clara, nec à quoquam negata, superfluo studio asserentes.

ARTICULUS II.

De naturâ intellectuali in genere idem statuitur.

9. Atque ut constet illud esse de omni intellectuali creaturâ commune decretum, audiamus sanctum doctorem ità de angelis disserentem : « Primùm, in angelis est voluntas, hoc est incli-

---

[1] *Aug., de Doct. christ.*, lib. I, cap. III, n. 3.

natio ad bonum, ex cognitione quâ cognoscant ipsam boni rationem, quod est proprium intellectui, et hæc (quæ ejusmodi sunt) perfectissimè inclinantur in bonum, non quidem quasi ab alio solummodò directa in bonum, sicut ea quæ cognitione carent; neque in bonum particulariter tantùm, sicut ea in quibus est sola sensitiva cognitio : sed inclinata in ipsum universale bonum : et hæc inclinatio dicitur voluntas [1]. » Non ergò est in angelis tantùm inclinatio ab bonum, naturalis illa sine cognitione, sed ex ipsâ cognitione boni elicita.

10. « Secundò; in eâ voluntate est dilectio naturalis secundùm voluntatem ex cognitione scilicet [2] : undè sequitur, quòd sit in eo etiam dilectio electiva, quia voluntas naturaliter tendit in suum finem ultimum [3]. Omnis enim homo naturaliter vult beatitudinem, et ex hâc naturali voluntate causantur omnes aliæ voluntates, cùm quidquid homo vult, velit propter finem (quod etiam competit angelo), in quantùm natura intellectualis in angelo perfecta est.

11. « Tertiò ; illa dilectio naturalis est amor suî : eò quòd in rebus cognitione carentibus unumquodque naturaliter appetit consequi id quod est sibi bonum, sicut ignis locum sursùm : undè et angelus et homo naturaliter appetunt suum bonum et suam perfectionem : et hoc est amare seipsum » (eo amore quem suprà posuit ex cognitione et voluntate scilicet).

ARTICULUS III.

De naturâ voluntatis humanæ.

12. Ex eodem universali principio oritur in homine quoque amor beatitudinis : « Sunt enim quædam particularia bona quæ non habent necessariam connexionem ad beatitudinem, quia sine his potest aliquis esse beatus, et hujusmodi voluntas non de necessitate inhæret. Sunt autem quædam habentia necessariam connexionem ad beatitudinem, quibus scilicet homo Deo inhæret, in quo solo vera beatitudo consistit; sed tamen antequàm per certitudinem divinæ visionis necessitas hujusmodi

---

[1] I P., q. 59, art. 1. — [2] P. I, q. LX, art. 1. — [3] Ibid., art. 2.

connexionis demonstretur, voluntas non ex necessitate Deo inhæret, nec his quæ Dei sunt, sed voluntas videntis Deum per essentiam necessariò inhæret Deo, sicut nunc ex necessitate volumus esse beati[1]. »

13. Ex his constituitur quæ sit natura voluntatis humanæ : quæ nempe est, velle universim suam beatitudinem, atque ex hâc necessariâ voluntate prosilire in omnes particulares actus liberos : « oportet enim quod illud quod naturaliter alicui convenit et immobiliter, sit principium et fundamentum omnium aliorum ; quia omnis motus procedit ab aliquo immobili[2] : illud autem immobile est ipse beatitudinis appetitus, qui ità se habet in voluntatis actibus, sicut se habent in intellectivis prima principia : atque omninò necesse est « quòd sicut intellectus naturaliter adhæret primis principiis, ità voluntas ex necessitate inhæreat ultimo fini[3] : » qui finis ibidem est ipsa beatitudo.

ARTICULUS IV.

Dictorum radix et fons.

14. Hujus autem rei radix est, quòd beatus Deus et habens seipsum, creaturæ cuilibet ad imaginem suam factæ concedat, ut sit beata per assimilationem suî ad Deum[4]. *Undè beatitudo est voluntatis objectum*[5] : fitque homo beatus, vel verè, habens Deum, vel umbraticè, habens speciem Dei in particularibus bonis à Deo creatis. Beato autem Deo pro tantâ veritate hominibus revelatâ, sit gloria et honor sempiternus : amen.

ARTICULUS V.

Estius et Sylvius producuntur.

15. Etsi in re clarâ abstinendum judicavi à congerendis doctorum testimoniis, Belgarum tamen clarissimorum theologorum gratiâ, commemoratos volui Estium et Sylvium omnium antesignanos. Certè Estius de fruendo et utendo post Magistrum ex Augustino disserens[6], statim præmittit ut certum, ipsum frui

---

[1] P. I, q. LXXXII, art. 2. — [2] *Ibid.*, q. 82, art. 1. — [3] P. I, q. LXXXII, art. 2. — [4] *Ibid.*, q. 26, art. 1 et 2. — [5] *Ibid.*, art. 2, ad 2. — [6] *Est.*, in 1, *dist.* 1, § 1.

ad amorem ejus rei pertinere, « in quâ quis delectatur propter seipsam ; sic nimirum, ut in eâ voluntas conquiescat tanquàm in summo bono et fine suo ultimo : uti autem esse rem propter aliud quo fruendum sit in operationem assumere, dummodò non in eâ voluntas ut in ultimo fine conquiescat : » quo loco apertè cum Magistro, imò cum Augustino, supponit omnes fruentes et utentes, hoc est omnes homines ratione usos, in beatitudinem tendere tanquàm in ultimum finem : in 1, dist. 1, in ipsis initiis, §. 1 : §. verò 5, docet ex Augustino « propter solam beatitudinem tanquàm finem ultimum et summum, amandas esse virtutes, tametsi habeant in se undè amentur. » In 3 quoque, dist. 34, §. 8, supponit « timorem, ut et omnes affectus, procedere ex amore, quo naturaliter sibi quisque vult benè, et in genere felicitatem appetit.

16. Hunc sectari solitus Sylvius, ejusque ferè verbis usus, posteaquàm in 1ª parte, q. 1, secutus est ad singulos articulos omnes conclusiones sancti Thomæ, in 2ª deindè parte supponit « dilectionem et omnia bona opera exercenda esse propter beatitudinem : (quia) inordinatum est non ordinare media in suum proprium ac legitimum finem, scilicet in æternam beatitudinem : » in 2, 2, q. 27, art. 3; quo loco supponit cum omnibus theologis, ipsoque sancto Thomâ, omnes omninò homines in quocumque actu serio, agi ad beatitudinem, de quo dubitare portenti loco esset.

17. Vides, lector candide, « propter solam beatitudinem, tanquàm finem ultimum, virtutes esse amandas, easque ad hunc finem proprium ac legitimum non ordinare, esse inordinatum. » Quo quid est clarius? et tamen falsum esset, nisi beatitudo foret omni creaturæ intelligenti finis naturalis ultimus.

Deniquè rogamus dominus Cameracensis an possit vel unum aut philosophum aut theologum appellare qui secùs sentiat? Video conjecturas, consecutiones, ratiocinia, alia ejusmodi disertissimè copiosissimèque congesta, quæ non ad elucidandam, sed ad involvendam rem omninò pertineant, animumque abstrahant à vero quæstionis statu. De his suo loco dicam : nunc quæro, an possit afferre pro suâ sententiâ vel unius auctoris conclusionem, assertionem, propositionem? si habet, proferat : si verò non habet qui nullam protulit, cesset incessere communem omnium theologiam.

ARTICULUS VI.

De personato Lovaniensi.

18. Mirum in sanctum Augustinum, in sanctum Thomam, in Estium, in Sylvium, Belgii decora, personatum Lovaniensem adductum, cujus hæc verba sunt : « A sanctis Augustino et Thomâ aliisque multis significari haud infrequenter, desiderium beatitudinis adeò homini pectori insitum atque inseparabile, ut quodammodò interveniat omnibus affectibus, motibus, actibus [1]. » Quibus verbis, ut potest, certissimam et evidentissimam veritatem extenuat. Quid enim *multos* tantùm, et non omnes omninò commemoras? Quin appellas vel unum qui à sancti Augustini, totiusque adeò generis humani auctoritate discesserit? quàm ægrè autem verum confiteris, qui hæc dixeris *haud infrequenter* asserta, quæ nullam non oppleant paginam? deniquè quid sibi vult tuum illud *quodammodò?* Isthuc-ne est intervenire *quodammodò*, quòd interveniat *ut finis ultimus propter quem* fiant omnia [2]? quòd interveniat ut *objectum proprium* ac naturale : *objectum enim voluntatis est beatitudo* [3] *:* nec proindè magis separari ab actu voluntatis beatitudo potest, quàm à visione lumen aut color.

19. Porrò Lovaniensis suum illud *quodammodò* interpretatur his verbis : « ut amor beatitudinis interveniat semper actibus nostris saltem virtualiter, indirectè, implicitè, confusè [4]; » quo quidem veris falsa permiscet : quid sit illud *confusè* suo loco memorabimus : certè non *indirectè* intervenit, quod habet objecti proprii ac finis ultimi rationem : quod intervenit, ut illud *immobile* quo motus omnes fulciuntur, ut dicebat sanctus Thomas : quod intervenit more *primorum principiorum* in conclusione omnis argumentationis vero ac necessario influxu. Quare longè abest ab interventu *indirecto*, influxus ille *implicitus et virtualis*, quo

---

[1] *Lett. d'un théol. de Louv.*, p. 67. — [2] *Vid. sup.*, n. 8 et seq., usque ad 14. — [3] *Ibid.*, ex S. Th. — [4] *Lett. d'un théol.*, p. 68.

efficitur ut quemadmodùm intellectus primarum rationum sive principiorum vi, ità voluntas beatitudinis tanquàm objecti proprii ac finis ultimi virtute moveatur. Non ità verus Lovaniensis finis ultimi rationem ac vim, sanctorumque Augustini et Thomæ auctoritatem eluderet.

ARTICULUS VII.

Ex his error gravissimus circa beatitudinem.

20. Hinc domini Cameracensis error gravissimus : nempè Meldensi errori imputatum [1], « hominem sibi nunquàm avellere posse motivum beatitudinis in ullo actu ratione prædito : hominem cui jactitant inesse facultatem agendi sine beatitudinis motivo non se ampliùs nosse, et sibi illudi credere, dùm amorem sine beatitudinis proposito prædicant [2]. » Verba mea recognosco haud infeliciter ex gallico versa : nec pudet, etsi centies toto illo libello id mihi errori imputatur : quos locos falsus quoque Lovaniensis domino Cameracensi fidus, exscribit [3].

21. Adversùs illam non meam, sed totius theologiæ sententiam plenis velis invehitur in eâ *dissertatione* cui titulus : *Veræ oppositiones inter doctrinam domini Episcopi Meldensis et meam* : in quâ dissertatione et antedicta profert (n. suprà), et hæc mea addit : « Meldensis pollicetur se demonstraturum ex Scripturâ et Patribus vocem esse communem naturæ totius, nec minùs philosophorum quàm christianorum, omnes velle esse beatos, et nolle non posse, neque sibi eripere posse hoc motivum in quocumque actu quem ratio eliciat : ità ut omnium actuum totâ Scholâ consentiente, is sit finis ultimus [4]. » Mirum : hæc verba mea tanquàm inusitata reprehendit; ex his litem movet totâ dissertatione viginti totis eoque ampliùs paginis. Quantò citiùs quæstionem absolveret, si adduceret vel unius theologi conclusionem ullam? Nos enim totam Scholam testem afferimus : sancti Thomæ dicta nihil aliud quàm exscribimus : ipse verò an vel unum theologum profert, cui novum sit aut dubium saltem , « omnes velle esse beatos, eumque finem esse ultimum omnium actuum hu-

---

[1] *Resp. ad Sum. doct.*, p. 5. — [2] *Instr. sur les Etats d'Or.*, liv. X, n. 291. — [3] *Lett. d'un théol. de Louv.*, p. 32, etc. — [4] *Oppos.*, p. 5.

manorum quem nemo nolle possit? » Nullum : quid igitur? ratiociniis, incommodis frustrà excogitatis, consecutionibus, conjecturis, sermonem consumit omnem : nec unquàm cogitat duplex incommodum : alterum, quòd sub meo nomine sancti Thomæ dicta reprehendit : alterum, quòd sibiipsi adversatur, ut sequentia declarabunt.

ARTICULUS VIII.
Sanctus Thomas sub nomine Meldensis vapulat.

22. Urget sanè nos dominus Cameracensis his verbis : « Si Deus, inquit Meldensis, non esset totum hominis bonum, id est, aliâ locutione, beatitudo illius, tùm homini non esset amandi ratio quæ alio modo non explicatur[1]. » Hæc igitur mea verba sunt ex *Statibus Orationis*[2], quæ Cameracensis apertè reprehendit, nec advertit hæc verba non esse mea, sed expressè sancti Thomæ ità inferentis : « quòd unicuique erit Deus tota ratio diligendi; eò quòd Deus est totum hominis bonum : dato enim, per impossibile, quòd Deus non esset totum hominis bonum, non esset ei ratio diligendi[3] : » qui locus sancti Thomæ ad libri mei marginem erat allegatus.

23. At enim id Meldensis interseruit, *totum hominis bonum* aliâ locutione esse beatitudinem : sanè ; reverâ enim beatitudo quid est aliud quàm *totum hominis bonum?* neque reprehendi potest Meldensis Episcopi interlocutio.

24. An fortè reprehendis illud meum : *Non alio modo exprimi diligendi rationem?* Quo enim alio modo meliùs exprimi potest *ratio diligendi*, quàm his ipsis verbis, *ratio diligendi?*

25. Non ergò Meldensis, sed sancti Thomæ verba Cameracensis imprudens, ad latus licet annotata, Meldensi crimini vertit, eumque ut Scholæ inimicum proscribendum decernit ab academiis, licèt appellato Scholæ principe gloriantem.

26. Atqui auctor non semel in eum impingit scopulum : ecce enim in illâ dissertatione *de Veris Oppositionibus* inter meam suamque sententiam : « Secundùm Meldensem, inquit, si per

---
[1] *Resp. ad Sum.*, p. 5. — [2] *Instr. sur les Etats d'Or.*, etc., ubi sup. — [3] II-II, q. xxvi, art. 13, ad 3.

impossibile Deus non esset hominum beatitudo, non esset illis ratio diligendi[1]. » Quæ iterùm atque iterùm mihi imputat; atque ex his in tot absurda me conjicere nititur : nec me, sed sanctum Thomam cujus hæc verba sunt.

ARTICULUS IX.

Quòd dominus Cameracensis sibiipsi adversetur, et de necessario appetitu beatitudinis.

27. Quid quod non jam sanctum Thomam, sed seipsum in me reprehendit? quippe qui in *Instructione pastorali* confitetur « necessitatem esse indeclinabilem ut nos ipsos SEMPER diligamus, neque fleri posse ut nos diligamus, nisi nobis optemus supremum illud bonum, quod est unum necessarium[2]. » Rectè ergò asserimus, tam nemini homini eripi posse, quin *semper*, adeòque in omni actu motivum habeat beatitudinis, quàm nemini potest eripi, quin seipsum *semper* et sine intermissione diligat.

28. Rursùs Cameracensis in eâdem *Instructione pastorali* docet non posse negari illud « quod supponit Augustinus indeclinabile pondus continuamque impulsionem (tendentiam) in beatitudinem, id est in fruitionem Dei[3]. » Sin autem continua est, nulli actui deest; si indeclinabilis, nulli deesse potest : ergò iterùm atque iterùm rectè asserimus, nemini motivum illud unquàm eripi posse : illud tamen ipsum est, quod dominus Cameracensis in me vel acerbissimè reprehendit.

29. At enim *id Augustinus asserit de beatitudinis innato nec deliberato appetitu*[4]. Sic respondet Cameracensis : sed quid nostrâ nunc? Utcumquè enim se res habeat, pro certo relinquitur, homini deliberanti ac ratione utenti motivum beatitudinis deesse non posse : quod et erat à me probandum, et à domino Cameracensi maximè reprehensum.

30. Nec tamen sinimus dominum Cameracensem in æquivoco ludere : si enim innatum sive naturalem beatitudinis appetitum cæcum illum nominat sui boni appetitum, quem et in plantis et in lapidibus tota Schola, et ipse etiam sanctus Thomas passim

---

[1] *Opp.*, p. 20, 25, etc. — [2] *Instr. past.*, n. 11. — [3] *Ibid.*, n. 20, p. 47. — [4] *Instr. past.*, n. 20, p. 47.

agnoscunt; non eo sensu homo appetit beatitudinem, sed sciens volensque, sed ex cognitione inditâ : nemo enim non habet à naturâ insitam boni à se appetendi rationem et ideam : quæ cognitio quatenùs clara sit, infrà referemus : nunc id sufficit, ne cæco impetu in beatitudinem trahi nos putemus : sed ex cognitione certâ, adeòque ex appetitu non quidem deliberato, sed tamen elicito, qualis est beatorum Dei visione fruentium necessarius, nec liber, aut deliberatus, sed tamen à voluntate elicitus divini boni amor, ut dictum est (n. 9, 10, et seq.).

31. Præclarè igitur sanctus Thomas nos docuit talem esse n nobis amorem beatitudinis generatim, qualis est in beatis Dei visi amor : id est tam necessarius et tamen tam elicitus, veræque voluntatis actus, licèt non deliberatus, nisi fortè quoad actuale quoddam exercitium.

32. Nihil ergò agit præsul, dùm innatum beatitudinis amorem confessus, ab elicito, imò et à deliberato actu motivum beatitudinis amovere se posse putat; profectò enim vel illud cogitare debuisset, omne deliberatum ex insito et naturali procedere, neque posse non esse illi congruum : omne liberum naturali et immobili niti, ut docuit sanctus Thomas (n. 13) : deniquè nullum actum ab objecto suo, à suo fine ultimo separari posse, ut suprà constitit (n. 8, et seq.).

33. Habet quidem id animus humanus, ut quæ sibi vel maximè cordi sunt, ea non semper actu expresso et perspecto cogitet : quin etiam ejus rei quam vel maximo amore prosequatur, occurrentem sibi cogitationem ad tempus avertere, et aliâ cogitatione actuali et expressâ magis detineri velit. Neque tamen proptereà minùs agit ex illo intimo ac latente motivo et appetitu : id enim agimus, id omnes theologi nullo excepto volunt, ut quivis actus ratione præditus elici debeat ex motivo beatitudinis, non explicitè semper, sed sive explicitè, sive implicitè et virtualiter (ex n. 4, prop. II, et seq.). Nullus ergò est actus ad quem reverà non impellamur beatitudinis studio ejusque virtute : neque fieri potest quin expressa persæpè se prodat intentio. Ità ergò abstrahi potest animus à motivo beatitudinis, ut nunquàm ab implicito et virtuali saltem, ab explicito verò non diù temperetur : sicut Lu-

tetiâ proficiscenti Romam, non quidem semper sed sæpè recurrat necesse est Roma quam petit. Quæ cùm auctor impugnat, non me, sed sanctum Thomam, sed sanctum Augustinum millies, sed totam theologiam, ipsamque naturam, imò verò etiam seipsum impugnat, ut dictum est.

ARTICULUS X.
Summa dictorum in hâc quæstione II.

34. Summa dictorum à theologis de amore naturali beatitudinis, his ferè propositionibus continetur :

I. Omnes utentes et fruentes, hoc est omnes ratione usos, velle esse beatos (n. 7 et 15).

II. Id commune Angelis et hominibus (n. 9. 10, 11).

III. Inclinationem sive appetitum ad beatitudinem tanquàm ad finem ultimum in intellectualibus creaturis, ità esse naturalem ut ex cognitione sit elicitus (*Ibid.*).

IV. Hanc esse naturam voluntatis humanæ, ut et beatitudinem et ea quorum necessaria connexio cum beatitudine clarè intelligitur, necessariò appetat (n. 12.).

V. Ex his quæ necessariò appetuntur, tanquàm ex immobili præsupposito fundamento, elici ac prosilire omnes liberos actus: eo ritu modoque quo in intellectivis conclusiones omnes à primis rationibus ac principiis oriuntur (n. 13).

VI. Beatitudinem esse voluntatis objectum, et quæ sit hujus rei radix (n. 14).

VII. Propter beatitudinem amandas esse virtutes (n. 15).

VIII. Omnium affectuum radicem esse appetitum eum, quo quis sibi benè vult, et beatitudinem generatim cupit (*Ibid.*)

IX. Inordinatum esse actum omnem, qui non ordinatur ad beatitudinem tanquàm ad legitimum finem (n. 16).

X. Quàm sit absurdum, amorem naturalem beatitudinis influere indirectè tantùm in omnes actus humanos (n. 19).

XI. Qui hæc negaverit, neminem adductum nec adduci potuisse (n. 18, 27).

XII. Sub meo nomine vapulasse ipsissima sancti Thomæ verba, à me diligenter exscripta (n. 22, et seq.).

XIII. Qui hæc impugnavit, sibi ipsi adversari (n. 26, 28, 29, 38). Atque hæc de amore naturali beatitudinis dicta sunt.

QUÆSTIO III.

De amore supernaturali beatitudinis, quatenus spectat ad charitatem :
ad n. 4, prop. vii et viii.

ARTICULUS PRIMUS.

Sententia sancti Thomæ.

35. Cùm gratia supponat naturam eamque perficiat, definitumque ab universâ Scholâ sit, naturæ totius ultimum finem esse beatitudinem; consectaneum est, ut et gratia homini christiano proponat beatitudinem quam in quocumque actu justus exquirat, quâ de re totius Scholæ, ac primùm sancti Thomæ mentem exponimus, ejus locis ordine recensitis.

36. Ex 1, 2, « charitas non est quilibet amor Dei, sed amor Dei quo diligitur ut beatitudinis objectum (Q. 65, art. 5, ad 1). »

37. Item ex quæstione 114, art. 4 : « Motus humanæ mentis ad fruitionem divini boni est proprius actus charitatis, per quam omnes actus aliarum virtutum ordinantur in hunc finem. »

38. Jam veniamus ad 2, 2, q. 23 et sequentes, quibus sanctus doctor rem expressè tractat : charitas quæ est amor, non concupiscentiæ sed amicitiæ, hoc est vera et genuina charitas, « fundatur super communicatione hominis ad Deum secundùm quòd nobis suam beatitudinem communicat (Q. 23, art. 1). »

39. « Hoc fundamento posito, consequuntur ista : Bonum divinum, in quantùm est beatitudinis objectum, habet rationem specialem boni : et ideò amor charitatis, qui est amor hujus boni, est specialis amor (art. 4). »

40. Articulo verò 5, jungit divinam bonitatem ut objectum, cum ipsâ *communicatione beatitudinis super quam hæc amicitia fundatur* (charitas scilicet).

41. Quæstione deindè 26, art. 1 : « Dilectio charitatis tendit in Deum sicut in principium beatitudinis, in cujus communicatione

amicitia charitatis fundatur : » undè sequitur (ad 1) : « Charitas tendit in ultimum finem sub ratione finis ultimi, quod non convenit ulli virtuti, ut suprà dictum est. » Posteà, art. 2 : « Deus præcipuè ex charitate diligendus : ipse enim diligitur ut beatitudinis causa. »

42. Locus autem ubi dicit unius esse charitatis, ut ordinet cæteras virtutes in finem ultimum, est q. 23, art. 7 ; cujus rei radix est, « quòd ultimum quidem et principale bonum hominis est Dei fruitio, et ad hoc ordinatur homo per charitatem. »

43. Cætera innumerabilia prætermittimus, quia ista sufficiunt, ut habeantur hæc quinque : 1, amorem amicitiæ sive charitatem fundari in communicatione beatitudinis. 2, Bonum divinum in quantùm est objectum beatitudinis à charitate spectari. 3, Charitatem tendere in Deum, ut est principium et causa beatitudinis. 4, Charitatis esse non alterius cujusque virtutis, ut in Deum tendat tanquàm in ultimum finem : qui finis ultimus est ipsa beatitudo, ex antè dictis (suprà, q. II, n. 8, et seq.). 5. Ultimum et principale bonum hominis esse fruitionem Dei, ad quam ordinatur homo per charitatem.

44. Hæc igitur sunt quæ in *Instructione de Statibus Orationis* ex sancto Thomâ protuli[1] : hæc sunt quæ dominus Cameracensis in me reprehendit[2] : quamvis nihil aliud quàm Angelicum doctorem exscripserim ; tantâ cautione, ut ne quidem simpliciter et absolutè dixerim, charitatis objectum esse Deum ut « communicatorem beatitudinis, sed eam esse unam ex formalibus rationibus diligendi Deum[3], » sive primariam sive secundariam ; à quâ quæstione tunc ultrò abstinere me profitebar[4].

ARTICULUS II.

Quæ hîc mihi imponantur.

45. Eâ de re domini Cameracensis hæc verba sunt[5] : « Si dominus Meldensis hæc de Deo diceret ut est objectiva beatitudo inter alia attributa includens, quòd sit beatificus, posset conciliari cum

---

[1] *Instr. sur les Etats d'Or.*, liv. X, n. 29. — [2] *Oppos.*, p. 2, 3, etc. — [3] *Inst. sur les Etats d'Or.*, ibid. — [4] *Ibid.*, p. 457. — [5] *Oppos.*, p. 3.

Scholâ ; sed quòd molestum est, non de Deo loquitur, sed de beatitudine quam nobis communicat Deus : Deumque respicit tantùm ut est causa, principium, objectum beatitudinis : » quæ verba mea non sunt, sed expressè sancti Thomæ, ut vidimus (n. 36, 39, 41).

46. Ego verò adeò hîc directè spectabam Deum, ut id etiam expresserim « Deum diligi ut communicatorem beatitudinis[1], » sive, ut ait sanctus Thomas, « secundùm quòd nobis communicat suam beatitudinem. » (Sup. n. 38, 44). Si ergò hæc gravia molestaque sunt, horum reprehensio non in me, sed planissimè in sanctum doctorem cadit.

ARTICULUS III.

Quid ad sanctum Thomam reponatur.

47. Personatus Lovaniensis objicit in *Statibus Orationis* multos sancti Thomæ locos *confusè* esse allatos : nec mirum, cùm non rem ipsam tractandam, sed rei summam delibandam suscepissem. Ut deindè respondeat ad tot perspicuos sancti doctoris locos, copiosissimè exponit doctrinam[2], cujus hæc summa est.

48. « Sanctum Thomam ex sanctis Dionysio et Augustino agnovisse amorem ex naturâ suâ esse vim unitivam amantis et amati[3] : hinc ex eodem sancto Thomâ diversificari amorem in varias species, non solùm per fines et motiva, sed etiam secundùm varia genera unionis amanti proposita[4].

49. » Ex his sancti Thomæ, sancti Dionysii et sancti Augustini locis facilè intelligitur duo consideranda esse in amore charitatis : primum, divinam bonitatem quam ille amor præcisè spectet ut finem et motivum formale : alterum, in eâdem charitate esse considerandam eam rem, quam omnis amor respicit et in quam essentialiter tendit : nempè quamdam unionem cum amato ad quam omnis amor aspirat, et eam rem sancto Thomæ esse ipsam communicationem æternæ beatitudinis.

50. » Cæterùm illam communicationem beatitudinis, quatenùs

[1] *Instr. sur les Etats d'Or.*, p. 451, 452. — [2] *Lett. d'un théol. de Louv.*, p. 53. — [3] *Ibid.*, p. 52, 55. — [4] *Ibid.*, p. 53, 54. — [5] *Ibid.*, p. 55, 56.

est unio cum Deo, non esse finem, motivum, et rationem formalem diligendi ; sed tantùm respici beatitudinem, ut rem in quâ consistat illud unionis genus ad quod aspirat charitas [1].

51. » Ergò unionem illam adeò non esse motivum charitatis, ut ipsa charitas ex perfectionis divinæ motivo illam requirat unionem. »

52. Hæc fictus Lovaniensis : quæ in pauca contrahuntur in dissertatione *de Oppositionibus* [2]. Nunc autem quàm hæc quoque vana sint, sequentes quæstiunculæ ostendent.

ARTICULUS IV.

Quæstiunculæ de desiderio unionis in amore charitatis.

53. Quæro primùm, utrùm charitas separari possit à desiderio unionis. Negat auctor ex sanctorum Augustini, Dionysii et Thomæ decretis, quibus constat ipsum amorem ex naturâ suâ vim esse unitivam (n. 48) : adeò ut ad illam unionem omnis amor respiciat, et ad eam *essentialiter* tendat (n. 49) : quod autem essentiale est omni amori, ab amore charitatis separari non potest.

54. Quæ cùm ità sint, quæro secundò, quomodò ista conciliet cum illâ charitate quæ nullum omninò habeat respectum ad nos ; et an desiderium unionis absque illo respectu constare possit.

55. Quæro tertiò, quomodò jam stare possit ille præsuli perfectissimus charitatis actus quo quis à Christo separari ambit, cùm amori *essentiale sit* quærere unionem.

56. Perspicuum igitur est hæc stare non posse, eo sensu quem tuetur auctor, eaque retractari et aliam omninò viam iniri oportere.

57. Quæro quartò, quo nomine appellet illam unionem quam essentialiter omnis expetit charitas : si neque finis, neque motivum, neque ratio ulla formalis diligendi est, rogo, quid est ? vel quâ voce appellanda ?

58. Quod ais, nedùm habeat motivi rationem, ipsam Dei perfectionem esse motivum cur hæc unio requiratur : id quidem demonstrat non esse motivum præcipuum, nec proindè prima-

[1] *Lett. d'un théol. de Louv.*, p. 56, 57. — [2] *Oppos.*, p. 26, 27.

rium : si autem dixeris nullum esse motivum, id quod adeò moveat ut essentialiter appetatur, aperta contradictio est. De motivo sanè secundario, quem auctor nec tacet nec capit[1], alibi disseremus, et omnia ista ex Scholæ decretis facilè componemus.

ARTICULUS V.

Fictus Lovaniensis apertè sancti Thomæ auctoritatem eludit.

59. Nunc ut perspicuum sit quantùm à sancti Thomæ doctrinâ aberretur, id unum profero. Ostendit sanctus Thomas amicitiam quæ est charitas, fundari in communicatione beatitudinis, non eâ præcisè causâ quòd amor sit unitivus, quanquàm etiam eâ, sed eò quòd charitas sit amicitia mutuam communicationem postulans. (Ex annotatis suprà, n. 38 et seq., et ex 2. 2, q. 23, art. 1, etc.)

60. At quàm auctor hæc eludat, docent sequentia [2] : « Pars locorum sancti Thomæ quos Meldensis adducit, respiciunt tantùm amorem singularis amicitiæ, non verò naturam charitatis. » Hominum fidem! non ergò agit sanctus doctor de naturâ charitatis, quæstione 23, in quâ expressè de charitate tractat prout est opposita fidei et spei? non agit de naturâ charitatis, cùm eam ex naturâ suâ esse demonstrat veram amicitiam mutuâ communicatione constantem? Quos autem ego alios sancti Thomæ allegavi locos, nisi indè depromptos? Sperat tamen auctor, hæc à se traduci posse ad amicitiam singularem quæ sit à charitate distincta; adeò omnia à se dici et approbari posse confidit.

61. Pergit: « Vult quidem sanctus Thomas eam esse amicitiam quæ communicationem mutuam bonorum postulet; non autem id esse motivi loco in amicitiâ. » Quid ergò illud est apud sanctum Thomam, Deum diligi *ut est causa, principium, objectum beatitudinis*, et alia quæ suprà annotata sunt (n. 39 et seq.): an hæc quoque à se obliterari posse sperat, et publicæ fidei tam apertè illudi?

62. Nec minùs inane est illud : « Hos locos indicare tantùm, charitatem habere pro objecto Deum ut beatificum, non autem

---

[1] *Oppos.*, p. 27. — [2] *Ibid*, p. 26.

beatitudinem [1] : » ludicrum et suprà confutatum (n. 45, 46). Quid est enim beatificum sine beatitudine, aut quid est beatitudo sine fruitione boni, benevoli, benefici, beatifici? Quod addit : « Sancti Thomæ locos eò pertinere, ut ostendat à charitate spectari Deum non secundùm naturalem ordinem, sed quatenùs nos elevat ad videndum intuitivè Deum : » obtrudit quidem ea quæ sanctus doctor tacet, premit verò ea quæ totis quæstionibus articulisque docet de mutuâ amicitiâ, de communicatione super quâ illa fundatur : de objecto, de fine, de principio, de causâ quibus diligatur Deus; de respectu finis ultimi, id est Dei fruendi ipsiusque beatitudinis, proprio charitati, aliaque à nobis suprà memorata (n. 38, 39, et seq.) : quorum cohærentiam aptamque connexionem cum reliquis Scholæ ac ipsius sancti Thomæ decretis ostendemus : nunc sufficit sanctum doctorem à præsule, fidoque Lovaniensi quem nemo cognoscit, nec esse intellectum, ac sub meo nomine vapulasse.

ARTICULUS VI.
De sancto Bonaventurâ.

63. Sancto sanctum jungimus Bonaventuram Thomæ : ejus autem doctrina hæc est : quòd « charitas quidem ex beato Bernardo præmium non intuetur [2]; (verùm ad id) dicendum, quòd illud intelligitur de præmio creato; de præmio autem increato non habet veritatem, quia maxima charitas maximè desiderat uniri Deo et habere Deum [3]. » En quæ optet non homo habens charitatem, sed ipsa charitas, nedùm à charitate perfectâ hæc separari possint.

64. Neque ideò minùs asserit, « habitu charitatis habilitari nos ad adhærendum primæ bonitati propter se et super omnia [4]. » Rursùs : « Duplicem esse mercedem, creatam et increatam, temporalem et æternam : et secundùm hoc, duplicem mercenarium, videlicet bonum et malum : et duplicem mercimoniam, unam laudabilem, alteram vituperabilem : nam qui, inquit, principaliter respicit ad mercedem creatam et temporalem, malus mercenarius est, et hunc vituperat Dominus : ille verò qui respicit

---

[1] *Oppos.*, p. 27. — [2] In 3, d. 26, art. 1, ad 4. — [3] Obj. 3, et ad 3. — [4] In III, dist. 27, art. 1, q. iv.

principaliter ad mercedem æternam de quâ dicitur : Merces tua magna nimis ; bonus mercenarius [1]. »

65. Neque respondendum, agi de homine secundùm habitum justo, qui spem exercere possit : agitur enim in titulo quæstionis, « de motu charitatis, an possit esse mercenarius : » undè sic loquitur : « De primâ mercimoniâ intelligendo, non est dubium quòd motus charitatis non potest esse mercenarius. » De secundâ mercimoniâ dubium esse fatetur : « Nam quidam, inquit, voluerunt dicere quòd non est à charitate, sed ab affectu quodam naturæ, charitatem concomitante. Aliis autem videtur, quòd talis affectus mercenarius possit esse à charitate : desiderium enim habendi æternam mercedem, et fruendi æterno bono, est desiderium gratiæ; nec est amoris naturalis aut acquisiti, sed gratuiti » (à gratiâ proficiscentis).

66. Hanc quidem dubitationem movet : ipse autem inclinat ad eam partem quæ dicit, « quòd motus charitatis possit esse mercenarius, secundùm quòd constituit mercedem suam circa bonum increatum ad quod tendit sicut ad finale præmium. » Vides iterùm atque iterùm, non hominem qui charitatem habeat, sed ipsum charitatis motum intentum esse Deo ut præmio æterno et increato.

67. Ex quo principio sic respondet ad quartum : « Quod objicitur de timore, quòd ille qui principaliter habet oculum ad pœnam, non potest Deo esse acceptus : dicendum quòd non est simile : nam cùm pœna nec sit Deus nec aliquid Dei ; qui principaliter aspicit pœnam tanquàm finem ultimum, non est rectè ordinatus, cùm principaliorem habeat intuitum ad aliud quàm ad Deum : sed merces et beatitudo summa est ipse Deus : ideò ipsam principaliter potest quis aspicere, et tamen in finem rectè ordinatus esse. » En charitatis, non modò habitus, sed iterùm etiam *motus* in mercedem æternam intentus, idque principaliter ex sancto Bonaventurâ : quem ideò, ut sanctum Thomam, ab academiis mecum proscribendum proponi oportebat.

68. Neque dicas sanctum sub dubio loqui : ultrò enim confitemur fuisse tùm aliquos, qui æternæ mercedis intuitum proce-

[1] In III dist. 27, art. 2, q. II.

dere volebant, non *à charitate per se*, *sed ab affectu naturali*: quæ nunc opinio penitùs exolevit : imò apertè est hæretica, quæ desiderium possidendi Dei naturæ non gratiæ tribuebat. Ipse verò sanctus et contrarium docet, et de ipso *motu* charitatis loquitur : et eum motum æternæ mercedi, quæ Deus est, intentum esse posse asserit : et objecta ex Bernardo clarè solvit : undè existit ista conclusio : « Et sic patet quòd nul'um est inconveniens dicere, quòd motus charitatis possit esse mercenarius, si dicatur esse mercenarius ex intuitu mercedis æternæ et increatæ, » eoque principali, ut mox dictum est.

ARTICULUS VII.

Responsio præsulis.

69. Hunc locum præsul protulit, ac respondet, loqui sanctum Bonaventuram de charitate genericè prout comprehendit tam amorem concupiscentiæ quàm amorem amicitiæ[1]. » Sed contrà est, quòd in eâ distinctione sanctus Bonaventura post Magistrum, et cum omnibus scholasticis, agit specialiter de charitate prout est contradistincta à fide et à spe, easque virtutes ex informibus formatas facit; quod sola præstat propriè dicta charitas. Ibidem agit de proximi charitate, aliisque ad veram charitatem pertinentibus, eique subnexis[2]. Si autem de amore concupiscentiæ agit, hujus rei causa est, quòd utrumque amorem ad propriè dictam charitatem pertinere, ipse quidem docet, ut statim apparebit, et suo loco elucescet.

ARTICULUS VIII.

Alius locus ab auctore prolatus ejus responsionem confutat.

70. Confirmatur hæc auctoris confutatio ex loco quem ipse profert[3], sed truncum et mutilum : hujus autem loci hæc verba sunt : « Actus charitatis est diligere : diligere autem idem est quod velle bonum ; cùm ergò charitas diligit aliquem, bonum optat ei quem diligit : illud autem bonum quod charitas optat unum solùm est, videlicet bonum æternum et summum bonum.

---
[1] IV° *Lett. à M. de Paris*, p. 39. — [2] In III, dist. 27, art. 1, q. IV. — [3] IV° *Lett.*, p. 4.

Istud autem summum bonum aliquandò homo per charitatem optat Deo, aliquandò sibi, aliquandò proximo. Secundùm quòd optat ipsum ipsi Deo, dicitur diligere Deum, quia vult quòd ipse Deus sit summum bonum, et quòd habeat omne bonum per essentiam : secundùm quòd optat illud proximo, dicitur diligere proximum, quia vult quòd habeat illud bonum per gratiam et gloriam : secundùm quòd optat illud sibi, diligit seipsum [1]. » En locus ille ab auctore prolatus, in quo exscribit ea quæ Dei charitatem exprimebant : premit autem, quæ proximi et suî, in quibus tota erat declaratio veritatis.

71. Hinc exurgit demonstratio : ipse fatetur auctor hîc agi de verâ et propriè dictâ charitate; atqui illa charitas optat sibi summum bonum : ergò vera et propriè dicta charitas optat sibi summum bonum. Confirmatur: eâdem charitate homo optat sibi summum bonum, quâ Deo et proximo illud optat; atqui Deo et proximo illud optat per veram et propriè dictam charitatem : ergò optat etiam sibi verâ et propriè dictâ charitate. Quæ verba sancti Bonaventuræ non solùm ejus sensum, sed etiam ejus doctrinæ veritatem clarè apertèque demonstrant.

ARTICULUS IX.

Alii loci: ubi de summo bono, et de fine ultimo, deque fruitione.

72. Alio loco Seraphicus doctor hanc proponit quæstionem: *An charitas in diligendo præponat Deum nobis* [1] : in quâ quidem hæc statuit : 1, « Quòd charitas facit Deum diligi tanquàm finem ultimum et tanquàm summum bonum : 2, quòd charitas, quia diligit Deum sicut summum bonum, diligit eum super omnia : 3, quia diligit sicut finem ultimum, diligit eum propter se : 4, subdit : Quod autem diligitur propter se et super omnia, diligitur dilectione fruitionis : quòd verò propter aliud diligitur, diligitur dilectione usûs : » 5, ex his infert quintum, nempè quod « charitas facit nos Deum plusquàm nos ipsos diligere. »

73. Quid sit autem diligere propter ultimum finem, amore scilicet *non usûs sed fruitionis,* ex ipsis initiis repetendum ; nempè

[1] In III,.dist. 29, art. 1, q. II.

ex dist. 1, in 1 *Sententiarum,* ubi distinctio fructùs et usùs ex Augustino explicatur : sic autem loquitur Sanctus : « Solus Deus perfectè se fruitur : nihil autem aliud ab ipso potest perfectè seipso frui : solus enim Deus est summum bonum et diligit se fruendo se, et ità nec fruitio Dei nec usus est cum indigentiâ, sicut nostra fruitio et usus [1]. » Undè patet ipsum *frui* nostrum ex indigentiâ nostrâ dici, ac nostrum finem ultimum esse eum qui sit summum bonum nostrum fruendum et habendum, non autem utendum, sive ad aliquid aliud referendum.

74. Ex his solvit objectionem istam : « Ad illud quod objicitur, quòd contingit rectè servire intuitu mercedis : dicendum, quòd illa merces aut est ipse, sicut Dominus dixit ad Abraham : Ego merces tua, et sic intuens mercedem non utitur Deo, quia non refert ad aliud [2]. » Ex quo clarè intelligitur, quid sit illud quod Sanctus vocet finem ultimum, nempè id quo fruimur.

75. Hinc illa quæstio : An Deo sit fruendum : statuit autem, « quòd eo fruendum est quod beatos nos facit, quia in beatitudine est recta fruitio : sed Deo beati efficimur, quia ipse est nostra beatitudo [3]; » et posteà : « Respondeo : Ad argumentum dicendum, quòd Deo fruendum est, eò quòd ipse solus perfectè finit et delectat ipsum animum propter se et super omnia : » qui est manifestè finis ultimus *perfectè* finiens.

76. Duo ergò perspecta sunt : primum, ipsum frui Deo, ut mercede, esse finem illum ultimum de quo loquitur Sanctus : deindè illud *frui;* etsi respectum habeat ad nos, non tamen efficere ut Deum ad nos referamus; imò nos ad Deum : aliud enim est Deum amare propter aliud, quod est inordinatum : aliud est, illud ipsum quod propter se amamus, velle et cupere nobis tanquàm finem nostrum ultimum : quod est rectissimum et ordinatissimum, ut et ex antecedentibus constitit, et etiam sequentia suo loco declarabunt.

77. Nunc ergò redeundo ad illam quæstionem : *An charitas in diligendo Deum præponat sibi,* ex ipsis principiis Seraphicus doctor et quæstionem solvit, ut vidimus, et ad objecta respondet, præsertim autem ad 6 : « Ad illud quod objicitur, nihil potest al-

[1] In I dist. 1, dub. 12. — [2] *Ibid.*, art. 1, q. III.— [3] In I, dist. 1, art. 3, q. I.

teri magìs uniri quàm sibi : potest dici quòd Deus magìs est intimus unicuique rei quàm ipsa sibi, et plus pendet esse rei à Deo conservante, quàm ab ipsis principiis intrinsecis; et complementum beatitudinis spiritus rationalis habet à Deo non à seipso : et ideò cùm dicitur, quòd nihil potest alteri magìs uniri quàm sibi; si hoc intelligatur de creaturis, veritatem habere potest : si verò intelligatur de ipso Deo, veritatem non habet : Deus enim intimè illabitur ipsi animæ, et ideò anima ex intimis medullis habet Deo adhærere, et cùm habet charitatem, ampliùs tendit in ipsum quàm in se, et in eo requiescit ampliùs quàm in se, quia melior est ei Deus quàm ipsa sibi [1]. » Quæ magis magisque efficiunt, ad charitatem pertinere, quòd velimus habere Deum ut nobis optimum, et ab eodem affectu qui sit nobis intimus, charitatem omninò avelli non posse : quæ ipsissima nostra, nec jam tantùm sancti Thomæ, sed etiam sancti Bonaventuræ sententia est, quorum adeò conjunctâ auctoritate jam utimur.

ARTICULUS X.

De illis verbis Pauli : *Cvpio dissolvi*, etc., ex sanctis Thomâ et Bonaventurâ:
ad n. 4, prop. VIII.

78. In eâ propositione diximus certum esse omnibus theologis locum illum Pauli : *Cupio esse cum Christo*, pertinere ad charitatem et esse charitatis : cujus rei testem adducimus primùm sanctum Thomam; deindè sanctum Bonaventuram. Sancti Thomæ hæc sunt, de distinctione trium graduum charitatis : « Tertium studium est, ut homo ad hoc principaliter intendat, ut Deo inhæreat et eo fruatur : et hoc pertinet ad perfectos, qui cupiunt dissolvi et esse cum Christo [2]. » Ecce perfectorum et ipsius Pauli studium, idque *principale*, ut Christo perfruantur. Undè idem sanctus doctor ad charitatem referri supponit, quòd quis desideret esse cum Christo [3] : ex quo desiderio consequatur ut dicat: *Heu mihi, quia incolatus meus prolongatus est* [4]?

79. Sanctus autem Bonaventura docet illud Pauli esse amoris gratuiti : « ex quo probat, ad effectum charitatis non tantùm

---

[1] In III, dist. 29, art. 1, q. II.— [2] II-II, q. XXIV, art. 9.— [3] II-II, q. XXVIII, art. 2, ad 3. — [4] *Ibid.*

spectare amare Deum amore amicitiæ, imò etiam amore concupiscentiæ. Frui enim, inquit, est amore inhærere, et constat quòd frui Deo est per charitatem [1] : » quod hujus Sancti locis suprà memoratis apprimè congruit. De amore autem concupiscentiæ ex iisdem doctoribus multa commemorare possemus : sed prætermittimus, quia non sunt hujus loci ; imò fortè in totum nec hujus quæstionis. Sufficit autem ut certum sit id quod asseruimus ; illud Pauli : *Cupio dissolvi et esse cum Christo*, esse charitatis ; duobus scholasticis sanctis doctoribus id clarè asserentibus, nullis contradicentibus.

80. Summa autem dictorum est : Sanctum Thomam sub nostro nomine esse reprehensum : sanctum autem Bonaventuram haud minùs clarè consentire nobis : quare in eâ quæstione, in quâ coarguimur tanquàm Scholæ inferentes bellum, habere nos consentientes sanctos doctores scholasticos duos maximæ auctoritatis, Angelicum videlicet et Seraphicum doctorem. Jam de alio scholæ principe Scoto facilè transigemus.

QUÆSTIO IV.

De secundariis rationibus objectivis charitatis : ad n. 4. prop. xxii, xxv et seq.

ARTICULUS PRIMUS.

Ratio ac divisio dicendorum.

81. In hâc quæstione hæc tria tractabimus : primùm, Scoti sententiam : deindè principia de eodem summâ ipsâ conciliando cum Angelico doctore : deniquè piorum virorum praxim, et cæterorum scholasticorum sententiam.

ARTICULUS II.

Scoti loci proferuntur.

82. Quandoquidem Scotus is est, qui doctrinæ ejus quæ nunc passim in scholis obtinet, fons esse videatur, placet interserere

[1] In III, dist. 27, art. 2, q. II.

ejus integros locos sæpè indicatos, totamque viri doctrinam exponere. Posteaquàm enim disertè asseruit, à fide et à spe distingui charitatem, « quia actus ejus est tendere in objectum secundùm se, etiamsi per impossibile circumscriberetur ab eo commoditas ejus ad amantem [1] : » non ità multò post pergit sic : « Quòd ratio objectiva actùs charitatis et habitùs potest tripliciter intelligi : vel prima, quæ secundùm se apta nata est per se esse ratio terminandi : vel secunda, quæ est aliqua ratio præcedens actum (amicitiæ in nobis), propter quam natus est actus elici circa objectum : vel tertia, quæ quasi concomitatur, imò quasi sequitur actum elicitum [2]. » De hâc tertiâ nihil nunc ad nos attinet. De secundâ autem hæc observanda sunt : primum, ut Scotus mox dicebat, eam esse rationem *antecedentem* ad actum amicitiæ; quæ vox veri motivi in actum influentis vim indicat : alterum, propter eam actum natum elici. « Et talis, inquit, in proposito est ratio relativa hujus naturæ ad amantem, in quantùm est bonum communicativum suî illi : sicut enim in nobis primò amatur aliquis propter bonum honestum, secundò quia scitur redamans; illa redamatio in eo est una specialis ratio amabilitatis in eo alliciens ad amandum, alia quàm per bonum honestum : ità in Deo non sola bonitas infinita, vel hæc natura ut hæc natura, allicit ad amandum, sed quòd hæc bonitas amaverit me communicando se mihi. Secundariò hoc allicit, et in isto gradu amabilitatis potest poni omne illud in quo invenitur ratio amabilitatis, et potest demonstrare se redamare, sive creando, sive reparando, sive disponendo ad beatificandum : ità quòd inter hæc non sit distinctio, nec charitas respiciat magis ultimam (rationem) quàm secundam, nec secundam quàm primam : sed omnes sint rationes quædam non solùm boni honesti, sed boni communicativi ét amantis : et quia amantis, ideò digni redamari : juxta illud Joannis : *Diligamus Deum, quoniam ipse dilexit nos* [3]. » Hæc Scotus, à quo proindè hæc tria asseruntur : primùm, non solùm honestatem esse rationem objectivam charitatis, sed præter hanc *primariam*, inesse *secundariam* planè *relativam ad nos*, quòd illa infinita bonitas sit communicativa suî nobis, amans, reda-

[1] In III, dist. 27, q. unic., n. 2.— [2] Ibid., n. 7 et seq.— [3] Ibid.,

mans, etiam beatificans : quæ omnia sine respectu ad nos esse non possunt : secundò, eam esse, secundùm Joannem apostolum, unam specialem amabilitatem in Deo : tertiò, eam rationem non modò esse allicientem ad amandum, sed etiam præcedere actum, in eum influere, eamque aptam natam esse ad eliciendum actum circa objectum charitatis. Ex his, quàm arctè connexa utraque motiva charitatis, jam patet, et adhùc luculentiùs et ineluctabiliter demonstrabitur.

ARTICULUS III.

Doctoris Angelici et doctoris Subtilis in summâ doctrinæ conciliatio.

83. Scotus autem pro more confutabat hoc loco sancti Thomæ sententiam, fundantis ipsam *charitatis sive amoris amicitiæ rationem, super communicatione* illâ *hominis* ad Deum, *secundùm quod nobis suam beatitudinem communicat* : quod assiduè sanctus doctor inculcat, ut vidimus. Scotus autem, tametsi id confutaret, negare non potuit, ad charitatem ità pertinere communicationem illam beatitudinis, ut cum ipso charitatis objecto necessariò jungeretur : quæ inter se facilè conciliari posse videntur, si dixeris neque communicationem illam esse præcipuum charitatis objectum, quod nec sanctus Thomas negat; neque tamen ab eo distrahi oportere, quod Scotus confitetur.

ARTICULUS IV.

Sancti Thomæ loci ad conciliationem apti.

84. Ut autem pateat, quàm benè summâ ipsâ conveniat inter sanctum Thomam et Scotum, legatur imprimis hic locus sancti doctoris : « Ad 2 dicendum, quòd charitate diligitur Deus propter seipsum : undè una sola ratio diligendi attenditur principaliter à charitate, scilicet divina bonitas quæ est ejus substantia ; secundùm Ps. cv : *Confitemini Domino quoniam bonus* : aliæ autem rationes ad diligendum inducentes, vel debitum dilectionis facientes, sunt secundariæ et consequentes ex primâ [1]. »

85. De redamatione autem hæc habet sanctus doctor : « Quòd

---

[1] II-II, q. XXIII, art. 5, ad 2.

charitas non solùm significet amorem Dei, sed etiam amicitiam quamdam ad ipsum : quæ quidem super amorem addit mutuam redamationem cum quâdam communicatione mutuâ [1]. »

86. Scotus verò his gemina docet : Posteaquàm enim objecit sibi non dari charitatem, « quia talis virtus esset amicitia quæ nonnisi inter æquales esse possit [2], respondet charitatem quidem esse amicitiam, aliquantulùm extendendo (nomen amicitiæ) : honestas quippè, inquit, in diligibili et redamatio in dilecto, sunt conditiones per se in diligibili ; non quidem imperfectionis ; imò non esset perfectior si non redamaret ; » undè subdit : « Deus autem habet honestatem et redamationem sicut amationem : ex quo excellentiùs potest esse amicitia ad ipsum, ità ut dicatur super amicitia [3]. »

87. En quomodò sanctus Thomas et Scotus inter ipsa dissidia, tamen de primariis et secundariis rationibus objectivis charitatis, et de necessariâ redamatione conveniant : sine quâ nec esset amor amicitiæ, hoc est non esset charitas, ut suo loco diligentiùs ostendetur : nunc autem non res ipsas, sed doctorum decreta et auctoritates attendimus.

ARTICULUS V.

Verba quædam Scoti objecta, et ex ipso exposita.

88. Neque nos moveri oportet his vocibus Scoti dicentis, secundam illam rationem dici quidem « rationem objectivam actu allicientem ad amandum, sed aliquo modo et aliqualiter [4] : » quæ verba nihil aliud volunt, quàm ut credantur illa motiva secundaria non habere specifici objecti rationem : neque etiam esse præcipua quæ ad amandum alliciant : imò verò illi objecto comparata, quod est infinitum in se, pro *aliqualibus* tantùm habeantur, cùm ab infinitâ illâ movendi virtute procul absint : interim illud certum, secundarium motivum, Dei scilicet communicationem erga nos, à præcipuo motivo non esse distrahendum : esse antecedens ad actum amicitiæ ; huic inesse specialem amabilitatis rationem : illudque adeò ad charitatem pertinere, ut cum ipso

[1] I-II, q. LXV, art. 5.— [2] Scot., dist. 27, q. un., n. 1.— [3] *Ibid.*, n. 20.— [4] In III, dist. 27, q. un., n. 8.

primario charitatis objecto coalescat : quod etiam sequens locus magìs magìsque declarabit.

ARTICULUS VI.
Aliis Scoti locis hæc doctrina firmatur.

89. Hanc doctrinam firmat et repetit Scotus in elaboratissimo opere de *Reportatis Parisiensibus*, quibus subdit : « Prima ratio diligibilitatis in Deo est honestum : secunda ratio est redamatio quæ præcedit actum meum (suprà : actum amicitiæ nostrum). Notari autem velim sequentia : nec potest esse perfectissima ratio diligibilitatis sine utroque horum. In Deo autem prima ratio diligibilitatis est honestas sua; secunda ratio præcedens actum, est quia amavit nos creando [1]. » Quibus iterùm iterùmque clarescit motivi utriusque, primarii scilicet ac secundarii, in charitatis actibus arcta conjunctio, in quam Schola tota consentit.

ARTICULUS VII.
Praxis mysticorum.

90. Id summâ ipsâ secutos scholasticos, omnes facilè recognoscent, qui thomisticam ac scotisticam scholas, licèt sibi adversantes, tamen concinere animadvertent. Id mystici : id in praxi docent pii omnes, quos inter Harphius : « Deus per gratiam suam in nobis habitans et vivens, tangit spiritum nostrum suo digito, id est suo spiritu, vicissitudinem amoris exigens, et dicens : Amate amorem æternaliter nos amantem : quâ voce, inquit, interiora universa amoris impetu commoventur, et omnes animæ vires respondere coguntur : Abyssalem amemus amorem nos æternaliter amantem [2]. » Sic ex instituto totius Scholæ etiam scotisticæ, mystici duo illa motiva, primarium scilicet et secundarium, in unum conjungunt.

91. Præit Rusbrokius dicens : « Spiritus sanctus altâ voce sine strepitu verborum vociferatur in nobis : Ametis amorem æternò amantem; » ac paulò post : « Nunquàm conticescit, sed perpetuò sine cessatione clamat : Solvite debitum vestrum; amate

---

[1] Scot., *in Report. Paris.*, dist. 27, q. unic., sch. 2, n. 3. — [2] Harph., lib. II, *Theol. myst.*, p. 4, cap. XXVIII.

amorem vos ex omni æternitate amantem¹ : » quibus sanè verbis perfectissimam charitatem à sancto Spiritu infusam adumbrantes, sic ei motivum secundarium Dei amantis adjungunt, ut in actum charitatis confluant; quæ piorum omnium est praxis.

ARTICULUS VIII.

Quid præsul sentiat de secundariis objectivis rationibus charitatis.

92. Primùm quidem illas suggillat ut meas²; nec legere voluit annotatum ad marginem Scoti locum insignem, cui et alios tam perspicuos addidi : quod quidem non Scotus solus, sed etiam sanctus Thomas iisdem vocabulis; cæteri autem theologi nullo excepto, saltem æquivalentibus, et summa ipsa recognoscunt.

93. Addidit mutari speciem virtutis, adjuncto ad motivum specificum alio proprio motivo³. Alibi : « Quæcumque nova formalitas addita ut essentialis motivo specifico, ejus mutat speciem. Quare, si Meldensis motivo specifico charitatis, quæ est gloria Dei, addit motivum spei, quæ est beatitudo sive adeptio boni ut secundum motivum essentiale sive inseparabile, mutat speciem charitatis, mutando motivum ejus specificum, sive formale objectum⁴. » Hæc ille : et illud assertum tribuit sancto Thomæ, nullo sancti doctoris allato loco. Sed hic duo peccat : primum in eo quòd assertum falsissimum est, si motivum istud secundarium subordinatumque sit : quod liquidò constabit artes virtutesque sedulò percurrenti; nempè id perspicuum est, neque quisquam negat : sed auctor acutissimus nimiâ subtilitate se præpedit; nec me sed sanctum Thomam, Scotum, totamque adeò Scholam eâ de re consentientem oppugnat. Alterum erratum est, quòd essentiale sive specificum confundit cum eo quod est inseparabile.

94. Itaque ad secundarias rationes, doctorum auctoritate pertractus, subdit, *secundùm Scholam nihil esse essentiale quàm id quod est primum seu primarium*⁵, secundaria autem motiva *accidentalia* esse, centies ingeminat⁶ : quasi verò si ad hæc minuta redigamur, inter illud essentiale primum et accidentalia,

---

¹ *De sept. grad. am.*, in 7 grad., cap. XIV. — ² *Resp. ad Summam*, p. 16. — ³ *Ibid.*, p. 15, 41. — ⁴ IVᵉ *Lett. à M. de Paris*, p. 30. — ⁵ *Rép. à la Décl.*, p. 27. — ⁶ *Lett.* IVᵉ *à M. l'arch. de Paris*.

non sit admittendum medium, nempè proprium inseparabile, quod etiam sæpè essentiale dicitur, quale est homini loqui et alia. *Ergò præter primam rationem, sunt et secundariæ consequentes ex primâ*, ut ex sancto Thomâ diximus (n. 84) : has autem, sive proprietates inseparabiles appellamus, sive rationes formales subordinatas, nihil ad praxim attinet. Res agendæ Christianis non his argutiis metiendæ sunt : quærendum quid Christus dixerit : an Dei benefici ac beatifici rationem ab ejus perfectione summâ separari voluerit? an hæc ad plenitudinem charitat's conjungi jusserit? hoc, inquam, quæri oportebat : non falsâ dialecticâ commoveri ac velut obstupefieri imperitos, Scholam motiva in Scripturis conjuncta non negantem neque separantem, sed ordinantem, adversùs Scripturam concitare nefas erat. Hæc notet vir disertus, et ingenio dicendique artibus fidens ; ac tandem agnoscat, nos immeritò reprehensos, quòd utraque incentiva Dei perfectissimi ac sese communicantis in praxi conjungamus : imò eamdem nostram ac principum Scholæ, totiusque adeò theologici ordinis esse sententiam.

QUÆSTIO V.

De illâ clausulâ, nullo respectu ad nos : *ad propositionem* XVII et XVIII.

ARTICULUS PRIMUS.

Nostræ propositiones probantur ex concessis à domino Cameracensi.
Ejus sententia de naturâ unitivâ amoris.

95. Prorsùs dominus Cameracensis abutitur definitione Scholæ dicentis charitatem *esse amorem Dei in se, nullo respectu ad nos*, dùm ad extremum urget postremam illam clausulam. Sanè verum est illud : *Nullo respectu ad nos*, sensu quem nos diximus (n. 4, prop. XVII et XVIII) : nam si absolutè et ad strictos apices verum est, charitatis ad nos nullum esse respectum, non ergò illud verum est quod ex ipso auctore diximus (n. 47, 48) : amoris naturam esse *essentialiter unitivam : amici ad amati unionem essentialem esse tendentiam* [1] : aut illud verum erit, dari essen-

[1] *Lett. d'un théol. de Louv.*, p. 52, 53, 55. *Oppos.*, p. 27, *Sap.*, n. 47 et seq.

tialem tendentiam absque *ullo respectu*, quod apertam in terminis contradictionem implicat. Si ergò verè auctor asseruit vim illam unitivam quâ amor ipse constet, nec frustrà allegavit Augustinum, Dionysium, doctorem Angelicum, hæc invictissimè approbantes, possibile profectò non est, ut in eo affectu quo charitas in Deum tendit, etiam respectus ad nos ipsi conjungendos non sit necessarius : conjungi autem est frui : ergò in charitate respectus ad fruendum Deo ità est essentialiter necessarius, ut nullâ ratione ab eo separari possit.

ARTICULUS II.

Aliud concessum de Deo benevolo et benefico.

96. Imò etiam illud negare non potuit dominus Cameracensis, « quin Dei beneficia, quatenùs Deum infinitè beneficum demonstrant, menti objiciant unum ex ejus attributis in quo, sicut et in cæteris, charitas sibi complaceat, eoque delectetur[1]. » Iterùm, « si beneficentia divina in mysterio Christi spectatur ut unum ex attributis quibus constat bonitas et perfectio absoluta, tùm Christus et singula ejus mysteria fiunt objectum amoris complacentiæ, quæ vera charitas est[2]. » Id ergò in confesso esse annotamus, benevolum illud atque beneficum inter charitatis objecta à nobis meritò recensitum, ac frustrà litigare auctorem de objecto charitatis *nullo respectu ad nos*, cùm profectò ipsum benevolum ac beneficum, utcumquè sumatur, sine respectu ad nos, nec intelligi possit.

ARTICULUS III.

Quo sensu beneficentia in absolutum vertat.

97. Id autem universim observamus, nos hîc pro concesso et confesso sumere quidquid semel fundamenti loco assumpsit auctor, licet posteà variet, nec legitimas consecutiones admittat. Jam ergò quod addit, cùm in Deo benefico complacere sibi charitatem fatetur : *bonitatem Dei relativam tùm in absolutam* verti, distinguimus; et quidem fatemur beneficum illud, sive ut vocat

[1] *Resp. ad Summa*, p. 13, 14, 19. — [2] *Ibid.*, p. 31.

auctor¹, *bonitatem relativam* in absolutam verti, eo sensu quem diximus (n. 4, prop. XVI, XVII, XVIII, XIX) : ità scilicet, ut absolutum illud sit tamen suo modo relativum, propter suum connotatum : sin autem intelligatur omni modo esse absolutum, negamus; nec ipse auctor nobis adversari possit : quare nec quod jactat in rigore tueri, objectum charitatis ab omni relatione ad nos esse præcisum.

ARTICULUS IV.
De divinis beneficiis, ut sunt utilia nobis.

98. Idem auctor subdit, quòd « eo respectu charitas sive amor complacentiæ cunctis Dei beneficiis frequens delectatur, non proptereà Dei beneficia, quatenùs utilia nobis, sive relativè ad nos, esse proprium aut specificum saltem partiale charitatis objectum². » Sed nos ne id quidem volumus, nec partiale illud objectum admittimus : et illa motiva diligendi Dei, et quòd sit per se maximus, et quòd benevolus sive beneficus, subordinata, non coordinata esse docuimus, ut suprà dictum est. (Eodem num. 4, proposition. XX, XXV, XXXI).

99. Certè beneficia *quatenùs utilia nobis* à divinâ gloriâ separari, mera ludificatio est; cùm illud ipsum Deo gloriæ vertat, quòd Deus nullius rei, ac nequidem gloriæ à nobis comparandæ indigus, idem tamen pro suâ bonitate servis suis benè esse velit, utilia largiatur; verum lucrum, verum quæstum præstet, testante Apostolo : *Mihi vivere Christus est, et mori lucrum;* et : *Ut Christum lucrifaciam;* et : *Verè quæstus magnus est pietas;* quæ vel maximè est charitas. Quanquàm enim cum Scholâ præcipua motiva à cæteris distinguimus, non tamen hæc utilia à verâ charitate arcere possumus.

ARTICULUS V.
Loci sanctorum Augustini et Gregorii Nazianzeni.

100. Neque id sinit Augustinus, docens « Deum velle se diligi, non ut sibi aliquid, sed ut iis qui diligunt æternum præmium conferatur, hoc est ille quem diligunt³. » Alio loco : Cui non

---
¹ *Resp. ad Summam*, p. 14. — ² *Ibid.* — ³ *De Doct. christ.*, lib. I, n. 29.

propter suam sed propter nostram salutem utilitatemque servimus. Deo autem hæc volenti consentire nos, nec ab ejus gloriâ nostram utilitatem separare par est.

101. Quâ de re etiam audiendus Gregorius Nazianzenus, laudari Deum asserens « à cœlestibus potestatibus, non ut naturæ plenissimæ aliquid adhærescat boni suis laudibus, sed ne natura post Deum secunda (angelica scilicet) divinis beneficiis careat [1] : » quæ causa sit complectendi verbi et possidendi Dei, quod est bonum perpetuum et nostrum [2]. » Ergò, uti prædiximus, Dei gloria nostrâ utilitate constat, neque ea incitamenta separari debent.

ARTICULUS VI.

Cassiani locus.

102. Amplectimur autem illud Cassiani, « mercenariam spei cupiditatem eam esse, in quâ non tam bonitas largientis, quàm præmium retributionis expetitur [3]. » Ita ergò volumus divinis beneficiis attentam esse charitatem, *ut largientis bonitatem* vel maximè attendat : beneficia enim in nobis creatum aliquid sunt : bonitas largientis infinita et increata; quæ tamen à respectu ad beneficia nequidem mente et cogitatione separari possit.

ARTICULUS VII.

Locus sancti Thomæ solutus.

103. Quare frustrà objicitur [4] ille sancti Thomæ locus, quo asserit nos quidem per beneficia disponi ad amandum [5]; sed posteaquàm, inquit, jam amare incœpimus, non propter illa beneficia amamus amicum, sed propter ejus virtutes. » Quod quidem est certissimum : sed interim recordemur, inter virtutes recenseri benevolentiam ac beneficentiam, propter quas ex sancto Thomâ amicum diligamus. Deus autem est amicissimus, et charitas, ex eodem Angelico doctore, ipsa est amicitia [6] : ergò virtutes Dei, ipsamque beneficentiam erga humanum genus, per se et propter se diligimus.

[1] *Orat.* XXXIV. — [2] *Epist.* XXVII. — [3] *Coll.* XI, cap. X.— [4] *Resp. ad Summam,* p. 43.— [5] II-II, q, XXVII, art. 3.— [6] *Ibid.,* q. XXIII, art. 1, etc.

ARTICULUS VIII.

Quæ doctrina sit nugatoria, nostra an auctoris.

104. At enim, inquit [1], Scholæ doctrina esset *cassa et nugatoria:* benè intellecta, nego : quippe quæ et primaria et secundaria, sive minùs præcipua et primis subordinata motiva distinguat; quod non est nugatorium, sed grave et serium, ad introspiciendam penitùs veritatem et motivorum ordinem spectans. Quod autem charitas, secundùm auctorem, et divinis beneficiis se oblectet, Deique benevoli ac benefici memor, horum tamen attributorum effecta non cogitet, et gloriam Dei à servorum Dei utilitate secernat, et illud Scholæ : *Nullo respectu ad nos*, pessimo et nullo sensu ab ipsâ beneficentiâ mordicùs et in rigore sejungere satagat; id quidem reverâ et nugatorium, non Scholæ, sed auctoris, qui rem gravem et seriam ad arguta et minuta, imò etiam falsa et absurda deducat.

ARTICULUS IX.

De motivo primario et secundario inter se comparatis: ad prop. xxvIII et seq.

105. De his motivis inter se comparatis, ex prædictis propositionibus nunc ista colligimus :

I. Deum ut in se optimum ac beatissimum ità posse cogitari cogitatione abstractivâ ac transitoriâ, absque eo quòd actu et expressè cogitetur de Deo ut benevolo ac benefico, ut tamen conceptus ille primarius Dei in se optimi, Deum ut benevolum atque beneficum virtute comprehendat (Ex n. 4, prop. xxvIII et xxxIX).

II. Quòd enim sit Deus benevolus ac beneficus, id quoque pertinere ad ejus excellentiam ac perfectionem infinitam : neque intelligi posse ut oportet Deum esse in se perfectissimum, nisi pariter sit perfectissimè clemens, benevolus atque beneficus (Ex prop. x, xxx). Undè sequitur.

III. Horum attributorum amorem omninò esse necessarium ad perfectionem ac plenitudinem charitatis in Deum (Ex eâ prop. xxx).

---

[1] *Resp. ad Summam doct.*, p. 14.

IV. Non posse autem amari Deum ut perfectissimè benevolum et beneficum, nisi supposito quòd sit in se infinitè perfectus (Ex prop. xxviii).

V. Quare divinæ bonitatis ut effusissimè liberalis amore, divinæ excellentiæ in se consideratæ amorem includi (Ex iisdem).

VI. Nec si pluris valet Dei per se excellentis quàm Dei benefici atque effusissimè liberalis intuitus, ideò esse consectaneum ut pluris valeat quàm utriusque complexio (Ex prop. xxxiii).

ARTICULUS X.

Locus Sylvii.

106. Videndus hîc est Sylvius, qui facilè confessus amorem Dei ut præcisè excellentis in se, esse actum primarium charitatis, secundarium autem esse amorem Dei ut benefici et benevoli; addit, non proptereà primum perfectiorem esse quàm ambos simul junctos; cujus rei rationem reddit his verbis : « Etsi alicujus virtutis actus principalis sit dignior quàm secundarius, non oportet tamen quòd principalis solus sit dignior quàm principalis et secundarius simul [1] : » quam sententiam, ut solet, ab Estio mutuatur, in I, dist. 1, §. 4. Idem docent etiam omnes auctores mystici quos vidimus (n. 90, 91) : res ipsa loquitur, neque fieri potest quin eò magis ametur natura præstantissima, quò benignior est et benevolentior.

ARTICULUS XI.

An igitur hæc controversia in tenui versetur.

107. Dices : Non videtur auctor procul ab his abesse, cùm et ultrò fateatur Deum infinitè beneficum esse charitatis objectum [2], bonitate relativâ in absolutam versâ, à quo nec nos abhorrere visi sumus; in tenui ergò nostra est concertatio. Utinàm! ego verò id vel omni sanguine compararim, ut nobis ad nudas voces quæstio jam rediret. Sed si in hæc penitùs consentiret auctor, non ità in rigore et ad extremos apices urgeret illud : *Nullo respectu ad nos* : nec ità divinorum beneficiorum intuitum à charitatis ac-

---

[1] Sylv. in II-II, q. xxvi 3, in fine. — [2] *Resp. ad Summam*, p. 13, 14. Diss., p. 3,

tibus prohiberet; nec tanto studio beatitudinis votum ac salutis desiderium amputaret; nec suppositiones impossibiles in absurdissima quæque cogeret : quæ nos posteà exequemur : ejusque rei meminisse lectorem, et me teneri debitorem velim.

108. Nec sibi constat auctor, quippe qui et Deum beatificum velle videtur agnoscere per sese ut objectum charitatis, et tamen procul arcere beatitudinem, sine quâ Deus beatificus nequidem cogitari potest. Undè fictus Lovaniensis, perspicuis verbis, *Deum ut beneficum ab objecto formali charitatis excludit*[2] : consequenter sanè; cùm ab intuitu Dei ut beatifici excludere intuitum beatitudinis, ludicrum sit et absurdissimum. Quare nec audiendus auctor, qui interdùm ad veritatem accedere velle videatur. Atqui non convenit sensus, non verba ipsa congruunt : asseverat, negat; adstruit, destruit : nusquàm errasse vult : pristinos, gravissimos firmat errores; inducit novos : theologiam universam quatit. Quæ partim probata sunt, partim in consequentibus probabuntur : sed priùs præmittenda quædam, quibus et anteriora firmentur, et objectiones, præsertim ex scholasticorum ipsiusque sancti Thomæ auctoritate repetitæ, dissolvantur.

QUÆSTIO VI.

De definitione charitatis ex sancto Augustino, deque fruitione ac de amore sui agitur ex concessis : ad prop. XXXVI.

ARTICULUS PRIMUS.

Profertur definitio charitatis ex sancto Augustino.

109. Definitionem charitatis a sancto Augustino proditam, ab Angelico doctore repetitam, ab universâ Scholâ receptam, à me verò objectam[1], licèt sibi adversissimam, nec auctor improbare est ausus : quæ tamen cùm quæstionem solvat, mirum in modum ab eo deformatur, et in sensus alienissimos detorquetur[3]. Est autem ejusmodi : *Charitatem dico motum animi ad fruendum Deo propter seipsum, et se et proximo propter Deum*[4]. Nos au-

---

[1] *Lett. d'un théol. de Louv.*, p. 50. — [2] *Summa doct.*, n. 8. — [3] *Resp. ad Summam*, p. 32, 33.

tem de fruitione, ex sanctis Thomâ et Bonaventurâ, multa diximus [1]; sed nunc tota quæstio ad vivum persecanda.

ARTICULUS II.

Quid reponat auctor : prima responsio sanctis Augustino et Thomæ palam imponit.

110. Varia sanè respondet præsul: ac primùm « charitatem genericè sumi pro ipsâ spe : quam significationem, inquit, sanctus Thomas ratam habuerit [2] : » at verba Augustini reclamant; charitatem enim definit eam quâ *Deo fruimur propter ipsum*. Hæc est autem vera et propriè dicta charitas, ut mox concedet auctor. Rursùs charitatem definit eam quæ est ad Deum et ad proximum : est autem hæc vera charitas. Deniquè charitatem definit eam quæ cupiditati opponitur. Hæc autem iterùm atque iterùm est ipsa charitas. Sanctus verò Thomas cum sancto Augustino hîc vult definitam charitatem prout est à spe distincta [3] : non ergò ea charitas comprehendit spem : neque ullus theologorum aliter intellexit : ac nequidem ipse auctor, ut sequentia docent.

ARTICULUS III.

De ipso frui, quid auctor sentiat.

111. « Scholastici reponunt, inquit, Meldensem antistitem fruitionis vocabulo plus justo sibi arrogare : frui, ut ait Augustinus [4], est amore inhærere alicui rei propter seipsam : en respectum ad nos jam rescissum [5]. » Undè infert : « Igitur frui nullum includit respectum ad nos, imò simpliciter et omnimodè ad Deum nos refert. » Sic ipse illud frui refert ad unam charitatem, qui mox referebat ad spem. Nec mirum si variat, qui à rectâ viâ semel aberravit.

ARTICULUS IV.

Sancti Augustini expressa verba.

112. Si sancto Augustino, non sibi, auscultaret præsul, hæc audisset cum ipsâ fruendi definitione connexa : « Quibus fruen-

---

[1] *Aug., de Doct. christ.*, lib. III, cap. x, n. 16. S. Thom., II-II, q. XXIII, a. 2, sed cont. *Rép. à la Décl.*, p. 27, 28.— [2] Sup., q. II et III.— [3] *Resp. ad Summam*, p. 32, 33.— [4] II-II, q. XXIII, art. 2.— [4] *Resp. ad Summam*, p. 33.— [5] *De Doct. chr.*, l. I, cap. IV, col. 6..

dum, beatos nos faciunt : quibus utendum, ad beatitudinem adjuvamur [1]. » Rursùs : « Quo perfrui beatè vivere est. » Deniquè : « Deus vult se diligi, non ut sibi aliquid, sed ut iis qui diligunt æternum præmium conferatur, hoc est ipse quem diligunt [2]. » Cum his quî stabit illud Augustino attributum : *Nullo respectu ad nos?* Neque dicit Augustinus quod dominus archiepiscopus fingit [3], *ex fruitione oriri beatitudinem :* sed hanc esse ipsum *frui.* Neque item docet Augustinus *charitatis actu expeti fruitionem, non optatâ eâ quæ ei annectitur beatitudine :* sic auctor pro suo acumine. Sed nescit Augustinus illas argutias : planè confitetur *Deum amari velle se*, ut æternum præmium, nempè ipsum, assequamur : manifesto quidem respectu ad nos : sed qui postremò referatur in Deum. « Teipsum enim, inquit Augustinus, non propter te debes diligere; sed propter Deum, ubi dilectionis tuæ rectissimus finis est [4]. » Mittamus ergò vanas et ab Augustino alienas responsiones : hoc pro concesso teneamus à præsule, Augustinum agnosci judicem; agnosci illam quam Augustinus edidit definitionem charitatis : quâ definitione causa cadit. Schola autem omnis, ut et ipse confitetur, post Magistrum, in I, distinct. I, Augustini definitionem admittit : ergò et Augustino et totâ Scholâ judice, et suo arbitrio, præsul condemnatur.

ARTICULUS V.
De amore sui quid dominus Cameracensis concesserit.

113. Nihil est quod magis veritatis intersit inter concessa memorari, quàm istud sæpè a nobis assumptum ex *Instructione pastorali* domini Cameracensis : « fieri non posse uti nosmetipsos non semper diligamus [5]; » neque item fieri posse « ut nos diligamus, quin nobis optemus supremum illud bonum quod est unum necessarium [6]. » En *semper* nosmetipsos diligimus, *semper* beati esse volumus; ergò in omni actu : nec Meldensem coargui, sed laudari oportebat, quòd id asseruerit, ut suprà dictum est (n. 27, 28).

---

[1] *De Doct. christ.*, lib. I, cap. III, *ibid.* — [2] *Ibid.*, cap. XXIX, n. 30. — [3] *Resp. ad Summam*, p. 34. — [4] *De Doct. christ.*, lib. I, cap. XXII, n. 21. — [5] *Préf. sur l'Instr. past.*, n. 46. Sup. n. 27, 28, 29, 30. — [6] *Instr. past.*, n. 11, 20.

114. Hùc accedit, quòd idem auctor agnoverit « amorem illum tam purum, quem unusquisque sibi semper debeat[1] : » illius hæc verba sunt : ergò amor ille quem *semper* nobis debemus purus est : amore autem illo indesinenter summum bonum nobis, ipso fatente auctore, non optare non possumus : ergò puri amoris est, summum bonum sibi optare, idque concedit auctor : cujus concessionis quanta sit vis, sequentia demonstrabunt.

ARTICULUS VI.

Amor sui, ut sibi benè sit, ad veram charitatem pertinet, teste Augustino.

115. Primus Augustinus prodeat disertissimis notissimisque verbis : « Modus diligendi præcipiendus est homini, id est quomodò se diligat ut prosit sibi ; quin autem se diligat, et sibi benè velit, dubitare dementis est[2]. » En modus diligendi se ut prosit sibi, sibique bene velit, per se ad charitatem spectat : ad charitatem spectat *diligere seipsum*, quæ pars est præcepti de proximo diligendo : cùm scriptum sit : *Diliges proximum sicut teipsum*, ut passim Augustinus et omnes theologi docent.

ARTICULUS VII.

Consensus Scholæ: sancti Bonaventuræ locus.

116. Hinc tota Schola agnoscit amorem nostri ac proximi, ut sumus res Dei, à verâ et genuinâ charitate elici : quâ charitate ut sibi quisque, ità etiam proximo cupit beatitudinem; eam scilicet quæ Deus est, quam deindè bona omnia consequantur.

117. Eà de re jam visus sancti Bonaventuræ locus[3], quo docet unâ et indivisâ charitate diligi, et Deum, et proximum, et seipsum, quia idem summum bonum volumus, et Deo et proximo et nobis. Ac Deo quidem optamus ex charitate, non ut habeat, sed ut sit summum bonum : nobis autem et proximo ut illud habeamus. Quæ clara est et ineluctabilis demonstratio.

118. Absit autem ut tantam veritatem obscurari sinamus. Omninò enim Deum per sese diligunt qui seipsos, qui proximos ut rem Dei diligunt : bona vera sibi et proximo volunt : nempè ut

---

[1] *Inst. past.*, n. 11. — [2] *De Doct. christ.*, lib. I, cap. XXV, n. 26. — [3] Sup. q. III, art. 8, n. 70. S. Bonav. in III dist. 27, art. 1, q. II.

sint Deo conjunctissimi : Dei beati participes : *divinæ naturæ consortes*[1] *:* per gratiam et gloriam deiformes in æternum futuri: hæc præcipit, hæc agit, hæc elicit charitas : quin etiam illud conjungi, illud uniri ad naturam et essentiam amoris pertinere, et Patres omnes et Scholastici omnes, et ipse etiam domino Cameracensi fidus Lovaniensis agnoscunt, ut dictum est (n. 47, 48 et seq.).

119. Stet ergò decretum illud et Patrum et Scholæ et auctoris ipsius; fieri omninò non posse, quin omnes semper in omni actu seipsos diligant, sibique beatitudinem optent; quo uno certum est causam esse conclusam, et auctorem convictum esse manifesti erroris, qui toties dixerit, ab objecto charitatis secludi posse, imò verò oportere, studium beatitudinis : adeòque nec eam nobis nec proximo ex charitate optandam, ut etiam sequentia magìs declarabunt.

ARTICULUS VIII.

Auctor nihil aliud agit, quàm ut ab ipsâ quæstione oculos lectoris avertat, et vana congerat.

120. Ex his igitur patet per auctoris concessa rem esse confectam : quod ut prohibeat, et oculos ab ipsâ summâ quæstionis avertat, multa de spei naturâ, deque gratitudine profert : quæ nunc resolvendæ sunt, et ad ipsum quæstionis caput semper oculi retorquendi.

QUÆSTIO VII.

De naturâ spei et gratitudinis, deque objectionibus inde repetitis.

ARTICULUS PRIMUS.

De differentià spei et charitatis.

121. Magnum aliquid sibi objicere videtur antistes: nempè hoc : si charitas, ità ut spes, frui desiderat, confundi virtutes illas ac motiva virtutum : hoc enim assiduè repetit et exprobrat

[1] II *Petr.*, I, 4.

nobis [1]. Quem nodum tribus verbis sanctus Thomas secat : « Ad 3 dicendum, quòd idem bonum est objectum charitatis et spei, sed charitas importat unionem ad illud bonum ; spes autem distantiam quamdam ab eo : et indè est, quòd charitas non respicit illud bonum ut arduum sicut spes. Quod enim jam unitum est, non habet rationem ardui [2]. » En domino archiepiscopo tam operosa visa, atque omnibus paginis usque ad nauseam infarta difficultas, quam brevi et absolutâ distinctione solvimus. Inest enim charitati, etiam in viâ, tanta conjungendi vis, ut nec in vitâ beatâ alia postuletur, dicente Apostolo : *Charitas nunquàm excidit* [3]; quod procul abest à spe. Undè non spes sed charitas per se est justificans et uniens, et amicos nos faciens Deo ; quo et ipsas virtutes, charitatem nempè ac spem, et eorum motiva, et ipsam agendi in utràque rationem in immensum distare constat. Hæc ergò à nobis confundi dominus Cameracensis exprobrat [4]; nec intellecto doctore Angelico.

ARTICULUS II.

An charitas mercenaria æquè ac spes.

122. Hinc etiam vanum patet esse quod sæpissimè queritur [5], charitatem à me æquè mercenariam fieri ac spem. Et quidem sanctus Bonaventura negare videtur [6] expectationem æterni boni esse mercenariam, cùm ratio mercenarii ab ipso reponatur in temporali mercede, non verò in æternâ : quare nemini oportet crimini verti, quòd spem neget mercenariam, modò consentanea loquatur et statuat. Sed quandoquidem pars Scholæ maxima, ex ipso æternæ beatitudinis desiderio, vult spem esse quodammodò mercenariam sive sui commodi studiosam, charitatem autem non ità : id quoque ex sancti Thomæ allato principio resolvendum. Etsi enim charitatem quoque frui velle constitit, longè dissimili modo in fruitionem tendit ac spes. Præterquàm quòd enim spes in fruitionem tendit ut in objectum primarium, charitas verò eam secundariò spectat : hùc etiam accedit, quòd charitas Deo

---

[1] *Resp. ad Summam,* p. 15, 18, 19, 31, 40, 41, 42, 48, 52, etc. *Oppos.,* p. 23. *Lett.* IVᵉ *à M. de Paris* — [2] ll-ll, q. xxiii, art. 6, ad 3. — [3] *I Cor.,* xiii, 8. — [4] *Vid. in lib. gall.* Vᵉ *Ecrit,* n. 12.— [5] *Resp. ad Summam,* p. 10, 33.— [6] In 3, d. 26, art. 1. q. 1, ad 5.

fruatur, ut præsente, conjuncto, unito et amico : spes verò ut ubsente, necdùm amico aut unito : quo fit ut charitas in solâ Dei gloriâ ut in fine sistat, eoque referat fruitionem suam, ut diximus : quod quidem si spes faceret, jam non esset spes, sed esset ipsa charitas.

ARTICULUS III.

Præsul in id quod objicit incidit: at spem facit non mercenariam.

123. Jam verò videamus, annon ipse Præsul in illud incommodum incidat quod objicit nobis. Certè spem theologicam, ut ipse loqui amat, ab omni ratione *mercenaritatis* absolvit [1]. Hanc enim *mercenaritatem* constituit in eo quod naturali ac deliberato amore prosequimur, qui est novus tuendi systematis modus in *Instructione pastorali*, et in *Responsione ad Summam*, et in cæteris libris ubique difffusus, ut notum est. Atqui spes æternam vitam non naturali illo, sed supernaturali amore prosequitur; non ergò mercenariè : nec spes est mercenaria. Quod est contra Scholæ placitum à domino Cameracensi toties appellatum.

124. Verba auctoris hîc diligenter observanda : « Tota ferè, inquit, Schola strictiorem charitatis sensum amplexa, ad virtutum distinctionem accuratiùs servandam, pernegat amorem spei quo quis expetit fruitionem Dei, quatenùs boni relativè ad nos, esse omninò purum, gratuitum, et cujuscumque interesse proprii expertem. Ego verò non ita [2]. » En ille perspicuis verbis à Scholâ recedit, cujus me facinoris reum arguebat.

125. Pergit : « Egò verò non ità : nec enim interesse proprium sive mercenaritatem in ullo alio positam volui, quàm in deliberatis actibus, quibus naturali amore nos prosequimur. Undè mihi minimè opus est objectionem solvere : hæc me nihil attinet. » Hoc est : non mihi opus est *solvere objectionem* à Scholæ auctoritate repetitam : *hæc me nihil attinet*. Quasi dicat : Nihil me attinet quid Schola senserit : hujus ego dogmata aliis quidem objicienda, non autem mihi sequenda proposui.

[1] *Resp. ad Summam*, p. 33. — [2] *Ibid.*, p. 32, 33.

ARTICULUS IV.

De amore gratitudinis.

126. De amore verò charitatis et gratitudinis à se mutuò distinguendis non ità solliciti sumus. Ultrò tamen largimur domino Archiepiscopo eà de re maximè laborare viso [1] : si quis ità divinis beneficiis addictus videretur, ut de largitoris excellentià non satis cogitaret, Deoque inhæreret magis affectu quàm effectu, id quidem ad gratitudinem referendum, non ad charitatem : sin autem ad beneficia sic respicit, ut ipsum largitorem vel maximè spectet, et ab ejus excellentià ipsi beneficio, uti par est, pretium ponat, hunc verà affici charitate, nec ideò inferiore, quòd utraque scilicet et Dei optimi et ejusdem benevoli ac benefici motiva conjungat, theologi docent (Ex n. 4, prop. xxxiii; item ex q. v, art. iv, v, vi, vii : et ex n. 105, 106).

ARTICULUS V.

Suarezii et aliorum loci.

127. Eam in rem et in *Summâ doctrinæ* et alibi sæpè indicavimus Suarezii insignem locum : quem nunc integrum reddimus : « Respondetur hunc *actum* (amandi Deum propter beneficia nobis collata) regulariter esse imperatum à gratitudine; tamen est elicitivè à charitate [2] : » en *à charitate* idque *elicitivè ;* quod sufficit : cætera nunc nihil moramur. Subdit . « Cùm Deus perfectè amatur propter beneficium, potiùs amatur, quia nos amat : hoc autem charitatis est et amicitiæ, neque actùs hujus ratio objectiva est extra divinam bonitatem : nam amor quo Deus nos amat ipse Deus est, et summa quædam perfectio ejus : item ipse nos amat, quia bonus est. » Undè quia amatur eo quòd amat, amatur etiam quia bonus est : » quibus verbis, illa, de gratitudine distinguendà à charitate, vana litigatio inciditur.

128. Attulimus etiam Scotum, ac mysticos, Rusbrokium scilicet et Harphium eorum antesignanos, qui motivum adhibeant

---

[1] *Resp. ad Summam*, p. 17, 20, 21, etc.— [2] *Summa doct.*, n. 8. V° *Ecrit français*, n. 10. Suar., *de Fid. spe et char.*, tract. 3, disp. 1, sect. 2. n. 3, ad 2.

memoris animi erga Deum nos prius diligentem, quo seipsos inflamment ad amandum Deum castissimo ac perfectissimo amore, eo scilicet quo omnia viscera, omnes animæ vires percelluntur : neque quidquam inveni apud mysticos quosque sanctissimos et alios pios auctores, quo vehementiùs amor inardescat, ut est alibi dictum [1].

ARTICULUS VI.

De spei imperfectione ex sancto Thomâ auctoris objectio.

129. Quorsùm ergò illud toties ab auctore allegatum sancti Thomæ scitum [2], spem esse *imperfectam* quæ frui appetat; si ipsum frui tam perfectum esse dicimus? Non satis intellexit præsul in ipsum frui diversissimè tendere spem et charitatem : illam, ut in aliquid absens et adeptu arduum, quod est imperfectum : hanc, ut in aliquid præsens atque conjunctum, in quo perfectio est, ut statim diximus (n. 117).

ARTICULUS VII.

Quomodò, ex sancto Thomâ, charitas non vult ut sibi ex Deo proveniat quidquam.

130. Nec pluris est istud ex eodem sancto doctore repetitum [3] : hoc quidem interesse inter spem et charitatem, quòd charitas non ut spes *optet ut aliquid sibi* ex Deo proveniat : quod auctor nisi universim intelligat, nihil ei sanctus Thomas proficit. Quid ergò : non optat charitas ut id sibi proveniat ex Deo, quod est Deo ipsi esse conjunctum? non est ergò natura et essentia amoris ut uniat; à desiderio unionis amor abstrahere et abstinere potest? Apage insaniam. Hæc dicant homines malè feriati, qui nihil pensi habent nisi aucupari voces : non dicat archiepiscopus tanto loco positus : agnoscat charitati nihil esse melius aut optabilius, quàm ut Deo conjuncta per gratiam et gloriam, vel sit beatissima, vel esse incipiat. Hæc de spei naturâ dicta sint quo ad errores auctoris revincendos certam viam muniamus.

---

[1] Sup. n. 90, 91. V° *Ecrit*, n. 10.— [2] *Resp. ad Summam*, p. 52, 53 ; 65, etc. II-II, q. XVII, 8. — [3] *Ibid.*, p. 14, II-II, q. XXIII, art. 6.

ARTICULUS VIII.
Auctoris errores detecti ex antedictis.

131. Imò res ipsa confecta est. Duo enim auctor asseruit : alterum mox, quòd ipsa charitas ità absit ab eo, ut aliquid ex Deo sibi provenire optet; ut nec illud optet sibi à Deo provenire, quòd sit Deo conjunctissima (art. præcedente); quod est erroneum, et ab ipsâ naturâ amoris alienum : alterum, quòd amare seipsum et proximum ut rem Dei, atque adeò sibi et proximo optare beatitudinem, non sit charitatis; quod sancto Augustino totique Scholæ, et ipsi præcepto proximi diligendi palàm repugnat : redit etiam præclarum sancti Bonaventuræ argumentum (suprà).

QUÆSTIO VIII.
De falso imputatis.

ARTICULUS PRIMUS.
Auctor involvit quæstionem multis falsò imputatum.

132. Id quoque pertinet ad involvendum quæstionis statum, et ad lectoris oculos ab illo distrahendos, quod auctor mihi tot ac tanta imputet contrà verborum tenorem, quæ nunc ne lectori fucum faciant, quàm paucissimis potero commemoranda sunt.

ARTICULUS II.
Primum falsò imputatum.

133. Domini Cameracensis hæc verba sunt : « Meldensis dixerat hanc suam de beatitudinis motivo inseparabili sententiam ab omni Scholâ usurpari : » rectè : et id etiamnùm dicit : « nunc verò contrarium ab omni ferè Scholâ traditum fatetur [1]. » Non ità : sanè sum confessus, ab objecto specifico charitatis abstrahi posse amorem beatitudinis actu expresso et explicito volitæ [2]; non autem ità, quin virtute et impulsu hujus motivi voluntas agatur, nec ità ut à beatitudinis secundario quoque motivo persequendæ

---
[1] *Resp. ad Summam*, p. 6. — [2] *Summam doct.*, n. 8.

studio temperari possit. Quæ quàm inter se, et cum universâ Scholâ consentiant, docent (n. 4, prop. vii et viii, unà cum antedictis, q. ii, præsertim n. 33). Non ergò Meldensis secum *ipse pugnat invitus*, quod Cameracensis objicit : sed Meldensis sententiam perspicuis verbis expositam, ipse Cameracensis intellectam noluit.

ARTICULUS III.

<small>Aliud imputatum : rursùs oculos à statu quæstionis avertit.</small>

134. « Pollicitus est (Meldensis) se confutaturum Scholæ sententiam libro eâ de re edito. » Ità Cameracensis [1] : falsò. Pollicitus est Meldensis se ità explicaturum Scholæ opiniones varias, ut tota disputatio non tam de re quàm de nomine esse videatur [2]. Item est pollicitus fore ut demonstraret totam illam quæstionem nihil attinere ad rem de quâ agimus [3]. Item est pollicitus se demonstraturum nihil attinere ad rem, an ipsa æterna beatitudo primario an secundario, modò tamen necessario motivo ab ipsâ charitate quæratur [4]. Hæc quidem Meldensis est pollicitus ; eadem nunc iterùm pollicetur, atque ex parte præstitit (Sup., q. iv, art. iii et iv). Nec quod Cameracensis improperat [5], « de eo difficultatis cardine scripturum se pollicitus, mox mutavit sententiam. » Quid est : *Mox mutavit ?* quo argumento probat? Adeò autem absum ut mox mutarim sententiam, ut totus in eo sim, ut quamprimùm rem exequar : sed distuli tantisper. Utinàm non aliis domini Cameracensis operâ occupatus !

ARTICULUS IV.

<small>Aliud imputatum : de beatitudine ut solo charitatis motivo.</small>

135. Si domino Cameracensi credimus, « is ego sum qui totam interiorem vitam et ipsam charitatem ad beatitudinis in Deo amorem reductam velim [6], » Rursùs : « Dominus Meldensis episcopus charitatis nomine nihil intelligebat præter amorem beatitudinis in Deo [7]. » Addit : « Indesinenter collimat idem Episcopus,

---

<small>[1] *Resp. ad Summam*, p. 6.— [2] *Instr. sur les Etats d'Or.*, liv. III, n. 8.— [3] *Ibid.* — [4] *Ibid.* liv. X, n. 29. *Addit.*, n. 2, 3, 5, 7.— [5] *Resp. ad Summam*, p. 53.— [6] *Ibid.*, p. 8. — [7] *Ibid.*, p. 16.</small>

ut totam amandi Dei rationem, amabilitatem totam ponat in quærendâ in Deo beatitudine, et ut amandi ratio una in beatitudinem resolvatur [1]. » Quo oculo nostra legerit qui hæc objicit et assiduè inculcat, advertat lector diligens. Neque enim præcipuum, nedùm totum motivum charitatis in quærendâ beatitudine collocavi, sed tantùm secundarium, nec in eo amabilitatem ipsam universim, sed specialem et quamdam cum Scoto reposui; quod et *Summa doctrinæ* (n. 8) et nostræ (n. 4) propositiones xxxvi, et jam indè ab initio in *Instructione nostrâ de Statibus Orationis* loci (n. 134) allegati probant.

ARTICULUS V.

Aliud imputatum de objecto secundario.

136. Quod autem secundarium illud suggillat ut meum [2], nec legere voluit annotatum ad latus Scoti locum, suprà expositum est (q. iv totâ): ubi ut quoque demonstratum est, non id à solo Scoto, sed etiam à sancto Thomâ et ab omnibus theologis, vel istis vocabulis, vel summâ ipsâ recognitum.

ARTICULUS VI.

De incentivi vocabulo respectu beatitudinis: loci Ambrosii.

137. Urget: A Meldensi « incentiva, amandi illecebras, fomitem inextinctum agnosci: quorsùm ista? quidni motivum [3]? » Quasi ego motivi nomen reformidaverim, et incentivi maluerim? Ego verò non sum tam acutus ut ista secernam: simpliciter dico motivum quod moveat, illicium quod illiciat, incentivum quod incendat, incitamentum quod incitet, quæ voces sint ejusdem virtutis. *Motivi* vocabulo, quoties in communi nostrâ *Declaratione* subscripsi? Cæterùm incentivi vocem magìs hæsisse memoriæ fateor, quòd latinis Patribus sit familiarior. Sic Ambrosium dixisse noveram: « Summum virtuti incentivum reposuit Deus futuræ beatitudinis [4]. » Iterùm: « Dominus noster Jesus, regni cœlestis gloriam, perpetuæ quietis gratiam, vitæ, et beatitudi-

---

[1] *Resp. ad Summam*, p. 25, 26, 45. — [2] *Ibid.*, p. 16, 40. — [3] *Ibid.*, p. 17. — [4] Ambr., *in Ps.* viii, n. 1 et 13.

nis, ad virtutis humanæ incentiva proposuit. » En beatitudo incentivum, idque summum, quod in unum cum rei honestate Deique excellentiâ coalescat.

ARTICULUS VII.
Aliud imputatum de contritionis actu.

138. Jam pius lector animadvertat velim, quàm illud invidiosè tribuatur nobis : « Cave ne imposterùm ullum contritionis actum elicias, nisi teipsum beandi proposito ; quo omisso homo sibi illuderet[1]. » Subdit : « Contritio quantumvìs flagrans, ex solâ Dei pulchritudine et perfectione infinitâ, gratitudini Dei beneficiis sese delectanti derogaret. His argutiis : quæ ipso usu et in praxi nusquàm valent, Christum ipsum beneficiorum omnium fontem abjiceres. »

139. Quàm procul à nobis absit illud *cave*, nobis tam acerbè imputatum, antecedentia ostendunt. Quis enim ex nobis dixit unquàm : « Cave ne imposterùm ullum actum contritionis edas, nisi teipsum beandi proposito ? » qui verborum tenor omne aliud motivum excluderet. Nos autem pro primario motivo charitatis adeòque contritionis semper habuisse summam Dei excellentiam, toties diximus, ut lectori tædio esse vereamur.

140. Neque item dicimus istud : « Contritio flagrans ex solâ Dei pulchritudine et perfectione infinitâ, benefico Deo et Christo derogat : » nunquàm enim dubitavimus quin sola Dei perfectio abstractivè cogitari possit, nec eò minùs valere rationem charitatis ultrò confitemur. Si quis autem negaverit in amore Dei perfecti et excellentis virtute contineri amorem Dei ut benevoli, benefici, denique servatoris, et in eum propendere per sese omnem animam christianam, eum à Scripturis, à Patribus, à sanâ theologiâ abhorrere dicimus.

ARTICULUS VIII.
Doctrina concilii Tridentini de incipiente amore domino Cameracensi adversatur.

141. Rogatum autem volumus dominum Cameracensem, quid sentiat de illo decreto concilii Tridentini[2], quod fide ac spe posi-

---
[1] *Resp. ad Summam*, p. 27. — [2] Sess. VI, cap. VI.

tis, eò etiam ante justificationem assurgi oportere decernit, *ut* fideles *Deum tanquàm omnis justitiæ fontem diligere incipiant.* An hæc verba concilii ad veræ genuinæque dilectionis initium pertinere præsul negat, spretis academiarum Belgii theologis? Sin autem non audeat aspernari tantos viros, tantumque consensum, fateatur necesse est beneficum illud ac profluum motivo charitatis contineri.

142. Quid ergò respondebit si illud vicissim objicimus : *Cave,* ne Dei excellentiâ ejus beneficentiam contineri putes : cave ne, contritionis actum editurus, Deum benevolum beneficumque cogites, eoque te moveri sinas; sic enim perfectæ illi contritioni derogares : cave, dilectionem illam Dei tanquàm omnis justitiæ fontis, ex decreto Tridentino, in contritionis actum inseras et involvas : quæ nos non invidiosè, sed verè et serio admonemus.

ARTICULUS IX.

De formulâ consuetâ contritionis.

: 143. Non ergò, ut objicitur, *discedimus ab eâ contritionis formâ quam à parentibus edocti sumus*[1]. Ea enim forma in omnibus catechismis legitur, ut peccatum detestemur, *eo quòd Deo optimo sive infinitè bono* displiceat. Et si autem *illud optimum et infinitè bonum,* summam Dei excellentiam perfectionemque designat, eâ tamen voce vel explicitè vel virtute complectimur, beneficentissimum, beatificum ac misericordem Deum : et cum Davide dicimus, totoque affectu centies iteramus : *Confitemini Domino, quoniam bonus; quoniam in sœculum misericordia ejus*[2] *:* neque unquàm penitùs à beatitudinis studio temperamus, ut dictum est.

ARTICULUS X.

Aliud de Catechismo Romano falsò imputatum.

144. De *Catechismo Romano* nobis objecto[3] idem dicimus : nempè ejus quâ solâ moveamur *bonitatis virtutisque divinæ* nomine, comprehendi simul et illud excellens in se, et illud in nos

---

[1] *Resp. ad Summam,* p. 26. — [2] *Ps.* CV. — [3] *Resp. ad Summam,* p. 27. *Catech. conc. Trid.,* in *Orat. Dom.*

pronum, eo ordine ac ritu quem sæpè diximus. Rogamus enim dominum Cameracensem, an negare audeat benevolentiam ac beneficentiam Dei, inter ejus *virtutes* ac perfectiones esse numerandas? Ergò bonitatem Dei virtutemque spectantes, eo quoque nomine beneficentiam complectuntur. Alibi autem ostendimus [1] sanum intellectum ejusdem Catechismi ab auctore perversum : Theresiam, Salesium, reliquos frustrà appellatos, oppositæ sententiæ favere pernegamus : neminem esse asserimus, qui non pœnitentes ad contritionis actum, ex motivo benefici et servatoris Dei, inflammandos putet.

ARTICULUS XI.
Alia imposita nobis per apertam calumniam.

145. Neque prætermittendum illud mihi splendidè impositum : « Paulo ac Moysi aliisque piis animabus per suppositiones illas impossibiles, pias ineptias, pios excessus, pia deliria, inanes argutias [2]; » quodque gravissimum, *inordinatos affectus* à me fuisse attributos [3] : quibus responsum est in tractatu qui inscribitur : *Mystici in tuto* (n. 192).

146. Hæc igitur sunt, quæ mihi per calumniam imputata : his autem liquet, me à Scholâ nonnisi impositis manifestè falsis divelli potuisse; totumque illud quod à Scholâ discedere accusor, nonnisi distrahendis animis à statu quæstionis, inventum fuisse.

QUÆSTIO IX.
De charitate ut est amor mutuus.

ARTICULUS PRIMUS.
De amore Dei ut amici.

147. Charitatem esse amicitiam omnes consentiunt, attestante Christo : *Vos amici mei estis;* et iterùm : *Dico autem vobis amicis meis;* et iterùm de Abraham : *Et amicus Dei appellatus est:*

---

[1] *Préf. sur l'Instr. past.*, sect. VII, n. 75, etc. — [2] *Resp. ad Summam*, p. 19, 26, 45. — [3] *Ibid.*, 41, 53.

et toto Vetere Novoque Testamento passim : undè etiam amor charitatis vocatur propriè amor amicitiæ, quo quippe Deus amatur ut amicus; in quo mutuum illud requiritur. Quod Sponsa cecinit : *Dilectus meus mihi, et ego illi;* et illud : *Ego dilecto meo, et ad me conversio ejus.* Quod etiam Christus præcepit his verbis : *Manete in me, et ego in vobis* [1]; centies inculcatis. Amicus enim est amico amicus, nec sine respectu dicitur : ergò amor charitatis non est absolutè et abruptè seclusus à respectu ad nos : sed illud restringendum ad primarium objectum quod est specificum ; simul tamen relicto, saltem tanquàm proprio, eoque inseparabili amore relativo, ut sæpè dictum est.

148. Radix autem hujus rei est, quòd amor naturâ suâ est unitivus : imò verò est ipsa animorum conjunctio : neque quis amare potest, nisi eum quem sibi traditum, cui se traditum velit : undè ipsa charitas ab Apostolo vocatur *vinculum perfectionis* [2], uniendo Deo et homini aptum, cum conscientiâ amoris mutui.

149. Id à præsule semper dissimulatum esse gravissimum est, etsi sæpè à nobis objectum jam indè ab *Instructione de Statibus Orationis* [3]; adducto in testem post omnes theologos sancto etiam Francisco Salesio [4], quo vel maximè adversarii gloriantur.

ARTICULUS II.

Domini Cameracensis de Francisco Salesio cavillationes.

150. Miror autem post allatum ab illustrissimo archiepiscopo Parisiensi ejusdem sancti viri luculentissimam auctoritatem [5], dominum Cameracensem nihil aliud quàm eludere voluisse [6] : nempè sic interpretatur, ut illa convenientia, sine quâ Deum pluris æstimare tantùm, non etiam amare possemus, beato Salesio nihil aliud esse *quàm convenientiam inter objectum et facultatem* ; quod est apertè falsum. Primùm enim nec ipsa existimatio potest esse sine convenientiâ inter objectum et facultatem, quippe quæ cognitionem tantæ excellentiæ, adeòque aliquam

---

[1] *Joan.*, xv, 4. — [2] *Col.*, III, 14. — [3] *Instr. sur les Etats d'Or.*, liv. VIII, n. 18. — [4] *Am. de Dieu*, liv. II, ch. xxii. — [5] *Inst. past. de M. de Paris*, p. 49. *Am. de Dieu*, liv. X, ch. x. — [6] IV° *Lett. à M. de Paris*, p. 44.

proportionem intellectualem requirat. Deindè in eo vel maximè reponit Salesius proportionem illam, quòd amor charitatis sit mutuus : quæ ratio aliquid exigit majus quàm proportionem et convenientiam objecti facultatis.

151. Quod autem ex Francisco Salesio affert [1], à Deo communicatam beatitudinem non esse motivum diligendi, « ut Deus nec minùs amatus nec minùs esset amabilis excluso paradiso, » tantâ perspicuitate à nobis expositum est [2], ut nullus supersit dubitandi locus ; et tamen addentur quædam necessaria, ubi de suppositionibus impossibilibus agendum erit.

ARTICULUS III.

Idem me testem afferens, objectionem meam pro solutione sumit.

152. At, quod idem præsul in eâdem epistolâ ad dominum Parisiensem me quoque suæ sententiæ testem adducit, pace præsulis dixerim, objectionem pro responso accipit. Toto enim illo libri mei VIII loco [3], nihil aliud à me agitur, quàm ut objecta proponam, quæ deindè sequentibus paginis dissolvantur. Sic enim incipio : *Dicent*, etc., quod est objicientis, nondùm decernentis aut concludentis. Quod addo : « Videtur sanctus à charitate excludere desiderium possidendi Dei, » non magis est meum, quàm illud sancti Thomæ toties repetitum : *Videtur quòd non*. Itaque illud, quod mihi à domino Cameracensi tribuitur, nihil aliud est quàm ipsissima objectio, quam totis decem eoque ampliùs paginis confutandam aggredior : quæ confutatio sic incipit : « Verùm si quid bonæ fidei superesset, ne illæ quidem difficultates fierent [4]. » Sunt ergò difficultates, quas malâ fide factas conqueror : sunt objectiones quas aversor, his verbis : « Portenti loco esset, si quis diceret desiderium videndi Dei, et capessendæ salutis, non esse puri amoris actum [5]. » Quare quod præsul addit [6], concessisse Meldensem id quo *nihil est contra illum luculentiùs*, objectio est pro concessione accepta : non quidem malâ

---

[1] IV° *Lett.*, p. 49. *Entr.* II. — [2] *Inst. sur les Etats d'Or.*, liv. IX, n. 1. — [3] *Ibid.*, liv. VIII, n. 3. — [4] *Instr. sur les Etats d'Or.*, liv. VIII, n. 4. — [5] *Ibid.*, n. 5. — [6] IV° *Lett.*, p. 50.

fide, credo, sed pessimo animi adversissima quæque cogitantis exemplo.

153. Quocircà abstrahendo hîc à quæstione de motivis alibi pertractatâ, pro certo relinquitur, amorem Dei ut amici, et esse charitatis, et eum necessario manifestoque respectu ad nos esse conjunctum : quod erat demonstrandum.

ARTICULUS IV.

De amore Sponsæ erga Sponsum.

154. Nobilissimum ac pulcherrimum amicitiæ genus est illud Sponsæ, quæ etiam *amica castissima* dicitur, ad Sponsum candidiorem liliis, et omni puritate puriorem. Quo loco, si pro certo est amorem charitatis esse prorsùs sine ullo respectu ad nos, nec amor Sponsi ut Sponsus est, erit charitatis. Nec erit illud charitatis : *Ego dilecto meo, et dilectus meus mihi;* nec illud : *Tenui illum, nec dimittam;* ac nequidem illud tam castè quàm confidenter editum : *Osculetur me osculo oris sui* : quæ si ab amore charitatis arcentur, tota sacri *Cantici* languescit ac frigescit oratio, nec amorem, sed spem Sponsus et Sponsa canerent : quod est absurdissimum et ineruditissimum.

QUÆSTIO X.

De sancto Bernardo : *ad n. 4, prop.* XXIII.

ARTICULUS UNICUS.

Occasione amoris Sponsæ erga Sponsum, de beato Bernardo quæritur.

155. Beatus Bernardus is est, qui Sponsæ rationem in ipso amore vel maximè collocavit. *Si*, inquit, *perfectè diligit, nupsit*[1] *:* perfectè autem diligit, quæ et se diligi sensit : *diligens*, inquit, *sicut dilecta est*[2]. Et illi quidem suspectum quodammodò est filii ad hæreditatem spectantis nomen : cæterùm nec *Sponsi* appellatio minùs relativa est quàm *parentis :* sed Sponsi ratio designat clariùs totam Sponsæ possessionem in ipso Sponso po-

---

[1] *In Cant.*, Serm. LXXXIII, n. 3. — [2] *Ibid.*, n. 5.

sitam : quo respectu amor sponsi potior esse videtur quàm parentis, licet ambo idem sint; eò quòd in *Sponsi* nomine ipsa amatæ personæ fruitio sit clarior.

156. Sanè auctor Bernardo multùm utitur : nec tamen unquàm advertit illud : duas causas diligendi Dei à sancto esse positas : « primam , quia nihil honestius : alteram, quia nihil fructuosius¹ : » quas quidem duas esse asserit causas, cur Deus *propter se* diligatur : ut ipsum, *propter se diligi*, in illo fructu, in illo commodo nostro clarè comprehendatur. Nec mirum : cùm illud à Deo requisitum, nihil aliud quàm Deus ipse sit : « *Præmium*, inquit, *ipse qui diligitur*². » Quæ nos (n. 4, in prop. nostrâ xxiii), quâ perspicuitate potuimus, exsecuti sumus.

157. Quin etiam Bernardus quærens quo *merito suo* Deus diligatur, nullo loco memorat excellentiam illam ab omni respectu ad nos absolutam. Sed *quo merito nostro :* sic intelligit : « multùm meruit de nobis qui et immeritis dedit seipsum nobis³ ; » ac paulò post : « Si Dei meritum quæritur, cùm ipsum diligendi causa quæritur, illud est præcipuum , quia ipse prior dilexit nos : » perspicuâ relatione ad eos quos dilexit.

158. Jam de commodo nostro dicturus hæc subdit : « Habet præmium, sed id quod amatur⁴ : » ut etiam Deus in ipsâ commodi nostri ratione ideò in se dilectus intelligatur, quia nullum aliud præmium nostrum quàm ipse est.

159. Undè etiam illud : « Non enim sine præmio diligitur Deus, etsi absque præmii intuitu diligendus⁵ : » perspicuè intelligitur de illo præmio, quod Deum quæreretur. Subdit : « Vacua quippe charitas esse non potest, nec tamen mercenaria est, quippe non quærit quæ sua sunt. » Cur autem non quærit? *quia habet*, quia ipso amore jam possidet; *nec quærit quæ alia sunt, quia non desunt*⁶.

160. Cætera jam clara sunt : « Amor ipse sibi fructus : sibi præmium : amat ut amet⁷ : » quippe qui in amore suo ipsum amatum complectatur totum, nec *à spe vires* sumit omnes, ut

---

¹ *De dil. Deo.*, cap. I, n. 1, ubi sup. — ² *Ibid.*, cap. vii, n. 17. — ³ *Ibid.* cap. I. n. x. — ⁴ *Ibid.*, cap. vii, n. 17. — ⁵ *Ibid.*, cap. vii, n. 17. — ⁶ *In Cant.*, Serm. xviii, n, 3. — ⁷ *Ibid.*, Serm. lxxxiii, n. 4.

sæpè diximus : nullas, hæreticum, et concilio Tridentino palàm contrarium.

161. Quod ergò Bernardus addit ad illud Davidis : « Confitemini Domino, quoniam bonus : confitetur quidem, quia fortassè bonus est sibi, non quia bonus est in se [1] : » conciliandum est cum eo quod vidimus : Deum diligi *propter seipsum* etiam ex nostro commodo, *quia nihil fructuosius* [2] *:* nec immeritò tamen vituperatur ille qui *Deum sibi bonum* tantùm cogitat, quique nihil *diligit nisi suum* : itaque Deus bonus nobis et bono et malo sensu sumi potest. Qui vult Deum sibi bonum ut det tantùm extranea à Deo, malus est : amor autem ex Bernardo semper est bonus ; cùm ipse ut præmium diligitur Deus.

162. Undè illud existit præclarè ab eodem Sancto ibidem pronuntiatum : « Ipse (Christus) factus est ut amaretur : ipse speratur amandus feliciùs, ne in vacuum sit amatus [3]. » En *in vacuum amatus nisi speraretur amandus feliciùs*. Undè sequitur : « Nec habet tamen quidquam (Deus) seipso melius : se dedit in meritum, se servat in præmium. » Ac paulò post : « Bonus es, Domine, animæ quærenti te ; quid ergò invenienti? » Ergò illa anima optimo sensu vult Deum bonum esse sibi : quod *quædam anima* perversè et inordinatè vult : ea scilicet quæ *solum diligit suum*, et relicto communi bono, propria, id est creata et angusta bona, sibi à Deo dari petit. Atque hæc summâ ipsâ alibi explicata [4], nunc in pauciora constringimus, ut clarè intelligatur veram et genuinam charitatem quæ Deum propter ipsum diligat, etiam ad relativa procedere, eo scilicet modo quo diximus.

---

[1] *Epist.* XI, et *De dil. Deo,* cap. XII, n. 34. — [2] *De dil. Deo,* cap. t. n. 1. — [3] *De dil. Deo.,* cap. VIII, n. 22. — [4] *Préf. sur l'Inst. past.*, n. 100.

QUÆSTIO XI.

De amore quarti et quinti gradûs: primus et secundus auctoris errores.

ARTICULUS PRIMUS.

Utriusque amoris definitio ex auctore.

163. Jam Scholâ penitùs explicatâ, falsò imputatis ordine confutatis, nobis devenit res ad jugulum causæ, et ad duos amores, quarti nimirum et quinti gradùs, quibus totus *de Doctrinâ Sanctorum* liber nititur. Amor autem quarti gradùs, est amor charitatis sive *justificans* [1] : amor verò quinti gradùs, est amor perficiens sive purus, et perfecta charitas [2].

164. Illis positis auctoris definitionibus, prima nostra conclusio est : *Amor justificans est ille quem Schola definivit amorem Deo ut in se est adhærescentem, nullo respectu ad nos* : quoad illam specificam amandi rationem, ut diximus. Res per se clara, et ex dictis probata, ipsâque auctoris confessione concessa.

165. Secunda conclusio : Amor ille *purus est atque gratuitus* : ex terminis constat, cùm sit, ut vidimus, purâ Dei bonitate in se consideratâ fultus, atque eâ ratione à spe distinctus : undè :

166. Tertia conclusio : *Nihil illo amore superius invenitur in Scholâ* : quippe cùm in illo consistat pura et perfecta charitas : ex quo sequitur :

167. Quarta conclusio : *Amor ergò quinti gradûs, quem purum perfectum auctor vocat, extra limites Scholæ est, nullâque theologorum auctoritate nititur.*

168. Quod autem nunc auctor addit, in eo esse quinti gradûs vim, ut amorem sui naturalem ac deliberatum excludat, posteà considerabimus : interim annotamus nullum adductum nec adduci potuisse scholasticum auctorem, qui in eâ exclusione amoris naturalis ac deliberati, vim amoris puri ac perfecti collocaret. Ergò hæc sententia à Scholæ placitis penitùs eliminanda est.

---

[1] *Max. des SS.*, p. 6. — [2] *Ibid.*, p. 10, 15.

ARTICULUS II.

Dicta auctoris.

169. De amore illo quarti gradùs sive justificante hæc præsulis dicta sunt : primum : « Is amor Deum quærit propter ipsum, eumque omni rei, nullâ exceptione, anteponit [1] : » quo affectu in genere amoris nihil est sublimius.

170. Alterum dictum : « Tunc (in eodem amoris gradu) anima amat Deum et propter ipsum et propter se : sed ità ut gloriam Dei præcipuè diligat, neque in eo propriam felicitatem quærat, nisi ut est medium quod refert et subordinat fini ultimo, qui est Dei gloria [2] : » quo nihil sublimius Schola unquàm agnovit : ergò quod suprà est, nempè amor quinti gradùs, iterùm atque iterùm est saltem supervacaneus, totique Scholæ incognitus. Jam ergò demonstramus quàm sit erroneus.

ARTICULUS III.

Primus auctoris error.

171. Est in *Summâ doctrinæ* [3] hujus erroris demonstratio, quam nunc in pauca contrahimus. Id habet quartus gradus domini Cameracensis in libro *de Doctrinâ Sanctorum*, « ut in eo Deus quæratur propter ipsum, omnique rei anteponatur, exceptione nullâ : quin etiam in eo gloria Dei præcipuè diligatur, ibique propria beatitudo nonnisi ut medium ad hunc ultimum finem, hoc est ad Dei gloriam relatum, eique subordinatum requiratur (n. 169, 170) : » atqui quintus gradus, qui amori puro tribuitur, nihil potest habere sublimius, nisi huic addas abdicationem propriæ beatitudinis, etiam ut refertur ad Deum, à quo nunc dominus Cameracensis abhorret : ergò amor quinti gradùs non modò est evanidus et nullus, verùm etiam malus, perversus, erroneus. Hoc nostrum erat argumentum in *Summâ doctrinæ* : quàm autem clarum sit, domini Cameracensis prodet responsio.

---

[1] *Max. des SS.*, p. 6. — [2] *Ibid.*, p. 8, 9. — [3] *Summa doct.*, n. 9.

ARTICULUS IV.

Domini Cameracensis responsio sancto Thomæ.

172. Sic autem illa responsio se habet : « Finem ultimum appeti potest vel habitu et implicitè, vel actu et formaliter. Ita, inquit, D. Thomas [1]. » Subdit : « In quarto gradu subordinatio ad Dei gloriam plerumquè fit habitu, confusè et implicitè. » Ex quo concludit : « Sic duobus verbis doctoris Angelici, actu et habitu, solvitur objectio. »

ARTICULUS V.

Præsul imponit sancto Thomæ.

173. Miror his duobus verbis intelligi objectionem solutam; sanctus enim Thomas illud *referri habitu non actu*, tribuit peccanti *venialiter* [2], quod et auctor ipse recognoscit [3]. Atqui absurdum est et erroneum, nihil plus competere justo, quàm ut plerumquè agat eo modo quo peccatum veniale committitur; sic enim inducitur error Lutheranus à sanctâ synodo Tridentinâ proscriptus his verbis : « Si quis in quolibet bono opere justum saltem venialiter peccare dixerit, anathema sit [4]. »

174. Quin etiam auctor id addidit : « Habitualem illam relationem occurrere etiam in actibus justorum, quibus peccant venialiter. Vide, inquit, sanctum Thomam [5]. » Clariùs : « Ipsos actus quibus quis venialiter peccat, habitu Deo esse subditos et subordinatos fini ultimo [6] : » quod est planè inauditum et erroneum. Non enim ipsum actum peccati venialis, sed peccantem tantùm habitu esse Deo subditum, sanctus Thomas docet. Peccata enim venialia *quæ habent inordinationem circa ea quæ sunt ad finem*, secundùm sanctum doctorem [7], *conservant* quidem *ordinem ad ultimum finem* in subjecto et *in actu humano* indefinitè sumpto; sed non in illo actu in quo est inordinatio. Si enim ipse actus, in quo est inordinatio et peccatum, esset habitu saltem subordinatus ultimo fini, esset quoque per se referibilis in Deum, posset-

---

[1] *Resp. ad Summam doct.*, p. 48, 49.— [2] I-II, q. LXXXVIII, a. 1, resp. ad 2.— [3] *Resp. ad Summam*, p. 50.— [4] Sess. VI, can. 25.— [5] *Resp. ad Summam*, p. 50.— [6] *Resp. ad Summam*, p. 62. — [7] I-II, q. LXXXVIII, c. et ad 2.

que actu relatus in Deum, fieri meritorius; eo modo quo actus indifferentes, putà comestio, et alii hujusmodi relati ad Deum, fiunt meritorii: quod quidem de actu peccati venialis dicere, est absurdissimum et erroneum. Undè apertè repugnat rationi peccati actualis, ut sit ipso habitu Deo subordinatum. Non enim est ullo modo, ac ne habitu quidem Deo subordinatum, nisi fortè ut judici et ultori, id quod est per se malum atque peccatum. Falsa est etiam auctoris regula, et in *Responsione ad Summam* [1] et ubique inculcata: *quod Deo non est habitu subordinatum, esse mortale peccatum.* Si enim illud omne quod non est referibile in Deum esset mortale peccatum, nullum esset veniale peccatum, ut vidimus; non enim est referibile ad Deum: alioquin non esset per se et essentiâ suâ mala. Sic auctor exaggerat difficultatem, non solvit.

175. Quare aliam viam ineamus oportet, certumque esse debet viros sanctos piosque, plerumquè agere ex motivo charitatis; ergò plerumquè subordinare Dei gloriæ suam beatitudinem, nec tantùm habitu sed etiam actu aut saltem virtualiter, quod actui æquipollet. Id enim ex naturâ est justitiæ christianæ, quo nisi contendant justi omnes, non profectò Deum toto corde diligunt. Perfectis autem tribuimus, ut id faciant sæpiùs, intensiùs, ardentiùs. Ergo amor quinti status, quarti status amore solo gradu differt, haud ullâ aliâ re: quod etiam paulò post ex auctore statuemus: quin amor quarti status secundùm communem Scholæ notionem, totum quintum statum virtute comprehendit, ut dictum est (sup. art. 1); sic ergò quidquid ultrà excogitaveris inane figmentum est.

ARTICULUS VI.

Ex concessis ab auctore contra ipsum infertur, quòd omnis justus Deum anteponat sibi.

176. Neque id præsul diffitebitur, siquidem seipsum intelligat; quarto enim amori, id est justificanti tribuit, *ut reverâ licèt non semper explicitè*, tamen *implicitè* Deum anteponat sibi [2]. Atqui hæc summa perfectionis est. Nihil enim ultrà superest secundùm

---

[1] *Resp. ad Summam*, p. 63. — [2] *Max. des SS.*, p. 9, 18.

auctorem, quàm ut sese ille animi sensus prodat, *expediat, evolvat :* inerat ergò, etsi nondùm evolutus. Neque fieri potest ut quis sit verè justus, nisi eo sensu polleat quo Deum anteponat sibi : seque ità referat ad Deum, ut se propter Deum, et Deum plus seipso diligat. Quod ergò gerit pectore, sæpè erumpat necesse est, et ex implicito fiat explicitum (Ex quæstione II, art. IX, n. 33).

176. Meritò ergò diximus, totâ istâ auctoris tractatione de communi notione charitatis, deque Deo sibi anteferendo, nihil aliud agi, quàm ut fucus fiat theologis : hæc enim ad justos omnes pertinent, non tantùm ad perfectos, de quibus quærimus : pessimèque merentur de amore quem laudant, qui referunt ad perfectos id quod omnes pii præstare teneantur. Quem statum dùm exsuperare conantur quinto illo amoris gradu, id profectò agunt, ut perfectionem in falso et inani ponant : nempè in amovendo studio beatitudinis, ut etiam sequentia clariùs prodent. Interim statuimus amorem quinti gradûs, et ab eo quarti discrimen ex auctoris quoque decretis malè et erroneè esse assignatum : quod erat demonstrandum.

ARTICULUS VII.

Quod amor quinti gradûs sive purus ab auctore dicatur inaccessus plerisque justorum.

178. Eâ de re verba auctoris perspicua in trium episcoporum *Declaratione* transcripta sunt[1]. Horum hæc summa est : « Amorem quarti gradùs, justificantem scilicet, nec tamen perfectum aut gratuitum ac purum, multos facere sanctos : plerasque sanctas animas nunquàm in hâc vitâ pervenire ad amorem ab omni proprio commodo absolutum : inanem operam futuram si illis aliquis amor sublimior proponatur, cùm ad eum pervenire non possint; destituti quippe ad eum assequendum interiori lumine et gratiæ attractu : itaque nec illis amorem sublimiorem proponendum; quod si fieret, durum, et perturbationi ac scandalo foret obnoxium : quo etiam factum sit, ut antiqui pastores ac sancti hunc amorem quinti gradùs per quamdam œconomiam

[1] *Décl.*, p. 16.

silentio premerent, nec justorum vulgo proponerent ; sed tantùm exercitia amoris mercenarii[1].» Hæc auctor in libello *de Doctrinâ Sanctorum* perspicuis verbis.

179. Nunc autem hæc omni arte eludere nititur[2] ; sed perperàm. Summa responsorum ejus : 1, Vocari omnes justos ad perfectionem amoris, vocatione generali, non speciali semper. 2, Non omnes christianos ad eumdem vocari perfectionis gradum. 3, Id quod reticeri vult plerisque Sanctorum, non esse purum amorem, sed aliquod ejus exercitium ; nempè contemplationis usum. 4, Cùm amorem quinti gradùs reticeri vult Sanctis, non id unquàm intelligi de Sanctis canonizatis, sive, ut exprobrat Meldensis, de Sanctis singulari titulo consecratis. 5, Neque quæstionem esse de dogmate puri amoris speculativè sumpto, sed tantùm de ejus praxi non indicendà vulgaribus justis. 6, Hujus generis arcana à Gregorio Nazianzeno, Chrysostomo, Cassiano, cæterisque admitti.

180. Sed hæc mera sunt ludibria. Ad primum enim et secundum dicimus, quidquid sit de illâ vocatione speciali, de quâ nunc non agitur, id tamen esse de fide, non posse deesse lumen interius aut gratiæ attractum, ad perfectè exequendum præceptum puri amoris ; quod nihil est aliud quàm præceptum charitatis.

181. Ad tertium : id quod reticeri vult auctor, *est amor perfectè à commodo absolutus*[3] : hic ille est amor inaccessus Sanctis, ac si proponeretur, perturbationi ac scandalo futurus, durusque omninò videretur : hæc, inquam, de ipso amore dicuntur, non autem de quodam orationis exercitio, ut cavillatur præsul.

182. Ad quartum, de Sanctis canonizatis, sive singulari titulo Sanctorum vocabulo appellatis : sanè ità intellexeram, eò quòd more vulgari Sancti absolutè appellati eos Sanctos indicare soleant : sed hæc nihil moror : satis enim est ad errorem, plerasque sanctas animas, ac Sanctos quocumque modo eximios, puro amore audito, scandalizari, conturbari tanquàm de re durâ et inaccessâ.

183. Ad quintum : certissimum est ab auctore vetari, « ne de

---

[1] *Max. des SS.*, p. 34, 35, 261. — [2] *Rép. à la Décl.*, p. 107, 109, 110, 111, 112, 113. — [3] *Max. des SS.*, p. 34.

illo purissimo quinti gradùs amore verba fiant, nisi Deo priùs instigante [1]. » Illud enim ipsum est quod à fidelium vulgo, deficiente *interno lumine*, non intelligatur [2] : quos proindè ad illum amorem purum atque gratuitum adhortari nec directores debeant, sed rem Deo integram relinquere, quod est absurdissimum et erroneum : quippe ex quo consequatur, nec præceptum charitatis ad vivum explicari, aut puram dilectionem suaderi oportere.

184. Ad sextum : de Sanctis, hæc velut quædam arcana docentibus, alibi responsum est [3] ; clarèque demonstratum, neque Gregorium Nazianzenum, neque Chrysostomum arcana, sed ardua et excelsa dixisse : neque Cassianum, aut Gersonem, aut quoscumque alios reposuisse inter arcana, puri amoris intelligentiam. Atque ità solutæ sunt cavillationes omnes, errorque auctoris in manifesto est.

ARTICULUS VIII.

Conclusio: de toto libro ab ipsis initiis sponte collapso.

185. Jam ut ab ipsis initiis ipsum libri scopum confutatum ostendam, « sit illud à domino Cameracensi concessum, puriorem dilectionem quinti statùs nihil esse supra ipsam charitatem cuicumque justo communem : verumque esse id tantùm, charitatis actus, servatâ semper suâ specie, frequentiores esse ac intensiores in perfectis quàm in imperfectis [4] ; » quo posito frustrà quæritur amor ille quinti gradùs conturbaturus Sanctos, iisque reticendus. Neque enim ulla est pia anima, nedùm Sanctus aliquis, qui « communem justis omnibus charitatem, ejusque frequentiores intensioresque actus » refugiat, et *ut duros* horreat. Ergò amor ille quinti gradùs, quo totus liber collimat, evanidus, nullus, imò merum amoris spectrum et ludibrium est.

ARTICULUS IX.

Summa errorum qui in hâc quæstione demonstrantur.

186. Adde amorem illum quinti gradùs non modò esse vanum, sed etiam noxium et erroneum, quatuor scilicet erroribus demonstratis.

---

[1] *Max. des SS.*, p. 35. — [2] *Rép. à la Décl.*, p. 112. *Préf. sur l'Inst. past.*, n. 60 et 60. — [3] *Myst. in lut.*, n. 146 et seq. — [4] *Resp. ad Summam*, p. 6.

1, Error de abdicando beatitudinis studio (n. 165).

2, De puro amore à Sanctorum oculis amovendo (n. 171 et seq.).

3, De amore charitatis justificantis, ad Deum habitu tantùm et non actu referendo (n. 166).

4, De naturâ peccati venialis, deque ipso ejus actu referibili ad Deum, ad eumque habitualiter ordinato.

QUÆSTIO XII BIPARTITA.

De locis Exodi, xxxii, 32 : et Rom., ix, 3 : ac de suppositionibus impossibilibus.

187. Rursùs nobis res redit ad locos Mosis et Pauli, et ad suppositiones illas impossibiles toties explicatas; sed quia omni auctoritate destitutus præsul in ratiociniis indè deductis omne præsidium collocat, videamus primùm quid ex his per novam sophisticen inferat, quidve reponamus : deindè, qui et quanti ex ejus doctrinâ errores eruantur.

PRIMA PARS QUÆSTIONIS,

Quâ auctoris argumenta referuntur et confutantur.

ARTICULUS PRIMUS.

Tria absurda mihi imputata.

188. Præsul omnibus paginis me accusat, quòd suppositiones illas impossibiles asserens, in tria vel maximè absurda me conjecerim[1] : Primum, quòd ille actus Mosis et Pauli contra rationem esset, cùm nulli actui rationali beatitudinis motivum deesse posse decreverim, cui tamen illi renuntiaverint : undè sit consequens eorum actus nihil aliud esse quàm pios excessus, sive amatorias amentias omni ratione destitutas[2].

189. Alterum absurdum sive incommodum; quòd ego Deo adimam libertatem creandi naturas rationales sine ullo respectu ad

[1] *Oppos.*, p. 14, 15. — [2] *Ibid.*

vitam æternam : quæ tamen eum sine ullo hujus beatitudinis motivo diligerent.

190. Tertium, quòd actus illos faciam mendaces, impios, et hypocriticos[1], eò quòd per restrictionem mentalem reservarent beatitudinem quam immolare velle videbantur : quod postremum argumentum toties tamque prolixè urget ac inculcat, ut in eo vim maximam collocasse videatur.

191. Quo etiam loco duo quærit. Primum : « Nùm Deus omnipotens potuerit formare creaturas intelligentes, quibus nec sui visionem nec vitam aut beatitudinem æternam indulsisset : sive, an beata et æterna vita creaturæ intelligenti in rigore et ad summos juris apices debeatur[2]. » Alterum : Annon illa natura ad Deum diligendum teneretur? an Deus sua in illam jura perdiderit? annon homo, quem Deus eâ lege creaverit ut ejus animam statim atque exiret ex corpore, redigeret ad nihilum, etsi esset ejus rei conscius, tamen ad Deum supremo amore etiam inter suprema suspiria diligendum se sentiret obnoxium? » Ibi fingit me ad extremas deductum angustias mirum in modum torquere me, ut ab illis me difficultatibus expediam.

192. Quærit deniquè annon mea me pungat conscientia, miras illas à me quoque recognitas traditiones in deliris actibus reponentem, nullo sensu, nullà theologiæ regulâ.

193. Hæc igitur omnibus scriptis inculcat : hæc fictus Lovaniensis tanquàm palmaria omnibus paginis urget[3] : hæc *Epistolæ* ad illust. Archiepiscopum Parisiensem mille modis versant, tantâ dicendi arte, ut dialecticis laqueis propemodùm irretitus videar; quæ tamen tam vana sunt, ut uno velut ictu concidant.

ARTICULUS II.

Unâ quæstiunculâ res tota dirimitur, Augustino et Chrysostomo testibus.

194. Ego tot nova, tam in hâc quæstione hactenùs inaudita à me quærenti unam propono quæstiunculam : An Moses dicens : *Aut dimitte, aut dele me de libro vitæ*, si de vitâ æternâ intelligendus venit, putaverit se reverà de libro vitæ æternæ esse de-

---

[1] *Oppos.*, p. 17, 24, 25. — [2] *Ibid.*, p. 14, 15. — [3] *Lett. d'un théol. de Louv.*, p. 21, jusqu'à 36.

lendum? Idem quæro de Pauli anathemate, an reverâ tunc crederet se esse anathema futurum? absit. Nam et Moyses et Paulus impiè errarent, impia crederent, si sentirent se innocuos aliorum salvandorum gratiâ de libro vitæ æternæ delendos, aut anathema sive maledictum futuros. Non id ergò credebant : imò se salvos ac beatos futuros esse sentiebant.

195. Sanè Augustinus in illud : *Dele me*[1] *:* « Securus hoc dixit, ut in consequentibus ratiocinatio concludatur, ut, quia Deus Moysem non deleret de libro suo, populo peccatum illud remitteret. » Rursùs alio loco[2] : « Cùm Deus minaretur sacrilego populo, pia Moysi viscera tremuerunt : opposuit se pro illis iracundiæ Dei : « Domine, inquit, si dimittis ei peccatum, dimitte : sin autem, dele me de libro quem scripsisti. Quàm paternis maternisque visceribus, quàm securus hoc dixit attendens justitiam et misericordiam Dei ! ut quia justus est non perderet justum, quia misericors est ignosceret peccatoribus[3]. »

196. En quàm securus Moyses se de libro vitæ æternæ delendum offerret : an proptereà per restrictiones mentales illudebat Deo? an Paulus nesciebat se non proptereà futurum anathema, aut Dei justi sententiâ à Christo separandum propter impios? an Deum existimabat injustum fore sibi, ut Judæos lucrifaceret, nec saltem illud suum cogitabat : *Non enim injustus Deus, ut obliviscatur operis vestri*[4]? Planè ex Augustino respondebimus : *Securus hoc dixit :* neque eò seciùs veram Deo et proximo charitatem exhibebat.

197. Hinc etiam illud à Chrysostomo inculcatum : id Paulum pro Judæis obtulisse Deo eâ conditione : *Si fieri posset;* undè etiam, eodem teste Chrysostomo, supponebat Paulus « id quidem futurum non esse ut fieret ipse anathema[5]. » Idem Chrysostomus, cùm Paulum dixisse memoraret non se ab Angelis aliisque potestatibus separandum à Christo, disertè hæc addidit : « Neque hæc dicebat Paulus, quod Angeli ipsi, vel reliquæ potestates id tentare vellent : absit : sed ut amoris excessum ostenderet[6]. » En excessus, sed is pius quem in me toties reprehendit auctor : sed

---

[1] *Quæst. in Exod.,* q. CXLVII, ubi sup. — [2] Serm. LXXXVIII, *de Verbis Ev.*, n. 24. — [3] *Ib.* — [4] *Hebr.*, VI, 10. — [5] *Hom.* XVI, *in Ep. ad Rom.,* ubi sup. — [6] *Ib., Hom.* XVII.

quod est palmarium, intelligebat Paulus, et id fieri non posse quod Deo offerebat, et tamen Deo sincerè nullâ restrictione mentali offerri potuisse : per quæ omnia objecta clarè soluta sunt.

ARTICULUS III.

Hujus rei consecutiones.

198. Dices : Fortè sciebant illud quidem esse impossibile : sed non id cogitabant. Ego verò rursùs quæro : Quid ergò cogitabant ? Deum injustum sibi futurum ? an verò ne illud quidem, justusne an injustus futurus esset Deus, possibile id esset an impossibile ? cæco ergò impetu ferebantur, neque id verè volebant quod si cogitarent velle non possent.

199. Quare perspicuum est eos omninò intellexisse quid dicerent : intellexisse, inquam, non nisi ex conditione se agere : apertè quidem Moses : *Aut dimitte, aut dele :* neque aliter Paulus intelligi potest, in eoque erat vis, quòd pro amore Dei et pro populi salute, non modò incredibilia, sed etiam impossibilia tentare velle viderentur.

200. Planè eo ritu quo Paulus *anathema* dicebat angelum, si è cœlo descenderet, mendacia locuturus : quod quidem non dicebat tanquàm id impossibile nesciret aut non cogitaret, sed ostensurus fidem, si dari posset occasio, etiam impossibilium esse victricem : quod erat maximum ad commendationem fidei. Neque minoris erat aliud impossibile ad commendationem charitatis, neque aliter cogitabat se anathema futurum quàm angelum falsa dicentem.

201. Quod ergò præsul ait : « Si Paulus et Moyses sentiebant, non modò certum sibi manere suam beatitudinem, sed etiam ex tanto charitatis actu quo eam abdicabant, futuram tutiorem, eorum actus nihil habebant serium [1]. » Quod, inquam, illud ait, quod assiduè et ad nauseam infarcit, ineptum est. Utcumquè enim se res habet, certè et ex rei veritate et ex Patrum testimonio Paulus et Moses *securi agebant*, securi loquebantur : per

---

[1] *Oppos.*, p. 22.

te ergò nihil agebant serium : tibique ad *pios excessus*, ad *amatorias amentias*, ad *restrictiones mentales* æquè recurrendum.

202. Nos autem facilè respondemus hæc Mosis et Pauli fuisse seria : sed dicta per hyperbolen ex vehementiâ affectûs : nec nisi imperitè pios excessus Sanctis quoque denegari posse credimus, Paulo ipso attestante : *Sive mente excedimus, Deo :* et Davide canente : *Ego dixi in excessu meo*. De quibus et de amatoriis amentiis alibi quoque diximus, et per hæc patet solutio ad tertium (n. 190).

ARTICULUS IV.

Quæstiones auctoris præciduntur, ab iisque deducta (n. 191) : duo prima objecta solvuntur.

203. Veniamus ad illas quæstiones, in quibus auctor omne præsidium ponit : de statu puræ naturæ, deque homine condito sine ullo respectu ad visionem beatificam, aut animâ creatâ sub eâ conditione, ut unà cum corpore extingueretur : annon ergò illi homines, annon illa anima inter extrema suspiria supremum amorem deberent Deo? Quid quod Deus mercedem illam æternam debet nemini, nisi ex sponsione ac promissis gratuitis et voluntariis. Deus ergò absolutè posset etiam sanctissimis denegare visionem sui ac mercedem æternam : verumque illud est, non impossibile humanæ mentis objectum nec absurdum abdicari, si Deus voluisset, eam beatitudinem quâ Deo ità volente carere possimus. Hæc igitur sunt quibus jam niti christianos oporteat supremi amoris actum exercituros. Addere potuisset et illud à quibusdam positum, nempè Deum ex supremo dominio posse addicere æternis suppliciis animas etiam immerentes, etiam sanctas; nec minùs intereà ad Deum diligendum obligatas.

204. Sed hæc inutilia ad nostrum institutum, nonnisi ad amovendum ex oculis veram quæstionem inducuntur. Non enim profectò Moses, non Paulus, aut ad puræ naturæ statum, aut ad animæ interitum animos retorquebant. Augustinus et Chrysostomus illas supremi dominii ferrea jura nesciebant : respiciebant ad statum à Deo revelatum in quo sumus : ad illam ordinatissimam Dei sapientiam, quâ, teste Salomone [1], punire insontes exterum

---

[1] *Sap.*, XII, 15.

à suâ virtute esse judicat : eâ re Moyses et Paulus sciebant se esse securos : sciebant impossibile esse quod Deo offerebant : ea vel per pios excessus, vel per alias quascumque volueris sermonis figuras, bono certè animo, sed quod negari non potest, securo et tuto loquebantur. Non ergò quærendum, quid in statu metaphysico si fortè constituti agere teneremur; sed quid nunc à Deo, Christo revelante, rebus ut sunt stantibus, agere jubeamur. Per quæ patet solutio ad secundum argumentum, et ad ei connexas quæstiones propositas (n. 180, 181).

205. Neque proptereà admittimus illam de animâ interiturâ rationem. Animas quidem scimus, ut et angelos, esse spiritus naturâ immortales, et ad ejus imaginem à Deo conditos : Pomponatium et alios aliter disserentes impios dicimus : tam innatum esse animæ rationali æternùm vivere, quàm soli splendescere, igni calefacere : neque proptereà de restringendâ Dei absolutâ potentiâ cogitamus, sed potentiæ illius ordinatæ, quam Schola omnis agnoscit, effectis à Deo revelatis appliciti, cætera inutilia ad metaphysicos ablegamus, et puri amoris usibus inservire, aut ad eum finem hactenùs à quoquam allata esse negamus.

206. Nec magìs ad rem facit, quod auctor disertissimus, sed ad vana conversus, de Socrate aliisque copiosissimè philosophatur [1] : qui cùm nec de Dei visione cogitarent, et de animæ quoque immortalitate dubitarent, ultrò tamen et virtutem quærerent, et pro patriâ aliisque motivis ultrò mortem oppeterent, nullo tùm beatitudinis sive supernaturalis, sive etiam naturalis objecto : omninò enim omnibus paginis beatitudinem quærunt, cujus gratiâ etiam Epicurus omnia se agere et docere profitebatur. Nec si æternam beatitudinem nesciebant, ideò est consectaneum Paulo et Moysi omissam eam esse cujus securi viverent, ut diximus, per quæ objectionem quoque primam solvimus (supra, n. 180) : atque ità, inverso licèt ordine, tres objectiones quibus tota difficultas constabat exsolvimus, ex uno principio deductâ doctrinâ.

[1] IIIᵉ *Lett. à M. de Paris*, p. 5 jusqu'à 12.

ARTICULUS V.

De falsis quibusdam auctoris suppositionibus per antecedentia dissolutis: deque absolutâ abstractione à beatitudine penitùs impossibili.

207. In responsione ad *Summam*, pro certo supponit auctor « Deum posse diligi absque motivo beatitudinis; imò, eo amputato, perfectissimam amandi rationem vigere: negando itaque, ut Meldensis affectat, ullum actum ratione præditum elici posse abstractione motivi beatitudinis factâ, futurum omninò esse, ut quod magis Deo dignum est in cultu interiore resecetur[1] : » nempè ille actus motivo beatitudinis vacuus. Hunc ergò vel maximum errorem errat adversùs unanimem Patrum ac Doctorum, ipsiusque adeò Scripturæ sacræ sententiam, hoc unico fundamento fretus : quòd in illis desideriis Mosis et Pauli ex conditione impossibili editis, ille à motivo beatitudinis vacuus reperiatur actus, quod est ipsis terminis evidentissimè falsissimum : essent quippe beatissimi secundùm Augustinum « qui et haberent quod vellent, et nihil vellent malè[2]. » Jam quicumque optat, idem beatus esse vult, dùm vult optato frui; quod est beatum esse velle. Non potest autem quis invitus esse felix; esset enim simul et felix, qui optato potiretur, et infelix, qui optato frui nollet; quæ quidem Augustino[3], non sunt dogmata, sed portenta. Ergò absurdissimum est à quovis desiderio secludere votum beatitudinis. Nec potest quis cum Paulo dicere : *Optabam anathema esse,* nisi quâdam propositâ beatitudine, quæ optatum consecutura esset, si impleri posset.

208. Quod autem videtur summam et in omni genere beatitudinem abdicare, haud minùs falsum. Eo enim ipso quòd eum actum edit Paulus, planè significat se rem optatissimam offerre pro Judæis : ergò illud ipsum conjungi cum Christo, quo se certo modo privari volebat, Paulo erat optatissimum, nec optare cessabat. Cùm enim dicebat illud : *Vellem si fieri posset,* absolutè nolebat illud quod fieri non posse nisi et ipse sentiret, profectò desiperet, ut suprà dictum est (n. 185) : ergò in illo : *Optabam anathema esse à Christo,* Christi desiderium inerat vel maximum;

---
[1] *Resp. ad Summam doct.,* p. 40 44. — [2] *De Beat. Vitâ,* n. 10. *De Trinit.,* lib. XIII, cap. v, n. 8. — [3] *Ibid.,* cap. viii, 11.

nec immeritò Chrysostomus illud *Optabam,* ex Christi vehementissimo desiderio ortum esse decernit ¹, ut mox videbitur.

209. Quanti autem meriti esset ille actus diceremus, nisi alibi explicatum esset ². Quod autem negamus et sæpè negavimus, illum actum in se perfectiorem esse quàm alios charitatis actus, absque illis conditionibus impossibilibus editos, ex ipso etiam auctore mox constitit (n. 163 et seq.).

210. Quare, quod auctor asserit, « torrentem theologorum nondùm credidisse tam perfectum esse mercedis desiderium, ac illud optatum de anathemate pro fratribus ³, » vanum est. Actus enim ille ferventissimæ charitatis, quo quis cum Paulo ità vult esse cum Christo, ut illam beatitudinem ad Dei gloriam referat, tam ex rei veritate, quàm ex concessione auctoris, totum illud comprehendit, quo sancta anima Deum anteponat sibi, nulla licèt adsit conditio impossibilis. Ergò illi actui Christi potiundi vel maximè studioso tota vis amoris inest : neque ex appositâ conditione impossibili aliud quidquam acquiritur, quàm ut id quod inerat clariùs evolvatur : quod ipso auctore teste non est necesrium ⁴ (n. 169, 176).

211. Neque unquàm diximus id quod nobis dominus Cameracensis imponit, ità posse abstrahi amorem beatitudinis, ut non ejus virtute et impulsu agamus, ut suprà diximus (n. 33, 176).

212. Neque item verum est id quod imputatur nobis, *si desit beatitudo Deum suâ amabilitate cariturum* ⁵. Fatemur enim Deum suâ perfectione esse amabilem, idque centies inculcavimus : addimus autem Dei perfectionem summam non plenè intelligi, aut etiam cogitari posse, secluso eo quod Deus sit benevolus, quòd sit beneficus, quòd sit beatificus : quòd ab omnibus æquè asseri, neque ab ipso auctore tametsi id obscuraverit, absolutè negari potuisse, sæpè constitit.

213. Itaque à beatitudinis studio ità voluntas abstrahit, ut intellectus à primis principiis, cùm tamen nulla conclusio nisi eorum virtute et influxu elici possit.

---

¹ Hom. XVI, *in Ep. ad Rom.* Homil. IV *in Ep. ad Philip. Préf. sur l'Instr. past.,* n. 150. — ² *Myst. in tuto,* n. 191 et seq. — ³ *Oppos.,* p. 23, 24. — ⁴ *Max. des SS.,* p. 9, 18. — ⁵ *Resp. ad Summam,* p. 16, 25, 45.

ARTICULUS VI.

Ex modis impossibilia supponendi antecedentia demonstrantur.

214. Diversimodè Sanctis evenit illud : *Non sciebat quid diceret*, quod contigit Petro [1] : cùm visâ Christi gloriâ præposterè delectatus exclamaret amens : *Bonum est nos hîc esse.* Quibusdam verò contrario modo evenit, ut visâ Christi gloriâ plus nimio delectari vereri videantur : sic autem amorem suum enuntiant : Utinàm divinis oculis aliquid suffurari possim, ut intelligar amare gratìs, ac nullâ mercedis spe. Quod quidem invenitur in quorumdam Sanctorum visis atque scriptis. Sed illud ad litteram sumi vetat pietas. Quid enim ? ut amori tuo morem geras, vis Deum cæcutire, ac divinæ scientiæ lumen extingui ? absit ut quisquam ex animo hoc dicat. Quid autem est illud : *Ut gratìs amare intelligar?* à quo intelligare ? nisi nempè absurda comminiscare, nesciet Deus te amare purè : ergò ut intelligas te pure amare, hoc voves ? an illud est amici, ut ipse amore suo delectetur velle, ut eo non delectetur Deus ? velle, ut Deus sit lapis, ut summi amoris apud animum tuum laudem feras ? iterùm atque iterùm, absit. Quid ergò ? velit, nolit auctor, amatoriæ insaniæ, pii excessus, impii futuri si ex absoluto consensu proferrentur ; neque aliud occurrit quàm illud Marci : *Non sciebat quid diceret.*

215. Jam ad illud Paulinum sensu Chrysostomi intellectum [2] : *Optabam anathema esse à Christo :* ab eo dicto si tollas illud, *si fieri posset,* nec sentiat Paulus non esse possibile, nempè illud consequetur, ut Paulus voluerit Deum esse injustum, et pro impiis à Christo separare Sanctos (n. 187, 188.) Quid ergò illud est nisi pia *hyperbole*, pius excessus : non ex ignoratione, sed ex affectûs vehementiâ ? Non ergò ei aptaverim illud : *Non sciebat quid diceret;* sicut nec cùm diceret : *Si ego aut Angelus de cœlo aliud evangelizaverit, anathema sit?* Sed omninò id agebat, ut ostenderet amorem suum tantum esse, ut vim omnem humani sermonis exsuperet : quod quidem Sylvius exponit his verbis :

---

[1] *Marc.*, IX, 5.— [2] *Hom.* XVI, *in Rom.*, ubi suprà.

« Tam ardenter cupio (salutem Judæorum), ut aliter exprimere non possim quàm dicendo : Optabam [1], » etc.

216. Quid si quis diceret : Utinàm id fieri posset ? quid ? nempè ut Deus esset injustus, neque id *vellet quod vult?* absit hoc à Paulo, nec dignum apostolicâ majestate : more Christi dicas : *Pater, si possibile est, si vis;* non autem, vellem ut velles : vellem, ut possibile esset. Dicant tamen quibus inest tantus mentis excessus : intentionem laudavero exprimentis ut potest etiam per hyperbolen, quàm Dei gloriam anteponat suæ ; verùm et illud adscribam : *Non sciebat quid diceret.*

ARTICULUS VII.

De modo enuntiandi auctoris ipsius.

217. Quid illud auctoris : « Jam non amatur Deus, neque propter meritum, neque propter perfectionem, neque propter beatitudinem in amando conceptam : tantùmdem amaretur, etiamsi per impossibile se amari nesciret, ac vellet infelices in æternum facere qui eum amarent [2]. » Alibi : « Nec Dei beatifici visio ullâ re amorem auget [3]. »

ARTICULUS VIII.

An Deus reverâ tantùmdem amaretur, si se amari nesciret.

218. Duplex impossibile : primum, *tantùmdem amaretur, ac si per impossibile se amari nesciret :* in rigore falsum et impium. Hoc est enim dicere : Cognitione quâlibet beneficiorum Dei, quantumvis maximorum, non potest efficere Deus ut magis diligatur. Vacat ergò illud Christi : *Magis diligit, cui plura donata sunt : cui autem minùs, minùs diligit :* contra expressa Christi verba, ut dictum est (n. 4, prop. XX, XXI) : neque ad ullum rectum sensum redigi potest, nisi per hyperbolem ac pium excessum, ut vidimus (n. 205, 206, 214, etc.).

[1] In II-II, q. XXVI, ad 2.— [2] *Max. des SS.*, p. 10, 11. — [3] *Max. des SS.*, p. 28. — [4] *Ad Bonif,, contra Ep. Pelag.,* lib. III, cap. VII, n. 21.

ARTICULUS IX.

An verum sit illud : Non auget amorem Dei beatifici visio, n. 217.

219. Insana propositio, si sancto Augustino credimus, ut visione suî nihil lucretur Deus ; ut tanta pulchritudo nec visa magìs placeat, magìs amorem accendat. Verba Augustini sunt : « Nimis insipienter dicitur, tantùm amari Deum antequàm videatur, quantùm amabitur cùm videbitur [1]. » Sequeretur enim in ipsâ patriâ nec Deo viso majorem futuram esse justitiam ; quod est erroneum : undè idem Augustinus : « Porrò si in hâc vitâ, nemine dubitante, quantò ampliùs diligimus Deum, tantò sumus utique justiores, quis dubitet piam veramque justitiam cùm fuerit dilectio perfecta tùm perfici [2]? » Item *de Doctrinâ christianâ* : « Si credendo diligimus quod non videmus, quantò magìs cùm videre cœperimus [3]? » Quam veritatem habes centum in locis, præsertim verò libro *de Spiritu et Litterâ* [4], luculentissimè demonstratam.

220. Quòd si fieri non potest quin visio Dei firmet ac perficiat charitatem, proportione factâ desiderii vis idem aget, cùm ipsum desiderium charitati vertat. Rectè enim Augustinus : « Appetitus quo inhiatur rei cognoscendæ, fit amor cognitæ [5]. » Quare promissum videndi Dei æquè suo modo incitabit charitatem ac ipsa visio : nec fieri potest quin magìs ametur summa pulchritudo cùm se videndam offert, quàm si non offerret. Alioqui potiri aut non potiri Deo, imperfectam habere an perfectam justitiam, pro re indifferenti haberetur ; quo nihil est Deo indignius.

221. Quare cùm aliqui Sanctorum negant plus amari Deum beantem animas quàm non beantem ; de charitate dixerunt, quoad essentiam ac substantiam actùs ; quod est verissimum : neque enim charitas patriæ ac viæ substantiâ differunt, dicente Apostolo : *Charitas non excidit* : quin autem charitas ex visione Dei sit perfectior, purior, firmior charitate ex fide conceptâ atque ænigmatis obvolutâ, dubitare dementis est.

---

[1] *Ad Bonif., cont. Ep. Pelag.*, l. III, cap. VII, n. 21. — [2] *Ib.* — [3] *De Doct. chr.*, lib. I, cap. XXXVIII, n. 42. — [4] Cap. XXXVI, n. 64. — [5] *De Trin.*, lib. IX, cap. ult. n. 18.

222. Falsum ergò est id quod concludit auctor ex suppositionibus impossibilibus, « separari posse motivum Dei remuneratoris sive beatifici, à Deo perseveranter dilecto, licèt res separari non possint [1] : » nullus enim Sanctorum id dixit; imò ex illorum auctoritate docuimus illa motiva Dei, ut est perfectus et ut est beneficus ac beatificus, non esse separata quæ per se subordinata, quæ conjuncta sint, quæ in unum coalescant (ex n. 4, prop. XXVI, XXX, XXXI; item ex n. 82, 84, 86, etc.).

ARTICULUS X.

An in istis tantus sit labor, quantum auctor fingit.

223. Quare quod ait auctor [2], me multùm laborare in exsolvendis objectionibus quas ex impossibili ducit, fallitur. Nullo enim labore respondeo, voluntatem abdicandæ æternæ conjunctionis cum Deo, ipsiusque adeò æternæ beatitudinis : *Si Deus vellet ac possibile esset;* cùm sit conditionata, facilè conciliari cum absolutâ et inseparabili suîque securissimâ voluntate salutis æternæ : quo tota difficultas nullo labore solvitur.

224. Non ergò me pungit conscientia, ut ibidem fingit auctor, quasi actus Paulo et Moysi à quibusdam Patribus attributos nullius sensûs esse, et ab omni regulâ alienos dixerim : non enim unquàm hoc dixi : imò verò ostendi securitatem illam (quâ, utpotè irrationabili, meam conscientiam stimulari et gravari sensit auctor) et ex rei veritate, et ex sanctis Augustino et Chrysostomo esse deductam.

225. Nec ullius laboris est, explicare meritum horum actuum, eò quòd tantus sit amor, ut et possibilia complectatur, nempè voluntatem assequendæ in Deo beatitudinis, et super impossibilia eniti videatur, ut dictum est (n. 215).

226. Quin etiam mea me conscientia gravissimè pungeret, si fingerem Moysen et Paulum non fuisse securos, cùm hos actus ederent; quod auctor de illis indignissimè et contumeliosissimè affirmavit, ut diximus (n. 201).

---

[1] *Max. des SS.*, p. 28. — [2] *Oppos.*, p. 19.

ALTERA PARS QUÆSTIONIS :

Adversùs auctoris errores in primá parte explicatos.

ARTICULUS XI.

Primus error: de actibus separatis à motivo beatitudinis: sancti Augustini decreta seu principia quatuor.

227. Submotis igitur vanis quæstionibus de purâ naturâ, deque animæ mortalitate, et aliis ejusmodi, quæ diverticulo tantùm, et rebus involvendis institutæ erant, hi errores auctoris ad purum eliquantur. Primus error : actus rationales à beatitudinis studio absolutos, esse admittendos ut perfectissimos : immeritò me reprehensum, quòd eos actus scilicet à beatitudinis studio penitùs absolutos esse posse negaverim : iis enim recisis, recidi pariter quod in Dei cultu est optimum : nec posse negari sanctos sine ullo motivo beatitudinis agere potuisse, cùm etiam philosophi aliique apud paganos, sine illo motivo, ultrò pro patriâ aliisque rebus mortem oppetierint.

228. Huic autem errori variis modis expresso, opposuimus, n. 4, propos. I, II et sequentes ad VII, totamque quæstionem secundam, et Augustinum millies, cujus hæc sunt certa decreta :
1. Non posse indifferenter haberi beatitudinem : « Quomodò enim est beata vita quam non amat beatus ? aut quomodò amatur quod utrùm vigeat an pereat indifferenter accipitur ? 2, Nisi forté virtutes, quas propter ipsam beatitudinem sic amamus, persuadere nobis audent, ut ipsam beatitudinem non amemus : quòd si faciunt, etiam ipsas utique amare desistimus, quandò illam propter quam solam istas amavimus non amamus. » 3, Et aliorum radix : « Quomodò erit vera tam illa perspecta, tam examinata, tam eliquata, tam certa sententia : Beatos esse omnes homines velle ? » ac paulò post : « Si volunt, ut veritas clamat, ut natura compellit, cui summè bonus et immutabiliter beatus Creator indidit hoc [1]. » Ex quo tria existunt : primum, non esse virtutem,

---

[1] *De Trinit.*, lib. XIII, cap. VIII, n. 11.

atque adeò non esse charitatem, quæ hoc sibi tentat demere, ut beata esse velit : alterum, non poss. esse indifferens ulli virtuti, adeòque nec ipsi charitati beatitudinis studium, et charitatem non esse quæ id conetur : tertium, pugnare contra naturam atque adeò contra Deum, qui à quoque actu suo hoc votum, hoc studium tollere nititur : ex quo consequitur, quæcumque auctor intulit ex suppositionibus impossibilibus, de separando motivo beatitudinis ab actu amoris et à virtute charitatis, esse impium et contra naturam et contra ipsum Deum.

229. Quòd si responderint illud intelligi de desiderio beatitudinis ità innato, ut non sit etiam ex cognitione verè elicitus : imò cæcus et cæco impetu ortus, quemadmodùm positum est in quâdam præsulis explicatione manuscriptâ : contrà; esto Augustini quartum decretum istud : « Quoniam verum est quod omnes homines esse beati velint; idque unum ardentissimo amore appetant, et propter hoc cætera quæcumque appetunt; nec quisquam potest appetere quod omninò quid vel quale sit nescit, nec potest nescire quid sit quod velle se scit, sequitur ut omnes beatam vitam sciant [1]. »

230. En clarè beatæ vitæ desiderium non ità innatum ut cæcum sit, sed ex cognitione elicitum. An autem sit etiam deliberatum, frustrà quæritur, cùm de eâ re volendâ quam nemo non velle possit, nulla sit deliberatio. Ad cumulum erroris accedit, quòd me sancti Augustini eumque secuti sancti Thomæ verba et dicta exscribentem, omnibus academiis proscribendum proponat, ut vidimus (in prologo).

231. Hæc autem Augustini decreta clarissima, Scripturis apertè congruunt ; nullus enim major et copiosior beatitudinis sive beatæ vitæ prædicator quàm ipse Christus ; neque separari sinit, exempli gratiâ, studium mundandi cordis, quòd est virtus, ab optatâ visione Dei, quæ est beatitudo, quam nemo non optat; ità de cæteris. Clarè ergò supponit beatos esse velle quibus has virtutes suadet, hæc præmia proponit. Sunt ergò omnes homines beatitudinis amatores, eoque studio ad capessenda Christi præcepta ac præmia incitantur. Ergò virtus, quæ, auctore præsule,

---

[1] *De Trinit.*, lib. XIII, cap. v, n. 8.

id vult eripere sibi ut non curet beatitudinem, nullo modo est virtus etiam christiana.

232. Sic ille qui dicit : *Domine, quid faciendo vitam æternam possidebo* [1], ejusque rei gratiâ jussus à Domino, commemorat illud : *Diliges Dominum Deum tuum,* manifestè confert illud mandatum ad finem beatitudinis : neque eò minùs probatur ab optimo Magistro dicente : *Hoc fac et vives.*

233. Nec mirum, cùm votum ac ratio beatitudinis clarè comprehendatur inter ipsa motiva præcepti his verbis : *Ut benè sit tibi* [2]; etiam his : *Diliges Dominum Deum tuum;* ut ostendimus (n. 4, prop. xv).

234. Quare quisquis cum auctore asserit, hoc adimere sibi posse virtutes, non modò naturæ atque ejus auctori Deo, sed etiam Evangelio et traditioni repugnat : quod erat demonstrandum.

ARTICULUS XII.

Alii errores de sacrificiis sive conditionatis sive absolutis.

235. Ex his etiam patet erroneum esse, imò impium atque blasphemum, id quod auctor asserit de sacrificiis in extremis probationibus.

236. Primus ergò error est : quòd Moyses et Paulus hoc sacrificium offerentes, non fuerint securi salutis æternæ (ex n. 201) : quod est contumeliosum in Sanctos, et blasphemum in Deum à quo inspirati erant.

237. Secundus error : quòd admittat auctor non solùm conditionatum sacrificium ex impossibili, quod est Chrysostomi et sequacium ejus; sed etiam absolutum, quod nusquàm invenitur in Sanctorum scriptis : id enim post Chrysostomum semper addunt : *Si fieri possit* (sup., n. 197, 215) : neque unquàm aliter : auctor ergò sanctorum dictis addit, novaque et inaudita fingit.

238. Tertius error : illud absolutum habet idem objectum quod et conditionatum, cùm absolutum illud in eo sit, « quòd casus impossibilis non modò possibilis, sed etiam actu realis esse videa-

---

[1] *Luc*, x, 25. — [2] *Deut.*, vi.

tur¹ : » casus autem impossibilis sive conditionalis, de salute æternâ erat : ergò et casus absolutus ac realis visus, de eâdem salute est; quæ est vera abdicatio salutis æternæ.

239. Hæc autem alibi fusiùs exsequemur; sed hæc sufficiunt ut ostendamus auctorem à Patrum, etiam eorum quibus utitur, sententiâ toto cœlo aberrare.

ARTICULUS XIII.

De sancti Chrysostomi et aliorum Patrum sententiis auctori oppositis.

240. Hæc addimus veluti mantissæ loco : primùm, Chrysostomum ab auctore alienum : deindè, alios Patres non omnes Chrysostomi sequi sententiam.

241. Nam præterquàm quòd Chrysostomus istud sacrificium ut auctor appellat, non agnoscit nisi conditionatum et ex impossibili, ut vidimus, Chrysostomus clarè distinguit Patrem ab ipsis Patris rebus ² : et res quidem Patris abdicare paratus, *si id fieri posset;* tamen ab ipso Patre ejusque συνουσίας, studio non se vel per illam conditionem impossibilem separabat. Verba Chrysostomi : *Ut ingenuus ac Patris amans filius, Patris consuetudinem,* συνουσίαν, *expectabat solam :* hoc est cum eo versari, ejus præsentiâ frui avebat : quare quod hîc ex impossibili abdicat, sive regnum cœlorum, *sive fruitionem quamdam*³, non substantiam regni, quæ est ipsa *consuetudo et* συνουσία cum Deo, sed accidentalia quædam, nempè exteriorem *gloriam profluentem et societatem cum Sanctorum choro cogitabat.*

242. At ne id quidem cæteri Patres admittebant : non Augustinus; non ipse Cassianus; non Gregorius Nazianzenus, qui desideria Pauli non ad pœnas æternas revocat, ut pessimè interpretatur auctor, sed ad illud *quòd aliquid ut impius patiatur*. Pati autem aliquid tanquàm impius, procul abest ab æternis suppliciis : et nihil distat ab eo quod pertulit Christus maledictum pro nobis factus, ut alibi vidimus ⁴. Et sic patet nec omnes Patres in allatam à Chrysostomo descendisse sententiam, nec auctori ipsi Chrysostomum licèt alleganti, cum eo convenire.

---

¹ *Max. des SS.*, p. 90. — ² Homil. xv, *in Rom.,* ubi suprà. — ³ Homil. [xvi. —
⁴ *Préf. sur l'Instr. past.,* n. 146 et seq.

ARTICULUS XIV.

De incommodis.

243. Præter errores gravissimos, multa sunt incommoda quæ nos ab auctore dissocient. Cùm enim Deus tot nos beneficiis ac miraculis supra peccatum, supra naturam evexerit : proprium filium dederit, et cum eo quid non[1]? cùm se nobis custodem, provisorem, parentem, sponsumque præbuerit, ut majorem in modum amorem eliceret : contrà, velut obliteratis tot beneficiis, sic agere cum Deo volumus, tanquàm in purâ naturâ constituti; imò verò infra naturam puram ; obliti scilicet animam rationalem, secundùm Augustinum et alios, naturâ immortalem esse, ità nos geramus ac si mortalem eam ac statim extinguendam haberemus : neque eo contenti sic amare volumus, veluti nobis nullum evangelium, Christus nullus esset : instar cujusdam Socratis, aliorumque qui Testamentorum exsortes degunt : imò verò pejore loco, tanquàm nobis nullus esset provisor Deus; non operum nostrorum, non amoris memor, qualem esse fingunt Epicurei Deum : ab illis enim apud Diogenem Laertium legimus, introductum Deum nec amantem res humanas nec beantem suos, imò nescientem se coli, quem colendum dicerent propter præstantiam naturæ præcellentis. Novi autem spirituales Deum nostrum ex suppositione faciunt etiam tristiorem, qui amatoribus suis non modò nihil præstet, verùm etiam pro æternâ mercede paraverit sempiternos ignes, æterna supplicia : talem Deum per congestas tot ac tantas suppositiones falsas componunt, ac tùm mirificè se sperant amaturos, si ità deformaverint, et salutaria omnia circumciderint. Cæterùm impossibilia quædam fingere licuit, sive ex amoris vehementiâ, sive ad magis exprimendam primariam objectivam rationem charitatis : non autem ad separanda motiva, aut tanquàm in eis ipsa perfectio collocetur, ut nostri statuunt.

[1] *Rom.*, VIII, 32.

QUÆSTIO XIII.

De fine ultimo uno, et de summo bono.

ARTICULUS PRIMUS.

Finem ultimum esse unum: ad n. 4, prop. III.

244. Illa propositio sic se habet : « Præclarè sanctus Ambrosius : *Qui verus est finis, is finis est non unius, sed omnium* [1] : » ergò unus bonorum et malorum, christianorum et infidelium ; qui finis non potest alius esse, præter eam quam omnes communiter appetunt beatitudinem. Quid, cùm fruuntur Deo quem plus seipsis diligunt, suamque beatitudinem ad ejus gloriam referunt, quæ est ipsa essentia charitatis? an tùm ipsis alius est finis ultimus, qui nonnisi unus esse debuit? Quibusdam placet distinctio finis ultimi et ultimatè ultimi, quem Deum esse volunt. Alii sic exponunt, ut et beatitudo nihil sit aliud quàm Deus, sed confusè consideratus : et Deus nihil sit aliud vicissim, quàm ipsa beatitudo sed expressiùs intellecta ; ità ut non sit duplex finis ultimus, sed unus vel confusè vel expressè consideratus.

245. Ità Augustinus passim : omnes enim laborare ut assequantur Deum : et qui ab illo aberrant et fallacia bona quærunt, in eis apprehendere quamdam Dei speciem sive umbram : neque eis inhæsuros, nisi ex reliquiis divinæ lucis quamdam sectarentur ejus imaginem. Sic in superbià, Dei magnitudinem, honestatem, gloriam ; in curiositate, Dei scientiam ; in avaritià, immensam in Deo rerum copiam, in sensuum voluptatibus, summam Dei quietem, summum de se ac suà veritate gaudium adumbratum vident : nec in quâvis creatâ re finem constituerent beatitudinis, nisi ex quâdam Dei specie ibi relucente : nec verè beati sunt, sed se beatos somniant : sunt autem verè beati, cùm in Dei beatitudine et glorià suam beatitudinem collocant et gloriam. Deniquè cum quærunt quietem quam nunquàm non quærunt, nihil aliud quàm latenter Deum quærunt qui solus quietat, ut omnes theologi fatentur.

[1] Ambr., *in Ps.* XXXVIII, n. 16.

ARTICULUS II.

De ratione boni, sancti Thomæ doctrina.

246. Radix autem beatitudinis est ipsa Dei bonitas, de quâ hæc habet sanctus Thomas jam indè ab initio primæ partis, quæstione de bono in communi : « Ratio boni in hoc consistit, quòd aliquid est appetibile : undè Philosophus dicit, quòd bonum est id quod omnia appetunt. Quo, inquit, manifestum est, quòd bonum et ens sunt idem secundùm rem ; sed bonum dicit rationem appetibilis, quam non dicit ens[1] : » quod sanctus doctor repetit per totam quæstionem[2].

247. Hinc docet has inter se coincidere rationes ; pulchri, boni, perfecti, et causæ finalis : perfectum enim idem esse ac bonum, et hinc esse rationem appetibilitatis. « Manifestum est enim, quòd unumquodque est appetibile secundùm quod est perfectum : nam omnia appetunt suam perfectionem[3]. » De pulchro autem et bono sic habet : « Reverâ esse idem, sed ratione differre : quòd bonum propriè respiciat appetitum : est enim bonum id quod omnia appetunt, et ideò habet rationem finis : pulchrum autem respicit vim cognoscitivam[4]. » Undè efficitur ut omne quod quærit bonum, suo modo quærat Deum, et ratio boni in Deo relativa sit, quippe *diffusiva* suî, sed fundata in ipsâ entis absolutâ ratione[5].

ARTICULUS III.

Ex domini Cameracensis confutatio, et radicalis explicatio definitionis charitatis.

248. Respondet Cameracensis « nullum esse dubium, quin bonum sit appetibile sive appetitu dignum : atque hîc quæri tantùm, annon possit diligi bonum in seipso iis amoris actibus qui non sint appetitus sive desideria hujus boni quod est nobis bonum. Et sanctus quidem Thomas docet bonum esse desiderabile, sed non docet diligi non posse tanquàm bonum, absque eo quod appetatur eodem actu per quem diligitur[6]. »

249. Responsionem præsulis attuli ad longum, ex postremo

[1] 1, p., q. v, art. 1. — [2] Art. 2, 4. — [3] I p., q. v, art. 1, 4. ad 1. — [4] *Ibid.*, art. 4, ad 1. — [5] *Ibid.*, art. 1. — [6] IV° *Lett. à M. de Meaux*, 4° object, p. 14.

libello quem edidit; ut ostenderem difficultatem ab eo nequidem esse intellectam. Vis enim argumenti nostri non est in eo quòd bonum sit desiderabile sive appetibile, ut aiunt, materialiter : sed quòd ratio boni sive bonitatis dicat rationem appetibilis additam enti : undè cùm Deus diligitur ut bonus, sive ex ratione bonitatis, simul diligi ut est appetibilis ac diffusivus suî; quod idem est, ut vidimus (n. 246, 247).

250. Ex his autem radicaliter intelligitur præclarus locus sancti Thomæ jam [1] commemoratus, ubi sic habet : « Una sola ratio diligendi attenditur principaliter à charitate, scilicet divina bonitas quæ est ejus substantia; secundùm Ps. cv : *Confitemini Domino, quoniam bonus* [2]. » Si enim sola ratio diligendi principaliter est divina bonitas; ergò ratio diligendi est ipsa appetibilitas, sive illud diffusivum suî : et hæc est ratio diligendi Deum propter seipsum, « propter suam nempè bonitatem, quæ est ejus substantia [3] : » undè ulteriùs liquet, in primis illis rationibus diligendi Dei inveniri relationem ad nos, ejus generis relationum quas transcendentales vocant, nempè essentiales ac primitivas, in Dei bonitate collocatas, sed in ipsâ entis absolutâ ratione fundatas, ut dictum est (247).

251. Ex quo etiam patet, præsulem multùm abhorrere à sancti Thomæ doctrinâ quam assiduè laudat, cùm toties distinguit absolutam Dei bonitatem à relativâ : clarè enim sanctus doctor nullam agnoscit bonitatem nisi relativam illam ac suî diffusivam, sed in entis tamen absolutâ ratione fundatam.

252. Nec minùs fallitur, cùm toties inculcat, posse hominem non agere ex desiderio suæ perfectionis ac beatitudinis, ex ipsis enim communissimis et intimis naturæ principiis eruit sanctus Thomas hanc sententiam : *Omnia appetunt suam perfectionem* [4] : quod ipsum est quærere suam beatitudinem, secundùm Augustinum centies : *ideò beati quia illo fine perfecti* : et secundùm sanctum Thomam ex beato Augustino pronuntiantem, *quòd ultima hominis perfectio est beatitudo* [5] : hæc autem quàm conso-

---

[1] II-II, q. XXIII, art. 5 ad 2.— [2] *Sup.*, n. 84.— [3] S. Thom., *ibid.*— [4] 1 p., q. V, art. 1.— [5] I-II, q. III, ad 2.

nent nostris propositionibus XVI et XVII, n. 4, lector per se videt.

QUÆSTIO XIV.

De spe ac salutis desiderio auctoris errores.

ARTICULUS PRIMUS.

Errores libri de Doctrinâ Sanctorum.

253. Ex iis quæ dicta sunt, sequitur spem theologicam in statu perfectorum, hoc est in amore quinti gradùs, nullius esse usùs, secundùm principia auctoris : sic autem res conficitur. Charitas ejusmodi est, quæ ne ipsâ quidem beatitudine indigeat aut eâ moveatur; ergò nec spe movetur : non enim magìs diligeret sperans ac non sperans. Undè etiam à præsule allegatus Bernardus dicens : « Amor non à spe vires sumit : » hoc est, ex præsule, non vires sumit ullas. Ergò spes planè inutilis, nec in statum perfectionis, id est in quintum illum gradum admittenda.

254. Aliter : Anima perfecta, ex præsule, non indiget beatitudine : non ergò indiget spe; quod autem addit præsul[1] indirectè indigere, ut mentem attentiorem faciat ad Dei magnitudinem et excellentiam, etsi directè non indigeat, verba sunt : anima enim perfecta, secundùm præsulem, ne quidem indiget attentione ad opera ac beneficia divina, ut ad Deum magìs amandum excitetur, solâque divinâ excellentiâ commovetur : ergò spes theologica, beneficiorum recordatio, ipsaque gratitudo res sunt supervacaneæ.

255. Non ergò mirum, si à statu perfectionis sive à quinto gradu amoris ipsa spes arceatur. In illo enim gradu anima contraxit habitum amandi Dei nullo respectu ad beatitudinem. « Neque enim suppliciorum metus, neque mercedis desiderium ad amorem quidquam conferunt : non merito, non perfectione, non ipsâ beatitudine commovetur[2]. » Atqui spes theologica ad hæc tantùm utilis : ergò his seclusis est inutilis.

[1] *Resp. ad Summam,* p. 13, etc. — [2] *Max. des SS.,* p. 10.

256. Nihil est ergò cur charitas hanc spem imperet, ex quâ nec ardentior nec purior futura sit. Quin etiam si spem imperet nullo sibi emolumento futuram, à perfecto actu amoris illius nullâ spe indigi desistet ultrò, ut frequenter imperfectum actum nihil profuturum.

257. His congruit id quod confitetur auctor, « proprii commodi motivis plenam esse Scripturam, plenam traditionem, plenas Ecclesiæ preces [1], » eaque motiva *et esse reverentiâ digna*, et tamen perfectioribus animabus *subducenda*. Non autem Scriptura, non traditio, non Ecclesiæ preces alia commendant commodi proprii motiva præter motiva spei theologicæ. Ea ergò sunt motiva, quæ secundùm auctorem et imperfectis relinquuntur, et perfectioribus subtrahuntur.

258. Quæ respondet auctor meræ cavillationes ludificationesque sunt, ut solâ eorum expositione perspicuum est. In primâ enim *Epistolâ* quam ad me publicavit, ait ea motiva ideò esse reverenda, quòd sint reverenda Isaiæ vaticinia et aliorum prophetarum præclaræ rerum divinarum descriptiones, quibus animæ imbecilles in mercenaria desideria ac vota, præter auctorum intentionem inducantur : quod est absurdissimum, neque confutatione dignum. Omninò ludit præsul orbem christianum, dùm hæc comminiscitur ; undè nec ipse his hæret, ut sequentes articuli demonstrabunt.

ARTICULUS II.

De supprimendis salutis desideriis: Chrysostomi et Ambrosii loci ab auctore allati.

259. Ex Chrysostomo quidem ista referuntur [2] : « Deus voluit virtutem exerceri posse mercedis intuitu, ut infirmitati nostræ se accommodaret [3]. » Alibi : « Si quis infirmus est et mercedem intueatur [4]. » Ex Ambrosio verò hæc : « Propositum piæ mentis mercedem non expetit, sed pro mercede habet boni facti conscientiam : angustæ mentes invitentur promissis, erigantur speratis mercedibus [5]. » Quæ si ad extremum urgeantur, jam Abra-

---

[1] *Max. des SS.*, p. 33. — [2] *Resp. ad Summam*, p. 54. — [3] *Hom.* XIII, *in Ep. ad Hebr.*, n. 4. — [4] *Hom.* LXXVII, al. LXXVI in *Joan.*, n. 4. — [5] Lib. II, *de Abrah.*, cap. VIII, n. 47.

ham et Patriarchæ omnes inter infirmos erunt : quos Paulus inducit expectantes cœlestem civitatem cujus artifex Deus, ac patriam requirentes salutatis à longè repromissionibus [1] ; inter imperfectos Moses aspiciens in retributionem [2], ut etiam concilium Tridentinum ex eodem Apostolo definivit [3], et angustæ erit mentis respicere ad mercedem eam, de quâ scriptum est : « Ego protector tuus, et merces tua magna nimis. » Quod si falsissimum est, profectò Chrysostomus et Ambrosius mercedis intuitum remittentes ad infirmas et angustas animas, æquiorem interpretationem postulabant.

ARTICULUS III.

De his domini Cameracensis verba.

260. Domini autem Cameracensis hæc verba sunt : « Utut explicentur hæc salutis desideria (ex Chrysostomo et Ambrosio repetita), imperfecta à Patribus habentur, qui ea perfectis animabus nec imperant nec suadent [4]. » En clarè desideria salutis generatim et quocumque modo sumantur habita imperfecta Patribus ; perfectis nec imperari nec etiam suaderi. Ergò sunt indifferentia, qui est ipsissimus error quem nunc auctor deprecatur et à se amoliri tentat : at nunc illum perspicuis verbis nequidem palliatum aut coloratum tradit : adeò hæc hærent pectori et facilè erumpunt.

261. Neque verò dicat præsul se hîc desideria salutis intelligere ea quæ ipse vocaverit naturalia desideria visionis beatificæ aut æternæ felicitatis : neque enim horum desideriorum aut hîc aut uspiam aut Chrysostomus aut Ambrosius meminere. Antistes loquitur generatim de salutis desideriis ad imperfectas animas ablegandis, perfectis verò animabus nec imperandis nec etiam suadendis : qui error est perspicuus et maximus.

[1] *Hebr.*, xi, 10, 13, 14.— [2] *Ibid.*, 26.— [3] Sess. vi, cap. xi.— [4] *Resp. ad Summam*, p. 54.

ARTICULUS IV.

De loco Chrysostomi.

262. Chrysostomi et Ambrosii auctoritatem nihil moramur, quorum clara sententia est. Nec enim Cameracensis ignorare potuit Chrysostomi insignes locos in domini Parisiensis egregiâ *Instructione* laudatos, ex quibus clarum erat quos Joannes Chrysostomus mercenarios appellaret: non profectò eos qui pro omni mercede « Christum sequi et adipisci volunt : nec cœlum nec regnum cœlorum dilecto anteferunt. *Quid enim mihi est in cœlo, aut à te quid volui super terram?* Hoc est, neque superioris, neque inferioris cujusquam boni cupido me tenet, sed tuî solius: hic est amor, hæc amicitia[1]. » Reliqua vide ejusdem virtutis. Hîc ostendisse sufficiat, non omni mercede fieri mercenarios et infirmos; sed quamdam esse mercedem cujus studio amantes et amici sumus. Hæc tacere, et Patrum dictis abuti, ut plebi imperitæ merces, adeòque spes, sanctorum auctoritate vilescat, et ad imbecillitatem animi referatur, non est theologicæ sinceritatis.

ARTICULUS V.

Expenditur sanctus Ambrosius.

263. Quàm autem confusa sit et vaga mercedis idea quam dominus Cameracensis informavit, docet Ambrosii locus quem citat[2]. « Propositum piæ mentis, inquit, mercedem non expetit, sed pro mercede habet boni facti conscientiam : angustæ mentes invitentur promissis; erigantur speratis mercedibus[3]. » Vides indefinitè et universim de mercede, imò de mercedibus dictum. Cui etiam addit Ambrosius, agi de *aliquâ mercedis humanæ retributione*. Cùm ergò merces non unius sit generis, non potest apud Patres uno modo sumi mercedis mentio, sed ex cujusque rationibus æstimanda. Quis enim angustæ mentis esse dixerit, divinis bonis Deoque qui sit summum ipse præmium incitari?

[1] Chrysost. Homil. v, *in Ep. ad Rom.*, n. 7. — [2] *Resp. ad Sum.*, p. 54. — [3] Ambr. lib. II, *de Abrah.*, cap. VIII, n. 47.

non sanè Ambrosius, cujus hæc verba sunt : « Et si bona est virtutum amicitia et summi boni charitas, nihil aliud quærit perfectus ille, nisi solum et præclarum bonum; undè et unam petiit à Domino, etc. Neque verò eum ut angustum inopemque fastidias : abundat enim ad beatitudinem et possessionem boni, et ideò nihil aliud desiderat [1] : » eò quòd *omnia habeat,* ut addit idem Ambrosius, *in Deo* scilicet universali bono.

264. Præclarè ergò Ambrosio cum Chrysostomo convenit, non unam mercedis esse rationem : esse quamdam mercedem quam charitas cupiat, quam perfecti ambiant. Ea autem est secundùm Ambrosium et Chrysostomum, quam David postulavit his verbis : *Unam petii à Domino, hanc requiram; ut videam voluptatem Domini, etc.* Quæ verba Davidis ab utrisque illis Patribus prolata vidimus. Est autem illa perfectorum, non infirmorum merces : nec illa profectò est quæ *angustam* facit animam ; non enim *angustum aut inops*, Ambrosio teste, illud bonum, quò tendit, cùm omnia capiat. Ergò animam, nedùm angustam faciat, facit capacissimam : quare ab eo desiderio sub Ambrosii nomine arcere perfectos, aperta calumnia est.

ARTICULUS VI.

Abrahami merces secundùm Ambrosium.

265. Ut autem domino Cameracensi de sancto Ambrosio spem omnem adimamus, redeamus ad locum ab eo prolatum ex libro II *de Abraham,* cap. VIII. Eo verò loco Ambrosius id notat ante illam celebrem victoriam de quinque regibus reportatam, nihil esse ei de mercede promissum; verùm post rem gestam et pugnæ eventum, hæc à Deo dicta : *Ego protegam te : merces tua multa erit*[2] : nempè, « inquit, spondendæ mercedis locus tunc erat. Minùs enim mirabile faceret si secutus promissum, hostem esset adorsus [3]. » Ac paulò post : « Bona mens est, quæ sine responsi cœlestis syngraphâ certamen arripuit. » Quod quidem intellectum de particularibus gestis, quale istud fuit, verum esse potest,

---

[1] *De Jacob et Vitâ beatâ.* lib. I, cap. VII, n. 30. — [2] *Gen.,* XV, 1. — [3] Lib. II, *de Abrah.*, cap. VIII, n. 47.

nobiliusque *interdùm* videtur et grandius, incertum eventûs et præmii certasse cum regibus, quàm promissi peculiaris pignore. At illud trahere universim ad vitæ christianæ rationem, non ipse Ambrosius sinat, cujus hæc verba jam vidimus : « Summum enim virtuti incentivum est ipsa beatitudo [1]. » Quin ipsum Abrahamum tantum virum tamque perfectum, quippe « quem votis suis philosophia æquare non potuit [2], » ubique pollicitatione mercedis illicitum Ambrosius non tacet : non tacet ipsa Scriptura, quæ Abrahamum memorat dixisse ad Dominum : *Domine, quid mihi dabis* [3] ? Usque adeò præclarum est, nec angustæ et imbecillæ mentis, à Deo desiderare bona, modò digna petas, et, ut ait Nazianzenus, à magno magna.

ARTICULUS VII.

Conclusio ex dictis.

266. Lectori jam æstimandum relinquimus, an theologo eoque episcopo dignum sit, afferre Patrum locos, quibus Christiani inducantur, ut desideria salutis habeant inter indifferentia; *quæ non imperentur ac nequidem suadeantur*. Nihil enim de salute à Patribus dictum, ex ipsâ lectione constitit : de mercede quidem actum ; sed explicare oportebat, generatim actum esse : cæterùm aliquam mercedem dari, quæ perfectis quoque desideratissima haberetur ; alioqui plebs fallitur, et Patrum doctrinâ in errorem inducitur.

QUÆSTIO XV.

De amore naturali sui, quem auctor inducit.

ARTICULUS PRIMUS.

Hujus definitio et usus.

267. Quem nunc affectum sui naturalem præsul ut totius systematis enodationem inducit, ab ipso definitur : « Amor naturalis

---

[1] Ambr., *in Ps.* I, n. 1. — [2] Ambr., lib. I, *de Abrah.*, cap. II, n. 3. — [3] *Gen.*, XV, 2.

et deliberatus nostri; imperfectus quidem, nec tamen peccatum, neque vitiosus actus, cùm per se nec sit bonus nec malus [1]. »

268. Is amor, in primâ *Epistolâ* excusâ ad me scriptâ, « est inhæsio naturalis donis promissis [2] : amor naturalis et deliberatus beatitudinis formalis [3] » illius æternæ, quâ Deum intuemur eoque perfruimur, Ergò illo amore, licèt naturali, Deum ipsum ac Dei promissa diligimus.

269. Usus verò is est quem sæpè explicuimus, sed ne supersit ullus dubitationi locus, in eâdem *Epistolâ* auctor exponit his verbis : « Si commodum proprium pro salute sumerem, in quâcumque paginâ, imò in quâcumque lineâ delirarem : quocumque momento defendere oporteret spem sine spe; summam beatitudinem cum ejus desperatione conjunctam [4], » etc. His autem se exsolvit, constituendo proprium commodum in illo amore naturali ac deliberato Dei atque suî : ergò hujus amoris usus in eo est ut totum librum expediat : ac si eum amorem cassum ostendimus, remanebit liber, auctore consentiente, delirus, ineruditus, nullâ suî parte sibi ipsi congruus.

ARTICULUS II.

An probatio ejus amoris in sancto Thomâ et Estio valeat.

270. Si quid ergò ad auctoris systema propugnandum invicti roboris esse oportet, est profectò ille amor fundamenti loco positus. Atqui constat nihil illo fundamento esse debilius, quippe tota probatio loco sancti Thomæ et Estii nititur [5], qui nihil de eo dicunt.

271. Et sancti quidem Thomæ ab auctore verba prolata hæc sunt : « Amor suî tripliciter se potest habere ad charitatem [6]. » Ac paulò post : « Tertio modo à charitate quidem distinguitur, sed charitati non contrariatur, putà cùm aliquis diligit seipsum secundùm rationem proprii boni; itâ tamen quòd in hoc proprio bono non constituat finem : sicut etiam ad proximum potest esse aliqua specialis dilectio præter dilectionem charitatis quæ fun-

---

[1] *Inst. past.*, n. 3 et 9. — [2] *Lett.* Ire à *l'Ev. de Meaux*, p. 23. — [3] *Ibid.*, p. 32 — [4] *Ibid.*, p. 46. — [5] *Instr. past.*, n. 4. — [6] II-II, q. xix, art. 6, in c.

datur in Deo, dùm proximus diligitur amore consanguinitatis vel alicujus alterius conditionis humanæ, quæ tamen referibilis sit ad charitatem. » Hactenùs auctor sanctum Thomam citat.

272. Ex Estio verò hæc sunt quæ ad rem faciant: « Timorem gehennæ et opus ex eo subsecutum, licèt ex amore justitiæ non procedant, sed ex amore vitæ temporalis (non esse peccatum), nullâ alioqui circumstantiâ actum depravante: procedit enim (ille timor), inquit, ex amore quo naturaliter sibi quisque vult benè, et in genere felicitatem appetit [1]. » En totum tanti systematis fundamentum.

273. Sed profectò nihil est. Ut enim ab Estio ducamus exordium; agit ille de amore *naturali* quidem, sed non deliberato, quo quisque *sibi benè vult et in genere felicitatem appetit*. Atqui ille amor non est deliberatus; nemo enim deliberat an beatus esse velit: ergò amor ille nihil ad rem pertinet: et jam subtracto uno ex duobus locis fundamenti loco positis, ædificium claudicat.

274. Nec magis ad rem confert sancti Thomæ locus: cùm nec verbum ullum habeat de *amore naturali beatitudinis formalis et æternæ* à Deo promissæ, de quo loquitur auctor. Contrà sanctus Thomas de amore loquitur, quo quis diligit seipsum « secundùm rationem proprii boni, ut etiam diligit proximum ratione consanguinitatis vel alicujus alterius conditionis humanæ: » non æternæ felicitatis naturaliter appetitæ.

275. Sed neque sanctus Thomas neque Estius hunc amorem inducunt, ut in eo sive remanente sive subtracto, perfectorum ab imperfectis discrimen constet. Hoc autem unum est, quod ab auctore spectatur. Ergò amor ille naturalis deliberatus quo utitur, nusquàm est in Estio, nusquàm in sancto Thomâ.

ARTICULUS III.

Dionysii Carthusiani locus.

276. *Instructio pastoralis* in progressu sermonis Dionysium Carthusianum laudat [2] *de amore naturali* loquentem, sed de eo

---

[1] Estius in 3, d. 34, § 7. — [2] Pag. sans chif., dev. 63.

amore naturali qui proveniat ex amore beatitudinis : qui amor proinde non est deliberatus : et quo nec perfecti nec imperfecti carent. Nihil ergò ad rem facit amor ille naturalis quem hi doctores memorant, nullusque eorum est qui non longissimè ab auctoris mente distet.

ARTICULUS IV.

Loci sancti Bonaventuræ de affectu naturali.

277. De affectu naturali citat auctor tres locos sancti Bonaventuræ : primum : « Undè simpliciter dicendum est, quòd expectatio boni æterni non est mercenaria, nec minuit meritum, nec facit ad imperfectionem charitatis vel meriti, nisi in quantùm mens hominis multùm affectuosè et intensè aspicit ad commodum proprii boni : multi autem sunt qui beatitudinem expectant, et tamen parùm de se et multùm de Deo curant [1]. » Hunc excessum ardoris et adhærentiæ ad seipsum, ad desideria naturalia refert auctor [2] : ego autem non ad naturalia, quæ ipso teste innocua sint, sed ad vitiosa et prava, quibus quis de seipso plusquàm de Deo cogitat, ejusque gloriæ parùm studet; quod in vitio est. Negat autem Bonaventura hoc provenire ex expectatione mercedis, quia « multi sunt qui beatitudinem expectant, et tamen parùm de se et multùm de Deo curant, » dùm alacres et erecti vix unquàm in se sistunt; sed etsi curam suî gerant, eam tamen in Dei honorem transferunt.

278. Rursùs Bonaventura de affectu naturali loquitur [3], cùm eos commemorat qui mercedis æternæ desiderium dicebant naturæ esse, non gratiæ; quam sententiam dudùm exoletam, imò et hæreticam esse monuimus (n. 65, 68) : quare nec iste textus ad hunc locum pertinet.

279. Tertium sancti Bonaventuræ locum citat auctor [4] ex *Compendio theologicæ veritatis,* q. 24 : quem locum si legisset, primo, credo, intuitu vidisset, nec profectò tacuisset, hoc opuscu-

---

[1] In 3, d. 26, art. 1, q. 1, ad. 5. — [2] IVe *Lett. à M. de Paris*, p. 41. *Lettr.* Ire *à M. de Meaux*, p. 42. — [3] In 3, dist. 27, art. 2, q. 2, sup. q. III, art. 6, n. 63, 65. — [4] *Lett.* IV, p. 42.

lum esse tantùm sancto Bonaventuræ *adscriptum* : deindè nec per quæstiones, sed per libros septem et librorum capita distributum. Libro autem quinto, cap. xxiv [1], hæc habentur verba quæ præsul citat de amore naturali, **quem auctor ille, quisquis est,** « nec laudabilem esse nec vituperabilem dicit : » sed non ipse sibi constat; subdit enim amore illo « secundùm concupiscentiam diligi Deum, quia necessitati nostræ subvenit : quo amore non diligitur res propter se, sed propter usum ejus : undè hoc modo plus diligit homo seipsum dilectione naturali quàm Deum. » Quem amorem falsus Bonaventura, cum nec laudabilem nec vituperabilem dicit, fallitur. Itaque nec is locus ad amorem manifestè vituperabilem pertinens, quidquam omninò facit ad amorem naturalem qui præsuli est innocuus; ergò ineruditum opus meritò contemnendum, quippe quod Bonaventuram nec sensu nec stylo refert; cujus generis opuscula in hoc septimo tomo ad calcem cum isto congesta sunt.

ARTICULUS V.

Ex his contra librum absoluta conclusio.

280. Multos quidem alios locos affert auctoris *Instructio pastoralis* pro amore naturali, sed qui hujus amoris nec mentionem faciunt : agit enim conjecturis et consecutionibus, nullo unquàm verbulo de eodem amore, ut demonstravimus [2]. Undè extat argumentum ni fallor invictum. Pro naturali amore citantur multi loci in quibus hujus nulla mentio est : qui autem eum nominaverint auctori non congruunt, ut mox vidimus. Quod postquàm constitit, ac nullos locos esse claruit, quibus illa unica auctoris enodatio niteretur, jam demonstratum est librum, qui non alio fundamento staret, non modò eversum funditùs, verùm ex ipso auctore (suprà, n. 259), falsum, inconditum, à se dissonum esse, nec sustineri posse.

[1] *Comp. théol.*, tom. VII, lib. V, cap. xxiv, p. 760. — [2] *Préf. sur l'Instr. past.*

ARTICULUS VI.

Quòd ille amor sit inutilis, ex confesso.

281. Ac reverâ inutilem esse ex ipsâ auctoris concessione constitit : quem locum de inutilitate amoris naturalis ex ipso auctore tractavimus libello cui titulus : *Mystici in tuto,* re, nisi valdè fallimur, ad evidentiam ductâ (n. 187, 188); quò nunc, brevitatis gratiâ, lectorem remittimus.

ARTICULUS VII.

De commodo proprio æterno.

282. Ibidem commemoravimus commodum *proprium æternum* penitùs abdicatum, cui loco demonstratum affectus naturalis solutionem convenire non posse (*ibid.*, n. 185, 186) : quâ de re videnda est præfatio gallica in *Instructionem pastoralem* (p. 13 et seq.).

ARTICULUS VIII.

Aliud argumentum contra amorem naturalem.

283. Hùc accedat istud valdè notabile ac decretorium : si de amore illo Dei naturali, innocuo ac deliberato, in primo suo libello cogitaret auctor, hujus definitionem attulisset ab ipso libri exordio [1], cùm etiam amorem Dei judaïcum, quo diligitur Deus propter bona ab ipso distincta, ac propter rorem cœli ac pinguedinem terræ, definiendum putarit, quem fatetur libro esse inutilem [2]. Quantò magis commemorasset amorem naturalem Dei et sui deliberatum et innocuum, quo totius libelli rationem contineri nunc velit? Non autem definivit : quinque amores definivit [3] : 1, Judaicum ex uno commodo temporali, qui est carnalis et vitiosus, purèque servilis : 2, sacrilegum et impium, quo Deus diligitur tantùm ut instrumentum felicitatis nostræ : 3, amorem spei, christianæ scilicet, non modò innocuum, sed etiam per sese bonum et ex Dei gratiâ : 4, amorem charitatis, meritorium et

---

[1] *Max. des SS.*, p. 1 — [2] *Ibid.*, p. 14. — [3] *Ibid.*, p. 2, 14.

justificantem : 5, amorem purum sive perfectæ charitatis summâ excellentiâ præditum. Sed ad nullum horum quinque amorum amor naturalis Dei et suî referri potest, cùm omnes isti amores vel sint vitiosi vel meritorii : amor autem naturalis sit quidem deliberatus, sed tamen innocuus ac per se nec bonus nec malus. Ergò ille amor naturalis, si auctori credimus, fundamenti loco futurus, ab ipso definitus non est, neque ulla ejus mentio est inter definitiones illas quibus tota libri ratio constat.

284. Si dicas amorem naturalem contineri amore tertio qui est spei, de quo auctor non videtur apertè pronuntiare utrùm sit bonus vel malus : contrà : 1, non affertur ibi character proprius hujus amoris, qui est ut sit naturalis, deliberatus, innocuus ; ergò non est ibidem intentus. Contrà : 2, si amor ille naturalis hìc intelligi deberet, amor spei theologicæ ac supernaturalis ab auctore prætermissus esset, non autem prætermitti debuit. Quòd prætermissus esset, hinc patet quòd amor spei theologicæ non est naturalis, sed ex gratiâ; nec est indifferens, sed per se bonus. Ergò prætermissus est, si tertius amor sit amor naturalis ille nec bonus nec malus. Contrà : 3, amor ille est amor ejus spei quem sanctus Franciscus Salesius asserit esse virtutem theologicam [1] ; atqui amor ille supernaturalis est, et ex Dei gratiâ; amor ille per se bonus est, licèt non sit justificans. Amor autem de quo dicimus non est supernaturalis, cùm naturalis vocetur : non est per se bonus, sed indifferens : non ergò comprehensus sub tertio amore, qui spei dicitur.

285. Hinc demonstratio : amor naturalis non est ullus eorum quinque amorum qui ab initio libri traduntur : quod autem non traditur in illo initio, quo libri argumentum fundamentumque ponitur, nullo loco in libro est : ergò amor naturalis penitùs prætermissus est; cujus mentionem vel maximè fieri oportebat.

[1] *Max. des SS.*, p. 5.

QUÆSTIO XVI ET ULTIMA.

De recapitulatione dictorum.

ARTICULUS PRIMUS.

Admonitio de dicendis.

286. Hæc recapitulatio, recollectâ hujus libelli summâ, ad extremum ob oculos ponet omnes auctoris errores in hoc libello recensitos. Meminerit autem lector nos hæc scribere et typis tradere, inter ipsas quotidiè prodeuntes domini Cameracensis elucubrationes, quibus aut errorem suum, aut hujus muniendi vias magis magisque prodit; quare cogimur hîc subindè inserere quædam nova, occasione dictórum ejusdem auctoris, quæ posteaquàm hæc excusa sunt, eduntur in lucem.

ARTICULUS II.

Summa doctrinæ à sancto Augustino traditæ de beatitudine.

287. Primùm ergò recolligimus locos ex sancto Augustino allatos, quorum caput est id quod de necessario amore beatitudinis sanxit millies, ut est dictum (n. 4, prop. II) : posteà autem isti loci distinctiùs allegati prodierunt (suprà, n. 228, 229).

288. Horum autem hæc summa est, « non posse indifferenter haberi beatitudinem : propter beatitudinem amari virtutes : non ergò futuram esse virtutem eam, quæ suadeat non amandam beatitudinem : quòd si perficeret, nec ipsam virtutem amaremus, quam propter solam beatitudinem amamus. » (*Ibid.*).

289. Radix autem horum est, quòd « omnes homines esse beati velint, idque unum appetant, et propter hoc cætera quæcumque appetunt : eaque sit perspectissima, examinatissima, eliquatissima omnium sententia ac voluntas quam Deus indidit, quò natura compellit. » (*Ibid.*).

290. Ergò quicumque asserit, cum præsule, dari actum volun-

tatis, quo beatitudinem non velimus, contra Deum et contra naturam est impius (*Ibidem*).

291. Nec minùs Evangelio ac Scripturæ repugnat quàm naturæ (n. 231 et seq.).

292. Quod autem dominus Cameracensis recentissimo scripto ad meipsum edito [1], voluntatem consequendæ beatitudinis, sive ejus appetitum quem Schola vocat innatum, semel iterùmque ac tertiò cæcum appellat, facilè confutatur ab Augustino dicente : « Quia non potest quisquam appetere quod quale sit nescit, sequitur ut omnes beatam vitam sciant, quam velle se sciunt : » ergò vitæ beatæ appetitus non est cæcus, sed ex cognitione elicitus (n. 229) : quod etiam invenimus apud sanctum Thomam (suprà, n. 9 et seq.).

ARTICULUS III.

Pro certo supponitur charitatem esse motum ad fruendum Deo.

293. Ejus rei gratiâ commemoravimus definitionem charitatis à sancto Augustino traditam ; quòd autem Cameracensis vocem fruitionis elusit [2], eâque intellexit excludi respectum ad nos, atque etiam beneficia ut sunt utilia nobis [3], id confutavimus ex Augustino (n. 100, 110, 111, 112) : ubi sancto Augustino comites dedimus sanctum Gregorium Nazianzenum, Cassianum, ipsum etiam sanctum Thomam à præsule citatum et sæpè rediturum (n. 101, 102, 103).

ARTICULUS IV.

Purus amor haud minùs ab Augustino agnitus.

294. Id enim est puri amoris : « Nec seipso quisquam frui debet, quia nec seipsum debet propter seipsum diligere, sed propter illum quo fruendum est. Tùm ille est puro amore præditus qui se refert ad Deum, non Deum ad se : qui seipsum non propter seipsum diligit, sed propter Deum : qui totam dilectionem refert in illam dilectionem Dei, quæ nullum à se rivulum duci extrà patitur,

---

[1] II° *Lett. à M. de Meaux*, p. 15, 16. IV° *Lett.*, p. 14, etc. — [2] *Resp. ad Sum.*, p. 32, 33, 34. — [3] *Ibid.*, p. 14.

cujus derivatione minuatur¹; qui deniquè id sentit, à se debere ampliùs diligi Deum quàm seipsum². »

295. Ille, inquam, amor est purus, qui nullo vel tenui rivulo diminutus, Deum anteponit sibi. Atqui ille amor haud minùs in se comprehendit beatitudinis votum, ratione generali et communi omni actui; cùm beatitudo ea sit « quam omnes unam appetunt, et propter quam unam appetunt quidquid appetunt » (suprà, n. 229) : ergò ut à nullo actu, ità nec ab illo amore, beatitudinis votum separari potest.

296. Specialiori ratione, nempè virtutis : charitas, quæ est virtus, respicit beatitudinem, cùm hujus gratiâ virtutes omnes adeòque ipsa charitas diligatur (*ibid.*, n. 228).

297. Deniquè specialissimâ ratione : charitas appetit beatitudinem, cùm sit virtus illa quæ fruitur Deo in eoque fine acquiescit (suprà, n. 109).

298. Porrò Augustinus casti purique amoris laudator eximius, ad puritatem amoris præcipuo studio ferebatur, cujus etiam hoc dictum est : « Deum tantò habebimus præsentiorem, quantò amorem, quo in eum tendimus, potuerimus habere puriorem³. » Ergò sectatorem beatitudinis in quovis actu, etiam puri amoris studiosum fuisse constat.

ARTICULUS V.

De Magistro et de sancto Thomâ.

299. Augustino subjungimus ejus discipulum, imò verò exscriptorem Magistrum Sententiarum, eumque sequentes omnes Magistri interpretes, in I, dist. I (n. 8).

300. Ex sancto verò Thomâ hæc collegimus : finem ultimum vitæ humanæ esse beatitudinem propter quam homines omnia velint, idque certissimi principii in moralibus loco esse (n. 8) : id angelicæ haud minùs quàm humanæ naturæ convenire, atque adeò intellectuali omni creaturæ : ex hâc voluntate beatitudinis causari omnes alias voluntates (n. 9, 10) : ex quo fit ut angelus

---

¹ *De Doct. christ.*, lib. I, cap. XXII, n. 21.—² *Ibid.*, cap. XXVII, n. 28.—³ *Epist.* CLV, al. LII, *ad Maced.*, n. 13.

et homo naturaliter appetant suum bonum et suam perfectionem (n. 11): ex hoc immobili deduci voluntatis motus (n. 13) : motum autem sive tendentiam ad beatitudinem, ità esse innatum, ut tamen ex cognitione sit elicitus (n. 9 et seq., 29 et seq.) : et hanc esse naturam voluntatis humanæ, ut quemadmodùm omnis conclusio ex rationibus primis primisque principiis, ità omnis deliberata voluntas ex illâ voluntate innatâ ejusque virtute oriatur (n. 12, 13).

301. Horum autem omnium radicem esse, quòd Deus beatus hoc beatitudinis votum cuicumque naturæ ad imaginem suam factæ indiderit (n. 14) : ulteriorem autem intimam profundissimamque radicem esse Dei bonitatem, necessariâ atque essentiali et transcendentali relatione respicientem ad nos (suprà, q. XIII, art. I, II, III).

302. Hinc conficitur, ab auctore sub meo nomine vapulasse sanctum Thomam, cùm scilicet reprehendor dicens : « Nisi Deus esset totum hominis bonum, non eidem fore diligendi rationem : » quæ verba à præsule graviter reprehensa non mea sunt, sed sancti Thomæ exscripta fideliter (n. 22 et seq.).

303. Ex his autem intulimus, secundùm sanctum doctorem, ipsam charitatem super communicatione beatitudinis esse fundatam (n. 38, 40): charitatem in Deum tendere ut est objectum, principium, causa beatitudinis (n. 36, 39, 40, 41) : ut est finis ultimus ad quem et per se tendat charitas, et cæteras virtutes dirigat (n. 41, 42): deniquè Dei fruitionem esse finem ad quem ordinatur homo per charitatem. Ex quibus fit, ut nullus actus rationalis sine appetitu beatitudinis et nullus actus charitatis sine appetitu fruitionis esse possit : undè etiam sanctus doctor definitionem charitatis ab Augustino traditam adoptat ut suam (suprà, q. VI, art. II, n. 110).

304. De spei et charitatis differentiâ, deque diversâ utriusque virtutis ad fruitionem tendendi ratione, sancti doctoris sententia explicatur, et indè deducta objecta solvuntur (n. 121, 122, 129, 130.).

ARTICULUS VI.

De sancto Bonaventurâ.

305. Quæ sanctus Bonaventura nos docuit, hæc sunt. Ac primum, post sanctum Augustinum ac Magistrum, de fruendo et utendo : Deum solum seipso frui nusquàm indigentem : nostrum autem tam usum quàm fructum esse ex indigentiâ (n. 73) : eum à quo quæritur Deus ut merces, ideò non uti Deo, quia illum non refert ad aliud (n. 74) : habere ergò puram et veram charitatem : Deo fruendum ut eo qui nos faciat beatos, *quia in beatitudine est recta fruitio* (n. 75). Item Deo fruendum esse, eò quòd « sit nostra beatitudo, et quòd ipse solus perfectè finit et delectat ipsum animum propter se et super omnia » (*ibid.*) : qui est finis finiens atque consummans, hoc est finis ultimus : ex quo tota ratio charitatis instruitur (n. 76).

306. Hinc colligit sanctus ille doctor, à quocumque justo amore charitatis Deum plus diligi quàm seipsum, eò quòd diligatur *dilectione fruitionis* propter se et super omnia; non *dilectione usûs* et propter aliud (n. 74) : quæ dilectio fruitionis sit ipsa beatitudo et finis ultimus, ut dictum est.

307. Hæc autem confirmantur, quia Deus « magìs sit cuique rei intimus, quàm ipsa sibi ; » quare ex amore charitatis anima « magìs tendit in Deum quàm in se, quia melior est ei Deus quàm ipsa sibi » (n. 77). En Deus à charitate quæsitus etiam ut est nobis optimus.

ARTICULUS VII.

Aliud ex eodem sancto Bonaventurâ: et de amore sui per charitatem.

308. Luculentissimus autem locus adversùs dominum Cameracensem est ille quo utitur, sed trunco. Refert enim id tantùm, quòd « charitas velit bonum Deo, cùm vult eum esse summum bonum : » omittit autem quòd eadem charitas velit illud bonum et proximo et sibi, nempè « ut illud habeat per gratiam et gloriam » (n. 70). Hìc autem fatetur præsul agi de verâ et propriè dictâ charitate : ergò necesse est fateatur, verâ et propriè dictâ

charitate quemque velle habere Deum per gratiam et gloriam (n. 71).

ARTICULUS VIII.

De eodem.

309. Hùc accedit quòd idem sanctus Bonaventura interpretans illud sancti Bernardi, quòd charitas *non curet præmium :* de creato præmio fatetur : de increato negat : quia maxima *charitas maximè desiderat habere Deum* (n. 63, 69). Agit autem sanctus, non de homine habente charitatem, sed de ipso motu charitatis (n. 65, 66) : undè discrimen inter timorem pœnæ et mercedis desiderium, quòd pœna non sit Deus, nec aliquid Dei : merces autem et beatitudo summa, sit ipse Deus (n. 67) : proptereà diligendus motu charitatis, ut dictum est (suprà, art. v et vi).

310. Agi autem hìc de charitate propriè dictà, prout contradistinguitur à fide et à spe, easque informat, ex sancti Bonaventuræ verbis, clarè habes probatum (n. 69).

ARTICULUS IX.

Corollarium ex sanctis Thomâ et Bonaventurâ de Paulo desiderante Christum.

311. Hujus ergò doctrinæ præclarum est corollarium, nempè ex sanctorum Thomæ et Bonaventuræ conjunctis auctoritatibus; locum illum Pauli dissolvi desiderantis et esse cum Christo, esse verum motum veræ ac genuinæ charitatis, eorumque doctorum summum inter se esse concentum, et mihi cum ipsis.

ARTICULUS X.

De Scoto.

312. Scotus is est qui maximè præsuli favere videatur, defixâ charitate in Deo secundùm se, et circumscripto studio *propriæ commoditatis* ab ejusdem charitatis notione : reprehenso etiam sancto Thomâ, qui charitatem in beatitudinis communicatione fundabat (n. 82, 85) : et tamen hoc restringit ad primarium cha-

ritatis objectum : admittit autem secundarias objectivas rationes, quibus valeat ratio relativa : nempè amantis et redamantis Dei, *communicando* se nobis, et *disponendo nos ad beatitudinem* : in quo sit *specialis* quædam ratio amabilitatis, provocans ad amandum, et in ipsum charitatis actum influens (eod. n. 82).

313. Hæc autem secundaria et posterioris generis amabilitas reducitur ad ipsam excellentiam Dei : eò quòd non esset perfectissimus nisi redamaret; atque hinc fieri amicitiam, imò superamicitiam, motivo creantis ac beatificantis Dei, unà cum summâ rei honestate conjuncto, ab eoque inseparabili (n. 84, 85, 86, 88, 89).

314. Ex his conciliatio sancti Thomæ cum Scoto, unâ rei summà, licèt non uno modo explicatâ (n. 84, 85, 86, 87).

ARTICULUS XI.

Praxis ex dictis: consensus mysticorum.

315. Summa conciliationis est : etsi charitas hoc habet speciale, quòd primarium adeòque specificum ejus objectum sit absolutum ab omni re ad extrà, adeòque ab ipsâ beatitudine : tamen ex secundario motivo ea praxis inducitur, ut utraque motiva conjungantur (n. 87, 89) : fiatque amicitia, hoc est amor mutuus, in quo consistit charitas : in quam praxim abeunt mystici quoque cum scholis etiam adversariis, Thomisticâ nimirum et Scotisticâ (n. 90, 91, 128).

ARTICLUS XII.

Estius, Sylvius, Suarez: ex his conclusio.

316. Quanquàm non censui adhibendos multos scholasticos ad probandam rem facilem et claram, de quâ nulla unquàm fuit vera controversia, tamen adduximus Estium, Sylvium (n. 15 et seq.) : quibus etiam adjunximus Suarezium docentem actum amoris gratitudinis esse elicitum ex ipsâ charitate, manifestè ducto motivo ex respectu ad nos (n. 127).

317. Atque ex his certa et nostra conclusio sæpè repetita, sæpè

repetenda, Scholam ordinasse motiva charitatis, non autem negasse, aut separasse.

ARTICULUS XIII.

Falsò imputata nobis circa clausulam : *Nullo respectu ad nos.*

318. De illà clausulà tria demonstravimus : primùm, circa eam nobis imputari falsa : secundò, sententiam præsulis ab eo quoque infractam : tertiò, multis argumentis probari non alium ejus vigere sensum, præter eum quem diximus.

319. De falsò imputatis quæstione viii egimus : sunt autem ejusmodi : 1, quòd sententiam nostræ adversantem à totà ferè Scholà tradi confessi sumus, quod nunquàm fecimus (n. 133) : 2, quòd adversemur Scholæ, neque ullum agnoscamus motivum charitatis præter ipsam beatitudinem; quod est falsissimum et calumniosissimum (ex n. 135) : 3, quòd contritionis actum ex motivo divinæ perfectionis improbemus; aperta calumnia (ex n. 138, 139, 140) : 4, quòd formulam contritionis in Catechismis, ac maximè ex *Catechismo Romano* editam improbemus : item calumniosissimum (n. 143, 144).

320. Ex quo patet nos nonnisi per apertam calumniam à Scholà dissociari potuisse : cùm è contrà, sanctum Thomam, sanctum Bonaventuram, Scotum, aliosque Scholæ principes; ad hæc, Estium, Sylvium, Suarezium sequamur duces : quorum testimoniis sæpè prolatis nullum responsum hactenùs datum est.

ARTICULUS XIV.

De eâdem clausulâ: *Nullo respectu ad nos*, concessa ab auctore proferuntur: primum concessum, de amore unitivo.

321. Primum concessum est, naturam amoris esse essentialiter unitivam, adeòque respectum ad nos ab amore charitatis non posse distrahi (n. 48, 95).

ARTICULUS XV.

Secundum concessum, de Deo ut benefico: auctoris contradictiones.

322. Secundum concessum : amorem Dei ut benevoli, benefici et beatifici pertinere per sese ad charitatem (n. 45, 96) : cùm ta-

men ea attributa per suum connotatum habeant inseparabilem relationem ad nos (ex n. 4, prop. xvi): hujus autem concessionis tanta vis, ut eâ solâ quæstio finita esset; sed apertè variat auctor, totamque rem ad minuta deduxit (ex n. 98, 99). Fictus autem Lovaniensis negat Deum beneficum esse charitatis objectum (ex n. 180): et ipse Cameracensis suo nomine, ejus rei gratiâ, meipsum recentissimè reprehendit [1].

ARTICULUS XVI.

Tertium concessum, de amore sui et de necessario appetitu beatitudinis.

323. Tertiò concedit auctor, « necessitatem esse indeclinabilem, ut nos ipsos semper diligamus : » ergò in omni actu (n. 27): « neque fieri posse ut nos diligamus, nisi nobis optemus supremum illud bonum, quod est unum necessarium (*ibid.*). »

324. Eam concessionem firmat illa sententia : quòd supponendum sit, cum Augustino, « indeclinabile pondus, continuaque impulsio, sive tendentia in beatitudinem, id est in fruitionem Dei (n. 28): » quo loco has duas voces notavimus, *continua*, *indeclinabilis*.

325. Ibidem cavillationes auctoris, ac præsertim quòd appetitus ille sit cæcus, elisimus (n. 29, 30 et seq.) : quod idem efficaciùs inferimus ex sancto Augustino (n. 228).

326. Hùc etiam referendum est id quod de amore sui, tam ex sanctis Augustino, Thomâ et Bonaventurâ, quàm ex ipso auctore diximus (n. 113, 114, 115, 116, etc.).

ARTICULUS XVII.

De amore Dei ut amici, et ut sponsi.

327. Quin amor Dei ut amici, et Christi ut Sponsi, ad charitatem pertineat, dubitari non potest ; cùm amor amicitiæ sit ipsa charitas; amor verò sponsi ut sponsus est, sit sponsæ character proprius et innatus. Quòd autem et *amicus* et *sponsus* voces re-

---

[1] IVe *Lett. à M. de Meaux*, p. 13.

lativæ sint, æquè perspicuum. Idem de *Salvatore,* etc. Non posse ergò clausulam de *nullo respectu* aliter intelligi quàm diximus, ex ipsâ terminorum notione demonstratum est (n. 147, 148, 149) : quo etiam loco miras de sancto Salesio domini Cameracensis cavillationes attulimus (n. 150, 151, 152).

ARTICULUS XVIII.

De sancto Bernardo : novus locus ab auctore productus et truncatus.

328. De sancto Bernardo singularem quæstionem instituimus decimam (n. 155); cujus hæc summa est : propter se Deum diligi, sive pro suo merito, sive pro nostro commodo diligatur, eo quòd præmium nostrum sit ipse qui diligitur : pro merito autem suo diligi ex eo quòd multùm meruerit de nobis, prior nos immerentes diligens (n. 156, 157 et seq.). Quo patet duas diligendi causas, ad quas reliquas revocat, valere per respectum ad nos : quod erat probandum nobis.

329. Melliflui doctoris novum præsul profert locum *Quartâ Epistolâ* ad nos[1], ex *Sermone de diversis affectionibus animæ* : qui sermo totus adversatur præsuli. Citat autem hos locos de animâ validiore, quæ ætatem infantilem et novitiorum statum prætergressa, « non lacte jam potatur, sed vescitur solido cibo : nec parvas parvulorum consolationes captans, sed ipsam beatam spem[2]. » Hæc ille : Quæ quid ad rem faciant non video. Auctor autem ex his elicit agnosci à Bernardo naturalem nostri amorem qui rescindi in perfectis debeat : de quo tamen amore ne verbulum quidem occurrit, nisi fortè existimet primas ineuntis devotionis suavitates esse naturales : quod et Bernardus improbat, cùm hîc eas tribuat gratiæ et dono Dei, et nos alibi refellimus[3], et ipse auctor rejicit.

330. Frustrà autem præsul objicit hæc verba sancti Bernardi : « Invenitur tamen alter gradus sublimior et affectus dignior isto, cùm penitùs castificato corde, nihil aliud desiderat anima, nihil à Deo quærit, quàm ipsum Deum[4]. » Ergò quærit Deum, Deum

[1] IVe *Lettr. à M. de Meaux,* p. 18. — [2] *Serm. de div. affect. anim.* VIII, n. 8. — [3] *Préf.,* n. 169. — [4] *Ubi suprà.,* n. 9.

habere vult ; quod unum intendimus. Undè subdit : « Crebro scilicet didicit experimento, quoniam bonus Dominus sperantibus in se, animæ quærenti ipsum : ità ut ex affectu cordis clamet : *Quid mihi est in cœlo? Deus cordis mei, et pars mea Deus in æternum!* » Quæ manifestè ad fruitionem spectant.

331. Sic Bernardus. Præsul autem hæc verba, quibus ipse sanctus mentem suam maximè explicat, prætermittit : quâ fide, nescio : profert verò sequentia : « Neque enim suum aliquid, non felicitatem, non gloriam, non aliud quidquam tanquàm privato suî ipsius amore desiderat anima, quæ ejusmodi est : » quo loco iterùm sistit auctor : hæc autem omittit : « sed tota pergit in Deum, unicumque ei et perfectum desiderium est, ut introducat eam rex in cubiculum suum, ut ipsi adhæreat, ipso fruatur. Undè et jugiter revelatâ facie, quoad potest cœlestis Sponsi gloriam speculando, in eamdem imaginem transformatur de claritate in claritatem. Ex hoc planè audire meretur : *Tota pulchra es.* Et audet ista loqui : *Dilectus meus mihi, et ego illi;* atque in ejusmodi felicissimâ et jucundissimâ confabulatione delectatur gloriosa cum Sponso. »

332. Non piguit integra hæc verba transcribere, ut lector intelligeret quam felicitatem, quam gloriam anima illa despiciat : nempè eam felicitatem, eam gloriam, *quæ non sit in Sponso:* quam proindè anima nonnisi *privato suî,* hoc est inordinato *amore desideret.*

333. Quòd igitur hîc fingit auctor « amorem naturalem etiam per respectum ad beatitudinem formalem, » somniat. Neque enim Bernardus hîc quidquam loquitur de amore naturali, aut de beatitudine formali quam anima refugiat ; illa enim fruitio, illa charitas, illa felicissima confabulatio cum Sponso, quâ tantoperè delectatur, nihil quidquam est aliud quàm ipsa beatitudo formalis et creata, quam auctor in ore habet : neque enim aut illa charitas, aut illa confabulatio, increatum est aliquid ; cùm sit tamen id quod nos formaliter beat. Hoc autem neque ab animâ refugi, neque ad *privatum suî amorem* trahi, aut Bernardus dicit, aut sinit ipsa veritas.

334. Cave dixeris istud de Deo, sive, ut Augustinus loquitur,

de veritate, gaudium esse naturale, nisi eo sensu quo necessariò et per se naturam delectat, exsatiat; neque tamen minùs cœleste et infusum est.

335. Cæterùm, ut diximus, hîc beati Bernardi locus totus noster est. Ostendit enim Sponsam, hoc est animam perfectissimam, perfectâ charitate quærere Deum, quo fruatur : cujus amore mutuo delectetur : cum quo suavissimè colloquatur : maximo sanè et inseparabili respectu ad animam.

ARTICULUS XIX.

De excluso ab auctore salutis desiderio.

336. Quæstione decimâ quartâ, salutis desiderium ab ipso quinto gradu seu statu excludi demonstravimus : sanctorum Joannis Chrysostomi et Ambrosii perpendimus locos, atque ex his demonstravimus pessimè esse conclusum ipsum salutis desiderium nec imperatum nec suasum, et angusti animi esse, et ad imbecilles animas remittendum, quod auctor intendit (n. 258).

ARTICULUS XX.

De amore naturali: Alberti Magni auctoritas.

337. Quæstioni xv, eâ de re institutæ, tantùm addimus quæ ex domini Cameracensis recentibus scriptis collegimus. Reducit in palæstram Albertum Magnum in *Instructione pastorali* citatum [1], ad stabiliendum, *commodi* etiam *æterni* nomine, amorem naturalem. Miror autem à præsule me compellari his vocibus : « Ipse tu agnovisti in ejus auctoris verbis commodum æternum, quod in æternitate non supersit [2]. » Hinc insultat his verbis : « Quid de tuâ ratiocinatione credendum est, cùm falsa illa sit ex teipso, cùm ad Albertum Magnum qui eâdem voce usus est adhibetur? »

338. Mirum, inquam, sic agi, tanquàm concesserim in Alberto Magno aliud æternum esse commodum, quàm salutis æternæ : atqui ego ne cogitavi quidem. Perfecti amoris nomine apud illum

---

[1] *Inst. past.*, p. 63. — [2] IV° *Lett. à M. de Meaux*, p. 21.

doctorem intellexi charitatem[1], « quæ nullum commodum sive temporarium sive æternum quæreret, ut in eo scilicet finem ultimum collocaret. » Hæc mea verba sunt, quæ auctor ad amoris naturalis significationem trahere frustrà nititur.

339. Quandoquidem verò præsul Albertum Magnum adduxit, sciat illius sententiam nihil differre ab illâ cæterorum doctorum, ac maximè sancti Thomæ, quo discipulo gloriatur. Æquè enim felicitatem definit, « id quod est optimum ; propter quod omnia alia operata sunt ; propter felicitatem enim omnis fit operatio[2]. » Nulla ergò est quæ non ad eum finem referatur ; ac frustrà quæritur actus humanus ab illo fine absolutus. Pergit : « Summum bonum est beatitudo, hocque bonum voluntatis est objectum[3]. » Non ergò ulla voluntas est ab hoc bono absoluta. Quod quidem posteà sic exponit : « Bonum ipsum commune, cujus ratio in intellectu, est objectum voluntatis[4]. » Rursùs : « Mens, quia imago Dei est, beatitudinis est particeps[5] : » quam proindè si abdicat, non vult esse imaginem Dei : deniquè sic describit naturam voluntatis, ut, quia est *appetitus intellectivus*, nedùm cæco impetu feratur, *ad ipsam tendat rationem appetibilitatis absolutæ*[6], quæ ab intellectu apprehenditur ; quæ ipsa doctrina est, quam à beato Augustino ductam beatus Thomas tradidit.

340. De præmio sic habet : « Est gaudium de Deo, quod præmium essentiale est[7] : quod præmium in apertâ Dei apprehensione aut ad ipsum jocundissimâ conjunctione tanquàm sponsum consistit, quæ beatitudo vocatur[8]. »

341. Quòd ergò delicata « anima quasi abominatur per modum commodi vel præmii amare Deum[9], » si ad extremum urgeas, beato auctori quem laudas apertè repugnaveris. Omninò comparatè ista intelligenda sunt, nihilque aliud indicant, quàm Sponsam supra *commodum ac præmium* aliquid cogitare. Quin etiam « is qui diligit Deum, quia sibi bonus est, et propter hoc principaliter ut suam beatitudinem sibi communicet, » (en *principaliter*, id est, ità ut in eo finem ultimum collocet), « naturalem et

---

[1] *Préf.*, n. 103. *Alb. Mag. ibid.* — [2] *De appreh.*, part. VII, n. 8. — [3] *Ibid.*, p. 10, n. 16. — [4] *De appreh.*, part. VII, p. 10, n. 23. — [5] *Ibid.*, n. 24. — [6] *Ibid.*, p. 12, n. 4. — [7] *Ibid.*, p. 10, n. 25. — [8] *Ibid.*, n. 13. — [9] *Parad. an.*, cap. I.

imperfectam charitatem habere convincitur. » Quæ verba, etsi in speciem sibi faventia, referre auctor erubuit : satis enim intellexit *imperfectum* illud sonare inordinatum; nec charitatem Dei esse, sed suî, quæ in eo desiderio ut in fine ultimo acquiescat, ac secundarium objectum loco primarii principalisque ponat.

342. Sanè motiva secundaria beatus auctor non tacet in eodem *Paradiso animæ* ad litteram O. « Inductivum, inquit, veræ charitatis est agnitio Dei : nam in ipso materia totius dilectionis consistit, scilicet nobilitas, potentia, benignitas, pulchritudo, providentia[1], » etc. Quæ sunt pleraque relativa ad nos. « Item, inquit, dilectio Dei ad nos æterna, immensa, non interpolata et fidelissima inductiva est veræ charitatis. » En illa secundaria quæ inducant charitatem veram, et ad Deum secundo loco nos moveant, ipsâ Dei gloriâ instar finis ultimi ac primarii collocatâ : quod cum omni Scholâ planè congruit, ut vidimus.

ARTICULUS XXI.

De piis excessibus.

343. Quòd pios excessus sanctis tribui auctor crimini imputat, ex Chrysostomo atque ex ipso Paulo confutavimus (n. 197, 201, 202).

344. De amatoriis amentiis remisimus ad Bernardum et alios (*Mystici in tuto*, n. 193). Nunc juvat afferre locos in quibus mellifluus doctor sponsam negat suî rationisve compotem[2] : dicit ebriam amore[3] : alibi, saturam, eructantem, etc.; quippe ex cellâ vinariâ prodeuntem : « totum quod rationis, consilii, judiciive esse videtur oblitam[4]. » His subjungimus Guillelmum sancti Theodorici Abbatem, Bernardo supparem, ejusque adhuc superstitis vitæ scriptorem sanctissimum, cujus hæc verba sunt : « Audi sanctam insaniam : *Sive mente excedimus, Deo.* Vis adhuc audire insaniam? *Si dimittis eis peccatum, dimitte : sin autem, dele me de libro vitæ.* Vis aliam? Ipsum audi Apostolum : *Opta-*

---

[1] *Parad. an.*, cap. I.— [2] Serm. LXXIII *in Cant.*, n. 1.— [3] *Ibid.*, serm. VII, n. 3. — [4] *Ibid.*, serm. LXXIX, n. 1.

bam anathema esse, etc. Hæc ad Spiritûs sancti adventum apostolorum ebrietas : hæc insania, cùm diceret ad eum Festus : *Insanis, Paule*[1], » etc. Malè ergò sibi auctor consulit, qui immodico studio reprehendendi nostra, sanctos etiam reprehendit.

345. Neque ideò Paulus aliique ejusmodi amatores meriti exsortes, cùm et illud ad meritum amoris spectet, quòd ejus vis nonnisi tantâ hyperbole exprimi potuerit : quod sæpè dicendum est adversùs auctorem assiduè nobis hæc falsa imputantem.

ARTICULUS XXII.

Futiles quæstiones.

346. De purâ naturâ, de animæ rationalis mortalitate, de felicitate neglectâ à philosophis, deque aliis ejusmodi, futiles quæstiones ad involvendam rem introductas sæpè notavimus (n. 203, 206, 243) : non enim Paulus, non Moses, non alii ad hæc animos retorquebant : agitur non de vanâ et præposterâ imaginatione cujusvis alterius status, sed de *anathemate à Christo, de libro vitæ æternæ*, rebus stantibus ut sunt, à Deo per Evangelium constitutæ. Porrò beatitudinem et naturalibus et supernaturalibus votis appetendam, etiam in illis actibus, quibus eam ex impossibili abdicare videbantur, gerebant in animo (n. 207, 208) : alioquin nec habuissent charitatem, quæ est motus ad fruendum (n. 109 et seq.).

ARTICULUS XXIII.

De primariis et secundariis rationibus objectivis charitatis.

347. De illis tam in se consideratis quàm inter se comparatis, quid auctor sentiat et quàm ipsi adversentur doctores cæteri, sæpè quidem commemoravimus, præcipuè verò (n. 92, 106); quæ ad enodandam difficultatem omnem et Scholæ decreta explicanda et tutanda vel maximè pertinent : atque etiam ad ostendendam hujus controversiæ gravitatem (n. 107, 108). His autem positis, et in unum brevitatis gratiâ recollectis, auctoris errores facilè elucescent.

[1] *De nat. et dign. Am.*, cap. III, n. 6.

ARTICULUS XXIV.

Errores in hoc libello notati recensentur.

348. Non enim omnes, sed eos quos in hoc libello memoravimus, recensemus : sunt autem ejusmodi.

I. Error: Non omnem actum rationalem fieri ex amore sive appetitu innato beatitudinis tanquàm finis ultimi : contra sanctum Augustinum expressè, et contra universam theologiam [1].

II. Appetitum illum innatum esse cæcum, contra eumdem [2].

III. Amputato motu ad fruendum Deo, vigere perfectissimam charitatem [3].

IV. Non ergò valere definitionem charitatis ab eodem Augustino traditam, et à Magistro, à sancto Thomâ et universâ Scholâ receptam [4].

V. Ex eo quòd amor charitatis sit penitùs absolutus ab omni respectu ad nos, etiam quoad motiva secundaria ac subordinata minùsque præcipua, sequitur contra Scholam universam error gravissimus; quòd amor charitatis non sit, ut omnis amor, essentialiter unitivus [5].

VI. Et quòd amor Dei ut amici, ut Domini, ut Dei nostri; Christi verò ut Sponsi, ut Salvatoris, etc., charitatis non sit; quòd est contra Evangelium, et consensum Patrum et theologorum omnium [6].

VII. Ex his everti à sancto Bernardo allatas duas causas diligendi Dei *propter se;* nempè, pro *merito suo,* pro *commodo nostro* [7].

VIII. Amorem justificantem, qui ab auctore quarti gradûs dicitur, etsi Deum sibi rebusque omnibus, nullâ exceptâ, anteponit, nec sibi felicitatem quærit, nisi in quantùm subordinata est gloriæ Dei : tamen non esse amorem purum [8].

IX. Dari amorem purum, qui quinti gradûs dicitur, super quartum illum gradum, licèt hic vim omnem amoris comprehendat [9].

[1] N. 7, 8 *et seq.*, 18, 20, 21, 22, 228. — [2] N. 9 et seq. 30, 31, 229. — [3] N. 20, 21, 207, 208. — [4] N. 109, 110, 111, 112, 115, etc. 293, 299. — [5] N. 95, 131, 147, 148. — [6] N. 147, 148, 155, 231 et seq. — [7] N. 156, 157 et seq. — [8] N. 163, 169, 170 et seq. 175. — [9] *Ibid.*, et 186.

X. Amorem illum purum, sive quinti gradùs, plerisque sanctis animabus esse inaccessum, nec eis prædicandum [1].

XI. Amorem quarti gradùs subordinari Dei gloriæ magis habitu quàm actu, nec ad eum plerumquè referri magis quàm actum peccati venialis [2].

XII. Actum peccati venialis Deo habitu subordinatum esse [3].

XIII. Quidquid non est habitu subordinatum Deo, esse peccatum mortale : ex quo sequitur, nullum esse veniale peccatum [4].

XIV. Actum amoris elicitum ex suppositione impossibili, quòd anima justa æternis suppliciis, rebus stantibus ut sunt, addicatur, in se absolutè perfectiorem esse, quàm actum alioqui perfectissimum sine illis suppositionibus [5].

XV. In iis actibus qui per suppositiones impossibiles fiunt, etsi non ipsam rem, tamen motiva reipsâ separari [6].

XVI. In eo amore ità immolari salutem, ut beatitudinis ac salutis desiderium ab eo amputetur [7].

XVII. Securos non fuisse Mosen et Paulum, quòd non essent, ille delendus è libro vitæ, hic verò anathema futurus : maximâ sanctorum contumeliâ, et in Deum blasphemiâ [8].

XVIII. Præter illud salutis sacrificium conditionatum ex impossibili, à sancto Joanne Chrysostomo ejusque scholâ et aliis quibusdam agnitum, dari aliud sacrificium absolutum, cujus nulla sit mentio apud illum et cæteros Patres aut auctores [9].

XIX. Sacrificium illud absolutum consistere in eo quòd casus impossibilis non modò possibilis, sed etiam actu realis æstimetur [10].

XX. Sacrificii ergò illius absoluti idem esse objectum atque conditionalis, nempè salutem æternam [11].

XXI. Spem mercedis, salutisque desiderium in perfectorum statu nec suasum nec imperatum, et ad imbecilles angustasque animas remittendum [12].

Hæc igitur sunt, quæ ex hoc libello facilè condemnentur. His adde alios errores copiosè demonstratos (*Mystici in tuto*) : et ibi-

---

[1] N. 178 et seq. — [2] N. 172, 173, 174, 175.— [3] *Ibid.*— [4] *Ibid.*— [5] N. 207, 210, 227. — [6] N. 202, 227.— [7] N. 207, 227. — [8] N. 190, 194 et seq. 201, 215, 235. — [9] N. 197. 237. — [10] N. 238. — [11] *Ibid.* — [12] N. 259, 260.

dem recollectos, n. 174, 175, 176. Verùm et hæc et alia benè multa, quibus se quietismus erigere nititur, positis fundamentis ac remotis obicibus, Deo dante posteà breviùs ac pleniùs enitescent.

QUÆSTIUNCULA DE ACTIBUS

A CHARITATE IMPERATIS,

SCHOLÆ IN TUTO AD CALCEM INSERENDA.

Tanta est in libro *de Sanctorum Decretis* errorum seges, ut eam tot auctoris inventa subtilia superare et exhaurire non possint. Hujus autem quæstiunculæ ut exsolvamus nodos, totum hoc argumentum in pauca conjicimus, neque tamen quidquam prætermittimus quod sit necessarium.

I. Primùm quidem annotamus quarto amoris gradu vim omnem amativam facilè contineri [1] : quippe cùm illius gradùs tanta sit charitas, ut anima non modò Deum anteponat sibi, verùm etiam felicitatem suam totam in objectum charitatis referat, neque aliter beata velit esse, quàm ut Dei promoveat gloriam : quo fine amoris perfectio et puritas constat. Cùm ergò in eo gradu tota virtus amandi sit; quintus amor ab auctore positus tanquàm operis scopus unicus, non modò est supervacaneus, verùm etiam noxius : cùm spe ac mercede amori penitùs subordinatis nihil superius excogitari possit, quàm ipsa spei ac mercedis ex vehementiâ charitatis abjectio, earumque vis tota in amoris suavitatem et attractum absorpta. Quo ipsa spes extinguitur, quod est erroneum, imò hæreticum, palàm pronuntiante Apostolo [2] : *Nunc autem manent tria hæc, fides, spes, charitas.*

II. Respondet auctor, quarti gradùs amorem esse reverà purum

---

[1] *Max. des SS.*, p. 6, 9, 10, 16, 18. — [2] 1 *Cor.*, XIII, 13.

atque perfectum, propter eas quas dixi rationes: cæterùm quinto amori id à se attribui, ut spei exercitium ab ipsâ charitate plerùmque imperetur, magisque præveniat spem charitas quàm ab ipsâ præveniri sinat: ità conciliari omnia: atque amori puro sive charitatis conjunctam stare spem aliasque virtutes, sed à charitate imperatas: neque eò minùs spem veram, quòd instigante et imperante charitate prodeat.

III. Acuta sanè hæc sunt, sed planè commentitia. Neque enim auctor in perfectionis constituendâ ratione ullam imperantis charitatis, nec spei imperatæ toto tractatu *de Doctrinâ Decretisque Sanctorum* mentionem facit: quare hæc omnia etsi vera essent, tamen operis instituti rationi non congruunt.

IV. Præthereà ad amorem quinti quoque gradûs pertinet, ut in eo plerumquè spes affulgeat à charitate imperata; cùm, fatente auctore [1], et ibi sit amor qui Deum anteponat sibi, et charitas ipsa spem cujus finis est, et anteveniat, et moveat, et ad actum impellat: quippe omnimodis subordinatam sibi et ad se pertractam.

V. Quin etiam in quovis gratiæ et charitatis statu valet apostolicum illud: *Finis præcepti charitas* [2]; ergò finis charitas etiam præcepti de spe: ac proindè quovis in statu gratiæ et charitatis, spem regit, movet, incitat, et in suum finem trahit charitas: quod planè idem est atque imperare.

V[I]. Non ergò quisquam est justus qui non plerumquè et se et spem suam omnem referat ad Deum ejusque gloriam, qui est unicus vitæ christianæ, præceptorumque finis, in quem quicumque non tendit christianus non est.

VII. Cujus rei gratiâ hæc mandat idem apostolus: « Omnia vestra in charitate fiant [3]. » Et iterùm: « Omne quodcumque facitis in verbo aut in opere, omnia in nomine Domini nostri Jesu Christi [4]. » Deniquè: « Sive ergò manducatis, sive bibitis, sive aliud quid facitis, omnia in gloriam Dei facite [5]. » Quòd si tanta, tam necessaria, tamque apta atque connexa justorum est ad Dei gloriam relatio, ut etiam manducandi ac bibendi animalem actio-

---

[1] *Max.*, p. 6, 9. — [2] I *Tim.*, 5. — [3] I *Cor.*, XVI, 14. — [4] *Colos.*, III, 17. — [5] I *Cor.*, X, 31.

nem propter eamdem Dei gloriam exercendam habeant : quantò magis spem videndi ac fruendi Dei, ac beatæ æternitatis aliasque virtutes ad ipsum Deum referant, ipsique charitati dominæ ac reginæ virtutum servire faciant?

VIII. Nec refert quòd perfecti nostri, reluctantibus licèt exactioris moralis disciplinæ professoribus, apostolica verba non ad præceptum, sed ad consilium referant. Utcumquè enim est, consilium istud ad omnes justos pertinet; neque ad status passivi gratiam, de quâ explicandâ hìc agimus, revocatur.

IX. Auctor namque sic agit, ut quinti amoris gradum et passivum et plerisque sanctorum inaccessum doceat [2] : undè etiam sanctissimis quoque animabus offensionem perturbationemque gravem pariat, duriorque videatur, quàm ut assequi possint. Quod ad illam quam diximus apostolicam sententiam de omnibus actibus in charitate faciendis pertinere, nemo nisi impiè dixerit.

X. Quis enim cùm hæc audit : « Omnia vestra in charitate fiant; » et : « Sive manducatis, sive bibitis, sive quid aliud facitis, omnia in gloriam Dei facite : » quis, inquam, cùm hæc audit, non ædificatur potiùs quàm offenditur? Quis verò cogitavit unquàm, ut ab his suadendis temperaret? planè nullus : quippe cùm vulgo fidelium ab ipso Apostolo proposita esse intelligat.

XI. Vide, christiane lector, quàm sit alienum à christianâ veritate, ut perfectionis obtentu Dei sacerdotes hæc apostolica prædicare omnibus, omnibus suadere non audeant. Hiccine erit finis christianæ perfectionis, ut vulgatissimæ apostolorum sententiæ apud plerosque exolescant, offendant animos, durioresque quàm suaviores ac veriores sanctis quoque animabus esse videantur?

XII. Sanè commemorat auctor [2] amorem quarti gradûs quintique, cùm uterque justificet, id habere commune ut Deum anteponant sibi, ac felicitatem ipsam ad eum ejusque gloriam referant; quo sublato, vel ipso confitente nulla justificatio est : sed interim in eo esse discrimen, et quinti gradûs excellentiam : quòd quarti gradûs amor habitu tantùm plerumquè, quintus verò plerumquè etiam actu referat : planè eo modo rituque quo sanctus Thomas docet peccati venialis actum habitu referri ad Deum.

[1] *Max. des SS.*, p. 34, 35. — [2] *Ibid.*, p. 6, 9, 10.

Hæc auctor[2] : quæ quidem indicant quàm ductilem ac versatilem habeat theologiam. Cæterùm quòd justificantis amoris gratia habitu non actu, nec magìs quàm ipse peccati venialis actus referatur in Deum, erroneum est : quod etiam alibi demonstravimus : nempè *Summâ doctrinæ*, n. 9 ; et *Scholâ in tuto*, q. XI totâ : quo etiam loco docemus de peccati venialis actu in Deum habitu relato erroneam doctrinam imponi sancto Thomæ.

XIII. Neque illud prætermittere possumus, quod in eodem libello nostro est traditum, si semel admittatur in quinti amoris gradu ab animâ contrahi habitum Dei amandi nullo omninò respectu ad beatitudinem, indè omninò consequi ut spes sit inutilis, neque usquàm imperanda : nihil enim erit cur charitas spem imperet ; ex quâ nec audentior, nec firmior, nec purior futura sit. Quin etiam si spem imperaret nullo sibi emolumento futuram, à perfecto actu amoris illius nullâ spe indigi ultrò desisteret : quod ab optimâ illâ et perfectâ mente longè abesse oportet : neque curaret illud, ut frequentaret imperfectum actum nihil profuturum (*Sch. in tuto*, q. XIV, n. præsertim 255, 256).

XIV. Quare nec his hæret auctor : non hæret, inquam, ei doctrinæ : quòd in actibus spei charitate plerumquè imperatis perfectio reponatur : sed in eo vim facit, ut naturalis amor suî, ille innoxius, et in imperfectis residuus, à perfectis plerumquè excidatur : quo nunc tota spes systematis redigitur : tùm in *Instructione pastorali* auctoris, tùm in *Responsione ad Summam doctrinæ*, aliisque scriptis *Explicationem de Doctrinâ Sanctorum* consecutis.

XV. Quâ explicatione ex postfacto, sive postliminio ac præposterè editâ , totius libelli *de Sanctorum Doctrinâ* rationem planè interversam esse constat ; substitutis etiam sexcenties et intextis in ipsam versionem latinam aliis vocibus quàm iis quas originalis habebat textus. Omnibus enim ferè paginis loco *commodi proprii* quod habet ipse textus, occurrit substituta sive addita *mercenaria appetitio* : quæ sanè non versio, sed aperta et assidua textùs corruptio et interpolatio est : quo etiam fit, ut libelli hujus studiosissimi defensores ipsam quoque explicationem

---

[1] *Resp. ad Summam doct.*, p. 48, 49.

abjiciant, nec minùs proptereà libellum tueantur invito quoque auctore, ut est à nobis demonstratum; *Quiet. rediv.*, admonit. prævia, n. 1, 2, etc.

XVI. Quod autem ubique pertendit auctor explicationem de affectu naturali idem valere cum illâ de imperatis ab ipsâ charitate spei ac reliquarum virtutum actibus; eò quòd illo affectu naturali præpediatur charitas, ne actus illos imperet : id quidem falsum est. Neque enim ab iisdem actibus imperandis magis prohibetur charitas per naturales affectus illos innoxios, quàm per ipsam vitiosam ac morbidam cupiditatem, toto hujus vitæ decursu omnibus atque etiam sanctissimis inhærentem. Quare posteaquàm affectum naturalem illum innoxium, nusquàm licèt in libro *de Sanctorum Decretis* indicatum; tamen ut necessarium tutando systemati *Instructione pastorali* editâ, in quæstionem istam per vim intrusit : rursùs indifferens esse statuit, an sit innoxius necne, ut est à nobis alibi demonstratum [1]. Ex quo patet auctorem sua æquè ac nostra diruentem, nullo loco hactenùs consistere potuisse.

XVII. Ne quid nos fugiat quod ad hanc quæstionem spectet : auctor ad stabiliendum amorem suum perfectum in imperatis, ordinariè saltem, à charitate spei ac virtutum actibus collocandum, subsidia undecumque corradens; ex ipso etiam articulo Issiacensi firmamentum petit. Nos autem eo loci de perfecto amore explicando nequidem cogitavimus. In eo enim versabamur, uti doceremus ex Paulo, omnium virtutum actus, etiam in charitate adunatos, tamen distincto exercitio etiam inter perfectissimos pollere. At neque Paulus, neque nos Paulum secuti, de perfectione illâ extraordinariâ, et plurimis quoque sanctorum inaccessâ quinti et singularis gradùs, in quâ passivæ sive contemplativæ orationis, ac præsentiæ Dei ratio poneretur, cogitabamus quidquam : naturam ac vim charitatis quocumque orationis statu Paulus exprimebat : naturam ac vim veritatis ex eodem Apostolo quocumque orationis statu exprimere conabamur.

XVIII. De contemplativâ sive passivâ oratione, sive quod idem esset, de oratione simplicis præsentiæ Dei, sive quietudinis,

[1] *Rép. à quatre Lett.*, n. 26.

art. xxi, demùm agere cœpimus : præcedentibus Articulis id unum agebamus, ut constaret apud omnes nullâ perfectione impediri quominùs actus virtutum, ac præsertim fidei, spei et charitatis etiam adunati in charitate perfectâ ubique vigerent distinctis ac propriis exercitiis : ità ut illa adunatio illi distinctioni nihil prorsùs efficeret.

XIX. Id verò luce clarius ex Articulorum tenore colligitur : cùm usque ad xxi ea comprehendamus quæ ad communis vitæ, perfectæ licèt, statum pertinent, ùt patet ex articulis x, xii, xiii, xiv, xv, xvi, xviii; ab articulo verò xxi, quæ singulares sive extraordinarios contemplationis, sive passivæ orationis status spectant, ordine exequimur.

XX. Tantùm autem abfuimus à perfectione christianâ in illis orationibus extraordinariis ac passivis collocandâ, ut etiam expressis verbis explicandum putaremus non in eis perfectionem aut puritatem christianæ vitæ esse repositam [1] : quo loco et illud vetabamus ne in puro castoque amore, quæ christianæ vitæ summa perfectio est, contemplativæ sive passivæ orationis ratio collocari posset.

XXI. Ergò ab Articulorum intento ac proposito toto cœlo aberrat auctor, qui nobis rèluctantibus, ipse quoque suî oblitus, contemplativæ sive passivæ orationis naturam in puro amore ità collocandam putat, ut nullis nisi amore purissimo ac perfectissimo præditis ad illam orationem detur accessus sive aditus : cæteris eâ doctrinâ offensis et conturbatis, ut dictum est (suprà, n. 9, 10).

XXII. Quod auctor, in *Responsione ad Summam doctrinæ* [2] docet, systema suum duabus tantùm rebus indigere, nempè notione communi charitatis in Scholâ, et nostro Issiacensi xiii articulo, non ullâ aliâ re : id eò pertinere demonstravimus [3] ut affectus ille naturalis suî, quæ una nunc auctoris enodatio est, sit omninò inutilis : cùm neque ad notionem charitatis, neque ad explicandum Issiacensem articulum valeat. Vide *Mystici in tuto*, n. 187, 188. Quòd unum sufficit ad planè demonstrandos ejusdem auctoris mirabiles ac variabiles vultus.

---

[1] *Iss., art.* xxii, xxiii. — [2] Pag. 3 et 8. — [3] *Myst. in tut.*, n. 187, 188.

XXIII. Fidenter autem asseveraverim, nunquàm magis Ecclesiæ fucum fieri cœptum, nunquàm periculosiùs de religione lusum quàm nunc fit. Librum reprehendis gallicum? auctor ad latinam versionem provocat, perperàm licèt repræsentatâ proprietate textûs. In quarto gradu purum amorem constitutum doces, adeòque quintum illi superpositum et inutilem, et noxium esse conficis? ad actus imperatos, ad affectum naturalem, nunc quidem innoxium, nunc si velis noxium quoque; ad relationem habitu non actu confugit: ab unâ explicatione ad aliam desilit: nullo consistit loco: nihil non asserit: nihil non ut vult, explicat, et in sensum quemvis trahit, ut nusquàm subtilior artifex extitisse, aut religionem christianam absolutam et simplicem tot acuminibus vexasse videatur.

XXIV. Hæc si quis à me, eò quòd candidiùs, idcircò etiam intemperantiùs dicta esse suspicatur: non ità est: iterùm atque iterùm fidenter in Domino dico: Non ità est: ut est etiam à me alibi demonstratum [1]. Zelo enim zelatus pro ipsâ veritate, pro matre meâ Romanâ Ecclesiâ, pro domino meo domino Innocentio XII, pro catholicâ quâcumque diffusa est Ecclesiâ: id unum vereor, ne nobis et cæteris catholicis tractatoribus, quod absit, auctor acutissimus per novarum vocum involucra verba dedisse, ac pro verâ pietate miras merasque offucias substituisse videatur.

[1] *Rép. à quatre Lett.*, n. 24.

TABLE

DES MATIÈRES CONTENUES DANS LE DIX-NEUVIÈME VOLUME.

Remarques historiques. 1
TRADITION DES NOUVEAUX MYSTIQUES. 1
Saint Clément d'Alexandrie. Chap. I. Idée générale de la gnose. 2
Chap. II. De la fausse gnose, par laquelle l'auteur prétend conclure que saint Clément n'use point d'exagération. 3
Section I *sur le chapitre second.* Suite mémorable de ce chapitre. Question, si l'auteur a bien conclu qu'il n'y a point d'exagérations dans les paroles de saint Clément. 3
Section II *sur le chapitre second.* Excès qu'on attribue à saint Clément. . 4
Chap. III. De la vraie gnose. 6
Section I. Ce que c'est que la gnose et le gnostique de saint Clément d'Alexandrie. 7
Section II. Que l'idée que l'on vient de proposer du gnostique satisfait à tous les passages de ce Père. 9
Section III. Ce que l'auteur avoit à trouver selon son dessein dans saint Clément d'Alexandrie, de l'homme passif des nouveaux mystiques. . . 10
Chap. IV. La gnose consiste dans une habitude d'amour et de contemplation. — Section I. Examen du premier passage qui est produit dans ce chapitre, où il est parlé de l'admiration. 12
Section II. Autres passages produits, dont l'effet est tout contraire à celui qu'on a prétendu : restriction importante de saint Clément dans les choses de perfection qu'il attribue à son gnostique. 13
Chap. V. La gnose est une habitude de charité pure et désintéressée. . . 15
Chap. VI. La gnose est une contemplation permanente. 17
Section I. Explications générales, ou clefs des expressions de saint Clément. 17
Section II. Locutions plus particulières, et preuves que le gnostique fait toujours de nouveaux efforts. 19
Section IV. Si le gnostique exclut tout raisonnement discursif. 20
Section V. De la contemplation par négation du simple regard amoureux, et de l'exclusion des attributs. 22
Section VI. Fortes expressions de saint Clément sur l'immutabilité, qu'il attribue à son gnostique. 24
Section VII. Solutions particulières pour les passages où il est dit que le gnostique en vient à une habitude de contemplation éternelle, immuable et inaltérable. 27
Section VIII. L'entendre perpétuel de saint Clément s'explique par les mêmes principes, et par la nature de l'habitude. 28
Section IX. Des nécessités que saint Clément attribue à son gnostique. . . 28
Section X. Suite des passages du chapitre sixième. 30
Chap. VII. Sa gnose est un état d'impassibilité. 31
Section I. Passage du livre sixième rapporté dans ce chapitre : En quel sens l'homme parfait est sans désir. 31

Section III. Suite du passage, où il est parlé de l'apathie du gnostique. . . 32
Section IV. Suite du même passage, où il est parlé des vertus et de la perfection de la justice chrétienne. 35
CHAP. VIII. La gnose est la passiveté des mystiques. 39
CHAP. IX. La gnose est un état où l'ame n'a plus besoin des pratiques ordinaires. — *Section* I. Les gémissemens et les précautions renvoyés. . . 40
Section II. Le gnostique actif. 42
CHAP. X. La gnose parfaite exclut tout désir excité. — *Section* I. Deux réponses qu'on fait aux passages de saint Clément sur les demandes. Première réponse : S'il est vrai que les demandes attribuées au gnostique soient passives. 43
Section II. Seconde réponse : S'il est vrai que les demandes attribuées au gnostique soient des restes d'imperfection, ou que le parfait gnostique ne demande rien. 46
Section III. Passage de saint Clément où il fait demander au coryphée : Vains efforts pour éluder. 47
Section IV. S'il y a dans saint Clément un état supérieur à celui qu'il appelle la gnose. 50
Section V. Sur les désirs, sur l'efficace de la prière intérieure, et sur les actes réglés. 55
Section VI. Sur l'action de graces : si elle exclut la demande, et réduit tout au passif. 58
Section VII. La principale objection se résout par elle-même. 60
Section VIII. Conséquence de la doctrine précédente. 61
Section IX. Si c'est une demande intéressée que de demander les biens temporels, avec le reste des fidèles et toute l'Eglise. 63
Section X. Si c'est un désir intéressé de désirer les biens éternels. . . . 64
Section XI. Si c'est un désir imparfait et intéressé de désirer la persévérance ou l'accroissement de l'amour. 65
Section XII. L'espérance supprimée par une mauvaise version. 66
Section XIII. Deux passages qu'on prétend décisifs, et qui ne concluent rien. 68
Section XIV. Conclusion de l'auteur des Remarques. 69
RÉFLEXIONS sur le chapitre huitième, dont le titre est : La gnose est l'état passif des mystiques. 71
CHAP. XI. Le gnostique est déifié. 79
CHAP. XII. Le gnostique voit Dieu face à face, et est rassasié. 83
Section I. Premier passage où saint Clément a bien pris le sens littéral de saint Paul. 83
Section II. Autre passage. 84
Section III. Premier passage objecté. 85
Section IV. Autres passages objectés. 85
Section V. Conséquences de la doctrine de la vision face à face. 89
Section VI. Ce qu'on appelle le fond de l'ame. 91
Section VII. Sur la réflexion et sur l'amour-propre. 91
CHAP. XIII. Le gnostique a le don de prophétie. 92
CHAP. XIV. La gnose est un état apostolique. 96
CHAP. XV. Quelle est la sûreté de la voie gnostique. 99
CHAP. XVI. La gnose est fondée sur une tradition secrète. 102
Section I. Traditions et secrets particuliers combien inouïs dans l'Eglise. Doctrine de saint Augustin. 102
Section II. Principes de la tradition. 104
Section III. Trois auteurs qu'on allègue seuls pour établir ces traditions prétendues secrètes. Le premier auteur, Cassien. 107
Section IV. Second auteur, saint Denis. 109

Section v. Des secrets que l'on cachoit aux profanes, aux non initiés, et aux hommes vulgaires. 111
Section vi. Qu'il n'y a rien à cacher aux fidèles dans tout saint Denis. . . 113
Section vii. Passage de saint Clément d'Alexandrie. 115
Section viii. Autres passages du même Père : vraie notion de la tradition. . 117
Section ix. Autres passages. 122
Section x. Suite des passages. 123
Section xi. Autres passages. 124
Section xii. Réflexions sur les trois auteurs dont on vient d'examiner les passages. 128
Chap. XVII. Du secret qu'on doit garder sur la gnose. 130
Section i. Qu'est-ce donc que saint Clément a voulu cacher ? 130
Section ii. Diverses expressions de l'auteur dans ce dix-septième chapitre. 138
RÉPONSE AUX DIFFICULTÉS DE MADAME DE MAISONFORT. 140
REPONSE A UNE LETTRE DE M. L'ARCHEVÊQUE DE CAMBRAY. 149

DIVERS ÉCRITS OU MÉMOIRES

SUR LE LIVRE INTITULÉ :

EXPLICATION DES MAXIMES DES SAINTS, ETC.

AVERTISSEMENT SUR LES ÉCRITS SUIVANS, ET SUR UN NOUVEAU LIVRE DE M. L'ARCHEVÊQUE DE CAMBRAY, IMPRIMÉ A BRUXELLES.

i. L'utilité des écrits dans les disputes qui s'élèvent dans l'Eglise. 157
ii. La matière réduite à quatre points principaux, où la vérité est manifeste. 158
iii. Premier point : sur le désespoir et le sacrifice du salut. 159
iv. Second point : le prétendu amour pur, qui fait cesser les désirs de la béatitude et du salut. 160
v. Troisième point : le fanatisme, et la suppression des actes de propre industrie et de propre effort. 162
vi. Quatrième point : la contemplation, dont Jésus-Christ est exclu. . . 163
vii. Trois autres erreurs. 163
viii. Nul passage de l'Ecriture : pure et fausse métaphysique : seule objection tirée des Pères dans leurs trois états, combien aisément résolue. . 164
ix. L'Ecole mal objectée par de fausses imputations dans le nouveau livre contre le *Summa doctrinæ* : quelle doctrine j'ai enseignée sur le précepte de la charité. 165
x. Article xiii d'Issy mal allégué : que saint Paul au chap. xiii de la première aux Corinthiens, définit la charité commune à tous les fidèles. . 168
xi. Etrange doctrine de la Réponse au *Summa doctrinæ* sur le péché véniel, et sur le rapport à Dieu dans la charité justifiante. 168
xii. Si c'est ici prévenir le jugement de l'Eglise, et faire de rudes censures. 170
xiii. Qu'il faut aller à la source de la vérité. 170
xiv. Sur le nouveau dénouement de l'amour naturel et délibéré, proposé dans l'Instruction pastorale. 171
xv. Seconde démonstration de la même chose par la Réponse au *Summa*. 172
xvi. Deux choses certaines sur les passages qui sont cités dans l'Instruction pastorale. 173
xvii. Moyen facile et décisif pour bien entendre saint François de Sales. 174
xviii. Doctrine importante en explication du Catéchisme du concile, et de la Préface de ce livre. 175

PRÉFACE SUR L'INSTRUCTION PASTORALE,

DONNÉE A CAMBRAY, LE 15ᵉ DE SEPTEMBRE 1697.

SECTION I. PROPOSITION DU SUJET.

I. Dessein de l'Instruction pastorale et de cette Préface : deux questions qu'on y doit traiter. 179
II. Sur la longueur nécessaire de cette Préface. 180
SECTION II. *Première partie* : question : Si l'Instruction pastorale justifie l'*Explication des Maximes des Saints*. 180
III. Plan général des deux livres qu'on se propose de comparer. . . . 180
IV. Plan particulier de l'Instruction pastorale : définition de l'intérêt. . . 181
V. Suite du plan de l'Instruction pastorale : équivoque du mot *intérêt*. . . 182
VI. Demande importante : pourquoi le terme d'intérêt étant ambigu, l'auteur ne l'a pas défini d'abord : définition de l'amour qu'il appelle naturel. 182
VII. Une condition importante de cet amour naturel, c'est qu'il soit délibéré. 183
VIII. L'amour pur change de figure, et devient impie au sens qu'on l'avoit proposé d'abord. 184
IX. Quel usage on fait du prétendu amour naturel. 185
X. On démontre qu'il n'y avoit aucune raison de ne point définir le terme d'intérêt propre. 186

SECTION III. LE DÉNOUEMENT DE L'AUTEUR DÉTRUIT PAR SES PROPRES TERMES.

XI. Notion de l'intérêt propre éternel ; ce que c'est selon l'auteur. . . . 187
XII. Que cette notion convainc l'auteur d'avoir enseigné le désespoir. . . 188
XIII. Suite de la même démonstration. 188
XIV. Il demeure clair, par les paroles de l'auteur, que le sacrifice absolu est celui du salut. 189
XV. Que le sacrifice absolu et le sacrifice conditionnel ont et n'ont pas le même objet : contradiction manifeste de l'auteur. 190
XVI. Que la persuasion invincible que l'auteur vouloit attribuer à l'imagination, selon lui en propres termes est dans la raison. 191
XVII. Le livre de l'*Instruction sur les Etats d'oraison* mal objecté. . . . 192
XVIII. Vaine réponse, et suite de contradictions. 192
XIX. La juste condamnation où l'on acquiesce, n'est autre chose que l'enfer. 193
XX. Autre démonstration, par les paroles de l'Instruction pastorale. . . . 193
XXI. Job mal allégué. 194
XXII. Objection et réponse par les termes de l'auteur. 195
XXIII. Que toutes les excuses de l'auteur se contredisent elles-mêmes. . . 195
XXIV. Que ce n'est point une excuse de se défendre en disant : Je me serois contredit : quand il est clair qu'on se contredit en effet. 196
XXV. Dernier refuge de l'auteur : l'illusion des expériences : il en faut juger par la règle de la foi. 196
XXVI. Que l'auteur oppose en vain à M. de Meaux l'exemple de la mère Marie de l'Incarnation. 198
XXVII. Erreur sur les volontés inconnues : contradictions de l'auteur. . . 198
XXVIII. Exclusion du désir du salut. 199
XXIX. Si les propositions exclusives du salut sont de saint François de Sales. 199
XXX. Discussion nécessaire sur les *Entretiens* de ce saint, et sur les éditions différentes de ce livre. 200

XXXI. Que ces propositions faussement attribuées à saint François de Sales sont insoutenables en elles-mêmes. 202

SECTION IV. Ou l'on détruit le dénouement de l'auteur par les principes qu'il pose.

XXXII. Explication des principes de l'Ecole sur l'intérêt propre. 203
XXXIII. Distinction de saint Anselme, soutenue de saint Bernard, et suivie de Scot et de son école, entre la justice et l'intérêt sous lequel est comprise la béatitude. 203
XXXIV. Sentiment conforme de Suarez, et du commun de l'Ecole. . . . 205
XXXV. Sentiment de Sylvius souvent cité par l'auteur. 206
XXXVI. Sentiment de saint Bonaventure rapporté par le même Sylvius. . 206
XXXVII. Conclusion de Sylvius : la charité toujours désintéressée par l'autorité expresse de saint Paul. 207
XXXVIII. Raison de cette doctrine de l'Ecole : principe de conciliation entre toutes les expressions des docteurs sacrés. 207
XXXIX. Idées de l'Ecole conformes à saint Paul. 208
XL. Sentiment conforme de saint François de Sales. 208
XLI. Que l'auteur a suivi ces idées de l'Ecole dans les *Maximes des Saints*. 209
XLII. Suite des principes de l'auteur. 210
XLIII. Comment on a été forcé d'abandonner, dans l'Instruction pastorale, ces idées des *Maximes des Saints*. 210
XLIV. Equivoques inévitables et vaines distinctions du françois et du latin sur l'intérêt propre. 211
XLV. Mêmes équivoques sur le terme *motif*. 213
XLVI. Erreur de l'auteur sur la béatitude, établie, détruite, et rétablie par ses principes. 213
XLVII. Que la proposition où l'amour de pure concupiscence est mise au rang des préparations à la justification, est inexcusable selon les principes de l'auteur. 214
XLVIII. Vaines défaites sur la proposition erronée qui attribue au vice de la cupidité tout ce qui ne vient pas de la charité. 215
XLIX. Faux principe pour excuser le trouble involontaire de Jésus-Christ. 215
L. Que le trouble involontaire de Jésus-Christ fait partie du système de l'auteur. 217

SECTION V. Autres espèces d'erreurs que l'Instruction pastorale rend inexcusables, et premièrement sur la contemplation.

LI. Suppression de la vue distincte et de la foi explicite de Jésus-Christ. . 217
LII. Paroles de l'*errata* sur la page 33. 219
LIII. Réflexions sur cet *errata* : qu'on y avance sans raison que les épreuves sont courtes. 219
LIV. Suite de ces réflexions, et des erreurs de l'auteur. 220
LV. Erreur sur les intervalles de la contemplation, et sur les commençans. 221
LVI. Si l'imperfection des commençans peut être une exclusion de Jésus-Christ. 221
LVII. Que l'auteur induit dans la contemplation un pur quiétisme et une attente oisive de la grace. 222
LVIII. Vaine distinction entre la grace commune, quelle qu'elle soit, et les inspirations extraordinaires, qui retombe dans le quiétisme. 223
LIX. C'est un quiétisme de réduire les ames à l'attente de l'attrait hors du cas précis du précepte. 224

LX. Qu'il faut attendre que l'attrait se déclare pour le choix du genre d'oraison : autre pratique du quiétisme. 224
LXI. Etrange doctrine de l'auteur sur les trois volontés de Dieu, et comment elle établit le quiétisme. 225
LXII. Suite des principes du quiétisme dans la doctrine de l'auteur. . . 227
LXIII. Erreur sur les réflexions. 228
LXIV. L'auteur se dédit en termes formels, sans le vouloir avouer. . . 228
LXV. Erreurs sur les vertus. 229
LXVI. Autre contradiction : l'on est appelé, et l'on n'est pas appelé à la perfection. 230
LXVII. Source de cette erreur. 232
LXVIII. Les quiétistes épargnés par une affectation trop visible. 232

SECTION VI. *Seconde partie :* SUR LES ERREURS PARTICULIÈRES DE L'INSTRUCTION PASTORALE.

LXIX. La nouveauté du système. 233
LXX. On démontre, par l'auteur, que son explication de l'amour naturel et délibéré n'est appuyé d'aucuns passages. 234
LXXI. Les passages de saint Thomas et d'Estius, posés pour fondement par l'auteur, ne prouvent rien. 235
LXXII. Passage de Denis le Chartreux. 237
LXXIII. Conclusion des remarques précédentes. 238
LXXIV. Erreur d'ôter à la grace tout ce qui est imparfait. 238

SECTION VII. EXAMEN DE QUELQUES PASSAGES DONT L'AUTEUR COMPOSE SA TRADITION, ET PREMIÈREMENT DE CEUX DU CATÉCHISME DU CONCILE DE TRENTE.

LXXV. Premier passage de ce Catéchisme. 240
LXXVI. Deux autres passages du Catéchisme, où le royaume des cieux est proposé comme la fin commune de tous les fidèles. 241
LXXVII. Paroles du Catéchisme, et explication de l'auteur manifestement erronée. 242
LXXVIII. Huit démonstrations, par lesquelles la réflexion de l'auteur sur le Catéchisme est convaincue d'erreur. 243
LXXIX. Suite du passage du Catéchisme. 245
LXXX. Ce que veut dire dans le Catéchisme, *amanter serviunt :* ils servent avec amour : erreur de l'auteur. 246
LXXXI. Le langage du Catéchisme est justifié par le style du temps. . . 247
LXXXII. Explication des termes exclusifs du Catéchisme par les principes communs de l'Ecole. 247
LXXXIII. Le Catéchisme n'a pas songé à l'amour naturel, délibéré et innocent. 248
LXXXIV. Nouvelle illusion de l'auteur sur la fréquence des actes d'espérance, et que tous ses raisonnemens aboutissent à deux erreurs. 248
LXXXV. Doctrine du concile de Trente, et décision de cette dispute par son autorité. 249

SECTION VIII. EXPLICATION DE QUELQUES AUTRES PASSAGES DONT L'AUTEUR ABUSE.

LXXXVI. Passages de Sylvestre et de Sylvius. 250
LXXXVII. Pourquoi on se contentoit en ce temps, de dire que la vue de la récompense étoit permise : preuve par le concile de Trente. . . . 252

LXXXVIII. Seconde raison de proposer la question, par le terme, s'il est permis. 253
LXXXIX. Sylvius parle de même. 253
XC. Luther ne songea jamais à condamner un acte naturel permis, ni les catholiques à le soutenir contre lui. 254
XCI. Que Sylvius établit l'obligation d'agir en vue de la récompense. . . 254
XCII. Ce que Sylvius et les scolastiques veulent empêcher dans l'amour des récompenses éternelles. 255
XCIII. La vraie idée de la perfection suivant la doctrine précédente. . . 256
XCIV. Résolution, par les principes de l'auteur, d'un passage de Sylvius, où il dit que le vrai enfant de Dieu n'a point d'égard à la récompense. . . 256
XCV. Passage résolutif de Sylvius que l'auteur avoit omis, et qui décide formellement contre lui. 257
XCVI. Réflexions sur les passages précédens : inutile travail de l'auteur à les rapporter. 258

SECTION IX. QUATRE AUTRES AUTEURS PLUS ANCIENS, DONT LES PASSAGES SONT RÉSOLUS.

XCVII. Passages de saint Augustin. 259
XCVIII. Passage de saint Anselme chez Edmer. 261
XCIX. Omissions dans ce passage d'Edmer, qui montre qu'il est peu propre à donner des idées justes. 262
C. Doctrine de saint Bernard par quatre principes. 263
CI. Qu'aimer Dieu comme récompense, c'est l'aimer pour l'amour de lui-même. 266
CII. Sur cette parole de saint Bernard : L'amour ne tire point ses forces de l'espérance. 268
CIII. Passage d'Albert le Grand. 269

SECTION X. OU L'AMOUR NATUREL ET DÉLIBÉRÉ EST CONSIDÉRÉ EN LUI-MÊME.

CIV. Nouveau genre de charité introduit par l'auteur. 270
CV. Pareille erreur sur la cupidité vicieuse. 271
CVI. Propriétés de l'amour naturel : rien par l'Ecriture. 272
CVII. Propositions étranges. 274
CVIII. Suite encore plus étrange. 275
CIX. On prouve, par ces propriétés, que cet amour naturel est bien éloigné de celui de saint Thomas. 276
CX. Erreur de faire servir l'amour naturel, de principe et de motif aux actes surnaturels. 276
CXI. Autres passages où la même erreur est enseignée par rapport à l'espérance chrétienne avant la justification. 277
CXII. Le même motif naturel dans les justifiés. 278
CXIII. Vaine excuse de l'auteur. 278
CXIV. Démonstration de l'erreur, où est expliqué comment l'amour de la béatitude agit dans les ouvrages de la grace. 279
CXV. La puissance du motif naturel et libre jusqu'où poussée par l'auteur. 279
CXVI. Suite de cet excès. 280
CXVII. Réfutation des vaines défaites. 281
CXVIII. Deux écueils inévitables. 282
CXIX. Questions inutiles : erreur sur Jésus-Christ. 283

CXX. On attaque à fond la doctrine de l'affection naturelle, délibérée et innocente. 284
CXXI. Réflexion importante : que l'éloignement de l'affection naturelle pour la récompense est un prétexte pour exterminer la surnaturelle. . . . 287
CXXII. Démonstration, par les épreuves, que cette affection prétendue innocente est vicieuse. 289
CXXIII. Des douceurs sensibles de la dévotion : et que l'auteur les attribue trop à son affection naturelle : doctrine importante. 289

SECTION XI. SUR L'AUTORITÉ DES SAINTS CANONISÉS, ET SUR SAINT FRANÇOIS DE SALES.

CXXIV. Règle proposée par l'auteur. 292
CXXV. Deux règles de l'Eglise opposées à celle de l'auteur. 294
CXXVI. Exemples de quelques saints, et en particulier de saint François de Sales. 295
CXXVII. Autre exemple tiré du même saint. 297
CXXVIII. Passages de saint François de Sales nouvellement allégués dans l'Instruction pastorale : premier passage. 298
CXXIX. Suite du même passage. 299
CXXX. En quel sens le pur amour exclut tout autre chose que lui-même. 300
CXXXI. Second passage sur le mérite, tiré des faux entretiens du saint évêque. 301
CXXXII. Troisième passage aussi inutile que les précédens. 302
CXXXIII. Que l'auteur devoit éviter de produire ces passages qui n'ont aucun effet dans la pratique. 302
CXXXIV. Quatrième passage, tiré des Opuscules : jugement qu'ont fait de cet ouvrage ceux qui l'ont publié. 303
CXXXV. Beau principe du saint sur la recherche des vertus. 304
CXXXVI. Autre principe plus général du saint : cinquième et dernier passage de saint François de Sales. 305
CXXXVII. Observation sur le XIIIe article d'Issy, et sur les expressions de l'auteur. 306

SECTION XII. SUR QUELQUES SPIRITUELS QU'ON NOUS OBJECTE.

CXXXVIII. Sentimens de Rodriguez. 307
CXXXIX. Passages de l'auteur du *Catéchisme spirituel*. 308
CXL. Vain avantage qu'on tire de l'approbation que j'ai donnée à ce livre. 308
CXLI. Opposition de ce *Cathéchisme* aux nouvelles spiritualités. . . . 309
CXLII. Autres belles instructions du même livre contre les voies raffinées et métaphysiques. 310
CXLIII. L'auteur tronque un passage important : doctrine admirable sur l'abandon. 310
CXLIV. Quelques remarques sur F. Laurent, carme déchaussé. 311

SECTION XIII. SUR LES DIVERSES EXPLICATIONS DE L'ANATHÈME DE SAINT PAUL.

CXLV. Saint Grégoire de Nazianze altéré par l'auteur. 312
CXLVI. Explications par les autres saints : par saint Jérôme, par saint Augustin, et par Cassien, conformes à celles de saint Grégoire de Nazianze, et différentes de saint Chrysostome. 314
CXLVII. Deux premiers avis à ceux qui suivent l'explication de saint Chrysostome. 316

CXLVIII. Troisième avis, qui fait voir que l'explication de saint Chrysostome est directement contraire aux prétentions de M. l'archevêque de Cambray. 316
CXLIX. Quatrième avis, qui fait voir que selon le sentiment de saint Chrysostome ce n'étoit pas de Dieu ni de Jésus-Christ que saint Paul offroit d'être privé, même sous la condition impossible. 317
CL. Cinquième avis, où l'on démontre que l'anathême de saint Paul, loin d'exclure le désir de la jouissance, l'établit. 317
CLI. Sixième avis, où sont détruites les prétentions de l'auteur sur l'amour naturel dans saint Grégoire de Nazianze. 318
CLII. Les réflexions de l'auteur sur saint Chrysostome entièrement inintelligibles 319

CONCLUSION : OU LE DISCOURS PRÉCÉDENT EST RÉDUIT EN DÉMONSTRATION.

CLIII. Analyse des deux parties de cette préface. 319
CLIV. Deux moyens de démontrer la première partie. 320
CLV. Premier moyen, que le dénouement proposé dans l'Instruction pastorale est une illusion manifeste 320
CLVI. Preuve par sa propre définition 320
CLVII. Que l'auteur n'a point expliqué par une définition sa nouvelle idée d'intérêt propre 321
CLVIII. Qu'il devoit au public cette définition. 321
CLIX. Nouvelle raison qui l'obligeoit à définir. 321
CLX. Vain prétexte pour ne définir pas. 322
CLXI. L'illusion prouvée par trois moyens. 322
CLXII. Que l'intérêt propre est pris par toute l'Ecole pour surnaturel . . 322
CLXIII. Que saint François de Sales a parlé de même, et que le terme d'intérêt n'est point déterminé par notre langue à quelque chose de naturel. 323
CLXIV. Que l'auteur a pris l'intérêt au même sens 323
CLXV. Le fait posé par l'auteur sur la notion qu'il a donnée de l'intérêt propre, est convaincu de faux. 323
CLXVI. Autres passages de l'auteur contraires à ce qu'il a dit de son propre fait sur l'intérêt propre. 324
CLXVII. Autre passage important. 324
CLXVIII. Autres passages pour la même fin. 324
CLXIX. Démonstration qui résulte de tout ce qu'on vient de voir : question si l'auteur a toujours pensé ce qu'il nous dit aujourd'hui sur son livre. 325
CLXX. Suite. 325
CLXXI. Autre manière de tourner la démonstration du n. 167. 325
CLXXII. Comment l'esprit humain se persuade lui-même de ce qu'il veut faire accroire aux autres 326
CLXXIII. Abrégé de tout le discours précédent. 326
CLXXIV. Preuve de l'erreur contre l'espérance chrétienne 327
CLXXV. Autres erreurs qu'on omet ici. 327
CLXXVI. La seule erreur du sacrifice absolu emporte la condamnation de tout le livre. 327
CLXXVII. Solution de l'auteur. 328
CLXXVIII. Elle est vaine et se détruit elle-même. 328
CLXXIX. Autre manière de former la démonstration. 328
CLXXX. On commence à démontrer que l'Instruction pastorale contient des principes qui ferment la bouche à l'auteur. 329
CLXXXI. Tout le livre tombe tout d'un coup par ce seul endroit 329
CLXXXII. Principe sur la béatitude 330

CLXXXIII. Faux principe sur la grâce actuelle et sur la volonté de bon plaisir ... 330
CLXXXIV. Autre faux principe tiré de celui-là. ... 330
CLXXXV. Ces principes sont les sources du fanatisme et du quiétisme. ... 331
CLXXXVI. L'exception de cas du précepte ne sauve point du fanatisme ... 331
CLXXXVII. Application faite par l'auteur des faux principes qui induisent au quiétisme à divers cas particuliers. ... 331
CLXXXVIII. Application des mêmes principes de fanatisme à l'exclusion des actes de propre effort. ... 332
CLXXXIX. Les actes où l'on prévient Dieu, mal exclus. ... 332
CXC. Le demi-pélagianisme objecté à ces sortes d'actes par l'auteur, qui y enveloppe saint Augustin même aussi bien que tous les spirituels. ... 332
CXCI. Principe par où cette objection est résolue ... 332
CXCII. Que l'auteur ne diffère qu'en paroles d'avec les Quiétistes, et que l'inspiration qu'il admet est en effet extraordinaire. ... 333
CXCIII. Réflexions sur le progrès de l'erreur ... 333
CXCIV. Palliation sur la contemplation et sur l'exclusion de Jésus-Christ. ... 334
CXCV. Solution dans un *errata* de l'Instruction pastorale, et trois démonstrations par la détruire. ... 334
CXCVI. Ces trois démonstrations expliquées. ... 334
CXCVII. On déplore l'état de l'auteur. ... 335
CXCVIII. Erreur sur la contemplation pure et directe. ... 335
CXCIX. Erreur qui rend Jésus-Christ indigne d'entrer dans le corps de la parfaite contemplation. ... 335
CC. Avertissement sur l'ordre de cette analyse. ... 336
CCI. Corollaire : que l'Instruction pastorale est une rétractation, mais inutile et insuffisante : trois démonstrations. ... 336
CCII. Rétractations générales de l'auteur. ... 336
CCIII. Rétractations sur les actes directs et réfléchis. ... 337
CCIV. Rétractation manifeste sur le sujet de la vocation à la perfection chrétienne. ... 337
CCV. Contradiction de l'Instruction pastorale avec elle-même ... 338
CCVI. Que l'explication est une rétractation véritable ... 338
CCVII. Cette rétractation convainc et n'excuse pas. ... 338
CCVIII. Autre sorte de rétractation, de réduire la difficulté de la perfection au retranchement d'un amour naturel ... 338
CCIX. L'auteur réduit à rien des passages de Saint François de Sales, dont il avoit fait un fondement des Maximes des Saints ... 339
CCX. On passe à la seconde partie de cette analyse : deux sortes de démonstrations. ... 339
CCXI. Première démonstration : préjugé d'erreur dans la nouveauté. ... 339
CCXII. On n'allègue aucun endroit de l'Ecriture ... 340
CCXIII. Propriétés attribuées sans témoignage à l'amour naturel et délibéré. ... 340
CCXIV. On ne prouve que par conséquences forcées qu'on tire des Pères. ... 341
CCXV. Que nous avons examiné les principaux passages sans y rien trouver. ... 341
CCXVI. Quatre auteurs principaux examinés ... 342
CCXVII. Quatre auteurs principaux. ... 342
CCXVIII. Conséquence. ... 342
CCXIX. Trois autres auteurs principaux. ... 342
CCXX. Combien est basse l'idée de la perfection que donne l'auteur. ... 343
CCXXI. Erreurs nouvelles dans l'Instruction pastorale ... 343
CCXXII. Sur ce qu'on appelle imperfections. ... 348
CCXXIII. Réflexions sur la conclusion de l'Instruction pastorale ... 349

PREMIER ECRIT, ou Mémoire de M. l'évêque de Meaux à M. l'archevêque
de Cambray. *Avertissement*.. 351
I. Que notre conscience ne nous permet pas de nous taire, sur le livre
intitulé, *Explication des Maximes*, etc. 352
II. Que dans l'état où sont les choses, on n'a plus besoin de s'expliquer
davantage avec l'auteur sur les difficultés de son livre. 353
III. Abrégé des principales difficultés que nous trouvons dans le livre . . 355
IV. Sur les explications 363
V. Argument de l'auteur pour faire recevoir son explication. 365
VI. Sur les demandes que fait l'auteur à M. de Meaux. 370
RÉFLEXIONS SUR LE MÉMOIRE PRÉCÉDENT 371

SECOND ECRIT ou Mémoire de M. l'évêque de Meaux : pour répondre
à quelques lettres, où l'état de la question est détourné 373
I. Dessein et nécessité de cet écrit 373
II. Quelle obéissance promet l'auteur de ces lettres. 374
III. Si l'oraison est un péril. 375
IV. Que ceux qu'on veut accuser d'être opposés à l'oraison en sont les dé-
fenseurs. 376
V. Sentimens de M. de Meaux sur l'objet spécíatif de la charité . . . 377
VI. Des motifs de la charité : doctrine de l'Evangile : décision expresse du
concile de Trente. 378
VII. Autre décision expresse du même concile 379
VIII. Illusion de l'auteur. 379
IX. Réflexion sur les exemples de Moïse et de David, allégués par le con-
cile de Trente. 380
X. Doctrine de l'Ecole sur la nature et les motifs de la charité. . . . 381
XI. Vaine plainte dans la *Lettre à un ami*. 382
XII. La même doctrine plus précisément proposée. 382
XIII. Que l'auteur de la Lettre détourne l'état de la question : son erreur
sur l'état parfait. 383
XIV. Vaine réponse de l'auteur, qui n'entend ni l'espérance ni la charité. 384
XV. Que la distinction du quatrième et du cinquième état de l'amour, où
l'auteur a constitué toute la doctrine de son livre, ne subsiste plus après
sa lettre, et que son pur amour est un fantôme 384
XVI. Réflexions sur la distinction du quatrième et du cinquième amour posé
par l'auteur ; et nouvelle conviction de son erreur dans son pur amour. 385
XVII. Conséquences pour établir le vrai état de la question : première conséquence : que l'auteur se perd dans des subtilités. 387
XVIII. Seconde conséquence : Inutilité de certaines thèses sur le pur amour. 387
XIX. Troisième conséquence : Que l'auteur déguise l'état de la question
dans sa *Lettre à une religieuse*. 388
XX. Quatrième conséquence : Qu'il n'est pas vrai que l'on convienne de la
catholicité du sens de l'auteur. 388
XXI. Cinquième conséquence : Que l'auteur déguise l'objet de son livre
dans la même *lettre à une religieuse*. 388
XXII. Sixième conséquence : Qu'en réduisant la question à deux points
dans la *Lettre à un ami*, l'auteur dissimule les principales difficultés . . 389
XXIII. On dit un mot de la lettre de M. l'abbé de Chanterac, et on conclut
cet écrit. 389

TROISIEME ECRIT ou Mémoire de M. l'évêque de Meaux, sur les passages
de saint François de Sales. 391
I. Premier passage. 391

II. Second passage. 392
III. Troisième passage. 392
IV. Autres passages. 393
V. Autres passages sur l'indifférence du salut. 395
VI. Règle du saint. 397
VII. Autre passage sur l'indifférence du salut. 398
VIII. Autres passages sur l'amour des vertus. 399
Conclusion. 401

QUESTION IMPORTANTE : Si l'état d'une ame parfaite qui se croit damnée, est autorisé par l'exemple et par la doctrine de saint François de Sales, ou par les XXXIV articles d'Issy. 402

I. Dessein de ce discours. 402
II. Analyse de cet état : sept caractères. 402
III. Quatre erreurs dans ce système. 403
IV. Démonstration : première erreur. 403
V. Seconde erreur. 404
VI. Troisième erreur. 405
VII. Quatrième erreur. 405
VIII. Objection tirée des articles d'Issy. 405
IX. Réponse. Quatre différences entre les Articles d'Issy, et l'article X de l'auteur. Première différence. 406
X. Seconde différence. 406
XI. Troisième différence. 406
XII. Quatrième différence. 407
XIII. On vient à saint François de Sales : savoir s'il a été, comme dit l'auteur, dans une persuasion invincible de sa juste réprobation. . . . 407
XIV. Que cet état est contraire à la doctrine du saint. 408
XV. Autre passage du saint. 408
XVI. Autre passage du saint, où il parle de sa propre épreuve. . 409
XVII. Conséquence de cette doctrine : nouveau genre de tentation proposé par l'auteur, et inconnu au saint évêque. 410
XVIII. L'article XXXI d'Issy est tiré de cette doctrine du saint. 411
XIX. On vient aux paroles de M. l'évêque d'Evreux, et on examine s'il est vrai que je me sois contredit en les rapportant. 411
XX. Paroles de M. d'Evreux, et quelle explication l'on y a donnée. 411
XXI. Démonstrations. 412
XXII. On explique quelques expressions. 413
XXIII. Si la doctrine de l'article X peut être exécutée. 414

QUATRIÈME ÉCRIT, ou Mémoire de M. l'Evêque de Meaux, sur les passages de l'Ecriture. 416

PREMIÈRE PARTIE. Où le motif de la récompense est établi par l'Ecriture et la tradition constante. — I. Quelques réflexions sur les passages de l'Ecriture, qui proposent le motif de la récompense. Première réflexion : qu'ils sont proposés en termes généraux, et sans exception. 417
II. Remarque sur le précepte de la charité. 417
III. Tous les motifs de l'amour de Dieu sont compris dans ce commandement. 418
IV. Preuve de la vérité par la suite du précepte. 418
V. Les béatitudes. 419
VI. Comment Jésus-Christ propose la béatitude. 419
VII. Tout cela regarde les parfaits comme les autres. 419

VIII. Jésus-Christ propose la récompense comme motif, à ceux qui aiment. 419
IX. Ce motif est proposé nommément aux plus parfaits. 420
X. Toute l'Ecriture se rapporte à la charité : principe de saint Augustin. . 420
XI. Exemple d'Abraham. 421
XII. Moïse, selon saint Paul, en exerçant le plus grand amour de Dieu regardoit à la récompense. 421
XIII. Si l'on peut dire qu'alors Moïse n'étoit point parfait, ou que ce n'étoit pas là sa plus parfaite action. 421
XIV. Exemple de David. 422
XV. Décret du concile de Trente. 423
XVI. Les saints, à l'exemple de David, font concourir tous les motifs à l'amour de Dieu. 423
XVII. Jésus-Christ décide en termes formels que la rémission des péchés est un motif de la charité. 423
XVIII. Autre motif dans l'amour de Dieu prévenant. 424
XIX. Les motifs sont infinis. 424
XX. L'Oraison dominicale. 425
XXI. Dessein de l'Ecole dans la distinction des motifs. 425
XXII. S'il est vrai qu'on est d'accord dans le fond, et qu'il n'y a qu'à s'entendre. 426
XXIII. Que le prétendu amour pur, qui bannit les motifs de la récompense, est une illusion. 427
XXIV. Conclusion démonstrative. 427

SECONDE PARTIE. *Les passages de l'Ecriture, allégués pour le sentiment contraire, sont un abus manifeste de la parole de Dieu.* — XXV. Premiers passages. David et Daniel. 428
XXVI. Troisième passage, le seul nécessaire. 429
XXVII. Quatrième passage, la mort et la résurrection spirituelle. . . . 430
XXVIII. Erreur commune, d'attribuer, dans tous les passages, à des états particuliers ce qui est commun à tous les fidèles. 430
XXIX. Autres passages de saint Paul, et après lui, des martyrs. 431
XXX. Autres passages sur l'abandon, marqué par saint Pierre. 431
XXXI. Abus de l'abandon, prouvé par saint Pierre. 432
XXXII. L'abus de l'explication du renoncement, démontré par les paroles du précepte même. 433
XXXIII. Démonstration du même abus par le dénombrement que fait Jésus-Christ de toutes les choses auxquelles il faut renoncer. 433
XXXIV. Autre remarque sur l'abnégation; et contradiction manifeste de l'auteur. 433
XXXV. Deux réponses : la première combien vaine. 434
XXXVI. Seconde réponse : S'il nous est permis de séparer la gloire de Dieu d'avec les bienfaits. Passage de saint Grégoire de Nazianze. . . . 435

CINQUIÈME ÉCRIT ou Mémoire de M. l'Evêque de Meaux : Des trois états des justes, et des motifs de la charité, où sont donnés des principes pour l'intelligence des Pères, des scolastiques et des spirituels.

I. Paroles de l'auteur, où il pose les trois états des justes, esclaves, mercenaires et enfans. 436
II. Illusion de l'auteur dans la distinction des trois états. 437
III. Ce qu'il y a de vrai dans ces trois différens états, et quels en sont les inconvéniens, à les prendre à la rigueur. 438
IV. Principes des Pères : deux sortes de récompenses : laquelle fait les mercenaires. 439

v. Quelques expressions de saint Clément d'Alexandrie. 439
vi. Passage de ce même Père sur l'espérance. 440
vii. Passage de saint Grégoire de Nazianze. 441
viii. Autre passsage de saint Clément d'Alexandrie sur la crainte. . . . 441
ix. Les trois différens états expliqués selon ces idées : que c'est par un pur amour de charité, que saint Paul a dit : *Je désire d'être avec Jésus-Christ.* 442
x. Vraie pratique du parfait amour. 443
xi. Expressions des scolastiques, qui veulent qu'on aime Dieu sans rapport à nous. 444
xii. Que l'espérance et la charité regardent différemment la jouissance de Dieu. 446
xiii. Objection tirée de la pratique des spirituels ; et premièrement de Rodriguez. 447
xiv. Autre objection tirée d'un livre intitulé : *Fondemens de la vie spirituelle.* 448
xv. Conclusion de ce discours ; et cinq vérités pour établir les motifs de l'amour divin. 449

SUMMÆ DOCTRINÆ

LIBRI CUI TITULUS :

EXPLICATION DES MAXIMES DES SAINTS, ETC.,

Deque consequentibus, ac divisionibus et explicationibus.

I. Causa et partitio hujus scripti. 453
II. Prima pars scripti : Summa doctrinæ illustrissimi auctoris. 454
III. Secunda pars : De consequentibus ; ac primum de vitiosis actibus, unà cum virtute conjunctis. 456
IV. De consensu in odium Dei, aliisque damnationis effectibus. 457
V. De fanatismo. 457
VI. De aliis consecutionibus. 458
VII. Tertia scripti pars. De defensionibus et explicationibus ; ac primum de defensionibus. 459
VIII. Prima pars defensionis : De charitate non mercenariâ, atque à beatitudinis studio absolutâ. 460
IX. Secunda pars defensionis : Quod spes à charitate imperata haud magis quàm charitas sit mercenaria. 463
X. Amor purus quis verè sit. 464
XI. De explicationibus, deque earum ratione generatim, ac de auctoris stylo. 465
XII. Implicita et contradictoria. 466
XIII. Cur interpretationes auctoris admitti non possint. 469

SOMMAIRE DE LA DOCTRINE du livre qui a pour titre : *Explication des Maximes des Saints*, etc., des conséquences qui s'en ensuivent ; des défenses et des explications qui y ont été données. (Traduit du latin.). . 471

I. Nécessité et partage de cet ouvrage. 471
II. Première partie : Sommaire de la doctrine du livre. 472
III. Seconde partie de cet écrit : Des conséquences, et premièrement des actes vicieux joints ensemble avec la vertu. 475
IV. Du consentement à la haine de Dieu, et des autres effet de la damnation. 475
V. Du fanatisme. 476
VI. Des autres conséquences. 477
VII. Troisième partie de cet ouvrage : Des défenses et des explications de l'auteur : et premièrement de ses défenses. 478

VIII. Première partie de la défense : De la charité désintéressée, et exempte du motif de la béatitude. 479
IX. Seconde partie de la défense : Que l'espérance commandée par la charité n'est pas moins désintéressée que la charité même. 483
X. Quel est véritablement l'amour pur. 484
XI. Des explications de l'auteur : quelles elles sont en général, et quel est son style. 486
XII. Son embarras et ses contradictions. 486
XIII. Pourquoi on ne peut recevoir les explications de l'auteur. 490
Epistola auctoris Eminentissimo D. D. cardinali Spadæ. 492
LETTRE de l'auteur à Monseigneur le cardinal Spada. 493
DÉCLARATIO illustrissimorum ac reverendissimorum Ecclesiæ principum, Ludovici Antonii de Noailles, Archiepiscopi Parisiensis; Jacobi Benigni Bossuet, Episcopi Meldensis; Pauli de Godet des Marais, Episcopi Carnutensis, circa librum cui titulus est : *Explication des maximes des Saints*, etc. 495
DÉCLARATION des sentimens de Messeigneurs Louis-Antoine de Noailles, Archevêque de Paris; Jacques-Bénigne Bossuet, Evêque de Meaux; Paul de Godet des Marais, Evêque de Chartres, sur le livre qui a pour titre : *Explication des Maximes des Saints*, etc. 508

PÉPONSE A QUATRE LETTRES

DE M. L'ARCHEVÊQUE DE CAMBRAY.

I. Sur les contradictions. 522
II. Sur l'intérêt propre éternel. 527
III, De la persuasion réfléchie. 533
IV. Sur la bonne foi, et encore sur le terme de réflexion. 536
V. Sur la rétractation. 537
VI. Sur le sacrifice absolu, et sur les dernières épreuves. 538
VII. Sur la résignation et l'indifférence. 540
VIII. Sur la parfaite sécurité de Moïse et de saint Paul dans les désirs qu'ils faisoient par impossible. 541
IX. Principes de saint Augustin sur la béatitude naturelle et surnaturelle. 543
X. Sur les interprétations de saint Grégoire de Nazianze et de saint Chrysostome. 546
XI. Embrouillement de questions inutiles. 549
XII. Sur la résolution terrible attribuée à saint François de Sales, et sur la réponse de mort. 551
XIII. Sur le sacrifice absolu de l'amour naturel. 554
XIV. Ce qu'emportent précisément ces suppositions impossibles : consentement unanime de l'Ecole. 556
XV. Sur l'idée de la béatitude. 557
XVI. Sur les faussetés qu'on m'impose. . . . . , . 560
XVII. Sur la différence de l'espérance d'avec la charité. 561
XVIII. Sur les motifs de la charité proposés dans l'Evangile, et sur la fausse dialectique qui les veut séparer. 563
XIX. Que ce seul point renferme la décision du tout. 564
XX. Sur l'involontaire en Jésus-Christ. 567
XXI. Sur ce qu'on prend une objection pour une réponse. . . . , . . 569
XXII. Autre fausse imputation sur l'obligation des préceptes affirmatifs. . 570

XXIII. Autres fausses imputations : censure d'un docteur de Louvain. . . 571
XXIV. Sur l'aigreur imputée à mes expresions. 573
XXV. Sur l'amour naturel dont il n'y a rien dans l'Ecriture. 575
XXVI. Inutilité de cet amour naturel. 576

DE NOVA QUÆSTIONE TRACTATUS TRES.

Admonitio. 583

MYSTICI IN TUTO :

SIVE DE S. THERESIA, DE B. JOANNE A CRUCE, ALIISQUE PIIS MYSTICIS VINDICANDIS.

PARS PRIMA.

Mystici palàm oppugnati à Domino Cameracensi.

Articulus Primus. *De suspensis animi facultatibus sive potentiis per impedimenta divina.* — Caput I. S. Theresiæ oratio quietis et unionis, suspenso intellectu. 584
Cap. II. Eam supensionem non esse perpetuam, et esse supernaturalem : quo sensu. 586
Cap. III. Item de suspensione per intervalla tantùm, et de oratione vocali, aliisque suspensionibus. 586
Cap. IV. De eodem : ac de obice amovendo. 587
Cap. V. De orandi impotentiâ, et gratiis communibus. 587
Cap. VI. De interveniente extasi, et cursu orationis consueto et habituali. 588
Cap. VII. De rapidis motibus, eorumque momentis. 588
Cap. VIII. B. Joannis à Cruce conformis sententia. 589
Cap. IX. Testimonium Nicolai à Jesu Mariâ, lectoris in theologiâ in Collegio Salmanticensi. 591
Cap. X. De impedimentis divinis per modum purgationis aut perfectissimæ contemplationis : egregia doctrina B. Joannis à Cruce. 592
Cap. XI. De S. Francisco Salesio, ac venerabili Matre Joannâ Fremyottâ dominâ de Chantal. 592
Cap. XII. De P. Baltasare Alvare, et P. Ludovico à Ponte. 594
Cap. XIII. De Gersone, et Jacobo Alvare Paz, aliisque recensentibus orationem quietis inter gratias gratis datas. 596
Cap. XIV. Primum corollarium : quòd falsum sit, in eâ oratione perfectionem collocandam, et quòd sine eâ comparari non possit : ex sancto Salesio ac sanctâ Theresiâ. 597
Cap. XV. Alterum corollarium : quòd justificationis gratia ab his orationis donis separetur : beatæ Theresiæ et P. Joannis à Jesu testimonium. . 598
Cap. XVI. His directè opposita domini Cameracensis verba, deque philosophiâ Scholæ, in quam culpam conjicit. 599
Cap. XVII. Nota temeritatis inusta piis sanctisque mysticis, sanctæ Theresiæ, etc. 600
Cap. XVIII. Iisdem sanctis mysticis imputatur fanatismus. 601
Cap. XIX: Quid ad hæc reposuerit auctor. 602
Cap. XX. Aliæ responsiones. 602
Cap. XXI. Dominus Cameracensis sibi ipsi contrarius. 603
Cap. XXII. Domini Cameracensis responsio circa tres notas transitûs ad contemplationem. 604

Cap. XXIII. Grande illius notæ suppressæ incommodum malè à domino Cameracensi propulsatum. 604
Cap. XXIV. Domini Cameracensis objectiones, sive argumenta quinque. 605
Cap. XXV. Responsio ad primum ex sancta Theresiâ sumptum. 606
Cap. XXVI. Ad alia objecta respondetur. 607
Cap. XXVII. De amore illo qui ab oratione passivâ inseparabilis videatur, quæstiuncula. 609
Cap. XXVIII. De fanatismo auctoris insignis error. 610
Cap. XXIX. Quòd auctor à sanctis spiritualibus toto systemate discrepet. . 611
Appendix ad primum articulum, ex Dissertatione domini Cameracensis, . 612
Cap. XXX. In suâ Dissertatione dominus Cameracensis nullum affert suæ sententiæ auctorem. 613
Articulus II. *De actibus conatûs proprii.* — Cap. I. Sanctorum spiritualium doctrina recolitur. 618
Cap. II. Auctoris loci de conatu proprio. 619
Cap. III. In hoc loco aperta hæresis, et sanctis imputatur, et ab auctore defenditur. 619
Cap. IV. De próprio : varii sensus : vis liberi arbitrii. 620
Cap. V. Sancti Bernardi locus : Dominus Cameracensis manifestus error. 622
Cap. VI. Próprietas sanctorum spiritualium malè explosa. 622
Cap. VII. Auctoris effugia : inspiratio communis verbo tantùm agnita : gratia actualis domino Cameracensi quid sit. 623
Cap. VIII. De Deo præveniendo. 625
Cap. IX. De actibus reflexis ad instinctum fanaticum ablegatis. 626
Cap. X. De præcepti casu. 627
Articulus III. *De contemplatione : ibi quoque fanatismus.* — Cap. I. De transitu ad purum amorem. 628
Cap. II. Vitililigationes auctoris : malè allegati Patres. 629
Cap. III. De contemplatione Christi, ac personarum, attributorumque divinorum. 630
Cap. IV. Præsulis sententia et cavillationes. 631
Cap. V. De Christo subtracto perfectis animabus : auctoris effugia. . . . 633
Cap. VI. De duobus casibus quibus Christus subtrahatur : auctoris labor et ludibria. 634
Cap. VII. Sanctæ Theresiæ et beati Joannis à Cruce clara sententia. . . 635
Cap. VIII. Conclusio, et recapitulatio hujus primæ partis. 637

PARS SECUNDA.

In quâ solvuntur spiritualium auctoritates à Domino Cameracensi objectæ.

Caput I. Primus locus ex sanctâ Theresiâ. 638
Cap. II. De affectu naturali. 640
Cap. III. Quòd ille affectus naturalis ex ipso auctore sit inutilis. 640
Cap. IV. Secundus locus sanctæ Theresiæ. 641
Cap. V. De suppositionibus impossibilibus : auctoris manifestæ calumniæ. 641
Cap. VI. Tertius sanctæ Theresiæ locus : hujus vis auctori ignorata. . . 643
Cap. VII. Verus sensus sanctæ Theresiæ ex ipsâ stabilitate. 644
Cap. VIII. De beato Joanne à Cruce. 645
Cap. IX. Locus ejus auctoris à domino Cameracensi prolatus : deque proprietate. 647
Cap. X. De sancto Francisco Salesio locus decretorius. 648

Cap. XI. Sancto Francisco Salesio imponitur circa resignationem et indifferentiam. 649
Cap. XII. De proprietate, ex libro *de Imitatione Christi*. 650
Cap. XIII. Alius locus. 651
Cap. XIV. De proprietate, secundùm sensum pii auctoris. 651
Cap. XV. Alii loci, et de abnegatione vel amore naturali sui. 652
Cap. XVI. De amore beatitudinis, pii auctoris sensus. 653
Cap. XVII. De motibus naturæ et gratiæ. 654
Cap. XVIII. De imperfectionibus. 654
Cap. XIX. Quòd nemini fraudi sint suppositiones impossibiles : quis in iis auctoris peculiaris error. Conclusio. 655

SCHOLA IN TUTO :

SIVE DE NOTIONE CHARITATIS, ET AMORE PURO.

Prologus : quo falsò imputata nobis, et hujusmodi operis causa indicantur. 656
Quæstio prima. *Quæ à nobis tuenda suscepta sint.* — Articulus I. Ea xxxvi propositionibus comprehensa. 657
Art. II. Summa propositionum. 663
Quæstio II. *De amore naturali beatitudinis, ad prop.* I *et seq. usque ad* VII.
— Art. I. Unde depromantur doctorum testimonia, imprimis S. Thomæ. 663
Art. II. De naturâ intellectuali in genere idem statuitur. 673
Art. III. De naturâ voluntatis humanæ. 664
Art. IV. Dictorum radix et fons. 665
Art. V. Estius et Sylvius producuntur. 665
Art. VI. De personato Lovaniensi. 667
Art. VII. Ex his error gravissimus circa beatitudinem. 662
Art. VIII. Sanctus Thomas sub nomine Meldensis vapulat. 669
Art. IX. Quòd dominus Cameracensis sibi ipsi adversetur; et de necessario appetitu beatitudinis. 670
Art. X. Summa dictorum in hâc quæstione II. 671
Quæstio III. *De amore supernaturali beatitudinis, quatenùs spectat ad charitatem : ad n.* 4, *prop.* VII *et* VIII. — Art. I. Sententia sancti Thomæ. . 673
Art. II. Quæ hic mihi imponantur. 674
Art. III. Quid ad sanctum Thomam reponatur. 675
Art. IV. Quæstiunculæ de desiderio unionis in amore charitatis. . . . 676
Art. V. Fictus Lovaniensis apertè sancti Thomæ auctoritatem eludit. . 677
Art. VI. De sancto Bonaventurâ. 678
Art. VII. Responsio præsulis, ... 680
Art. VIII. Alius locus ab auctore prolatus ejus responsionem confutat. . 680
Art. IX. Alii loci : ubi de summo bono, et de fine ultimo, deque fruitione. 681
Art. X. De illis verbis Pauli : *Cupio dissolvi*, etc., ex sanctis Thomâ et Bonaventurâ : ad n. 4, prop. VIII. 683
Quæstio IV. *De secundariis rationibus objectivis charitatis : ad n.* 4, *prop.* XXII, XXV *et seq.* — Art. I. Ratio ac divisio dicendorum. 684
Art. II. Scoti loci proferuntur. 684
Art. III. Doctoris Angelici et doctoris Subtilis in summâ doctrinæ conciliatio. 686
Art. IV. Sancti Thomæ loci ad conciliationem apti. 686
Art. V. Verba quædam Scoti objecta, et ex ipso exposita. 687
Art. VI. Aliis Scoti locis hæc doctrina firmatur. 688
Art. VII. Praxis mysticorum, ... 688

ART. VIII. Quid præsul sentiat de secundariis objectivis rationibus charitatis. 689

QUÆSTIO V. *De illâ clausulâ,* Nullo respectu ad nos : *ad prop.* XVII *et* XVIII.
— ART. I. Nostræ propositiones probantur ex concessis à domino Cameracensi : ejus sententia de naturâ unitivâ amoris. 690
ART. II. Aliud concessum de Deo benevolo et benefico. 691
ART. III. Quo sensu beneficentia in absolutum vertat. 691
ART. IV. De divinis beneficiis, ut sunt utilia nobis. 692
ART. V. Loci sanctorum Augustini et Gregorii Nazianzeni. 692
ART. VI. Cassiani locus. 693
ART. VII. Locus sancti Thomæ solutus. 693
ART. VIII. Quæ doctrina sit nugatoria, nostra an auctoris. 694
ART. IX. De motivo primario et secundario inter se comparatis : ad prop. XXVIII et seq. 694
ART. X. Locus Sylvii. 695
ART. XI. An igitur hæc controversia in tenui versetur. 695

QUÆSTIO VI. *De definitione charitatis ex sancto Augustino, deque fruitione ac de amore sui agitur ex concessis : ad prop.* XXXVI. — ART. I. Profertur definitio charitatis ex sancto Augustino. 696
ART. II. Quid reponat auctor prima responsio sanctis Augustino et Thomæ palam imponit. 697
ART. III. De ipso frui, quid auctor sentiat. 697
ART. IV. Sancti Augustini expressa verba. 697
ART. V. De amore sui quid dominus Cameracensis concesserit. . . . 698
ART. VI. Amor sui, ut sibi benè sit, ad veram charitatem pertinet, teste Augustino. 699
ART. VII. Consensus Scholæ : sancti Bonaventuræ locus. 699
ART. VIII. Auctor nihil aliud agit, quàm ut ab ipsâ quæstione oculos lectoris avertat, et vana congerat. 700

QUÆSTIO VII. *De naturâ spei et gratitudinis, deque objectionibus inde repetitis.* — ART. I. De differentiâ spei et charitatis. 700
ART. II. An charitas mercenaria æquè ac spes. 701
ART. III. Præsul in id quod objicit incidit : at spem facit non mercenariam. 702
ART. IV. De amore gratitudinis. 703
ART. V. Suarezii et aliorum loci. 703
ART. VI. De spei imperfectione ex sancto Thomâ auctoris objectio. . . 704
ART. VII. Quomodo, ex sancto Thomâ, charitas non vult ut sibi ex Deo proveniat quidquam. 704
ART. VIII. Auctoris errores detecti ex antedictis. 705

QUÆSTIO VIII. *De falsò imputatis.* — ART. I. Auctor involvit quæstionem multis falsò imputatis. 705
ART. II. Primum falsò imputatum. 705
ART. III. Aliud imputatum rursus oculos à statu quæstionis avertit. . . 706
ART. IV. Aliud imputatum : de beatitudine ut solo charitatis motivo. . . 706
ART. V. Aliud imputatum de objecto secundario. 707
ART. VI. De incentivi vocabulo respectu beatitudinis : loci Ambrosii. . . 707
ART. VII. Aliud imputatum de contritionis actu. 708
ART. VIII. Doctrina concilii Tridentini de incipiente amore domino Cameracensi adversatur. 708
ART. IX. De formulâ consuetâ contritionis. 709
ART. X. Aliud de *Catechismo Romano* falsò imputatum. 709
ART. XI. Alia imposita nobis per apertam calumniam. 710

QUÆSTIO IX. *De charitate, ut est amor mutuus.* — ART. I. De amore Dei ut amici. 710
ART. II. Domini Cameracensis de Francisco Salesio cavillationes. . . . 711
ART. III. Idem me testem afferens, objectionem meam pro solutione sumit. 712
ART. IV. De amore sponsæ erga sponsum. 713
QUÆSTIO X. *De sancto Bernardo: ad n. 4, prop.* XXIII. — ART. UNICUS. Occasione amoris sponsæ erga sponsum, de beato Bernardo quæritur. . . 713
QUÆSTIO XI. *De amore quarti et quinti gradûs : primus et secundus auctoris errores.* — ART. I. Utriusque amoris definitio ex auctore. 716
ART. II. Dicta auctoris. 717
ART. III. Primus auctoris error. 717
ART. IV. Domini Cameracensis responsio, et secundus error. 718
ART. V. Præsul imponit sancto Thomæ. 718
ART. VI. Ex concessis ab auctore, contra ipsum infertur quòd omnis justus Deum anteponat sibi. 719
ART. VII. Quòd amor quinti gradûs sive purus ab auctore dicatur inaccessus plerisque justorum. 720
ART. VIII. Conclusio : de toto libro ab ipsis initiis sponte collapso. . . . 722
ART. IX. Summa errorum qui in hâc quæstione demonstrantur. 722
QUÆSTIO XII BIPARTITA. *De locis Exodi* XXXII, 32, *et Rom.*, IX, 3 ; *ac de suppositionibus impossibilibus.* 723
PRIMA PARS QUÆSTIONIS : *quâ auctoris argumenta referuntur et confutantur.* — ART. I. Tria absurda mihi imputata. 723
ART. II. Unâ quæstiunculâ res tota dirimitur, Augustino et Chrysostomo testibus. 724
ART. III. Hujus rei consecutiones. 726
ART. IV. Quæstiones auctoris præciduntur, ab iisque deducta duo prima objecta solvuntur. 727
ART. V. De falsis quibusdam auctoris suppositionibus per antecedentia dissolutis : deque absolutâ abstractione à beatitudine penitus impossibili. . 729
ART. VI. Ex modis impossibilia supponendi antecedentia demonstrantur. . 731
ART. VII. De modo enuntiandi auctoris ipsius. 732
ART. VIII. An Deus reverà tantumdem amaretur, si se amari nesciret. . . 732
ART. IX. An verum sit illud : *Non auget amorem Dei beatifica visio.* . . . 733
ART. X. An in istis tantus sit labor, quantum auctor fingit. 734
ALTERA PARS QUÆSTIONIS : *Adversùs auctoris errores in primâ parte explicatos.* — ART. XI. Primus error: de actibus separatis à motivo beatitudinis : sancti Augustini decreta seu principia quatuor. 735
ART. XII. Alii errores de sacrificiis sive conditionatis sive absolutis. . . . 737
ART. XIII. De sancti Chrysostomi et aliorum Patrum sententiis auctori oppositis. 738
ART. XIV. De incommodis. 739
QUÆSTIO XIII. *De fine ultimo uno, et de summo bono.* — ART. I. Finem ultimum esse unum. 740
ART. II. De ratione boni, sancti Thomæ doctrina. 741
ART. III. Ex his domini Cameracensis confutatio, et radicalis explicatio definitionis charitatis. 741
QUÆSTIO XIV. *De spe ac salutis desiderio auctoris errores.* — ART. I. Errores libri *de Doctrinâ Sanctorum.* 743
ART. II. De supprimendis salutis desideriis : Chrysostomi et Ambrosii loci ab auctore allati. 744
ART. III. De his domini Cameracensis verba. 745

Art. iv. De loco beati Chrysostomi. 746
Art. v. Expenditur sanctus Ambrosius. 746
Art. vi. Abrahami merces secundùm Ambrosium. 747
Art. vii. Conclusio ex dictis. 748
Quæstio XV. *De amore naturali sui, quem auctor inducit.* — Art. i. Hujus definitio et usus. 748
Art. ii. An probatio ejus amoris in sancto Thomâ et Estio valeat. . . . 749
Art. iii. Dionysii Carthusiani locus. 750
Art. iv. Loci sancti Bonaventuræ de affectu naturali. , ... 751
Art. v. Ex his contra librum absoluta conclusio. 752
Art. vi. Quòd ille amor sit inutilis ex confesso. 753
Art. vii. De commodo proprio æterno. 753
Art. viii. Aliud argumentum contra amorem naturalem. 753
Quæstio XVI et ultima. *De recapitulatione dictorum.* — Art. i. Admonitio de dicendis. 755
Art. ii. Summa doctrinæ à sancto Augustino traditæ de beatitudine. . . 755
Art. iii. Pro certo supponitur, charitatem esse motum ad fruendum Deo. 756
Art. iv. Purus amor haud minùs ab Augustino agnitus. 756
Art. v. De Magistro et de sancto Thomâ. 757
Art. vi. De sancto Bonaventurâ. 759
Art. vii. Aliud ex eodem sancto Bonaventurâ : et de amore sui per charitatem. 759
Art. viii. De eodem. 760
Art. ix. Corollarium ex sanctis Thomâ et Bonaventurâ, de Paulo desiderante Christum. 760
Art. x. De Scoto. 760
Art xi. Praxis ex dictis : consensus mysticorum. 761
Art. xii. Estius, Sylvius, Suarez : ex his conclusio. 761
Art. xiii. Falsò imputata nobis circa clausulam : *Nullo respectu ad nos.* . 762
Art. xiv. De eâdem clausulâ : *Nullo respectu ad nos*, concessa ab auctore proferuntur : primum concessum, de amore unitivo. 762
Art. xv. Secundum concessum, de Deo ut benefico : auctoris contradictiones. 762
Art. xvi. Tertium concessum, de amore sui et de necessario appetitu beatitudinis. 763
Art. xvii. De amore Dei ut amici, et ut sponsi. 736
Art. xviii. De sancto Bernardo : novus locus ab auctore productus et truncatus. 764
Art. xix. De excluso ab auctore salutis desiderio. 766
Art. xx. De amore naturali : Alberti Magni auctoritas. 766
Art. xxi. De piis excesibus. 768
Art. xxii. Futiles quæstiones. 769
Art. xxiii. De primariis et secundariis rationibus objectivis charitatis. . . 769
Art. xxiv. Errores in hoc libello notati recensentur. 770
Quæstiuncula de actibus à charitate imperatis, Scholæ in tuto ad calcem inserenda. 772
Table des matières contenues dans le dix-neuvième volume. 779

FIN DE LA TABLE DU XIXe VOLUME.

BESANÇON. — IMPRIMERIE D'OUTHENIN CHALANDRE FILS.

A LA MÊME LIBRAIRIE :

Histoire de la prédication de l'Evangile, 5 vol. in-8. Prix net.   20 fr.

Cette publication se compose des ouvrages suivants :

JÉSUS, SAUVEUR DU MONDE : histoire de la Passion. 2 vol. in-8.

JÉSUS, LUMIÈRE DU MONDE : histoire de la prédication de l'Evangile par N.-S.-J.-C. 2 vol. in-8.

JÉSUS, VAINQUEUR DE LA MORT : histoire de la Résurrection. 1 vol. in-8.

Histoire de Jésus-Christ ; traduction littérale et mise en ordre des textes contemporains, avec des notes, par M. FOISSET, 4ᵉ édit. 1 vol. in-8, pap. vélin glacé. Prix net.   5 fr.

Le R. P. Lacordaire a rendu compte de ce livre dans *le Correspondant*, numéro de décembre 1854. Voici quelques passages de son article, que nous regrettons de ne pouvoir publier en entier :

» ..... Cette Histoire est d'abord une traduction heureuse de l'Evangile, avec toutes les conditions qui en garantissent la canonicité. Approuvée par l'Ordinaire, elle est enrichie de notes qui expliquent, sans le surcharger, le texte divin. Ces notes sont courtes, précises, d'une érudition qui n'ôte pas l'intérêt, d'une foi qui mêle la piété à la clarté. Le corps de l'ouvrage est, de plus, une concordance des quatre évangiles, mais une concordance pleine de vie... Chaque chapitre porte en tête le lieu sacré d'où il est pris, afin que le lecteur puisse vérifier pas à pas l'exactitude de l'écrivain du xixᵉ siècle, en le comparant à l'écrivain de l'éternité. Et ces chapitres s'enchaînent dans un ordre qui est à la fois celui de l'auteur et celui de l'histoire ; celui de l'auteur par la disposition dramatique, celui de l'histoire par la suite et la fidélité des événements.

» ..... A mesure que je lisais M. Foisset, quelque chose se remuait en moi dont je ne me rendais pas compte : j'étais comme un voyageur qui passe en des lieux connus de lui, et qui cependant y découvre ce qu'il n'y avait pas encore vu. Jamais je ne m'étais inquiété de lier ensemble les temps et les lieux du Sauveur. Je le prenais là où l'Evangile me le montrait : j'ignorais l'itinéraire de Jésus-Christ en ce monde. M. Foisset me l'a révélé. Je me suis tout à coup éveillé comme un homme qui aime, et qui retrouve à chaque pas, au bout d'une longue vie, les traces ineffables de l'objet aimé. *J'ai couru à l'odeur des parfums*, pour parler comme l'époux des Cantiques, suivant le Christ de lieu en lieu, époque en époque, et bien avant d'arriver au terme, j'ai senti qu'il y avait une infinie douceur à cette initiation biographique...

» ... Si les incroyants ne lisent pas plus cette *histoire* de l'Evangile, les fidèles la liront comme un de ces livres rares où l'or de la vérité n'a rien perdu en passant par la main d'un homme ; le prêtre l'indiquera aux âmes incertaines, mais déjà penchées vers Dieu, et ceux qui connaissent le mieux Jésus Christ y apprendront encore quelque chose de leur divin Maître. »

www.ingramcontent.com/pod-product-compliance
Lightning Source LLC
Chambersburg PA
CBHW061724300426
44115CB00009B/1102